# Manual de dialectología hispánica

*Ariel Lingüística*

Manuel Alvar
(Director)

# Manual de dialectología hispánica

## El Español de España

1.ª edición: octubre de 1996
4.ª impresión: febrero de 2007

© 1996 por la dirección de la obra: Manuel Alvar

© 1996: E. Alarcos Llorach, M. Alvar, M. Alvar Ezquerra,
M.ª Á. Álvarez Martínez, C. de Azevedo Maia, J. Borrego Nieto,
M.ª R. Fort Cañellas, J. A. Frago Gracia, Á. Galmés de Fuentes,
P. García Mouton, F. González Ollé, C. Hernández Alonso,
M.ª A. Martín Zorraquino, J. Martínez Álvarez,
F. Moreno Fernández, J. Muñoz Garrigós, M. P. Nuño Álvarez,
B. Pottier, A. Quilis, A. G. Ramírez,
M. Salas, C. M. Ziamandanis

Derechos exclusivos de edición en español
reservados para todo el mundo:
© 1996 y 2007: Editorial Ariel, S. A.
Avda. Diagonal, 662 - 664 - 08034 Barcelona

ISBN 978-84-344-8217-3

Depósito legal: B. 6.183 - 2007

Impreso en España por
Book Print Digital
Botànica, 176-178
08901 L'Hospitalet

36901057

# CUESTIONES GENERALES

# INTRODUCCIÓN

por Manuel Alvar

Presentar un tratado de dialectología es un motivo de gozo y, también, de responsabilidad. Son muy pocas las obras que tenemos de este tipo. Acaso porque en ellas se impone una obligada especialización que las aparta de un público más extenso. Sin embargo, cuántas veces nos enfrentamos con la misma pregunta: tal cosa ¿es una lengua o un dialecto? Cuesta trabajo decir con palabras corrientes los conceptos que son técnicos, y aún habría también que poner en orden las ideas de los técnicos. Porque con frecuencia se mezclan la abstracción a la que se llama *lengua* con la realización a la que se llama *habla*, y entonces todo vale: un campo aquí y otro allá. Pero esto no resulta cierto ni siquiera para los mismos profesionales. Porque lo que consideramos lengua es una cosa muy clara y lo que llamamos *dialecto* no lo es menos. Hoy nadie dudará de que el *castellano* es una lengua y una cosa muy distinta el *leonés* o el *aragonés*. U otra harto diferente: el sistema que utilizaba Unamuno para que sus lectores lo entendieran. Creo que hay que poner en orden las cosas que presentan mil cuestiones distintas. *Lengua* y *dialecto* pueden no ser diferentes: leonés, aragonés y castellano son dialectos del latín; castellano (= español) es una lengua y leonés o aragonés, dialectos. Lo que ha ocurrido es que causas «extralingüísticas» han hecho que una determinada variedad se imponga a las otras y la diferencia se haya perpetuado. Pero, en esencia, son la misma cosa, por más que al quedar reducido el dialecto a una lengua de diálogo se haya producido el nacimiento de la estilística (uso personal del lenguaje, que habitualmente se estudia en las formas literarias) y la dialectología (análisis de las hablas populares). Entonces entendemos por qué la lengua de Berceo no es lo mismo que el dialecto riojano. En una época antigua, la lengua literaria empezó por ser un dialecto, por más que nadie diga que el *Cantar del Cid* está escrito en dialecto, pero sí que tiene dialectalismos aragoneses. Esto pudiera suscitar la cuestión del menos valer de las formas desviadas, y éste es concepto fundamental. (Don Vicente García de Diego escribió sobre el castellano y sus dialectos internos.) Porque tal desvío no es ignorancia, sino diversidad de normas. Fue necesario llegar al nacimiento de la lingüística como ciencia histórica para que a los dialectos se les diera la dignidad a que tenían derecho; más aún, se llegó a escribir

(Rousselot) que suministraban los datos más seguros a la lingüística general. Entonces la dialectología se convirtió en una lingüística autónoma, tanto por sus métodos, como por sus fines.

La dialectología se desarrolló: baste recordar nombres egregios, como los de Gaston Paris o Ascoli que vieron en ella el archivo más rico en el que se guardan las costumbres, las tradiciones y las creencias de los pueblos. No nos dejemos ganar por entusiasmos sino que, reconociendo las dificultades de su estudio, se vio que en ellos está la biología del lenguaje, que no es otra cosa que la marcha del espíritu sobre las palabras que, de algún modo, son su vestidura. Los nombres ilustres salen a cada paso y no merece la pena librar batallas que, creo, carecen de sentido. Y los dialectos han podido alcanzar perdurable valor estético (entre los *félibres*, en las novelas de Giovanni Verga o Grazia Deledda). En España la literatura dialectal no ha tenido un cultivo semejante; tal vez porque nuestros dialectos no tengan la fuerte diferenciación que hay en otras lenguas. Porque *dialecto* es diferenciación (castellano frente al latín, andaluz frente al castellano) y esto nos lleva a otro concepto. ¿Qué se entiende por dialecto? De esto me ocuparé en el primer trabajo de este volumen. Ahora sólo quiero hablar de la motivación de estas páginas. Cuantos en ellas nos hemos dado cita partimos de unos principios de diferenciación con respecto a un sistema general. Ello nos hará ver unas veces la estrecha vinculación de esos sistemas a los que llamamos dialecto con la sociedad que los ampara y utiliza. Entonces cobran sentido muchos de los problemas a los que nos enfrentaremos en las páginas que siguen. Ahora quisiera —sólo— dejar abiertas una serie de interrogaciones a las que trataremos de responder desde unas consideraciones generales; luego, procuraremos desenmarañar las mil cuestiones que afectan a las variaciones de nuestra lengua. Problemas más que complejos, por eso quiero que sirva para cerrar esta introducción un verso de Unamuno que bien vale para el habla dialectal, la que nos salvará del castigo de una «jerga cosmopolita». Lo escribió el 18 de diciembre de 1929.

# ¿QUÉ ES UN DIALECTO?

por Manuel Alvar

La lingüística, desde los eruditos de Alejandría (siglo II a. de C.) hasta el siglo pasado, ha venido siendo una preocupación de carácter filológico (como guía para la correcta interpretación de los textos) o una preocupación de índole dogmático (gramáticas basadas en un criterio de autoridad). Pero con el gran lingüista italiano Graziadio Isaia Ascoli[1] surge un nuevo interés: el del conocimiento de las hablas populares. Esto es: conocer la lengua del pueblo en sus diversidades geográficas, prescindiendo del espejismo de la corrección y haciendo abstracción de los hechos retóricos. De una parte, se llegaba así al conocimiento del habla de cada día y de las hablas que no tuvieron cultivo literario, y, de otra, a la concepción del lenguaje como actividad humana y, por tanto, sometido en todo momento a una modelación activa por parte de cada hablante. Vico, Herder y Humboldt se anticiparon a las modernas concepciones del lenguaje como hecho social (Saussure) y como medio de expresión (Croce, Vossler), pero hizo falta mucho tiempo todavía para que se admitiera la identidad de la lengua hablada y de la escrita. En 1930, Karl Vossler podría decir ya: «los filólogos literarios se apoderarán de los documentos escritos y los lingüistas andarán nómadas en busca de los dialectos que se hablan por las diversas partes del mundo. Pero hemos de ver que se trata de una diferencia material, no sustancial. Filosóficamente es lo mismo; que la manifestación verbal atraviese volando el aire, fugaz y momentánea, o que esté clavada sobre el más incorruptible peñasco de basalto o de granito».[2] Pero Vossler podía decir esto después de medio siglo en que la dialectología había venido suministrando materiales a la lingüística o a la crítica textual y se había organizado en una ciencia independiente.

El reconocimiento de la dignidad de los dialectos y de su estudio se debe en parte al nacimiento de la lingüística como ciencia histórica. Viose

---

1. Sobre su obra y significación, *vid.* B. Terracini, *Guida allo studio della linguistica historica,* Roma, 1949, pp. 123-142, donde se amplían los datos que aparecieron en *Perfiles de lingüistas,* Tucumán, 1946. *Vid.,* además, las pp. 18-23 de la traducción española del libro de Iorgu Iordan, *Filología Románica,* Madrid, 1967.

2. *Metodología filológica,* Madrid, 1930, p. 8.

que en el descuido del habla viva se perdían las posibilidades de crear una historia lingüística de carácter científico por falta o desprecio de materiales; era cierto, por tanto, el pensamiento de un poeta, Nodier, cuando proponía el conocimiento de los dialectos para mejor saber la propia lengua; mucho más cierto si pensamos en la necesidad científica de disponer de grandes masas de elementos sobre los que poder montar teorías o con los que rehacer los eslabones que el tiempo ha roto en la cadena de la historia. Justamente entonces, cuando los dialectos alcanzaron paridad con las llamadas lenguas de cultura, hubo una clara inversión de términos, la dialectología se antepuso a cualquier otra manifestación lingüística y se afirmó la preeminencia del lenguaje hablado sobre toda suerte de escrituras.[3] En el principio era la palabra, y a ella volvió —andado el siglo XIX— la investigación. Pero esta vuelta al dialecto no se planteó —sólo— con un criterio escuetamente científico; alguna vez escritores pertrechados de grandes conocimientos idiomáticos trataron de resucitar el valor etimológico, es decir, verdadero (gr. *éthimos*, 'verdad'), de las palabras, y con él se acercaron a las hablas del pueblo, a los dialectos, donde trataban de encontrar una clase de casticismo mucho más puro y más noble que el defendido por las Academias.

En primer lugar, no debe olvidarse un hecho básico: lo que llamamos lenguas literarias o lenguas de cultura —ninguna de las dos designaciones es de gran exactitud— no son en su origen otra cosa que modestos dialectos. Así, el toscano; así, el franciano; así, el castellano. Para el hispanohablante no lingüista es un poco difícil comprender que esta lengua cuya voz no se atenúa «por mucho que ambos mundos llene», esta lengua que «flota como el arca de cien pueblos contrarios y distantes» y que «abarca legión de razas», fue en su origen un dialecto de gentes ariscas que estaban constreñidas en una pequeña comarca, según los archisabidos versos del *Poema de Fernán González*:

> *Entonçe era Castiella vn pequenno rryncon,*
> *era de castellanos Montes d'Oca mojon,*
> *e de la otra parte Fitero al fondon,*
> *moros tenian Caraço en aquella saçon.*
>
> (estr. 170)

Desde esta región que iba del Pisuerga al este de Burgos y, por el sur, apenas rebasaba Salas, comenzó hace unos mil años la expansión de Castilla. Ni entonces ni en los siglos posteriores el castellano era superior al aragonés o al leonés, los otros dialectos del tronco común. Toda una antigua literatura es de signo dialectal, y los dialectalismos llegan hasta el poema que Castilla dedica al mayor de sus héroes, al Cid. Después las cosas cambiaron —o siguieron el curso más inesperado—, y Aragón y León fueron cediendo ante el dialecto central: sin que hoy hayan terminado su repliegue.

3.   *Vid.* Dauzat, *La filosofía del lenguaje*, Buenos Aires, 1947, pp. 172-173.

Si vemos cómo en una época antigua la lengua escrita empezó por ser un dialecto (el andaluz es un dialecto del castellano en la misma medida que éste lo es del latín); si vemos cómo los dialectos impregnaban de su evolución a un grupo importante de creaciones literarias, y si tenemos en cuenta la honda separación que hay ahora entre el bable y el pirenaico, de una parte, y la lengua española, de otra, tendremos que inferir la imposibilidad de trazar una historia de la lengua sin el conocimiento de los dialectos. Bien entendido que, por distinta que haya sido la suerte del castellano y la del leonés, el estudio de las hablas vivas no dialectales —si puede existir habla viva que no sea dialectal—[4] deberá hacerse también aproximándonos al pueblo, pues hay infinidad de voces que nunca se escribieron y que, escondidas en oscuros rincones, aclaran grandes zonas de la historia lingüística o proyectan nueva luz sobre la vida del lenguaje, mucho más movible y activa de lo que permite ver el criterio normativo de los gramáticos.

La diferencia entre literaria y dialecto es, pues, un concepto histórico o, por mejor decir, derivado de la historia. Por razones distintas (políticas, sociales, geográficas, culturales), de varios dialectos surgidos al fragmentarse una lengua hay uno que se impone y que acaba por agostar el florecimiento de los otros. Mientras el primero se cultiva literariamente y es vehículo de obras de alto valor estético, hay otros que no llegan nunca a escribirse, y, si lo son, quedan postergados en la modestia de su localismo. Mientras el primero sufre el cuidado y la vigilancia de una nación, los otros crecen agrestemente. Más de una vez se ha señalado la diferencia —y relación— de lengua y dialectos. De Rousselot son las palabras que siguen: «Les patois ne son plus pour la science ce qu'on les a cru trop lontemps, des jargons informes et grossiers, fruit de l'ignorance du caprice, "des tares du français", dignes tout au plus d'un interêt de curiosité [...] Ils ne sont donc pas seulement indispensables pour l'étude particulière du groupe de langues auquel ils appartiennent, ils fournissent encore les donnés les plus sûres à la philologie générale, et, si je disais toute ma pensée, je réclamerais pour eux, en regard des langues cultivées, la préférence que le botaniste accorde aux plantes du champ sur les fleurs de nos jardins.»[5] Casi cincuenta años más tarde estas palabras eran recogidas por otro dialectólogo francés, Millardet, en un libro de metodología dialectal.[6]

Teniendo en cuenta que las llamadas lenguas literarias y los dialectos son idénticos en su origen, se comprenderá fácilmente que desde un punto de vista histórico y en pura doctrina filosófica es tan lícito el estudio de unas como el de otros. Ahora bien, y según decía antes, la lingüística se aplicó como auxiliar en la interpretación de textos y codificó en las gramáticas el uso correcto de la lengua, según unos criterios de autoridad;

---

4. Para estudiar este aspecto son valiosos los siguientes trabajos de García de Diego: «Dialectalismos» (*Revista de Filología Española*, III [1917], pp. 301-318); «El castellano como complejo dialectal y sus dialectos internos» (*Rev. Filol. Española*, XXXIV [1950], pp. 107-124), y *Gramática Histórica Española*, Madrid, 1951.

5. *Revue des patois gallo-romans*, II, 1887, p. I.

6. *Linguistique et dialectologie romanes*, París, 1923, p. 101.

pues bien, ambas manifestaciones son subsidiarias, puesto que no hacen otra cosa que colaborar con otras ramas científicas o someterse a la norma de los autores literarios. Sin embargo, la dialectología vino a crear —o al menos a consolidar— una lingüística autónoma, tanto por los medios seguidos para la recolección y elaboración de materiales (metodología) como por la multiplicidad y variedad de los fines perseguidos (teleología).

Los métodos del comparatismo han permitido su construcción; después de ella no es posible ascender más, y habrán de intentarse nuevas empresas. En ella la dialectología colabora con el sentido tradicional de la ciencia del lenguaje; luego se independiza, crea nuevos métodos y emprende una autonomía cuyos frutos estamos aún cosechando.

Esta autonomía es la que da sentido actual a los estudios dialectales. Porque si tuviéramos en cuenta —sólo— las palabras de Vossler citadas en la nota 2, resultaría que el acopio de materiales —textos o hablas vivas— sólo serviría en cuanto pudiera coadyuvar a cada construcción filosófica del lenguaje; en su propio caso, dentro de unas manifestaciones de valor artístico. Es decir, ante nosotros tendríamos «unos medios, mayores o menores, con los que contribuir a un comparatismo no importa ahora de qué índole». Pero porque la dialectología ha renunciado a ser *ancilla* de la filosofía del lenguaje ha podido —también— tener su propedéutica propia y sus propios fines. No serán los menores haber creado la geografía lingüística, que vino a renovar —como no lo ha hecho ningún otro método— todos los estudios de la lingüística. En Francia, y cito el caso de un país románico excepcionalmente favorecido por las investigaciones de todo tipo, «un des principaux résultats de l'étude des patois, de la géographie linguistique en particulier, a été de renouveler l'histoire de la langue française».[7] Gracias también a su independencia metodológica, la dialectología ha hecho que la romanística renunciara «definitivamente a los procedimientos simplistas de investigación etimológica que heredó de la gramática comparada».[8] Uno y otro testimonio muestran cómo se ha producido el salto desde el trampolín de los datos hacia el campo de los principios teóricos, pero evolucionando sobre un medio estrictamente dialectal. Es decir, desde nuestra perspectiva actual, y con el conocimiento que los años ha desvelado, podemos replantar la vieja polémica de G. I. Ascoli y P. Meyer. Veremos entonces cómo Ascoli intuyó con toda claridad la necesidad de huir del callejón sin salida en que la lingüística se encontraba y cómo la dialectología vino a facilitar las soluciones. Al publicar en 1873 los *Schizzi franco-provenzali*, el espíritu analítico de Paul Meyer se opuso a las ideas sintéticas del lingüista italiano: la crítica degeneró en una violenta discusión,[9] motivada por la distinta postura teórica de los dos

7.  A. Dauzat, *Les patois*, París, 1946, p. 8.
8.  *Vid.* K. Jaberg, «A propos de J. Gilliéron. *Genealogie des mots qui designent l'abeille d'après l'Atlas linguistique de la France*», París, 1918, *apud Romania*, XLVI, 1920, p. 121.
9.  Ascoli fue un infatigable polemista, unas veces, en tono amistoso; otras, virulento. Demetrio Gazdaru publicó un libro (*Controversias y documentos lingüísticos*, Universidad Nacional de La Plata, 1967), a cuyas páginas asoma una y otra vez el gran lingüista italiano: intervención en el problema de las leyes fonéticas, enfrentamiento a M. A. Canini, injustos ataques a Th. Gartner.

maestros.[10] Para resolver los problemas de la lingüística del siglo XIX (leyes fonéticas, existencia de los dialectos, etc.) no bastaba la perspectiva histórica, sino que era imprescindible conocer todo un inmenso material lingüístico conservado virginalmente, pero con plena vitalidad; había que orientarse hacia el punto final de todas esas evoluciones, tal y como se atestiguan hoy y se manifiestan en las palpitaciones de las hablas vivas.[11] Por eso, Sever Pop, al presentar una obra de conjunto sobre los estudios dialectales, pudo escribir: «Si l'étude des dialectes reste l'un des premiers devoirs de la linguistique contemporaine, leur enregistrement comporte d'énormes difficultés, lorsque le dialectologue ne se contente pas de faite un simple travail de lexicographe, mais veut donner des détails sur la biologie du langage, c'est-á-dire sur la marche de l'esprit sous les mots qui sont en quelque sort son vêtement».[12]

Tras tanta discusión, tal vez sea útil asomarnos a lo que dicen los diccionarios lingüísticos. El Diccionario de Marouzeau intenta una explicación de tipo diacrónico: *dialecto* es la «forma particular tomada por una lengua en un dominio dado», mientras que Mattoso Câmara se atiene, lógicamente, a una definición sincrónica: «desde el punto de vista puramente lingüístico, los dialectos son lenguas regionales que presentan entre sí coincidencia de rasgos lingüísticos esenciales». Ambas definiciones son insatisfactorias. Si el dialecto es la «forma particular adoptada por una lengua en un territorio determinado», el leonés o el aragonés no son dialectos. O dicho de otro modo, el castellano —con respecto al latín— es tan dialecto como el leonés o el aragonés. Esto es, en la definición de Marouzeau hay una parte de verdad: el principio teórico enunciado; pero no es viable la aplicación práctica de tal verdad. Para que el desajuste se haya producido hay que tener en cuenta un factor diacrónico extralingüístico: la historia política. Por causas de historia externa, un dialecto de los que surgieron al fragmentarse la lengua madre (el latín) se impone a los demás que terminan agostados (caso del castellano con respecto al aragonés o al leonés); el primero se cultiva literariamente y es vehículo de obras de alto valor estético, mientras que los otros quedan postergados en la modestia de su localismo.

Entre nosotros se ha hablado, y con acierto notorio, del español como complejo dialectal o de los dialectos internos del castellano. La coexistencia de todas estas modalidades con la lengua común les priva —según Dauzat— de la posibilidad de ser dialectos. Esa especie de *koiné* hispánica que es el castellano actual no se puede aceptar sino como integradora de elementos contemporáneos (contemporáneos con cada una de sus posibles etapas) que sólo en mínima parte podrán llamarse dialectales (los que pro-

---

10. Como es sabido, P. Meyer negaba la existencia de los dialectos; cfr. S. Pop, *La Dialectologie*, Lovaina, 1950, t. I, p. 45. Sobre la polémica a que hago referencia, *vid.* las páginas 176-177 de la obra.

11. Cfr. A. Kuhn, «Sechzig Jahre Sprachgeographie in der Romania» (*Romanistisches Jahrbuch*, I [1947-1948], p. 26).

12. *La Dialectologie*, ya citada, p. XI.

ceden del gallego y del catalán, de una parte; del leonés y del aragonés, de otra).

El castellano, es cierto, no se ha segmentado. Presenta modalidades distintas desde el mar Negro hasta Nuevo Méjico, desde el Cantábrico hasta la Patagonia. Cada una de estas formas del castellano ¿son dialectos suyos? La respuesta ha de buscarse partiendo de una postura diametralmente opuesta: ¿qué entendemos por dialecto? Y estamos de nuevo al principio. Según Marouzeau, cada una de tales peculiaridades constituye un dialecto. ¿Es necesaria la segmentación que quiere Dauzat? Hoy el leonés o el aragonés difieren del castellano menos —sin duda alguna— que el andaluz. El sistema fonético y la estructura morfológica del andaluz están lejos de los castellanos.

Y no hablo más que de los hechos seleccionados por Mattoso Câmara; pero no se olvide que también la sintaxis condiciona las peculiaridades morfológicas de las hablas meridionales, y que su léxico es de una enrevesada complejidad. Insisto, la fonética, la fonología y la morfología del andaluz están infinitamente más lejos del castellano que la fonética, la fonología o la morfología de los dialectos históricos (leonés, aragonés). Entonces, ¿sería lícito dejar de hablar de dialectalismo por el hecho de que la lengua madre sigue existiendo? Creo que no. A lo más, habrá que pensar en la existencia de dos tipos de dialectos: unos de carácter arcaico (leonés, aragonés), otros de carácter innovador (hablas meridionales, español de América). No se me ocultan las imperfecciones de la terminología, pero creo que, en esencia, los dos dialectos del norte son de tipo arcaizante porque la justificación de sus modalidades es anterior al momento en que el castellano se impuso como lengua nacional, mientras que los de carácter innovador se explican tan sólo como evoluciones del castellano. Si hacemos la gramática histórica del leonés o del aragonés, llegaremos al latín (y eventualmente al celta o al ibero); si trazamos la del murciano o la del canario, descubrimos el castellano. Queda aparte el judeo-español: tiene toda una serie de rasgos de los dialectos innovadores (seseo, yeísmo, pérdida de *s* final), mientras que posee, también, gran cantidad de elementos arcaicos. Pero es que la génesis de este dialecto poco tiene que ver con la de los otros.

Por tanto, la *segmentación territorial* es un factor decisivo en la creación de los dialectos; ya no me parece tanto que lo sea el que la partición se haya cumplido en una época antigua o la estemos contemplando hoy. Pero conviene no olvidar un hecho: *dialecto* significa, desde un punto de vista estrictamente lingüístico, diferenciación. La geografía es, ni más ni menos, la precisión dentro de la que se han cumplido los hechos lingüísticos; del mismo modo que la cronología establece, también, sus propios límites. Y la diferenciación no obliga a un largo perspectivismo histórico; basta la distancia suficiente para que el hecho cobre sus exactos perfiles, como quiere el estructuralismo.[13]

    13.  Manuel Alvar, «Hacia los conceptos de lengua, dialecto y habla», en *La lengua como libertad*, Madrid, 1982, pp. 56-65. En el mismo libro, «Lengua, dialecto y otras cuestiones conexas», pp. 66-68.

Pero diferenciación no quiere decir únicamente fragmentación histórica y geográfica. Gran mérito de los estructuralistas norteamericanos ha sido dar circulación a una vieja idea de los lingüistas europeos: la existencia de dialectos verticales; esto es, fragmentación diastrática, además de la tradicional fragmentación diatópica. Uriel Weinreich ha escrito que «la dialectología estructural no debe limitarse a considerar los problemas históricos en el pasado, sino que las diferencias pueden ser tanto sincrónicas como diacrónicas».[14] Dicho con otras palabras, un hecho histórico debe considerarse en su resultado, pero debe estudiarse también en la situación de contraste que crea la innovación actual frente a las repeticiones de una tradición. Surge entonces la validez del polimorfismo como senda a través de la cual llegaremos a perfilar el concepto de *dialecto*, tal y como se ha comprendido en la ciencia histórica. Para ello, el estructuralismo norteamericano acuñó el término de *idiolecto*, que venía a olvidar la heterogeneidad y dudas de la definición de *dialecto*. Para alguno de estos lingüistas, *idiolecto* sería «el conjunto de hábitos lingüísticos de un individuo en un momento determinado» (esto es, diferencias geográficas, sociales e individuales simultáneamente); con ello buscaban aprehender un concepto que manifiesta la unidad del sistema dentro de sus límites más reducidos, pero tal unidad resulta también inaprensible en cuanto nos enfrentamos con el polimorfismo, y el concepto estructural de *idiolecto* viene a ser tan deslizante como el histórico de dialecto.[15]

Lo fundamental, tanto para la tesis historicista como para la estructural, es que el dialecto supone la plena inteligibilidad entre los individuos de una comunidad, sea cual fuere la extensión de ésta, porque si no hay comprensión es que estamos ante otro dialecto. Resulta entonces que para Francescato son inútiles ciertas precisiones que dan Pulgram, Weinreich y Moulton al concepto de dialecto; para ellos, los dialectos deben pertenecer a la misma lengua, mientras que el investigador que comento defiende no que pertenezcan a una misma lengua, sino que ellos son una lengua; de ahí que precise: *dialecto* es la 'lengua hablada habitualmente en una comunidad lingüística', y *lengua* viene a ser un concepto que incluye en el mismo proceso toda suerte de elementos culturales, o sea, extralingüísticos.

Desde un punto de vista estructural es importante el concepto que cada hablante tenga de su propio hablar, porque según sea «lo que cree que pronuncia» y no «lo que realmente pronuncia» podremos llevar a cabo una descripción de sus hechos fonológicos, como ha señalado Allières, a propósito del polimorfismo. Nos enfrentamos, pues, con la *dialectología sincrónica*, opuesta a la lingüística descriptiva que, con palabras de Charles F. Hockett, ignora las diferencias interpersonales y limita su atención a la lengua como un todo. Surgen entonces, dentro del propio estructuralismo, tendencias bien distintas que, en cierto modo, ha tratado de precisar Harry Hoijer (1957) en su *Native Reaction as a Criterion in Linguistics Analysis*.

14. *Languages in Contact* (5.ª impresión), La Haya, p. 2.
15. Resumo mis páginas iniciales de *Estructuralismo, geografía lingüística y dialectología actual*, Madrid, 1973.

Por otra parte, esa negación de las diferencias interpersonales de que habla Hockett atentaría, necesariamente, contra el concepto de *diasistema*, al menos entendiendo como tal no un «suprasistema» o un «sistema de alto nivel», sino una relación «bidialectal» de cualquier tipo, lo que se ha llamado también *merged system* ('sistema de compromiso o fundido') cuando se trata de dos lenguas en contacto. Pero resulta entonces que *dialecto* viene a ser lo mismo que *diasistema*, y no es posible intentar normalizar en un sistema lo que por naturaleza es inestable; es más, si dialecto es un concepto sustentado en la diferenciación, venimos a negar la existencia del objeto de nuestro estudio. Y cualquiera de los términos que usemos, *idiolecto*, *dialecto*, *hablares en contacto*, no hacemos otra cosa que caracterizar diferencias interpersonales que pueden o no convertirse en sistemáticas, pero que son realidades que se escapan o pueden escaparse del esquematismo de cualquier normalización ajena a la vida de una lengua. Precisamente el concepto de *mezcla* que ha surgido a propósito de una definición estructural había sido captado con toda lucidez por Schuchardt cuando consideraba como tal hasta la que se produce «en las comunidades lingüísticas más homogéneas, mediante la migración de los individuos que hablan una misma lengua, de un lugar a otro, de una categoría social a otra, etc.». Hay diferencias interpersonales que, en última instancia, son las que determinan el cambio lingüístico si llegan a alcanzar un nivel suprapersonal, pero, antes de que esas diferencias lleguen a la «norma» que en un sitio rige, es necesario que hayan existido dualmente en el sujeto individual. De él, por contraste con las otras suyas, personales, han irradiado hacia la comunidad, pero, por el mero hecho de coexistir unas y otras en un momento determinado, han vivido «en contacto», con lo que el *merged system* no es preciso que se produzca entre lenguas distintas, sino que basta su realización en un mismo individuo o en una colectividad —no importa si grande o pequeña—, y entonces estaríamos en un campo ideológico muy querido por los viejos maestros del indoeuropeísmo (Meillet), del germanismo (A. Pfalz) o del romanismo (Schuchardt, Gilliéron): no hay sistema que no sea resultado de mestizaje lingüístico.

Teniendo en cuenta todas las dudas que suscitan las posiciones extremas, intentaría definir LENGUA como 'un sistema lingüístico caracterizado por su fuerte diferenciación, por poseer un alto grado de nivelación, por ser vehículo de una importante tradición literaria y, en ocasiones, por haberse impuesto a sistemas lingüísticos del mismo origen'.

La enumeración de condiciones se ha hecho siguiendo un orden de valor: la fuerte diferenciación es un factor decisivo. Sólo así se explica, por ejemplo, la situación del sardo o del rético dentro de las lenguas romances, o la pretensión de convertir el gascón en una nueva lengua neolatina.

El «alto grado de nivelación» me parece necesario para que la lengua presente esa estructura coherente que debe tener el vehículo lingüístico de una numerosa colectividad. El hecho de que las hablas réticas o el rumano no tengan la cohesión del francés o del español no puede servir de argumento. En ambos casos se cumplen otros de los rasgos de mi definición y, de cualquier modo, el rético o el rumano tienen la coherencia necesaria para constituir sendas unidades lingüísticas. Los rasgos más importantes establecen la unidad; los secundarios, la pluralidad. Pero esta pluralidad no atenta a la estructura sustancial de la unidad, aunque perturbe la secundaria de la uniformidad. (No olvidemos otro hecho: el francés, el italiano o el español son, con sus diferencias, paradigmas típicos dentro de los romances; en ellos se cumplen todos los requisitos necesarios. En la definición buscamos lo que vale, en líneas generales, para todos y para siempre; desde el particularismo de los hechos menudos, cada lengua, más que cada palabra, tiene una historia propia, que le aparta y la independiza de las demás.)

El ser «vehículo de una importante tradición literaria» viene a establecer una distinción entre dialectos de un mismo origen, de los cuales uno ha logrado fortuna más próspera. En la Edad Media, o en determinado momento de la Edad Media, ni el florentino, ni el castellano, ni el dialecto de la Île-de-France tenían un cultivo literario superior al siciliano, al leonés o al anglo-normando, pongo por caso; pero los dialectos aducidos en último lugar no mantuvieron su tradición literaria, sino que renunciaron a ella en beneficio del toscano, del franciano o del castellano. Por eso, con independencia de las causas políticas, que muchas veces no culminaron hasta hace poco, el italiano, el francés o el español tienen un determinado —y concreto— origen dialectal. Y en ellos cristalizaron sendas y valiosas literaturas. (Esta condición, válida para las tres lenguas románicas más importantes, no afecta al portugués ni al catalán, de estructura primitiva distinta; ni afecta tampoco a las lenguas que no poseen una gran literatura o a las que, como el rumano, han despertado muy tarde su sentido lingüístico.) Sin embargo, en el complejo lingüístico del Languedoc nadie ha discutido nunca —ni muchísimo menos— la categoría del provenzal, mientras que está en tela de juicio la del gascón.

En último lugar, he señalado «por haberse impuesto a sistemas lingüísticos de su mismo origen». Esta condición sirve para aclarar no sólo el concepto de *lengua*, sino también para resolver las diversas antinomias que ha suscitado la definición de *dialecto*. No obstante, delimita, junto a la condición anterior, por qué el siciliano, el anglo-normando o el leonés no son lenguas.

Técnicamente, la condición primera, «estructura lingüística fuertemente diferenciada», había resuelto el problema de las innominadas *lenguas nacionales*, que si era marginal a nuestro actual interés, se había deslizado en alguna definición estructural de *dialecto*.

DIALECTO es, de acuerdo con lo que hemos dicho, 'un sistema de signos desgajado de una lengua común, viva o desaparecida; normalmente, con una concreta limitación geográfica, pero sin una fuerte diferenciación frente a otros de origen común'. De modo secundario, pueden llamarse dialectos 'las estructuras lingüísticas, simultáneas a otras, que no alcanzan la categoría de lengua'.

Según esto, es condición del dialecto su débil diferenciación con respecto a otros del mismo origen. Pensemos en un estado primitivo del castellano con respecto al leonés o al aragonés, antes de que se impusiera como vehículo lingüístico. Y tengamos en cuenta la comunidad de procesos que aún hoy unen a las hablas marginales, frente a la «fuerte diferenciación» central.

Al considerar el dialecto como fragmentación o escisión de una lengua «viva o desaparecida», damos cabida en el concepto de dialecto tanto a las formaciones antiguas (castellano, aragonés, leonés) como a las que se están fraguando ante nuestros ojos (hablas meridionales de España). Ahora bien, conviene no atomizar los hechos actuales por falta de perspectiva para que la situación de hoy tenga coherencia con lo que sabemos de las épocas pasadas. Aclaremos con un ejemplo: nadie suele discutir que el andaluz sea un dialecto, pero ¿lo es el canario?

Al encararnos con los conceptos básicos de la lingüística (qué entendemos por *lengua*, qué entendemos por *dialecto*) resulta que denunciamos deficiencias en los historicistas y en los estructuralistas. Los primeros, inflexibles en la aplicación de unos principios a los que quieren dar valor universal, no llegan a comprender el hecho lingüístico porque se escapa de su apriorismo; los estructuralistas, por reacción, abdican del sentido histórico en busca de un prehistoricismo válido para muy diversas estructuras. La explicación de estas posturas está en la creación de la lingüística como ciencia, gracias a los hallazgos del comparatismo y la aplicación del concepto de ley. No se podía renunciar a lo que tanto dio, aunque se hubiera llegado a los límites extremos de viabilidad. Los lingüistas norteamericanos se hicieron lingüistas desde la antropología. El estudio de los pueblos sin historia y el conocimiento de las lenguas amerindias hizo que Boas, Bloomfield, Sapir y, hoy Hockett o Harris, hayan practicado una lingüística pura, sin entronques ni engarces con nada paralingüístico o extralingüístico. Cierto que, según su postura, en un plano estrictamente sincrónico se podrán describir de un modo semejante todas las lenguas, pero —aquí mis reservas— no se pueden explicar del mismo modo todos los hechos de todas las lenguas. No lleva a grandes resultados comparar el tunica con el italiano o el francés con el bantú.

Los factores paralingüísticos, por muy externos que sean a una lengua, llegan a convertirse en factores internos (historia, sociología, economía, etcétera), y entonces nos encontramos con un estado de cosas que, considerado sólo desde la lingüística, resulta parcial e insuficiente; tan parcial e insuficiente como la lingüística decimonónica, preocupada —sólo— por reconstrucciones históricas, ajenas en buena medida a los hechos internos de la lingüística. Por muy indiferentes que queramos ser a cualquier tipo de descripción (equiparando, por ejemplo, *hablar*, *dialecto* y *lengua*), unos factores extralingüísticos habrán incidido en el sistema estableciendo unas categorías socio-culturales; si nos desentendemos de ellas, sacrificaremos voluntariamente la posibilidad de explicar muchos hechos.

# DIALECTOLOGÍA Y CUESTIÓN DE PRESTIGIO

por Manuel Alvar

Podemos entender por prestigio, la aceptación de un tipo de conducta considerado mejor que otro. Qué duda cabe que —lingüísticamente hablando— las cosas son así, incluso para quienes rechazan cualquier tipo de superioridad cultural, intelectual, de dedicación, etc., y no digamos de otras razones que por sí no significan nada si no se orientan a más altas dignidades (linaje, economía, etc.). Porque no resulta extraño ver cómo lo que se trata es de obtener unos legítimos derechos a ser respetados; pasar luego al reconocimiento general e imponer, más tarde, aquello que se ha conseguido. Los poetas en alguna variedad pirenaica escribían en *fabla*, así lo ponían ellos en sus propios textos, y la fabla fue lo que se adujo como caracterizador de ciertas modalidades culturales aragonesas (hecho cierto); después se trató de discutir su virtualidad, difusión, historia (en lo que ya no había la misma verdad); luego, se pretendió, o se pretende, crear una lengua para lo que se obtiene el silencio de los unos y las migajas silenciadoras de los otros. Lengua asturiana, lengua valenciana, lengua aragonesa. Y surgen palabras mágicas, nivelación, obligatoriedad, cooficialidad. Palabras mágicas porque no dicen lo que dicen. Es verdad que podríamos encontrar antecedentes antiguos en los que la lengua se refiriera a la modalidad lingüística de Aragón (es decir, al español-castellano hablado en Aragón, no al chistavino, o al belsetá o al ansotano) o a la de Valencia, pero es falsear la verdad utilizar un metalenguaje técnico de hoy (conceptos de lengua y de dialecto) con el léxico de un escritor del siglo XV o del siglo XVI, que no se planteó nunca el valor de esos conceptos (generales o particulares), ni siquiera en sus propios días.

Prestigio, pues, es lo que se trata de buscar para elevar la consideración de una modalidad lingüística. Que científicamente sean igual el keresan (variedad de la lengua pueblo hablada en Nuevo Méjico) o el inglés, es probable que se pueda sostener, aunque sea invocando los manes idealistas de Vossler, pero que el inglés sea lo mismo que el keresan, no creo que lo defienda el más apasionado de los antropólogos. No creo, por tanto, que esto tenga mucho que ver con el origen de la nomenclatura, sería tanto como suponer que las dolencias no se diagnostican porque en griego su nombre no era preciso.

Cuando Henrico Stephano redacta su *Thesaurus Graecae Linguae* y la reelaboran en el primer tercio del siglo XIX, γλῶσσα es 'lingua' y se señala que va acompañada de hermosos epítetos, mientras que διάλεκτος es el 'sermo unucuique genti peculiaris', con lo que se establecen ya unas diferencias que nosotros diríamos que son las que distancian la *literatura*, quehacer de los doctos con cuanto ello significa, del *habla* restringida a un mundo limitado de gentes. Lo mismo que *lingua* era no sólo 'sermo' sino 'eloquentia' y *dialectus* 'forma quaedam et peculiaris ratio loquendi apud varios populos eademque lingua utentes'; de ahí que *lingua* fuera un término abarcador, digamos hoy suprasistema, prestigiado por el uso de los buenos escritores. No se pueden interpretar torcidamente textos como este de Quintiliano, con una autoridad que han reconocido los mentores de todos los siglos: «In una *lingua* diuersitas *sermonis*»,[1] donde *lingua* es el código universalmente válido y *sermo* el 'dialecto'. Siempre —y también entre los autores clásicos— la *lengua* era el término abarcador, dotado de unas condiciones que no tenía el restringido *dialecto* y estas condiciones eran, sin duda, las del prestigio que daba el poseer literatura o el ser capaz de expresar las especulaciones científicas.

Ahora bien, ese prestigio significaba una aceptación lograda más por conveniencia que por imposición, aunque puedan darse una y otra forma sin ninguna clase de dramatismo. La conveniencia es utilitaria y no todos los hablantes tienen fidelidad hacia el instrumento que poseen:[2] hombres hay para quienes su dios es su vientre,[3] y mal podrán los tales sentir otros amores que el de su propio egoísmo, aunque a veces no lo sepan; o los hay amigos de novedades —como aquellos celtas de que habla César, y que tan pronto perdieron su lengua— o que voluntariamente se incorporan a un grupo que no es el suyo, etc. Cierto que hay imposiciones violentas, cuando se obliga a un pueblo a cambiar de lengua[4] o cuando razones políticas llevan a sustituir una cultura por otra[5] o cuando la vida individual es arrancada de su pegujal para ser sometida a explotación. El segundo de los casos considerados, con esas u otras múltiples variantes, puede llevar a tensiones violentas, digamos rebeldías que acaban favoreciendo la imposición de los más fuertes, pero lo que es posible no siempre es necesario, y puede haber razones que trasvasen o entrelacen los motivos exclusivamente lingüísticos y que la lingüística y la sociología estudian: bilingüismo, lenguas en contacto, criollización, etc. Pero lo que entendemos por prestigio afecta sobre todo a las razones ordenadas en el primer grupo, aunque —y no pocas veces— se aceptan como buenas las ideas de los vencedores, porque la victoria también tiene prestigio.

1. *Inst. or.*, 12, 10.34.
2. *Vid.* Gregorio Salvador, «Sobre la deslealtad lingüística» (*Lingüística Española Actual*, V [1983], pp. 173-178).
3. *Filipenses*, 3, 19.
4. Tal sería el caso de los moriscos; cfr. Pascual Boronat, *Los moriscos españoles y su expulsión* (2 vol.), Valencia, 1901; Julio Caro Baroja, *Los moriscos del reino de Granada*, Madrid, 1957.
5. En el mundo que nos afecta, la sustitución de los valores hispánicos en el sur de los Estados Unidos. Para otras cosas *vid.* mi «Bilingüismo e integración en Hispanoamérica», 1971, recogido ahora en *Hombre, etnia, estado. Actitudes lingüísticas en Hispanoamérica*, Madrid, 1986.

Causas todas las anteriores que me parecen mucho más objetivas y razonables que decir, como piensa Haugen, que la lengua abarca más que los dialectos, y los integra en ella, tal sería el «inglés-estándar» frente al «inglés-americano» o al «inglés de los negros». Ideas éstas que a mi parecer también tienen su proyección en Europa, cuando investigadores como Jean Fourquet[6] dicen que los dialectos no son códigos completos o llegan —tal el caso de Marthe Philipp— a la negación de la evidencia.[7] Para mí los planteamientos son otros. Ese tipo ideal de inglés del que habla Haugen o de lengua común, según los investigadores franceses, no abarca ni más ni menos que los dialectos, por la sencilla razón de que no existe. ¿Qué es el «inglés-estándar»? Simplemente el inglés medio que no es la suma de *n* clases de inglés, sino un tipo de inglés como el «Yorkshire English» o el «Indian English» de que Haugen habla; la lengua común que no tiene por qué ser más rica que cada una de las variedades existentes, y que muchas veces será más pobre, porque no tiene *todas* las exigencias de las mil variedades del inglés. Ahora bien, al decir *lengua común* estamos situándonos en un nivel sociológico que debemos precisar porque de cualquier modo acaso no hagamos sino dar vueltas al andén de una noria.[8] En 1966, el Permanent International Comittee of Linguistics editó *A Glossary of American Technical Linguistics Usage 1925-1950*, de Eric P. Hamp, en el que la *lengua estándar* es definida como 'A relatively uniform auxiliary dialect', pero volvemos a tener nuestras dudas sobre la «relatividad uniforme» o «el dialecto auxiliar»; por eso, si tuviera que atenerse a una valoración precisa, preferiría atenerme a hechos muy concretos.

La lengua es el suprasistema en el que están implícitas las mil posibilidades de realización pero que, tan pronto como se realiza, deja de ser sistema abstracto, deja de ser *langue* (lengua) y se convierte en *parole* (habla). El inglés medio *(standard English)* es tan hecho de habla como el de Yorkshire; el suprasistema en el que están implícitos todos los sistemas es una «lengua inglesa» que lo es porque posee esos medios coercitivos que la hacen ser como es, pues, si no existieran, las realizaciones nacionales, regionales, locales del inglés dejarían de ser mutuamente inteligibles y se convertirían en otra cosa. Si pensamos en el español, los motivos no son de otro modo: frente a una norma arcaizante (Burgos, Toledo) surgió una norma innovadora (Sevilla y, de ella, Canarias, América); hoy, quinientos años después de la expansión de Castilla, la historia se ha complicado mucho más, pero el español sigue siendo inteligible: el aragonés conversa con el tejano sin que necesite para nada de intérpretes. ¿Por qué? Porque sobre modalidades lingüísticas separadas por miles y miles de kilómetros, por motivaciones culturales muy distintas o por causas históricas que en nada se parecen, está ese código abstracto que se llama lengua en el que caben esas dos (y otras mil) modalidades sin que el sistema se haya roto.

6. En *Le Langage*, dir. A. Martinet, París, 1968, p. 577.
7. *La Linguistique. Guide alphabétique*, París, 1969, p. 394.
8. Es lo que ocurre con la definición de *standard language* en *A Dictionary of Linguistics*, de Mario A. Pei y Frank Gaynor, Nueva York, 1954.

Y, sin embargo, esa idea abarcadora, o, si se quiere, de mayor riqueza, es operativa cuando se enfrentan dos subsistemas, dialectos o variedades regionales de una misma lengua. Cuántas veces al preguntar a un hablante por la variedad lingüística que habla surge un determinado ideal que es preferido, o en el cotejo de la actitud de un hablante ante modalidades diferentes de la suya elige una u otra (la propia o la ajena) y en ese ideal o en esa preferencia va implícita la idea de prestigio. Porque elegir lo propio es adscripción terruñera y sentimental; considerar como mejor lo ajeno es razonar desde una perspectiva del más valer. Los razonamientos con que un hablante de América justifica sus preferencias por una determinada variante peninsular abarcan una serie de motivos que para él operan, aunque no sean siempre válidos ni del mismo modo significativos,[9] pero su proclividad a un determinado español culto (no digamos «estándar» porque de inmediato tendríamos que explicarnos qué puede entenderse por «estándar», y acaso no pudiéramos dar una respuesta uniforme) está motivado por razones que no son de riqueza, sino de valoración positiva.[10] Tal es el proceso que R. A. Hudson expone como «estandardización»: el proceso «directo y deliberado» de la sociedad para intervenir en la creación de ese lenguaje común donde no había antes sino dialectos. Hudson habla del *standard language* como 'proper language' o lenguaje correcto del que se elimina cuanto se ha considerado anormal en los usos de la lengua.[11] Pero tampoco esto es válido, porque continuaremos sin entender lo que es ese lenguaje común. Pensemos en el español: la lengua culta repudia el uso de *haiga* o de *semos*; por tanto, un hablante con corrección no las usará en su discurso. Pero ¿qué diremos del yeísmo o del seseo? ¿Pertenecen o no al español «estándar»? Y si lo hacen, ¿qué haremos con los distinguidores de *elle* y *ye*, de *ese* y *zeta*? Pero no son estos los únicos casos: pensemos en la *jota* y en la *h* aspirada, en la «demolición» de la *ese* implosiva, en el tipo de *ese* (apical, coronal, plana). Difícil definirnos por una norma «estándar» porque variará de unos lugares a otros, y siempre será culto quien la emplee de una u otra forma, o se repudiará en unos sitios como incorrecto lo que es correcto en otros. O resultará para muchos «cultos» intolerable lo que es la norma común de quienes se creían dueños del español. Así aquella profesora puertorriqueña que consideraba la *zeta* peninsular como si fuera un delito de *lesa lingua* y, sin embargo, no se daba cuenta de la *elle*, de la *jota*, de la distinción de *l* y *r* implosivas, etc. Entonces, cuando hablamos de lengua «estándar» habrá que volver los ojos hacia la lengua literaria: lo que en ella es correcto, es lo que ha producido la «estandardización». Nadie en el mundo hispánico aceptará que un alumno escriba *cabayo*, *prosesión* o *veldá*, con independencia de las zonas en las cuales se

9.  *Vid.* Manuel Alvar, *Hombre, etnia, estado*, Madrid, 1986.

10.  Desde una perspectiva distinta de la que ahora trato, se ocupa de «the standard-with-dialects question» Ralph Fasold en su obra *The Sociolinguistics of Society* (Oxford, 1984, pp. 43-50), tomo I (y único aparecido) de una *Introduction to Sociolinguistics*. Antes de él, I. B. Pride, *The Social Meaning of Language*, Oxford, 1971, se acercó a las «Standard and Vernacular Language Functions» en el cap. V de la obra (pp. 36-46).

11.  *Sociolinguistics*, Oxford, 1980, pp. 32 y siguientes.

pronuncien esas y otras semejantes. Para mí, «lengua estándar» es el resultado de un consenso basado, precisamente, en los usos literarios. Y esa lengua, digámoslo técnicamente, es la *langue* de Saussure: existe en todas partes, está aceptada por todos los hablantes (no sólo por los escribientes), pero nadie la utiliza. Sin embargo, mantiene la unidad del sistema. Es el referente válido en un momento dado en la inmensa superficie en la que el español se habla, aunque la realización de ese sistema abstracto puede tener pluralidad de actualizaciones: habrá hablantes «correctos» que distinguirán *ese* y *zeta*, *elle* y *ye*, pero dejarán caer la -*d*- intervocálica; otros habrán perdido *vosotros*, pero su español será perfectamente «correcto».

Tampoco desde nuestra perspectiva podemos aceptar que la lengua común sea el resultado de una intervención social para hacer lengua de una diversidad dialectal; es lo que llevó a cabo Alejandro al reducir a uno los cuatro dialectos griegos, pero lo que nosotros tenemos como lengua común fue un dialecto, el castellano, que se impuso por mil azares, sociales, sí, y que todos los hablantes lo aceptaron como «la mejor de las lenguas»; así ocurrió también con el franciano y el toscano, pero entre nosotros no se produjo —como en francés— la escisión lengua frente a dialecto, sino que aquel castellano aceptado por todos por las mil conveniencias que reportaba se convirtió en español, y en él se incorporaron muchas peculiaridades regionales que no lo afean, sino que lo enriquecen. No hubo aquí imposición dogmática de los gramáticos, sino la doctrina del uso, procediera de donde procediera, pero ese uso se consideró siempre bajo el amparo de los buenos escritores, por muy local que pudiera ser. Y esto ocurrió también cuando la sociedad creó el instrumento para defender la lengua y, por ende, para dictaminar en un momento dado qué era lo correcto y qué debía repudiarse.

Son, pues, un conjunto de valores los que han llevado a constituir la lengua común, aunque por ser un conjunto tengamos que verlos en una variada heterogeneidad. Los motivos que en el conjunto se integran tendrán carácter literario, de instrucción, de normalización fonética, de corrección aceptada, de motivos históricos, etc. Unos poseerán carácter más o menos general, otros atañen a la realidad concreta en la que el hablante se mueve. Y esto es lo que pasó hace siglos cuando leonés y aragonés abdicaron en beneficio del castellano, o cuando franciano y toscano pasaron a ser francés o italiano. Razones actuantes que iban desde la imposición política al uso de los escritores preferidos. Aparte otras razones más sutiles que se extendían sin aparecer en las manifestaciones externas, tal es el caso de la acción de unos monasterios, o de una repoblación, o del desarrollo de una técnica. Hoy es lo mismo: el indio del Amazonas necesita del español para su mercadeo, o el hispano-hablante de Nuevo Méjico o de Tejas precisa del inglés para incorporarse a una sociedad en la que está inserto y que cada día le presiona más con sus exigencias económicas. Se habla mucho de la suerte del español en Puerto Rico, pero Puerto Rico —con tantas concesiones como se quiera— defiende su lengua con uñas y dientes, mientras que en los estados de la Unión, una marea asciende generación tras generación hasta anegar los reductos donde el español ni se defiende, o los ha ocupado totalmente, como en California. Prestigio de una lengua por el desarrollo técnico, por la industria, por la mejora que concede en los puestos de trabajo. No fue distinta la captación de Roma en Hispania o la de Castilla en las sociedades amerindias.

No digamos que la historia lingüística medieval es diferente de la actual, porque ello nos lleva de nuevo a la aparente aporía de lo que es dialecto.[12] Porque si leonés y aragonés son distintos que castellano; o picardo, champañés y angevino distintos que francés; o sienés, bergamasco o pisano, distintos que florentino, no es menos cierto que todas esas diferencias y otras mil que puedo aducir se remontan a un sistema llamado latín. Y si el castellano, el leonés, el aragonés, etc., son dialectos del latín, nada irracional es pensar que el andaluz, el canario o el antillano no sean fonéticamente dialectos del castellano, aunque hoy todos (castellano, leonés, andaluz, chileno, etc.) no son otra cosa que variedades de una realidad supraregional a la que llamamos —y es— español. Es cierto que los sistematizadores al uso no sepan qué hacer con la koiné o quieran inmolar a las diferencias o sacrificar el suprasistema traduciendo al canadiense o al mejicano, pero intento aclarar: ha sido la sociedad la que ha prestigiado a una modalidad sobre otras. No digamos que es bueno ni malo, simplemente es, y deshacer pretendidos entuertos del pasado desde nuestra perspectiva de hoy es tan anacrónico como remendar las armas del astillero cuando los enemigos combaten con pólvora.

Corren vientos de fronda y lo prestigioso es desprestigiar el prestigio, lo que lleva al absurdo de leer en negativos, por el sólo hecho de ser negativos. Entonces se revuelven las aguas de qué es lengua y de qué es dialecto. Basta con eliminar ese valor añadido que aparece en ciertos conceptos lingüísticos. Se nos dice que dialecto y lengua son lo mismo y a los nostálgicos de esas posturas, por lo demás reaccionarias y oscurantistas,[13] habría que decirles que tienen razón, que ya lo escribió un idealista llamado Karl Vossler, pero que la lengua es un dialecto + $n$ y $n$ son todas esas cosas que nosotros no podemos eliminar ni por decretos ni por me-da-la-real-gana; son las preferencias de unas sociedades que nos precedieron, la literatura que ennobleció los usos, la necesidad de gentes humildísimas que necesitaron —y necesitan— poder subsistir, el ideal de perfección que se encuentra en el espíritu limpio del hombre. Y está también la proyección de la propia alma cuando deseamos tener un amplio tornavoz. Es cierto que unos preferirán vivir en el gueto y otros caminar por el ancho mundo; to-

---

12.   Cfr. Eugenio Coseriu, «Los conceptos de *dialecto, nivel* y *estilo* de lenguas» (*Lingüística Española Actual*, I [1981]). Y no estará de más recordar al gran Antoine Meillet en *La méthode comparative en linguistique*, Oslo, 1929, p. 53, por ejemplo.

13.   Los adjetivos con que las adornan los sociolingüistas son muy variados, y siempre de talante harto negativo; vid. John Edwards, *Language, Society, and Identity*, Oxford, 1985, pp. 40-41, por ejemplo. En última instancia, hay que remontarse a Lenin y a la Revolución francesa para conocer el arranque de tales juicios (*vid. La lengua como libertad*, pp. 74-75). En un trabajo brillantísimo, Eugenio Coseriu llama a tales intentos «proceso histórico innatural y anacrónico» («Lenguaje y política», en el libro *El lenguaje político*, Madrid, 1987). Vid., también, José Mondéjar, «Naturaleza y *status* social de las hablas andaluzas», en *Lenguas peninsulares y proyección hispánica*, Madrid, 1986, páginas 146-147.

dos» tienen los mismos derechos y merecen los mismos respetos, pero no podemos decir que para los hombres significan lo mismo quienes habitan en una caverna lingüística que quienes buscan al hombre para comunicarse en una efusión de entendimiento.[14]

No digamos que las definiciones son ambiguas y echemos la culpa a los griegos. Todos los hechos culturales son ambiguos, porque las palabras cambian de significado por más que su origen se mantenga, pero nuestra obligación es aclarar los significados: de hoy y de antes. El funcionamiento actual es uno, la historia es otra y el metalenguaje de los lingüistas distinto que el de los hablantes que no tienen la deformación del oficio. La obligación nuestra es aclarar las cosas y explicar lo que varía con el tiempo y con las distintas culturas, aunque las palabras sean las mismas. Y, sobre todo, no es científico pretender juzgar los hechos de hoy desde una historia a la que pretendemos vaciar del tiempo.

14.   *Vid. La norma lingüística*, ya cit., pp. 47-50. Y creo que *prestigio* es cuanto se deduce de la oposición *lengua-dialecto* al hacer unos planteamientos teóricos. *Vid.* el esclarecedor artículo de Eugenio Coseriu «Los conceptos de *dialecto, nivel* y *estilo de lengua* y el sentido propio de la dialectología» en *Lingüística Española Actual*, III, 1981, pp. 1-32, donde se disipan muchas dudas, y, como en cualquier trabajo responsablemente científico, se crean otras; es decir, obliga a pensar. Sobre los problemas en América (español / lenguas indígenas), *vid. Hombre, etnia, estado*, Madrid, 1987, p. 310, por ejemplo. Juan M. Lope Blanch se ocupó del tema en «El concepto de *prestigio* y la norma lingüística del español», en *Estudios de Lingüística española*, México, 1986, pero no todas sus afirmaciones son igualmente válidas. Añadamos una referencia posterior: José G. Moreno de Alba, «Sobre el prestigio lingüístico», en *Minucias del lenguaje*, México, 1987, pp. 143-146.

# DIALECTOLOGÍA E HISTORIA DE LA LENGUA

por Juan Antonio Frago Gracia

En las antiguas oposiciones a plazas de profesor universitario de Historia del Español —también llamadas de Gramática Histórica— era absolutamente necesario que el programa presentado por los candidatos contuviera un apartado de temas dialectológicos, a los que inevitablemente correspondía algún ejercicio de aquellos prácticos que por desgracia pasaron a mejor vida. Y es que en la ciencia lingüística con toda razón se consideraba que mal podía hacerse una completa historia de la lengua española sin tener en cuenta la de los dialectos vecinos y la de aquellos otros, llamados innovadores, surgidos de su propio seno en el transcurso de siglos de desarrollo evolutivo. En cuanto a criterio metodológico, cabe afirmar que no es posible la retrospección histórica —ni siquiera el enfoque sincrónico— sin echar mano de la comparación. Ya advirtió Hjelmslev que «toda lingüística, en virtud de su método, es comparada» y que «es por comparación, y solamente por comparación, como pueden rastrearse las conexiones o relaciones entre las lenguas, cualquiera que pueda ser la naturaleza de estas relaciones», para concluir apodícticamente que «la lingüística sin comparación es inconcebible».[1]

Efectivamente, en el análisis de un texto actual apenas cabe obviar el contraste entre las diferencias fonéticas, léxicas y gramaticales existentes en español, sean éstas de carácter geográfico o sociocultal, pues de otro modo se extraerían los patrones de una lengua ideal, pero asimismo irreal, desenfoque en el que más de una descripción generalizadora cae. Convenga o no a ciertos planteamientos teóricos, la unidad se da junto a la diversidad y la abstracción lingüística en modo alguno ha de ignorar que la lengua es bastante más compleja y menos homogénea de lo que a primera vista parece, y a partir de esta constatación no es extraño un concepto como el de *archisistema*, o como el de *diasistema*, y otros semejantes que últimamente han ido formulándose.[2] Así, en el plano sincrónico, ¿qué virtualidad

---

1. L. Hjelmslev, «Una introducción a la lingüística», en *Ensayos lingüísticos*, Gredos, Madrid, 1972, pp. 20, 22.
2. A la nueva visión que un sector del estructuralismo está teniendo a propósito del carácter sistemático de la lengua pertenece el estudio de Leiv Flydal, «Latences et liaisons en français —systèmes coexistents ou un seul?», *Estudios ofrecidos a Emilio Alarcos Llorach*, Oviedo, 1979, t. IV, pp. 43-68.

tendrá un cuadro fonológico en el que se quiera compaginar el yeísmo y el seseo con las correspondientes distinciones? Situándonos en la perspectiva diacrónica, tendremos que preguntarnos si en el paso del consonantismo antiguo al moderno sólo hay que contar con dos sistemas, el viejo que tiende a desaparecer y el nuevo que de él surge, o, por el contrario, si en la comunidad hispánica durante algún tiempo coexistieron varios sistemas, con diferentes adscripciones diastráticas, diatópicas y generacionales.

La dialectología y la historia de la lengua han de estar íntimamente relacionadas también porque en su origen muchísimas lenguas —tradicionalmente tenidas por tales— antes fueron dialectos desgajados de más amplios entes lingüísticos; todas las pertenecientes al tronco indoeuropeo lo han sido. Por lo que a la península Ibérica concierne, al principio no ha habido sino dialectos neolatinos, es decir, evoluciones territorialmente diferenciadas del latín hispánico que correrían distinta suerte con el paso del tiempo. La razón de ser del dispar tratamiento recibido por esos repartimientos dialectales no es solamente lingüística, a veces ni siquiera de modo principal, sino que mucho han tenido que ver en ello motivos extralingüísticos de variada índole (culturales, políticos, etc.). Nada de extraño hay en que así hayan sido las cosas, pues la lengua es histórica precisamente por ser social, y así habrá que estudiarla en íntima relación con la historia no lingüística. El ideal, aunque desde luego difícil de alcanzar, podría ser el propuesto por Lapesa con estas palabras: «La historia lingüística sólo encuentra sentido como un aspecto de la Historia general.»[3] De ahí que en ocasiones no sirvan los parámetros exclusivamente lingüísticos para distinguir qué es lengua y qué dialecto; de ahí también que haya tantas dificultades a la hora de establecer definiciones unívocas y tajantemente distinguidoras en esta terminología, o que, por ejemplo, con la idea de *dialecto* se opere con tan alejados alcances en la romanística y en la sociolingüística, en cuya bibliografía puede hallarse este término como sinónimo de la mera variedad regional de la lengua.[4]

Tan dialectal, desde un punto de vista estrictamente lingüístico, es la solución italiana de los grupos latinos /pl-, kl-, fl-/ —*piano, chiamare, fiamma*—, como su correspondencia ribagorzana con palatalización de la /l/ explosiva (*pllano, cllamar, fllama*), aun cuando pertenezca a una realidad idiomática que no ha traspasado los estrechos límites de un subdialecto situado entre el aragonés y el catalán, y la vocalización de la alveolar lateral se registre

---

3.   Rafael Lapesa, «La apócope de la vocal en castellano antiguo. Intento de explicación histórica», *Estudios dedicados a Menéndez Pidal*, CSIC, Madrid, 1951, t. II, p. 226. Ramón Menéndez Pidal a su vez afirma que la lengua «es un producto histórico cuya esencia es la tradición ininterrumpida», *Enciclopedia Lingüística Hispánica*, CSIC, Madrid, 1960, t. I, p. CXXXVII.

4.   Sobre estas cuestiones véanse Luis Michelena, «La fragmentación dialectal: conocimientos y conjeturas», en *Lengua e Historia*, Colección Filológica Paraninfo, Madrid, 1985, pp. 73-85; Manuel Alvar, «Hacia los conceptos de lengua, dialecto y hablas» y «Lengua, dialecto y otras cuestiones conexas», en *La lengua como libertad*, Ediciones Cultura Hispánica, Madrid, 1983, pp. 56-65, 66-99. El estudio de Michelena se publicó por primera vez en 1976, los de Alvar en 1961 y 1979, respectivamente.

en una gran lengua de cultura, que lo es desde hace muchos siglos. Aunque la solución itálica se explica mucho mejor conociéndose el mencionado particularismo hispánico, que constituye una rareza en los dominios peninsulares que lo enmarcan, conservadores de dichos grupos consonánticos. El caso ribagorzano sin duda se asemeja mucho más al italiano que a las correspondientes palatalizaciones castellana y gallego-portuguesa, pero no por ello hay que buscarle origen foráneo, sumamente difícil de justificar; como también parece que ha de descartarse definitivamente la pretendida influencia suditálica en las asimilaciones iberorrománicas del tipo /-mb-/ en /-m-/.[5] Sencillamente, una misma tendencia evolutiva puede llegar a cuajar en unos sitios sí y en otros no dependiendo de múltiples factores. Incluso puede ocurrir que se hayan dado llamativas similitudes evolutivas entre áreas muy alejadas entre sí, aunque esto no implique necesariamente dependencias de un foco matriz. Otra cosa es que se trate de desarrollos dialectales a partir de un mismo sistema lingüístico y que haya constancia documental del condicionamiento originario.

Debe moderarse, pues, el fácil recurso a la causalidad sustratista tomada como motivación absolutamente determinante de ciertos cambios lingüísticos, recurso que tiene alguna justificación cuando no existe documentación del período en el cual el fenómeno en cuestión se desarrolla, pero casi ninguna si hay abundancia textual para su explicación. Sin embargo, no ha sido la lingüística tradicional la única en abusar a veces de la teoría sustratista; por lo que a problemas hispánicos concierne, será en lo tocante a la aludida impronta de una colonización suditaliana en la reducción de grupos consonánticos, y al sustrato ibérico o eusquera que se propone como base de la alteración de la /f-/ latina. Al contrario, corrientes mucho más modernas, la del estructuralismo funcional entre ellas, también se han hermanado con los postulados de la escuela pidaliana al menos a la hora de aclarar y centrar los comienzos del reajuste consonántico del castellano medieval.

Los parentescos evolutivos son una cosa y las simples coincidencias otra muy distinta. Así, por ejemplo, la propensión a reducir el número de sibilantes producido en el tránsito del latín a los sistemas neolatinos, tan acusada en la Romania occidental, redundó en simplificaciones consonánticas como las plasmadas en los diferentes «seseos» (el francés, el catalán, el portugués) y que al castellano, de manera obviamente independiente, sólo parcialmente y con diversidad de soluciones afectó en el seseo judeoespañol y en el andaluz. Algo parecido sucedió con la aspiración y pérdida de la /-s/ implosiva —de extensión geográfica menor, sin embargo, en el conjunto románico—, sin que tampoco sea posible establecer interdependencias de ninguna clase. En cambio, dentro del mismo dominio castellano sí se descubren relaciones interdialectales, bien determinadas documentalmente entre el canario y el español de América, de un lado, y las ha-

---

5.   Doy mi punto de vista sobre este asunto en *Toponimia del Campo de Borja*, Institución Fernando el Católico, 1980, pp. 219-223. La documentación suditaliana aportada por Alberto Vàrvaro también invalida la hipótesis pidaliana del sustrato osco-umbro.

blas del centro y sur de la Península, de otro, principalmente por los rasgos del llamado meridionalismo.

La historia de la lengua y la dialectología con frecuencia se entremezclan en el discurrir diacrónico, de modo que el cambio de *ge lo* a *se lo*, iniciado en los últimos decenios del siglo xiv, a finales del xv sería ocasión de una notable diferenciación regional, según lo que el expurgo documental parece indicar, con una importante preferencia por la innovación en el sur y por el arcaísmo en el norte. Al tratarse de un hecho con incidencia gramatical, la situación no se prolongó demasiado, de manera que la forma tradicional fue perdiendo frecuencia de uso y quedó desplazada de la norma común, refugiándose por algún tiempo en zonas marginales, y así Mateo Alemán jugaría con ella como supuesto ruralismo onubense.[6] Cuando el Medievo se acercaba a su fin también se establecieron desemejanzas diatópicas a propósito de la vocalización o pérdida de la /-b/ implosiva (de *cabdal*, *cibdad*, *cobdo*, etc.), bastante bien marcadas durante más de medio siglo, y si la diferenciación promovida por el cambio no perduró es porque eran numerosos los términos implicados. Por el contrario, particularismos aislados como *cogecha* y *tiseras* han conseguido sobrevivir en el medio rural de varias partes del mundo hispánico.

La evolución tardomedieval de la /-b/ romance ayuda a entender mejor el porqué de los relajamientos extremos sufridos por algunas consonantes implosivas en latín vulgar, como la /-k/ de FACTUM o la /-l/ de MULTUM, aunque en ellas mediara la atracción al punto de articulación del sonido siguiente, el de la /-s/ o el de /-r, -l/ en varias hablas castellanas, así como la razón de ser de la reacción del español popular contra los grupos consonánticos. Se trata, en definitiva, de un universal lingüístico que se manifiesta en determinadas épocas, a veces con particularización geográfica o sociocultural, cuando se dan las circunstancias, generalmente de orden extralingüístico, favorecedoras del cambio. Ni mucho menos es raro que un mismo tipo evolutivo haya actuado sin solución de continuidad en latín y en romance, verbigracia el debido a la acción de la yod, que tantas inflexiones vocálicas ocasionó en castellano antiguo (*conviniencia*, *liciones*, de *conveniencia*, *lecciones*, *supieron*, *viniendo*, *sopieron*, *veniendo*), y hasta palatalizaciones, como las de *Alemaña*, *callenta* 'calienta', *llevo* de *lievo* o el *tiñié* 'tenié (tenía)' reiteradamente empleado aún en *La lozana andaluza*.[7]

Las consecuencias estructurales de estas alteraciones fónicas evidentemente no podían ser idénticas en latín vulgar, donde se buscaba la creación de una serie de consonantes palatales inexistentes en el latín clásico, que

---

6. En el pasaje «asentá que digo que de ser hidalgo yo no *ge lo* ñego, mas es lacerado y es bien que peche» de su *Ortografía castellana* (1609), donde en realidad está remedando el tópico hablar sayagués. Comento esta documentación en *Historia de las hablas andaluzas*, Arco/Libros, Madrid, 1993, p. 196.

7. A las cuestiones suscitadas por esta forma *tiñié* (de 1528) me refiero en «Actitud del historiador de la lengua ante los textos escritos», *Boletín de la Academia Puertorriqueña de la Lengua* (segunda época), San Juan, 1992, t. I, p. 64.

en un romance como el castellano, que ya contaba con ellas. El antihiatis-
mo también fue fundamental en la transformación fonológica del latín,
probablemente apoyado en el refuerzo de la intensidad acentual, y en la
lengua española, aun cuando no ha tenido semejantes repercusiones sistemáticas, se presenta con una considerable dimensión dialectal. Sabido es,
en efecto, que las soluciones antihiáticas (*aura* 'ahora', *peliar* 'pelear', *pior*
'peor', etc.) abundan mucho más en canario que en andaluz, y que las hablas populares americanas son más receptivas a este fenómeno que las
hablas de España, dándose una mayor aceptación del mismo incluso en
ambientes cultos de algunas partes de América, Venezuela por ejemplo.

La singularidad dialectal puede ser tan llamativa como la que supone
la conversión de palabras esdrújulas en llanas *(apostóles, arbóles, pajáros)*,
de tan extraordinaria incidencia en el español regional de Aragón, especialmente el de la zona central de este dominio, constituyéndose en una de
las características más relevantes de su variedad rústica. Tal modismo re-
dunda incluso en la pérdida de la vocal postónica del sufijo *-ísimo (buenismo, majismo)* y en alteraciones fónicas como la de *Maisímo* 'Máximo', lo
cual no deja de recordar la suerte corrida por los proparoxítonos latinos en
la Romania occidental, aunque no sea idéntica la causa inicial de ambos
cambios. Y el rasgo aragonés no es desde luego nuevo, pues ya se atestigua
con los *bellismo* 'bellísimo' y *muchismo* 'muchísimo' de los manuscritos de
Francisco de Goya.[8]

La confusión yeísta es sumamente ilustrativa, por su gran complejidad, del
entrecruzamiento de la historia de la lengua con la dialectología, con más
amplias resonancias lingüísticas. La pérdida de la palatal lateral responde
al proceso de simplificación de las consonantes de esta clase, bien por eliminación de algunas de ellas bien por traslación de su articulación. Como
en este caso no poco se debe al problema muy general del relajamiento articulatorio, el yeísmo se ha producido en varios dominios románicos, pero
también en lenguas de otras tipologías.

Derivaciones como las de PULEGIUM a *poleo*, GREGEM a *grey* o FASTIDIUM
a *hastío* conocieron la pérdida de la correspondiente consonante mediopa-
latal surgida en los primeros pasos de la evolución, al quedar en contacto
con vocales anteriores. El contexto fónico es similar para los resultados del
yeísmo romance, y en él también se conoce la eliminación de la /y/, fruto
de la confusión, contigua a una de las vocales /e, i/: *cuchío* 'cuchillo', *ea*
'ella', *gaína* 'gallina', etc. Sólo que en nuestra lengua esta solución presenta
hondos ribetes de dialectalismo, según revela su existencia en judeoespañol, en hablas asturianas o en zonas americanas como Nuevo México. La
simplificación yeísta, una vez logrado su gran impulso expansivo, llega a
dibujar precisos contornos en la partición dialectal del español, cuyos límites del siglo XVIII son los que sin demasiadas desviaciones se han man-

---

8.  Registro estas conversiones de esdrújulos a llanos en *Goya en su autorretrato lingüístico*,
Real Academia de Nobles y Bellas Artes de San Luis, Zaragoza, 1996, p. 42.

tenido hasta hace pocos años. Muy recientemente, lo que durante siglos había sido un problema dialectológico se ha convertido en cuestión sociolingüística, pues se están borrando las fronteras geográficas y se establecen en cambio diferencias generacionales en muchos sitios tradicionalmente refractarios a la confusión. Es el efecto provocado por medios de nivelación lingüística antes desconocidos y de otros que eran mucho menos activos.[9]

Alguna afinidad con el caso anterior ofrece el conflicto entre el cero fonético y la aspiración procedentes de /f-/ latina. El castellano culto mantuvo la *f* en la escritura, por una mezcla de tradicionalismo y de actitud latinizante, hasta la época de los Reyes Católicos, cuando el nuevo espíritu humanístico, que acepta con naturalidad la existencia de la lengua vulgar y promueve su ennoblecimiento filológico, muy pronto arrincona aquella artificiosa antigualla. No se trata, pues, de un verdadero cambio lingüístico, sino del cambio en la estimación social de un hecho sin ninguna, o con muy escasa, correspondencia idiomática, razón por la cual los términos pertenecientes a dicho uso gráfico pudieron invertirse en pocos años. Ahora bien, este fenómeno escriturario deja textualmente al descubierto el panorama peninsular de finales del siglo XV y comienzos del XVI, con su parte castellanohablante dividida entre la aspiración y su pérdida. La situación, que venía de atrás, se mantiene básicamente hasta finales del quinientos, cuando el primer modismo rápidamente se aparta de la valoración positiva que anteriormente disfrutaba, de donde se sigue su inexorable decadencia, relativamente rápida en los principales centros urbanos, y más lenta, pero en progresiva lexicalización, en el ámbito rural.

La competencia entre variantes con frecuencia lleva a la fragmentación de usos que un día fueron generales. Esta ruptura puede quedar compartimentada en diferentes niveles socioculturales de la comunidad de hablantes, pero lo más frecuente es que la diversificación tenga carácter geográfico. Por ejemplo, el diminutivo -*ico*, que solió estar connotado de familiaridad, durante siglos fue común a cualquier dominio del español, y todavía lo era para Lope de Vega y para Cervantes. Luego, esa unidad territorial se fue perdiendo y a finales del siglo XVIII lo empleará Goya como clara manifestación de su aragonesismo, aunque era más extensa la referencia dialectal de una forma que se había encerrado con preferencia en zonas orientales de la Península, desde Navarra, pasando por Aragón, hasta Murcia y Granada, y en países del entorno caribeño, por lo que al español de América concierne.

También fue alternancia corriente en el castellano medieval la de -*ía* con -*ie*, -*ié*, en imperfectos de indicativo y condicionales, si bien el primer elemento de la variación morfológica a lo largo del siglo XIV marca una marcha continuamente ascendente hacia su imposición sobre la segunda

---

9. No hace mucho que noté la reciente aparición del yeísmo en Navarra y Aragón: «La actual irrupción del yeísmo en el espacio navarroaragonés y otras cuestiones históricas», *Archivo de Filología Aragonesa*, XXII-XXIII (1978), pp. 7-19. Advertí entonces que el fenómeno estaba progresando gradualmente por generaciones en estos dominios. Casi dos decenios después compruebo el gran avance de la confusión entre los menores de treinta años, mientras las personas que superan los cincuenta continúan siendo distinguidoras.

forma, circunstancia que a los poetas les permite obtener ventajas métricas, según se advierte con la mayor evidencia en el *Rimado de Palacio* de Pero López de Ayala.[10] El siglo XVI revela un esporádico empleo de *-íe* en la lengua escrita, siendo que de manera particularmente notoria se registra en la de castellanos nuevos y andaluces, de acuerdo con la caracterización dialectal que a este rasgo morfológico le reconocería en 1625 el maestro Gonzalo Correas, y que todavía mantiene en la actualidad, si bien con menor amplitud geográfica.[11] Asimismo fue antaño de libre elección la negación doble (*ninguno no, nadie no* + verbo) al lado de la simple. La segunda es la que triunfaría en el español estándar, aunque del primer tipo aún hay reminiscencias en modalidades marginales de España, pues en Vizcaya o Canarias es posible oír el tipo *tampoco no*, y el de *ninguno no* es peculiar de varias zonas hispanoamericanas. El arcaísmo sintagmático Art+Pos+N también se ha visto relegado a algunas hablas extremeñas y americanas, siendo que su difusión fue general en el pasado.

La fragmentación territorial en los usos léxicos está a la orden del día con innumerables casos de diversificación diatópica. No pocas veces tal diversidad ha tenido lugar desde un principio, lo cual parece comprobarse en la geografía lingüística de las voces sinónimas *alubia, chícharo, frijol, habichuelas* y *judía*; sin duda así ha sido en la contraposición de los aragonesismos *baladre, bisalto, espinay, fiemo* y *plantaina* a los castellanismos *adelfa, guisante, espinaca, estiércol* y *llantén*, o en la de los leonesismos *apañar* y *mielgo* a los términos de tipo estándar *coger* y *mellizo*, entre muchísimos más casos que cabría enumerar. También el andaluz mostró pronto específicos matices diferenciales en el capítulo léxico, constituidos no sólo por materiales patrimoniales reminiscentes del período precastellano, arabismos (*aljabibe, aljamel, aljofifa, jabí, orozuz*) y mozarabismos (*barcina, chinchorro, maceta...*), sino por dialectalismos norteños, occidentalismos sobre todo, asimilados al castellano de Andalucía en el curso de su repoblación: *adobio, barcia, bayón* 'espadaña', *chamariz, chamiza, frangollo, soberado*, etcétera. Y algo parecido les sucedió a las hablas canarias, que, no tardando mucho, dieron carta de naturaleza a numerosos dialectalismos peninsulares, especialmente provenientes de tierras occidentales (leonesismos y andalucismos), así como a abundantes préstamos gallego-portugueses.

En la historia del español se verifica un continuo, que no rápido, tejer y destejer entre generalización y particularización. Vocablos que un día fueron de extensión absoluta o muy amplia han ido estrechando, cuando no aislando, su geografía lingüística hasta acabar siendo referentes dialectales frente a sinónimos diatópicos de mayor fortuna, situación que refleja la diacronía de las variantes *bosar-vomitar, cabezo-cerro-collado, carrasca-encina, liviano-bofe-buétago* y la de tantas sinonimias geográficas más. En oca-

---

10.   Trato este hecho en «Actitud del historiador de la lengua ante los textos escritos», pp. 55-56.
11.   Véase Francisco Moreno Fernández, «Imperfectos y condicionales en *-íe*. Arcaísmo morfológico en Toledo», *Lingüística Española Actual*, 6 (1984), pp. 183-211.

siones, las diferencias se han mantenido multisecularmente en sus límites originarios, y también los términos de zonas más restringidas inevitablemente se convierten en rasgos representativos del regionalismo, aunque no necesariamente de una sola concreción territorial, casos de los dobletes *borde-bastardo, mengrano-granado,* o el de *pescada* contrapuesto a los préstamos *luz* y *merluza.* El dialectalismo ha podido quedar anclado en su dominio patrimonial, así los aragoneses *fenojo* 'hinojo', *pajentar* 'apacentar', *rader* 'raer' y *rujiar* 'rociar'; pero una vez aceptados por la lengua común son capaces de desplazar a los castellanismos originarios en las preferencias de sus tradicionales usuarios, ejemplo significativo de lo cual es *faja* en relación con *haza.*

Realmente, el préstamo, de la naturaleza que sea, no deja de suponer una suerte de innovación en la lengua que lo recibe, y las innovaciones en principio están llamadas a triunfar, pues por algo se sintieron necesarias o se favoreció su ascensión normativa. De este modo *ventana* desplazó a *hiniestra,* quizá para romper su cuasi homonimia molesta con *hiniesta,* mientras que *parche,* palabra polisémica, cedió terreno ante el monosémico *pasamano,* por este motivo tenido por más útil en el comercio textil del siglo XVII. Alguna finalidad conllevan muchos cambios lingüísticos, sin duda, de donde el hecho de que suelan imponerse a los usos anteriores. Pasó con las soluciones de *caudal, cosecha* y *tijeras,* durante cierto tiempo emparejadas a las preexistentes de *cabdal, cogecha* y *tiseras.* No hubo finalmente particularización territorial con la primera evolución, pero sí en las otras dos transformaciones fonéticas, anverso y reverso de un mismo fenómeno formado por el conjunto de cambios que llevaría desde el consonantismo antiguo al moderno, sólo parcialmente frenado en pequeños y dispersos enclaves de resistencia arcaizante.

Sin embargo, y aun a despecho de su carácter eminentemente estructural, también en este crucial capítulo de la historia del español se produjo el apartamiento diatópico, debido a la formación de un dialecto innovador como el andaluz, surgido a partir del castellano que en la Novísima Castilla implantó la colonización llevada a cabo tras su reconquista. Las hablas andaluzas destacan por el desarrollo más avanzado que en ellas se da en las simplificaciones y relajamientos consonánticos, aunque también son progresivas en la creación léxico-semántica, plasmada, por ejemplo, en *chocho* 'altramuz', *estancia* 'casa de campo con huerta', *hacienda* 'finca rural con vivienda', *nieve* 'hielo', *rancho* 'cabaña de pastores'. Pero también presenta el andaluz no pocos rasgos conservadores, verbigracia el mantenimiento de la distinción pronominal *lo/le,* o la conservación de muchas palabras que fueron comunes en el castellano del Siglo de Oro y que después han desaparecido o han atenuado su vigencia en otras partes.

En la historia de la lengua se suele atender a lo que se considera general, de modo prioritario en muchos estudiosos e incluso con exclusividad en algunos. Ahora bien, la lengua estándar en puridad no existe y, en cuanto al español, hechos que en su día tuvieron el marchamo de lo vulgar y regional acabaron por formar parte de la norma más selecta y unificadora, caso de la aspiración y pérdida de la /f-/ latina, inicialmente naturalizada en comarcas norteñas de Castilla la Vieja. Más tarde, España quedaría dividida en dos grandes áreas, una que se mantenía fiel a dicha aspiración y otra que la había perdido; pero tal situación no rayaba en lo dialectal, primero porque se trataba de idénticas raigambres históricas, de pasos sucesivos de una misma evolución; luego, porque la diferenciación diatópica no era causa de apreciaciones positivas o negativas. Cuando el criterio sociocultural de la normatividad entró en danza, la aspiración, inmersa en un proceso de repliegue, ya sirvió de marca dialectal y aun podría ser materia sociolingüística, todavía más en América, donde los límites regionales originarios se borran merced a la heterogeneidad de la emigración.

Por consiguiente, la historia de la lengua no puede encararse con un olvido total de la dialectología, y menos en el estudio del español, donde hasta los planteamientos de muchas cuestiones sociolingüísticas difícilmente han de descuidar su base dialectológica si quieren ser serios: no hay más que recordar cuándo ha ocurrido el gran crecimiento en la población de las principales ciudades y cuál ha sido su componente rural. Pero, sobre todo, la dialectología debe tomarse como perspectiva complementaria de la historia del español por las siguientes razones:

*a*)   Primeramente, porque esta lengua se ha extendido mediante la creación de sucesivas modalidades regionales. Conforme avanzaba la reconquista, las tierras nuevamente ganadas para el castellano se repoblaban con gentes de muy diversas procedencias, cuyas diferencias lingüísticas dieron pie a procesos de nivelación, que fueron distintos en cada zona. Precisamente uno de ellos originó el dialecto andaluz, que tan decisiva importancia tendría en la configuración del canario y del español de América.

*b*)   En segundo lugar, porque el castellano se expandió también a costa de otros romances neolatinos, leonés y navarroaragonés; pero en esos dominios no se impuso sin contrapartidas, pues hubo de recibir la impronta de las otras lenguas llamadas a desaparecer, lo cual resulta inevitable en períodos de bilingüismo o diglosia. Aunque no fuera idéntica la situación, hubo asimismo interferencias dialectales en las llamadas hablas de tránsito; por ejemplo, en el murciano sobre el imperante castellano influyeron el catalán y el aragonés.

*c*)   Finalmente, porque la lengua española no establece barreras excesivamente pronunciadas entre usos populares y cultos, y tampoco es reacia a aceptar el regionalismo en la norma modélica: el particularismo lingüístico se encuentra en la obra del gran Nebrija, o en los textos literarios de Alemán, Cervantes, Espinel, Gracián, entre los clásicos, y Juan Ramón Jiménez entre los autores de este siglo. No en vano el castellano ha sido visto como un «complejo dialectal».[12]

---

12.   En afortunada expresión de Vicente García de Diego. Mi opinión acerca de la expansión y configuración del español la manifiesto en trabajos citados en el capítulo «Formación del español de América» en el vol. II de esta misma obra. Yakov Malkiel trata de cuestiones que relacionan a la lengua con el dialecto en varios trabajos de su *From Particular to General Linguistics. Essays 1965-1978*, John Benjamins Publishing Company, Amsterdam-Filadelfia, 1983. Y en algún estudio anterior, así el referente a la historia de los grupos CL-, FL-, PL-, este gran lingüista no ha descuidado la conexión entre historia de la lengua y dialectología.

# DIALECTOLOGÍA Y GRAMÁTICA

por Bernard Pottier

## Introducción

La variación dialectal, en su sentido técnico, es una constante a través del tiempo, del espacio y de los niveles socioculturales. Todos los aspectos de la gramática están sometidos al fenómeno de la dialectalización. Hasta se puede decir que la variación alcanza incluso a cualquier hispanófono. Señala J. M. Lope Blanch que:

> Libremente alternarán en el habla de un solo mexicano estructuras sintácticas variables en el orden de sus elementos: ora dirá 'manaña podré dárselo', ora 'manaña *se lo* podré dar'. O formas verbales alternantes, en casos como 'no sé si lo *tenga* él' o 'no sé si lo *tiene* él' o 'no sé si lo *tendrá* él'.[1]

La *Sintaxis hispanoamericana* de Ch. E. Kany,[2] los *Atlas lingüísticos* publicados bajo la dirección de M. Alvar,[3] y las numerosas publicaciones sobre las hablas peninsulares e hispanoamericanas[4] ofrecen un inmenso caudal de datos de los que citaremos sólo algunos ejemplos. Hay que hacer una mención especial para la encuesta sobre las grandes ciudades que se viene desarrollando desde hace más de veinte años y cuyo *Cuestionario para el estudio coordinado de la norma lingüística culta de las principales ciudades de Iberoamérica y de la península Ibérica*[5] recoge una amplia y muy detallada lista de particularidades con buen número de ejemplos. Los «materiales» forman un corpus de primera importancia para el conocimiento de la lengua hablada, y ha sido la fuente para una colección de estudios monográficos sobre el sistema verbal, el uso de los pronombres, la sintaxis de las relativas, y otros temas fundamentales para el conocimiento de la realidad linguística hispánica en su conjunto. Otra fuente de in-

---

1. J. M. Lope Blanch, *Ensayos sobre el español de América*, UNAM, México, 1993, p. 125.
2. Gredos, Madrid, 1969², 552 p.
3. Utilizaremos aquí únicamente como botón de muestra el *ALEANR* (Navarra, Logroño, Zaragoza, Huesca, Teruel) en sus mapas de interés morfosintáctico.
4. Cfr. J. J. Montes Giraldo, *Dialectología general e hispanoamericana*, ICC, Santa Fe de Bogotá, 1995³, 311 p.
5. T. II, *Morfosintaxis*, CSIC, Madrid, 1972, 207 p.

formación es la constitución de corpus informatizados explotables para fines sintácticos. A través de las concordancias se pueden estudiar las variaciones de las realizaciones de muchos fenómenos combinatorios. Antes de poder utilizar el del habla culta que se está preparando en diversas ciudades del mundo hispánico podemos aprovechar el corpus de prensa y de novelas de la Universidad de Goteburgo, el de literatura y ensayos de la Universidad de Salamanca, el de teatro de la Universidad de Tokio, y la base de datos sintácticos (BADSEA) de la Universidad de Santiago de Compostela.

En cuanto a la «división dialectal», se basa generalmente en hechos fonético-fonológicos, léxicos y a veces morfológicos (el voseo). La sintaxis aparece como poco reveladora de áreas específicas, excepto en algunos casos muy particulares de contacto con lenguas indígenas.[6]

Los estudios dialectológicos empiezan con el nacimiento del idioma. La Edad Media ofrecía un campo amplio para la comparación de los «estados de lengua» y todavía no se ha estudiado de una manera sistemática la riqueza de sus variedades. Sirvan de muestra estos ejemplos sacados de las *Gestas de don Jayme de Aragón*[7] de mediados del siglo XIV:

= repartición de *ser* (localización) y *estar* (permanencia):
  «fizo saber al rey como el *era* alli» (149)
  «et *estuvo* alli el rey iii meses» (149)
= aparición del valor selectivo de *vosotros*, uso de una forma de presentación en singular con complementación en plural, concordancia del participio pasado con un antecedente en plural:
  «Varones, bien sabedes que non tan solament a *vos otros*, mas a toda Espanya *es manifiesto* las grandes gracias que Nuestro Senyor por su misericordia nos ha *fechas* en nuestra jouentut» (165)
= forma analógica con preposición
  «don Guillen de Aguilon tomo *con si* algunos caualleros...» (198)
= futuro después de *cuando*:
  «Quando *seredes* en vuestra tierra, vosotros deuedes yr cerca del...» (198)

## Ejemplificación gramátical

Todos los fenómenos que vamos a mencionar corresponden a tipos usuales de evolución dentro del marco de la diacronía de las lenguas románicas. Están aquí a título de ilustración.

NB: HA = Hispanoamérica

6. F. Moreno Fernández, ed., *La división dialectal del español de América*, Alcalá de Henares, 1993, 174 p.
7. J. Fernández de Heredia, *Gestas del Rey don Jayme de Aragón*, Ed. R. Foulché-Delbosc, Madrid, 1909.

DOMINANTE MORFOLÓGICA

1) La analogía explica *con tú, con ti*, al lado de *contigo* en el *ALEANR* (mapa 1721), *para yo, yo volví en sí* o *se vamos* en HA. La vacilación entre *siéntense, siéntesen* y *siéntensen* se da lo mismo en el *ALEANR* (mapa 1718) que en toda HA.

2) En el caso del voseo, la elección sociocultural de la persona gramatical entraña una serie de formas verbales. Remitimos a la abundante bibliografía sobre el tema.

CONCORDANCIA Y ANTICONCORDANCIA

1) Cuando un elemento inicial de oración presenta un predicado, puede estar en singular, recordando lo que en otras lenguas llega hasta la impersonalización:

> «*llegó* 32 vagones ferroviarios» (Bolivia)
> «en sus rostros *se leía* la fatiga y la emoción» (A. Vázquez-Figueroa, *Arena y viento*, 120)

En el *ALEANR* (mapa 1729) se dan casos de *se vende patatas, se cortó treinta pinos*, giro, como se sabe, muy extendido en HA.

2) En sentido contrario, el presentador puede anticipar el número plural de la secuencia nominal en contra de la norma general:

> «*hacen* dos días que *se podía* plantar rosales»
> «*hubieron* muchos problemas»

Puede haber un cruce de concordancias:

> «los partidos que *me gustan/verlos*»[8]
> «yo por eso no *me gustaban/hacer* tortillas»[9]

LA INESTABILIDAD DE LOS PRONOMBRES

Dejando aparte los tan citados leísmo, laísmo y loísmo, mencionaremos otros casos de funcionamiento pronominal.

1) En toda el área de la hispanofonía existe la tendencia a la invariabilidad de *uno*:

> «te juro que *la* toman para el chuleteo a *uno*»[8]

---

8. A. Uruburu Bidaurrazaga, *Materiales para el estudio del habla urbana de Córdoba*, Universidad de Córdoba (España), 1994.

9. M. Arjona, «Comportamiento sintáctico de algunas construcciones propias del habla popular mexicana», en *II Encuentro de lingüistas y filólogos de España y México*, Salamanca, 1994, pp. 321-330.

También en el caso de *le* indirecto catafórico:

> «las cosas que *le* ocurren *a ellos*»
> «*le* he dicho *a mis amigos* que vengan»[8]

2)   La duplicación del objeto directo se extiende en oraciones en que el sintagma nominal viene al final:

> «yo no *lo* he puesto como materia de tabla de esta reunión *este asunto*»[10]
> «si tuviera plata, me *lo* compararía *el auto*»[8]
> «no *lo* he llegado a tener nunca *un diálogo* inteligente» (Buenos Aires)

y también en las subordinadas:

> «hay ciertos *rasgos* de los individuos que *los* admiro»[10]
> «me trajo un *libro* muy interesante que *lo* estoy leyendo»[10]
> «hay *películas* que *las* veo a gusto»[8]
> «hay una *palabra* que no *la* encuentro ahora» (Madrid)

3)   La lexía *lo de*, usual en HA, se cita en el *ALEANR* (mapa 1985), al lado de *los campos de*, *las piezas de*.


USOS VERBALES

1)   Cuando se menciona que hay regiones en las que domina *ha cantado* o *cantó*, estaría bien tener en cuenta la gran variedad de contextos que justifican una de las dos formas, y también convendría aludir a otras posibilidades, como *ha estado cantando* o *estuvo cantando*. En el *ALEANR*, el mapa 1701, en el contexto mínimo «toda la tarde», cita *he bailado* y *he estado bailando* como dominante, o sea el perfecto en forma simple y el durativo, *bailé* y *estuve bailando* como excepcionales (pretérito simple y el durativo).

2)   El subjuntivo con *desde*, *después* se hace general en la lengua sobre todo periodística peninsular, y es muy común también en HA:

J. M. Lope Blanch estudió el caso desde la época del español clásico, pasando por Andalucía, Canarias (Pérez Galdos) e HA:[11]

> «*desde* que lleguemos a la playa, me meto al agua»

3)   «Si tendría dinero lo compraría/comprara/compraba» se da en el mapa 1704 del *ALEANR*, en el noroeste del área y en HA.

---

10.   L. Contreras, «El pronombre acusativo en el español de Chile», *Boletín de filología*, Santiago de Chile, XXIX, 1978, pp. 167-199.
11.   «*Desde que* y *(en) donde*: sobre geografía lingüística hispánica», en *Nuevos estudios de lingüística hispánica*, UNAM, México, 1993, pp. 89-102 (original de 1992).

Estructuras oracionales

1)   El orden secuencial de ciertos elementos es inestable. Es popular en todas partes:

«*me se* cayó» (*ALEANR*, mapa 1728; Córdoba, Esp., HA)

También, cuando la norma sugiere «sin que yo lo quisiera» o «sin quererlo yo», es frecuente encontrar en Canarias y en HA:

«Sin *yo* quererlo, están en mi visión de la noche...» (J. L. Borges, *El tamaño de mi esperanza*)
«Al *ella* hablar...»

y con un sintagma nominal y en HA:

«Al *profesor* llegar tarde»
«Al *José* darse cuenta»

2)   La focalización puede explicar la construcción (frecuente en respuestas a una interrogación):

«quiero es pan»
«yo soy es Pérez»

3)   La tematización se realiza primero por anteposición, y luego por la sencilla expresión del tema sin la preposición previsible:

*a)*   «Nadie conoce *a este mendigo*»
*b)*   «*A este mendigo*, nadie lo conoce»
*c)*   «*Este mendigo*, nadie lo conoce»

como en:

«*Filipinas*, nunca he ido»
«*La niña*, le gusta entrar a pintar»[9]
«Yo, *el Rocío*, no he ido» (Sevilla)
«*La casa*, no le pasó nada»

4)   La interrogación puede funcionar como forma de cortesía de un optativo:

«¿*Por qué* no se sienta?» (en el sentido de «Siéntese, por favor») en Canarias y en HA

5)   Al lado del queísmo y del dequeísmo, fenómenos bien estudiados, señalaremos la formulación analítica de la relación pronominal con *que*:

«ese genio *que* nadie se acuerda *de él*»

«me ha gustado mucho una profesora *que* ahora tenemos filosofía *con ella*» (Valdivia, Chile)

«una ciudad bonita y *que* creo que se puede vivir a gusto *en ella*» (Sevilla)

## CONCLUSIÓN

A medida que se van estudiando con más detalles las variedades del área hispanófona, se notan muchos paralelismos que se explican en parte por una difusión histórica,[12] y en parte por evoluciones espontáneas ligadas con la tipología de la lengua española.[13]

Concluye J. M. Lope Blanch uno de sus estudios de esta forma:

> Lo que en un principio me había parecido un simple arcaísmo del español dominicano en el empleo de la conjunción *desde que* ha resultado ser una antigua construcción castellana, viva, al menos en las hablas de Andalucía occidental, de las Islas Canarias y de Santo Domingo. Y posiblemente en otras hablas hispanoamericanas. De origen medieval y, sin duda, de empleo hispánico durante los Siglos de Oro, aunque no haya sido así ampliamente documentado... por el momento.[11]

12.   R. Lapesa, «El español llevado a América», en *Historia y presente del español en América*, Junta de Castilla y León, 1992, pp. 11-24.

13.   E. Coseriu, «El español de América y la unidad del idioma», en *I Simposio de Filología Iberoamericana*, Sevilla, 1990, pp. 43-75.

# DIALECTOLOGÍA Y SOCIOLINGÜÍSTICA

por Arnulfo G. Ramírez

## Introducción

El estudio de la lengua dentro de un marco social nos ofrece numerosas oportunidades para observar la variación lingüística que se puede observar en los distintos contextos socioculturales y en los diferentes aspectos de la lengua. Algunos patrones lingüísticos operan dentro de las siguientes categorías:

1) los componentes de la lengua (fonológico, léxico, sintáctico, semántico;

2) las regiones o espacios geográficos (Madrid, Buenos Aires, Canarias, Perú);

3) los grupos sociales (clase alta, media, profesionales, obreros, campesinos);

4) las diferencias entre los hablantes (edad, sexo, educación, etnia);

5) los estilos de habla (formal, informal, literario, íntimo);

6) los actos o acontecimientos comunicativos (saludos, disculpas, chistes, debates);

7) los tipos de textos (orales o escritos; espontáneos o no espontáneos);

8) los dominios sociolingüísticos (casa, vecindad, escuela, trabajo, religión).

Las relaciones entre lengua y sociedad existen en varios niveles y se manifiestan de diversas maneras. Primero, la lengua es un instrumento de comunicación entre las personas de una comunidad de habla. Por otra parte, la lengua refleja la estructura social en cuanto a las diferencias lingüísticas entre los grupos sociales. Las personas de unas regiones geográficas se distinguen de los hablantes de otras zonas por medio de su pronunciación, vocabulario o gramática. Los factores personales como edad, sexo, etnia o procedencia también influyen en el comportamiento lingüístico del individuo. Además, la lengua varía en cuanto a las formas que se emplean en los distintos estilos de habla, tipos de textos, actos comunicativos y contextos sociolingüísticos. Sin duda, la lengua está en la sociedad y la sociedad se refleja en el lenguaje.[1] Según Coseriu (1980), la lengua es un constructo social y el hablante muestra su capacidad lingüística al realizar una serie de actos comunicativos (directivos, informativos, interrogativos) y formas textuales (cartas, recetas, poemas, cuentos), los cuales están condicionados por las normas culturales e instituciones de la sociedad.[2]

## Variedades lingüísticas

El uso de una lengua en una determinada comunidad implica siempre una variación natural y normalmente extensiva debido a las diferencias entre los hablantes y los contextos sociales. Se puede decir que cada individuo habla un idiolecto (el castellano o español de don Luis, el de la abuela Consuelo, el del joven Alberto) y ese conjunto de idiolectos, con poca variación entre sí, forman el dialecto de una zona geográfica (el castellano o español de Andalucía, Salamanca, Cuba, San Juan de Puerto Rico). El conjunto de dialectos regionales forman lo que usualmente se denomina una lengua (inglés, francés, catalán, gallego, español, alemán). Por lo tanto, siguiendo estas definiciones todos hablamos un idiolecto, pertenecemos a un grupo dialectal y el dialecto forma parte de una lengua, histórica o común.[3]

La frontera entre lengua y dialecto no siempre es fácil de establecer en ciertos casos debido a las actitudes lingüísticas entre los hablantes y la situación geopolítica.[4] Por ejemplo, las diferencias entre dos lenguas románicas como el caso del castellano y el catalán o dos lenguas escandinavas como el danés o el noruego son lingüísticamente menores que las que existen entre algunos denominados «dialectos» del italiano como el calabrés, el piamontés y el siciliano. Una lengua, así como el caso del español, es una colección de dialectos y cuenta con un gran número de variedades regionales con carácter geopolítico: peninsulares, cubanas, argentinas, mexicanas, salvadoreñas, español de Texas y Nuevo México, español de los isleños en Luisiana. Por otra parte, el español, como otros idiomas, incluye variedades que corresponden a los niveles sociales: habla de los analfabetos, los campesinos, las clases obreras, y los profesionales entre otros.[5] Estas relaciones entre lengua, dialectos y sociolectos se muestran en el cuadro 1.[6]

1.  R. A. Hudson, *Sociolinguistics*, Cambridge University Press, Cambridge, 1980; R. Wardhaugh, *An Introduction to Sociolinguistics*, 2.ª ed., Basil Blackwell, Ltd., Oxford, 1992; S. Romaine, *Language in Society: An Introduction to Sociolinguistics*, Oxford University Press, Oxford, 1994.

2.  E. Coseriu, *Textlinquistik: Eine Einfürhrung*, Gunter Narr, Tubinga, 1980.

3.  C. Silva-Corvalán, *Sociolingüística: teoría y análisis*, Alhambra, Madrid, 1989.

4.  E. Coseriu, «Los conceptos de dialecto, nivel y estilo de lengua y el sentido propio de la dialectología», *Lingüística Española Actual*, III, 1981, pp. 1-32.

5.  H. López Morales, *Sociolingüística*, Gredos, Madrid, 1989.

6.  El esquema está basado en el modelo de P. Trudgill, *Sociolinguistics: An Introduction*, Penguin, Harmondsworth, Middlesex, Inglaterra, 1974, p. 41.

CUADRO 1. *Pirámide de la lengua, los dialectos y la sociedad.*

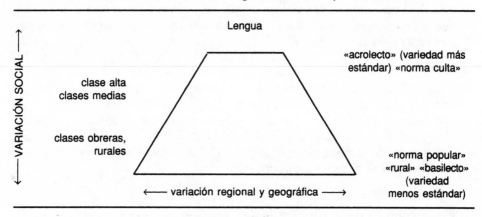

Los habitantes de la clase social más alta suelen emplear el dialecto de la lengua que goza del mayor prestigio comparado con las otras variedades lingüísticas de la región.[7] Esta variedad, que normalmente se clasifica como el dialecto estándar de la lengua, cuenta con el apoyo económico, social y político del pueblo. El habla de las clases sociales más bajas no cuenta con la misma admiración, autoridad o prestigio que se le otorga a la variedad culta.[8] Los hablantes de las variedades más distantes del «acrolecto» tienden a usar un mayor número de formas arcaicas (*vide, haiga, semos, truje*) y localismos (palabras y modismos utilizados únicamente en la zona). Para diferenciar la variación entre los dialectos sociales se han empleado unos conceptos como la norma lingüística culta, el habla culta, el habla popular, el caló y el «basilecto».[9] Según Lipski, la norma culta no es la variedad nativa o lengua materna de la mayoría de los hispanohablantes de América.[10] Esta variedad forma parte del repertorio lingüístico de muchos hablantes, que en algunos casos se manifiesta en un tipo de bidialectalismo (dialectos en contacto en Madrid, ciudad de México, etc.), o de bilingüismo (lenguas en contacto en Estados Unidos, Perú, etc.).

Sin duda, la norma culta ejerce una gran influencia sobre la vida diaria de los ciudadanos. En la mayoría de los casos este supradialecto se proyecta como la lengua nacional al emplearse en los medios de comunicación, los programas educativos y los asuntos de gobierno y negocios. Los hablantes de esta variedad de prestigio intentan mantener las correspon-

7. Trudgill, *op. cit.*, pp. 40-41.

8. M. Alvar, «La lengua, los dialectos y la cuestión del prestigio», en F. Moreno, ed., *Estudios sobre variación lingüística*, Universidad de Alcalá de Henares, 1990, pp. 13-26.

9. J. Lope Blanch, *Estudios sobre el español hablado en las principales ciudades de América*, Universidad Nacional Autónoma de México, 1977; R. Sánchez, *Chicano Discourse: Sociohistoric Perspectives*, Newbury House Publishers, Boston, 1983; W. Bright, ed., «Dialectology», *International Encyclopedia of Linguistics*, vol. I (1992), pp. 349-355.

10. J. Lipski, *Latin American Spanish*, Longman Group Limited, Londres, 1994. La cuestión no es tan obvia. Porque ¿dónde la lengua culta es la variedad nativa?

dencias entre los sonidos y los grafemas (decir «estoy cansado» y no «toy cansao»), evitan formas gramaticales que no se consideran estándar («siéntensen ustedes», «si sería mío...») y limitan el uso de palabras y expresiones de extensión muy local.

El proyecto coordinado para estudiar la norma lingüística culta en las principales ciudades de Iberoamérica y de la península Ibérica muestra una sensibilidad sociolingüística hacia la importancia del habla entre las personas de las clases profesionales y de altos niveles sociales.[11] De momento, sabemos poco del lenguaje de los grupos marginados, las variedades lingüísticas en zonas rurales aisladas y en las grandes ciudades.[12] A la misma vez se desconoce el repertorio lingüístico total entre los habitantes de las distintas regiones dialectales.[13]

## Aproximaciones de la dialectología

La dialectología es una disciplina con una larga tradición y una metodología claramente definida para establecer fronteras geográficas sobre los usos de ciertas formas lingüísticas, ya sean fonológicas, morfológicas, sintácticas o léxicas. Entre los estudios de la dialectología tradicional están los trabajos sobre 1) el origen de los rasgos diferenciadores, 2) la dialectalización o fragmentación de la lengua como sistema lingüístico de comunicación, 3) los medios de extensión de fenómenos lingüísticos entre una sociedad o dentro de una zona geográfica y 4) la estandarización de la lengua en zonas bilingües. El objetivo principal de la geografía lingüística es establecer una serie de mapas (un atlas lingüístico) donde se cartografía la distribución de ciertos elementos lingüísticos que se han identificado para ser clasificados.[14]

Uno de los aspectos más problemáticos en los métodos de investigación de la dialectología ha sido el de la selección de los informantes. Normalmente se entrevista a los adultos, con edades que van de los 60 a los 70 años, los cuales tienden a utilizar las formas vernaculares más tradicionales y menos contaminadas por el contacto con otras variedades lingüísticas.[15] Los resultados de estos estudios pueden distorsionar a veces la realidad lingüística de la región. Es posible que algunos adultos de la misma zona posean varios lectos en su repertorio lingüístico.[16] Tal variabilidad intradialectal refleja una serie de factores sociales como el nivel y tipo de

11. J. Lope Blanch, *op. cit.*; M. Alvar, *op. cit.*

12. J. Lipski, «Beyond the isogloss: Trends in Hispanic dialectology», *Hispania*, 47, 4 (diciembre, 1989), pp. 801-809; J. Lipski, 1994, *op. cit.*

13. L. Milroy, *Language and Social Networks*, University Park Press, Baltimore, 1980.

14. J. K. Chambers y P. Trudgill, *Dialectology*, Cambridge University Press, Cambridge, 1980; W. N. Francis, *Dialectology: An Introduction*, Longman Group Limited, Londres, 1983; P. García Mouton, «El estudio del léxico en los mapas lingüísticos», en F. Moreno, ed., *Estudios sobre variación lingüística*, Universidad de Alcalá de Henares, 1990; M. Alvar, *Estudios de geografía lingüística*, Paraninfo, Madrid, 1991.

15. W. Briht, *op. cit.*; R. E. Asher, ed., «Dialect and dialectology», *The Encyclopedia of Language and Linguistics*, vol. 2, 1994, pp. 900-906.

16. L. Milroy, *op. cit.*

contacto con hablantes de otros dialectos, las actitudes lingüísticas hacia las distintas variedades locales y la dinámica sociolingüística durante la misma entrevista (una situación de test entre el entrevistador y el informante). Aunque algunos factores socioculturales (sexo, educación, profesión, viajes y experiencias culturales) se toman en cuenta, estas variables no se incorporan sistemáticamente para establecer correspondencias con formas lingüísticas. El objeto central de la dialectología es estudiar los diversos dialectos de la lengua a través de los espacios geográficos. No cabe duda de que la geografía humana, la económica y la cultural también se reflejan en esa pantalla de las actividades sociales donde se proyectan los patrones lingüísticos de los hablantes.

## Aproximaciones de la sociolingüística

La sociolingüística es una disciplina relativamente nueva. El término sociolingüística apareció por primera vez en 1952 en el título de un trabajo de Currie.[17] La sociolingüística se dedica a estudiar sistemas lingüísticos en su contexto social.[18] Esta orientación tiene distintos enfoques: 1) las relaciones entre lengua y sociedad, 2) los usos de la lengua en la sociedad, 3) la lengua en los contextos socioculturales y 4) la lengua y las redes sociales. Entre los objetivos centrales de la sociolingüística está el identificar los procesos de cambios lingüísticos en marcha y el establecer las fronteras sociales de ciertos patrones lingüísticos.[19] Las investigaciones típicamente se realizan en los centros urbanos, los cuales incorporan una gran diversidad lingüística y social.

La sociolingüística mantiene relaciones muy estrechas con las ciencias sociales, especialmente la sociología, la antropología, la psicología social y la pedagogía. Los estudios abarcan diversos temas como los dialectos sociales, las actitudes lingüísticas, el bilingüismo, las lenguas en contacto, el conflicto lingüístico, la variación y el cambio lingüístico, la competencia sociolingüística y el análisis del discurso en situaciones interactivas.[20] Estos diversos temas los clasifica Fasold (1984, 1990) bajo dos importantes divisiones: la macro y la micro sociolingüística.[21] La macrosociolingüística toma la sociedad como el punto de partida y considera la lengua un factor esencial en la organización de la comunidad lingüística. Este enfoque también se conoce como la sociología de la lengua o lengua y sociedad.[22] La mi-

17. H. C. Currie, «A projection of socio-linguistics: The relationship of speech and social status», *Southern Speech Journal*, 18 (1952), pp. 28-37.

18. R. A. Hudson, *op. cit.*

19. C. Silva-Corvalán, *op. cit.*; H. López Morales, *op. cit.*

20. C. A. Klee y L. A. Ramos-García, *Sociolinguistics of the Spanish-speaking World*, Bilingual Press, Tempe, Arizona, 1991; C. Silva-Corvalán, *Language Contact and Change: Spanish in Los Angeles*, Clarendon Press, Oxford, 1994; R. E. Asher, *op. cit.*, «Sociolinguistics», vol. 7, pp. 4005-4015.

21. R. W. Fasold, *The Sociolinguistics of Society*, 1984; *The Socilinguistics of Language*, 1990, Basil Blackwell, Ltd., Oxford.

22. J. A. Fishman, ed., *Readings in the Sociology of Language*, Mouton, La Haya, 1968; R. W. Fasold, 1984, *op. cit.*; S. Romaine, *op. cit.*

crosociolingüística empieza con la lengua y examina la influencia que tienen los factores sociales sobre las estructuras lingüísticas.[23] Trudgill (1984) distingue entre la sociolingüística teórica y la aplicada. La teórica se dedica a establecer modelos y métodos para analizar la estructura de las variedades lingüísticas entre las comunidades de hablantes y así documentar la competencia comunicativa entre las personas. La sociolingüística aplicada se dedica a investigar los usos sociopolíticos de la lengua dentro de las instituciones de carácter público como en las escuelas, el trabajo y centros gubernamentales.[24]

Los conceptos de comunidad de habla y competencia comunicativa son fundamentales para la microsociolingüística al concentrarse en el estudio de cómo los distintos grupos sociales organizan sus respectivos repertorios lingüísticos.[25] Una comunidad de habla es un grupo social que puede ser monolingüe o multilingüe, que se mantiene unido al compartir una serie de normas y reglas sobre los usos de la lengua y que participa con frecuencia en situaciones sociales donde existen unos claros patrones de interacción.[26] Las fronteras lingüísticas entre las comunidades de habla son más sobre asuntos sociales que problemas de la lengua. En algunos casos los conceptos de lengua y dialecto no tienen mucha validez ya que no hay ninguna manera objetiva para determinar cuándo dos variedades de la lengua son lo suficientemente semejantes para llamarlas variantes del mismo idioma o dos idiomas diferentes.[27] Estas diferenciaciones normalmente reflejan condiciones políticas y culturales más que unos criterios lingüísticos. Por ejemplo, el afrikaans de Sudáfrica se estandarizó a principios de este siglo y se reconoce como una lengua, no como un dialecto del holandés. Algunas personas consideran el valenciano lingüísticamente como un dialecto del catalán, mientras que otras lo ven como la lengua de la Comunidad Valenciana. En Estados Unidos se habla del español chicano o el español mezclado (spanglish, Tex-Mex, etc.). Se dice poco de estas variedades en relación con el español mexicano o puertorriqueño.[28]

El concepto de competencia comunicativa lo utilizan algunos lingüistas para referirse al conocimiento de las reglas gramaticales (fonológicas, morfológicas, sintácticas, semánticas) y las reglas sobre los usos de la lengua según las situaciones sociales.[29] Otros como Canale y Swain (1980) definen estas aptitudes lingüísticas a través de cuatro sistemas de conocimientos y capacidad: 1) competencia gramatical - dominio del sistema lingüístico en cuanto a los componentes de la lengua, 2) competencia so-

23.  R. W. Fasold, 1990, *op. cit.*

24.  P. Trudgill, *Applied Sociolinguistics*, Academic Press, Nueva York, 1984.

25.  S. Romaine, *op. cit.*

26.  W. Labov, *Sociolinguistics Patterns*, University of Pennsylvania Press, Filadelfia, 1972; D. Hymes, *Foundations in Sociolinguistics: An Ethnographic Approach*, University of Pennsylvania Press, Filadelfia, 1974; J. Gumperz, *Discourse Strategies*, Cambridge University Press, Cambridge, 1982.

27.  S. Romaine, *op. cit.*

28.  R. Sánchez, *op. cit.*; A. G. Ramírez, *El español de los Estados Unidos: El lenguaje de los hispanos*, Mapfre, Madrid, 1992.

29.  D. Hymes, *op. cit.*; J. Gumperz, *op. cit.*; M. Saville-Troike, *The Ethnography of Communication: An Introduction*, 3.ª ed., Basil Blackwell Ltd., Oxford, 1986.

ciolingüística - dominio para usar el lenguaje adecuadamente (relacionar las formas correctamente con las funciones comunicativas) según la situación social, 3) competencia discursiva - la capacidad de combinar significados y formas gramaticales para conseguir una unidad textual (escribir un ensayo, mantener una conversación, hacer una llamada por teléfono) y 4) competencia estratégica - el dominio de estrategias verbales y no verbales para compensar fallos en la comunicación.[30]

La competencia comunicativa varía entre las personas de una comunidad de habla. En situaciones bilingües, como es el caso de los hispanos de Estados Unidos, hay habitantes con distintos niveles de dominio del español en cada una de las comunidades lingüísticas (cubana, mexicana, puertorriqueña, hondureña, etc.) que se encuentran en el país. Silva-Corvalán (1988), en sus estudios del bilingüismo en California describe la competencia en español entre los hispanos a través de un continuo lingüístico: 1) hablante esencialmente monolingüe en español → 2) hablante con un mayor dominio del español → 3) bilingüe con un dominio semejante de ambos idiomas → 4) hablante con un mayor dominio del inglés → 5) hablante con usos emblemáticos del español.[31] Esta serie de lectos entre los hablantes responde a un conjunto de factores como la situación diglósica del español ante el inglés, la política lingüística en la enseñanza, las actitudes lingüísticas, el ambiente familiar, el contexto geográfico (Texas frente a Colorado; ambiente urbano frente a rural) y diferencias intergeneracionales.[32]

El uso de una variedad lingüística u otra del español (culto, popular, rural, etc.) o la alternancia de códigos en situaciones bilingües o bidialectales está condicionado por un gran número de factores: 1) la situación sociál (formal, informal, íntima, etc.), 2) los temas de la discusión (familia, deportes, religión, política, etc.), 3) los participantes en la discusión (amigos, parientes, extraños, personas de distintas profesiones o niveles sociales, etc.), 4) la localidad donde se lleva a cabo el encuentro social (hogar, vecindad, trabajo, oficina, etc.), 5) los actos comunicativos que se realizan (regaños, consejos, advertencias, cumplidos, etc.) y 6) el propósito de la interacción (entrevistar, dialogar, debatir, informar, etc.).[33]

Una de las contribuciones más importantes de la sociolingüística ha sido el estudio de la estructura de la variación lingüística. La sociolingüística tiene como uno de sus postulados básicos que la variación lingüística es inherente a la estructura del lenguaje.[34] Labov (1965) fue el primero en

30. M. Canale y M. Swain, «Theoretical bases of communicative approaches to second language teaching and testing», *Applied Linguistics*, 1 (1980), pp. 1-47.
31. C. Silva-Corvalán, «Oral narrative along the Spanish-English bilingual continuum», en J. Staczek, ed., *On Spanish, Portuguese, and Catalan Linguistics*, Georgetown University Press, Washington, D. C., 1988, pp. 172-184.
32. A. G. Ramírez, *op. cit.*
33. F. Grosjean, *Life with Two Languages: An Introduction to bilingualism*, Havard University Press, Cambridge, Massachusetts, 1982; Gumperz, *op. cit.*; D. Tannen, *Conversational Style: Analyzing talk among friends*, Ablex Publishers, Norwood, New Jersey, 1984; D. Tannen, *Talking Voices: Repetition, dialog and imagery in conversational discourse*, Cambridge University Press, Cambridge, 1989.
34. U. Weinreich, W. Labov y M. Herzog, «Empirical foundations for a theory of language change», en W. P. Lehmann e Y. Malkiel, eds., *Directions for Historical Linguistics*, University of Texas Press, Austin, 1968.

demostrar que la variación lingüística está condicionada no sólo por los factores de la estructura social, sino por la variabilidad patente en los elementos del contexto lingüístico interno. El concepto de la variable lingüística define un conjunto de equivalencias de realizaciones o expresiones patentes de un mismo elemento de principio subyacente.[35] En los datos procedentes de la observación del español del Caribe, por ejemplo, las realizaciones [s, z, h, ɦ, ʔ, 0] forman un conjunto de equivalencias que corresponde a la s implosiva del español estándar. El concepto de la regla variable, también propuesto por Labov (1969), se emplea para captar formalmente la alternancia de las variantes dentro de un conjunto de equivalencia lingüística.[36] Con los datos de Cedergren (1973) sobre la variabilidad de s en el español de Panamá vemos en el cuadro 2 la distribución en porcentajes de las variantes s (realización sibilante), H (realización aspirada) y ∅ (cero fonético) según tres contextos fónicos: -C (consonante), -V (vocal), -P (pausa).[37]

CUADRO 2.    *Distribución de las variantes de s según los contextos fónicos.*

|     | -C     | -V     | -P     |
| --- | ------ | ------ | ------ |
| S   | 5 %    | 20 %   | 34 %   |
| H   | 45 %   | 30 %   | 16 %   |
| ∅   | 50 %   | 49 %   | 50 %   |

Los datos revelan que la variante s ocurre más veces ante pausa, después ante vocal y con menos frecuencia ante consonante, mientras que la variante H es más frecuente ante consonante, luego ante vocal y menos ante pausa. El cero fonético (∅) no varía ni parece ser sensible al contexto fónico.

Por medio de un proceso estadístico, las frecuencias se convierten en datos de probabilidad teórica dentro de un parámetro del 1 a 0. A cada uno de los factores, ya sea lingüístico o social, que contribuye a la variación de una variante determinada se le asigna un coeficiente de probabilidad. A partir del punto neutro de .50, cada aumento de valor en una escala hasta el 1.00 implica que la probabilidad es más relevante para el factor en cuenta.[38] Para analizar los datos del español de Panamá, Cedergren utilizó uno de los modelos de computación conocido como VARBRUL (*variable rule* o regla variable) y así establecer la probabilidad de frecuencia en un mo-

35.  W. Labov, «The linguistic variable as a structural unit», *Whashington Linguistics Review*, 1965, pp. 4-22.

36.  W. Labov, «Contraction, deletion and inherent variability of the English copula», *Language*, 45 (1969), pp. 715-762.

37.  H. J. Cedergren, *The interplay of social and linguistic factors in Panama* (tesis doctoral inédita), Cornell University, Ithaca, 1973. Los datos incluidos en los cuadros 2 y 3 están basados en la información presentada por Cedergren en su artículo «Sociolingüística», en H. López Morales, ed., *Introducción a la lingüística actual*, Playor, Madrid, 1983.

38.  D. Sankoff, ed., *Linguistic Variation: Models and Methods*, Academic Press, Nueva York, 1978; F. Moreno, *Metodología sociolingüística*, Gredos, Madrid, 1990.

mento dado la aspiración de s. La formulación matemática de este proceso y los valores de los coeficientes de probabilidad se representan en el cuadro 3.

CUADRO 3.  *La aspiración de* s *según los contextos y los coeficientes de probabilidad.*

El modelo: $(1-p) = (1-p0) \times (1-pa) \times (1-pb) \times (1-pc) \times (1-pd) \times (1-pe)$

donde  *p*  es la probabilidad de que una variante dada sea la utilizada en un contexto específico,

*p*0  es la probabilidad promedio sobre todos los contextos y (pa, pb, pc, pd, pe) son los efectos de cada uno de los rasgos que define el contexto,

*a*  representa la categoría sintáctica (adjetivo, determinante, sustantivo),

*b*  representa la función gramatical (monomorfémica [más], plural nominal [los buenos muchachos], inflexión verbal [tienes]),

*c*  representa la posición en la palabra (interna o final),

*d*  representa el contexto fónico (consonante, vocal o pausa), y

*e*  representa el estilo del discurso (informal o formal).

Los resultados de la estimación de los coeficientes de probabilidad:

*p*0  0.21
*p*   adjetivo .66, p sustantivo .58, p determinante 0
*p*   monomorfémica .49, p plural .08, p verbal 0
*p*   posición interna .62, p posición final 0
*p*   consonante .89, p vocal .49, p pausa 0
*p*   estilo informal .15, p estilo formal 0

Los valores de *p* asignados a cada factor del modelo indican que lo que más afecta la regla de aspiración es el contexto fónico, donde la presencia de una consonante contribuye .89 al cumplimiento de la regla. La posición interna de la palabra (.62) también regula la aspiración lo mismo que las categorías sintácticas de adjetivo (.66) o sustantivo (.58). Las palabras monomorfémicas (.49) son las que más tienden a aspirarse. Los resultados empíricos sobre la regla variable de aspiración los representa Cedergren a través de la siguiente formulación:

$$S \rightarrow <H>/ \underline{\quad\quad} ] \#\# \quad \left\langle \begin{array}{c} \text{Cons} \\ \text{Voc} \\ \text{Pausa} \end{array} \right\rangle$$
$$R$$

Otros modelos y programas de computación se han desarrollado (Varbrul 2, 2s y 3), los cuales no sólo permiten la estimación de valores probabilísticos de cada rasgo contextual, sino que incorporan un análisis de regresión múltiple que permite una selección escalonada de factores.[39] De esta manera, un modelo inicial de múltiples factores se puede reducir para analizar sólo aquellas dimensiones que contribuyen significativamente, en el sentido estadístico, a la variabilidad en los datos lingüísticos. Poplack (1979) se valió de un modelo de tipo logístico multiplicativo para explicar la aspiración de la s en el español puertorriqueño hablado en Filadelfia. El modelo inicial de cinco parámetros se redujo a tres factores que afectaban significativamente el proceso de aspiración. Lo que más afectaba la aspiración de s plural era el contexto fónico, donde la presencia de una consonante contribuía .93 al proceso. La acentuación débil de la sílaba siguiente (.76) favorecía la aspiración así como las categorías gramaticales adjetivo (.70) o sustantivo (.66).[40] En su estudio sobre la regla de elisión de /d/ en el español de San Juan de Puerto Rico, López Morales (1983, 1990) concluye que este segmento subyacente se debilita en parte al cumplir una regla anterior y que se elide con más probabilidad cuando la vocal antecedente es /o/ (.70) y después con /a/ (.65). La elisión de /d/ también se ve afectada al pertenecer al formante -d- de participio (.58) y por las vocales que le siguen, [o] con más probabilidad (.69) y [a] con algo menos (.52). En cuanto a los factores sociales, los hombres (.52) favorecen el cumplimiento de la regla de elisión, lo mismo que los dos grupos de nivel sociocultural bajo (.66 y .60 respectivamente) y los hablantes de procedencia rural (.52 para las personas entre 13 y 19 años cuando llegaron a San Juan y .52 para aquellas personas que han residido en la capital veinte años o más).[41]

Los trabajos cuantitativos sobre la variación lingüística sirven, entre otras cosas, para caracterizar la variabilidad del sistema lingüístico dentro de su contexto social. Estos estudios a la vez indican algunos de los cambios lingüísticos que están en marcha dentro de las comunidades de habla o grupos sociales. Según se ha establecido, todo cambio operante en la estructura de la lengua representa la resolución de una etapa previa de variabilidad del sistema. La sociolingüística, con sus estudios de variación y cambios lingüísticos, puede ampliar nuestros conocimientos para resolver problemas de la lingüística histórica.[42]

## Interrelaciones entre la dialectología y la sociolingüística

La dialectología y la sociolingüística son disciplinas hermanas que estudian la lengua dentro de la sociedad. Las dos tradiciones, aun con distintos propósitos, se complementan mutuamente con sus hallazgos lingüís-

39.   H. López Morales, «La sociolingüística actual», en F. Moreno, ed., *Estudios sobre variación lingüística*, Universidad de Alcalá de Henares, 1990, pp. 79-87.
40.   S. Poplack, *Function and process in a variable phonology* (tesis doctoral inédita), University of Pennsylvania, Filadelfia, 1979.
41.   H. López Morales, *Estratificación social del español de San Juan de Puerto Rico*, Universidad Nacional Autónoma de México, 1983; H. López Morales, 1990, *op. cit.*
42.   W. Labov, 1972, *op. cit.*; W. Labov, ed., *Locating Language in Time, Space and Society: Qualitative analysis of linguistic structure*, Academic Press, Nueva York, 1980.

ticos y orientaciones metodológicas. Muchos de los trabajos de la sociolingüística han utilizado la información proporcionada por los estudios de la geografía lingüística. Labov, por ejemplo, modificó los métodos de la dialectología para sus estudios del inglés en la isla de Martha's Vineyard (1963) y luego en Nueva York (1966).[43] Los atlas lingüísticos de las regiones de España, el proyecto en marcha del Atlas Lingüístico de Hispanoamérica (Alvar y Quilis, 1984), el estudio del español hablado en el suroeste de Estados Unidos (Lope Blanch, 1990), entre otros, tienen mucho que aportar para los estudios con enfoque sociolingüístico.[44]

La dialectología social se dedica a investigar la variación social de la lengua, concentrándose sólo en algunos aspectos lingüísticos en vez de en un análisis extenso de los subsistemas de la lengua. La variación entre un número determinado de elementos lingüísticos se correlaciona con variables sociales de los hablantes (estatus social, sexo, edad, profesión, procedencia, etnia, etc.) y estilos de habla (formal, informal, lectura de texto escritos, etc.). La muestra de informantes incluye una representación de los diferentes grupos sociales que reúnen distintas características personales.[45]

La dialectología urbana responde a la variación de la lengua entre las personas de comunidades heterogéneas. En muchos de los centros urbanos se encuentran personas de distintas procedencias, profesiones, clases sociales, y actitudes lingüísticas.[46] Algunos residentes hablarán dialectos rurales y otros emplearán variedades lingüísticas menos conservadoras. En ciertos centros urbanos se presentarán casos de dialectos en contacto (andaluces y extremeños en Madrid) además de lenguas en contacto (andaluces en Barcelona; hispanos en Estados Unidos).[47]

El análisis de la dinámica de micro-grupos sociales, basándose en la noción de redes sociales (Milroy, 1980), es un modelo útil para documentar la importancia de los individuos en la promoción o difusión de cambios lingüísticos en proceso.[48] Como hablantes, todos pertenecemos a redes sociales donde A se comunica a diario con B, C y D. B, por lo tanto, habla con A y C pero no con D. D pertenece a otro grupo que incluye E, F, G y H. Hay distintos tipos de redes sociales (muy cerradas, débiles, intensas, multidimensionales, etc.). A través de los «índices de integración» en las re-

43. W. Labov, «The social motivation of a sound change», *Word*, 19 (1963), pp. 273-309; W. Labov, *The social stratification of English in New York City*, Center for Applied Linguistics, Washington, D. C., 1966.

44. M. Alvar y A. Quilis, *Atlas lingüístico de Hispanoamérica: Cuestionario*, Instituto de Cooperación Iberoamericano, Madrid, 1984; J. Lope Blanch, *El español hablado en el suroeste de los Estados Unidos: Materiales para su estudio*, Universidad Nacional Autónoma de México, 1990.

45. W. Wolfram y R. W. Fasold, *The Study of Social Dialects in American English*, Prentice-Hall, Englewood Cliffs, New Jersey, 1974; J. K. Chambers y P. Trudgill, *op. cit.*; P. Trudgill, ed., *Sociolinguistic Patterns in British English*, Edward Arnold, Londres, 1978; P. Trudgill, *Dialects in Contact*, Basil Blackwell Ltd., Oxford, 1986; B. Horvath, *Variation in Australian English: The sociolects of Sydney*, Cambridge University Press, Cambridge, 1985; R. W. Fasold, 1990, *op. cit.*

46. R. J. Di Pietro, ed., *Linguistics and the Professions*, Ablex Publishing Corporation, Norwood, New Jersey, 1982.

47. R. Appel y P. Muysken, *Language Contact and Bilingualism*, Edward Arnold, Londres, 1987; S. Romaine, *op. cit.*; L. Milroy y P. Muysken, eds., *One Speaker. Two Languages: Cross-disciplinary perspectives on code switching*, Cambridge University Press, Cambridge, 1995.

48. L. Milroy, 1980, *op. cit.*

des sociales, uno puede observar el tipo de relaciones lingüísticas que mantienen unos individuos con otros miembros de la comunidad. Wardhaugh (1992) opina que el concepto de red social es, sin duda, más valioso que el del grupo (abstracto) social establecido por medio de un tratamiento estadístico.[49]

Cada individuo dispone de un repertorio verbal el cual abarca una gama de variedades lingüísticas dentro del repertorio de habla de una comunidad. La lingüística teórica, nos dice Trudgill (1983), se ha empeñado en ver la lengua como producto de una comunidad homogénea. La sociolingüística ha mostrado que esta visión es incorrecta y contraproductiva al no tener en cuenta la variación lingüística dentro de una sociedad heterogénea. La dialectología con su noción de isoglosas ha expuesto claramente a través de los mapas geolingüísticos la variabilidad del sistema lingüístico.[50] Cada disciplina amplía nuestros conocimientos sobre la variación lingüística a través del tiempo, el espacio y las personas. La dialectología, con sus estudios de la variaciones inter e intrarregionales (geolingüística) y los nuevos enfoques relacionados con la variación social (dialectología social y dialectología urbana), nos ofrecen valiosa información de la lengua en la sociedad. La sociolingüística de la sociedad (multilingüismo social, estudios del bilingüismo, lenguas en contacto y en conflicto, actitudes lingüísticas y comunidades de habla) y la sociolingüística de la lengua (estudios cuantitativos de variacionismo probabilístico, gramáticas en contacto, etnografía de la comunicación y análisis del discurso) aportan otros importantes datos acerca del comportamiento de la lengua y los hablantes.

---

49. R. Wardhaugh, *op. cit.*
50. P. Trudgill, *On Dialect: Social and Geographical Perspectives*, Basil Blackwell, Ltd., Oxford, 1983.

# DIALECTOLOGÍA Y LEXICOGRAFÍA

por Manuel Alvar Ezquerra

La Dialectología y la Lexicografía son dos disciplinas lingüísticas que parecen estar muy alejadas la una de la otra. Sin embargo, sus contactos han sido continuos, y la Lexicografía ha necesitado acudir frecuentemente a la Dialectología para tomar sus informaciones, así como la Dialectología se ha dirigido a la Lexicografía para comprobar sus datos.[1]

A lo largo de toda la historia de nuestra lexicografía, los diccionarios han incluido en sus columnas voces de uso diatópico restringido. Unas veces así ha sido porque el lexicógrafo no conoce sino aquello que ha aprendido en su entorno inmediato, otras por el deseo de presentar las diferencias léxicas que percibía en el contacto con gentes diversas; más recientemente, por su deseo de ofrecer todas las variedades de la lengua, y, cómo no, desde los inicios de nuestros diccionarios por la intención de mostrarnos nuevas realidades, en especial la americana.[2]

Es de sobra conocido que Elio Antonio de Nebrija fue el primero de nuestros lexicógrafos en dar cabida en sus repertorios a voces de origen americano. El maestro sevillano estaba bien atento a lo que ocurría a su alrededor, de manera que en el *Dictionarium ex hispaniensi in latinum sermonem* o *Vocabulario español latín* (Salamanca, ¿1495?) aparece la famosa palabra *canoa*, y para la edición de 1506 incorporó la voz *guanín*. La atención por el léxico próximo no siempre debió ser activa o voluntaria, pues en las páginas del *Vocabulario* figuran no pocos términos de su natal Le-

---

1.   Para lo que sigue debe tenerse en cuenta Manuel Seco, «El léxico hispanoamericano en los diccionarios de la Academia Española», *BRAE*, LXVIII, 1988, pp. 85-98; así como mis artículos «La recepción de americanismos en los diccionarios generales de lengua», en las *Actas del I Congreso Internacional sobre el Español de América (San Juan, Puerto Rico, del 4 al 9 de octubre de 1982)*, San Juan, Academia Puertorriqueña de la Lengua Española, 1987, pp. 209-218, recogido en mi *Lexicografía descriptiva*, Barcelona, Biblograf, 1993, pp. 343-351, y «Los regionalismos en los diccionarios y vocabularios regionales», en Manuel Alvar (coord.), *Lenguas peninsulares y proyección hispánica*, Madrid, Fundación Friedrich Ebert-Instituto de Cooperación Iberoamericana, 1986, pp. 175-197, también en mi *Lexicografía descriptiva*, pp. 313-332.

2.   No es éste el lugar para plantear, de nuevo, el concepto de *americanismo*, y me remito a la bibliografía sobre la cuestión. Para una visión general, lexicológica, del léxico del español de América, su formación, su historia, etc., debe verse el libro de Tomás Buesa Oliver y José María Enguita Utrilla, *Léxico del español de América: su elemento patrimonial e indígena*, Madrid, MAPFRE, 1992.

brija que debían permanecer en su recuerdo aun cuando ya hacía mucho tiempo que vivía fuera del terruño, como ha demostrado Manuel Alvar.[3]

Tenemos constancia de que no sólo fue Nebrija quien incluyó regionalismos en repertorios generales de la lengua. El humanista segoviano, erasmista y judío converso, Andrés Laguna (¿1490?-1560) —entre otras cosas médico de Julio III—, que realizó la traducción del *Pedacio Dioscórides Anazarbeo* (Amberes, 1555), con un glosario final, introdujo voces regionales que le acudían a su memoria gracias a su experiencia vivida en mil lugares.[4] Y del mismo modo, el humanista aragonés Juan Lorenzo Palmireno tampoco se conformó con tomar de fuentes escritas los datos que necesitaba para su *Vocabulario del humanista* (Valencia, 1569), sino que fue a comprobarlos sobre el terreno: «en el qual [su libro], allende de los pe s cadores y caçadores *que* he e s trenado, y combidado, para ver cómo quadraua lo que yo s acaua de los libros con lo que ellos experimentan»,[5] gracias a lo cual se convertirá en autoridad de los diccionarios valencianos posteriores,[6] pues son numerosas las voces valencianas que registra, y que todavía siguen vigentes.[7] Por su parte, Covarrubias no fue ajeno al mundo americano, y consigna en el *Tesoro de la lengua castellana o española* (Madrid, 1611) veintitrés indoamericanismos: *acal, Araucana, cacique, caimán, canoa, coca, Cuzco, hamaca, huracán, inga, maíz, mechoacán, mexicano, México, mico, Moctezuma, nopal, Perú, perulero, pita, Tenochtitlán, tiburón y tuna*,[8] si bien faltan otros que ya se habían generalizado en la lengua, como *bejuco, cacao y caribe*.[9] Lope Blanch piensa que nuestro lexicógrafo debió manejar diversas crónicas americanas, aunque Covarrubias no acudió a ellas con la intención de hacer una búsqueda sistemática, pues de lo contrario hubiera incluido términos ciertamente corrientes, o topónimos conocidos, y es que «el mundo americano quedaba todavía un tanto distante y al margen de los intereses científicos de la mayor parte de los eruditos peninsulares».[10] Los tes-

3.   Manuel Alvar, «Tradición lingüística andaluza en el *Vocabulario* de Nebrija», en el *Boletín de la Real Sociedad Bascongada de los Amigos del País*, L-2, 1994, pp. 483-525.

4.   Cfr. Manuel Alvar, «Las anotaciones del doctor Laguna y su sentido lexicográfico», en los *Estudios* que acompañan la edición facsimilar del *Pedacio Dioscórides Anazarbeo, acerca de la materia medicinal, y de los venenos mortíferos*, Madrid, Consejería de Agricultura y Cooperación de la Comunidad de Madrid (Secretaría General Técnica, Gabinete del Consejero), 1991, que reproduce la primera edición, Amberes, Juan Latio, 1555, pp. 11-54.

5.   P. 114 de la *Segunda parte*.

6.   Cfr. Andrés Gallego Barnés, *Prólogo a la reedición del Vocabulario del Humanista*, suelto que acompaña a la reproducción facsimilar del *Vocabulario del Humanista* de Lorenzo Palmireno (Valencia, 1569), Valencia, F. Doménech, 1978, pp. 19-20.

7.   Cfr. Julio Fernández-Sevilla, «Ictionimia en el *Vocabulario* de J. L. Palmireno (1569)», en Manuel Alvar (ed.), *Actas del V Congreso Internacional de Estudios Lingüísticos del Mediterráneo*, Madrid, Instituto de Cultura Hispánica, 1977, pp. 145-194, y en especial la p. 172.

8.   Cfr. Juan M. Lope Blanch, «Los indoamericanismos en el *Tesoro* de Covarrubias», NRFH, XXVI, 1972, pp. 296-315; recogido en sus *Estudios de historia lingüística hispánica*, Madrid, Arco/Libros, 1990, pp. 153-174, en especial la p. 161; y del mismo autor, «Las fuentes americanas del *Tesoro* de Covarrubias», en las *Actas* del VI Congreso de la Asociación Internacional de Hispanistas (Toronto, 1977), University of Toronto, Toronto, 1980, pp. 467-472; también recogido en el libro recién citado, pp. 201-212, especialmente la p. 202.

9.   Juan M. Lope Blanch, «Los indoamericanismos en el *Tesoro* de Covarrubias», p. 162.

10.   Lope Blanch, «Los indoamericanismos en el *Tesoro* de Covarrubias», p. 174.

timonios de nuestros lexicógrafos podrían aumentarse con voces americanas y peninsulares, pero no es necesario.

Conociendo la historia de nuestra lengua no sorprenderá mucho saber que los primeros repertorios de regionalismos sean de voces americanas. Ya en el siglo XVII se redactan dos listas en las que se recoge una cantidad exigua de voces, 18 una[11] y 156 otra.[12] El repertorio extenso más antiguo, un manuscrito del siglo XVIII, ha permanecido inédito hasta hace bien poco; se trata del *Diccionario de voces americanas* de Manuel José de Ayala,[13] pero aún tardarán unos años en ver la luz nuestros primeros diccionarios regionales.

La aparición del *Diccionario de Autoridades* (1726-1739) supuso, frente a la opinión extendida, una mayor atención para los términos de ámbito regional.[14] En el prólogo se lee que «lo primero se han de poner todas, y solas las voces apelativas españolas»,[15] y pocos años más tarde, cuando la Academia redacta las *Reglas para la corrección y aumento del diccionario* (¿Madrid, 1760?) escribe que las voces regionales «se pondrán aunque sea sin autoridad siendo común y corriente su uso en la provincia».[16] El primer diccionario académico ya recoge un gran número de voces de procedencia regional, sean peninsulares,[17] sean americanas,[18] sumando un total de 1 400 voces con localización geográfica, de las 37 500 que registra. De las peninsulares sobresalen, por su cantidad, los aragonesismos (581), siguiéndoles los andalucismos (177) y los murcianismos (163); los americanismos ya ocupan un lugar destacado (127), siendo los más abundantes los de Nueva España (15) y Perú (13).[19] En la siguiente edición del *Diccionario de Autoridades*, del que sólo apareció un tomo (A-B), en 1770, se suprimieron muchos de esos regionalismos: 122 únicamente entre los aragonesismos de esas dos primeras letras, o se les suprime la localización (51 de los aragonesismos), aunque también hay algún añadido.[20] En la última edición de la obra (1992),[21] las

---

11. Es el glosario que acompaña *Descripción de la provincia de Quixos*, del conde de Lemos (ms. 594 de la Biblioteca Nacional de Madrid).

12. «Tabla para la inteligencia de algunos vocablos esta Historia» que puso fray Pedro Simón al final de sus *Noticias historiales de la conquista de Tierra Firme en las Indias Occidentales*, Cuenca, 1627. El vocabulario ha sido reproducido con una introducción de Luis Carlos Mantilla Ruiz, O.F.M., Bogotá, Instituto Caro y Cuervo, 1986. También ha sido estudiado por Manuel Ballesteros Gaibrois, «Los "americanismos" de Fray Pedro Simón», *Thesaurus*, XLII, 1987, pp. 137-141.

13. Madrid, Arco/Libros, 1995.

14. Véase lo que expongo en «El diccionario de la Academia en sus prólogos», recogido en mi *Lexicografía descriptiva*, citado, pp. 215-239, en especial las pp. 226-228.

15. P. XV.

16. P. 14, § 15.

17. Cfr. Aurora Salvador Rosa, «Las localizaciones geográficas en el *Diccionario de Autoridades*», *LEA*, VII, 1985, pp. 103-139.

18. Para Günther Haensch, «Algunas consideraciones sobre la problemática de los diccionarios del español de América», *LEA*, II, 1980, pp. 375-384, el de Autoridades es el primer repertorio lexicográfico de cierta extensión que recoge ya un gran número de palabras americanas.

19. Para las demás regiones, y otros pormenores que no se pueden traer aquí, véase el trabajo recién citado de Aurora Salvador Rosa. Según ella, *art. cit.*, p. 133, los americanismos son 127, mientras que para Jesús Gútemberg Bohórquez, *Concepto de 'americanismo' en la historia del español*, Bogotá, Instituto Caro y Cuervo, 1984, pp. 56-66, ascienden a 168.

20. Véase lo que expongo en «Los aragonesismos en los primeros diccionarios académicos», en las *Actas del I Congreso de Lingüistas Aragoneses*, Zaragoza, Diputación General de Aragón, 1991, pp. 29-39, recogido en mi *Lexicografía descriptiva*, pp. 333-341, y en especial las pp. 337-338.

21. Expongo los datos ofrecidos por la versión en CD-ROM.

voces con localización geográfica son 11 469 (4 561 españolas y 6 908 americanas). Los regionalismos peninsulares más abundantes son los de las dos Castillas (1 209), y, todavía hoy, los aragonesismos (1 124) y los andalucismos (1 058), seguidos muy de lejos por los murcianismos (376) y las voces de Cantabria (271); hay doce términos marcados como exclusivos de España. En cuanto a los americanismos, los más frecuentes son los de Argentina (1 364) y Chile (1 359), seguidos por los de uso general (1 163), Colombia (946), Cuba (777) y Perú (687).

La manera de atender a las voces regionales en los diccionarios generales de la lengua sufrió un cambio considerable durante el siglo XIX, pues entonces se toma conciencia del problema de los americanismos, con lo que a la vez se presta también una mayor atención a los regionalismos y provincialismos peninsulares. Así, por ejemplo, Vicente Salvá, tras criticar la escasa presencia de americanismos en el diccionario de la Academia, decide incorporar a su obra[22] voces americanas conseguidas de primera mano, y recabó, por escrito, informaciones a diversas personas de aquel continente «para ir reuniendo los provincialismos de las comarcas principales del Nuevo Mundo»;[23] pero la respuesta no fue todo lo satisfactoria que deseaba y hubo de acudir, como hacía la Academia, a historiadores, viajeros y repertorios americanos (entre ellos el de Pichardo, del que me ocuparé más adelante). Escribe Manuel Seco que «La atención especial al americanismo fue imitada de Salvá por muchos de los diccionarios que le siguieron, pero limitándose prácticamente a ponerla como cebo publicitario. Sólo algunas obras aparecidas en torno a 1900 hicieron auténtica y sustancial esta aportación; por ejemplo, el *Diccionario enciclopédico* de Zerolo, Isaza y Toro y Gómez (1895), uno de cuyos directores era precisamente hispanoamericano; y el *Pequeño Larousse ilustrado*, de Miguel Toro y Gisbert (1912). Esta última obra, generosamente imitada (sin confesarlo) por otros reputados diccionarios manuales, fue también seguida por ellos en la acogida de americanismos, con lo cual se llegó a la curiosa situación de ser más ricos en este sector del léxico los diccionarios manuales que los de alto bordo».[24]

Entre los diccionarios generales de la primera mitad del siglo XIX que tienen presente la realidad americana cabe citar a Ramón Joaquín Domínguez,[25] y el diccionario enciclopédico editado por Gaspar y Roig;[26] sin embargo, la cantidad de regionalismos registrados no es demasiado abundante, y apenas se hace alusión a su presencia en las obras.[27] El diccionario académico se ha transformado en el modelo que siguen todos, y repiten sus carencias.

Será durante el siglo XIX cuando comiencen a menudear los diccionarios de voces regionales, y ya de una extensión considerable. Y se da la casualidad de que en el mismo año aparecen dos, uno americano y otro peninsular. El

22. El *Nuevo diccionario de la lengua castellana*, París, 1846.
23. En la «Introducción» del *Nuevo diccionario*, p. XXVII.
24. Manuel Seco, «El léxico hispanoamericano en los diccionarios...», p. 91.
25. *Diccionario nacional o gran diccionario clásico de la lengua española*, 2 vols., Madrid, 1846-1847.
26. *Diccionario enciclopédico de la lengua española*, ordenado por Eduardo Chao, 2 vols., Madrid, 1853-1855; en las restantes ediciones el responsable fue Nemesio Fernández Cuesta.
27. Cfr. en mi *Lexicografía descriptiva* la p. 346.

americano es el *Diccionario provincial de voces cubanas* de Esteban Pichardo,[28] ampliado ya en nuestra centuria por Esteban Rodríguez Herrera;[29] el peninsular, el *Ensayo de un diccionario aragonés-castellano* de Mariano Peralta.[30]

En el último cuarto del siglo XIX, en los repertorios de regionalismos americanos, se produce una intensificación de su aspecto normativo, con el fin de desterrar los usos incorrectos,[31] tendencia correctiva que todavía mantienen en nuestro siglo aunque ya no consignan el léxico de cada país como desvío de la norma peninsular. A mediados del siglo XX y como consecuencia del Primer Congreso de Academias de la Lengua Española (México, 1951), algunas academias americanas decidieron acometer la elaboración de diccionarios regionales, si bien los resultados no han sido demasiado satisfactorios.

Cuando la Academia da a la luz en 1925 la 15.ª edición de su diccionario en un solo tomo ha tomado una importante decisión: conceder una mayor atención a todas las regiones lingüísticas de nuestra lengua, lo que llevó consigo una presencia superior de voces regionales y el cambio de título de la obra, que dejó de ser *Diccionario de la lengua castellana* para serlo *Diccionario de la lengua española*.[32] Que se preste desde entonces una mayor atención a los regionalismos no quiere decir que estén ponderados, pues la Academia ha recibido de unas zonas una información más detallada mientras que de otras apenas ha poseído datos.[33] Ello se hace más evidente con los términos americanos,[34] cuya presencia en el diccionario oficial es considerable; algunos de ellos son de uso muy restringido, o no se utilizan ya en los países en que los localiza el diccionario, hasta el punto de no ser recordados por los hablantes ni por los especialistas. En este sentido, es obligado decir que la Comisión Permanente de la Asociación de Academias de la Lengua Española ha iniciado una minuciosa labor de revisión del fondo de voces de origen o uso americano que figuran en el repertorio académico,[35] lo cual era bien necesario, pues en este punto, y en otros, en la revisión del Diccionario no ha habido la necesaria coordinación para mantener un criterio único y una metodología común.[36]

Es ya en nuestro siglo cuando comienzan a proliferar los diccionarios de regionalismos como consecuencia del auge de la dialectología y la preo-

28. Matanzas, 1836. La obra gozó de un considerable éxito, habiendo sido reeditada varias veces, la última en 1985.

29. *Pichardo novísimo o diccionario provincial casi razonado de voces y frases cubanas*, La Habana, Selecta, 1953.

30. Zaragoza, 1836; reimpreso en Palma de Mallorca, 1853, del que se ha hecho una reproducción facsimilar en Madrid, El Museo Universal, 1984.

31. Cfr. Claudio Chuchuy, *Los diccionarios de argentinismos. Estudio metodológico de tres obras lexicográficas dedicadas a una variante nacional del español americano*, Hamburgo, Dr. Kovač, p. 139.

32. Para esta cuestión, véase lo que expongo en mi *Lexicografía descriptiva*, p. 227.

33. Me remito a lo expuesto, por ejemplo, en mi trabajo «Los aragonesismos en los primeros diccionarios académicos», recogido en la *Lexicografía descriptiva*, pp. 333-341.

34. Hasta bien entrada nuestra centuria, la única fuente de información que poseía la Academia eran los vocabularios regionales ya publicados. La diferente diligencia con la que trabajan las Academias americanas tiene su reflejo en la mayor presencia de voces de ciertos países; cfr. Manuel Seco, «El léxico hispanoamericano...», p. 96.

35. Según mis datos, el número de americanismos que registraba el diccionario de la Academia en su 19.ª edición (1970) era de unos 5 200 (un 6,5 % de las entradas), mientras que los que figuran en 1992, de acuerdo con los datos que ofrece la versión en CD-ROM, son 6 908 (un 8,4 % de los artículos).

36. Manuel Seco, art. cit., pp. 96-97.

cupación por la realidad inmediata, en especial el mundo rural en una transformación profunda, con todo lo que conlleva de cambio y pérdida de vocabulario. Una buena parte de estos repertorios ha sido confeccionada por personas movidas por grandes sentimientos pero sin la formación necesaria para percibir y describir lo específicamente regional, razón por la que los resultados, en más de una ocasión, dejan mucho que desear y no merece la pena detenerse en ellos.

La guía que supone el diccionario oficial ha tenido su reflejo en los demás diccionarios generales de la lengua, que se han venido esforzando por dar cuenta de los regionalismos de un lado y otro del Atlántico, lo que también sucede en diccionarios de menor tamaño; y cuando no recogen estas voces, especialmente los americanismos, son criticados sin atender a las razones que llevan a que no estén presentes en sus nomenclaturas. Buena muestra de la abundancia de términos y acepciones marcados diatópicamente son, entre los no muy extensos, el *Pequeño Larousse Ilustrado* [37] —especialmente por lo que se refiere a los americanismos—, y, entre los mayores, el *Diccionario Actual de la Lengua Española*. [38]

Al desarrollarse en la segunda mitad del siglo XX la teoría lexicográfica, están surgiendo nuevas obras en las que el aspecto descriptivo prima sobre el estrictamente normativo, con lo que empezamos a tener una visión bastante fidedigna de la situación del español en algunos países americanos. Es cierto que antes habían visto la luz algunos repertorios más o menos generales de la lengua confeccionados en América, pero habían partido de la norma peninsular; ahora se va a describir la realidad del país en que se confecciona la obra, no tanto con una pretensión diferenciadora —las diferencias léxicas y semánticas son incuestionables— como por ofrecer una visión del entorno más próximo y proporcionar al usuario una obra que le sirva para comprender su mundo.

Por lo general, la inclusión de voces marcadas diatópicamente en los diccionarios no ha seguido un método riguroso, sino que se ha debido a actitudes personales de los lexicógrafos, a sus conocimientos, a sus intuiciones y a las ayudas parciales prestadas por otros. Pese a la enorme riqueza que poseen los atlas lingüísticos y muchas monografías dialectales, rara vez se ha acudido a ellos para recabar informaciones, aunque los especialistas han señalado las ventajas de su utilización en lexicografía. [39] Habrá que esperar, pues, a la llegada de nuevos diccionarios y a la aparición de repertorios regionales de carácter acumulativo.

37. Manejo la edición de México-París-Buenos Aires, 1986.
38. Barcelona, Biblograf, 1990.
39. Por ejemplo, Julio Fernández-Sevilla, *Problemas de lexicografía actual*, Bogotá, Instituto Caro y Cuervo, 1974, pp. 81-113; Manuel Alvar, «Atlas lingüístico y diccionario», *LEA*, IV-2, 1982, pp. 253-323; Gregorio Salvador, «Lexicografía y geografía lingüística», en *Semántica y lexicología del español*, Madrid, Paraninfo, 1984, pp. 138-144; Ana Isabel Navarro Carrasco, «Voces del *Atlas lingüístico y etnográfico de Andalucía* no recogidas por el diccionario académico (1984, 20.ª ed.)», en *Español Actual*, 54, 1990, pp. 41-90; y de la misma autora, «Términos del Tomo I del ALEICan que no figuran en el *Diccionario de la Real Academia Española* (1984, 20.ª ed.)», en M. Ariza, R. Cano, J. M.ª Mendoza y A. Narbona (eds.), *Actas del II Congreso Internacional de Historia de la Lengua Española*, I, Madrid, Pabellón de España, 1992, pp. 1251-1265.

# DIALECTOLOGÍA Y ORDENADORES

por Claire M. Ziamandanis

## Introducción

Los avances tecnológicos de las últimas décadas han modificado mil aspectos de la vida cotidiana y han afectado también a la lingüística, a veces lentamente, en otros momentos con toda celeridad. Hace veinte años, la automatización de cuentas bancarias y de tarjetas de crédito causó gran desconfianza entre los usuarios. La aparición de las cajas automáticas en los supermercados produjo sospechas semejantes. Sin embargo, desde hace poco tiempo nos sentimos orgullosos de tener nuestro ordenador en el lugar donde trabajamos, y ahora necesitamos tener otro en casa, y además uno portátil para los viajes y las investigaciones en la biblioteca. Últimamente, el *modem* nos ha cambiado radicalmente la vida. Éste permite la transmisión de datos del ordenador a las líneas telefónicas y viceversa. Esta conexión telefónica enlaza al usuario, desde cualquier despacho particular, al *Internet*, red de comunicaciones electrónicas que da acceso a grandes bancos de datos, y a las bibliotecas automatizadas de muchas universidades de todo el mundo. El correo electrónico *(e-mail)*, o mensajes que se envían por esta red electrónica, supera al fax ya en muchos negocios. Y por delante queda el desarrollo del *World Wide Web*, red de conexiones mundiales unidas por temas, subagrupación del *Internet*, en la cual individuos y compañías pueden diseminar información, en portadas individuales que se designan *Home Pages*. El poder del *World Wide Web* reside en los lazos que se establecen entre un *Home Page* y otro: el interesado puede consultar información procedente de España, y, viendo un lazo con informaciones semejantes, puede saltar allá, aunque sean éstas procedentes de un usuario al otro lado del mundo.

Es importante reconocer que los avances tecnológicos no llegan en un flujo continuo y constante: hay un avance, y el público se acomoda a la nueva técnica, y, de repente, hay un progreso mayor, y se corre hacia él, en un intento de recuperar el terreno perdido de un día a otro.

## Ordenadores en la geografía lingüística

La geografía lingüística ha intentado seguir estos pasos a veces caprichosos. Pero en cuanto un investigador desarrolla un programa que le sirva para sus estudios dialectales, los avances técnicos se han burlado de él, dejando anticuados sus programas, que normalmente ya estaban anticuados antes de salir a la luz pública.

Tal ha sido el caso con los atlas lingüísticos que han salido a la luz en los últimos quince años. Europa ha sido históricamente el foco de producción de los atlas linguísticos, tal como señala Pilar García Mouton: «la geografía lingüística nació europea y en Europa ha tenido hasta ahora sus mayores logros».[1] Sin embargo, el trabajo no se limita a Europa: no hay que soslayar el esfuerzo que se está realizando en Estados Unidos, porque allí las modernas técnicas tienen su foco más activo.[2]

A pesar de una supuesta ventaja tecnológica, en Estados Unidos dominan diferentes teorías en la producción de atlas lingüísticos, y en la base teórica de la recogida de datos. Los últimos atlas que han salido a luz de los Estados Unidos son el *Linguistic Atlas of the Middle and South Atlantic States (LAMSAS)*,[3] y el *Linguistic Atlas of the Gulf States (LAGS)*.[4] Al usuario de los atlas regionales de España, y de Europa, le sorprende descubrir que los americanos se publican con los mapas ya elaborados. Es decir, la intención no es ofrecer los datos *in totum*, sino manipulados para que el lector vea lo que el autor quiere que vea. Además, van acompañados de esquemas y cuadros, las llamadas *matrices*, con el propósito de averiguar es-

---

1.    «Sobre geografía lingüística del español de América» (*Revista de Filología Española*, LXXII [1992], pp. 699-713), p. 699. Este estudio también ofrece un excelente resumen del trabajo americano que se ha realizado hasta el momento.

2.    Las primeras referencias a la lingüística automatizada radican en el estudio de Roger W. Shuy, «An Automatic Retrieval Program for the Linguistic Atlas of the United States and Canada» (Paul L. Garvin, ed., *Computation in Linguistics: A Case Book*, Bloomington, Indiana University Press, 1966). Poco después Gordon Wood («Why Not a Computer as Editor for Linguistic Atlas?», Lorrain H. Burghardt, ed., *Dialectology: Problems and Perspectives*, Knoxville, University of Tennessee, 1971) vuelve a tratar el tema, y propone el uso de tarjetas perforadas. En efecto, los intentos tempranos de automatización dependen de estas tarjetas, con resultados mitigados sólo por el paso del tiempo y el avance enorme de la tecnología informática. Cfr. Manuel Alvar, *Informática y Lingüística* (Málaga, 1984), libro cuya primera parte traza una historia del desarrollo de la informática que sigue teniendo validez; la aplicación de los principios mediante el uso de tarjetas está ya superada.

El investigador estadounidense que más se ocupa del tema es William Kretzschmar, heredero del *LAMSAS*, en unos artículos que resumen éxitos y fallos. Véase: «Computers and the American Linguistic Atlas» (Alan R. Thomas, ed., *Methods in Dialectology: Proceedings of the Sixth International Conference held at the University College or North Wales, 3rd-7th August, 1987*, Multilingual Matters, Avon, Inglaterra, 1987), y «Interactive Computer Mapping for the Linguistic Atlas of the Middle and South Atlantic States (LAMSAS)» (Hall, Doane y Ringler, eds., *Old English and New: Studies in Language and Linguistics in Honor of Frederic G. Cassidy*, Garland Publishing, Nueva York, 1992). De igual interés es el resumen de Werner H. Veith («Linguistic Atlasses of German: A Study of Computer-Aided Projects: Proceedings of the Sixth International Conference Held at University College of North Wales, 3rd-7th August 1987», en Alan R. Thomas, ed., ob. cit., pp. 551-556). Muchos autores han tratado temas específicos a la organización de los bancos de datos (Neddy A. Vigil; Lawrence M. Davis, Charles L. Houck y Brian B. Kelly; Louise Peronnet y Paul Andre Arsenault; Keith Williamson), y más buscan desarrollar programas para la manipulación de los datos ya expuestos (Tsunao Ogino; Denis Philps; Emilia V. Enríquez; Edgar Schneider y William A. Kretzschmar). De particular interés es el caso de Lee Pedersen, editor del *LAGS*: éste inicia las exploraciones automatizadas de los atlas americanos, pero persiste en su insistencia en presentar datos elaborados. Sin embargo, en su último estudio («An Approach to Linguistic Geography: The Linguistic Atlas of the Gulf States», Dennis Preston, ed., *American Dialect Research*, Amsterdam, Benjamins, 1993, pp. 31-92) adelanta el desarrollo de la preparación de códigos para organizar las materias léxicas y morfológicas.

3.    William A. Kretzschmar, *Linguistic Atlas of the Middle and South Atlantic States (LAMSAS)*, 1992.

4.    Lee Pederson, *Linguistic Atlas of the Gulf States*, 1986.

tadísticamente lo que los editores presentan en los mapas elaborados. Se aferran al poder del porcentaje, y acaban con una presentación poco clara de los resultados.[5]

Esto suscita la segunda diferencia teórica, y quizá cause repercusiones graves: la necesidad de justificarse con datos estadísticamente completos e inobjetales. Entre los investigadores estadounidenses se persigue un ideal rígido de recoger datos completamente comprensivos y coherentes de un informante a otro: si al informante X se le hace la pregunta A, el informante Y también tiene que contestar esa pregunta. Si un informante no contesta la pregunta, la totalidad de respuestas restantes no valen, porque los datos no han sido precisamente iguales en todos los informantes. Obviamente, esta doctrina varía mucho de la europea, que es la que ha servido para la recogida de datos en el mundo hispanohablante. La encuesta de un atlas lingüístico necesariamente produce variación, debido a la propia condición de los informantes. Es más, esta recogida espontánea constituye la verdadera riqueza de la obra. El informante de un atlas lingüístico no debe estar sujeto a tal rigidez, ni lo deben ser los datos resultantes de la recogida. En esto falla la geografía lingüística estadounidense: prescindir de la totalidad de datos recogidos por una rigidez estadística, y presumir que los mapas elaborados presenten la totalidad de interés investigador que puede sacarse de los datos.

La aportación que hace la estadística a los datos de un atlas lingüístico es enorme: permite justificar con números lo que parece ocurrir en la intuición. Sin embargo, este paso debe ser secundario, y no el principal, pues el interés de cada investigador es diferente y necesita disponer de toda la información para disponer de ella en sus propias necesidades.[6] Esto nos lleva al último paso de la tecnología de estos momentos: los programas interactivos. Estos programas permiten acceso individual a la fácil manipulación de datos y a la combinación de resultados variados; el usuario decide lo que a él le interesa, y con la ayuda de la automatización, busca generalizaciones en los datos. La geografía lingüística todavía no ha llegado a alcanzar este paso, pues exige la difusión de un atlas lingüístico en CD-ROM El disco compacto CD-ROM no difiere del que se usa para la música, pero a diferencia de éste, funciona como un disquete del ordenador, permitiendo mayor capacidad de almacenamiento de datos, y de funciones avanzadas, así como vídeo y sonido. De esta forma, un CD-ROM permite que todos los datos se incluyan como conjunto, eliminando la necesidad de que el autor haga una selección subjetiva entre la totalidad de datos recogidos. El CD-ROM del atlas lingüístico debe presentar al usuario una serie de posibilidades: 1) presentación en forma tradicional, como si fuera un atlas publicado, al estilo de los atlas regionales de España, o buscando una elaboración de mapas; 2) región geográfica que se quiere estu-

---

5. La *matriz* (ing. *matrix*) se basa en una codificación geográfica, en forma de un cuadro, i.e.: XX YY ZZ, refiriéndose estos códigos a puntos encuestados. Después se codifican los términos recogidos presentándolos empleando el esquema determinado: 0 1 4, etc. La interpretación de las *matrices* es difícil y algo molesta.

6. Véase Pop, *La Dialectologie*.

diar, limitándose a puntos determinados, a un país o a un agrupamiento que resulte relevante al usuario; 3) tipo general de investigación que se quiere llevar a cabo, según sea un análisis léxico, fonético o sintáctico, y 4) investigación más específica que se vaya a realizar, sea en el registro de ciertos rasgos fonéticos, de lexemas, o de motivos semánticos.

Detrás de tal serie de posibilidades se necesita el motor: un programa de *Geographic Information Systems (GIS)*. Este programa facilita la asignación de datos a puntos geográficos; provee una representación geográfica, de la cual el usuario puede escoger localidades y asignar a éstas bancos de datos. Con esta herramienta geográfica se enlazan los informes disponibles en el banco de datos. Estos dos elementos en conjunto no están completamente a disposición del usuario, sino que se ocultan detrás de un *interface*.[7] Un *interfaz* ofrece al usuario posibilidades limitadas para la manipulación de los datos, pero las ofrece en una presentación de fácil uso. A la vez impide el acceso directo a los datos. De esta manera simplifica la manipulación o el registro de los datos, pero impide la destrucción casual de los informes o del fondo geográfico.

Uno de los errores más graves cometidos en la elaboración de un atlas lingüístico automatizado tiene carácter simplemente humano. No sólo se requiere un interfaz automatizado, sino también otro humano. En los últimos años han salido en CD-ROM diccionarios y enciclopedias automatizados. Esta técnica era fácil de originar: un diccionario y una enciclopedia son elementos conocidos entre los técnicos de la informática. Saben el alcance de estos libros de consulta, y cómo se debe acceder a ellos automáticamente. El caso es distinto en un atlas lingüístico. Semejante modo de proceder es completamente desconocido para un técnico de informática. Por eso, este técnico suele proponer una presentación automatizada que no permite las manipulaciones, pues no puede prever el alcance de una obra de este talante.

Muchos lingüistas, ante este hecho, han intentado ser técnicos en ciencias informáticas. De este modo pueden redactar sus propios programas, porque son ellos los que saben qué es lo que quieren obtener. En esto reside su eventual fracaso: no pueden anticipar los avances tecnológicos que están por hacerse. Se limitan al proyecto específico, con la tecnología del momento en que empezaron, y trabajan encerrados en su propia circunstancia, en tanto los técnicos de informática siguen avanzando cada día.

El interfaz humano tiene que saber alternar ambas técnicas, manejando el vocabulario de ambas disciplinas: el lingüista ve las posibilidades de manejar los datos lingüísticos, y el técnico, los avances de la técnica. En medio, el interfaz humano provee el enlace entre los expertos. No es necesario que los especialistas intenten aprender demasiadas cosas de un campo que no es el suyo, sino que cada uno debe limitarse a los problemas específicos de su campo. El deber del interfaz humano es desarrollar el pro-

---

7. El *interface* (*DRAE*, 1992, *interfaz*) es el punto de interacción entre el ordenador y otra entidad: la impresora, el usuario. El sistema operativo del ordenador, codificado en su propio lenguaje, tiene *interfaz* que sirve de traductor para conectarse con la otra entidad.

yecto, tomando en consideración las necesidades de uno y otro campo. Sólo de esta forma podremos llegar a mantenernos al corriente de la técnica, y proveeremos a los dialectólogos una obra de consulta que permita conocer en un momento dado la realidad lingüística de cualquier región del mundo.

## Un ejemplo práctico: el Atlas Lingüístico del Caribe en CD-ROM

El proyecto de automatizar el Atlas Lingüístico del Caribe ha intentado aprovechar las experiencias del pasado, y evitar los peligros de realizar la obra automatizada. El equipo de trabajo está formado por dos investigadores: uno de Ciencias Informáticas; otro de Filología Hispánica. La consulta con los lingüistas se basa en las relaciones con la dirección del Atlas Lingüístico de Hispanoamérica (CSIC, Madrid). Entre los investigadores técnicos, las consultas se realizan con el equipo de Apoyo Técnico («Technical Support», servicio de consulta con problemas específicamente relacionados con el programa de GIS) de MapInfo, y con el profesorado del Departamento de Ciencias Informáticas de la Universidad de Saint Rose, Estados Unidos.

El proyecto ha sido dividido en tres fases: primero, establecimiento de un sistema de signos fonéticos. Después, se prepara manualmente el atlas, para una presentación en la pantalla del ordenador. El paso último es la disposición de bases de datos que se enlacen con la exposición geográfica y permitan la manipulación y registro de información.

Los problemas encontrados en cada fase han sido múltiples, pero no han desviado el proyecto en sí. Los signos fonéticos presentan dificultades técnicas y organizativas. Requieren un número elevadísimo de posibilidades; todas ellas necesitan ser previstas y luego introducidas dentro de un nuevo grupo de caracteres. El deber ante el *corpus* entero es averiguar los signos más usados, y situarlos donde más fácilmente se puedan obtener. Esto suscita otra dificultad: la posición de los signos en el teclado. Por último, también se requiere que cada signo fonético tenga una representación en la pantalla, y otra distinta para la impresora. Para su clara representación en la pantalla, los *pixeles*, o unidades mínimas de representación en la pantalla, son distintos de la representación que será su configuración impresa.

En la segunda etapa de producción, la presentación manual del atlas, se enlaza la presentación histórica con la del futuro: el paso a la presentación automatizada. El enfoque de la presentación tradicional es distinto al de la presentación futura: la tradicional permite una lectura más detenida y cuidada, con la posibilidad de considerar la totalidad del *corpus* recogido. El atlas automatizado, en cambio, respeta más una facilidad de manejo y manipulación de datos: su meta es la de facilitar el empleo de la estadística, tomando en cuenta un trasfondo geográfico. La provisión de una exposición manual del atlas asegura que la obra estará siempre al alcance tradicional. Además, facilita el paso para el investigador tradicional al manejo automatizado: le introduce el manejo parcial de la obra automatizada, para que el paso a la última fase sea menos extraño.

Finalmente, en la creación de un atlas interactivo, los problemas radican en la anticipación de su alcance. Su preparación exige la previsión de la totalidad de búsquedas que deseen llevar a cabo los investigadores. Este objetivo no puede alcanzarse nunca, pues los avances lingüísticos sobrepasarán a lo que corrientemente se acepta como objetivo, pero a pesar de eso, no debe perderse como meta. Esta fase requiere consultas directas con los investigadores.[8]

## Datos técnicos y sistemas usados

El equipo emprendió su trabajo usando un *PowerMac* 6100/66.[9] La selección de esta máquina se fundamenta en la fusión de los sistemas operativos de *IBM* y *Macintosh* que venía proponiéndose desde hace varios años: la máquina lee y traduce documentos almacenados en disquetes de *IBM*. Además, el Macintosh aventaja al IBM en las posibilidades de impresión. Al llegar a la última etapa del proyecto, el atlas se traslada a IBM, para hacerlo accesible a todos.

El sistema geográfico que se emplea se llama MapInfo.[10] Este sistema fue escogido por razones de situación física: la compañía tiene sus oficinas centrales en Troy (NY), hecho que facilita la consulta con los informáticos. El programa *MapInfo*, igual que los otros sistemas de información geográfica *(GIS)*, no ha logrado penetrar en campos académicos que no sean estrictamente técnicos. Sus programaciones impiden el fácil desarrollo del proyecto, aunque los técnicos se muestran propicios a la realización de un atlas automatizado. El progreso de este proyecto, y la determinación de las necesidades especiales para la lingüística, ayudarán a que los proyectos futuros progresen más fácilmente.

La elaboración de los signos fonéticos fue realizada con el programa *Fotongrapher*, que permite el diseño de signos nunca utilizados, prescindiendo de la necesidad de contratar a artistas. Después de perfeccionar los signos, se empleó el programa *ResEdit*, que permite que se sitúen los signos en el teclado, en esquemas determinados por el usuario.

---

8.   La consulta con los investigadores también ofrece la posibilidad de acercar las varias escuelas lingüísticas: los atlas lingüísticos suelen ser base de estudio para los lingüistas formados en las teorías europeas e historicistas. El atlas automatizado, normalmente rechazado por las escuelas americanas, podría ser de interés a éstas, pues no puede negarse la amplitud de datos que aporta al campo. Si se toman en cuenta manipulaciones que otras escuelas querrían hacer con los datos, existe la posibilidad de ampliar el alcance del atlas tradicional.

9.   Recuérdese que el sistema *Macintosh* compite con el de *IBM (PC)*. Hasta hace poco no ha sido posible el paso de datos de un sistema a otro sin utilizar el lenguaje ASCII, lenguaje automatizado, aunque limitado en el reconocimiento de signos especiales y de formato particular. El *PowerMac* tiene el procesador denominado *PowerPC*, introducido en los ordenadores *Macintosh* con la meta eventual de unir los dos sistemas competidores. *IBM* y el *PC* no han seguido estos pasos, sino que han invertido sus esfuerzos en la introducción del sistema *Windows 95*.

10.   Se tiene noticia en estas fechas del uso análogo de MapInfo por los editores de un atlas del inglés medieval, dirigido por Keith Williamson en Inglaterra.

## Futuro del proyecto de automatización de los atlas lingüísticos

Al acabarse las tres etapas en la producción del Atlas Lingüístico del Caribe queda todavía mucho camino por andar. Es menester automatizar todos los atlas lingüísticos, los regionales de España ya publicados, y los que están por salir en América. Así, puede acariciarse el ideal de poseer un atlas del mundo hispanohablante, que será el verdadero banco de datos que permita el estudio detenido del idioma.

Una última consideración es la situación de los atlas en el *World Wide Web*.[11] Esta tecnología avanza con una rapidez sorprendente. Para que no quedemos constreñidos a técnicas anticuadas, y para asegurar el paso de la dialectología a los progresos del siglo próximo, es el momento de empezar a considerear un *Home Page* para los atlas del mundo hispánico.

Proyectos, y realizaciones, de atlas lingüísticos basados en la automatización:

- *Atlas Lingüístico y Etnográfico de Cantabria (ALECant)*, Manuel Alvar, Madrid.
- *Linguistic Atlas of the Gulf States (LAGS)*, Lee Pederson, University of Georgia.
- *Older Scots Project*, Keith Williamson, IHD (Institute for Historical Dialectology), Edimburgo.
- *Early Middle English Project*, Margaret Laing, IHD, Edimburgo.
- *Linguistic Atlas of French Maritime Terminology*, University of Moncton, Canadá.
- *Linguistic Atlas of the Middle and South Atlantic States (LAMSAS)*, William Kretzschmar, University of Georgia.
- *The Computer Developed Linguistic Atlas of England I*, Wolfgang Viereck, University of Bamberg.

Tenemos noticia de los siguientes proyectos automatizados, de Werner Veithe (ob. cit.):
- *Kleiner Deutscher Sprachatlas (KDSA)*, Werner Veith y Wolfgang Putschke.
- *Wortatlas der dontinentalgermanischen Winzerterminologie (WAKWT)*, Wolfgang Lkleiber.
- *Fraenkischer Sprachatlas (FSA)*, Jan Goossens.
- *Mittelrheinischer Sprachatlas (MRhSA)*, Gunter Bellmann.

11.  Actualmente, el *LAMSAS* está parcialmente disponible en el *World Wide Web*, en la dirección http: //hyde.park.uga.edu/ . El *Home Page* todavía presenta muchos fallos en los enlaces a los datos, y en el registro de materias recogidas, pero se presenta como primer paso importante en el acceso mundial ilimitado a un atlas lingüístico. El poder del *World Wide Web*, o sea, un enlazar los documentos por temas, sugiere que los atlas lingüísticos podrían unirse mundialmente. Un ejemplo de esto serían las referencias a mapas de otros atlas que se incluyen en las cabeceras de algunos mapas: en el *World Wide Web* se podría tocar con el «ratoncito» en estas citas, y pasar a los mapas citados.

- *Wortgeographie staedtischer Alltagssprache in Hessen*, Hans Friebertsha-euser y Heinrich Dingeldein.
- *Hessicher Flurnamenatlas*, Hans Ramge *et al.*
- *Sudwestdeutscher Sprachatlas*, Hugo Steger, Bernhard Kelle *et al.*
- *Sprachatlas von Bayerisch-Schwaben*, Werner Koenig.
- *Atlas linguistique et ethnographique de l'Alsace*, Marthe Philipp.
- *Atlas linguistique et ethnographique de la Lorraine germanophone*, Marthe Phillip.
- East Central Scots database, from *Linguistic Atlas of Scotland* (Mather and Speitel), John Kirk.

# DIALECTOLOGÍA Y GEOGRAFÍA LINGÜÍSTICA

por Pilar García Mouton

## Introducción

La Geografía lingüística, como la Dialectología, estudia la variación de la lengua, pero la estudia en el espacio, y la refleja sobre mapas. Su novedad radica en que recoge los hechos lingüísticos en unos lugares previamente convenidos, con una metodología estricta que incluye la encuesta directa, y los dispone en mapas, en los que muestra su localización. Estos mapas se agrupan formando atlas lingüísticos. En realidad, la Geografía lingüística no se considera una ciencia en sí, sino un método dialectológico que aparece a fines del XIX y principios del XX, en un entorno muy interesado ya de antiguo por las hablas vivas, para estudiar la lengua hablada desde este nuevo enfoque. Los trabajos que se hicieron después sobre esas ingentes colecciones de materiales han dado frutos espectaculares para toda la Lingüística, no sólo para la Dialectología. A esa segunda etapa de interpretación de los mapas y de teorización, en un momento dado se la ha podido considerar disciplina al margen, aunque siempre muy cerca, de la Dialectología. Con el paso del tiempo, la Geografía lingüística ha pasado a constituir uno de los métodos más productivos de investigación lingüística.

## Nacimiento

El fundador de la Geografía lingüística fue, sin duda, Jules Gilliéron, director del *Atlas linguistique de la France (ALF)*, que estableció las bases del método, aunque es cierto que antes de él hubo intentos de cartografiar el resultado de encuestas [1] y que el ambiente intelectual estaba preparado, en cierto modo, por los trabajos del teórico de la dialectología Graziadio Isaia Ascoli para acoger estos avances. Ya entonces los dialectos se estudiaban desde el enfoque de los neogramáticos, pero con un interés fundamental por el sonido, por lo fonético, que rara vez iba más allá. Así traba-

---

1. Cfr. las páginas de la *Introducción* (XXXIV-XLIV) de Sever Pop a su monumental *La Dialectologie*, II, J. Duculot, Gembloux [s.a.].

jó Georg Wenker en su *Sprachatlas von Nord- und Mitteldeutschland* (1881), tratando de probar la existencia de los límites entre dialectos, y tampoco G. Weigand superó el lado fonético al plantear el atlas dacorrumano (1909).[2]

En este marco surge el atlas de Gilliéron, el primero en abordar «la exposición cartográfica de los fenómenos morfológicos y léxicos, sin limitarse exclusivamente a los fonético».[3] De entrada, tomó como territorio de investigación toda Francia y decidió investigarla con un cuestionario de más de 1.900 preguntas, en una red formada por 639 localidades que comprendía todas las hablas galorrománicas, incluidas sus extensiones fuera del país. El cuestionario lo preguntó sobre el terreno un solo encuestador, Edmond Edmont, dialectólogo, que transcribió las respuestas en alfabeto fonético, respuestas de un hablante por localidad —un informante— que debía ser del lugar, no haber estudiado y hablar dialecto. Edmont remitía los cuestionarios a Gilliéron, que redactaba los mapas definitivos. Cada mapa correspondía a un concepto. Así se hizo el *ALF* y, con su publicación en 1902, nació la Geografía lingüística.

## Terminología

*Geografía lingüística* traduce la denominación francesa *géographie linguistique*, que fue la primera en utilizarse, y se tradujo también a las demás lenguas románicas. Sin embargo, este nombre se ha criticado con frecuencia porque, en realidad, no parece adecuarse a su contenido y puede llegar a confundir, ya que, evidentemente, no se trata de una geografía de las lenguas, ni de aplicaciones lingüísticas a la geografía. Por su parte, los alemanes alternan *Sprachgeographie* con *Dialektgeographie* 'geografía dialectal'; pero en el ámbito románico el uso ha acabado imponiendo *geografía lingüística* y, aunque Albert Dauzat piense que *lingüística geográfica* hubiera sido un nombre más adecuado, también reconoce que ya «es demasiado tarde para reconsiderar una denominación consagrada por numerosos trabajos».[4] Desde hace años, también *geolingüística* se emplea como sinónimo, sobre todo entre los romanistas.[5]

> Son palabras clave en esta metodología:
> — *cuestionario*: conjunto de preguntas a través de las cuales se espera obtener determinados materiales lingüísticos.

2. I. Iordan, *Lingüística románica*, trad., reel. parcial y notas de M. Alvar, Alcalá, Madrid, 1967, pp. 253 y 257.

3. K. Jaberg, *Geografía lingüística. Ensayo de interpretación del «Atlas Lingüístico de Francia»*, trad. de A. Llorente y M. Alvar, Univ. de Granada, 1959, p. 11.

4. Citado por I. Iordan, *op.cit.*, p. 252 n. 3: «il est trop tard pour revenir sur une appellation consacrée par de nombreux travaux»; M. Cortelazzo, *Avviamento critico allo Studio della dialettologia italiana*, I, *Problemi e metodi*, Pacini, Pisa, 1976, p. 103, es de la misma opinión, mantenerla «anche se manifestamente impropria». Cfr. sobre este punto E. Coseriu, «La geografía lingüística», en *El hombre y su lenguaje*, Gredos, Madrid, 1991, 2.ª ed., p. 114.

5. La revista del Departamento de Dialectología de la Universidad de Grenoble, nacida para acoger las síntesis románicas del *ALE*, se llama *Géolinguistique*.

— *red de encuesta*: conjunto de localidades en las que se decide hacer encuesta. Se eligen según diversos criterios y se intenta que representen todo el territorio estudiado. La red se estrecha, es decir, incluye más lugares, en tierras donde el dialecto es más interesante, en zonas aisladas, en fronteras, etcétera. Se ensancha, en cambio, donde se supone que hay mayor uniformidad. Al principio, el enfoque historicista buscaba sólo lo más arcaizante, lo más alejado de los centros de innovación y, por eso, se evitaba incluir ciudades en la red de encuesta, criterio que se reconsideró después.

— *encuestador*: investigador preparado para elegir informante, preguntarle adecuadamente el cuestionario y transcribir sus respuestas. Un atlas puede contar con más de un encuestador, siempre que el equipo sea homogéneo.

— *informante*: en los puntos rurales suele ser un hombre, maduro, del lugar, sin instrucción. La tradición busca este informante-tipo, aunque en ocasiones se completa la encuesta con otros informantes: mujeres; trabajadores especializados para léxicos específicos (alfareros, marineros...); etc. La metodología geolingüística parte del principio de representatividad del informante: bien elegido, un solo informante representa el habla de su comunidad. En las ciudades, donde las diferencias sociales se dejan sentir mucho más en la forma de hablar, se buscan varios informantes de los dos sexos, de distinta edad, distinto nivel de instrucción y distinto barrio, que representen la complejidad urbana.[6]

## Primeros resultados

Las reacciones al *ALF* no se hicieron esperar. Muchas fueron entusiastas, por las posibilidades que los lingüistas vieron en aquellos mapas que reproducían sonidos, pero también palabras en su variación dialectal y porque nunca antes habían contado con materiales tan fiables. Sin embargo, los historicistas más tradicionales criticaron duramente esa visión sincrónica y estática que reflejan los mapas.

Ahora bien, con ser extraordinario el trabajo del *ALF*, lo que más revolucionó el panorama lingüístico europeo fueron los trabajos posteriores de Gilliéron, en los que estudiaba de una forma desconocida hasta entonces, más que los dialectos en sí, la vida de la lengua a partir de esos mapas, reconstruyendo las situaciones anteriores a la que aparecía cartografiada.[7]

En sus estudios, Gilliéron siguió los pasos de la lengua en los mapas con términos llenos de vida. No explicaba los cambios lingüísticos a través de leyes fonéticas más o menos inmutables; los explicaba por la necesidad que tienen los hablantes de evitar la ambigüedad. Para él, la evolución fonética hace que por diversas causas las palabras caigan enfermas: porque pierden cuerpo fonético y quedan reducidas a pocas letras con el consiguiente riesgo de desaparecer; porque, al cambiar, confluyen con otras y entonces se confunden, etc. De este modo se llegan a producir *homonimias soportables* y *homonimias insoportables*. El hablante resuelve estos proce-

6. Para todas las cuestiones metodológicas, *vid.* M. Alvar, *Estructuralismo, geografía lingüística y dialectología actual*, Gredos, Madrid, 1973, 2.ª ed., especialmente las páginas 115-155.
7. Iordan, *op. cit.*, p. 263: «Solamente después de esto se podría hablar de una nueva disciplina: la geografía lingüística.»

sos *patológicos* de homonimia y etimología popular poniendo en marcha recursos *terapéuticos* como la adición de sufijos, los cambios de género, las sustituciones léxicas, etc. Todo esto surgía al estudiar detenidamente las palabras en los mapas del *ALF*. De esta manera, como escribió Jaberg, «Gilliéron devolvió su dignidad a la palabra»,[8] al tiempo que ampliaba el campo de los estudios anteriores con unos materiales riquísimos, localizados en el espacio, que permitieron comparar áreas y aclarar muchos problemas de biología y sociología del lenguaje.

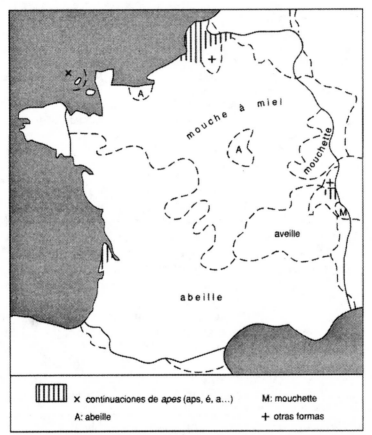

I.   El famoso mapa de la *abeille* 'abeja' sirvió a Gilliéron para ilustrar estas afirmaciones teóricas: el latín APIS, acusativo APEM, en su evolución al francés, vio reducido su cuerpo fonético a resultados monosilábicos del tipo *e, ef*, que ponían en peligro su supervivencia; de ahí que los hablantes recurrieran a formaciones diminutivas (APICULA 'abejita' > *abeille*, también origen del español *abeja*) o a formaciones perifrásticas (*mouche à miel* 'mosca de miel').[9]

8.   Textualmente: «Gilliéron a rendu sa dignité au mot», en *Aspects géographiques du langage*, Droz, París, 1936, p. 14
9.   Tomado de Coseriu, *op. cit.*, p. 143.

A partir del análisis de los mapas se vio que las palabras, como los hablantes, se desplazan; que disponen de vías para avanzar y que a veces encuentran obstáculos que las detienen. En sus viajes luchan por imponerse y, en consecuencia, unas resultan vencedoras, y otras, vencidas. También se vio que hay centros de expansión fuertes (capitales, núcleos de poder económico, cultural, etc.), que dan prestigio a las palabras que difunden; que las regiones aisladas son menos receptivas ante lo nuevo, que los centros culturales lo son mucho más... Esto puso de manifiesto que es un error estudiar la vida de las palabras sólo en su evolución fonética, sin atender a todas las vicisitudes por las que pasan, que son la causa de que *cada palabra tenga su propia historia*.

Enfocando desde una perspectiva diacrónica la lectura de mapas, se observaron también distintas capas, estratificaciones lingüísticas de épocas diferentes, las más antiguas en las áreas laterales —las aisladas o marginales respecto a los centros de irradiación cultural—; se advirtieron también innovaciones sin relación entre sí, que se manifiestan como erupciones, etcétera.[10] Así, remontándose hacia el pasado, se pudo hacer *geología lingüística*, una de las primeras aplicaciones del método.[11]

## Evolución

El éxito del *ALF* cuajó pronto en proyectos de atlas en distintos países. Metodológicamente, el más importante fue el *Sprach- und Sachatlas Italiens und der Südschweiz (AIS)*, publicado entre 1928 y 1940, el atlas italosuizo de Karl Jaberg y Jakob Jud, porque supuso un serio avance teórico: utilizó cuestionarios diferentes según el lugar de encuesta; incluyó las ciudades como núcleos de irradiación; hizo hincapié en la relación entre lengua y cultura material, en el marco del movimiento *Wörter und Sachen* ('palabras y cosas'), dando a las encuestas una orientación etnográfica; atendió al elemento histórico y, algo esencial, enlazó los conceptos por su significado en la estructura del cuestionario y del atlas.

Con el tiempo, también se dio un paso fundamental en otra dirección: los grandes atlas habían proporcionado hasta entonces una imagen general y muchos materiales sobre grandes espacios, y la evolución lógica fue la propuesta de reducir el territorio y estudiarlo en profundidad. Nacieron así proyectos de atlas regionales, sobre los que Jaberg teorizó en su artícu-

---

10. Evolución teórica de los logros de la Geografía lingüística, combinados con la teoría de Ascoli y la de los idealistas italianos, es la *neolingüística* de M. Bartoli, ejemplificada sobre lenguas, pero igualmente aplicable a los dialectos. Además de establecer la importancia del prestigio en la difusión de las innovaciones, promulgó las famosas normas areales, que permiten establecer la cronología de las distintas áreas espaciales. Una de sus aportaciones más interesantes es la de evidenciar que dos procesos que parecen simultáneos pueden partir de dos épocas diferentes de la lengua de origen [cfr. E. Coseriu, *op. cit.*, pp. 147-153].

11. Como escribió Dauzat: «La geografía lingüística tiene como objetivo esencial reconstruir la historia de las palabras, de las flexiones, de las agrupaciones sintácticas, según la repartición de las formas y de los tipos actuales» [*La géographie linguistique*, Flammarion, París, 1922, p. 31: «La géographie linguistique a pour but essentiel de reconstituer l'histoire des mots, des flexions, des groupements syntaxiques, d'après la répartition des formes et des types actuels»].

lo sobre *atlas de gran dominio* y *atlas de pequeño dominio*, señalando la utilidad y los distintos alcances de los dos tipos de atlas.[12]

Los atlas de gran dominio, como el *ALF* o el *AIS*, respondían a una necesidad de contar con una visión de conjunto, de saber sobre una situación dialectal que podía verse alterada en poco tiempo. Al investigar territorios tan extensos, la red de encuesta no podía ser estrecha, no se podía encuestar en muchos lugares; el cuestionario, en estos casos, tenía que caracterizar a través de sus preguntas a grandes pinceladas, y poco más, para poder adaptarse a culturas diferentes, dialectos e incluso lenguas distintas, y a tierras alejadas entre sí, de modo que para este tipo de atlas sólo resultaban útiles las preguntas más generales.

Cuando se planteó la etapa siguiente, se buscaron precisamente los aspectos que el atlas general no había llegado a reflejar o sólo había esbozado: lo específico, lo propio de una zona concreta y de su dialecto. Con esa idea, Albert Dauzat coordinó el proyecto del *Nouvel atlas linguistique de la France* por regiones *(NALF)*; en él, los cuestionarios de cada uno de los atlas que lo integraban mantenían una parte común —que en el futuro pudiera proporcionar por yuxtaposición mapas generales de toda Francia— y el resto era libre, de modo que pudiera incluir lo más adecuado a la realidad lingüística y cultural de su zona. Además, en estos atlas, la red de puntos se estrechaba todo lo necesario para no dejar escapar nada interesante.

Después del *NALF* han venido muchos otros atlas regionales y los resultados han demostrado que son mucho más válidos «como testimonio dialectal»,[13] porque en ellos el léxico aparece vinculado a la cultura material y porque llegan, en todos los aspectos, a niveles más profundos que los grandes atlas. Como ha destacado Alvar:

> los Atlas regionales tienen enormes ventajas: conocimiento depurado de las áreas que se estudian, penetración en las estructuras lingüísticas más recónditas, establecimiento seguro de isoglosas, exacta correspondencia entre las cuestiones formuladas y las respuestas obtenidas. El gran inconveniente de estas obras es que no cobran sentido sino en el conjunto,[14]

de ahí la necesidad de que coexistan atlas regionales y atlas nacionales. Estos atlas de pequeño dominio han devuelto a los estudios dialectales el equilibrio que había alterado el paso relativamente brusco de las monografías a los grandes atlas nacionales.[15]

---

12. «Grossräumige und kleinräumige Sprachatlanten», *Vox Romanica*, XIV (1955), pp. 1-61.
13. M. Alvar, *Estructuralismo...*, p. 127.
14. *Ibidem*, p. 198. En casos de especial interés se han planteado atlas de mínimo dominio, pero siempre en territorios ricos y complejos e insertos en un atlas mayor. Si no, se corre el riesgo de cartografiar, como ocurrió en el caso del *Atlas Lingüístic de Andorra*, unos materiales improductivos geolingüísticamente, mucho más adecuados para una monografía dialectal. Por otra parte, en los años posteriores a la segunda guerra mundial se han puesto en marcha macroatlas como el *Atlas Linguarum Europae (ALE)*, de gran interés como marco general, pero donde lo dialectal lógicamente apenas aflora. De este último proviene el *Atlas Linguistique Roman (ALiR)*, que reúne en mapas sintéticos acompañados de comentarios —como en el *ALE*— materiales de todas las variedades románicas.
15. Así lo razona Cortelazzo, *op. cit.*, p. 111.

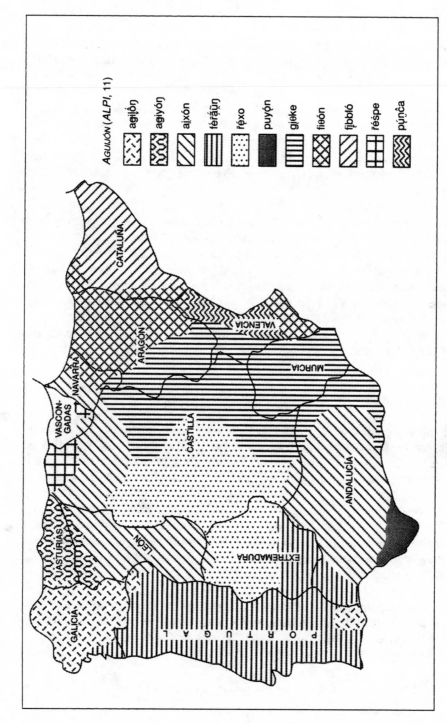

II. *Mapa léxico sintético a partir del ALPI.*[16]

16. Tomado de T. Navarro Tomás, *Capítulos de Geografía Lingüística de la Península Ibérica*, ICC, Bogotá, 1975, p. 171.

## Geografía lingüística y Dialectología hispánica*

En España la situación ha sido diferente a la de países como Francia, que han pasado por todas las etapas de la Geografía lingüística. El catalán contó pronto con un primer atlas, el *Atlas Lingüistic de Catalunya* de A. Griera, hecho desde el principio a imagen del *ALF*; pero la Guerra Civil interrumpió los trabajos del gran atlas nacional, el *Atlas Lingüístico de la Península Ibérica (ALPI)*, promovido por Ramón Menéndez Pidal y dirigido por Tomás Navarro Tomás, que abarcaba todas las variedades románicas peninsulares. Sólo se llegó a publicar, en 1962, un tomo con 75 mapas, fundamentalmente fonéticos, que no pudo servir de base a los atlas regionales posteriores.

Aunque desde el punto de vista geolingüístico el *ALPI* haya tenido menos trascendencia de la que le hubiera correspondido, su importancia para la dialectología española fue grande, sobre todo por los trabajos que sus encuestadores fueron publicando. Como era natural, al ir teniendo una visión de conjunto, los investigadores del *ALPI* adelantaron estudios sobre aspectos concretos (casi todos de carácter fonético): las áreas de conservación y de aspiración de la f- inicial; los resultados de ĕ y ŏ latinas; las zonas de ceceo y seseo, etc., que permitieron establecer algunas isoglosas y superar espacialmente la dimensión local de muchos de los trabajos de dialectología del momento.[17]

### ATLAS REGIONALES

Al faltar el atlas de gran dominio, en España los atlas regionales se plantearon sin esa referencia. Manuel Alvar ha dirigido todos los atlas regionales publicados hasta hoy y esta circunstancia afortunada hace que la suma de ellos se acerque mucho a lo que los resultados del *NALF* han conseguido para Francia. En los años sesenta publicó su primer atlas, el *Atlas Lingüístico y Etnográfico de Andalucía (ALEA)*, con la colaboración de Antonio Llorente y Gregorio Salvador, y la profundidad metodológica de la obra explica que los atlas que han venido después lo hayan tomado como referencia primera, adquiriendo así la coherencia necesaria para hacerlos comparables y complementarios entre sí.[18]

— *Atlas Lingüístico y etnográfico de Andalucía (ALEA)*. Antes del atlas se sabía poco sobre el andaluz. Hoy, cuarenta años después de su publicación, sigue sirviendo de punto de partida para todos los trabajos que se hacen sobre la zona, y la bibliografía que ha generado es enorme.

---

* Nos ocuparemos aquí sólo de la parte que atañe a los territorios dialectales del entorno castellano o castellanizado.

17. P. ej., el conocido artículo de T. Navarro Tomás, A. M. Espinosa hijo y L. Rodríguez Castellano, «La frontera del andaluz», *Revista de Filología Española*, XIX (1933), pp. 225-257.

18. Aquí vamos a esbozar sólo su aportación a la dialectología española, porque en cada ámbito dialectal se tendrá que volver obligadamente sobre ellos.

El *ALEA* estudió un gran «pequeño dominio» ocupado por una variedad innovadora del castellano con una fonética desconcertante. Sus encuestas se enfrentaron a esa realidad y de ellas se obtuvieron conclusiones de orden fonológico, alguna tan definitiva como para caracterizar al andaluz oriental frente al andaluz occidental, a partir de la oposición que la pérdida de la -s final produce en la zona oriental: singular con vocal cerrada, plural con vocal abierta. También los distintos tipos de *ese* y las zonas de seseo y ceceo; la relajación articulatoria de las consonantes implosivas; el alcance del yeísmo (rehilado o no), la pérdida de la africación de la *ch*, con los desequilibrios que crean en el sistema, pudieron verse en su extensión en los mapas, pero pudo verse además cómo afectaban al léxico, a la morfología, etc. Estos procesos en ebullición permitieron comprobar muchas de las afirmaciones de la Geografía lingüística: áreas marginales, centros de irradiación, erupciones lingüísticas, vías de expansión, etc. Andalucía reunía, además, unas condiciones ideales para matizarlas desde el punto de vista histórico, ya que era tierra reconquistada en distintas etapas con una larga presencia árabe. En los mapas se vieron las áreas de influencia aragonesa (oriental) y leonesa (occidental), muy claras en el léxico, y en ocasiones en la fonética (f- > h-, conservada ruralmente); la zona que deja pasar léxico portugués; los arabismos rurales apegados a la cultura material (sistemas de riego, p. ej.) y también la vitalidad de la norma sevillana, que, desde el prestigio de las ciudades, difunde sus rasgos, como el seseo, por tierras que en principio eran ajenas a sus usos. El estudio en ciertos puntos de dos informantes, hombre y mujer, y de varios en las ciudades sirvió para entrever cómo funcionaba socialmente el andaluz y cuáles eran las tendencias de los cambios en esa variedad de vitalidad arrolladora.[19]

— *Atlas Lingüístico y Etnográfico de las Islas Canarias (ALEICan)*. M. Alvar planteó el estudio geolingüístico de las Islas Canarias (1975-1978) como una prolongación del *ALEA*. De sus resultados se dedujo, en primer lugar, la adecuación de este tipo de trabajo a unas tierras conquistadas en el siglo xv, porque sus mapas mostraron cómo funcionan los centros de irradiación, cómo las islas marginales resultan conservadoras, cómo en ellas las novedades llegaban a través de las gentes del mar. También quedó clara la vinculación de las islas con Andalucía y la norma sevillana (seseo, aspiraciones, *ustedes* por *vosotros*, etc.), y con las tierras de América. Finalmente los mapas del *ALEICan* desterraron el tópico del arcaísmo de las hablas canarias y sirvieron para dar la importancia justa a la presencia portuguesa (sobre todo en léxicos específicos de la vid y del azúcar) y a la supervivencia del elemento prehispánico (*guanchismos* conservados sobre todo en el léxico de la fauna y la flora autóctonas).

— *Atlas Lingüístico y Etnográfico de Aragón, Navarra y Rioja (ALEANR)*. Alvar publicó en los años 1978-1983 el *ALEANR*, con la colaboración de To-

---

19. Cfr. los trabajos de Alvar reunidos en sus *Estudios de Geografía Lingüística*, Paraninfo, Madrid, 1991, espec. pp. 185-271.

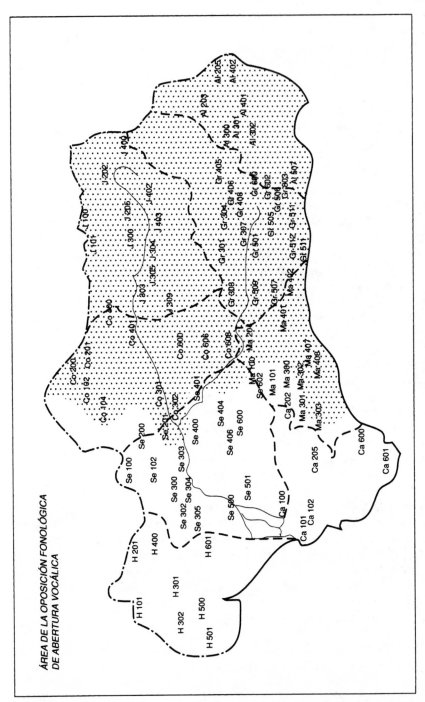

*ÁREA DE LA OPOSICIÓN FONOLÓGICA
DE ABERTURA VOCÁLICA*

III. *Mapa sintético a partir del n.º 1.696 del ALEA.*[20]

20. Tomado de M. Alvar, A. Llorente, G. Salvador, *Textos andaluces en transcripción fonética*, ed. M. Alvar y P. García Mouton, Gredos, Madrid, 1995, p. 405.

más Buesa, A. Llorente y Elena Alvar. El territorio que abarca en esta ocasión era bastante conocido desde el punto de vista lingüístico, sobre todo en la parte aragonesa: dialecto histórico en regresión en dominios con un sustrato prerromano común en el eje de los Pirineos, junto con el vasco de la zona septentrional navarra, el catalán de la franja oriental y el castellano históricamente asentado en el Valle del Ebro. A partir de los mapas del atlas se han podido hacer muchos trabajos,[21] pero para la Dialectología lo más importante fue constatar la situación de retirada extrema del aragonés, replegado en los valles del Pirineo, y también allí acosado por la castellanización. Fuera de esos refugios, los mapas documentan la vitalidad de las hablas de la frontera catalanoaragonesa y la huella del dialecto en un castellano que, en ocasiones, conserva hábitos fonéticos, voces patrimoniales y, en zonas rurales arcaizantes, restos morfológicos de interés.

— *Atlas Lingüístico y Etnográfico de Cantabria (ALECant)*. Después de largos problemas de edición relacionados con el cartografiado automático, M. Alvar publicó en 1995 el *ALECant*, conocido en la bibliografía previa como *ALES* (*Atlas Lingüístico y Etnográfico de Santander*). Su autor explicó en su día las características de este atlas de *mínimo dominio*, de gran interés por las tierras que estudia, tierras de sustrato prerromano en las que nació el castellano, lindantes con el vascuence y con las hablas asturleonesas.[22]

El *ALECant* permite una visión pormenorizada de esta comunidad y, además de atender a sus características diferenciales (neutro de materia, metafonía, yeísmo, aspiraciones, léxicos de la hierba, el ganado, la leche y el queso, etc.), mantiene una parte común con el resto de los atlas regionales, que facilitará el trabajo comparativo y el de conjunto.

Ésta es la situación de los atlas regionales en España. Existen otros en elaboración. Para las tierras de Castilla-La Mancha está muy adelantado el *Atlas Lingüístico y etnográfico de Castilla-La Mancha (ALeCMan)* de Pilar García Mouton y Francisco Moreno Fernández, que pretende sumarse a la serie de los atlas regionales de M. Alvar, uniendo por el este el *ALEANR* y el *ALEA*. En sus mapas se verá el estado actual en esa zona de muchos de los fenómenos «meridionales».[23] Metodológicamente innova en la utilización sistemática de dos informantes, un hombre y una mujer, en los pun-

21. Basta con revisar en el *Archivo de Filología Aragonesa* los años posteriores a la publicación del *ALEANR*.

22. «El Atlas Lingüístico y Etnográfico de la provincia de Santander», *Revista de Filología Española*, LIX (1977), pp. 81-118. En 1984 Ralph Penny había publicado un interesante «Esbozo de un atlas de Santander» (en *Lingüística Española Actual*, VI, pp. 123-181), que contiene 35 mapas comentados, fruto de una encuesta, con un cuestionario de 95 preguntas, en 25 pueblos del centro y el occidente de la Comunidad cántabra. No es propiamente un atlas, ya que su cuestionario no tiene la trabazón semántica ni la amplitud necesarias; es más bien un estudio dialectológico reflejado en mapas, hecho con metodología geolingüística, que sirvió para establecer parcialmente las isoglosas del neutro de materia, de la metafonía, de los principales fenómenos fonéticos, de parte de la morfología verbal y estudiar algo del léxico de la zona.

23. *Vid.* la colaboración de F. Moreno en este libro, pp. 213-232.

tos rurales y en el estudio con metodología sociolingüística de las capitales,[24] lo cual va a facilitar el seguimiento de las tendencias en los cambios.

En estos momentos M. Alvar ultima la publicación de las encuestas correspondientes a la actual Comunidad de Castilla y León, encuestas que él coordinó, a partir de los años setenta,[25] en todas las zonas sin atlas regional, y que han posibilitado la colaboración española en el *Atlas Linguarum Europae*.[26]

En la América que habla español, la Geografía lingüística se ha hecho con la vista puesta en la europea.[27] Hay atlas de distintos enfoques y de épocas distintas también. Aunque se llegó a cuestionar la adecuación del método geolingüístico a grandes espacios conquistados y castellanizados sobre lenguas amerindias muy diferentes —algunas de las cuales sobreviven—, la experiencia ha demostrado la validez del método: Tomás Navarro Tomás, además de su *Cuestionario Lingüístico Hispanoamericano*, que ha servido de base a muchos trabajos de dialectología americana, publicó su pequeño atlas lingüístico de Puerto Rico (1948); después vinieron el *Atlas Lingüístico y Etnográfico del Sur de Chile* (ALESuCh, I, 1973), dirigido por Guillermo Araya, que sigue muy de cerca la metodología del *ALEA* de Alvar; el gran *Atlas Lingüístico de Colombia* (ALC, 1981-1983), dirigido por Luis Flórez. En los últimos años se han editado los tres primeros volúmenes del *Atlas Lingüístico de México* (ALM,1990), dirigido por Juan M. Lope Blanch, fruto de los trabajos emprendidos para la delimitación de las zonas dialectales del país, que da una imagen de conjunto del México más reciente,[28] y están muy avanzados los trabajos del *Atlas Diatópico y Diastrático del Uruguay (ADDU)* de Harald Thun y Adolfo Elizaincín, que cartografiará los datos espaciales con los de distinto nivel en la misma red de encuesta. También están planteadas otras empresas geolingüísticas en la Argentina y en el Ecuador; pero la gran tarea, el macroatlas del español de América, tan necesario como marco para cualquier estudio dialectológico, es el *Atlas Lingüístico de Hispanoamérica*, dirigido por M. Alvar y Antonio Quilis, atlas de gran dominio en su concepción, donde el adjetivo *grande* parece insuficiente. Su publicación por zonas —inminente la del Caribe—, encuestadas todas con idéntica metodología, dará la información global que falta hoy para estudiar el español de América y plantear las necesarias empresas parciales.

24.    Hasta ahora, la elaboración de materiales de las provincias de Toledo y Ciudad Real ha permitido registrar aspiración de -s implosiva hasta el norte de Toledo, grandes zonas de confusión de r/l, sobre todo en el Campo de Calatrava, que enlaza así con el norte de Córdoba, y la pérdida de la oposición entre ll/y para casi toda Ciudad Real y Toledo, donde hay islotes de conservación.

25.    En 1974 se publicó el Cuestionario. Estos materiales constituyen también la principal fuente de la colaboración española al *Atlas Linguistique Roman (ALiR)*.

26.    Existen otros atlas en marcha, como el atlas de mínimo dominio que estudia el Bierzo y que lleva a cabo Manuel Gutiérrez Tuñón, y los proyectos de un atlas lingüístico para Valencia —que coordina María Teresa Echenique— y de otro para Murcia.

27.    Para una visión general, *vid.* P. García Mouton, «Sobre geografía lingüística del español de América», *Revista de Filología Española*, LXXII (1992), pp. 699-713.

28.    Metodológicamente, parte del análisis de grabaciones de varios informantes por punto, y cartografía la media de las tendencias, lo que hace difícil la interpretación geolingüística de esta gran obra dialectológica.

## Geografía lingüística y Dialectología

Mirando hacia atrás, se puede afirmar que la Dialectología ha ganado mucho con la aparición de la Geografía lingüística. En primer lugar, a partir de ese punto, la metodología se hizo rigurosa hasta extremos desconocidos antes: se desterró en la práctica la encuesta por correspondencia, se huyó de los aficionados locales y se acudió directamente a la fuente misma, al informante; se transcribieron sus respuestas, y se trabajó con un cuestionario que resumía los objetivos de la investigación.

Esa metodología aplicada a los distintos puntos de encuesta permitió compararlos sin riesgo de error. De los resultados de este examen pronto se obtuvieron importantes conclusiones teóricas. Por ejemplo, a la pregunta decimonónica de si existen límites tajantes entre los dialectos, los mapas autorizaron a contestar que no hay límites, sino haces de isoglosas que se cruzan y no suelen coincidir; que sólo existen límites definidos en el mar, en algunas fronteras políticas, etc. Esto, constatado básicamente a partir de fenómenos fonéticos, en el léxico resultaba tan llamativo que se concluyó que cada palabra tiene su propia historia, historia que no tiene por qué ir acorde siquiera con la de otras palabras de su misma familia. ¿Por qué? Porque un estado de lengua surge de un compromiso entre fuerzas conservadoras e innovadoras; no depende de una inercia evolutiva ciega, sino de un equilibrio derivado de la actividad misma de los hablantes, que buscan en su lengua un instrumento de comunicación rentable y prestigioso. Los mapas mostraron todo esto, y en ellos se pudieron trazar las zonas conservadoras, los centros de irradiación, las vías de expansión, etc., que dieron origen a la reflexión teórica que llevó a establecer la «teoría de las áreas lingüísticas».[29]

La Geografía lingüística removió también alguna de las bases teóricas de la Dialectología: si no existen límites, fronteras, no existen dialectos. Al menos en un primer momento hubo quienes lo interpretaron así en sentido estricto. Sin embargo, los mapas lingüísticos nunca negaron, sino que matizaron, el concepto que está en la base misma de la investigación —el de *dialecto*—, al tiempo que reconocieron al hablante su protagonismo en el cambio lingüístico. El dialecto pasó, de negarse, a considerarse como una abstracción necesaria. Ante la variación en el espacio, la Geografía lingüística impuso el principio de que existe unidad en la variedad —por eso busca un informante para representar a toda una comunidad de habla—, lo mismo que el principio de la continuidad de áreas —la lengua es un *continuum*, una realidad continuada—, que se da por supuesta, de ahí que se estudie como significativa cualquier fragmentación.[30]

Antes de la Geografía lingüística, los dialectólogos investigaban con afán globalizador en puntos concretos, y sus trabajos solían titularse *El habla de tal sitio, de tal zona*. Como consecuencia natural de la presentación

---

29. Para profundizar en estos aspectos son muy útiles las páginas 147-153 del libro cit. de Coseriu.

30. *Ibidem*, pp. 156-157.

de los materiales en mapas, empezaron a publicarse cada vez más estudios onomasiológicos, del tipo de *Los nombres de tal cosa en tal sitio* que, partiendo del mapa de un concepto, señalaban áreas, estudiaban cuáles eran las voces conservadoras o innovadoras, aclaraban problemas etimológicos, etcétera. Cuando, en vez de trabajar con un solo mapa, se trabajó con varios relacionados semánticamente, se hicieron claros avances en temas de semántica estructural.[31] Finalmente, de la suma de los mapas de un atlas se pueden llegar a obtener conclusiones definitivas para un dominio: sólo hay que valorar los mapas del tomo VI del Atlas de Andalucía, que caracterizaron, desde la fonética, la fonología, la morfología, el léxico (en sus relaciones etnográficas) y la sintaxis, la complejidad del andaluz.

Sin embargo, la Geografía lingüística no lo resuelve todo. Desde el primer momento, algunos dialectólogos de orientación historicista criticaron la nueva metodología, oponiendo la profundidad de las monografías y de los glosarios a la pretendida superficialidad de los grandes atlas. Con el paso del tiempo, y ya sin apasionamientos, se puede afirmar que Dialectología y Geografía lingüística han ganado al complementarse, porque ambas tienen sus limitaciones.

> Las principales críticas que se han hecho al método geolingüístico son las siguientes:
> — Se encuesta sólo unos puntos determinados, no todo el territorio.
> — Se interroga habitualmente a un informante por localidad, lo que excluye la posibilidad de observar procesos en marcha (niños, jóvenes, etc.).
> — Un atlas responde a un momento dado (una sincronía convenida) y no a un corte anterior o posterior.
> — El cuestionario impone una relativa formalidad en la relación entre encuestador e informante.
> — La mecánica pregunta-respuesta suele obtener una sola respuesta, concreta, pero hace perder sinónimos parciales, voces afectivas, etc.
> — Un cuestionario no recoge todo el léxico, ni puede dar una imagen perfecta de la fonética, la morfología y, menos aún, de la sintaxis.
> — Un atlas sólo investiga el nivel que representa un informante rural, de cierta edad, poca instrucción, del lugar.

Pero ¿qué investigación se ocupa de todos esos fenómenos? La discusión sería inacabable. Juzguemos las cosas por lo que son y no por la voluntad de cada investigador, cuyos intereses suelen ser muy parciales.

En la Geografía lingüística, parte de estas limitaciones las ha subsanado su propia evolución metodológica, al plantear encuestas múltiples en los casos de mayor interés dialectal; al recoger grabaciones de «textos orales» o *etnotextos*, en los que el informante abandona la formalidad; al abordar núcleos urbanos con enfoque sociolingüístico, etc. Otras son inherentes al método,[32] que no pretende hacer una monografía en cada punto de en-

---

31.   Cfr. G. Salvador, «Estudio del campo semántico "arar" en Andalucía» (1965), recogido en *Semántica y lexicología del español*, Paraninfo, Madrid, 1985, pp. 13-41.
32.   En cambio, algunas de las críticas referidas a la posibilidad de errores por una pregunta mal formulada o una respuesta mal interpretada son igualmente achacables a cualquier trabajo dialectológico tradicional.

cuesta. Pero un atlas no es la suma de tantas monografías como localidades encuestadas; ese trabajo exhaustivo no le corresponde. Un atlas cartografía sólo parte de la realidad lingüística de esos puntos —la más caracterizadora— y la presenta en el espacio. La Geografía lingüística asume ese trabajo y los posteriores de estudio e interpretación de sus mapas, que tanto han hecho avanzar la consideración de la lengua como organismo vivo y sistema de isoglosas.

En definitiva, los atlas proporcionan, ordenadas, grandes masas de datos dialectales vivos y homogéneos, recogidos con una metodología rigurosa, que permite un trabajo comparativo, y este panorama de todo un dominio lo consiguen en un tiempo relativamente corto. A partir de ellos, las monografías se pueden hacer con muchas más garantías, en un marco fiable en el que cobran sentido.

Finalmente, quizá convenga señalar también que la Dialectología se ha beneficiado de las innovaciones de los atlas: p. ej., de la Geolingüística tomó el interés por incorporar a sus tareas los indicadores de variación social que la habían acercado a la sociolingüística dialectal, mucho antes de que llegara a la Romanística la influencia anglosajona. Del mismo modo, una disciplina tan actual como la *dialectometría*, que mide las distancias dialectales ayudándose con fórmulas taxonómicas aplicadas informáticamente, nunca podría haberse llegado a plantear de no contar con el material básico: los atlas lingüísticos.[33]

Igual que un niño se sitúa en su pueblo o en su ciudad, luego en su país, en su continente y en el mundo a través de los mapas de un atlas convencional, en un atlas lingüístico el informante trasciende su comunidad de habla, y su variedad se inserta en estructuras superiores, en las que encuentra su explicación más auténtica. Es evidente que, a lo largo de este siglo, las aportaciones de la Geografía lingüística han ensanchado los horizontes de la Dialectología.

---

33. Tampoco muchos de los estudios derivados de ella, como los que establecen relaciones entre áreas genéticas y áreas lingüísticas a partir de la comparación de los resultados cartográficos de geolingüistas y genetistas.

# HABLAS Y DIALECTOS DE ESPAÑA

# RIOJANO

por Manuel Alvar

## Introducción

Asociamos a la Rioja con el nacimiento del español, motivación que tiene un valor simbólico y, por tanto, digno y respetable siempre y cuando no lo desvirtuemos con ingenuos entusiasmos o lo creamos cierto como un teorema matemático. En la historia lingüística las cosas son de otro modo que en la biología y los entusiasmos —tan grandes y aun mayores que los de las gentes sencillas— nos vienen de unos resultados que inferimos tras poner cada cosa en su sitio. No podemos dudar que las glosas llamadas emilianenses están ahí y que Gonzalo de Berceo sigue siendo «el primer poeta español de nombre conocido». Hechos irrecusables, pero ¿qué significa la Rioja en ese códice venerable? ¿Por qué es como es Gonzalo de Berceo? Y aquí empieza nuestro cavilar en busca de las razones que den respuesta a las preguntas.

## Los límites y las pueblas

Desde los tiempos más antiguos se ve la Rioja como tierra en la que se encuentran pueblos muy distintos y la situación prerromana condicionó mil avatares que duran todavía. Pero lo que me interesa en este momento es hacerme cargo de un hecho que nos va a afectar de modo directo: hubo una vida cenobítica que no desapareció con la invasión árabe, y que, incluso, tuvo un notable florecimiento, pero el desarrollo de la actividad religiosa y, sobre todo, el nacimiento de nuevos focos culturales, se vincula con la reconquista de Sancho Garcés I y con la decisión de Sancho el Mayor de desviar la vía francígena. Porque Castilla nace tardíamente como consecuencia de la Reconquista; más aún, su nombre es consecuencia de un hecho lingüístico bien sabido: el paso de un apelativo (*castella* 'región de castillos') a nombre propio, *Castilla*. Porque antes de que Castilla fuera Castilla sus tierras tenían otro nombre; bien lo sabía el anónimo de la *Crónica Najerense*: las «Bardulias que nunc uocitatur Castella». Si traigo esto a colación es porque nos va a hacer falta si hablamos de códices y dialectología. Cuando Manuel Díaz,[1] en un libro magistral, intentó enmarcar las tierras de la Rioja allá por el siglo IX, tuvo que reconocer cuán imprecisos eran los límites y, desde su parcela de investigador, tuvo que «entender por Rioja las tierras del Ebro desde Miranda al este de Logroño, río Ebro abajo, hasta Calahorra, desde la sierra de Cantabria a los Cameros y de los Montes de Oca a la zona al sur de Estella». Recíprocamente, un concepto tan preciso como pueda sernos Navarra tenía unos perfiles a los que faltó un deslinde como el que nosotros tenemos hoy bien caracterizado: «Hasta 1158, por lo menos, el topónimo Navarra designó exclusivamente a un pequeño territorio de la cuenca media del río Arga, y parte del Cidacos, teniendo como poblaciones más importantes Artajona, Larraga, Miranda de Arga y Olite. Navarra a finales del siglo XI no comprende a Peralta, Lumbier, Punicastro, Salazar, Echauri, Funes, Huarte, Aoiz, Navascués y Sangüesa.» Es decir, amplios territorios eran objeto de continuo litigio entre los monarcas y de intercambio entre las gentes de esas fronteras. Tardó mucho en que llamaran Rioja al reino de Nájera o a la ciudad de Logroño o a las dos orillas del Ebro a su paso por la región, y de hecho los reyes navarros o los castellanos se consideraban de Nájera, pero no aducían para nada la parcela de su territorio que bañaba el río Oja. Así, por 1067, Sancho el de Peñalén se titula «rex gerens regnum Pampilonie et Naiale» y en los documentos de Valvanera hay numerosas referencias al imperio real: así, Alfonso VI es «rex in Legione et in Castella et in Nagera». Esta inseguridad se proyecta también en la historia cultural y, resultado de ella, en la lingüística. Desde un punto de vista codicológico, Navarra es un mundo difuso que se relacionará con el sur de Francia, y sobre ello volveré, pues afectará a la concepción jurídica de la franquicia, a las relaciones literarias y tendrá también que ver en esa fluctuación secular de la Rioja hacia Castilla-León o hacia Navarra-Aragón. Y es que Nájera, que tuvo que ser asimilada, constituyó un reino independiente durante muchos años, porque era tierra reconquistada: los documentos hablan de su antiguo nombre («cepit supradictam Naieram que ab antiquo Trictio uocabatur») y, con todas las reservas con que aduzcamos un documento falsificado, hemos de reconocer que en el siglo XI había el recuerdo de la restauración de la ciudad. No cabe mejor testimonio que ese cambio de nombre: perdido el antiguo en la memoria del pueblo, se aceptó el arabismo, que era uno más entre los muchos arabismos de la región. En 922, Sancho Garcés I de Navarra ganó Viguera y Ordoño II de León, Nájera. Pero esto no es sino el nacimiento a una nueva realidad, conforme religiosamente y dentro de unas continuas desazones políticas. Cierto que la vida de la fe poco debería resentirse con ello por más que antes de la reconquista hubiera habido comunidades cristianas en la región que nos ocupa.

Estudios de muy diversa índole han señalado el mozarabismo de estas tierras. Lógicamente, hemos de pensar en una tradición cristiana ininterrumpida, de la que hablan los restos arqueológicos y los cenobios anteriores a la reconquista, habla también ese éxodo de mozárabes de Al-An-

---

1. *Libros y librerías en la Rioja altomedieval*, Logroño, 1979.

dalus trayendo sus preciados códices. Pero ¿adónde los llevarían de no haber quien los recibiera? Y esos códices están o estuvieron en tierras riojanas. Me permito una breve detención en lo que significó el monasterio de San Millán de la Cogolla, pues es a él a quien orientaré mis pasos tanto en busca de precisiones lingüísticas como literarias. Hay un códice fechado el año 933 en el que se hermanan dos tendencias contrapuestas: la mozárabe y la castellana. El escriba Jimeno copió este manuscrito en el que «tanto la letra, como sobre todo las iniciales y las capitales de los títulos dejan entrever rasgos mozárabes, con elementos castellanos típicos muy marcados, revelándonos unas conexiones del primer taller de escritura emilianense con los otros monasterios de región burlagesa, así como el impacto de numerosos códices de la librería reunida al tiempo de la fundación». El testimonio nos resulta precioso por cuanto implícitamente nos lleva a esos años «de la fundación» o, a lo menos, de los documentos conservados que, en el cartulario del monasterio, comienzan en el 759, fecha anterior a las ocupaciones leonesa y navarra y que coincide con la lápida de Arnedillo (869), las iglesias de Santa Coloma, de San Esteban de Viguera, la pajera de Albelda, etc.

Era necesario este excurso sobre el mozarabismo para que pudiéramos entender otros acontecimientos de ese siglo X en el que nos hemos instaurado. El día 1.º de diciembre del año 921 un documento del *Cartulario de Albelda* nos cuenta cómo unos monjes eligen a Pedro como abad y le rinden obediencia. La nómina trae 122 nombres de los cuales deben ser vascos *Azenar, Enego/Enneconis, Galindo, Garsea, Velasco* y acaso *Ozandus/Oxando*. Creo que esto es importante: los antropónimos vascos son muy escasos, y aun ellos de los que se extendieron por los dominios románicos, con lo que acaso hubiera que atenuar su significado, pero se infiere de ese repertorio algo que es fundamental: hubo unos nombres latinos y germánicos que duraron en la Rioja, incluso cuando la islamización se había impuesto oficialmente, y el sentido de una tradición romana y visigótica estaba viva antes de que Sancho Garcés I hubiera conquistado definitivamente la región (920-922) y esos monjes, tantos en el monasterio de Cárdenas, son el testimonio de una continuidad cultural que desaparecerá con la llegada de Sancho Garcés I: el rey pamplonés llevó a Nájera su corte, donde hizo la primera acuñación navarra que conocemos, y sustituyó la onomástica antigua por otra nueva: desapareció el 50 % de los nombres latinos y germánicos del documento del año 921 y proliferaron los vasquismos onomásticos.[2]

## El problema de las glosas

Todo este largo caminar tenía una arribada lingüística. Porque continuidad latina o repoblación, mozarabismo o vasquización repercuten sobre la vida cultural de la región, que era muy intensa, según venimos señalando. Más aún, los libros se encuentran aducidos en los momentos más fría-

---

2.  Me ocupé de ello en *El dialecto riojano*, Madrid, 1976, pp. 19-26.

mente enunciativos, que fueran pocos y de contenido limitado a escasos temas, no es razón para que no tuvieran un hondo significado según veremos
y aun habría que recordar algo harto significativo: en el siglo XIII el desarrollo bibliográfico era muy importante y no exclusivamente de temas religiosos, sino que un autor de erudición tan grande como Alfonso el Sabio
pide en préstamo diversos libros a los cenobios riojanos.[3] En 1270 tomó del
cabildo de San Martín de Albelda un libro de cánones, las *Etimologías* de
san Isidoro, las *Colaciones* de Juan Casiano y un Lucano; de Santa María
de Nájera, Donato, Estacio, un *Catálogo* de los reyes godos, el *Libro Juzgo*,
la *Consolación* y los *Predicamentos* de Boecio, un libro de justicia, Pruden-
cio, las *Bucólicas* y *Geórgicas*, las *Epístolas* de Ovidio, la *Historia de los Reyes* de Isidro el Menor, *Liber illustrum virorum*, Preciano y algunos comentarios al *Sueño de Escipión* de Cicerón. Si pasamos a otras colecciones, encontramos idénticas generosidades y lo que es más hermoso, en 1125 se
nos cuenta cómo el llamado *Libro de las Homilías* de la catedral de Calahorra se empezó a escribir cuatro años antes y no pocos clérigos de la sede
prestaron su auxilio. A ellos se les inmortalizó en unos versos que comienzan así:

> Huius factores libri sunt hii seniores
> Sedis honorate, Calagurrimis edificate.
> Patrum Mascussi scribi prius ordine iussit,
> Qui decit expensas large, pelles quoque tensas,
> In quibus illorum sunt gesta notata uirorum,
> Qui coluere Deum Christique insigne tropheum,
> Quod credunt eque, Patriarche, Christicoleque.

Nada de extraño tiene que en ambientes como éstos, que se continúan a lo largo de siglos, hubiera aprendices que necesitaran traducir,
cuando el latín les resultara difícil. Esta explicación, la más sencilla, es la
experiencia que hemos repetido todos a lo largo de centurias y centurias,
en mil lugares distintos. El neófito no dispone fácilmente de un diccionario, tan imperfecto como queramos, pero no está al alcance de todos,
ni se puede perder el tiempo en buscar en aquel inhábil sistema de alfa-
betización, y, lo de siempre, una equivalencia interlineada, una llamada
al margen, unos numeritos que deshacen el hipérbaton. La torpeza un
día se convirtió en un hecho milagroso: gracias a esa ignorancia se anotaron las primeras palabras de una lengua. Porque aquel hombre que tan
torpe estaba en sus latines puso al acabar las lecturas las primeras palabras del español: «cono ajutorio de nuestro dueno, dueno Christo, dueno
salbatore, qual dueno get ena honore equal dueno tienet ela mandatjione
cono Patre, cono Spiritu Sancto, enos sieculos delosieculos. Facanos
Deus omnipotens tal serbitjo fere ke denante ela sua face gaudioso sega-
mus. Amen».

---

3. *Memorial Histórico Español*, I, 1851, pp. 257-258. *Vid.* mi «Didactismo e integración en la
"General Estoria"» (*La lengua y literatura en tiempos de Alfonso el Sabio*, Murcia, 1984, p. 34).

## Antecedentes de las glosas

Poner glosas no era ninguna novedad en el siglo XI. Bastaría pensar en la tradición latina que hoy nos abruma desde los siete compactos volúmens que es el *Corpus glossarium latinorum*, de G. Goetz, para que comprendiéramos cómo la necesidad de aclarar los textos se había asentado muchísimos siglos antes de que se hiciera en los manuscritos de San Millán o de Silos. Sin embargo, los anotadores de aquellos textos tuvieron un significado que nadie podrá disputarles: habían escrito en una lengua formada ya y que sería el castellano de todos los siglos. Tal es lo que tan parvas anotaciones significan y el sentido trascendente que tienen para nuestra historia cultural.

En 1968, Herbert Dean Meritt publicó un libro, *Some of the Hardest Glosses in Old English*, en el que estudia, desde muy diversas perspectivas, antiguas glosas escritas en esa lengua (errores de interpretación, transposición, omisiones, repeticiones, etc.) que permiten reconstruir un glosario alfabetizado de los materiales allegados, algo que —a mi parecer— debiera intentarse en este momento con la información que poseemos para el español. Muy distinta es otra obra del mismo autor[4] limitada a un aspecto concreto del vocabulario pero, por ello mismo, le ha permitido replantear cuantos problemas se habían suscitado y resolverlos con perspectivas nuevas: partiendo de viejos y nuevos errores, y teniendo en cuenta multitud de contextos, llega a caracterizar —a través de las glosas— no pocos textos del antiguo inglés.

Dentro de esta tradición científica está el libro de Robert T. Olifant[5] del que se obtiene información para el latín y el inglés de la Edad Media. El repertorio es muy simple: voz clásica y equivalencia, sin más comentarios, pero aun con todo, el manuscrito se trunca en la palabra *fu*. Pocas referencias hay para las palabras que yo he seleccionado de nuestras *Glosas*: *conuentum. i. concilium*.

En alemán hay una obra monumental, *Die Althochdeutschen Glossen*, de Elias Steinmeyer y Eduardo Sivers (1879),[6] que como las obras consideradas anteriormente, rebasa con mucho lo que entendemos por glosas en nuestro quehacer de hoy: se trata de apostillas de varios tipos para interpretar —muchas veces— textos sagrados. Sin embargo, lo veremos, hemos obtenido no pocos frutos de la consulta. Se puede conseguir información válida sobre el complejo mundo que nos ocupa, y bibliografía pertinente en Taylor Starck y J. C. Wells, *Althochdeutsches Glossenwörterbuch*, obra que empezó a publicarse en 1990.[7]

---

4. *Fact and Lore About Old English Words*, Nueva York, 1967. He tenido muy en cuenta una antigua obra de Thomas Wright, *Anglo-Saxon and Old English Vocabularies* (2.ª ed.), Londres, 1884. Mis referencias se hacen siempre al t. I de la obra.

5. *The Harley Latin-Old English Glossary*, edited from British Museum ms Harley 3376, La Haya-París, 1966.

6. Reimpresión de 1968-1984.

7. La bibliografía alemana es abundantísima. Citaré sólo tres libros relativamente recientes: Ulrike Blech, *Germanistische Glossenstudien zu Handschriften aus französischen Bibliotheken*, Heidelberg, 1977; Jochen Splett, *Samanunca-Studien. Erläuterung und lexikalische Erschliessung eines althochdeutschen Wörterbuchs*, Goppingen, 1979; Birgit Kölling, *Kiel UB. Cod. Ms. K.B. 145. Studien zu den althochdeutschen Glossen*, Gotinga, 1983.

## Glosas europeas en San Millán y en Silos

Las glosas están en romance y esto implicaba una diferenciación vertical, pero no acaso horizontal. El glosador que escribía *manducaret* se oponía a *devorandum*, o *sumserit* o *ederit*,[8] enfrentaba *corpora* a *cadabera*, reemplazaba *galea* por *bruina*, pero esto no quiere decir que *devorandum*, *corpora*, *bruina* fueran los términos estables de la lengua hablada, pues ninguno de los tres subsistió en esas regiones donde las glosas se anotaron. Eran términos discriminadores frente al común latín; más aún, ¿no habría unos repertorios léxicos ajenos o no a la península Ibérica y donde figuraran esos términos «romances» que ya no se sentirán como pura latinidad? Pensemos que *manduco*, documentado en Suetonio[9] aparece en numerosos glosarios griegos y, con la acepción latina de 'masticare', en las *Glossae Abavus* (siglo IX) o con la griega de *fagi* (Reichenau), de donde los términos románicos del francés *(manger)*, del provenzal *(manjar)*, del catalán *(menjar)*, del sardo *(mandicare)* y del rumano *(mânca)*,[10] pero, justamente en el dominio castellano, es donde no se ha documentado ningún descendiente del vulgarismo latino,[11] que ha de remontar a *Manducum*, según cuenta Plácidus en el *Librorum romanorum* (siglo XV): «lignean hominis figura ingentem, quae solet circensibus malas mouere quasi manducando»,[12] con lo que resultan absurdas otras etimologías propuestas, como la de Eutiquis: «manduco manducas, licet a duco ducis verbo videtur componi, tamen cum nomine compositum, quasi manum ad os duco».[13]

En cuanto a *bruina* 'pectoral de la armadura', está por *galea* en las *Glosas Emilianenses*. Ya señaló Menéndez Pidal que es un error (en las mismas *Glosas* está correctamente *galea: gelemo*). *Bruina* es un término de origen fránquico (< BRUNNIA) que pasó a los antiguos francés *(broigne*, etc.) y provenzal *(bronha)*. Constaba ya en las *Glosas* de Reichenau *(torax: bruina)*, del siglo IX, con la misma equivalencia que en las emilianenses, lo que hace pensar en una transmisión afín. En los *Glosarios* de Américo Castro (p. 225 b), la interpretación es correcta, «galea: armatura capitis», mientras que 'loriga' y 'cota' tienen por equivalente a *torax* (p. 302 a). Evidentemente *bruina* no pertenece al acervo hispánico, pues *yelmo*, *loriga* y *cota* tenían sus ámbitos léxicos muy bien definidos. En cuanto a la acepción, no cabe

---

8. De estos tres términos sólo *devoro* 'tragar' aparece en un glosario español muy tardío (Castro, *Glosarios latino-españoles de la Edad Media*, Madrid, 1992).

9. Gerhard Rohlfs, *Diferenciación léxica de las lenguas románicas* (trad. y notas de M. Alvar), Madrid, 1960, pp. 63-65. Libro que se incluye en los *Estudios sobre el léxico románico*, Madrid, 1979. Citaré: Rohlfs, *Diferenciación*.

10. Rohlfs, *Diferenciación*, p. 64.

11. *Manjar* 'comida' es un galicismo de la época de las peregrinaciones que, por tanto, nada afecta a lo que digo en el texto (Lüdtke, *Historia del léxico románico*, Madrid, 1968, p. 95).

12. Goetz, V, p. 33, l. 30. Cfr.: «manduco manducari, id est edo» (Diomedes Athanasio, *Art. gramm.*, apud H. Keil, *Grammatici Latini*, Hildesheim, 1961, t. I, p. 364, l. 31). Vid. Gerhard Rohlfs, *From Vulgar Latein to Old French. An Introduction to Study of the Old French Language*, trad. V. Almazán y L. McCarthy, Detroit, 1970, p. 33, § 474.

13. *Ars de verbo*, apud Keil, t. V, p. 486, ls. 8-10. En los *Glosarios* de Castro falta *manducare*, lo que aseguraría su carácter no hispánico; sólo hay *mando* 'tragón' (s.v.).

duda de que era 'cuirasse, corselet', pues, de las muchas autoridades que aduce Godefroy, se infieren valores inequívocos.

## Términos españoles

No parece lógico que un anotador, que tantas muestras da de su saber románico, fuera apostillando con términos ajenos a su propia realidad geográfica. Podría tener —lo tuvo, sin duda— un conocimiento escolar que reafloró en un momento dado, fuera en forma de saber asimilado, fuera en forma de lista de palabras de las que circulaban por los monasterios y cuya duración llegaba a los glosadores del siglo XIV. La existencia de repertorios léxicos, todo lo pobres que se quiera, parece comprobada con alguna equivalencia que aparece en los glosarios, tal y como llega a los nuestros: *matrastra-noverca* está en Reichenau, *nubercam-matrastam* en un códice escurialense del siglo XI y *cadauera-corpora* en las *Glossae Abavus*, del códice de Leiden 67 F (siglo IX). En *matrastam* del códice escurialense es de señalar su coincidencia con la glosa de San Millán que, en la disimilación eliminatoria de la segunda *r*, viene a coincidir con dialectos españoles de hoy.

He señalado dos hechos que singularizan a nuestras *Glosas*: de una parte, la recepción de términos románicos totalmente desconocidos del español antiguo y del moderno y, en segundo lugar, la existencia de unos repertorios —tan limitados como se quiera— que ayudaban a confeccionar esas equivalencias. Acaso las dos circunstancias son convergentes, pero hay otras ocasiones en las que el documento español va de acuerdo con el saber románico, aunque pueda revestir unos caracteres de singularidad o de complejidad histórica. Veamos unos ejemplos:

Hemo visto la equivalencia *cadauera* = *corpora* según las glosas de Abavo, que se repite en otras ocasiones. *Corpora* no reemplazó en Castilla a *cadabera*, antes bien, fue en la Rioja donde arraigó esa *calabrina*, que a tan mal traer llevó a los comentaristas de Berceo.[14] *Cadaver* está ampliamente atestiguado en los índices que J. F. Mountfort y J. T. Schultz establecieron para Servio y Elio Donato;[15] también es frecuente en los glosarios griegos, pero en el *Codex Sangalliensis* (siglo IX) se hace constar que «ab eo dicitur quod por mortem ceciderit» y «corpus mortuum, a cadendo».

Para terminar este apartado, citemos la oposición *stiercore* por *femus* que da lugar a la escisión peninsular entre el oriente (*fĭmus*) y el occidente (*stĕrcus*), forma ésta pan-románica según consta por su equivalencia con el griego.[16] Los gramáticos, por razones morfológicas, también solían agrupar a los dos términos, sea en el *Ars anonyma bernensis*, sea en el *Artis grammaticae*, de Carisio o en las viejísimas *Glosas* de Reichenau (siglo IX) en las

---

14. Manuel Alvar, *Estudios léxicos*, primera serie, Madison, 1984, pp. 57-65.

15. *Index rerum et nominum in scholiis Servii et Aelii Donati Tractatorum*, Hildesheim, 1962, s.v.

16. «stercora < 'κυβᾱλα; stercus < κοπός» (Goetz, II, p. 188, ls. 18 y 21; Mountford-Schultz, s.v., y otros numerosos casos en los glosarios de Goetz. En anglo-sajón, hay *fimus* en el s. x (Wright, *Vocab.*, p. 104.6) y *stercus* en el *Pictorial Vocab.*, del siglo xv (ib., cols. 678, l. 25 y 752, l. 9).

que *fimus* se presenta con la ĭ evolucionada a *e (stercora: femus)*, lo mismo que en las de Monte Casino, donde se aclara con una precisa especificación: *femum-stercore bubulum*. La presencia de una *e-* inicial está atestiguada en la *Mulomedicina* de Quirón (siglo IV): «*estercus gallinacium*» (§ 957), y en uno de los muy tardíos glosarios escurialenses que editó Américo Castro.

## Términos terruñeros

Al lado de los testimonios considerados hasta ahora, que son ajenos a la circunstancia localista de nuestras glosas, hay otros que denuncian una adscripción terruñera, distinta de lo que pudiera tener validez pan-románica. Pienso en *aflaret* por *deuenerit* o *inueniebit*, *tornet* por *restituat*, *mulieres* por *coniuges*, *ata* por *usque*, *tio* por *abunculi*, *tia* por *matertere*, etc.

En efecto, *aflaret* (> *hallar*) es un neologismo muy antiguo; al parecer anterior al siglo V, por cuanto sus derivados aún duran en rumano *(afla)* y, aunque su difusión debió ser mayor, hoy queda como voz propia del español *(hallar)*, del portugués *(achar)* y del rumano *(afla)*.

*Tornare* en la acepción de 'restituir' ha llegado hasta muy tarde: figura en el *Diccionario de Autoridades* y, con la acepción de 'devolver', que puede relacionarse con ésta, en el *Cantar del Cid* (v. 36) y en otros textos antiguos.

Los términos de parentesco que las *Glosas* acreditan son de no poco interés, porque la península Ibérica ha conservado los derivados de *mulier* en la acepción de 'esposa' (esp. *mujer*, port. *mulher*, pero cat. *dòna*), que no aparece en otros sitios. El tardío *Pictorial Vocabulary* (siglo XV) tenía los campos muy bien deslindados: *hec uxor* y *hec esponsa* eran 'a wyfe', mientras que *hec femina* y *hec mulier* eran 'a woman'.[17]

*Tío, -a* (< gr. Θεῖος)[18] es un grecismo que, asentado en la Italia meridional (post. a Adriano), pasó a Cerdeña y a la península Ibérica, en época que latamente podemos fechar, pues si *tío* se difundió por Italia después del siglo IX, y su aclimatación en Castilla es anterior al siglo XI (datación de las *Glosas* y generalización de la dualidad masculino / femenino) tendremos que creer que su impronta alcanzó una extraordinaria rapidez. Quedará siempre saber por qué el término vino de Italia, pues lo lógico hubiera sido que se impusiera el galicismo (es decir, que continuara el tradicional *avunculus*). La tradición latina seguía viva para el redactor de las glosas toledanas que, al románico *tío*, contrapuso *avunculus*, y el escurialense, que le enfrentó *barbanus*.

## ¿Reacción contra el Cluny?

También se ha señalado —y recojo un cabo suelto que dejé líneas arriba— el castellanismo como rebeldía frente a las imposiciones de Cluny.

---

17. Wright, *Vocab.*, col. 793, ls. 35 y 37, respectivamente.
18. Paul Aebischer, *Protohistoire des deux mots romans d'origine grecque thius 'oncle' et thia 'tante'*, en los «Annali della R. Scuola Norm. Super. di Pisa», Lettere serie II, vol. V, 1936, fasc. 1.º. También Gerhard Rohlfs, *Germanisches Spracherhe in der Romania*, Munich, 1947, p. 15; Karl Neuleert, *Die Bezeichnungen von Tante und Onkel in der romanischen Sprachen*, Erlangen, 1969.

Acaso nos sirva para explicar *tío*, *andar*, etc., pero me parece más significativa una serie de hechos singulares. Giner de los Ríos en su trabajo *La iglesia española* [19] ha señalado la crueldad e injusticia con que se impuso la romanización del rito mozárabe, y el siglo XI será la desaparición de nuestras peculiaridades:

> Aquí fueron hallados toda especie de respetos: escarnecido nuestro rito, injuriados nuestros santos, olvidada nuestra cultura, vilipendiado nuestro clero y nuestra dignidad nacional, encomendada la reforma de las costumbres a monjes extranjeros, muchos de ellos más aptos para sufrirla que para procurarla.

Los lamentos que en esas páginas se cuentan no son pocos, pero la arbitrariedad fue mucha. El gran Jerónimo Zurita se escandalizaba de cómo se procedió a implantar en Aragón el rito latino: se arrojaron al fuego dos rituales, uno mozárabe y otro romano. En aquella ordalía se daría por vencedor el libro que no ardiera. Lógicamente, en las brasas pereció el códice mozárabe.[20]

Por otra parte, creo que no debe olvidarse la pretensión real de ennoblecer la lengua popular. El rey, para ganarse la adhesión de sus súbditos, protegía la lengua en que éstos hablaban, y el romance, amparado por él era dignificado a altos niveles de cultura. Esta corriente de ida y vuelta tuvo largo significado en la historia de occidente: se ha estudiado en Francia y se sabe de su repercusión en España.[21]

## Plenitud lingüística

Creo que la lengua de las *Glosas* es una lengua formada. Formada para el siglo XI; otra lo será para el XII, otra para el XV... Cada época tiene su propia plenitud. Y estos textos tan breves acreditan que el instrumento en el que se va anotando no es un torpe remedo, sino que tiene su léxico bien aposentado: *matasta* (no *matrastra*) por *noberca* nos está hablando de una forma que llegará a nuestros días, por más que no sea la más prestigiosa *(madrasta)* sino la que ha padecido una disimilación eliminadora; *sota* (< SALTU) ha evolucionado de forma clara y hasta sus últimas posibilidades; *conceillo* es un término bien hispánico frente a *conbentu*, lo mismo que *uistia* por *pecodia*, *stiercore* por *femus*, *muestra* por *indica*, *cuempetet* por *circumueniat*. Claro que nada de esto se enfrenta con el problema de lo que

---

19. *Comentario al discurso de ingreso de don Fernando de Castro en la Academia de la Historia* (consta en el t. VI de sus *Obras Completas*, edic. 1922, pp. 287-327. Las especies que cito en el texto figuran en las pp. 300-302).

20. Acaso haya no poco apasionamiento en todo ello. Las cosas estuvieron muy enmarañadas y se mezclaron toda clase de intereses (Wright, pp. 310-318). *Vid.* las pp. 24-27 de mi trabajo «De las glosas emilianenses a Gonzalo de Berceo» (*Revista de Filología Española*, LXIX, 1989).

21. Manuel Alvar, *La «colonización» franca en Aragón*, recogida en los *Estudios sobre el dialecto aragonés*, Zaragoza, 1973, pp. 172-173, y «La lengua y la creación de las nacionalidades modernas» (*Revista de Filología Española*, LXIV, 1984, pp. 205-238).

pronto fue arcaísmo, pero no lo era en el siglo XI: por ejemplo, *algodre* por *occasione*, *alquandas* (< ALIQUANTAS) por *alicotiens*.

Nada de esto significa que la lengua esté sorprendida en un estadio arcaizante o que las marcas dialectales se continúen (*lieben aduitas* por *deducantur*, *sientet scuitat* por *conscientia*, *stretu* por *legitimam*, *muitas* por *diuersis* o por *plura*, *feito* por *est*).[22] Lo mismo que la evolución fonética señala ultracorrecciones (*campas* 'cambas' por *femora*, *poncat*, *prencat* 'ducat') o procesos que respondían a una lengua arcaizante (*condugteros* por *procuratores*, *uamne* por *homo*) en la que no escasean los yerros (*p[r]einnaret* por *concepta est*, *bergu[n]dian* por *erubescunt*) o las indecisiones en el momento de elegir un término: *plus aspero mas* por *asperus*; anteriormente había empleado la comparación simple *plus maius* por *plurime*. Es harto sabido la preferencia hispánica por *magis*, pero restos de *plus* han durado (port. ant. *chus*) y, precisamente en la Rioja, Berceo utiliza alguna vez *plus*, con lo que podríamos explicar el estado de indecisión que atestigua la glosa.[23]

La repulsa del Cluny pudo haber servido para la preferencia del romance frente al latín; sería un testimonio de personalidad castellana en una época muy antigua, pero en que la conciencia nacional ya estaba formada. Más aún, la monarquía apoyaría esa lengua que la estaba prestigiando y a la que atendería para dar y ganar tal prestigio. Se han valido de los procedimientos que usaron los primitivos lexicógrafos (*por*, *pero*, *id est*) y que no es otra cosa que lo que practicarían muchos siglos después los glosarios del siglo XIV o del siglo XV, y esto nos haría pensar en su sentido: no rechazo que sirvieran como notas de clase, pero tampoco que pudieran ser apostillas de estudiosos que buscaban comodidad en la reiterada lectura.

## Preferencia léxica

Después de los estudios de Manuel Díaz hay que rechazar las fechas demasiado antiguas que se han dado para estas apostillas y nos quedará como primer testimonio del romance aquella *nodicia de kesos* que el cellero Semeno, de Ardón del Esla, escribió por el año 980, en un paquete de notas, sin darse cuenta que dejaba un latín leonés (*nodicia*) que no prosperaría, pero un sustantivo *kesos* aludía a la forma patrimonial de elaborarlos, distinta de los que se modelaban, y que dieron lugar a los *fromages*, *formatges*, *formajo*, etc. El arcaísmo *caseu* se mantenía en zonas periféricas, por tanto arcaizantes: español (*queso*), portugués (*queijo*), sardo e italiano meridional (*casu*), toscano (*cacio*) y rumano (*caş*).[24] También ahora unas

---

22. Ulrike Thies ha estudiado el valor fonético de unas glosas alemanas en su *Grappematisch-phonematische Untersuchungen der Glossas einer Kölner Summarium-Heinricl-Handschrift*, Gotinga, 1989. Sobre la misma cuestión: Werner Wegstein, *Studien zum «Summarium Heirici». Die Darmstädter Handschrift*, 6, Tubinga, 1985.

23. Manuel Alvar, *El dialecto riojano* (2.ª ed.), Madrid, 1976, p. 66, § 57.

24. Rohlfs, *Diferenciación*, pp. 87-88.

formas que obedecen a un modo cultural propio. Lo mismo que *comer*, *aflaret*, *tornet*, *mulieres*, etc.

Todo esto nos lleva al planteamiento general de las «preferencias léxicas» de una lengua y gracias a ello he podido trazar los rasgos que vienen a caracterizar a tan viejos textos: la independencia de las otras lenguas románicas, la adhesión a otras, las preferencias terruñeras, la impronta cultural de otros pueblos y, por supuesto, la continuidad latina: espléndido cuadro de posibilidades que nos muestra cómo se forma una lengua que, en este caso, llegó a ser una gran lengua de cultura. Todos los elementos —modestos o ilustres— nos son válidos y en todos ellos se refleja la andadura histórica de un pueblo.

## Franceses y francos. El camino de Santiago

Si parece lógico pensar que el nuevo trazado del *camín romíu* o camino de Santiago (1030) atrajo a comunidades francesas (la anexión de Santa María al Cluny de Nájera en 1079 sería un motivo más que significativo) y estas comunidades determinaron una mejora de los conocimientos del latín, se estaba trabajando para un afrancesamiento de la región, tanto por lo que tiene que ver con las gentes llanas que eran atraídas como por los clérigos que establecerían unos nexos muy fuertes con el movimiento unificador del Cluny y que se proyectaría también sobre el pueblo menudo con la implantación del rito latino. Ahora bien, la atracción que pudieran sentir las gentes de Francia no sería sólo por un señuelo aventurero (la peregrinación) o cultural (la comunidad de doctrina) sino que pronto tuvo que contar con una fuerte llamada que forzaba al arraigo: me refiero a los privilegios económicos con que se atraía a los nuevos pobladores. Entra aquí un nuevo motivo de discusión que paso a considerar.

*Libertas* o *ingenuitas* eran designaciones de sendas condiciones sociales.[25] El hombre libre tenía un *status libertatis* que le permitía el ejercicio de sus derechos, mientras que el ingenuo estaba limitado por las cargas que debía levantar. Por eso, en multitud de ocasiones, se habla de cualquier concesión hecha *libre e ingenua*, pero tales adjetivos no son sino los atributos de cada una de esas condiciones sociales que, a veces, irán acompañadas de las presiones que se estiman necesarias para la comprensión del texto. Pero a partir del año 1095 un nuevo concepto aparece en la terminología jurídica, el de *franco*. Naturalmente, no puede desligarse de la necesidad real de poblar las tierras por las que discurre el camino de Santiago. Pero esto merece mayor detención.

Logroño era, desde su primera documentación en 926, una explotación agrícola, que en 1054 ya se había convertido en un núcleo ciudadano dentro de la *honor regalis*. Pero el cambio

---

25. J. M. Ramos y Loscertales, «El derecho de los francos en Logroño en 1095» (*Berceo*, II, 1947, p. 350).

fue la consecuencia de la desviación del trazado de la calzada de Santiago hecha por Sancho el Mayor que trocó la pequeña aldea en una etapa importante del camino, la del paso del Ebro, en la época en la que el rejuvenecimiento de Europa impulsaba el desplazamiento de caballeros, peregrinos, mercaderes y aventureros por las vías del continente (Ramos y Loscertales).

He aquí cómo se cohonestaban esos dos principios: la honra del reino en sus ciudades bien pobladas y el asentamiento estable de gentes que aseguraban el buen resultado de estos deseos, y con él, una creciente prosperidad de la hacienda real. Así, pues, Logroño alcanzará esos fines si supera la condición social de villanos que sus habitantes tienen, liberándolos de «la opresión servil», y si logra atraer a gentes que están libres de tales gravaciones. Para ello se aspiró a que vinieran a la puebla hombres extraños a la tierra a la que se daba un estatuto ventajoso; fueron franceses como próximos al territorio e interesados por las peregrinaciones a Santiago. Entonces se estableció la fórmula jurídica de la *franquitas* o unión del aspecto positivo de la *libertas* y del negativo de la *ingenuitas*. El *Fuero de Logroño* es muy claro en las distinciones, no siempre tenidas en cuenta, ni siquiera tras el luminoso estudio de Ramos y Loscertales; en el preámbulo del texto se dice que se da el fuero para aquellas gentes que vengan a poblar «tam de francigenis quam etiam de ispanis, uel ex quibuscumque gentibus». Es decir, 'franceses (= de Francia)', 'españoles (= de Hispania)' o gentes venidas de cualquier otro sitio. El adjetivo *francigenis* era conocido en la Edad Media como 'francés' o 'como ajeno a la tierra'. Cuando en el *Fuero de Logroño* se habla de *francos*, la palabra no quiere decir 'francés' (para eso está *francigenus*) sino 'hombre dotado de un determinado estatus social *(liber + ingenuus)*'.

## Los elementos vascos

Las *Glosas emilianenses* (*c.* 950) tienen un par de ellas en vasco, no en romance o con sinónimos latinos, según es norma: «jnueniri meruiumur» = 'jzioqui dugu' (glosa 31), «precipitemur» = 'guec ajutuezdugu' (glosa 42). La segunda de estas aclaraciones se documenta también en romance: "nos nonkaigamus'. El vasco recién transcrito no es demasiado fácil de identificar.

Resurrección María Azkue anotó unos cuantos elementos léxicos del vasco que se incorporan a las obras de Berceo, pero su lista es insegura: de una parte, hay que eliminar voces como *bren, entecada* y *jeme* y, por otra, que añadir alguna que falta. Así, pues, son vasquismos de nuestro viejo poeta las *azconas* (*Duelo,* 81), relacionadas con el vasco az, aitz 'piedra', los *zaticos* (*Sacrificio,* 275) < zati 'pedazo' + -ko, *gabe* (*Milagros,* 197) < gabe 'privado' y algunos que se pueden añadir a los escasos de Azkue: *don Bildur* (*Milagros,* 292) < bildur 'miedo', *socarrar* (*SMillán,* 388) < su 'fuego' + karra(a) 'llama' y, tal vez, *amodorrido* (*Milagros,* 528) y *cazurro* (*Milagros,* 647), si es que tiene algo que ver con zakurr 'perro'.

Entre estos dos hitos —las *Glosas*, Berceo—, la documentación notarial permite enriquecer el parvo manojuelo. En los documentos riojanos —por ejemplo— los tratamientos de respeto son con frecuencia de origen vasco. Se repiten hasta la saciedad *eita* (< eita, aita 'padre') y *ander(a)* 'señora'. En cuanto a los testimonios del primero, son de señalar las formas *Aita*, que aparece en un documento de Valbanera («*Aita* Gomiz», 1068), y *Eita*, atestiguada con más frecuencia: «*Eita* Valeria» (996). La correlación femenina del vasco *eita* es —en los documentos riojanos— *anderazo*: *Anderazo* (1009), «*Anderazo* de Fortes» (1035), «*Anderazo* de Clementi» (1071), etc. La voz es la misma con la que hoy se designa a la 'señorita' en bajo navarro y suletino *(andere)* y a la 'señora' en el resto del dominio lingüístico vasco *(andra* en Vizcaya, *andre* en las otras provincias). En su origen, la voz equivalía al tratamiento romance de *domna*, según podemos atestiguar: en un documento de Ramiro I se lee *endregoto* (año 1052), nombre que tuvo cierta buenandanza en aragonés pirenaico. Se trataba de un 'doña Goto', según justificaban otros documentos, y aunque hubiera redundancias como la de «donna *Andregoto*», bien que no sea distinta del «domina domna» de cualquier documento que quiera ser romance. El becerro de Valbanera autoriza a dar a la voz *anderazo* el significado de 'uxor', pues la «*mugier* de Brasko Roman» de un documento del año 1081 es la «*anderazo* de Blasco Roman» en otro lugar del mismo instrumento jurídico.

En cuanto a la terminación *azo*, creo que es la misma palabra que el vasco moderno *atso*, que en la lengua común significa 'anciana' y en bajo navarro 'abuela', tal como hace inferir algún documento riojano: «[damus] duas eras: una in uallego de Padul, circa de *sancta Maria de Azo*» (1081). La advocación mariana que aquí se cita es un híbrido que valdría tanto como 'Santa María la Antigua', tan abundante en España.

## Conclusiones históricas y lingüísticas

Hemos visto cómo la historia política de la Rioja estaba condicionada por divisiones territoriales que habían respondido a una vieja organización del país. Pero esta organización —romana o visigótica— debió venir determinada por hechos más viejos todavía: los vascones dominaron la región de Calahorra, en tanto los berones (del grupo celta) señoreaban las de Nájera y Logroño. Es más que probable que las fronteras establecidas por Roma vinieran a resolver los pleitos de estas tribus, asentadas, a la fuerza, de una manera estable. Pero si la historia decidió una serie de hechos lingüísticos, la geografía determinó las circunstancias históricas. Pues, en definitiva, los berones —indoeuropeos— quedaron en la Rioja Alta, la montañesa y occidental, en tanto los vascones se hacían dueños de la Baja u oriental. He aquí, pues, unos hechos que valen para el largo período de tiempo al que pertenecen nuestros documentos, aunque el esquema demasiado simple se enlazó con otros hechos: extensión de pueblos históricos sobre un territorio que hoy no poseen (caso de los vascones), relaciones con otras comarcas próximas, pero de carácter distinto dentro del conjunto (como ocurre con la Castilla más vieja), florecimiento de una cultura eclesiástica de carácter regional, e incluso local (diferencias entre San Millán y Valbanera), auge o decadencia de los reinos medievales, definitivo triunfo de Castilla. Sobre este mosaico de hechos heterogéneos, la Rioja tuvo su personalidad hasta que fue totalmente absorbida por Castilla. Justamente en estas conclusiones pretendo hacer ver las consecuencias históricas y geográficas sobre la lingüística.

La toponimia nos muestra cómo toda la actual provincia de Logroño perteneció al dominio vasco; es más, sabemos que —lingüísticamente— el río Najerilla fue —allá por los siglos IX y X— el límite del mundo románico. En su orilla izquierda se hablaba vasco y, más tarde, siglo XI, siglo XII, siglo XIII, en ese territorio encontrábamos los testimonios no latinos a los que he hecho mención (*eita, ander, azo, ama,* etc.), por más que el área de estas isoglosas no se pueda constreñir de modo homogéneo dentro de unos límites.

La latinización específica de la región no se refleja muy claramente en la lingüística; sin embargo, la persistencia de algunos aspectos latinos nos hace ver el carácter de transición del país. Por ejemplo, en la preferencia de il l u sobre il l e para formar el artículo, la Rioja parece ir de acuerdo con el oriente peninsular y no con el centro, mientras que en otros casos (f e t a 'preñada, parida') da prioridad a las formas occidentales o, en algún tercero, mantiene cierta peculiaridad arcaizante dentro del conjunto: conserva derivados de m a t ( t ) i a, sin la infijación nasal propia de Castilla y sin aceptar los neologismos de las regiones más orientales.

El florecimiento de la vida cenobítica en la Rioja no pasó sin dejar su huella en los materiales lingüísticos. Muchas de las ultracorrecciones registradas no son otra cosa que el testimonio de una aspiración latinizante, por más que el ideal latino de lengua no se interpretara correctamente. Así, *sautis* (< s a l t u) tiene un diptongo *au* por falsa deducción: si *au* > o (a u r u > *oro*) cualquier o debe proceder de *au* (así, *soto* < *sauto*). Y no siendo suficiente esto, se confirmó el yerro, añadiendo una *c*, que pudiera recordar a los grupos cultos con -KT- *(Sauctis)*. En este mismo sentido actúan las pretensiones de Gonzalo de Berceo: frente a la palatización de los grupos PL-, KL-, FL- que se recogen en los viejos textos de Rioja, él, que tantos testimonios dialectales transmite, reestructura las voces patrimoniales dándoles cuño latino: no *llanto, llaves, llamas* sino *planto, claves, flamas*. La presión culta era tan grande que, a veces, sólo poseemos testimonio de una evolución vulgar gracias a estos excesos de celo latinista. Así, por ejemplo, la conservación de las oclusivas sordas intervocálicas se da con una abrumadora frecuencia, pero, frente a esta tradición latinizante, hay anomalías —también de pretensión latina— que indirectamente nos dan la situación romance (*Letesma, Socouia* por *Ledesma, Segovia*). Es, justamente, el mismo hecho que se denuncia en dobletes, latinos o no, que contra toda razón etimológica aparecen con F- inicial (*faya* por *aya, Harramelli, Hanni* por *Ferrameliz, Fanni*).

Hemos visto las relaciones de Rioja con la más vieja Castilla: la región de Amaya fue arcaizante con respecto a la tierra de Burgos, y la Rioja coincide con ella en rasgos tan primitivos como la conservación de la *-u* final *(Tellu, Nunnu)*, hasta finales del siglo XIII; la aparición de *-i* en *alkaldi* (1037) o las asimilaciones *enno, conno* que se documentan hasta el siglo XIII en la Rioja Alta; y, en este caso, la filiación del fenómeno se hace hasta la evidencia: nunca se da en la Rioja Baja. Otros rasgos arcaicos son debidos a unas causas diferentes, puesto que sin conectarse directamente con la Castilla que pudiéramos llamar cantábrica, en oposición a la burgalesa, se presentan como supervivencias de evoluciones ya superadas por el castellano común. Entonces cabría pensar en la situación marginal del riojano dentro del cuadro de los dialectos castellanos, *área lateral* que, según las leyes de los neolingüistas, debe ser arcaizante. Así, pues, Rioja presenta arcaísmos de todo tipo: en las grafías; en la diptongación; en el mantenimiento de *-iello* sin reducir hasta mediados del siglo XIII, cuando otras regiones castellanas habían aceptado *-illo* trescientos años antes; en la persistencia del diptongo decreciente *ei* (*meirino, Beila* en 1708); en la apócope de *-e* y *-o* finales a mediados del siglo XIII; en la reacia presencia de *-t* y *-d* en *misot, egomed, matod* y en el sostenimiento de *ll* como una vetusta reliquia en los años de 1117, cuando el triunfo de la *ž* parecía asegurado a mitad del siglo XI. Por último, nuestros documentos riojanos conservan también arcaísmos morfológicos del tipo del artículo *(e)lla* 'la' o del posesivo *so*, tanto para el masculino como para el femenino.

Si Castilla acabó imponiendo su lengua, durante siglos pugnó con las fuerzas que presionaban política y lingüísticamente desde Navarra y Aragón. Las venerables *Glosas emilianenses* están transidas por aragonesismos como la alternancia *(h)uamne/uemne* en la diptongación de *ŏ*, la conservación de *g*-inicial *(geitat)* o la evolución *it*. La presencia de rasgos navarro-aragoneses, en ocasiones no tiene —o no tenemos datos— una geografía muy precisa; es el caso de alguna combinación de pronombres (*soltolillas*, 'soltóselas'). Otras veces, el rasgo no castellano tiene una localización muy exacta, como los grafemas *yn, ynn, uoa* (*quoatro*), *oa* (*coal*), que tienen un inalienable carácter navarro y que duran o aparecen en textos bajo-riojanos del siglo XIII. Pero, y acaso sea esto lo más importante, los préstamos navarro-aragoneses sirven muchas veces para marcar una clara escisión entre las dos Riojas que venimos considerando. La G- inicial conservada ante vocal palatal se documenta en la Alta Rioja hasta 1083, mientras que dura, en la Baja, hasta 1152; el rasgo aragonés (ni navarro ni castellano) de la conservación de la *-D-* latina intervocálica aparece en un documento occidental de 1045 (*rodano*), pero persistía en otro oriental de 1243 (*pedeaton*); la solución *x < -SCY-* vivía a finales del siglo XIII en Alfaro, cuando en Valbanera era rarísima al rayar el siglo XII; así, también, la conservación de la *ll*, en vez de *ž*, duraba en el oriente del dominio (Alfaro cuando menos) en 1272, mientras que en la Rioja Alta se mantuvo —únicamente— hasta la segunda mitad del siglo XI; por último, *it* (< *-KT-*) se documenta en la Rioja Baja (Calahorra, Arnedo) en el siglo XIII, pero no se encuentra nunca en los textos alto-riojanos, con la sola excepción del testimonio muy arcaico de las *Glosas*.

En cuanto a la morfología, *lur(es)*, predomina en la Rioja más aragonesizada, aunque aparezca también en el occidente del dominio hasta mediado el siglo XII. Otros rasgos *je(t)* < ĕst en las *Glosas*, *ço* en un documento de Calahorra (1237) parecen ser esporádicos. En cuanto a *li(s)*, que sólo se encuentra en la Alta Rioja, y en textos del siglo XIII, o no es aragonesismo o está motivado por causas que escapan a mi información. El comparativo *plus* también debe ser un rasgo bastante localizado.

Del mismo modo, el vocabulario atestigua la presencia de aragonesismos: *ansa* 'asa', *arangone* 'endrino', *carrascal* 'encinar', *cuytre* 'arado', *femorali* 'estercolero', *tormo* 'terrón de tierra', *treudes* 'trébedes'.

La aparición de tanto elemento extraño no impide que la Rioja presente algunos rasgos que pugnan con las hablas colindantes. Así, por ejemplo, el mantenimiento de -MB- *(lombo, cambiar)* se opone a la norma castellana y a la norma aragonesa, pero coincide con la navarra. Algún otro rasgo podría juzgarse como riojanismo específico: las formas *eli*, *elli* del artículo 'el', las formas *esti*, *essi*, *fizi*, que no pueden separarse del enclítico *li(s)*, o algún término léxico, por ejemplo, los árabes *açuteiçi* 'sexta parte', *resce* 'alboroque', o los latinos *collazo* 'tierra asignada por el señor', *rate* 'dehesa, bosque'.

Después de todo el análisis que he cumplido se suscita la cuestión cardinal: ¿existe el dialecto riojano? De una parte Castilla, de otra Navarra, de otra Vasconia, han ido facilitando préstamos o disolviendo unas peculiaridades que, al final, han quedado anegadas bajo la impronta de Castilla. En lingüística, como en historia, la Rioja es una región de tránsito y en ella podemos percibir claramente dos regiones: la Alta, que gravita hacia Castilla; la Baja, hacia Navarra y Aragón. En una época antigua, berones y autrigones debieron poseer, con los várdulos, el vascuence, y todavía este mosaico se enriqueció con un nuevo elemento, los francos, cuya presencia apenas si cuenta en los documentos publicados, pero muy importante, si nos atenemos a su trascendencia jurídica. Pues bien, la personalidad de las Riojas Alta y Baja reside, precisamente, en la pluralidad de normas lingüísticas. Y personalidad es también el mantenimiento de esas normas múltiples con las que unas gentes han creado sus vehículos expresivos. Aquí está, a mi modo de ver, la realidad del dialecto riojano como existencia singular: dialecto ecléctico en cuanto a la variedad de sus componentes, pero inexistente si desligamos la fusión. Los cientos de documentos redactados en las hablas locales así lo atestiguan, y lo atestigua así el dialecto, también local, aunque convertido en plástico instrumento, de Gonzalo de Berceo, el primero de nuestros escritores que mereció, ya, el dictado de poeta.[26]

26. Para el desarrollo de este tema, *vid.* Manuel Alvar, *El dialecto riojano* (2.ª ed., Madrid, 1976); «El Berceo de Valbanera y el dialecto riojano del siglo XI» (*Archivo de Filología Aragonesa*, IV, pp. 153-184); «De las *Glosas emilianenses* a Gonzalo de Berceo» (*Revista de Filología Española*, LXIX, 1989, pp. 5-381; «Gonzalo de Berceo como hagiógrafo» (*Obra completa*, Gobierno de la Rioja, 1992, pp. 29-60); «De toponimia riojana» (prólogo al libro de Antolín González Blanco, Murcia, 1983 [28 pp.]).

# PRESENCIA ÁRABE

## MOZÁRABE

por Álvaro Galmés de Fuentes

### Sobre la nomenclatura

El primer problema que nos hemos de plantear al referirnos al mozárabe peninsular es el significado exacto del término mismo de *mozárabe* que requiere una mínima aclaración. Como es sabido, llamamos *mozárabe* al cristiano que, viviendo entre los musulmanes de al-Andalus, seguía practicando su religión. En un sentido estricto, pues, dialecto *mozárabe* sería la lengua hablada exclusivamente por los cristianos de la España musulmana. Ahora bien, como la lengua romance, en al-Andalus, no era exclusivamente practicada por las minorías cristianas, el concepto *mozárabe* tiene que tener necesariamente un significado más amplio. En ese sentido debe entenderse por lengua mozárabe la variedad lingüística románica hablada en al-Andalus, especialmente hasta finales del siglo XI, no sólo por los cristianos, sino también por los muladíes o conversos al Islam, y, en menor medida, por parte de la población conquistadora. A pesar de esta ampliación del término, sigo manteniendo la designación tradicional *mozárabe*, aunque teniendo bien en cuenta que bajo ella subyace un concepto más amplio.

### Pervivencia de la lengua romance en al-Andalus

Es evidente que hasta finales del siglo XI, según testimonios bien conocidos que huelga repetir aquí, muchos musulmanes cultos, lo mismo que los mozárabes y los muladíes, eran bilingües, conocedores a la vez del árabe y del romance.[1] Pero es igualmente hecho conocido que las invasiones de los almorávides (a partir del año 1086) y, sobre todo, la de los almohades (desde 1146) diezmaron las comunidades mozárabes de al-Andalus, con la consecuente pérdida progresiva de la lengua romance. Sin embargo, frente a una supuesta desaparición global de la mozarabía, creo que hay

---

1. Para los detalles, véase R. Menéndez Pidal, *Orígenes del español*, Madrid, 3.ª ed., 1950, pp. 418-424.

testimonios suficientes que prueban que, con el advenimiento de las dos dinastías africanas, se produce ciertamente una gran mengua de los mozárabes, pero tal decadencia no conlleva la desaparición total de la lengua romance.

Cuando en 1085 es conquistado Toledo, subsiste todavía un núcleo muy importante de población mozárabe, lo mismo que ocurría en Valencia cuando fue reconquistada por el Cid en el año 1094, en cuya conquista fue activamente ayudado por los mozárabes. Pero, entrado el siglo XIII, cuando tiene lugar la nueva reconquista por parte de la Corona de Aragón, apenas se encuentran testimonios de una pervivencia de la mozarabía, lo mismo que ocurre en otras grandes ciudades de al-Andalus reconquistadas en el mismo siglo. No obstante, referidas al siglo XIII, tenemos claras noticias de una notoria presencia de los mozárabes.

Entre los años 1125-1126 Alfonso I el Batallador realiza su incursión por Andalucía y los documentos atestiguan la existencia todavía de preponderantes núcleos mozárabes, que hicieron precisamente posible tan llamativa incursión; pero no siéndole posible apoderarse de ninguna ciudad importante, volvió a Aragón con gran número de mozárabes andaluces, que contribuyeron a poblar territorios fronterizos recién conquistados.[2] A consecuencia de la expedición de Alfonso el Batallador, el monarca almorávide 'Alī b. Yūsuf obligó, en el año 1126, a los mozárabes, que permanecieron en el reino de Granada, a pasar a África junto con sus familias. Sin embargo, a pesar de la emigración de los mozárabes granadinos a los reinos cristianos del norte y la subsiguiente expulsión al país africano, la mozarabía siguió subsistiendo: «Muchos cristianos —según testimonio de Ibn al-Ḥaṭīb— permanecieron en Granada, y gracias a la protección establecida por diferentes príncipes, se hicieron nuevamente ricos y opulentos; pero en el año 557 (1162) tuvo lugar una batalla, en la que casi todos fueron exterminados.»[3] Pero obsérvese que el caudillo almohade 'Abd al-Mu'mīn, en 1162, no logró el aniquilamiento total de la población mozárabe.

Igualmente, de otras zonas de al-Andalus meridional tenemos noticias acerca de importantes núcleos mozárabes del siglo XII. Así, según testimonio de Ibn 'Abdūn, en Sevilla hubo una importante comunidad mozárabe, que estaba instalada en Triana.[4]

Cerca de Almería, la villa de Pechina estaba formada por una población muy compleja (árabes, muladíes, bereberes, eslavos y judíos), con una base mozárabe importante, que continuó manteniéndose después de la formación del reino nazarí, desde el año 1232.[5]

En Écija, según testimonio del al-Himyarī, subsistía, hasta la época almohade, una iglesia en las cercanías de la mezquita mayor, indicio que

---

2. Véase J. M. Lacarra, «Documentos para el estudio de la reconquista y repoblación del valle del Ebro», en *Estudios de la Edad Media de la Corona de Aragón*, II, 1946, pp. 513-514.

3. El texto de Ibn al-Ḥaṭīb fue publicado por R. Dozy, *Recherches sur l'histoire et la littérature de l'Espagne pendant le Moyen Âge*, I, Leiden, 1881 (reimp. Amsterdam, 1965), pp. 360-361.

4. Véase E. Lévi-Provençal y E. García Gómez, *Sevilla a comienzos del siglo XII (El tratado de Ibn 'Abdūn)*, Madrid, 1948, p. 172.

5. Véase R. Ariè, *L'Espagne musulmane au temps naṣrides*, París, 1973, p. 302.

hace pensar que los mozárabes vivían mezclados con los musulmanes, como en otras ciudades de al-Andalus.[6]

El más famoso santuario de los cristianos, en el sur de al-Andalus y que subsistió, por lo menos, hasta mediados del siglo XII, pues lo describe al-Idrisī, era la iglesia de los cuervos (*Kanī sat al-gurāb*), situada en el cabo San Vicente del Algarve: «Esta iglesia —refiere al-Idrisī— no ha sufrido ningún cambio desde la época de la dominación cristiana; está servida por sacerdotes y religiosos, y poseen grandes tesoros y rentas muy considerables.»[7]

En Murcia (la cora árabe de Tudmīr) existía, según el testimonio de una crónica anónima de ʿAbd-al-Raḥmān III, una clase numerosa de mozárabes, pequeños y medianos propietarios agrícolas,[8] que, como señala Juan B. Vilar, continuó fiel a sus creencias religiosas durante varios siglos[9].

En resumen, a pesar de la intolerancia almorávide, y especialmente almohade, las comunidades mozárabes, si bien sufrieron una grave merma, no murieron, y, a lo largo el siglo XII, siguieron subsistiendo, como prueban los testimonios citados.

Por otra parte, como prueba del empleo de la lengua romance por los propios musulmanes, recordaré aquí un caso extremo, pero muy significativo, paralelo, por otra parte, al de un piadoso musulmán del siglo X, que según nos refiere al-Ḥušanī, en un juicio oral sólo podía expresarse en lengua romance.[10] De plena época almorávide conocemos una *fatwà*, o dictamen jurídico, de Rušd al-Ĵadd, que fue juez de Córdoba, entre 1117 y 1121, en la que se da respuesta a una consulta acerca del hecho de que un musulmán leía la azora de Yūsuf en lengua romance: «anā aqraʿu sūrat Yūsuf bi-l-ʿaĵamiyya».[11]

Habida cuenta de que la lengua romance no era patrimonio exclusivo de los mozárabes hemos de recordar también que los botánicos que escriben en el siglo XII, y aun en el XIII, siguen juzgando necesario dar el nombre mozárabe de las plantas que describen. Y no hemos de pensar en una tradición libresca, a través de la cual los autores posteriores habrían repetido los mozarabismos de sus predecesores, pues uno de ellos, Ibn al-Rumiyya, nacido en Sevilla y que escribió bien entrado el siglo XIII, después de 1217, incluye en su *Tafsīr*, sus propias observaciones, mencionando los nombres en ʿaĵamiyya con la especificación de que pertenecen a su época (*wa-yuʿraf al-yawm bi-l-ʿaĵamiyya*).[12]

6. E. Lévi-Provençal, *La Péninsule Ibérique au Moyen Âge, d'après le «Kitāb ar-rawḍ al-miʿṭār» d'Ibn al Himyañ*, Leiden, 1938, p. 21.

7. Edresi, *Description de l'Afrique et de l'Espagne*, texto árabe, traducción, notas y glosario por R. Dozy y M. J. de Goeje, Leiden, 1866 (reimp. Amsterdam, 1969), pp. 218-219.

8. E. Lévi-Provençal y E. García-Gómez, *Una crónica anónima de ʿAbd al-Raḥmān III al-Nasir*, Madrid-Granada, 1950, p. 122.

9. J. B. Vilar, *Orihuela musulmana*, Murcia, 1976, p. 129.

10. *Historia de los jueces de Córdoba por Aljoxaní*, texto árabe y traducción española por J. Ribera, Madrid, 1914, p. 118.

11. Abū-Walīd b. Rušd al-Ĵadd, *Fatāwà*, ed. M. al-Talīlī, III, Beirut, 1987, pp. 1427-1429. El pasaje en cuestión lo cita, de quien yo lo tomo, mi discípulo Juan C. Villaverde, *Proyecto docente para concursar a la plaza de profesor titular de lengua árabe*, Oviedo (impreso en ordenador), 1991, p. 126.

12. Para más detalles sobre el bilingüismo en al-Andalus puede verse Á. Galmés de Fuentes, *Las jarchas mozárabes (forma y significado)*, Barcelona, Crítica, 1994, pp. 80-89.

## Fuentes para el estudio de los dialectos mozárabes

Las fuentes para el conocimiento del mozárabe deberán clasificarse de la siguiente forma, según la técnica interpretativa que cada una de ellas requiere.

*a) Los glosarios.* Un importantísimo elenco de voces romances, a través de las cuales podemos deducir características de los dialectos mozárabes, nos lo proporcionan los glosarios latino-árabes o hispano-árabes. El más antiguo de estos glosarios, aunque pobre en romancismos, es el de Leiden, del siglo XI, editado por C. F. Seybold (1900), escrito seguramente en el oriente español. Mucho más rico en romancismos es otro glosario, arábigo-latino y latino-árabe, del siglo XIII y conservado en un manuscrito de Florencia editado por C. Schiaparelli (1871), escrito probablemente en Aragón o tal vez en Mallorca. Finalmente, más tardío, y también el más abundante en romancismos, es el de fray Pedro de Alcalá, *Vocabulista arábigo en letra castellana* (Granada, 1505), reeditado modernamente por P. de Lagarde.[13]

Generalmente, en el análisis de las fuentes del mozárabe se han equiparado los testimonios de estos glosarios con las voces romances registradas por médicos, farmacólogos y botánicos andalusíes. Sin embargo, los testimonios de unos y otros no son asociables y requieren, por tanto, una técnica interpretativa diferenciada. Efectivamente, los testimonios de los glosarios representan voces de origen románico ciertamente, pero incorporadas al acervo propio del árabe vulgar hispánico, reacopladas, por tanto, con absoluta libertad al sistema fonético y morfológico del árabe, por lo cual no podemos considerarlas como representantes, sin más, de formas genuinas, en el orden lingüístico, de los dialectos mozárabes.

*b) Los testimonios de los botánicos, médicos y farmacólogos andalusíes.* Diversos botánicos, médicos y farmacólogos del al-Andalus incluyeron, en sus obras científicas, los equivalentes mozárabes de los nombres de plantas, especialmente, lo que nos proporciona un abundante caudal léxico en aljamía.

Los testimonios más antiguos de este tipo corresponden a la segunda mitad el siglo X, en que escribieron sus obras Ibn Ŷulŷul de Córdoba e Ibn al-Yazzār de Túnez. Del siglo XI son las obras de Ibn Wāfid de Toledo[14] y de Ibn Yanāḥ, judío de la aljama de Zaragoza. De mayor importancia son dos grandes repertorios de finales del siglo XI o de principios del XII, uno de ellos anónimo, y editado por M. Asín,[15] y el otro obra del judío de Zaragoza Ibn Buklāriš, muerto en 1106. Con posterioridad ofrecen importantes

---

13.   A este glosario he dedicado un trabajo especial, «Los romancismos de Pedro de Alcalá, como testimonio del mozárabe de Granada», en *Actas del XVI Congreso Internacional de Lingüística y Filología Románicas*, Palma de Mallorca, vol. II (1985), pp. 461-483.

14.   El texto de Ibn Wāfid, *Kitab al-adwiya al mufrada* (Libro de medicamentos simples) ha sido editado y traducido recientemente por Luisa Fernanda Aguirre de Cárcer, Madrid, CSIC, 1995.

15.   M. Asín Palacios, *Glosario de voces romances registradas por un botánico anónimo hispano-musulmán (siglos XI-XII)*, Madrid-Granada, 1943.

testimonios el sevillano Ibn al-'Awwām (siglo XII), el malagueño Ibn al-Bayṭār (siglo XIII) y el almeriense Ibn Luyūn (siglo XIV).

*c) Los zejeleros de la España musulmana y las jarchas mozárabes.* A los testimonios anteriores hemos de sumar todavía las numerosas voces, y aun frases enteras, en romance, que nos transmiten, en sus cancioneros, los zejeleros andalusíes, en especial Ibn Quzmān,[16] o las canciones representadas en las jarchas mozárabes.

Si los testimonios de los glosarios representan romancismos incorporados al árabe, tanto los médicos, botánicos y farmacólogos como los transmisores de las jarchas mozárabes tratan, por el contrario, de reproducir lo más fielmente posible, en la medida que lo permite el sistema gráfico árabe, las voces romances tal como eran pronunciadas por los mozárabes, por lo que estos testimonios presentan rasgos romances mucho más acusados que los que nos ofrecen los glosarios hispano-árabes.

*d) La toponimia y la onomástica.* Para la toponimia menor y para los nombres propios o apodos románicos son de especial importancia los llamados *Repartimientos*, en los que aparecen inventariados los nombres de predios y lugares, así como los de los propietarios árabes, con indicación de las transferencias que se hacen a los nuevos dominadores. Entre aquellos nombres figuran algunos de origen romance, que los árabes habían adoptado de sus predecesores. Pero estos topónimos o apodos romances aparecen envueltos en varias capas posibles de influencias, alternadas o sumadas: en primer lugar, estos topónimos o antropónimos fueron en un principio adaptados por los árabes a su fonética particular, pero acogidos por los nuevos dominadores, castellanos o catalanes, que no pudiendo sustraerse a sus propios hábitos lingüísticos los castellanizan o catalanizan con frecuencia. Pero aún más, muchos de estos *Repartimientos*, escritos en latín, muestran continuamente la presión cultista, que latiniza muchas veces las formas mozárabes originarias. Por todas estas razones, al utilizar estos testimonios es preciso ir eliminando estas capas envolventes, para descubrir, por debajo de ellas, el verdadero fondo mozárabe.[17]

*e) El latín de los mozárabes.* A pesar de las quejas tópicas de Álvaro de Córdoba («Heu pro dolor!, linguam suam nesciunt christiani»), los mozárabes mantuvieron, especialmente en los primeros siglos, una importante literatura en latín. Pero en este latín tardío afloran, a veces, rasgos vulgares como la sonorización de consonantes sordas intervocálicas, la confusión de *b* y *v*, etc., reflejo del romance hablado por los mozárabes.[18]

---

16. Véase E. García-Gómez, *Todo Ben Quzmān*, 3 vols., Madrid, 1972, con un especial apartado sobre «Los romancismos de Ben Quzmān (Palabras y frases)», vol. III, pp. 323-525. Véase también Á. Galmés de Fuentes, «Sobre E. García Gómez, Todo Ben Quzmān», *Romance Philology*, XXIX (1975), pp. 66-81.

17. Un ejemplo claro de la superposición de estas capas ha sido analizado por mí en «El mozárabe levantino en los *Libros de los Repartimientos* de Mallorca y Valencia», *Nueva Revista de Filología Hispánica*, IV (1950), pp. 313-346.

18. Cfr. A. Vespertino Rodríguez, «B = V en el latín de los mozárabes», en *Homenaje a Alonso Zamora Vicente*, vol. I, Madrid, pp. 309-317.

## Rasgos fonéticos principales

Para el análisis que sigue a continuación utilizo exclusivamente los datos que yo he podido compulsar directamente, prescindiendo de los testimonios indirectos, que no siempre son fiables, y pueden dar lugar a interpretaciones erróneas. Así, por ejemplo, una misma palabra, escrita en carácteres árabes en la forma والـ, es interpretada por Simonet, según testimonio del zaragozano Ibn Buklāriš,[19] como *welyo*, mientras que Asín, según testimonio del anónimo toledano, lee *walyo*,[20] con lo que M. Sanchís Guarner ve una diferencia dialectal entre la aljamía de Zaragoza y la de Toledo.[21]

El vocalismo[22]

1) *Resultados de ɛ y ɔ tónicas del latín.* En los dialectos mozárabes, al lado de formas que ofrecen para dichas vocales latinas, sin lugar a dudas, un diptongo, tales como: *Alalmedi*ⁱ*ella, burgui*ⁱ*elloš, bi*ⁱ*echo,* 'viejo', *pozu*ʷ*elo, du*ʷ*eña* (Toledo), *walyo* o *welyo, yerbato* (Asín), *Pozueletx* 'pozuelos', *Luelh* lolium (Mallorca), *Pedruelo, Azuela, Xilviela* (Valencia), *Alfariella, Casiellas, Orihuella, Mayuelo* (Murcia), *Sietmalos, Macharçidiello, Dunchuelas* (Sevilla), *yerbatul, yedra, mielga, Xueda* (Granada), *Yannaq* < Ennecu, 'Íñigo' (Quzmān), *welyo, yed* 'es', *nu*ʷ*emne* 'nombre', *filyu*ᵉ*elo* (jarchas), etc., encontramos otras en que es dudosa la lectura o en las que hemos de leer necesariamente la vocal sin diptongar: *Almuraṭel, bermechēllos, fonteš, šoqro* (Toledo), *Petruxella, Orioles, Orta* (Mallorca), *Aurel, Avinferro, Avenfo-*

---

19.   F. J. Simonet, *Glosario de voces ibéricas y latinas usadas entre los mozárabes*, Madrid, 1889 (nueva reimp., Amsterdam, 1967), p. 570.

20.   M. Asín Palacios, *Glosario (op. cit)*, p. 322, n.° 591.

21.   M. Sanchís Guarner, «El mozárabe peninsular», *Enciclopedia Lingüística Hispánica*, I, 1960, p. 309.

22.   En el análisis que sigue utilizo las siguientes abreviaturas:

Toledo = Á. Galmés de Fuentes, «El dialecto mozárabe de Toledo», *Al-Andalus*, XLII (1977), pp. 183-206, 249-299.

Asín = M. Asín Palacios, *Glosario de voces romances (op. cit)*.

Mallorca y Valencia = Á. Galmés de Fuentes, «El mozárabe levantino en los *Libros de los Repartimientos* de Mallorca y Valencia», *Nueva Revista de Filología Hispánica*, IV (1950), pp. 313-346.

Murcia = Á. Galmés de Fuentes, «El mozárabe de Murcia en el *Libro del Repartimiento*», *Miscel·lania Aramón i Serra*, I, Barcelona, 1979, pp. 221-236.

Sevilla = Á. Galmés de Fuentes, «El mozárabe de Sevilla según los datos de su *Repartimiento*», en *Homenaje a Samuel Gili Gaya (in memoriam)*, Barcelona, 1979, pp. 81-98.

Granada = A. Galmés de Fuentes, «Los romancismos de Pedro de Alcalá como testimonio del mozárabe de Granada», en *Actas del XVI Congreso Internacional de Lingüística y Filología Románicas*, II, Palma de Mallorca, 1985, pp. 461-483.

Quzmān = E. García Gómez, *Todo Ben Quzmān*, 3 vols., Madrid, 1972.

lat. moz. = A. Vespertino Rodríguez, «La sonorización de las consonantes sordas intervocálicas en el latín de los mozárabes», en *Homenaje a Alvaro Galmés de Fuentes*, I, Madrid, 1985, pp. 345-355; y A. Vespertino Rodríguez, «B = V en el latín de los mozárabes», en *Homenaje a Alonso Zamora Vicente*, I, Madrid, 1988, pp. 309-317.

jarchas = Á. Galmés de Fuentes, *Las jarchas mozárabes (Forma y significado)*, Barcelona, 1994.

Los trabajos míos sobre diferentes dialectos mozárabes pueden verse ahora agrupados en *Dialectología mozárabe*, Madrid, 1983.

*co, Alponti* (Valencia), *Petranell, Billola* (Murcia), *Aben Serra, Villanova* (Sevilla), *chirch* 'cierzo', *fexta, carōca* 'clueca' (Granada), *meu, bokēlla, qollo* (jarchas), etc.

Ahora bien, ¿qué valor tienen estas grafías contradictorias? Para deducir reglas seguras, lo que vale, sin duda, son los neologismos, que no tienen otra explicación (sobre todo en el mozárabe levantino, en Ibn Quzmān y en las jarchas, en donde es impensable la influencia castellana) sino como reflejo de un fenómeno autóctono. Tal es, desde luego, la proporción que guardan los neologismos en documentos antiguos de todas las lenguas romances, y como en los demás casos, también aquí valen los neologismos como testimonio del uso mozárabe, y los casos de segura lectura con *e* y *o*, como fidelidad a normas arcaizantes de la lengua, como influjo de la presión culta latinizante, como inhabilidad de los copistas para representar sonidos nuevos, o, en otro caso, como acomodación a las normas gráficas del arabe, que no conocía diptongos ascendentes.

Por otra parte, ejemplos como *walyo* o *welyo* < oculum, *Luelh* < lolium, etc., prueban la diptongación también ante yod, como en aragonés y en leonés, frente al castellano.

2) *La -o final.*    También aquí encontramos soluciones diferenciadas. Existen numerosos ejemplos en los que se conserva la vocal final: *forqacho, arroyo, miraqlo* (Toledo), *welyo, yerbato, marito* (Asín), *Caro, Abenferro, Cubo* (Mallorca), *Avixello, Cinquayros, Muro* (Valencia), *San Peydro, Longo* (Murcia), *Yelo, Sietmalos* (Sevilla), *exquero, echīno, qōto* 'godo' (Granada), *katibo, roṭonto* (Quzmān), *filyō, fermosō, rayo*[h] (jarchas). Al lado de estos casos, en otros muchos se pierde la *-o* final, lo que no es preciso ejemplificar.

Para explicar estas soluciones contradictorias conviene observar que el árabe transmisor de los mozarabismos tiende a suprimir, en la realización, las vocales finales. Teniendo esto en cuenta, creo que las razones arriba aducidas para la validez de los diptongos documentados valen aquí para la *-o* final. Si las voces mozárabes escritas con la *-o* no la tuvieran en la pronunciación real, nuestros documentos no la habrían añadido, pues chocaría frente a la fuerte tendencia del árabe.

3) *Los diptongos descendentes* AI y AU.    El diptongo, primario o secundario, se conserva en su forma originaria: *Tawrel, Pawlo* (Toledo), *Auriolhez, Taupine* < talpinu (Mallorca), *Abintauro* (Valencia), *Mauriellos* (Murcia), *Paulin, Aubina* (Sevilla), *tauchil* 'atochas', *paulilla, taupa* (Granada), *awtri* 'otro', *au* < aut (jarchas), etc. El diptongo *ai*, primario o secundario, se conserva en su forma originaria o en su forma más evolucionada *ei*: *šentayr* o *šenteyr* 'sendero', *qarbonayro, -eyro* (Toledo), *Corbeira, Unqueira* (Mallorca), *Moschayra, Abengameiro* (Valencia), *Carrayra* (Murcia), *Leirena, Mayrena* (Sevilla), *conjāir* 'conejero', *carreyra* (Granada), *fareyō, vivirēyō* (jarchas).

Al lado de estos ejemplos encontramos algunos casos, en mucho menor número, con reducción de los diptongos, que obedecen, sin duda, al influjo de la lengua de los conquistadores, castellana o catalana.

## EL CONSONANTISMO

1) *La F- inicial.* Como era de esperar, esta consonante, frente al castellano, se conserva en los dialectos mozárabes: *Fiqares, filyas* (Toledo), *ferreño* (Asín), *Abenferro* (Mallorca), *Avenfierro* (Valencia), *Alfarrayra* (Murcia), *Feliche* (Sevilla), *forn, filcha* < felicula 'comadreja', *forca* (Granada), *fermoso, filyo* (jarchas).

2) G[e,i] *y* J *iniciales.* Estas consonantes, tanto ante vocal de la serie anterior como posterior, aparecen conservadas generalmente en forma de *y: Yinēš, Yušto, Yunkoš* (Toledo), *Yelo, Yeneva* (Valencia), *Yungar, Santa Yusta, Yelves* (Sevilla), *yenayr* 'enero' (Granada), *yermanellas* 'hermanillas', *yana* < janua 'puerta' (jarchas). Los dialectos mozárabes ofrecen también notables casos de pérdida de dicha consonante: *Unk[e]lellos, Unqayr, -eyr* < der. dejuncu, *Ulyān, Ulyāniç* < der. de *Julián* (Toledo), *eneśta* < genista, *onolyo* < geneculu (Asín), *Unqueira* (Mallorca), *Martín Uannes* (Murcia), *Onoios* e *Ynojos, Uncina* (Sevilla), *alōncha* < juncia (Granada), etc.

3) *La L- inicial.* La evolución de la *l-* inicial en los dialectos mozárabes sigue siendo una cuestión debatida.

Menéndez Pidal (*Orígenes*, pp. 239-240) defiende la palatización de la *l-* inicial basándose en algunos ejemplos aislados: *yengua buba* < lingua bulula) 'lengua de buey' (Ibn Ĵulĵūl), y *yuca* < (a) luca 'lechuza' (Simonet, 617), *al-Yussāna* (forma en que los árabes escribían el nombre de la ciudad de *Lucena* en Córdoba), y el topónimo soriano *Los Llamosos*, derivado de lama, que, sin duda, remonta a un dialectalismo mozárabe.

Muchos romanistas aceptaron sin reservas la tesis de Menéndez Pidal, pero, entre los que dudan de su valor probatorio, J. Corominas supone que las formas *yengua* y *yuca* representarían un yeísmo mozárabe inconcebible. Sin embargo, el yeísmo de las formas mozárabes no es reflejo, como he tratado de demostrar en otra ocasión,[23] de una norma interna de estos dialectos sino de una imperfección gráfica de los árabes transmisores de los mozarabismos. La grafía que habitualmente utiliza el árabe para reproducir una palatal lateral [l̦] del romance es ‏لي‎ [ly]. Pero tal grafía, dadas las normas del árabe, no es válida como inicial, por lo que es necesario simplificar el signo, escribiendo ‏ل‎ [l] simple, como ocurre en la generalidad de los casos, o una ‏ي‎ [y] como en los casos de *yengua, yuca* o *al-Yusāna*, por lo que tales testimonios cobran especial valor como reflejo de una palatalización de la *l-* inicial. Pero además, al topónimo *Los Llamosos*, aducido por R. Menéndez Pidal, podemos aún añadir otros, que, sin duda, son también de abolengo mozárabe: *Llavajos* (cortijo de Jaén; comp. *Llabayos* en Asturias frente al *Lavajos* de Segovia), *Llames* (Málaga), con plural *-as* > *-es* también mozárabe, Llobregales (en zona valenciana de habla castellano-aragonesa).

4) *Los grupos iniciales* CL-, PL- *y* FL-. Los dialectos mozárabes mantienen estos grupos sin modificar, como ocurre en los dialectos orientales de la

23. Véase Á. Galmés de Fuentes, «Sobre la evolución de L- inicial en los dialectos mozárabes», en *Homenaje al prof. Alarcos García*, II, 1967, pp. 31-39; véase también Á. Galmés de Fuentes, *Dialectología mozárabe*, Madrid, 1983, pp. 247-254.

Península, frente a la palatalización del castellano, del leonés y del portugués: *qᵃlawsᵗ'ro, Fᵒlorençᵃa, pᵃlana* (Toledo), *Locoplan*, (Mallorca), *Plema, Falanxarola* = Fᵃlanxarola (Murcia), *Plan* (Sevilla), *plantayn* (Granada), etc.

5) *Las correspondencias de las sibilantes.* Una cuestión importante respecto al consonantismo es la relativa a la correspondencia de sibilantes entre los dos sistemas. En las voces mozárabes, transcritas en caracteres árabes, las continuaciones de la *s* latina están representadas de forma regular por el ش [š] árabe (prepalatal, fricativo, sordo), lo que prueba el carácter ápico-alveolar de la *s* mozárabe.[24] La generalidad de tales correspondencias hacen prácticamente innecesaria la ejemplificación: *balleštayroš, qonšilyo* 'consejo', *eškuʷela, moška, šemtayr* 'sendero', *Yušto, Fiqāreš* (Toledo), *xayra* 'sera', *xucur* 'segur', *xirica* < lat. vulgar s e r i c a, *xargo* 'sargo, pescado', *xaut* 'soto', *xibia* < s e p i a (Granada),[25] *welyoš, fermošō, šanarad, ešte, šēno, ešpēro* (jarchas), etc.

Frente a este empleo del ش [š] árabe para reproducir la *s* romance, el س [s] árabe (predorsodental, fricativo, sordo) se utiliza, en las voces mozárabes transcritas en caracteres árabes, para representar la antigua *ç* romance, continuadora de *cᵃˑⁱ, cy* y *ty* del latín, cuando en mozárabe se ha superado la etapa palatal [ĉ], más arcaizante: *Çebʲrⁱʸan, qalabaçaš, qabeçuʷelo, las moçaš, terçero, judiçⁱʸo* (Toledo), *cappuç, cabçilla, conçich* 'concejo', *roçin, taça* (Granada),[26] *qorāçōn. çidⁱʸello, çīdī* (jarchas).

6) *Realización palatal de* cᵉ'ⁱ, CY *y* TY. Como acabamos de ver, *cᵉ'ⁱ, cy* y *ty* del latín alcanzaron a veces, como ya puso de relieve A. Alonso,[27] la realización dental *ç*, pero en número importante de voces, el mozárabe aparece anclado en una etapa palatal [ĉ], que, en árabe, se representa por medio de ج [ǰ] con *tašdīd*, que transcribo por *ch*: *qalabachaš, dechember, Montichēl, achetīlla* 'acedera', *chento qāpiṭa, richino* < r i c i n u, *çanach, corticha* 'corteza', *chirch* 'cierzo', *chirbal* 'ciervo', *echino* 'equino', *chirque* < q u e r c u s 'encina', *torchul* 'torzuelo' (Granada), *qorachon, dolche* 'dulce', *lanchas* 'lanzas', *fach(e)* < f a c i e s 'cara, rostro' (jarchas), etc.

En los testimonios en caracteres latinos también tenemos grafías indicadoras de una realización palatal [ĉ]: *Petrutxella, Conxel* < c o n c i l i u, *Ferrutx, Fontitx* (Mallorca), *Xinquer, Chinqueyr* (Valencia), *Feliche, Dunchuelas* 'doncellas', *Manchanilla* 'manzanilla', *Luchena* (Sevilla), etc.

7) *Las consonantes sordas intervocálicas.* Otra cuestión compleja del consonantismo mozárabe es la de la posible conservación o sonorización de las consonantes sordas intervocálicas del latín -*p*-, -*t*- y -*k*-. Es éste un problema que he analizado detenidamente en diferentes trabajos, y de forma especial con referencia al mozárabe de Toledo,[28] y cuyas conclusiones

---

24.  Para más detalles, véase Álvaro Galmés de Fuentes, *Las sibilantes en la Romania*, Madrid, 1962.
25.  *x* es el signo que Pedro de Alcalá utiliza para representar el ش [š] árabe.
26.  Téngase en cuenta que el *c* vale, en Pedro de Alcalá, por el س [s] árabe.
27.  «Correspondencias arábigo-españolas en los sistemas de sibilantes», *Revista de Filología Hispánica*, VIII (1946), pp. 30 y ss.
28.  Véase Álvaro Galmés de Fuentes, «Sobre *Orígenes del español* de R. Menéndez Pidal», *Al-Andalus*, XVI (1951), pp. 240-242; «Sobre *Todo Ben Quzmān* de E. García Gómez», *Romance Philology*, XXIX (1975), pp. 77-79, y especialmente «El mozárabe de Toledo», *Al-Andalus*, XLII (1977), pp. 274-284; véase ahora también mi *Dialectología mozárabe*, pp. 91-100.

fueron ampliamente comentadas y aceptadas por G. Hilty.[29] No voy ahora, naturalmente, a repetir anteriores argumentos. Sólo recordaré aquí algunos extremos. Parece evidente que, antes de la invasión musulmana y en territorio que posteriormente había de ser poblamento mozárabe, se practicó la sonorización de las sordas intervocálicas, según puso de relieve R. Menéndez Pidal (*Orígenes*, pp. 253 y ss.), de acuerdo con el testimonio de algunas inscripciones cristianas: *pontivicatus* (Guadix, año 652) por 'pontificatus', *inmudavit* (Mérida, siglo II) 'inmutavit', *eglesie* (Bailén, año 691) 'ecclesiae', etc. Sin embargo, es también cierto, como ya observó, en un viejo trabajo, W. Meyer-Lübke,[30] que gran parte de los mozarabismos transmitidos por los árabes ofrecen consonante sorda, cuando intervocálica, y no sonora, respecto a la dental y a la velar, únicas consonantes objeto de análisis, ya que no existe en el sistema fonológico del árabe una bilabial sorda. Ahora bien, la presencia de una consonante sorda en las voces mozárabes no indica necesariamente la ausencia del fenómeno de sonorización. Por el contrario, sabemos que los árabes utilizaron en los mozarabismos para la representación de las sonoras etimológicas del latín y de las sordas intervocálicas, sus signos ط [ṭ] enfático y ق [q] uvular, que originariamente fueron sonoras en el árabe, frente al ت [t] y ك [k], siempre sordos, que utilizaron para grafiar las consonantes sordas no intervocálicas del latín. Tal es la situación que nos refleja el mozárabe de Toledo, los romancismos de Ben Quzmān y las jarchas mozárabes.

La -t- intervocálica representada por el ط [ṭ]: *Almoraṭēl* (hoy *Almoradiel*), *šalbaṭor, šemṭayr(o)* 'sendero', *moraṭo, boṭeqa, qomṭe* < comite, *espāṭa, maṭrich*, ant. esp. *madriz* (Toledo), *maṭre, šilbaṭo, roṭōnto, balaṭār* 'paladar', *merqaṭāl* 'mercadillo' (Quzmān), *maṭre, maṭrana* < maturana 'madrugada', *aquṭas, poṭrad* 'podrá', *muṭare* (jarchas), etc.

La *t* en posición fuerte está representada, por el contrario, por un ت [t]: *Fontalba, portāl, paštōreš, manta, qaštel* (Toledo), *noḫte* 'noche', *tomāre, baštōn, katibo, bašta* (Quzmān), *tanto, matare, vestirey(o), morte*, *awtri* 'otro', *nueḫte* (jarchas), etc.

Para la -k- intervocálica tenemos la grafía ق [q]: *Fiqareš* (hoy *Higares*), *miraqlo, Dominqo, šoqro, botiqayr(o), botiqa, bayqa* 'vega' (Toledo), *suqur* 'segur', *bulliqār* 'pulgar', *Yannāq* 'Íñigo' (Quzmān), *aquṭas* (jarchas).

La *k* en posición fuerte aparece representada, en cambio, por un ك [k]: *Markoš*, *Billa Franka, yunkoš, iškerdo, eškaño, moška* (Toledo), *kireyo* 'creo', *kedar, akabar, iškala* 'especie de vaso' < scala (Quzmān), *kand(o)* 'cuando', *kēro, bokēlla* (jarchas).

8) *Resultados de* -LL- y -LY-, -C'L-. En lo referente a los grupos consonánticos -*ll*- y -*ly*-, -*c'l*- es de suma importancia poner de relieve, como hice en anteriores trabajos, que los dialectos mozárabes distinguen gráficamente, según las transcripciones en caracteres árabes, entre los resulta-

---

29. «Das Schicksal der lateinische intervokalischen Verschlusslaute -p-, -t-, -k- in Mozarabischen», *Festschrift Kurt Baldinger zum 60 Geburstag*, I, Tubinga, 1979, pp. 145-160.

30. «La sonorización de las sordas intervocálicas en español», *Revista de Filología Española*, XI (1924), pp. 1-32.

dos de -*ll*-, por un lado, y de -*ly*- y -*c'l*-, por otro. Mientras -*ll*- está representada por ‌ﻝ [l.l] (*lam* con *tasdid* o signo de geminación), los otros dos grupos están representados por ﻝ [ly] (*lam* con *sukun*, o signo que indica ausencia de vocal, seguido de *ya'*).

Así, para -*ll*- tenemos formas del tipo: *balleštayr(o)*, *bermejēlloš*, *billa* 'villa', *qollo* o *qu<sup>w</sup>ello*, *gallo*, *qaballayr(o)*, *qabillu* < c a p i l l u (Toledo), *mançaniʸella* (Asín), *bollōta* 'bellota', *capīlla* y *capillar* 'capirote', *cardīlla*, *cabçīlla*, *pullicar* 'pulgar' < p u l l i c a r i s (Granada), *bell(o)*, *bokēlla*, *yermanellas*, *ku<sup>w</sup>ello*, *çidiʸello*, *elle* 'él' (jarchas).

Frente a estas formas, para los grupos -*ly*- y -*c'l*- tenemos las siguientes grafías: *belyo* 'viejo', *qonelyero* 'conejero', *Torrilyos* (hoy *Torrijos*), *filyo* 'hijo', *welyo* 'ojo' (Toledo), *xarrayla* 'cerraja' (Granada), *filyo*, *welyos*, *alyeno* (jarchas).

No voy a entrar aquí, naturalmente, en detalles sobre el significado de las diferentes grafías, problema que he analizado minuciosamente en otros trabajos anteriores.[31] Sólo recordaré que las dos soluciones diferenciadas de forma regular representan necesariamente dos sonidos distintos, es decir, dos sonidos palatales de valor fonológico independiente, o bien la grafía [l.l] podría representar, a lo que ahora me inclino de forma preferente, una realización todavía geminada de la doble *l* latina, frente a la realización palatal [ļ], resultante de los grupos latinos -*ly*- y -*c'l*-.

9) *Grupos* -KT- *y* -KS-. Especial interés también ofrece el análisis del comportamiento de estos grupos latinos. Especialmente conservadores, encontramos para los grupos -*kt*- y -*ks*-, en primer lugar, simplemente el cambio de la primera consonante oclusiva en fricativa: *truẖta*, *laẖtayra* (Ibn Ǧulǧul), *lahtayru<sup>w</sup>ela* (Ibn Buklāriš), *noẖte* (Quzmān), *noẖte*, *nu<sup>w</sup>ohte* (jarchas); *taẖš* < t a x u, y con sonorización *lagšiva* < l i x i v a (Griffin).[32] Pero en los dialectos mozárabes no faltan ejemplos que presentan la vocalización románica, más avanzada, de la primera consonante: *eleyto* 'electo', *Beneyt* < B e n e d i c t u (Toledo), *layt* 'leche' (Asín), *Cadereyta* (Murcia). Incluso encontramos en las voces mozárabes formas en las que la yod ha palatalizado la segunda consonante, dando como resultado el sonido [ĉ]: *lechuga*, *lecheyro* y, para el grupo -ks-, *cochit* < pl. ár. de c o x u s (Toledo). Podríamos pensar que estos ejemplos representan castellanismos en el mozárabe de Toledo. Sin embargo, en otras áreas de los dialectos mozárabes, en donde no es pensable un influjo castellano, encontramos, a veces, la palatalización: *felech*, *felecho*, *felecha*, *felechon* < f i l i c t u, ejemplos del cordobés del siglo x Ibn Ǧulǧūl, de Pedro de Alcalá y del andaluz Ibn al-Bayṭār, que prueban, sin duda, la autoctonía del inicio de la palatalización en los dialectos mozárabes, confirmando la opinión de Amado Alonso, que supone, para otros casos, soluciones igualmente progresistas.[33]

Para el grupo de -*ks*-, además de los resultados anteriormente citados,

31. Véase Álvaro Galmés de Fuentes, «Resultados de -LL- y -LY-, C'L- en los dialectos mozárabes», *Revue de Linguistique Romane*, XXIX (1965), pp. 60-67.

32. David A. Griffin, «Los mozarabismos del *Vocabulista* atribuido a Ramón Martí», *Al-Andalus*, XXIII (1958) y XXV (1960), tirada aparte, 1961, p. 71.

33. A. Alonso, «Correspondencias arábigo españolas» (art. cit.), pp. 64 y ss.

un resultado frecuente es [s]: *yēxid, kexād, lēxo,* que también puede leerse *leyso* (jarchas).

10) *Resultados de la* L *implosiva.* En los dialectos mozárabes es frecuente, no sólo en el caso de *al + cons.,* la vocalización de la *l* implosiva: *šawt* 'soto' (Toledo), *Neuba* (hoy *Nelva*) (Murcia), *awtri* < alteru, *fogōre* < fŭlgore, frente a *albo* (jarchas).

11) *Otros grupos consonánticos latinos.* Estos grupos que hemos de tener en cuenta son los siguientes:

Grupo *-tr-,* que frente a una tendencia románica muy generalizada hacia la reducción de *-r-,* en los dialectos mozárabes se conserva: *Peṭrit, Peṭro, pedrero, maṭrīch* 'matriz' (Toledo), *Petruxella, Petra* (Mallorca), *Petra, Alpetrayre* (Valencia), *Petrayra* (Murcia), *petraucha* (Granada), *maṭre, maṭrana, poṭrad* (jarchas).

Los grupos *by* y *dy,* que ofrecen dos soluciones diferentes, su conservación y la palatalización. Así, al lado de formas como *Qorral Rrubi'o, al-Rrub'a, medi'ana* (Toledo), tenemos otras del tipo *Barba Rrōya, rrōyo* (Toledo), *Alpoy* < podium (Murcia), *rayo^h* (jarchas).

Los grupos *-mb-* y *-nd-* en los dialectos mozárabes se conservan, frente a lo que ocurre en catalán y aragonés, y en castellano respecto al grupo *-mb-,* en donde se reducen en *-m-* y *-n-: Šanta Qolomba, qolomba* (Toledo), *Palumber, Solanda, Goronda* (Mallorca), *Alombo, Alumber, Andilla, Onda* (Valencia), *Cambullón, Cambero* (Sevilla).

Finalmente hemos de considerar la asimilación de consonantes en los grupos *-nf-, -rs-* y *-ns-* en voces como *ifant(e)* 'infante'; *anibesario,* frente a la forma, sin duda culta, *anibersario; Alfós Çidiç,* frente a *Alfonso Garçi'a* (Toledo).

12) *Grupos romances intervocálicos.* En la evolución de estos grupos, el mozárabe, en general, se muestra muy conservador:

El grupo *m'n,* frente a evoluciones más progresistas de otras lenguas romances, se mantiene en los dialectos mozárabes: *loš omneš, lumnari'a* (Toledo), *domno* (Asín), *nu^wemne* (jarchas).

Grupo *-m'r-: Qamrelloš* (hoy *Cambrillos*), *Qamronēdaš* (hoy *Cambronedas*) (Toledo).

Grupo *-m't-: šemtayr(o)* 'sendero', *qomṭe* < comite (Toledo).

Grupo *-b't-: qobṭale* (Toledo), *cobtīl, cubtīll* (Granada).

Grupo *-t'l-: qabidlo* < capitulu 'cabildo' (Toledo).

13) *Trueque de consonantes.* Trueque de *l* y *r: alberguēri'a,* ~ *alberguēli'a, Morarēlya* ~ *Moralelya, Peraleš* ~ *Perareš* (Toledo), *corçal* 'corsario', *chiqala* 'cigarra', *fanar* 'fanal', *puculial* 'moscatel' < apicularia (Granada).

Trueque de sibilantes: *qalabāçaš* ~ *qalabaǰaš, Šant Felīç* ~ *Šant Felīǰ, meyçōň* ~ *meyǰōn* (Toledo), *šimēnça* ~ *ǰimençoš* (Asín).

RASGOS MORFOLÓGICOS

Desde el punto de vista morfológico, las jarchas mozárabes, que nos ofrecen preposiciones, conjunciones, pronombres, formas conjugadas del verbo, etc., nos permiten toda una serie de observaciones que no se deducen de otras fuentes.[34] Así, podemos consignar las siguientes características:

*a*)   Un rasgo arcaizante es la conservación de la *-d* final en la preposición *ad*: *ad yāna^h, ad mībī*.

*b*)   La copulativa se conserva como *ed* < e t, ante palabra que comienza por vocal: *ed-aún, ed-él*.

*c*)   El infinitivo del verbo mantiene la *-e* final, expresamente grafiada en *demandārē*, o exigida por la rima en *dormire* y en *matāre*.

*d*)   Un rasgo de gran arcaísmo es el mantenimiento de la consonante final en la persona Él, que ya se perdía en el latín vulgar: *ki^yered, vēnid, vernād, yexid, tornarād, šanarād, šerād, poṭrad*.

*e*)   También es un rasgo conservador el mantenimiento, en la persona Yo del futuro románico, de la terminación *ey(o)*: *sanarey(o), vestirey(o), vivirēyō, amarey(o)*.

*f*)   El mismo diptongo se mantiene en la terminación del pretérito perfecto, -a v i > *-ai* > *ei*: *adamey*.

*g*)   Conviene también considerar algunas formas especiales del verbo *ir*, derivadas de v a d ĕ r e : *vey, vade, vayadēs, vaysē*.

*h*)   En cuanto al pronombre personal, se conservan, para el complemento indirecto, los notabilísimos arcaísmos *mībī* y *tībī*, derivados de mihi y tibi.

*i*)   Entre los indefinidos hemos de señalar la modificación del timbre de la *-e* final en *awtri*, fenómeno que fue analizado con atención por Y. Malkiel.[35]

Fuera de estos rasgos particulares que se descubren en las jarchas mozárabes podemos aún añadir algún otro, de especial relieve, que se deduce de la restante documentación:

*j*)   Los plurales femeninos en *-as*: teniendo en cuenta que las terminaciones en *-as*, con vocal *fatḥa* /a/ son inexpresivas, en cuanto dicha vocal puede valer en la realización tanto [a] como [e], son epecialmente significativos algunos plurales femeninos con vocal *kasra* /i/ (= *iš*), que deben leerse necesariamente como *-eš*: *paumeš, magrāneš, lancheš* 'lanzas', *ṭāpareš* (cfr. cat. *tápares* 'alcaparras'). A estos ejemplos podemos aún añadir una serie de topónimos femeninos en *-es*, repartidos por toda la Península en que hubo mozárabes: *Perules* (sing. *Perula*), *Garriques, Cabriles* (cfr. *Cabrillas*), *Beires* (cast. *veras* 'orillas') y *Pierres* (Almería); *Pitres, Caniles* (hoy *Canillas*), *Fornes, Oliveres* (Granada); *Perules, Caniles de Recena* y *Siles* (Jaén); *Campanes* y *Llames* (Málaga); *Lastres* y *Chivatiles* (Córdoba); *Gelves* (pl. moz. de *xelva*) y *Brenes* (pl. de *brena, breña*) (Sevilla); *Prunes* y *Casines* (Cádiz); *Silves* y *Sagres* (Algarve); *Cheles* (Badajoz), *Naves* (Cáceres), *Yeles* (Toledo), *Tobes* y *Clares* (Guadalajara).[36]

*k*)   El sufijo *-en*: los topónimos con este sufijo son especialmente

34.   Para un análisis detallado, véase Álvaro Galmés de Fuentes, *Las jarchas mozárabes (forma y significado)*, Barcelona, 1995, pp. 72-75.

35.   «Old Spanish *nadi(e), otri(e)*», *Hispanic Review*, XIII (1945), pp. 204-230.

36.   Para más detalles puede verse Álvaro Galmés de Fuentes, «Los plurales femeninos en los dialectos mozárabes», *Boletín de la Real Academia Española*, XLVI (1966), pp. 53-67. Véase ahora mi *Dialectología mozárabe (op. cit.)*, pp. 302-317.

abundantes en el mozárabe meridional: *Buyena, Librena, Guillena, Bulchena, Galichena, Macarena, Librena, Alpechene, Marchenilla*, etc., y cuyo especial significado ha sido analizado por R. Menéndez Pidal.[37]

*l*) El sufijo *-et, -eta*: en el mozárabe levantino es muy frecuente el sufijo *-et*: *Canet, Campanet* (Mallorca), *Carlet, Lauret* (Valencia), en donde podríamos sospechar un influjo del catalán conquistador. Pero el sufijo *-et* aparece en zonas del mozárabe meridional, en donde no es pensable una influencia de los conquistadores. Así, para el mozárabe de Sevilla: *Tageret, Ombret, Loret, Tagareta, Palmete, Lobet*, etc., lo que confirma la opinión de J. Corominas para quien «el sufijo *-et, -eta* es particularmente favorecido en mozárabe» (DCECH, 654b).

## RASGOS SINTÁCTICOS

En el campo de la sintaxis la única fuente válida, naturalmente, son las jarchas mozárabes, que nos descubren algunos rasgos de especial importancia:

*a*) En primer lugar hemos de señalar que al igual que en el español antiguo, el artículo estaba menos extendido que en el español clásico y moderno. Rafael Lapesa[38] ha señalado algunos casos de omisión de artículo en el español antiguo, que coinciden con soluciones análogas del mozárabe de las jarchas. Así, se suprimía frecuentemente el artículo cuando el sustantivo, en cualquier función, estaba determinado por un complemento con *de* («vasallos de mío Çid seýense sorrisando»), como ocurre en las jarchas: «a *řayyoʰ* de manỹana» 'al rayo de la mañana'; «komo *rāyoʰ* de sol yéxed» «como un rayo de sol...». También era frecuente la ausencia de artículo cuando el sustantivo era término de preposición («si nos moriéramos *en campo*, en castiello nos entrarán», *Cid*), y en las jarchas: «a rayyōʰ *ḏē manỹana*». En otro caso, se omitía igualmente el artículo cuando el sustantivo en función de sujeto se empleaba con sentido genérico («*rey* bien puede echar pidido a sus coyllazos», *Fuero de Navarra*): «*buʷon(o)* abū-l-Qāçim [vendrá]» 'el buen ... '; cuando el sustantivo era nombre de grupo, de clase u oficio («*moros* lo reciben por la seña ganar», *Cid*): «adamey *filyuʷolo* alyeno»; o cuando era nombre abstracto («*Amor* verdadero... es muy noble cosa», *Setenario*): «Kand vene vaḏē *amor(e)*».

*b*) Conviene poner de relieve el empleo, tan característico en la literatura tradicional, del dativo ético: «gárreme, ¿kand *me* vernād mon ḥabībī Içḥāq?».

*c*) También hemos de observar la elipsis, sin duda por influjo del árabe, del verbo copulativo: «kom(o) si filyuʷol(o) alyeno» 'como si [fuese] hijito extraño'; «ed-aʸūn [estoy] sin elle».

*d*) Finalmente, asimismo por influjo del árabe se produce también la elipsis del relativo: «tan mal me duʷóled li-l-ḥabīb, [que] enfermo yēd», «tant-amare, [que] enfermēron welyos gayados».

---

37. «El sufijo "-en". Su difusión en la onomástica hispánica», *Emerita*, VIII (1940), pp. 1-36, incluido posteriormente en *Toponimia prerrománica hispánica*, Madrid, 1968, pp. 105-158.
38. *Historia de la lengua española*, Madrid, 9.ª ed., 1981, pp. 211-212.

# LA LENGUA DE LOS MORISCOS

por Álvaro Galmés de Fuentes

## Introducción

En este apartado, naturalmente, voy a tratar de la lengua de la literatura española aljamiado-morisca. Como es sabido, la literatura aljamiada
es el producto de una minoría hispanófona que, en general, había olvidado
el árabe, por lo que sintió la necesidad de verter en lengua española la cultura islámica para mantener viva su identidad. Estas minorías moriscas
hispanófonas pertenecen a las regiones más tempranamente reconquistadas, que radicaban fundamentalmente en Aragón, y, en menor proporción,
en Castilla la Vieja, mientras que los moriscos del reino de Valencia[1] y de
Andalucía eran arabófonos, por lo que el castellano representaba para ellos
una lengua aprendida, mientras que mantuvieron el árabe como lengua familiar hasta el día de la expulsión.

Los moriscos aragoneses y castellanos en sus escritos en lengua romance siguieron manteniendo, como último vestigio de su ancestral arabismo, los signos árabes de su escritura, que sustituyen así al alfabeto latino; pero utilizan con entera libertad el alifato árabe, sin sentir en ningún
momento la necesidad de respetar las normas ortográficas, e incluso fonéticas, del árabe. Así, el *'ālif* de prolongación ya no sirve, como en el árabe,
para indicar el alargamiento de una vocal *a*, sino que en los textos aljamiados se utiliza para indicar que esta vocal deberá pronunciarse como *e*; el
*tašdīd* ya no es símbolo de geminación de una consonante, sino que ahora
sirve para representar diferentes sonidos, inexistentes en árabe: de esta forma, un ل *(lām)* con *tašdīd* no significa una [l.l] geminada, sino que representa el sonido palatal [l] del castellano, del mismo modo que el ن *(nūn)*
con *tašdīd* sirve para reproducir el sonido [n], el ر *(rā')* con *tašdīd* el sonido [r], el ش *(šīn)* con *tašdīd* la [š] del antiguo español, el ج *(ŷim)* con *tašdīd*
la [ĉ], o, finalmente, el ب *(bā')* con *tašdīd* sirve para representar el sonido

---

1. Véase Ana Labarta, «Oraciones cristianas aljamiadas en procesos inquisitoriales de moriscos valencianos», *Boletín de la Real Academia de Buenas Letras de Barcelona*, XXXVII (1977-1978),
pp. 177-197; véase también Á. Galmés de Fuentes, «Unos textos aljamiados de Valencia y la translite-
ración de los mozarabismos», *Cuadernos de Filología. Studia Linguistica Hispanica*, Valencia, 1981,
pp. 75-90.

[p], todos ellos fonemas inexistentes en el árabe. Teniendo en cuenta estas observaciones, en los ejemplos que se citan a continuación utilizo las normas de la *Colección de literatura española aljamiado-morisca (CLEAM)*.[2]

Hoy día, después de editados con rigor científico importantes textos aljamiados, podemos afirmar, sin lugar a dudas, que la lengua española de la literatura aljamiado-morisca ofrece una notable unidad y una extraordinaria coherencia, con características muy determinadas, comunes a la generalidad de los manuscritos aljamiados. Pero, ahora bien, esta lengua unitaria presenta, por otra parte y en su conjunto, rasgos lingüísticos que la diferencian claramente de la lengua literaria de la España cristiana.

En términos generales, la literatura aljamiado-morisca se caracteriza por el arcaismo, el dialectalismo y la arabización.

## El arcaísmo lingüístico

La literatura aljamiado-morisca ofrece rasgos arcaizantes frente a los textos coetáneos de la España cristiana: 1) Donde los textos castellanos ofrecen ya *h-* inicial, nuestros textos mantienen mucho más tercamente la *f-* inicial (*fizo, fillo, farás*, etc.). 2) Se mantienen, como rasgo de conservadurismo, los grupos cultos (*escribto, çibdad, cobdos, revivcados, absentóse,* etcétera). 3) Empleo de la palatal *ll* en el artículo masculino (*ell-ave, ell-uno, ell-ordenador, ell-annabi,* etc.). 4) Mantenimiento de la *-d-* intervocálica en la persona *Vosotros* del verbo (*oiríades, wardábades, viésedeys, ubiésedes,* etcétera). 5) La forma *ad* para la persona *Él* del auxiliar h a b e r e, cuando el verbo que sigue comienza por vocal (*ad-asentado, ad-aconteçido,* etc.). 6) Formas del futuro o condicional apocopadas que en castellano habían desarrollado ya un *d* entre las dos consonantes (*salrás, porné, verná,* etc.). 7) Formas del tipo *so, vo, estó* frente a las ya generalizadas en el español *soy, voy, estoy.* 8) El pronombre personal *os,* ya corriente en el español de la época, aparece en los textos aljamiados en la forma conservadora *vos (que vos tovo, lançar vos-emos, vos llama,* etc.). 9) Frente a la forma compuesta *nosotros,* encontramos en nuestros textos la simple *nos (si llega a nos, con nos,* etc.). 10) Formas del tipo *nueso, nuesa, vueso, vuesa,* etc. 11) Frente a *mismo, ninguno,* formas conservadoras del tipo *mesmo, nengún, nenguno, nenguna.* 12) Otra variante conservadora es *agora,* frente a la habitual de la época *ahora.* 13) Alternando con *donde* encontramos la variante arcaica *do*

    2.   Véase especialmente, con últimas simplificaciones, Álvaro Galmés de Fuentes, *Dichos de los siete sabios de Grecia (edición, estudio y materiales)*, Madrid, 1991, pp. 33-40

Por otra parte, los ejemplos que se citan en el presente trabajo proceden, salvo indicación en nota, de *CLEAM* (Gredos):

Á. Galmés de Fuentes, *Historia de los amores de París y Viana*, Madrid, 1970.

Á. Galmés de Fuentes, *El Libro de las batallas*, 2 vols., Madrid, 1975.

O. Hegyi, *Cinco leyendas y otros relatos moriscos*, Madrid, 1981.

M. Sánchez Álvarez, *El manuscrito misceláneo 774 de la Biblioteca Nacional de París*, Madrid, 1082.

A. Vespertino Rodríguez, *Leyendas aljamiadas y moriscas sobre personajes bíblicos*, Madrid, 1983.

K. I. Kobbervig, *El Libro de las Suertes*, Madrid, 1987.

Á. Galmés de Fuentes, *Dichos de los Siete Sabios de Grecia*, 1991.

(¿Dónde son tus barraganes?, ¿Dó es Alaqra ibnu Habiç?, ¿Dónde es vuestra barraganía i dó es vuestras iras?), aunque es predominante la forma *do*.

## Aragonesismo

Ya que la inmensa mayoría de los textos aljamiado-moriscos proceden de Aragón, en ellos son muy abundantes los aragonesismos, lo que les proporciona un aire de espontaneidad.

### RASGOS FONÉTICOS Y MORFOLÓGICOS

En el orden fonético y morfológico podemos señalar los siguientes rasgos aragoneses: 1) Diptongación de la *ĕ* y *ŏ* tónicas latinas ante yod (*enueyo* 'enojo', *pueyo* < podium, *fueya* < fŏvea, etc.). 2) Formas anómalas de diptongación (*cuentra, viençen, tremuela*, etc.). 3) Pérdida de -o y -e finales, especialmente detrás de los nexos *nd, nt, rt, nz, lç*, etc., y, en los primeros casos, esta pérdida de la vocal puede arrastrar la caída de la *t* (*est, delant, west, relunbrán* 'relumbrante', *man* 'mano', *cuand*, etc.). 4) La disolución del hiato mediante una -*y*- (*veyeron, siya* 'sea', *veya* 'vea', *liyan* 'lean', etc.). 5) Vacilación en el tratamiento de las vocales átonas entre *i* y *e* o *a* y *e* (*entrínsicos, escrebir, vanigloria, marivilla, enpáranos, piadad*, etc.). 6) Labialización de una *e* por influjo de una *m* (*arrometió, arrometida*, etc.). 7) Conservación de la *g*- y *j*- iniciales (*jelada*, etc.). 8) Débil recuerdo de una palatalización originaria de la *l*- inicial en voces como *llugares, lluego, llobo, yo lle daré*, etc. 9) Ausencia de *e* protética en las voces que comienzan por *s*-inicial seguida de una consonante (*scuredad, spada, storia*, etc.). 10) Tendencia, común al vasco y al gascón, al paso de *r*- > *arr*- (*arreçagóse, arretes* 'redes', etc.). 11) Conservación muy frecuente de los grupos *pl-, cl-, fl* (*clamaba, plegó* 'llegó', *plorar, flamas*, etc.), e incluso con mantenimiento de una vieja pronunciación con palatalización de la *l* (*pllegaron, pllegado, pllegará*, etc.). 12) Conservación de la -*d*- intervocálica, cuando en castellano se pierde (*pied, piedes, judiçio*, etc.). 13) Coincidiendo con las hablas pirenaicas actuales, conservación esporádica de las consonantes sordas intervocálicas (*asetado* 'sediento', *arretes* 'redes', *escuatrones, paretes*, etc.). 14) Conservación, como cuando inicial, del grupo *pl*- (*implió* 'hinchó', *amplo* 'ancho', etc.). 15) Solución palatal lateral [ḷ] para los grupos -*ly*-, -*c'l*-, -*g'l*-, -*t'l*- (*millores, cruçillada, escollido, fillo, deballar*, etc.), e incluso con un resultado sordo [ĉ], que comprende hoy día el alto Aragón hasta la frontera navarra (*ficho* 'hijo', *viecho* 'viejo', *ocho* 'ojo', *bermecha, consecho*, etc.). 16) Evolución del grupo -*kt*- > -*it*- (*feyto, eslito, dito*, etc.). 17) Evolución de los grupos -*by*-, -*dy*- hacia la palatal central *y* (*puyó, goyos* < gaudios, *fueya* < fovea, etc.). 18) Conservación del grupo -*ng'l*- en voces como *cinglas* < cingulas, frente al castellano *cinchas*. 19) Ensordecimiento de la consonante sonora al quedar final por pérdida de una vocal (*unidat, claredat, escuridat, verdat, çibdat*, etc.). 20) Fenómenos de metátesis más frecuentes en aragonés que en castellano (*pergonó, perlado, bebrajes, pedricaba, presona,* etcétera). 21) Para los numerales encontramos formas diferenciadas de las del castellano (*diçiseys, diçisiete; veyte, vinti, vint* y *vent; trenta, çincuanta; doçientos, treçientos,* etc.). 22) Para el pronombre personal en los casos oblicuos se utiliza, con frecuencia, la forma del sujeto correspondiente (*a tú, de tú, para tú, con tú, en tú,* etc.). 23) Formas del relativo del tipo *cualo.* 24) Demostrativos e indefinididos con *-i* final (*esti, otri,* etc.). 25) Por acción de la analogía verbal, abundan ejemplos con diptongos en la radical cuando la sílaba es átona (*ruegó, cuentiar, juegando, güespedará,* etc.). 26) Muy características son algunas desinencias verbales específicas sobre la persona Yo y Él (*morremos* 'muramos', *entremos* 'entramos', *lleguemos* 'llegamos', *caminemos* 'caminamos'; *looron* 'loaron', *dentroron* 'entraron'; *dexés* 'dejaste', *encomendés* 'encomendaste', etc.). 27) Formación del gerundio sobre el tema del perfecto (*ubiendo, supiendo,* etc.). 28) De modo semejante, el participio de pasado se forma también a veces sobre el tema del perfecto (*ubido, supido,* etc.). 29) Aspecto incoativo ofrecen algunas formas aragonesas en *-ezca* (*alivianeçca, averdadeçca,* etc.). 30) Se realiza a veces la diptongación de *ĕ* en las formas con acento en la radical del verbo *lĕvare,* pero sin que la yod derivativa haya palatalizado la *-l-* inicial (*lieva, lieven, lieve,* etc.). 31) Contrariamente, en el verbo *salio* se realiza la palatalización de la *l* por influjo de la yod (*salle,* y de ahí *sallir, salló, sallido,* etc.). 32) Al lado de las formas verbales del tipo castellano *respondió,* encontramos las aragonesas *respuso, respúsoles,* etc. 33) En relación con las soluciones del aragonés conviene señalar la conjugación irregular de algunos verbos. Del verbo *haber*: tú *abes,* él *abe,* nosotros *abemos,* etc. (la forma *abe* vale también como *ha* y *hay*), *abe* tú, *abed* vosotros, etc. Del verbo *ser*: tú *es* (frente al castellano *eres*), *sía* 'sea', *seido,* yo *fue* 'fui', tú *fueste,* nosotros *fuemos.* Del verbo *hacer*: *fer* o *far* 'hacer', el imperativo *feste, fesnos; feyan* y *feban* 'hacían'. Coincidiendo con el aragonés antiguo, tenemos algunas formas con una *-g-* analógica de los verbos con velar, en el presente de subjuntivo (*muelga* 'muela', *estruyga* 'destruya', *fuyga* 'huya'). 34) Entre las partículas de origen aragonés hemos de señalar las preposiciones *aprés, ad* con mantenimiento de la *-d* final, denunciada como forma aragonesa por J. de Valdés («eso hazen solamente algunos aragoneses»), *enta* 'junto a, cerca de', *sines de,* en lugar de *sin* («sines de Al.lah», «sines de padre i madre») y la conjunción condicional *se* por *si* («se tienes seso», «se te fazes muçlim», etc).

Naturalmente, estos rasgos aragoneses que he señalado no son generales en nuestros textos, pues todos ellos alternan con las formas respectivas castellanas, que, incluso, aparecen en mayor proporción.

## Rasgos léxicos

En el orden léxico, además de las voces aragonesas ya documentadas en otros textos (*avantalla* 'ventaja', *aluente* 'lejos', *anplo* 'ancho', *aplagar* 'herir', *aturar* 'permanecer', *goyo* 'gozo', *griev* 'grave', *sortir* 'salir', *esleir* 'escoger', *perche* 'porche', *puyar* 'subir', *tremolar* 'temblar', *trobar* 'encontrar', etc.), aparecen otras que sólo se encuentran en la literatura aljamiado-morisca: *aboconar* 'caer, hacer caer, arrojar' (cfr. cat. *caure a bocons*), *aferrar* 'agarrar', *agladiyar* 'asustar', *acosiguir* 'conseguir', *acorar* 'matar, degollar', *barrir* 'barrer', *veos, veovos* 'he aquí que', *chanfar* 'ensuciar, manchar', *escalfar* 'calentar', *fachal* 'pañuelo', *leir* 'leer', *maldignado* 'maldito', *malcolpado* 'malherido', *mercar* 'comprar', *noncura* 'negligencia', *obrir* 'abrir', *revilcar* 'resucitar', *reísmo* 'reino', *tamarera* 'palmera', *toda ora* 'siempre', etc.[3]

Naturalmente, no es el aragonesismo lo que realmente separa a la literatura aljamiado-morisca de la literatura de la España cristiana, pues, en realidad, si no hubiera otra causa diferenciadora, en nada se distinguiría la lengua de nuestros textos de la literatura autóctona aragonesa, representada en obras como los *Fueros de Aragón*, el *Fuero de la Novenera*, el *Fuero de Teruel*, etc.

## El arabismo

La peculiaridad de la literatura aljamiado-morisca estriba fundamentalmente en su arabización, no sólo en el orden léxico y semántico, sino también en el plano sintáctico.

### EL LÉXICO ÁRABE

En cuanto al léxico, las palabras que podríamos llamar técnicas, referidas al campo nocional jurídico-religioso, aparecen generalmente en árabe: *alkitāb* 'libro', *almalāq* 'ángel', *açcala* 'oración', *addīn* 'religión', *arrūh* 'alma, espíritu', *alhadiz* 'leyenda tradicional', *alhichante* 'peregrino', *Al.lah* 'Dios', *ta'ala* 'tan alto es' (referido siempre a Dios), *alhutba* 'predicación, sermón', *almimbar* 'púlpito', *alkurçi* 'trono', *alŷihād* 'guerra santa', *alŷanna* 'paraíso', *sunna* 'ley coránica', *alfadīla* 'virtud', *annabī* 'profeta', *halāl* 'lícito', *harām* 'ilícito', *ŷahannam* 'infierno', *açcaŷda* 'postración', *haleqar* 'crear', *al'adāb* 'castigo', *assumu'a* 'alminar', *aššaytan* 'Satanás, el diablo', *çihrero* 'hechicero, mago', *ebliç* 'diablo', *farawte* 'intérprete', *fāriç* 'caballero', *hurro* 'libre', *ilŷe* 'extranjero, bárbaro', *rahma* 'piedad', *rawdā* 'voluntad, deseo', *turŷamān* 'intérprete', etc.

Es evidente que todas estas voces, en apariencia, tienen su correspondencia exacta en el español. Pero también es cierto que, desde el punto de vista islámico, no existe tal equivalencia. Es obvio que un *almalāq* o ángel coránico no coincide, en sus connotaciones, con el ángel bíblico, y lo mismo podemos decir del *alŷanna* o paraíso, del *annabī* o profeta, de los conceptos de *halāl* o lícito y *harām* o ilícito, que cubren presupestos diferentes,

---

3. Para más detalles véase Á. Galmés de Fuentes, «La literatura aljamiado-morisca como fuente para el conocimiento del léxico aragonés», *Serta philologica F. Lázaro Carreter*, Madrid, 1983, pp. 231-237.

o de *sunna* 'ley' o, incluso, de *alkitāb* 'libro', pues la estructura y la organización misma del libro es sensiblemente distinta en una y otra cultura. Para trasladar, pues, la cultura islámica al español aljamiado era preciso mantener sin traducir todas estas voces técnicas.

## CALCOS SEMÁNTICOS

Pero tan importante como pueda ser este léxico árabe de la literatura aljamiado-morisca, no lo es menos el calco semántico, procedimiento al que acuden, con profusión, los moriscos, como medio también de aproximar al pensamiento árabe el español de sus textos, al insuflar en una voz romance un significado peculiar del árabe. R. Kontzi ha sistematizado los calcos semánticos del árabe, que él mismo y otros aljamiadistas habíamos observado, clasificándolos en tres grupos:[4]

1) *Calcos de significado,* en los que una palabra romance preexistente se carga de una nueva acepción del árabe, como *compañero de la fiebre* 'el que padece fiebre' (en donde *compañero* traduce el árabe *ṣāhib*, que significa 'dueño, compañero', pero también 'portador', 'el que está afectado de'); o *caçar,* significando 'cazar y pescar' *(i vido gentes caçar peçes),* puesto que en el árabe *ṣāda* tiene ambos significados; o *semejante* 'en la dirección de' *(semejante a las montañas),* que traduce el árabe *nahw,* que significa 'semejante y dirección'; o *descansar* 'desear, amar, estar conforme' *(mira tú quién te descansas casarte),* ya que la voz árabe *irtāha,* además de esas acepciones, significa también 'descansar'; o *entrar* 'cohabitar', porque el verbo árabe *dahala,* además de 'entrar', significa también 'cohabitar'; o *levantar* 'cumplir' *(i levantaron el-assala* 'y cumplieron la oración'), que traduce el verbo árabe *aqama,* que significa tanto 'levantar' como 'cumplir', etc.

2) *Calcos de esquema,* cuando se crea una palabra romance bajo el influjo de otra árabe, como *averdadeçer* 'confirmar' *(averdadeçiendo lo qu-está delante d-él),* verbo creado por los moriscos, sobre el sustantivo *verdad,* porque en árabe *saddaqa* significa 'creer, tener por verdadero', pero también 'confirmar'; o *espeçialar* 'condecorar, regalar' *(espeçialónos Al.lah con esta luz),* igualmente creación de los moriscos, puesto que *hāss* significa 'especial', pero la 1.ª forma *hassa* 'regalar, ofrecer, condecorar', etc.

3) *Calcos de coincidencia léxica,* cuando las acepciones de dos homónimos vienen a coincidir en una sola palabra. En árabe *qalbᵃ* significa 'corazón, ánimo' y *qalbᵇ* 'cambio, transformación' y así *el coraçón del nūn* significa, en los textos aljamiado-moriscos, 'el cambio del nūn'. En otro caso el árabe *ganna* (1.ª forma) significa 'hablar por la nariz', y *gannā* (2.ª forma de ganiya)* 'cantar', por lo que nuestros moriscos dicen, refiriéndose a los sonidos nasales: *i-el cantar es en el mim i-en el nun,* etc.[5]

---

4. R. Kontzi, «Calcos semánticos en textos aljamiados», en *Actas del Coloquio Internacional sobre literatura aljamiada y morisca* (Oviedo, julio de 1972), Madrid, 1978, pp. 315-336.

5. La importancia y abundancia de este léxico diferenciado puede verse ahora en Á. Galmés de Fuentes, M. Sánchez Álvarez, A. Vespertino Rodríguez y J. C. Villaverde Amieva, *Glosario de voces aljamiado-moriscas,* Oviedo, 1994.

## El arabismo sintáctico y estilístico

En otro caso, la lengua de la literatura aljamiado-morisca presenta una serie importante de creaciones sintácticas y estilísticas en relación con el árabe, que contribuyen también a su enriquecimiento así como a su diferenciación respecto a la lengua de la España cristiana.[6]

Los principales de estos calcos sintácticos y estilísticos son los siguientes: 1) Empleo absoluto del relativo con un pronombre personal subsiguiente, indicador del caso («i pasaron por un desierto *que* no abía *en-él* presona ni aljinna»; «es toca de tu cabeça *que* yo me alegraré *con-ella*»); 2) Tipo árabe «mā kāna... min» = 'lo que tiene de...' («i-escribidme una carta *con aquello que* tú has encontrado *de la* guía»; «i escribo a tú sobre *lo que* ajuntó Al.lah en-el *del* aplegamiento de los al'arabes»); 3) El pronombre personal en función del relativo («i la ora que llegó la nueva a Makka, a una fija que tenía, que se klamaba Hindi, *i-ella* regía a Makka»; «veos que vino un caballero, *i-él* muy arreado i armado»); 4) Árabe *qad* = español *ya*; no poseyendo el español recursos especiales para expresar los matices aspectivos que encierra la partícula árabe, en la literatura aljamiado-morisca es frecuente dicha relación, que aparece con un calco del árabe («i *ya* Al.lah envió su alqur'an»; «que *ya* me ha fecho a saber»); 5) En otros casos y como reflejo de una correspondencia ár. *qad* = esp. *que*, encontramos una estructura del tipo *i-él que* («i *ellos que* se miraban como leones ayrados»; «*i-él que* iba enta el patriarca»); 6) Formas tónicas del pronombre personal para expresar las relaciones de dativo y acusativo («i turbará *a ellos*», por *y les turbará*; «i-envió *a ellos* dos almalakes»); 7) El pronombre personal en función de posesivo («i fabló el capitán *d-ellos*» por *su capitán*); 8) El abundante empleo del participio presente con valor verbal, acompañado de complementos («¿tú eres *cabalgante* enta la çiudad con jentes de a caballo i de a pied?»; «que le jurarán con amor, *obedeçientes* o por fuerça reçebientes»); 9) El empleo semejante de la perífrasis ser + adjetivo verbal en -*dor* («yo soy el *matador* de los millores»; «yo soy el *declarador* de los árabes»); 10) El empleo de la copulativa en la apódosis («La ora que miró 'Alī ad-aquel caballero sortir a él, *i* púsose en mitad del camino»; «i cuando amaneció Al.lah con la buena mañana, *i* dixo l-annabi»); 11) El uso de la copulativa con valor de simultaneidad («i vio güestes muy grandes i señas espartidas, *i-él que* deçía» = *a la vez que decía, mientras él decía*; «volvieron sus espaldas fuyendo, *i-ellos que* llamaban con way i destruiçión»); 12) La copulativa con valor consecutivo («¡Ya gentes!, apiádevos Al.lah, *i* Al.lah á enviado la verdad», por *pues Al.lah ha enviado la verdad*); 13) La «figura etymologica» («*ensañóse ensañami*ento grande»; «i *firió* a la puerta *firimiento* ligero»); 14) Intensificación paranomásica de la indeterminación («aqueste es un *cativo de los cativos*»; «veos que vino sobr-ellos *un rey de*

---

6.    Para más detalles, véase Á. Galmés de Fuentes, «Interés en el orden lingüístico de la literatura española aljamiado-morisca», en *Actes du X<sup>me</sup> Congrès International de Linguistique et Philologie Romanes* (Estrasburgo, 1962), vol. II, París, 1965, pp. 527-547; Á. Galmés de Fuentes, *El Libro de las batallas (Narraciones épico-caballerescas)*, vol. II, Madrid, CLEAM, 1975, pp. 66-104.

*los reyes*»); 15) El artículo del adjetivo («sobre su cuerno *el* içquierdo»; «nosotros somos tu espada *la* tajante, i tu lança *la* cunplida»; «i la seña en su mano *la* derecha»); 16) El uso frecuente del anacoluto («i tornólo Al.lah leproso su cara»; «i quien refusó i negó, cortáronle la cabeça»); 17) En relación con el anacoluto, hemos de señalar la repetición del sujeto por medio de un pronombre personal o un demostrativo («los dosçientos de los suyos, *aquellos* qu-estaban»; «i pararon mientres ad-aquellas alkabilas de los al'árabes, *aquellos* que fueron escapados de la muerte»); 18) Elipsis del verbo copulativo («i tornólo entr-ellos a su 'ami al-'Abbaç, i sus manos [ ] ligadas con cadenas»); 19) Expresión de la idea de «tener» por medio del verbo *haber* con preposición *a* («que no *ay* aparçonero *a él*» = *que no tiene aparçonero*; «¿ea si *ay a mi* peligro?» = *¿acaso tengo yo peligro?*); 20) Frases que indican la idea de excepción calcadas del árabe («d-aquí-a que no quedó entre la çibdad de Yaçariba *sino* caminamiento de un día», «i no salga grande ni chico ni horro ni cativo *sino* yo solo»); 21) Falta de concordancia entre el verbo y el sujeto, cuando aquél precede a éste («fasta que no *quedó* delante del-annabi Muhammad sino *diez* del asihaba»); 22) Empleo especial de algunas partículas («áme fecho a saber mi ermano Ĵibrīl *en* que viene a nuestra tierra un enemigo malino»; «atorga enta Al.lah, el-alto, *con* deçir»; «que adoraban *a menos* de Al.lah»; «i mandó *con* golpearlos», etc.); 23) Empleo del partitivo («i-en-él ay de la barraganía»).

En resumen, es evidente que la sintaxis de una lengua es el reflejo de la lógica y de la forma de pensar del hablante. Al adoptar, pues, los moriscos, en su lengua española, las construcciones sintácticas del árabe, que hemos visto, es obvio que su mente se sigue rigiendo de acuerdo con estructuras mentales y lógicas de la «sociedad oriental» y no de la «sociedad occidental». Y esta lengua así arabizada, tanto en su léxico como en su sintaxis, es la que constituye la peculiaridad aljamiada, que muy acertadamente ha calificado O. Hegyi como «una variante islámica del español».[7]

7.   O. Hegyi, «Una variante islámica del español», en *Homenaje a Álvaro Galmés de Fuentes*, I, Madrid, Gredos, 1985, pp. 647-657.

# LEONÉS

## LAS HABLAS ASTURIANAS

por Josefina Martínez Álvarez

La situación lingüística en Asturias es híbrida. El vehículo general de comunicación en el Principado, desde hace siglos, es la lengua española, no sólo para la expresión escrita, sino también para la oral, aunque se conserven ciertos rasgos regionales. Hace tiempo, ya señalamos este mestizaje idiomático.[1] La presión inevitable del español no ha podido menos de ejercer intenso influjo sobre las hablas asturianas, incapaces, por su misma dispersión, de desarrollar un modelo único. Ninguna de ellas gozó de la pujanza y el prestigio indispensables para haber absorbido a las demás. En la Edad Media, fue el castellano el que sirvió de vínculo unitario entre tantas variedades, y dio lugar a un producto mixto por el largo contacto de sistemas.

Se ha cumplido un siglo largo desde que, en 1887, el sueco Munthe, autor de la primera monografía dialectal asturiana, se expresara así: «el dialecto asturiano no es unitario, sino que está constituido más bien por múltiples hablas, que varían de valle a valle, de concejo a concejo [...] Aunque existe, como se sabe, una literatura en bable, no singularmente abundante, la lengua que utiliza en general es notablemente artificiosa y no se corresponde con el habla de ninguna comarca concreta de la provincia [...]».[2]

Las dos lenguas en contacto tan prolongado —el español de una parte, y de otra las variedades asturianas de lo que se llama leonés— son dialectos romances no dispares en exceso. Por circunstancias histórico-culturales muy añejas, se ha llegado en el hablar concreto a una situación pacífica en que conviven sin enfrentamientos dos sistemas lingüísticos, extraños entre sí, pero muy afines, como aspectos diferenciados de la misma lengua originaria, el latín.

A pesar de la independencia histórica con que se forjaron el romance castellano y las hablas asturianas, éstas no son hoy más que una variedad local del español, una desviación válida sólo para relaciones de corto alcance, «para andar por casa». Carecen de rasgos diferenciales suficientes, en cantidad y calidad, para establecer con ellos una modalidad románica

---

1. J. Martínez Álvarez, *Bable y castellano en el concejo de Oviedo*, Oviedo, 1967.
2. Å. W. Munthe, *Anteckningar om folkmålet i en trakt af Vestra Asturien*, Upsala, 1887, p. 2.

totalmente autónoma respecto del español. La mayoría de los hablantes ingenuos y no demasiado cultivados pasa, con mínimos matices y sin ningún esfuerzo, de una expresión asturiana más o menos castellanizada a otro registro español en que perduran rasgos asturianos.

Esta fluctuación depende de varios factores y puede observarse desde diferentes puntos de vista. La mayor porosidad en la hibridación de lenguas[3] se aprecia en el léxico. El vocabulario es, sin duda, la zona de la lengua más mudable a lo largo del tiempo. Las palabras que se utilizan siguen a los cambios que afectan la manera de vivir de la sociedad. Las palabras tradicionales se abandonan al caer en desuso lo que ellas designaban, y se adoptan otras nuevas que, como es lógico, penetran desde el español (y también hoy desde el inglés) a través de la prensa, de la radio, de la televisión. Mayor resistencia oponen los rasgos gramaticales, algunos de los cuales persisten aunque el léxico empleado concuerde plenamente con el del español. En el plano fonético y fonológico, los rasgos autóctonos son a veces reacios a desaparecer, e incluso penetran en el español regional.

Lo que hoy es Principado de Asturias, producto de la partición provincial de 1833, abarca territorios no homogéneos.[4] Se extiende desde la desembocadura del Eo hasta la del Deva, y, de norte a sur, desde la costa cantábrica hasta la cadena montañosa que lo separa de la provincia de León. Ninguno de estos límites administrativos constituye frontera lingüística. El extremo occidente, desde las estribaciones a la derecha del río Navia hasta los límites provinciales con Lugo, no es más que una prolongación del dominio lingüístico gallego. El confín más oriental, desde el río Purón hasta el Deva, comparte los rasgos lingüísticos de la Montaña, o, al decir de ahora, de Cantabria. Y por el sur, la mayoría de los rasgos asturianos penetra por la ladera leonesa de la cordillera. En todo este territorio, las hablas autóctonas no son uniformes. Ya en 1906,[5] distinguió don Ramón Menéndez Pidal tres variedades fundamentales: el bable occidental, el central y el oriental, determinados por varias isoglosas que corren *grosso modo* de norte a sur.

La primera de ellas, que deja al oeste el dominio del gallego, y a donde llega la diptongación de las vocales tónicas abiertas del latín vulgar /ẹ ọ/, discurre por los cordales a la derecha del Navia hasta entrar, por entre los

3.   U. Weinreich, *Languages in Contact*, Nueva York, 1953.
4.   Como libro de conjunto de las hablas asturianas, cfr. Jesús Neira, *El bable, estructura e historia*, Oviedo, 1976. Véanse también A. Zamora Vicente, *Dialectología española*, Madrid, 1967; M.ª Josefa Canellada, *El bable de Cabranes*, Madrid, 1944; L. Rodríguez-Castellano, *La variedad dialectal del Alto Aller*, Oviedo, 1951 y *Aspectos del bable occidental*, Oviedo, 1954; M. Menéndez García, *El Cuarto de los Valles (Un habla del occidente asturiano)*, 2. vols., Oviedo, 1963-1965; J. Neira, *El habla de Lena*, Oviedo, 1955; Joseph Fernández, *El habla de Sisterna*, Madrid, 1960; J. Álvarez-Fernández Cañedo, *El habla y la cultura popular de Cabrales*, Madrid, 1963; M.ª Carmen Díaz Castañón, *El bable del Cabo de Peñas*, Oviedo, 1966; Josefina Martínez Álvarez, *Bable y castellano en el concejo de Oviedo*, Oviedo, 1968; R. J. Penny, *El habla pasiega*, Londres, 1970; J. L. García Arias, *El habla de Teverga: sincronía y diacronía*, Oviedo, 1975; M. Victoria Conde Sáiz, *El habla de Sobrescobio*, Mieres, 1978; Celsa C. García Valdés, *El habla de Santianes de Pravia*, Mieres, 1979; Ana M. Cano, *El habla de Somiedo*, Santiago de Compostela, 1981; M. T. C. García Álvarez, *El bable de Bimenes* (en prensa); etc.
5.   R. Menéndez Pidal, *El dialecto leonés*, RABM (1906), pp. 128-172, 294-411, 2.ª ed. (pról. y notas de C. Bobes), Oviedo, IDEA, 1962.

concejos de Ibias y Degaña, en León: de lat. terra, corpus, al oeste persisten *tẹrra, cọrpo*; al este ya aparecen los diptongos de *tierra, cuerpu*.

La segunda isoglosa separa el bable occidental de la variedad central y discurre aproximadamente desde el este de la boca del Nalón hasta las zonas orientales del concejo de Quirós y la zona leonesa de Babia; a su occidente, se han mantenido, como en gallego, los diptongos decrecientes /ei, ou/, que al este se redujeron temprano a /e, o/, diciendo *veiga* < \*ibaika y *cousa* < causa, frente a *vega* y *cosa*, *cantéi* < cantāuī y *cantóu* < cantāuit, frente a *canté* y *cantó*.

La tercera isoglosa, que remonta más o menos el curso del Sella hasta León (según determinaron Rodríguez Castellano e, independientemente, Galmés y Catalán),[6] divide el bable central del oriental, dejando a poniente el área de conservación de la /f/ inicial latina, y a levante los territorios en que fue sustituida por la /h/ aspirada, la cual, eliminada pronto por el castellano, se mantine hasta hoy en estas zonas: de lat. farīna y ferru, frente a *farina y fierru* centrales, aquí tenemos *jarina* y *jierru (-o)*.

La cuarta isoglosa, establecida por F. García González,[7] une el extremo oriente de Asturias con las comarcas santanderinas; asciende el curso del Purón y separa los concejos de Cabrales y Peñamellera Alta; hasta allí perdura la distinción del bable central entre los resultados de /l + yod/ y /s + yod/: muliere > *muyer* y ouicula > *oveja*; pero coxu > *coxu* [kóšu] y axe > *exe* [éše], mientras al este ambas combinaciones, al ensordecerse la primera, se han confundido y, como en castellano, han retraído luego su articulación palatal, confluyendo con la /h/ aspirada procedente de /f-/ latina: *mujer* y *oveja* igual que *cojo* y *eje*.

Sin embargo, las tres áreas del bable tampoco son unitarias. En cada una de ellas, otros fenómenos permiten establecer variedades bastante divergentes. En el área *occidental*, delimitada entre la isoglosa de la diptongación de /ẹ ọ/ tónicas y la de la conservación de los diptongos decrecientes /ei, ou/, quedan determinadas por otros rasgos las cuatro zonas (con islotes aberrantes: las brañas) que estudió D. Catalán: A. *tierras bajas del este* (con los concejos de Castrillón, Soto, Muros, Pravia, Cudillero; Illas, Candamo, Salas, occidente de Oviedo, Grado, norte de Belmonte, occidente de Santo Adriano, franja norte de Quirós y Proaza y la mitad septentrional de Tameza); B. *tierras altas del este* (suroeste de Lena, casi todo Quirós, mitad sur de Proaza y Tameza, Taverga); C. *tierras bajas del oeste* (extremos occidentales de Cudillero y Salas, Luarca o Valdés, mitad oriental de Navia; occidente de Belmonte, Tineo, Villayón; extremo norte de Cangas de Narcea, mitad levantina de Allande), y D. *tierras altas del oeste* (sur de Belmonte, Somiedo, Cangas de Narcea, Degaña, extremo oriental de Ibias, y brañas situadas en las tierras bajas).[8]

---

6. L. Rodríguez-Castellano, *La aspiración de la «h» en el oriente de Asturias*, Oviedo, IDEA, 1946; Á. Galmés y D. Catalán, «Un límite lingüístico», *RDTP*, 2 (1946), pp. 196-237.

7. F. García González, «La frontera oriental del asturiano», *BRAE*, 62 (1982), pp. 173-191.

8. D. Catalán, «El asturiano occidental», *Romance Philology*, 10 (1956), pp. 71-92 y 11 (1957), pp. 120-158.

En las zonas *C* y *D*, contiguas al gallego, se prolonga el tratamiento que éste da a los grupos iniciales latinos de /p f k/ + /l/ (es decir, /ĉ/, el cual no se confunde con el sonido proveniente de /l/ inicial o /ll/ geminada latinas: fl amm a > *chama*, pero lu n a > *thuna*).[9] En cambio, ambos sonidos latinos confluyen entre sí (al igual que en el dominio contiguo del bable central) en las zonas *A*: *llama, lluna,* y *B*: *thama, thuna.*

Perpendicular a esta isoglosa, otra separa las tierras bajas (zonas *A* y *C*) respecto de las altas (zonas *B* y *D*): en aquéllas, la solución de los grupos /l + yod/ es la palatal /y/ (como en la mayor porción de los otros bables), mientras en las zonas altas *B* y *D* su representante es hoy /ĉ/, como se ve en *mucher* frente a *muyer*, *fichu* frente a *afíu*.

Reuniendo las tres zonas *C*, *D* y *B*, corre otra isoglosa que, mientras segrega la zona *A*, se interna en el bable central, sobrepasando hacia el este el límite de los diptongos decrecientes. En esta área, común en parte al occidente y al centro, aparecen los resultados ápico-palatales para los sonidos latinos /l/ inicial y /ll/ geminada: lu n a > *thuna*, *ca lla > catha*, en lugar de *lluna* y *calla*, propios de los otros bables, incluida la zona *A* occidental. Resumiendo estas particularidades del occidente y oponiéndolas a los resultados del castellano y el gallego, tendríamos este esquema:[10]

| LATÍN | Ly | PL | L- | -LL- |
|-------|------|-------|-------|-------|
| Castellano | mujer | llama | luna | calla |
| Central | muyer | llama | lluna | calla |
| Zona A | muyer | llama | lluna | calla |
| Zona B | mucher | thama | thuna | catha |
| Zona C | muyer | chama | thuna | catha |
| Zona D | mucher | chama | thuna | catha |
| Gallego | muller | chama | lua | cala |

Otros fenómenos coinciden con esta distribución. No se palataliza la /nn/ geminada en las zonas *B*, *C* y *D* frente al resultado /ñ/ de la zona *A*: pin n a > *pena* / *peña* (ni tampoco la /n/- inicial, que en los demás bables es /ñ/ muchas veces). Los resultados de los grupos /kt/ y /lt/ mantienen la yod (como el gallego) en las zonas *C* y *D* (mu ltu > *muito*, oct ō > *oito*), mientras las otras dos zonas la han embebido en la consonante: la zona *A* presenta el resultado /ĉ/ del central y el castellano *(mucho, ocho)*; pero la *B* ofrece una solución africada diferente /ts/ *(mutso, otso)*, con lo cual aquí coexisten tres africadas diferenciadas (la de *mucher*, predorso-alveolar igual que la castellana; la de *thuna* ápico-palatal, y la de *mutso*, dental y con fricción muy prolongada). Las generaciones más jóvenes tienden a perder estas distinciones.[11]

9. Notamos con *th* las diferentes realizaciones fónicas de tipo ápico-palatal que se dan en estas zonas occidentales: fricativas, africadas, oclusivas, sordas y sonoras (cfr. Catalán, p. 71).

10. Ahí, Ly vale también para /y + l/, y PL para los grupos iniciales de oclusiva sorda o /f/ seguidas de /l/.

11. Josefina Martínez Álvarez, «Datos espectrográficos sobre las consonantes africadas del bable de Quirós», *Archivum*, 19 (1969), pp. 343-347; L. Rodríguez-Castellano, *Aspectos del bable occidental*, Oviedo, 1954.

El bable *central*, extendido desde el límite occidental de reducción de los diptongos decrecientes (/ei, ou/ > /e, o/), hasta la frontera oriental del mantenimiento de la /f/ inicial (falce > *foz*, y no *fouz* como al oeste, ni *joz* como al este), tampoco es unitario. Aunque es rasgo muy característico en la mayor parte de esta área la distinción de las vocales finales absolutas /u/ y /o/ *(munchu/muncho, rayo/mayo)*, sus concejos más al este (Caravia, Colunga, Parres, Piloña, Cabranes, Caso y Ponga) las confunden en /u/ como en el oriental *(munchu, rayu, mayu)*.

Este rasgo central tiene repercusiones: permite distinguir con la terminación /o/ los sustantivos continuos (colectivos, de materia), como *el fierro* o *el pelo*, respecto de los sustantivos discontinuos o numerables caracterizados por /u/ final cuando son masculinos, como *un fierru* o *un pelu*; además, introduce en los adjetivos una moción genérica triple: *malu, mala, malo* (paralela a la que existe en los referentes átonos de tercera persona: *lu, la, lo*). De este modo, la concordancia del adjetivo con el sustantivo está condicionada no sólo por su género masculino o femenino, sino por la calidad continua o discontinua del sustantivo; así, con sustantivo discontinuo, el adjetivo (y lo mismo el referente pronominal) se adapta al género masculino o femenino: *el perru ta rabiosu, la perra ta rabiosa* ('el perro está rabioso; la perra está rabiosa'), *al perru vilu, a la perra vila* ('al perro, lo vi; a la perra, la vi'); pero con sustantivo continuo, sea de un género u otro, el adjetivo adopta la terminación /o/: *el café ta frío, la sopa ta frío; el café complélo, la sopa salólo desmasiao*. Este comportamiento de los sustantivos continuos persiste por las zonas que, como el bable oriental y las hablas de la Montaña, han identificado /o/ y /u/ finales: allí, los ejemplos citados serían *el café ta fríu* y *la sopa ta fríu*.

Aunque hoy en regresión, tuvo otra consecuencia la distinción central entre /o/ y /u/ finales: la metafonía de la vocal tónica por impulso del carácter cerrado de /u/ final.[12] El fenómeno se presenta hoy en dos áreas que anteriormente se suponen unidas: una en los concejos de Gozón y Carreño, al norte, y otra más amplia al sur con dos variedades, la del valle del Nalón (desde Langreo y Bimenes hasta Sobrescobio) y la de los valles del Lena y el Aller que confluyen en el Caudal (desde el sur de Morcín y Mieres, con Riosa, Lena y Aller). En esa área dividida se dice *el pirru* frente a *los perros, el rapusu* frente a *los raposos*, y frente a *los gatos* se dice *el gotu* (en el sector del Nalón) o *el guetu* (en los demás territorios). El fenómeno tuvo que estar extendido por todo el dominio central, según demuestran las reliquias toponímicas y algunos ejemplos en documentos medievales.[13] Pro-

---

12. Sobre la metafonía, ya señalada por Menéndez Pidal en 1897 («Notas acerca del bable de Lena», en O. Bellmunt y F. Canella, *Asturias*, II, p. 332), véanse D. Catalán, «Inflexión de las vocales tónicas junto al Cabo Peñas», *RDTP*, 9 (1953), pp. 405-415; J. Neira, *El habla de Lena*, Oviedo, 1955; L. Rodríguez-Castellano, «Más datos sobre la inflexión vocálica en la zona centro-sur de Asturias», *BIDEA* (1959); Dámaso Alonso, «Metafonía y neutro de materia en España (sobre un fondo italiano)», *ZfRPh*, 74 (1958), pp. 1-24; *id.*, *La fragmentación fonética peninsular* (suplemento de *Enciclopedia Ling. Hispánica*), Madrid, 1962, pp. 105-154; L. Rodríguez-Castellano, «Algunas precisiones sobre la metafonía de Santander y Asturias», *Archivum*, 9 (1959), pp. 236-248; E. Alarcos Llorach, «Remarques sur la métaphonie asturienne», *Mélanges... à E. Petrovici*, Cluj, 1958, pp. 19-30; M. T. C. García Álvarez, «La inflexión vocálica en el bable de Bimenes», *BIDEA*, 41 (1960), etc.

13. Cfr. R. Lapesa, *Asturiano y provenzal en el Fuero de Avilés*, Salamanca, 1948, p. 25, *mancibu / manceba*; E. Alarcos Llorach, *Archivum*, 12 (1962), p. 332.

bablemente, el habla de los grandes centros de población (Oviedo, Gijón y Avilés), más influida por lo escrito, relegó tan singular fenómeno a las dos zonas marginales.

El área meridional de la metafonía queda dividida por otra isoglosa ya mencionada. La penetración desde occidente de los resultados ápico-palatales de /l/ inicial, /ll/ geminada y de los grupos iniciales con /l/ sólo alcanza a los concejos de los valles del Aller y el Lena, y deja en territorio de /ʎ/ a los del Nalón: *thuna, catha* y *thama*, frente a *lluna, calla* y *llama*.

En fin, son características del bable central las terminaciones /es/ y /en/ para los plurales de sustantivos y adjetivos acabados en /a/, y para las segundas y terceras personas verbales en /as/ y /an/: *la vaca* y *les vaques, él mira* y *tú mires* o *ellos miren*. Este comportamiento penetra en la banda oeste del bable oriental. En cambio, las zonas altas del central, en los concejos de Lena y Aller, siguen diciendo *las vacas, miras, miran.*[14]

Se distinguen, pues, en el bable central las siguientes variedades:

*a)* La más amplia (concejos de Avilés, Corvera, Llanera, Las Regueras, Oviedo, Ribera de Arriba, Siero, Noreña, Gijón, Villaviciosa, Sariego y Nava) reúne con los rasgos generales del centro (/f/ inicial mantenida, /e, o/ resultado de los diptongos decrecientes) el cambio /as/ > /es/, la distinción /o/ y /u/ finales (sin metafonía) y la conservación como palatales de las geminadas latinas -LL- y -NN-. Contiguos al oeste, Castrillón e Illas ya no modifican las finales /as/, /an/.

*b)* La franja este (con los concejos de Colunga, Caravia, Piloña, Cabranes, Parres, Ponga y Caso) no distingue las finales /o/ y /u/, pero mantiene las concordancias de los sustantivos continuos y discontinuos *(vinu blancu, agua fríu).*

*c)* Al norte, Carreño y Gozón participan de los mismos rasgos de *a)*, pero con metafonía inducida por /u/ final *(sentu / santa, pirru / perra, puzu / pozos).*

*d)* Los concejos de la cuenca del Nalón (Sobrescobio, Laviana, San Martín, Bimenes y parte de Langreo) se distinguen de *a)* por conservar la metafonía (pero con el paso de /a/ tónica a [o] y no a [e]: *sontu / santa, pirru, truzu)* y por presentar en parte la no palatalización de -NN- *(cana* < c a n n a, *pena* < p i n n a).

*e)* Abarca parcialmente el concejo de Morcín, el de Riosa, gran parte de Mieres y las tierras bajas o norteñas de Lena y Aller, y se caracteriza por los resultados no laterales de L- inicial y -LL- semejantes a los vecinos bables de occidente *(thuna, thama, catha)*, y como en *d)* la reducción de -NN-, junto con la metafonía (tipo *c): sentu / santa.*

*f)* Las franjas media y meridional de los concejos de Lena y Aller reúnen esos mismos rasgos, pero conservan las terminaciones /as/ y /an/ *(vacas, cantan).*

---

14. L. Rodríguez-Castellano, *La variedad dialectal del Alto Aller*, Oviedo, 1952, pp. 65-68; *Aspectos del bable occidental*, Oviedo, 1954, pp. 100-106, y «La frontera oriental de la terminación -*es* (<-*as*) del dialecto asturiano», *BIDEA*, 39 (1960), pp. 106-118.

Es discutible la estimación de las hablas asturianas del este como modalidad del bable. En efecto, su rasgo más característico frente a los otros bables (y al gallego) consiste en la sustitución de /f/ inicial latina por /h/ aspirada (confundida en algunos puntos con el fonema velar /x/ del español). Si este fenómeno es el más peculiar del romance cantábrico que dio origen al castellano, ¿no sería mejor agrupar las hablas orientales asturianas con las cantábricas? Es cierto que algunos rasgos del asturiano central, como la palatalización de la /l/ inicial latina *(llamber, llargu)*, penetran en la zona oriental e incluso se atestiguan en las hablas de hoy y en documentación medieval de la Montaña *(llar, llambrión, llavazas)*. Pero también el grupo secundario /m'n/, reducido a /m/ por los bables central y occidental, es en esta zona, como en castellano, /mbr/ (fēmina y *famine > *jembra* y *jambre*, como *hembra* y *hambre*, y no *fema*, ni *fame*), mientras la metafonía vocálica propia del bable central se reproduce con ciertas particularidades en comarcas de Cantabria, como el valle de Pas.[15]

Todo ello nos impulsaría a considerar el conjunto de comarcas norteñas desde el Sella hasta al menos el río Asón como un área cantábrica más conservadora que la de los altos cursos del Ebro y del Pisuerga en que se fraguó el castellano primitivo. Son un dominio único en que se produjo la sustitución de la /f/ inicial latina. Sería mejor atribuir al llamado bable oriental la etiqueta de romance cántabro occidental.

De todos modos, el asturiano oriental tampoco es homogéneo. En primer lugar, los plurales en /es/, propios del centro, se dan en la banda entre el Sella y el Aguamía, y separan aproximadamente los concejos de Cangas de Onís y Onís. Después, vimos que el río Purón (al este de Llanes) y el límite entre Cabrales y Peñamellera Alta dejan a occidente la diferencia entre /š/ procedente de /s + yod/ e /y/ proveniente de /l + yod/ (*coxu* frente a *muyer*), mientras al este ambas soluciones se confundieron como en castellano y se velarizaron confluyendo además con la /h/ aspirada originada por la /f/ inicial latina (*cojo* y *mujer* como *jarina*).

Tenemos, pues, el territorio del Principado de Asturias subdividido en un mosaico de variedades románicas con mayor o menor vitalidad. De oeste a este:

*a)*  Las hablas gallegas entre Eo y Navia (mejor dicho, las estribaciones a la derecha de este río).

*b)*  Las cuatro modalidades fundamentales del bable occidental: las zonas *C* y *D* con rasgos análogos al gallego; las zonas *A* y *B* con rasgos comunes a los territorios vecinos del centro.

*c)*  Los seis subdialectos del central, que conservan todos, con notable vigor pero con particularidades, las repercusiones de la distinción entre sustantivos continuos y discontinuos.

*d)*  Las tres modalidades orientales, progresivamente hacia el este, más semejantes al castellano cantábrico.

15.  L. Rodríguez-Castellano, «Algunas precisiones sobre la metafonía de Santander y Asturias», *Archivum*, 9 (1959), 236-248; R. J. Penny, *El habla pasiega*, Londres, 1970, ámbito donde el fenómeno está en retroceso (*vid.* RFE, LIX, 1977, pp. 91-92, y pp. 184-185 de este manual).

Las isoglosas más importantes que segmentan el dominio asturiano deben de ser antiguas. Los datos que poseemos de la situación lingüística prerromana, más o menos fehacientes y recogidos de los historiadores y geógrafos griegos y romanos, o los testimonios epigráficos o toponímicos, nos aseguran que estos territorios se distribuían entre las etnias de los Gallaicos, de los Ástures y de los Cántabros, separadas entre sí por los cursos del Navia y del Saelia (hoy *Sella*) respectivamente. Es tentador suponer que las diferencias lingüísticas entre Gallaicos y Ástures determinaron el límite romance entre /ẹ ọ/ abiertas conservadas y su diptongación, y que la conservación de la /f/ inicial desde el Sella hacia occidente frente a su sustitución por /h/ aspirada hacia levante, se deba a la diversidad de las lenguas de Ástures y Cántabros.

Los testimonios de la Antigüedad consignan entre los Ástures dos etnias: la de los *Pœsicos* (término todavía conservado en documentos medievales: *in territorio Pesgos*) al oeste, y al este la de los *Luggones* (o *Lungones*), designación que parece pervivir en el topónimo *Lugones*. Los límites casi coincidentes de los rasgos que separan el bable occidental del central (a saber: conservación de diptongos decrecientes al oeste; distinción de /o/ y /u/ finales, con sus consecuencias mencionadas, en el centro) hacen pensar que por ahí discurría la frontera entre Paesicos y Luggones.

¿Por qué se ha mantenido tanta diversidad? No hubo durante la Edad Media ningún motivo para que la dispersa población asturiana se sintiese atraída hacia un centro rector con continuado prestigio. Pronto, en el siglo X, la corte de los monarcas se desplazó a León, y los territorios asturianos quedaron más bien marginados y recluidos en un tipo de vida muy localista. Cada habla siguió su desarrollo ajena a las demás, ya que ninguna ostentaba razones de supremacía.

Por otra parte, hasta el siglo XIII, la lengua escrita era (o pretendía parecerlo) el latín; dominado sólo, y relativamente, por curiales y eclesiásticos, y demasiado alejado de las hablas orales, no podía servir de modelo unificador para la mayoría analfabeta. Cuando se difunde el castellano, adoptado por la cancillería regia de Fernando III, y contagiado entre los notarios y escribanos, ese romance ya fue un modelo más accesible para los hablantes de Asturias. Desde la Edad Media, pues, se fue convirtiendo el castellano en el vehículo común de las diferentes comarcas de Asturias, cuando era preciso relacionarse con gentes ajenas a la propia comunidad. No fue necesario crear una *coiné* asturiana, pues el castellano la suplió con ventaja y fue la lengua escrita (a veces teñida con rasgos autóctonos), mientras las modalidades asturianas se relegaron al uso coloquial en cada uno de sus dominios. Probablemente, en el uso oral, las clases acomodadas y obligadas a relacionarse fuera del Principado fueron adoptando más y más la lengua general.

El *sistema vocálico* de las hablas asturianas es análogo al de las tres áreas originarias del centro norte peninsular (leonesa, castellana, aragonesa). En la posición tónica ha reducido el inventario del latín vulgar a tres grados de abertura con cinco vocales /i, e, a, o, u/, como consecuencia de la diptongación de las antiguas breves /ẹ ọ/: ferru > *fierro, fierru, jierru*;

focu > *fueu, fuou, jueu*. En partes del bable occidental se ha mantenido la variabilidad originaria del diptongo:[16] pede > *pie, pía*, dece > *diez, díaz*, erat > *yera, yara*; porta > *puerta, puörta, puarta, püərta, púerta*.

Salvo en préstamos modernos, el diptongo [je] no se redujo como en castellano: pressa > *priesa*; vespa > *aviespa, griespa*, uespera > *viéspora*; cultellu > *cuchiellu, cuchiethu, cuchieyu*; persicu > *piescu*.

Frente al castellano, la yod no ha impedido la diptongación de /ǫ/: nocte > *nueche~nuiche, nueite~nuetse*; oculu > *güeyu, güechu*; folia > *fueya, fuecha*. La /ę/ (salvo en los casos comunes con el castellano: uec'lu > *vieyu*) quedó inflexionada: pectus > *pechu*, pulegiu > *puleu*; materia > *ma(d)era, madeira*; en los verbos *(tiengo, viengo)* son analógicos de las personas sin yod.

Se dan casos de no diptongación de /ǫ/, especialmente ante nasal implosiva: bonu > *bon* (y *bonu*), ponte > *ponte*, fonte > *fonte*, domitu > *dondo* (junto a *bueno, puente, fuente, duendo*). El mantenimiento de /ę/ ante nasal se encuentra en una zona occidental (Sisterna en Ibias, Villayón y Navia) contigua al dominio gallego: teneru > *tenro*, quem > *quen*, dente > *dente*, ueneris > *venres*, bene > *ben*, tenent > *tein*.[17]

En el bable occidental se conservan los diptongos decrecientes originados por el contacto de una yod con vocal precedente /ei, ou/: caseu > *queiso*, factu > *feito*, lacte > *theite*, tectu > *teito*, -ariu > *-eiro* (en amplias zonas se ha monoptongado -aria > *-era*); calce > *couz*, talpa > *toupo*, fabulāuit > *falou*, ubi > *¿ou?* (en Quirós se sustituye por /oi/: falce > *foiz*). También en occidente, /o/ + yod pasa a /oi/: fuit > *foi*, coriu > *coiro*, sale muria > *salmoira*, uersatoriu > *basadoiro*, fossoria > *fesoira* (mientras en el central y en el oriental *fesoria*).

En las áreas del central mencionadas, la -*u* final inflexiona la vocal tónica, con independencia de su origen latino, cerrándola en principio un grado, con lo cual difiere de la vocal correspondiente del plural o del femenino: *guetu~gotu* (gatos, gata), *péxaru~póxaru* (páxaros, páxara), *primiru* (primeros, primera), *pirru* (perros, perra), *fuíu* (fuegos 'fuego'), *fiu* (feos, fea), *tiinru* (tienros, tienra), *cuirvu* (cuervos, cuerva), *puzu* (pozos, poza). En Aller, el personal masculino *lu* inflexiona la vocal del infinitivo (*matelu* 'matarlo', *comilu* 'comerlo'). Con menor regularidad, y en áreas más reducidas, la -*i* (aunque hoy sea [e]) inflexiona en algunos sustantivos, pronombres o adjetivos, adverbios, imperativos y perfectos fuertes: *nuichi* 'noche', *thichi* 'leche', *fuithi* 'fuelle', *isti* 'este', *terdi* 'tarde', *ayiri* 'ayer', *curri* 'corre', *cumi* 'come', *golvi* 'vuelve', *ebri* 'abre', *fixe* 'hice' (*fexo* 'hizo').

En posición átona hay en general indiferencia entre las vocales medias y las cerradas y a veces se intercambian /a/ y /e/ (*choleta~chuleta, cuntar~contar, piquiñín~pequeñín, dicir~decir; asperar, rabañu, estilla, escarosu*). En posición final, mientras en occidente y en oriente se neutralizan los

---

16. L. Rodríguez-Castellano, *Aspectos del bable occidental*, Oviedo, 1954, pp. 73-75; D. Catalán y Á. Galmés, «La diptongación en leonés», *Archivum*, 4 (1954), pp. 132-133.

17. M. Menéndez García, «Algunos límites dialectales en el Occidente de Asturias», *BIDEA*, 5 (1951), pp. 259-275; *El Cuarto de los Valles*, I, Oviedo, 1963, mapa pp. 24-25.

fonemas /o/ y /u/, realizando [ǫ] o [u], el bable del centro los separa precisamente y distingue, según vimos arriba, entre sustantivos discontinuos y continuos y las correspondientes concordancias con los adjetivos *(el pelo ~ un pilu, el tíu ta negru, la ropa ta negro)*.

En el bable central (con la excepción de las zonas altas de Lena y Aller, pero sobrepasando el río Sella por los concejos orientales de Ribadesella, Cangas de Onís y Amieva), las terminaciones [as, an] han pasado a [es, en] (en ciertas zonas a [is, in]): *les vaques pintes taben nel prau, vienes (vienis), comíen (comíin), mirabes, pasaren (pasarin), lavaríes (lavaríis)*. Particularidad curiosa es la del presente de subjuntivo en la primera conjugación, cuyas desinencias se invierten para mantener la distinción con el indicativo: *si llamen, que llaman* 'si llaman, que llamen'; *dígote que pasen de to* 'que pasan de todo' / *que pasan periquí* 'que pasen por aquí'. Cuestión independiente es la existencia de /e/ por /a/ en algunos singulares en los bables central y oriental: *sidre, puerte, lleñe* 'sidra, puerta, leña'.

En todo el dominio leonés es muy frecuente la epéntesis de una semiconsonante [j] en la sílaba final: *curtiu, curtia* 'corto, -a', *urnia* 'urna', *muriu* 'muro', *fuercia* 'fuerza', *berrio* 'berro', *amansiar* 'amansar', *esgonciar* 'esgoznar'.

La vocal final velar se ha perdido en algunos singulares: *molín~molinos, tocín, padrín, vecín* (y en reducidas zonas occidentales: *sen* 'seno', *chen* 'lleno', *tarrén* 'terreno', *thin* 'lino'). La palatal se conserva esporádicamente tras /d/ y /r/: *sede, azúcare, pidire, cumere, calore*. Lo normal es su pérdida como en castellano, incluso en las terceras personas verbales: *duel* 'duele', *sal, obedez, tien, vien, quier*.

El *sistema consonántico* no es único ni común a todas las variedades, ni por sus fonemas ni por la distribución de éstos. Presenta rasgos análogos a los del castellano, tales como la existencia de una serie de consonantes siempre oclusivas /p, t, ĉ, k/ (en general sordas), otra de fricativas fuertes /f, θ, s/ (en general también sordas), y una serie de consonantes espirantes muy relajadas /β, δ, y, γ/ (casi siempre sonoras y proclives a su desaparición). Son también comunes las nasales /m, n, ñ/ y las líquidas /l/ y /r, r̄/. Pero hay diferencias importantes:

La /x/ del español ha penetrado en numerosos castellanismos, aunque históricamente se corresponde ya con /y/, ya con /š/ de los bables (*hoja-fueya, cojo-coxu*). Puede ser distintivo el fonema velar advenedizo respecto de los otros dos: *el güeyu de la cara* y *el ojo de la fesoria, la fueya del pinu* y *la hoja del tocín, esi era roju* y *esi ye roxu*; pero a menudo no son más que variantes de registro: *mujer~muyer, trabajar~trabayar*. La especial articulación de la palatal lleva a su confusión con la combinación [sj]: *la xente* y *la siente*; y no suelen ser distintivos /s/ y /š/ ante vocal palatal (*sergón~xergón, siblar~xiblar*).[18] Por otro lado, en el oriente la /x/ del español y la aspirada /h/ procedente de la F- latina confluyen totalmente: *baju, jierru*.

En el occidente (y la zona alta del centro) se complica el sistema con los resultados diversos de la L latina y sus combinaciones (-LL-, PL, CL,

---

18. Josefina Martínez Álvarez, «Acerca de la palatalización de /s/ en español», *Est. ofr. a E. Alarcos Llorach*, III (Oviedo, 1978), pp. 221-236.

L yod). Hemos visto las diferencias de las cuatro zonas. En principio hay tres resultados *th, ch, y,* pero no hay laterales. Sus sustitutos, las variedades de la llamada «ch» vaqueira (que englobamos en *th*), son oclusivas o africadas centrales más o menos cacuminales y se integrarían en la serie oclusiva, pero se mantienen parcialmente diferenciados. En la zona B coexisten, aunque en decadencia, las tres africadas: la de *mucher* < muliere, la de *thobu* < lupu, y la de *otso* < octō.

Históricamente importa señalar que las hablas asturianas han sufrido un proceso de desonorización semejante al del español en el siglo XVI, aunque no simultáneo.[19] Hay huellas de que ciertas consonantes fueron en tiempos sonoras: en textos populares de los siglos XVII y XVIII se representan las ápico-palatales con la grafía *r*; en puntos apartados de la zona de *th*, ésta se realiza como sonora ápico-palatal [đ]; en ciertos lugares (las brañas) la africada de *mucher* es todavía sonora dorso-palatal [ǧ] y puede coincidir con el resultado de PL, CL; hay resultados de -C'- que siguen siendo sonoros (*fader* < facere; *rudédinu* < roticinu, *rédina* < ricinu, *Sandiche* < Sanctī Acīsclī).[20]

Junto a los resultados normales de F- (femina > oc., c. *fema*, or. *jembra*, fumu > *fumu, jumu*) alternan las realizaciones castellanas con pérdida. Las palatales latinas Gᵉˑⁱ, I- se mantienen como [š]: ianuariu > oc. *xineiru*, c. *xinero*, or. *xineru*, con las excepciones generales (germanu > *ermanu*, gypsu > *yelso*, iam > *ya*, (de)iactare > *deitar, eichar, char*). La /n/ final de palabra suele realizarse como velar [ŋ]; en posición inicial alterna con la palatal /ñ/ en las mismas zonas donde la L- inicial (y -LL-) se palatalizó en [ḷ] (nudu > *ñudo*, natica > *ñalga*); en las zonas de -LL- > [th], el fonema /ñ/ nunc aprocede de -NN- (*muñir* < mulgere; pero *pena* < pinna). Las consonantes implosivas latinas se han debilitado vocalizándose, asimilándose o desapareciendo (lacte > *theite, lleche*; cultu > *cuito, cucho*; sulcu > *sucu*; captare > *catar*; miscere > *mecer*, etc.). Se conserva -MB- como en todo el occidente: lumbu > *llombu*. Las oclusivas que quedaron en posición implosiva suelen adaptarse al fonema /l/: cubitu > *coldo*, septimana > *selmana*.

De los rasgos morfológicos y sintácticos de los bables, que a menudo concuerdan con todos los romances peninsulares, conviene resaltar unas cuantas particularidades. El sustantivo, en cuanto al género y el número, coincide con el castellano, salvo algunos casos divergentes como *el sal, el sartén, el miel ~ la miel, el llabor, el cal, el theite ~ la thiche ~ la lleche, la yuncla, la utra ~ el utre* 'el buitre', etc. La formación del plural es análoga (con las modificaciones fonéticas oportunas); *el fíu - los fios, la vaca - les vaques (las vacas), el sartén - los sartenes, la raíz - les raíces (las raíces)*, etc. Los masculinos en *-in* (y algún otro) hacen el plural en *-os*: *orín-orinos, vecín-vecinos, calcetín-calcetinos, maíz-maizos, rapaz-rapazos*. Las diferencias del

19. E. Alarcos Llorach, «De algunas palatales leonesas y castellanas», *Logos semantikós Studia ling. in honore E. Coseriu*, V, Madrid, pp. 267-276.

20. M. Menéndez, *el Cuarto de los Valles*, Oviedo, 1963, pp. 104 y 147; L. Rodríguez-Castellano, *Aspectos del bable occidental*, Oviedo, 1954, pp. 61, 130; J. Martínez Álvarez, «Nota de toponimia asturiana: *Sandiche*», *Lletres Asturianes*, 21 (1986), Oviedo, pp. 23-25.

artículo son mínimas, debidas a los enlaces en la secuencia; masc. *el, l', los (lus); fem. la, l', las (les)*, y generalmente se funden con preposición precedente (*pel, pela, pal, nel, na, nos* 'en la, en los', *potho mundo* 'por el mundo'). Existe también el neutro *lo (lu): lo malo ye que nun vien.*

Pero en las zonas central y oriental, los sustantivos, ya masculinos, ya femeninos, se distinguen por el rasgo de continuidad o discontinuidad, manifestado en principio por la terminación /o/ propia de los continuos (en parte herederos de los neutros latinos, los que designan materia, los colectivos, etc.). Esto acarrea, según vimos antes, que los adjetivos presenten en la zona central una [21] triple moción: /u/ y /a/ para concordar con sustantivos discontinuos, y /o/ (en oriente también /u/) para concordar con los continuos: *el perru nigru (negru), la perra negra; pan negro, agua negro.* La triple variación del adjetivo sólo se da en el centro, y analógicamente atrae a otras formas, como *ruín, ruina ruino.* Se reproduce en algunos determinativos.

Según las zonas, los demostrativos varían: masc. *este~esti~isti, estos~istos (~us)*; fem. *esta~ista, estas~istas (estes~istis)*; neutro *esto (estu)*; masc. *ese~esi~isi, esos~isos (~us)*, fem. *esa~isa, esas~isas (eses~isis)*, neutro *eso~esu*; masc. *aquel~aqueli~aquelli, aquellos~aquethos~aquilos (~us)*, fem. *aquella~aquetha, aquellas (~es~is) ~aquethas (~es) ~aquilas*; neutro *aquello~aquetho (~u) ~aquilo.*

Los posesivos [22] de los bables son tónicos y en función adjetiva van provistos del artículo cuando preceden al nombre. Aunque hay interferencias con los usos castellanos, la situación autóctona en el centro y en oriente sólo distingue los géneros en función sustantiva. Ejemplos: *el mio gochu, la to fía, el so sienru, la nuestra tía, el vuestru güelu, los mios praos, les tos pites, los sos primos, los nuestros fíos, les vuestres cases; esi prau ye míu, ¿ye tuyu esi gatu?, les vaques son suyes, a caún lo suyo.* En el occidente se mantienen las diferencias genéticas del posesivo adjetivo: *el mieu subrín, la mia nieta (la subrina mía), el tou thugar, la tua casa, esa theña ya tu(y)a, el sou prau, la sua vicina, los nuesos güertos, la vuesa casa*; en los de tercera se emplea más el personal con preposición: *el monte dél, la roupa dethas.* Aisladamente, en occidente y centro, pervive el uso medieval del posesivo «perifrástico»: *estos nenos de mieu* 'estos niños míos', *una vaca de to, ye de mio ~ ye de mieu* 'es mío'.

Los pronombres personales [23] ofrecen un sistema análogo al de los demás romances. Los sustantivos personales, o formas tónicas, tienen la misma función que en castellano. Posibles sólo como sujeto: 1.ª persona: *yo(you)*; 2.ª persona: *tú.* Usados sólo en funciones con preposición: 1.ª pers.: *mí~min (comigo~cumigo~u, migo~u)*; 2.ª pers.: *ti (contigo~cuntigo~u, tigo~u).* Válidos para cualquier función tónica: 1.ª pers.: *nosotros~nuso-*

21.   J. Neira, «La oposición 'continuo' / 'discontinuo' en las hablas asturianas», *Estudios ofr. a E. Alarcos Llorach*, III, Oviedo, 1978, pp. 255-279. También «Dos sistemas nominales en los bables de Asturias», *Estudio y trabajo del Seminario de L. Asturiana*, I, Oviedo, 1978.

22.   L. Rodríguez-Castellano, «El posesivo en el dialecto asturiano», *BIDEA*, 11 (1957), pp. 171-188.

23.   L. Rodríguez-Castellano, «El pronombre personal en asturiano», *BIDEA*, 15 (1952), pp. 119-130. También F. García González, «Los pronombres personales en el oriente de Asturias», *Estudio y trabajo del Seminario de L. Asturiana*, II, Oviedo (1979), pp. 47-56.

*tros~nosotrus~nusotrus (nos, nusoutros), nosotras~nusotras~es (nos)*;
2.ª pers.: *vosotros~vusotros~us (bos, vusotros), vosotras~vusotras~es (vos)*;
3.ª persona: *él~elli~illi, ellos~os (ethos~us), ella (etha), ellas~es (ethas~es), ello~u (etho~u)*.

Las formas átonas de primera y segunda persona no ofrecen particularidades notables *(me~mi, nos~nus~ños~mos~mus; te~ti, vos~vus)* salvo la distinción en alguna pequeña área oriental (como en documentos de la Edad Media) entre *viome* y *diomilu*. Los átonos de 3.ª distinguen entre los usos derivados del acusativo y los del dativo, es decir, las funciones de objeto directo e indirecto, sin las confusiones castellanas: *lu~thu, los~lus~thos~thus; la~tha, las~les~thas~thes; lo~lu~tho~thu* para objeto directo: *yi~i~the, yos~yis~is~thes~this* para indirecto, como en central *arrodiolu* 'lo rodeó', *viola* 'la vio', *la tierra trabayolo bien* 'la trabajó bien', *tengoi rabies* 'le tengo rabia', *púnxolo comoi mandaste* 'lo puso como le mandaste', *agüeyástelos* 'los aojaste', *téngoles bien merecíes, dioyos candela*; occ. *nun lu trai, nun quier dicithu, dixúncinla* 'la desuncen', *atiendelus, cumiénuthus* 'los comieron', *thévanlas* 'las llevan', *nun puedo cumethas* 'no puedo comerlas', *nui dio de cumer* 'no le dio...', *danyilo* 'se lo dan', *dii la verdá* 'dile la verdad', *thevánunyi lu que tenía* 'le llevaron lo que tenía', *dithe dineiro* 'le di dinero', *dais de beber* 'dales de b...', *ponyes la roupa* 'ponles la ropa', *hay que mercathes un gochu* 'hay que mercarles un cerdo'. El átono se pospone al verbo, a no ser que preceda negación u otra partícula: *llevóila, yai la llevó, nui la llevó*.

El sistema verbal de los bables tiene en común con los romances occidentales la falta de formas compuestas (sólo aparecidas tarde por castellanismo). Sus formas son divergentes en el significante de acuerdo con las particulares modificaciones fonéticas de cada zona. El occidente es conservador, el centro y el oriente se asemejan al castellano en cuanto a las desinencias, coincidiendo más o menos con el límite entre diptongos decrecientes y su monoptongación. Aparte el cierre de /o/ en [u] *(pasu/paso, pasamus)*, los cambios centrales de /as, an/ en [es, en] (y la aparente inversión del subjuntivo: *¿nun pases? / nun pasas tovía*), la perduración más occidental de /ades, edes, ides/ (frente a [aes, ais, eis, is]), lo más interesante son las desinencias opuestas del perfecto, sobre todo en 1.ª y 3.ª personas: *pasé, pasasti (~este), pasó, pasamos (~emos), pasastes (~is, pasestes~is), pasaron (~aren)* contrastan con los occidentales *paséi, paseste (~paseiste, ãsti), pasou, pasamos, pasasteis (~astis, ~estis), pasanun*. Con los verbos en *-er* e *-ir*, las terceras de occidente son *bebeu, subíu* (frente a centro *bebió, subió*, salvo la zona C que hace *bebeu*, y la zona E que dice *bebú*), *bebienum, subienum* (frente a centro *bebieron~ieren, subieron-subieren*). En el imperativo, frente a las formas *pasa, pasai, bebe~bebi, bebei, subi, subii*, hay que señalar las formas plurales arcaizantes de occidente *pasade, bebede, subide*. También se usa el infinitivo en lugar del imperativo plural, sobre todo en construcción negativa: *non llorar ahora que ya ye tarde* (pero en singular se usa el subjuntivo: *nun comas tanto que va facete daño*).

Los valores de sus diferentes tiempos son generales a todas estas hablas. En el modo indicativo: presente *paso*, imperfecto *pasaba*, perfecto

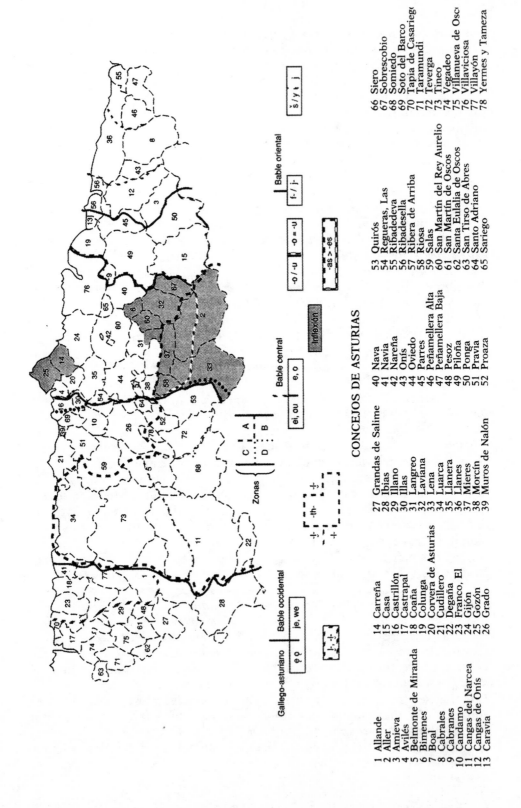

## CONCEJOS DE ASTURIAS

Zonas
$\begin{array}{c|c} C & A \\ \hline D & B \end{array}$

Gallego-asturiano | Bable occidental
ǫ ọ | je, we
-l-, -ɫ-

-ḷ-, -th-
-ḷ-
-+

Bable central
ei, ou | e, o

Inflexión

Bable oriental
f- / j̈- | š / y t j

-o / -u | -o = -u
-as > -es

1 Allande
2 Aller
3 Amieva
4 Avilés
5 Belmonte de Miranda
6 Bimenes
7 Boal
8 Cabrales
9 Cabranes
10 Candamo
11 Cangas del Narcea
12 Cangas de Onís
13 Caravia

14 Carreña
15 Casa
16 Castrillón
17 Castrapal
18 Coaña
19 Colunga
20 Corvera de Asturias
21 Cudillero
22 Degaña
23 Franco, El
24 Gijón
25 Gozón
26 Grado

27 Grandas de Salime
28 Ibias
29 Illano
30 Illas
31 Langreo
32 Laviana
33 Lena
34 Luarca
35 Llanera
36 Llanes
37 Mieres
38 Morcín
39 Muros de Nalón

40 Nava
41 Navia
42 Nareña
43 Onís
44 Oviedo
45 Parres
46 Peñamellera Alta
47 Peñamellera Baja
48 Pesoz
49 Piloña
50 Ponga
51 Pravia
52 Proaza

53 Quirós
54 Regueras, Las
55 Ribadedeva
56 Ribadesella
57 Ribera de Arriba
58 Riosa
59 Salas
60 San Martín del Rey Aurelio
61 San Martín de Oscos
62 Santa Eulalia de Oscos
63 San Tirso de Abres
64 Santo Adriano
65 Sariego

66 Siero
67 Sobrescobio
68 Somiedo
69 Soto del Barco
70 Tapia de Casariego
71 Taramundi
72 Teverga
73 Tineo
74 Vegadeo
75 Villanueva de Osc
76 Villaviciosa
77 Villayón
78 Yermes y Tameza

*pasé (~ei)*, pluscuamperfecto *pasara (~e)*, futuro *pasaré (~ei)*, potencial *pasaría*; en el subjuntivo: presente *pase*, pasado *pasara (~e)*. El perfecto *pasé* conserva los dos sentidos latinos que el castellano (y otros romances) han discernido entre la designación del pasado absoluto y la anterioridad al presente creando las formas compuestas *(he pasado): ayer~hoy nun cumí gota* 'ayer no comí nada / hoy no he comido nada'. El futuro y el potencial también señalan la posibilidad de la noción del verbo: *a estes hores tarán bien fastidiaos; al velu pensaríin lo mesmo que nosotros*. La forma *pasara~e* tiene por una parte el valor del pluscuamperfecto latino a m a u e r a m (en castellano manifestado por *había amado*): *cuando llegó ya marcharen* 'ya se habían marchado'; por otra parte, como heredero del subjuntivo latino a m a r e m (y de la confluencia de a m a u e r o y a m a u e r i m), se corresponde a los usos subjuntivos castellanos: *díjome que non volvía hasta que nun fundiera tolos cuartos*.

# GALLEGO-ASTURIANO

por Emilio Alarcos Llorach

De las isoglosas que, en dirección norte a sur, discurren en el occidente de Asturias desde la costa, y marcan límites lingüísticos, la más importante es la que deja al este la diptongación de las vocales abiertas tónicas latinas /ẹ, ọ/ y al oeste su conservación. Quedan allí separados dos sistemas vocálicos diferentes: uno reducido a tres grados de abertura y cinco fonemas (propio del leonés y demás romances centrales); otro que mantiene cuatro grados y siete fonemas (originario del gallego). Esta línea, que ya señaló Menéndez Pidal[1] como límite de gallego y leonés, corre aproximadamente por los cordales montañosos paralelos al este del río Navia (sierra de Panondres, puerto de Las Cruces, Bovia de Bullacente, La Leirosa, El Palo, Valledor, Valvaler, Valdebois y Rañadoiro),[2] partiendo primero los concejos de Navia, Villayón y Allande, y luego siguiendo los límites de Ibias con Cangas de Narcea y Degaña. Además de las zonas bajas del poniente de Navia y Villayón y el oeste de Allande, se sitúan a la izquierda de esa línea los otros concejos más occidentales del Principado, Ibias, Grandas de Salime, Santa Eulalia de Oscos, San Martín de Oscos, Pesoz, Illano, Villanueva de Oscos, Taramundi, San Tirso de Abres, Vegadeo, Castropol, Tapia de Casariego, El Franco, Boal y Coaña, y sus hablas quedan adscritas al dominio del gallego. A estas modalidades «entre el Navia y el Eo, fundamentalmente gallegas, pero con algunos rasgos asturianos», las designó Dámaso Alonso con el nombre de «gallego-asturiano».[3]

En este manual sólo importa señalar lo que incumbe a la dialectología del bloque en que el vocalismo latino se ha reducido a tres grados de abertura con cinco fonemas, esto es, las áreas de los romances leonés, castellano y navarro-aragonés. Si se incluye el estudio del gallego-asturiano se debe a la necesidad de atender a los rasgos asturianos que en él existen. Sin embargo, habrá que referirse, aunque brevemente, a sus relaciones con las hablas gallegas, puesto que —según escribió Dámaso Alonso—[4] estas ha-

1. *El dialecto leonés*, RABM, 1906, § 1.2.
2. M. Menéndez García, «Algunos límites dialectales en el occidente de Asturias», *BIDEA*, 14 (1951).
3. Dámaso Alonso, *Obras completas*, I, Madrid, Gredos, 1972, p. 391.
4. *Idem*, p. 315.

blas «están dentro del sistema lingüístico galaico, si lo miramos en una perspectiva sincrónico-diacrónica». Ya señaló Menéndez Pidal la semejanza de estas variedades con el gallego de la provincia contigua de Lugo. En efecto, si recordamos la clasificación de los dialectos gallegos hecha por Carballo Calero (gallego suroccidental, gallego noroccidental, gallego central y gallego oriental),[5] las variedades asturianas se asemejan a las orientales de Galicia, si bien presentan rasgos peculiares.

Los criterios diferenciales de Carballo Calero, utilizados después por otros estudioso de la zona asturiana,[6] son los siguientes: 1.° comportamientos varios de la -N- intervocálica latina; 2.° articulación de /s/ y distinción o confusión con /θ/, y 3.° presencia o ausencia de geada. Los dos últimos criterios no importan para el gallego-asturiano, que, de acuerdo con el gallego oriental vecino (el de Lugo), presenta /s/ apical y desconoce tanto el seseo como la geada. Sí interesa, en cambio, considerar el resultado de -N- y de -NN-, y añadir, como hace Celso Muñiz, la solución de las laterales -L- (o L-) y -LL-.

Las pequeñas zonas limítrofes en el bable occidental que no diptongan /ẹ/ ante nasal trabante no deben incluirse en el dominio gallego-asturiano, puesto que diptongan en los demás casos (igual que /ọ/). En el concejo de Navia (desde Soirana hasta el río Barayo y hasta Somorto, sin alcanzar las brañas), en el de Villayón (coincidiendo con el límite de la pérdida gallega de -N-, entre Oneta, Eirías, Villayón y Carrio, pero no las brañas) y en los de Ibias y Degaña (parroquia de Sisterna, o Lastierna) se registran *ten, tenro, quen, calente~quente, dente, tempo, formento, tamén*, etc. (frente a *piedra, fierro, mierbo, nieve, vieyo, canciella~cancietha, miel, thubietho, piértiga, tiesta, pía*, etc.).[7]

El límite oriental del gallego-asturiano está bien marcado por las isoglosas de la conservación de /ẹ ọ/ y de la pérdida de -N-, que coinciden, salvo la pequeña zona de Villayón en que esas vocales dejan de diptongar ante nasal implosiva, y la parroquia de Sisterna donde frente al mantenimiento de la nasal (*branu, ganau, chanu, vinu, thansa, thuna...*) se pierde en casos concretos (como en *úa* 'una', *algúa, búa* 'buena', *mucherúa* 'mujerona'; *camisía, vathía* 'vallina', *andulía* 'golondrina', *subría* 'sobrina', *chía* 'llena', *gathía* 'gallina'; *camíus* 'caminos', *mulíus, vecíus, calentíus; grandois* 'grandones', *furcois, curazois, sardois* 'acebos', *penois* 'peñones'; *teis* 'tienes', *tein* 'tienen', *vieu* 'vino').[8] En Villayón, la caída de la nasal debe atribuirse a difusión desde el gallego en el bable vecino; en Sisterna, la conservación de

---

5. Cfr., por ejemplo, R. Carballo Calero, *Gramática elemental del gallego común*, 3.ª ed., Vigo, 1970, pp. 38-44. También véanse de Alonso Zamora Vicente, «Geografía del seseo gallego», *Filología*, 3 (1951), Buenos Aires; «La frontera de la geada», *Hom. a F. Krüger*, I, Univ. Cuyo, Mendoza, 1952; «De geografía dialectal: -ao, -an en gallego», *NRFH*, 7 (1953); «Los grupos -uit-, -oit- en gallego moderno. Su repartición geográfica», *BF*, 21 (1963), Lisboa.

6. Por ejemplo, Celso Muñiz, *El habla del Valledor (Estudio descriptivo del gallego asturiano de Allande)*, Amsterdam, 1978, y José García García, *El habla de El Franco*, Mieres, 1983.

7. M. Menéndez García, «Algunos límites dialectales en el occidente de Asturias», *BIDEA*, 14 (1951), pp. 259-280.

8. M. Menéndez García, «Cruce de dialectos en el habla de Sisterna (Asturias)», *RDTP*, 6 (1950), pp. 355-402; Joseph A. Fernández, *El habla de Sisterna*, Madrid, 1960.

la nasal intervocálica debe considerarse influjo del bable occidental. Son cruces dialectales según mostró Menéndez García.

El límite del gallego-asturiano con el gallego oriental es mucho más difuso. Los concejos de San Tirso de Abres y de Taramundi son los más concordes con el gallego de Lugo. Ya en el este de esa provincia comienza la terminación -ín en lugar del -iño general del interior de Galicia (camín, lin, vecín, en lugar de camiño, liño, veciño), y la pérdida de la -N- después de /á/ (irmao~ermao, irmá~ermá, cais~caes 'canes'); pero es en el gallego-asturiano donde se difunde úa, ningúa, galía en lugar de las soluciones de Galicia unha, ningunha, galiña. En cuanto a la geminada -NN-, sus resultados son concordes en las tres zonas gallega, gallego-asturiana y la mayor parte de la occidental: pannu > pano, pinna > pena.

Una zona amplia queda segregada dentro del gallego-asturiano por los resultados de la L- y la -LL-. Es sabido que en el proceso de lenición que afectó a las consonantes latinas,[9] la consonante inicial se comportó como la geminada interna, que por uno u otro procedimiento se mantuvo distinta de la simple intervocálica. Así, las diferencias fonéticas de las soluciones romances no representan en realidad diferencias fonológicas, ya que persistieron las distinciones: en gallego L- y -LL- resultan /l/, mientras -L- desaparece; en el leonés, las primeras resultaron [ḷ] (o [th]) y la segunda se mantuvo. El resultado fonético apicopalatal [th] alcanza en el bable occidental una línea coincidente con la de la diptongación, salvo Piñera, en Navia (que presenta [ḷ]), la zona de Villayón que mantiene [ę] ante nasal, y Rebollo (en Allande) que aunque diptonga presenta [y] para las laterales.

En la zona del gallego-asturiano, los resultados del gallego ([l] para inicial y geminada, pérdida de la intervocálica) se sustituyen por los propios del leonés [ḷ] y /l/ respectivamente (bables oriental, central norteño y occidental A) dentro de un área delimitada por la isoglosa de /th/, con los concejos de Navia (occidente, desde Piñera), Coaña, El Franco, Tapia (hasta Cortaficio), un rincón oriental de Castropol, la mayor parte de Boal, el occidente de Villayón, el oriente de Illano y la zona centronorteña y occidental de Allande.[10] Dentro de esta zona existe yeísmo progresivo en los concejos norteños (predominante en Navia y Coaña, salvo Piñera).[11] El hecho de que entre estos resultados [ḷ] de la zona gallego-asturiana y la general leonesa se interpongan los apicopalatales [th] de las tierras altas occidentales y centrales del sur asturiano, ha hecho pensar que habría una migración desde los montes hasta la costa de hablantes con [th] que la impusieron a los que usaban [ḷ] como al este y al oeste. Así, entre el llobu y la portiella del centro (< lupu, portęlla) y los gallegos lǫbo y portęla, aparecen los occidentales thobu y purtietha, y el gallego-asturiano nororiental llobo~yobo y portèlla~portèya. Y por otra parte hay continuidad desde la mi-

9. A. Martinet, Économie des changements phonétiques, Berna, 1955, pp. 273 y ss. También E. Alarcos Llorach, Fonología española, Madrid, 4.ª ed., 1965, pp. 247-251.

10. L. Rodríguez-Castellano, «La palatalización de la L inicial en zona de habla gallega», BIDEA, 4 (1948). También M. Menéndez García, El Cuarto de los Valles, Oviedo, 1963, pp. 121 y ss. y mapa.

11. J. García, El habla de El Franco, Mieres, 1983, pp. 90-91.

tad de Tapia de Casariego hacia oriente de la conservación de -L-: *colo-bra > *culòbra, culuebra, culebra*; mola > *mòla, muela*, frente a los otros concejos occidentales que presentan los resultados gallegos: *còbra, mòa*. De todos modos, la caída de -L- en el gallego-asturiano es menos frecuente que en gallego.[12]

No hay que confundir el yeísmo procedente de L- o -LL-, con el que, a través de [ʎ] mantenida en gallego, afecta a los resultados de /l + yod/ o /yod + l/. En parte del gallego-asturiano se mantiene todavía [ʎ]: en San Tirso de Abres, Taramundi, y Oscos *fillo, vidalla, célla, verilla, alléo* (< filiu, uitalia, cilia, uirilia, alienu), pero domina el yeísmo ya en San Martín y en los demás concejos: *òyo* < oculu, *aguya* < acucula, *abéya* < apicula, *vèyo* < uetulu, *fiyo* < filiu, *bidayas* < uitalia, etc. «Todo esto hace pensar que el yeísmo no es muy antiguo», señala Dámaso Alonso, y añade: «Parece venir del E.»[13]

En los demás aspectos fonéticos, el gallego-asturiano comparte los resultados del bable occidental comunes con el gallego general. Así, la palatal sorda de iungere > *xuncir*, generu > *xènro*, genista > *xiesta~xestra*, iocu > *xògo*, iactu > *xèito*, etc., que atrae a algunas /s/: seperare > *xebrar*, surdu > *xordo* (con la consabida pérdida en germanu > *ermao~irmao*); la fusión de los grupos tipo PL: pluuia > *chuvia*, plicare > *chegar*, clauicula > *chaviya*, flagrare > *cheirar*, amplu > *ancho*, pestulu > *pècho*, sarculare > *sachar*; el resultado de /m'n/: homine > *òme*, femina > *féma*; el mantenimiento de los diptongos crecientes: tructa > *truita*, lacte > *lléite~léite*, tractu > *tréito*, cultellu > *cuitèlo*, saxu > *séixo*, coxu > *cóxo*, etc.

Señalemos ciertas particularidades de la morfología del gallego-asturiano. El artículo se aparta del gallego general porque presenta una forma 'neutra' *lo* (*lo que quèras; lo ~ el ancho da mesa*), y utiliza para el masculino singular *el* (en lugar de *o: el lunes*, plural *os ~ us lunes*), que también aparece ante femenino empezado por vocal (*el augua limpia, el arca vèya, el èira ancha, el outra*; plural *as auguas*, etc.). En los pronombres personales hay que destacar la perduración de *you* < ego del bable occidental más allá de la isoglosa de la diptongación, en particular en los concejos de Navia y Villayón. En el resto del gallego-asturiano ya aparece la forma gallega *èo~èu*. Entre las otras formas tónicas, en las zonas con [ʎ], hay *ella, ellos, ellas* (frente a *éla, élos, élas*). Nunca hay *eles* como en gallego, ni tampoco *estes, eses, aqueles*, sino *éstos, ésos, aquélos*. En la primera persona tónica preposicional hay la forma general *mim*. No se usa *ti* como sujeto. Entre las formas átonas, hay que notar el uso de *lo, los, la, las* frente a las gallegas *o, os, a, as: que lo velase, desque lo víu, que lus matase, lus sinten*, o bien con alternancias: *as levan / tirábalas, levoulas, traballua, púxua*, etc. En función de complemento indirecto se usa *che* como en gallego para la segunda persona. En esa función, para la tercera, en lugar de *lle, lles*, se registran

---

12. Dice Dámaso Alonso: «En el gallego-asturiano se puede decir que la -l- se pierde menos según se aleja uno de la frontera política gallega» (*op. cit.*, p. 329).
13. D. Alonso, *O.C.*, I, pp. 497, 369 n.° 29. También J. García, *op. cit.*, pp. 103-104 y 108.

*ye, yes.* Hay asimilaciones varias como en gallego: *nun.o soupo* 'no lo supo', *com.us capan, trouxèron.os* 'los trajeron', *poñèron.a, dentan.as* 'las muerden', etc. Se presentan fusiones de formas átonas: *dèuma* 'diómela', *quítenya* 'quitésela', *traballoucha* 'trabajótela', *dexaimoschas* 'dejámostelas', *nun yas vendo* 'no se las vendo', etc.

En la morfología verbal debe notarse la nasal paragógica de la persona primera de todos los perfectos fuertes y en los de las conjugaciones -*er* e -*ir*: *dixen* 'dije', *puxen* 'puse', *fun~fuin* 'fui', *salín* 'salí', *auguín~ouguín* 'oí', *corrín* 'corrí'. La desinencia de la segunda persona singular de los perfectos, lat -STI, resulta *che* como en gallego: *chamache, comiche, saliche, fuche, houbiche.* Los gerundios de la segunda y tercera conjugación se diferencian: *corrèndo, salindo.* También se usa el infinitivo personal cuando el agente no coincide con la persona sujeto del verbo principal: *irèi buscarvos pra véremos xuntos el pueblo* 'iré a buscaros para que veamos juntos el pueblo'; *de recoyéredes entrus dous el hèrba, è fácil que nun vola piye.l augua* 'si recogéis entre los dos la hierba, es fácil que no os la coja el agua', *è hora d'erguérense* 'es hora de que se levanten'.[14] Por último, citemos algunas formas verbales discrepantes de las gallegas: *vèron* (por gal. *viñeron* 'vinieron'), *tía* (por *tiña* 'tenía'), *vían* (por *viñan* 'venían'), *vèse* (por *viñese* 'viniese'), *téis, téin, véin* (por *teñes, teñen, veñen* 'tienes, tienen, vienen').[15]

---

14.  J. García, *op. cit.*, p. 214.
15.  Véase Dámaso Alonso, *O.C.*, I, p. 499.

# LEONÉS[1]

por Julio Borrego Nieto

## Las hablas leonesas: situación geográfica y sociolingüística

Es el objeto de este capítulo dar cuenta del estado de las hablas llamadas «leonesas» en las provincias de León, Zamora y Salamanca. Tal acotamiento geográfico no debe hacer olvidar el hecho de que los restos del viejo complejo dialectal que aquí perviven son prolongación de los que con más coherencia se hablan todavía en Asturias, y a su vez enlazan con los muy escasos que se rastrean en las provincias limítrofes de Palencia y Valladolid —fruto de la mayor extensión que tuvo en un principio el reino de Léon—, con los que la reconquista difundió por el sur —occidente de Extremadura y de Andalucía fundamentalmente—, y con los que los colonizadores occidentales llevaron a Canarias e Hispanoamérica.

Pero si es cierto que las «hablas leonesas» rebasan los límites de las tres provincias, también lo es que no llegan a abarcar todo su territorio. Como veremos después con más detalle, sólo en la parte más occidental de León y el noroeste de Zamora el dialecto mantiene una cierta coherencia de código distinto, al menos en determinados hablantes; más al sur, el oeste zamorano conserva restos abundantes, que se siguen percibiendo, aunque mermados, en la parte noroccidental de Salamanca, y en las sierras meridionales de esta misma provincia.

Por el oeste los límites coinciden con los de Galicia y Portugal, pero sólo en líneas generales. En los confines occidentales de León y de Sanabria los rasgos leoneses propios de la zona se van gradualmente mezclando con los gallegos hasta que éstos llegan a predominar. Por lo que se refiere a León, predominan ya claramente en Los Ancares; en El Bierzo se viene considerando zona de transición la que corresponde al partido de Villafranca, entre el Cúa y el Sil. En efecto, estudios sobre la

1. Me han proporcionado datos para este trabajo, ayuda para conseguirlos o algún tipo de apoyo material o intelectual don Manuel Alvar, Amalia Pedrero, Pilar García Mouton, Luis Santos, Juan Carlos González Ferrero, Carmen Fernández Juncal y David García López. D. Antonio Llorente Maldonado, que debió ser, en realidad, el autor de este capítulo, prácticamente lo es, dada la medida en que he abusado de sus materiales, su colaboración y sus saberes. A todos ellos, gracias.

zona[2] demuestran que incluso para un mismo fonema latino se dan los dos tipos de soluciones: diptongación y no diptongación para las vocales breves, resultados palatales y no palatales tanto para L- y N- como para -LL- y -NN-, mantenimiento, pero también caída, de -L- y -N- intervocálicas, etc. La situación podría resumirse simbólicamente en el diminutivo predominante, que es -ín en el singular, pero -iños en el plural.

En la provincia de Zamora la «mezcla de dialectos»[3] afecta al oeste de Sanabria, aunque aquí además del gallego y el leonés están implicados los dialectos portugueses de Tras-os-Montes, alguno con rasgos peculiares, incluso de tipo leonés. En Salamanca, el pueblo fronterizo de Alamedilla tiene por lengua el portugués.

Hablado en zonas tradicionalmente aisladas y deprimidas, el dialecto carece del *prestigio* necesario para ser mantenido como signo de identidad social, lo que explica su descomposición. Los hablantes más capaces de acceder a la norma, principalmente por medio de la instrucción escolar, comienzan a abandonarlo. Pero como su falta de normalización y fijación hace que resulte difícil percibirlo como un código distinto, la sustitución suele hacerse término a término, empezando por los más extendidos en la lengua general y terminando por los más específicos de la zona (aperos, herramientas, plantas, labores...), vivero típico de recolección para el dialectólogo. Este sector léxico seguirá siendo usado por toda clase de hablantes, pero en los demás sectores el vocabulario patrimonial se diversifica y comienza a aparecer con frecuencia desigual según el usuario o el tipo de situación. Es más, una parte creciente de este vocabulario acaba marcada por estereotipos negativos y reducida, para los hablantes más innovadores, a situaciones y empleos jocosos *(jaronismo)*, lo que constituye el preludio de su desaparición.

Ante tal situación, lo típico es que en las comunidades en que el dialecto muestra aún huellas abundantes haya tres tipos de hablantes: *a)* Aquellos en que predomina claramente la variedad prestigiosa que llega del exterior (y que en muchas facetas no coincide con la académica, sino con la que marcan los medios de comunicación, los núcleos urbanos, las zonas económica y socialmente florecientes). En este grupo predominan los jóvenes, pero no simplemente por serlo sino porque tienen mayor acceso a esa norma exterior. *b)* En el polo opuesto, aquellos otros en que los restos del dialecto son más evidentes, es decir, los informantes mimados por los dialectólogos tradicionales: ancianos, analfabetos y poco viajados. En realidad, cualquier hablante de cualquier sexo y edad, confinado en la comunidad y sin estudios. *c)* Por último, el grupo más numeroso, el usuario medio más o menos familiarizado, según los casos, con las dos variedades. Es el que posee mayor *flexibilidad estilística*, es decir, mayor capacidad para cambiar de registro si lo exigen el interlocutor o la situación. Si ha de usar

---

2. Véase M. Gutiérrez Tuñón, «Apuntes dialectales sobre El Bierzo», *RDTP*, XXXVII, 1982, 129-136; *Leonés, gallego y asturiano en la zona de Villafranca del Bierzo* (resumen de tesis doctoral), Oviedo, Universidad de Oviedo, 1975.

3. El título corresponde a un trabajo clásico de F. Krüger, publicado en el *Homenaje a Menéndez Pidal*, II, Madrid, Lib. Hernando, 1925, 121-166.

el léxico local ante extraños se distancia de él añadiendo precisiones del tipo «como dicen aquí», «como decían antes», «eso ya se usa poco». Es también el hablante más proclive a las *ultracorrecciones*.

Mientras en las comarcas donde la degradación ha avanzado poco se percibe el dialecto como un código unitario y distinto, e incluso suele dársele un nombre (*pasûezu* en Babia y Laciana, *pachuecu* en San Ciprián de Sanabria, *charro* en la zona de Villafranca del Bierzo), en las otras el hablante cree estar usando un castellano deformado y no una variedad distinta. En todo caso, la incorrección con la que habla la considerará siempre mayor que la de otro núcleo que perciba como socialmente más prestigioso, y menor que las de aquellos que considere iguales o inferiores al suyo.

A la vista de la breve panorámica anterior cabe preguntarse cómo es que aún no se ha consumado la muerte de los dialectos, que viene profetizándose al menos desde los trabajos de principios de siglo. Sin duda porque las personas hablan entre ellas de modo muy distinto a como lo hacen con el encuestador, y actúan así porque el uso lingüístico bascula entre dos polos igualmente poderosos: por un lado el del *prestigio*, el que lleva al avance social, el que los dialectos tienen en su contra; pero por otro el de la *solidaridad*, el que empuja a una persona a usar, dentro de su comunidad, las formas que le son propias y que no están marcadas negativamente. Sabe que los que lo hacen de otro modo se pasan al extremo contrario, el de «los finos», «los cursis», «los señoritos», y que son implacablemente censurados por sus paisanos.

## Áreas dialectales

Las circunstancias históricas por un lado —los rasgos dialectales, ya desde sus orígenes, no se extendieron uniformemente por todo el ámbito estudiado— y el proceso que acabo de exponer por otro, hacen que, por lo que respecta a la conservación de los rasgos leoneses en León, Zamora y Salamanca, podamos distinguir las siguientes zonas (véase mapa):

### Zona 1

Comprende la parte más occidental de León y Zamora, si excluimos aquellas áreas ya mencionadas en que los rasgos gallegos dominan o se mezclan con los leoneses. Es decir, la zona 1 la constituyen en León las comarcas de Babia y Laciana, quizá parte de Luna y parte de Los Argüellos, Bierzo oriental y la Cabrera; en Zamora, la Sanabria no gallega.[4] Se trata de la zona más dialectal y, es, por tanto, en ella donde los rasgos tradicionalmente tenidos por leoneses ofrecen mayor *amplitud* (es decir afectan a

4. El dialecto va perdiendo intensidad —y ello quedará claro a lo largo de todo el capítulo— de oeste a este, pero también de norte a sur, de modo que las áreas de León que se atribuyen a cada zona son habitualmente más arcaizantes que sus homólogas zamoranas o salmantinas. Téngase en cuenta en adelante.

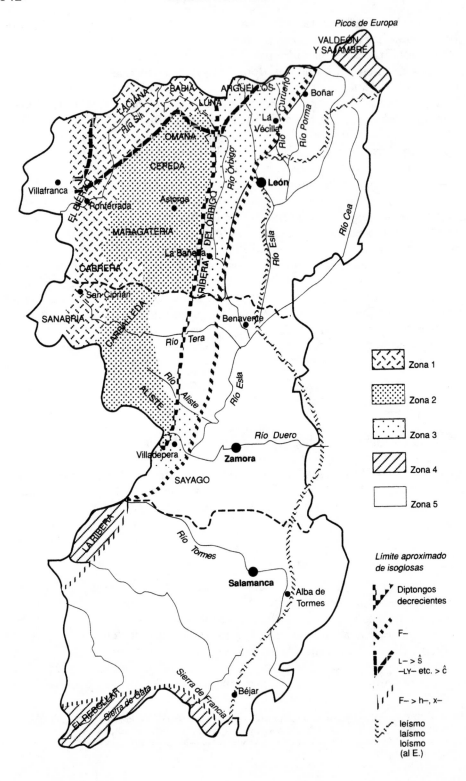

mayor número de palabras) y *vitalidad* (esto es, son empleados por mayor número de hablantes), hasta el punto de que el dialecto se percibe como un código distinto, capaz de alternar con el castellano en una especie de juego diglósico. Tales rasgos son básicamente los siguientes:[5]

A) *Vocalismo*

• Diptongación de Ĕ, ŏ breves latinas, y ello incluso: *a*) ante yod: *fueya* 'hoja', *güeyo, güecho* 'ojo', *nueite* 'noche', *güey,* 'hoy', *tiengo,* etc.; *b*) en determinadas formas del verbo *ser: ye, yes, yéramus, yeran; c*) en la conjunción copulativa ĔT, casi siempre bajo la forma *ya.*[6]

• Los diptongos pueden mantener, si bien en muy escasa medida, la inestabilidad de su segunda vocal, que el castellano resolvió con prontitud. De modo que aún parecen quedar determinadas voces con soluciones *wa, ja,* y, sobre todo, *wo, wö.* No sería descabellado, quizá, relacionar el fenómeno con el acusado relieve que en todo el dominio presenta la sílaba tónica y que desdibuja el timbre de las átonas circundantes, incluidas las finales. Es verdad que en estos diptongos el acento recae en la vocal más abierta, pero no parece casualidad la frecuencia con que en la zona 1 que ahora tratamos y en otras limítrofes se han descrito dislocaciones acentuales del tipo *pía* 'pie', *díaz* 'diez', *lúegu, núez,* etc.

• Mantenimiento de *-ie-* ante *l* (o sonido palatal resultante de éste: véase más abajo) y *s: amariella, oriella, custiellas, riestra, priesa.*

• Conservación, con bastante sistematicidad, de los diptongos decrecientes *ou* y —con mayor amplitud y vitalidad— *ei: cousa, pouco, toupo, outro, cantóu, queiso, eije, cantéi,* sufijo *-eiro,* etc.

• Cierre de las vocales finales, fenómeno que alcanza a todo el dominio, pero de modo desigual según las zonas y el tipo de vocal de que se trate. La velar *-o* llega con frecuencia a *-u* más o menos cerrada, pero el cierre afecta mucho menos a *-e,* que sólo en áreas muy restringidas —y no, desde luego en la que ahora nos ocupa— experimenta con amplitud destacable el paso a *-i;* por lo que respecta a *-a,* resulta la vocal más estable, pero no se muestra ajena del todo al fenómeno: Krüger señaló —bien que hace ya demasiados años— cómo en San Ciprián de Sanabria era sistemático el paso *-as, -an > -es, -en,* lo mismo que en el centro de Asturias, y un marcado carácter palatal de *-a* final, con tendencia, por tanto, a convertirse en *-e,* ha sido detectado por ejemplo en la zona de Villafranca del Bierzo, Andiñuela, Ribera del Órbigo, Sayago o El Rebollar salmantino.[7]

5.  Para su exposición tengo en cuenta los trabajos clásicos de Álvarez Fernández, Casado Lobato, Krüger, García del Castillo, etc., pero también otros más recientes, entre los que se encuentran las encuestas (inéditas) para el *Atlas Lingüístico de España y Portugal (ALEP),* dirigido por don Manuel Alvar.

6.  La diptongación de la conjunción parece no extenderse a toda la zona: falta, por ejemplo, en La Cabrera y en Sanabria.

7.  Cfr. Gutiérrez Tuñón, «Apuntes...», nota 9; Gregorio Salvador, «Encuesta en Andiñuela», *Archivum,* XV, 1965, p. 210; L. C. Nuevo Cuervo, *Investigación Sociolingüística del Léxico de la Ribera del Órbigo,* Universidad de Salamanca, tesis doctoral (ejemplar mecanografiado y en microfichas), 1991, p. 731; A. Iglesias Ovejero, *El habla de El Rebollar,* Salamanca, Diputación Provincial y Universidad, 1982, p. 47.

Conviene advertir que el cierre de la vocal final es un fenómeno fonético vivo y que por ello se da de forma inestable incluso en las diversas ocasiones en que un mismo hablante pronuncia una misma palabra, si bien aparece más fijado en entornos fonéticos favorables, como la terminación -au < -ado o la presencia de una [í] o una [j] anterior (rocíu, hurriu).

• En relación con el fenómeno anterior y, seguramente, con el especial relieve de la tónica a que ya se ha aludido, está la inestabilidad de las vocales átonas no finales, que también trasciende ampliamente a la zona ahora estudiada. La inestabilidad se manifiesta sobre todo en forma de cierre, y afecta más a la -o que al resto de las vocales, pero no faltan casos en que la tendencia es la contraria y la vocal se abre, y ello a veces de forma oscilante en una misma palabra y un mismo individuo.

• Conservación de -e final tras consonantes (como l, r, d) que en castellano han propiciado la pérdida de la vocal: muyeri, zagale, árbole, trébole, rede, parede, sede.[8] Más paragógica que etimológica es la que se produce como fenómeno fonético habitual detrás de la -r de los infinitivos: partire, cumere, caminare. Estos infinitivos, en cambio, omiten no sólo la -e sino también la -r delante de los clíticos: sentáse, partílo, coméla.

• Epéntesis de yod en la terminación: blandiu, urnia, grancia, bracio, etcétera.

B) Consonantismo

• Conservación muy intensa de F- inicial: fornu, facer, fullín, fígado, fuecha 'hoja', etc.

• Palatalización de L- inicial latina. En virtud de este rasgo, la que hemos llamado zona 1 se divide en dos subzonas perfectamente diferenciadas: a) la primera tiene por centro las comarcas de Babia y Laciana, pero se prolonga hacia el oeste por el Bierzo, y hacia el este, a lo largo de la cordillera hasta abarcar, al menos en parte, Luna y Los Argüellos, y también el norte de la Omaña (véase mapa). Aquí la L- inicial ha desembocado en una africada, descrita en un primer momento como ŝ y extendida también a los casos de -LL-, de modo que se dice tanto ŝadrón, ŝaguna, ŝana 'lana', como gaŝina, oŝa. La ŝ se mantiene todavía separada de otra africada, la ĉ (procedente principalmente de PL-, PL-, FL- como en chuvia, o de -LY-, -C'L-, G'L- como en viecho), según muestran las recientes encuestas del ALEP. b) El resto de la zona 1 también unifica los resultados de L- inicial y de -LL-, pero ahora en ḷ: ḷḷagarto, ḷḷino, ḷḷuna, gaḷḷina, oḷḷa.

• La palatalización de N- (ñabo, ñata, ñarices) ha sido siempre considerada de forma paralela a la anterior, pero su valor como índice dialectal es más débil:[9] no deja de ser significativo que las zonas más dialectales,

_____

8. Parece que la conservación es particularmente resistente cuando la tónica es é y la final es d: de ahí la frecuencia con que se repiten en todos los trabajos ejemplos como rede, parede, sede.

9. Cierto que no faltan ejemplos en gran parte del territorio considerado leonés, pero varios de ellos son vulgarismos generales (ñuca), falsas creaciones literias (nunca se ha documentado, que yo sepa, en el habla viva sayaguesa o salmantina el ño de los autores del XVI) o evoluciones explicables por otros caminos (ñal < nial < n i d a l e).

como la que ahora nos ocupa, ilustren parcamente el fenómeno (así, no parece darse en Babia y Laciana).

• PL-, KL-, FL- > ĉ (ĉano, ĉamar, ĉama). Una segunda solución (propia de los casos que en castellano no se convirtieron en ḷ- y extendida a todos los grupos de cons. + l, incluso en interior de palabra) es pr-, br-, fr-, etc.: pranta, igresia, nebrina, cravo, etc.

• Existencia de un sonido [š] de diversos orígenes (J-, G+ᵉ ⁱ, -KS-, -SS-, -SC-). Con frecuencia genera una semiconsonante palatal más o menos perceptible: šjabón, šjelu. Muy de vez en cuando se rastrea aún la variante sonora [ž].

• -NN-, -MN- > -n-: anu, pena, escano. La simplificación no abarca a toda la zona (sí se da en Babia y Laciana). Cuando el grupo es de origen romance tras la caída de una postónica (M'N) la solución es -m-: llume, fame, home.

• Conservación de -MB-: llamber, palomba, ŝombu.

• -LY-, -C'L-, -G'L- producen resultados palatales diversos que, una vez más, obligan a distinguir varias subzonas: a) La que tiene como centro a Babia y Laciana conoce ĉ, consonante todavía distinta de la ŝ procedente de -LL-: aguĉa, navaĉa, abeiĉa; b) en La Cabrera es y la solución predominante: aguya, navaya, abeya; c) En el Bierzo y Sanabria y no es desconocida, si bien se mantiene viva la solución ḷ, que parece la más primitiva: muller, fillo, viella.

• -KT-, -ULT- se mantienen preferentemente en la etapa arcaica it, con algún ejemplo de la posterior iĉ: feito, ŝeite, truita, peiĉu, proveiĉu.

• Conversión en l de la primera de las dos consonantes oclusivas que quedan en contacto por pérdida de una vocal átona: trelde, caldal, julgar. Si bien es verdad que los ejemplos son abundantes en los textos antiguos, en la actualidad se repiten en escaso número y siempre los mismos por todo el dominio.[10]

• Por lo que respecta a las consonantes finales de sílaba y/o de palabra, lo normal es que: a) la -n final absoluta y final de palabra ante vocal sea marcadamente velar; b) La -d final de palabra que no conserva detrás la -e etimológica se pierda o se articule como [Θ]; c) los archifonemas /B, D, G/ del castellano culto experimenten transformaciones diversas: pérdida o vocalización en las voces patrimoniales y conversión en otra consonante, casi siempre [Θ], en los cultismos de importación.

C) Fenómenos morfológicos

• Son habituales los cambios de género en una serie de sustantivos (miel, sal, coz, ubre), de los cuales los que forman serie más sistemática son los nombres de árboles frutales. Lo tradicional es que muestren el sufijo -al (guindal, manzanal, cereisal, castañal) y que tengan género femenino,

---

10. De hecho en Babia y Laciana, quizá el enclave más arcaizante, sólo se menciona pielga. Tampoco hay, para la zona, otros testimonios vivos ni en las obras consultadas ni en las encuestas del ALEP.

aunque la vacilación es intensa y el masculino parece predominar en Babia, Laciana y La Cabrera.

• Por lo que respecta a los diminutivos, *-ín* parece el dominante en la zona, que se muestra menos uniforme en relación con los otros sufijos. En el norte, por ejemplo, llama la atención la vitalidad de *-uco*, con frecuencia teñido de matices despectivos; *-ico*, en cambio, no tiene la vigencia que adquiere más al sur, en zonas menos dialectales y, pese a ser tan habitual en Zamora, carece de uso intenso en Sanabria.

• Por lo que respecta a determinantes y cuantificadores,[11] cabe señalar: *a*) Determinadas formas del artículo, algunas de ellas coincidentes con las gallegas *(o, a)* y otras con el antiguo leonés *(lo* masculino, hoy muy poco frecuente). En contacto con las preposiciones *con, por, en* experimenta contracciones diversas: *nu, na, cunu, cuna, pol, pola. b*) El posesivo muestra en la zona un destacado polimorfismo, si bien algunas formas como *tou, sou* se detectan con insistencia en lugares diversos. Cabe destacar también la distinción, languideciente en general pero conservada en varios puntos, entre masculino y femenino incluso en posición prenuclear: *la mía muyer* (Nogar, en La Cabrera),[12] *la mía mucher* (Torrebarrio, Babia). *c*) Está aún vivo en la zona el uso del femenino para el numeral *dos: dúas* (Nogar, en La Cabrera; Fabero, en El Bierzo, [*dwés*], Palacios del Sil). En cualquier forma y posición los posesivos son tónicos.

• También en los pronombres personales se da un cierto polimorfismo. Además de las variaciones originadas por las causas fonéticas habituales (así el dativo es *ye, lle* en unos puntos, *ŝe* en otros, y no falta del todo *i*), conviene señalar la persistencia de *nos, vos* como formas tónicas y la extensión y vigencia que aún conserva *you* 'yo' y, lógicamente, *vos* 'os'.

• El conjunto de los verbos regulares e irregulares ofrece tantas particularidades comarcales y locales que conviene ceñirse a los rasgos que se extiendan de modo más uniforme por toda la zona estudiada. He aquí algunos: *a*) Pérdida de *-e* en la persona ÉL del presente de indicativo tras líquidas, nasales o Θ: *tien, vien, suel, quier, diz, plaz*, etc. *b*) Conservación de la *-d-* en la desinencia de la persona VOS en varios tiempos verbales: *facedes, tenedes, entrásedes*, etc. *c*) En la persona VOS de imperativo, alternancia de formas en *-de (cantade, traede, venide)* con las variantes en que cae la consonante intervocálica: *cantái, traéi, vení*.

• Mención especial merecen las desinencias del perfecto simple. Los fenómenos fonéticos y analógicos actúan tan intensamente que el paradigma dialectal más puro se aleja del castellano en casi todas las personas de las tres conjugaciones. Las variantes polimórficas —muchas de ellas debidas a los grados diversos de cierre de las vocales finales— giran en torno a un modelo que, aunque quizá no aparezca tal cual en ninguna de las localidades de la zona, parece punto válido de referencia:

---

11.   Lógicamente en éste, como en muchos de los apartados que siguen, se impone una drástica selección, que no tendrá en cuenta, por ejemplo, las divergencias con el castellano que resulten de las tendencias fonéticas de la zona.

12.   Los datos sobre este pueblo y los otros que se mencionan a continuación proceden de las encuestas del *ALEP*.

-AR: *cantéi (cantái), canteste (canteisti), cantóu, cantemos (canteimos), cantes-*
*tes (cantestis, canteistis), cantanon (cantoron, cantonen, cantón).* / -ER: *comí,*
*comiste (comieste), comíu (coméu, comíeu, comiéu), comimos, comistes (co-*
*mistis), comienun (comioron, comionen).* / -IR: paradigma paralelo al de -ER
salvo en la persona ÉL, que puede ser distinta, en un mismo lugar, para la 2.ª
y para la 3.ª conjugación: *comíeu / partíu, coméu / partíu.*[13]

El tratamiento escaso y asistemático que viene dándose —con alguna
excepción— a la sintaxis en los trabajos dialectales tradicionales se presta
mal a la distribución por áreas que estoy intentando para el resto de los fenómenos. Por ello, salvo en algún caso que se justificará en su momento,
los rasgos sintácticos serán expuestos de forma conjunta al final del capítulo.

## ZONA 2

En León abarca aproximadamente las comarcas intermedias entre la
zona anterior y la Ribera del Órbigo (Maragatería, Cepeda, Omaña...). En
Zamora, la comarca de La Carballeda —con la subcomarca de La Reque-
jada— y Aliste, con al menos parte de las tierras colindantes (Alba y Tába-
ra). Esta zona se caracteriza: *a)* Principalmente por un desdibujamiento y
una desaparición progresiva, mayor cuanto más avanzamos hacia el este,
de los rasgos que aún se mostraban vivos en la zona anterior. El carácter
gradual y negativo de esta característica explica lo difusos que necesariamente han de resultar los límites. La desaparición de rasgos sigue el proceso ya descrito en la introducción: lexicalización del fenómeno y reclusión
de los términos que lo muestran en determinadas parcelas conceptuales
(pérdida de *amplitud*), en determinados hablantes y en determinados contextos (pérdida de *vitalidad*). *b)* Muy en segundo lugar, por la aparición de
algún rasgo no descrito en la zona anterior.
   Aunque el proceso de deterioro afecta a casi todos los fenómenos, la
pérdida de amplitud y vitalidad es especialmente notoria en los siguientes:[14]

   A) *Vocalismo:* Han desaparecido prácticamente los diptongos *wo, wa,*
*ja* procedentes de Ĕ, Ŏ breves latinas, la diptongación ante yod y la que afec-

---

13. Las encuestas del *ALEP* parecen mostrar que lo normal es la unificación en *-íu: salíu, vol-*
*víu.* No obstante, en Nogar (Cabrera), por ejemplo, se recogen *volvéu, salíu.* No son propias del área las
formas fuertes *vinon, pudon, tuvon,* que más adelante volveré a mencionar, ni la *-s* en la persona TÚ.
14. Tengo muy en cuenta, para la redacción de la lista que sigue, trabajos clásicos (Alonso Garrote, Baz, etc.) y recientes. Entre éstos destacan: la tesis, inédita, de Ana M.ª de La Fuente García,
*Contribución al estudio del habla de la Cepeda Baja (León),* Universidad de León, 1995; las memorias
de licenciatura, presentadas en la Universidad de Salamanca, de L. Santos Río, «Aproximación sociolingüística al habla de Sarracín de Aliste», 1973 (inédita), y J. C. González Ferrero, «Esbozo de un estudio lingüístico de una comunidad alistana (Flores de Aliste)», 1984, parcialmente publicada bajo el
título *Sociolingüística y variación dialectal. Estudio del habla de Flores de Aliste,* Zamora, Inst. de Estudios Zamoranos, 1986; el artículo de A. Llorente, «Las hablas vivas de Zamora y Salamanca en la
actualidad», en M. Alvar, *Lenguas peninsulares y proyección hispánica,* Madrid, Fundación Ebert,
1986, pp. 107-131; por último, los datos extraídos de las encuestas del *ALEP* y los proporcionados,
para La Carballeda, por David García López.

taba a las formas del verbo *ser* y a la conjunción copulativa. Los diptongos decrecientes pierden claramente vigencia, sobre todo los velares, aunque aún se consiguen fácilmente ejemplos, incluso en voces de uso normal.

B) *Consonantismo:* En esta área faltan totalmente las soluciones africadas para L- inicial (y, claro está, para -LL- y -LY-, -C'L-, etc.). La solución *l̦* sí cuenta con ejemplos, aunque ya hay que rastrearlos y tienden a refugiarse en el léxico más técnico. Apenas queda algún caso suelto de PL-, etc. > ĉ (aunque sí muchos de conversión de la *l* en *r*, como en *cravo, igresia*, etc.), de NN, MN > n, de M'N > m, del sonido *š*. -LY-, -C'L-, etc., ofrecen todavía con cierta profusión resultados *y*, pero muy pocas veces *l̦*. -KT-, -ULT- muestran soluciones castellanas, sin que apenas aparezcan casos ni de *it* ni del paso intermedio *iĉ*, típico de la zona, según las descripciones clásicas.

C) *Morfología:* Las formas del artículo se corresponden ya con las castellanas, y sólo hay que señalar la vigencia de contracciones como *nel, pol, col* y mucho más raramente, si es que aún persiste,[15] *nu, na*. Hay una fuerte tendencia a eliminar las formas de los posesivos que no coinciden con las estándar, aunque aún se oyen esporádicamente (por ejemplo en La Cepeda), y lo mismo ocurre con la diferenciación de género en posición prenuclear (aunque aún en La Carballeda *la mía casa, el mío coche*). Apenas se rastrean ya el femenino de *dos*, las formas *nos* y *vos* como tónicas, *you* por *yo*, y, en la parte zamorana de la zona, el diminutivo *-uco*.

Por lo que respecta al verbo, son reliquias las desinencias *-de* en el imperativo y *-des* en otros tiempos; las formas *cantóu* y *canteimos* tienen aún vigencia en la parte leonesa de la zona e incluso en La Carballeda, pero apenas en Aliste; no se da la distinción, para la persona ÉL, entre la 2.ª y 3.ª conjugación, que el registro dialectal uniforma (generalmente en *-íu*);[16] la persona ELLOS de perfecto simple sigue presentando formas analógicas diversas, algunas ligeramente distintas de las vistas arriba: *-orun* (Cepeda, Carballeda), *-onen* (Aliste, Carballeda), *-oren, -ón* (Aliste), pero se encuentran en situación precaria y en general fuertemente estigmatizadas.

Por lo que respecta a la segunda característica, esto es, los rasgos que no aparecen con intensidad o no han sido descritos para la zona 1, resulta curioso comprobar cómo los fenómenos dialectales languidecientes no siempre son sustituidos por los normativos; a menudo los que penetran son otros de tipo vulgar —dando a este término un sentido técnico y no valorativo— ampliamente extendidos o pertenecientes a la norma regional no estrictamente dialectal. En el área que nos ocupa podría mencionarse, por ejemplo, la notable tendencia antihiática que, tenida tópicamente por aragonesa, parece sin embargo que se da con fuerza en todas las hablas populares y, desde luego, en las occidentales.[17] En relación con este fenóme-

---

15. La recoge G. Salvador en Andiñuela, pero en 1965 (véase artículo citado, p. 225).

16. En Aliste llegaron a confluir en *-óu* las tres conjugaciones (*cantóu, cayóu, durmióu*), pero ya se ha señalado el poco uso actual de esta desinencia.

17. Pero no en las propiamente dialectales, cuya tendencia a acentuar los dipongos en la vocal más cerrada, creando así un hiato, ya he comentado.

no cabe destacar: *a*) La notable proporción de verbos terminados en *-iar*, una de cuyas fuentes más importantes —aunque desde luego no la única— es el paso *-ear* > *-iar*. Estos verbos, que inundarán progresivamente el dominio cuanto más nos vayamos hacia el sur, combinan el cierre de su vocal con la retrotracción del acento en todas aquellas formas de la conjugación en que sea necesario para deshacer el hiato [el acento es fonético, no gráfico]: *bèrria, còcia, vàrias* 'vareas', *golòsias* 'goloseas', etc. *b*) La tendencia creciente a convertir las desinencias en *-ía* del imperfecto y el condicional en desinencias en *-iá* (con palatalización más o menos intensa de *a*, que puede desembocar en *e*): *cumiá, tinié, cumirié*. La tendencia se manifiesta poco en la parte leonesa de esta zona 2, pero mucho más en la zamorana. *c*) El procedimiento de la consonante antihiática es esporádico salvo en Aliste, donde la aparición de *y* en las terminaciones *-ío/íu, -ía* ofrece numerosos ejemplos: *cayida, criya, criyado, ideya, judiyo*, etc., etc.

Pero hay otros rasgos que también pueden adscribirse a normas más ampliamente regionales y no estrictamente dialectales. Como ya ocurría con alguno de los anteriores, tienden a aparecer más donde más se debilita el dialecto, es decir, más en Zamora que en León. Es el caso del sufijo diminutivo *-ico*, que se va introduciendo con fuerza en el campo de *-ín*, hasta desplazarlo ya del primer lugar en La Carballeda y probablemente en Aliste; de los archifonemas /B,D,G/, cuya tendencia a convertirse en Θ se acentúa; e igualmente de los perfectos fuertes *dijon, vinon, trajon, estuvon*, desconocidos al parecer en la parte de la zona que ocupa la provincia de León pero habituales en la que penetra en Zamora.

Más carácter dialectal tiene un fenómeno hasta ahora no mencionado y que reviste un notable interes: se trata del cambio al masculino para indicar la poca calidad de un referente o el poco aprecio que por él siente el hablante. El fenómeno probablemente se extienda por todo el dominio, pero son los trabajos referidos a Aliste y otras comarcas más meridionales los que aluden a él *como procedimiento sistemático y vivo en todo tipo de hablantes* y no como mero recurso fosilizado de creación léxica. Se usa, en efecto, para seres animados o inanimados *(chaqueto, patato, gallino, mujerato)* y para realidades antiguas y nuevas: los ancianos hablan de *alforjos* o *sendíos*, pero los niños se quejan, cuando juegan al frontón, de *los pelotos* y *los raquetos*, a los adolescentes no les funciona bien *el bicicleto* y un padre de familia recién establecido va a cambiar de coche porque *el furgoneto* ya no responde demasiado.[18]

ZONA 3

Comprende, en León, la Ribera del Órbigo; quizá también las tierras situadas más hacia el norte a lo largo del curso de este río y de las cuencas

---

18.  En realidad se trata de aplicar la oposición masculino / femenino a nociones distintas del sexo, procedimiento que el castellano conoce, pero que el leonés parece explotar de forma especial: mediante ella, en efecto, puede aludirse al tamaño (*formiga / formigo* 'parásito pequeño'; *cortina* 'finca cercada'/ *cortino* 'finca cercada pequeña'), la materia frente al objeto (*corcha* 'corcho' / *corcho* 'colmena de corcho'), el colectivo frente al individuo (*güevo / güeva* 'conjunto de huevos'), la significación general frente a la especializada (*rueda / ruedo* 'rueda tejida de paja para apoyar la caldera en la matanza'), etc.

altas del Bernesga, el Curueño y el Porma. En Zamora, básicamente el rincón noroeste de Sayago.[19]

Esta zona representa el límite oriental de los fenómenos constitutivos del leonés y, por tanto, si éste aún tuviera la coherencia precisa, una de las fronteras dialectales más importantes. La zona, en efecto, queda abrazada por las dos isoglosas que Pidal juzgó determinantes a la hora de hacer delimitaciones:[20] por un lado la de la F- conservada, que separa al leonés occidental y central del oriental y del castellano y que, procedente de Asturias, muere en Zamora, cerca de Fermoselle (véase mapa); por otro, la de los diptongos decrecientes que, según Pidal, deja al oeste el leonés occidental y al este el leonés central, y que tiene aproximadamente la forma de una línea perpendicular que va desde Asturias hasta el Duero pasando entre Astorga y el río Órbigo a la izquierda de La Bañeza (véase mapa).

Nuestra zona 3, por tanto, situada entre estas dos isoglosas, debería corresponder a la estrecha franja que, fuera de Asturias, fue denominada por Pidal «leonés central». Mantendría los fenómenos leoneses más generales, incluida la F- inicial, pero habría perdido los diptongos decrecientes caracterizadores de la sección occidental del dialecto.

Muy probablemente así fueran las cosas en algún momento, y de ello dan fe los testimonios que aún se rastrean. En el habla actual, sin embargo, lo mismo que ocurría en la zona anterior, pero ahora aún con menor peso de lo dialectal, el leonés se limita a teñir de tintes regionales una forma de expresión fundamentalmente castellana. Por lo que se refiere a la provincia de León, el tinte dialectal resulta claro en toda la franja señalada y muchos de los fenómenos aún se documentan. Pero poco más, y si hasta ahora se ha venido repitiendo otra cosa es en parte porque las descripciones anteriores utilizaban materiales globales correspondientes más bien a la zona 2 anterior o se basaban en documentos literarios escritos no siempre fieles a la realidad de la lengua. En un estudio reciente sobre Hospital de Órbigo, San Feliz de Órbigo y Villamor de Órbigo,[21] sólo el 24,3 % del léxico resultó ser «de ámbito occidental», y la mayor parte de las piezas que lo constituían se caracterizaban, además, por su poca frecuencia de uso. Por lo que se refiere a Zamora, es en el rincón noroccidental de Sayago donde aún quedan restos de los fenómenos leoneses. En Villadepera de Sayago, uno de los pueblos más conservadores de la zona, sólo el 43,8 % del vocabulario es no estándar, y, dentro de él, los términos «leoneses» (utilizando el adjetivo con generosidad) representan aproximadamente un tercio. Tercio que, lógicamente, es empleado de modo muy desigual por los diversos hablantes.[22]

19.   Y muy posiblemente parte de las tierras situadas a lo largo de la orilla derecha del Esla, el curso medio del Tera y el valle de Vidriales. Pero carecemos de datos suficientes para afirmarlo con una cierta seguridad.

20.   Véase *El dialecto leonés*, Oviedo, Instituto de Estudios Asturianos, 1962.

21.   Se trata del Nuevo Cuervo, citado en una nota anterior. En este mismo trabajo (p. 715) se alude al tipo de materiales empleados por Farish, Alonso Garrote y Menéndez Pidal para referirse a la realidad lingüística de la Ribera del Órbigo.

22.   Los datos proceden de J. Borrego, *Sociolingüística Rural*, Salamanca, Universidad de Salamanca, 1981. Compárense con los que da González Ferrero, *op. cit.*, para Flores de Aliste, en la zona 2: 58,8 % de léxico no estándar y, dentro de él, 45,72 % de leonesismos.

En definitiva, para la zona ahora estudiada no cabe ya señalar qué fenómenos se pierden, sino cuáles son los que aún conservan cierta vigencia. Dejando de lado, como hasta ahora, los sintácticos, pueden señalarse los siguientes:

A) *Vocalismo y consonantismo:* No están lexicalizados o no lo están claramente la vacilación, con tendencia al cierre, de las vocales átonas no finales; el cierre, en grados diversos, de -*o* final; la caída de -*r* de infinitivo delante de los clíticos *(comprálo, cumélo, sentáse),* la pronunciación como [Θ] de /B,D/. En la provincia de León, además, la velarización de -*n* final absoluta o final de palabra ante vocal siguiente y, en alguna localidad, la -*e* paragógica tras -*r* de infinitivo.

Están lexicalizados, pero con ejemplos relativamente abundantes, la conservación de F- inicial, fenómeno caduco y estigmatizado, pero con la fuerza suficiente como para que haya una cierta conciencia global de él; el paso de -LY-, -C'L-, etc., a *y,* la epéntesis de yod en la terminación, y la conservación de -MB- (si bien los ejemplos se repiten monótonamente, y muchos de ellos están ligados al verbo *lamber).*

Mención aparte merece el caso de L- inicial palatalizada, no por el número de ejemplos que ofrece, muy escasos, sino por el carácter delimitador que tiene el fenómeno. En efecto, dado que es uno de los pocos rasgos al parecer ajenos a etapas anteriores del castellano, puede servir para trazar fronteras. La isoglosa extrema tradicional va unida a la de F- salvo en la parte nororiental de León (en que L- > *l̦* abarca también el ángulo de Valdeón y Sajambre, donde F- se aspira), y en el noroeste de Sayago, área de F- pero no de *l̦-.*[23]

B) *Morfología:* En el terreno nominal hay que señalar la supremacía de -*ín* como diminutivo, que en Sayago alterna, prácticamente en igualdad de condiciones, con -*ico;* la vigencia del sufijo -*al* para frutales, con género vacilante (está más desprestigiado el femenino que el sufijo, aunque el género puede conservarse incluso entre las personas cultas de la zona); el masculino despectivo, que funciona a pleno rendimiento en Sayago; los posesivos tónicos en todas las posiciones; la pervivencia (si bien en muchos casos languideciente y mal considerada) de *vos* por *os.*

En el terreno verbal abundan (al menos en Sayago) los verbos en -*iar* de todos los orígenes, con la retrotracción del acento exigida para evitar el hiato *(bèrria, còcia, pàstia).* Son formas aún detectables, en hablantes arcaizantes, las terceras personas del presente de indicativo *vien, sal, tien,* etcétera, los imperativos tipo *cantái, cuméi,* los imperfectos y condicionales en -*ié,* las formas de perfecto *compreste, metiú, saliú, compremos.* Mayor vigencia tienen la reducción de la desinencia -*ais,* -*eis* a -*is* en ciertos tiem-

---

23. En Sayago, no obstante, hay rastros de la palatal en toponimia *(Llagona, Llagonina, Yineras, Teso Cabeza Llucha)* y en media docena de apelativos (véase J. Borrego, *Norma y dialecto en el sayagués actual,* Salamanca, Universidad de Salamanca, 1993, pp. 35-36). En relación con L- incial cabe señalar también la posible pervivencia de soluciones africadas en la zona de Los Argüellos, continuación natural de las comarcas de Babia y Laciana, ya estudiadas.

pos *(comistis, comprabis)* y los perfectos fuertes tipo *dijon, vinon, trajon*, más propios, una vez más, de Zamora que de León.[24]

## Zona 4

Integro en esta zona 4 por un lado el ángulo nororiental de la provincia de León, es decir, la zona leonesa de los Picos de Europa (comarcas de Valdeón y Sajambre); por otro lado, las comarcas salmantinas de La Ribera del Duero y El Rebollar, con prolongación, para algunos rasgos, por las sierras de Gata y Francia. El carácter artificioso que pudiera dar a la zona su fragmentación geográfica viene compensado por la existencia de fenómenos lingüísticos comunes, algunos de ellos dotados de evidente personalidad. El principal de ellos es la aspiración de F- que, de acuerdo con la división tradicional de Pidal, haría que la zona descrita constituyese, junto con el este de Asturias, lo que el ilustre investigador denominó «leonés oriental». Los restos de aspiración que aún puedan mantenerse se han confundido en toda la zona con la pronunciación del fonema /x/, que es [x] en la comarca leonesa,[25] aspiración o [x] en La Ribera, y aspiración en El Rebollar y las sierras salmantinas.

Por lo demás, las comarcas que constituyen esta zona 4 se caracterizan por ser, por comparación con su entorno, un reducto conservador de rasgos dialectales, aunque casi siempre en estado languideciente. Algunos de ellos son comunes a toda la zona (aparte de los de extensión general, pueden mencionarse las formas de perfecto *comiú, saliú, cantoren, comioren* o la abundancia de verbos en *-iar*); otros resultan más específicos de cada una de las comarcas: así, es leonesa pero no salmantina, la vitalidad de *-uco* o los posibles restos del llamado «neutro de materia», fenómeno que, sumamente vivo aún en Asturias y Cantabria, se manifiesta aquí en la concordancia de los nombres no contables femeninos con adjetivos y pronombres masculinos: *lleche frío, cereza prieto, madera prieto, tierra gordo y fresco.*

Por su parte, La Ribera y El Rebollar[26] cierran acusadamente sus vocales finales, que llegan al grado extremo incluso en el caso de *-e,* transforman con notable intensidad los grupos con *l* (PL, KL, FL, GL, BL) en grupos con *r,* practican asiduamente la metátesis *rl, rn > lr, nr (palrar, galrito, yen-*

---

24.    Cabe señalar, como fenómeno nuevo, la pronunciación del diptongo *-we* inicial de palabra sin consonante de refuerzo, pronunciación que yo había percibido en Moralina de Sayago incluso tras consonante anterior ([*los-wébos*], [*kon-wéso*], pero que había atribuido al apego a la imagen escrita propio de ciertos hablantes. Ahora Llorente detecta el mismo fenómeno en el pueblo, también sayagués, de Torrefrades, y describe una tendencia similar, aunque menos extrema, «en algunos pueblos zamoranos, sólo zamoranos» («Las hablas vivas...», p. 122).

25.    En ésta, de todos modos, la [x] procedente de F- ya se describía como propia de ancianos en el año 1959. Véase A. R. Fernández González, *El habla y la cultura popular de Oseja de Sajambre,* Oviedo, Inst. de Estudios Asturianos, 1959, p. 45. La encuesta realizada para el ALEP en Soto de Valdeón recoge sólo cuatro voces con F- > x-, y describe la velar procedente de éste y otros orígenes como muy relajada.

26.    Véase el trabajo clásico de Llorente sobre La Ribera, y, además, su artículo «El habla de Salamanca y su provincia», *Boletín de la Asociación Europea de Profesores de Español,* n.° 26, pp. 91-100. Para El Rebollar, el estudio de Iglesias Ovejero ya citado.

*ro, tienro)*[27] y tienen en *-ino* (que alterna con *-ín*) su diminutivo más característico. No quedan rastros, sin embargo, del cambio *-as, -an > -es, -en* que, documentado al parecer en El Payo (Rebollar), sirvió a Pidal, junto con el islote de San Ciprián de Sanabria, para postular primero una repoblación asturiana y luego una primitiva extensión del fenómeno por todo el dominio. Las dos comarcas salmantinas constituyen, además, parte de un área más amplia que se extiende también por el norte de Cáceres y que se caracteriza por conservar dos de las antiguas sibilantes sonoras que el castellano ensordeció: [ẑ] y [z]. La primera de ellas ha adoptado la forma del fonema castellano más afín, /d/, y así aparece lexicalizado en varias voces, algunas de las cuales no tenían la sonora en su etimología: *idil* 'decir', *jadel* 'hacer', *-ado* '-azo' *dagal, dimbralsi, dorra, adera*, etc. La segunda de las sibilantes, el antiguo fonema /z/ («ese sonora»), se conserva en posición intervocálica en determinadas voces ([*karkéza*], [*káza*], [*héza*], [*tézu*]). La vitalidad es desigual de unos pueblos a otros, pero resulta especialmente frecuente en el sufijo *-osu*.

Por lo demás, en estas comarcas salmantinas los fenómenos arcaicos, leoneses o no, conviven con los que se consideran ya típicos de las hablas meridionales: pérdida de *-d-* más acusada que en castellano (en El Rebollar llega a afectar a *-ado, -ido, -udo* y sus femeninos); debilitamiento, aspiración e incluso caída de *-s*; especial intensidad en la transformación o pérdida de otras consonantes finales, sobre todo /B, D, G/, pero también /Θ/, /r/ (permuta con frecuencia con /l/), e incluso /N/.

Quizá sea de interés advertir que el yeísmo no forma parte de los fenómenos supuestamente meridionales que afectan a estas comarcas: en el dominio leonés, como en otros ámbitos, su extensión no va de norte a sur ni de este a oeste, sino de los núcleos urbanos o semiurbanos a los rurales. De ahí que haya sido detectado en Astorga, o en Hospital de Órbigo, o en Toro, o en Salamanca capital, pero no en ninguno de los pequeños pueblos zamoranos o salmantinos recientemente encuestados.

## ZONA 5

Comprende en León las tierras situadas al este de la isoglosa correspondiente a F- inicial conservada, excepto el rincón donde esa F- se aspira y que ha sido incluido en la zona anterior. En Zamora entra toda la provincia, salvo Sanabria, Carballeda, Aliste y el rincón noroccidental de Sayago. En Salamanca son las comarcas de La Ribera y El Rebollar (con las sierras) las que quedan excluidas.

Se trata de la zona menos dialectal del territorio estudiado. Si conforme avanzamos hacia el occidente aún encontramos rastros aislados de fe-

---

27. Hay que señalar, no obstante, que esta metátesis no es desconocida en otros puntos del dominio —Aliste, por ejemplo, ofrece bastantes ejemplos, pero no Sayago, pese a ser tenida por un rasgo típico del «sayagués literario»—, y que incluso hay alguna muestra de él en los Picos de Europa leoneses.

nómenos leoneses, sobre todo en toponimia, que demuestran que el dialecto llegó en algún momento a ese lugar, en el límite más oriental posiblemente siempre se habló castellano. Eso sí, un castellano teñido de occidentalismos más o menos generales que afectan a todas las parcelas de la lengua, pero sobre todo al léxico.[28] Los que en fonética y morfología aún se perciben son los menos marcados dialectalmente y exceden, por tanto, incluso los límites del viejo leonés. Se trata de la transformación (sobre todo en $\Theta$) de los archifonemas /B, D, G/, la epéntesis de yod en algunos vocablos, el cierre de átonas (ya lexicalizado), el cambio cons + *l* > cons + *r*- (10 % de los casos posibles en Toro), la conservación de -MB- en palabras aisladas, la supresión de -*r* de infinitivo ante los clíticos (propio de hablantes rurales y arcaizantes), algún caso de -*al* para frutales, una cierta vitalidad de -*ín* (más perceptible en León), vulgarismos occidentales en la conjugación (-*ear* > -*iar*, las formas de perfecto *cantemos, cantastis/cantaistis*, los perfectos fuertes *dijon, trajon, vinon*...), algún arcaísmo común con el castellano (imperativos tipo *entrái, coméi, salí; vos* por *os*), los posesivos tónicos.

Lógicamente, en una zona tan extensa sería posible distinguir subzonas —en Salamanca, por ejemplo, son más abundantes los rasgos leoneses en La Ramajería, El Abadengo y Los Campos de Argañán que en la sierra de Béjar o en la Tierra de Alba—, pero para ello se requeriría descender a un estudio minucioso que no es el momento de abordar.[29] Señalemos tan sólo que la franja más oriental de las tres provincias (en León el límite occidental sigue la línea del Esla, pero con un pico a la altura de la capital, para dejarla dentro; en Zamora sólo incluye pequeños entrantes en Tierra de Campos y La Guareña; en Salamanca la línea discurre por Béjar y Alba de Tormes. Véase mapa) está fuertemente caracterizada por un rasgo sintáctico: a diferencia de lo que ocurre en el resto del dominio, en que sólo a veces es posible detectar un cierto leísmo para personas, el uso del sistema de clíticos no es el académico y el leísmo, laísmo y loísmo son claramente perceptibles. Pero, como se ha demostrado recientemente, las permutaciones no se producen al azar, de modo que se originan al menos cuatro subsistemas distintos.[30] Lo más llamativo es que en dos de ellos, uno vigente en León, al este del Cea, y otro en la franja salmantina antes mencionada, aparece una distinción que hasta ahora sólo creíamos propia de las tierras

---

28.    Parece, de todos modos, que incluso en el léxico los porcentajes disminuyen. En Toro, por ejemplo, sólo entre el 5 % y el 7 % de los vocablos recogidos pueden considerarse leoneses, de los que apenas la quinta parte son de uso general (según J. C. González Ferrero, «Rasgos occidentales del habla de Toro [Zamora]», *Studia Zamorensia*, XI, 1990, 83-57). En las comarcas zamoranas de Tierra de Campos, Tierra del Pan y Tierra del Vino el porcentaje de leonesismos en el léxico agrícola (uno de los campos nocionales en que mejor se conservan) oscila entre el 20,65 % de Moreruela de los Infanzones y el 11,73 % de Vezdemarbán (según A. Álvarez Tejedor, *Estudio lingüístico del léxico rural de la zona este de la provincia de Zamora*, Salamanca, Universidad de Salamanca, 1989). En Bercianos del Real Camino (León), más del 60 % del léxico recogido se corresponde con la norma culta castellana (según D. Aguado, *El habla de Bercianos del Real Camino [León]*, León, Ins. Fray Bernardino de Sahagún, 1984) y, aunque no sabemos el porcentaje de léxico leonés incluido en el casi 40 % restante, podemos aventurar, porque así suele suceder en estudios similares, que no será más de un tercio.

29.    Pueden verse más detalles en Llorente, «El habla de Salamanca y su provincia», ya citado.

30.    Véase, para toda esta cuestión, Inés Fernández-Ordóñez, «Isoglosas internas del castellano. El sistema referencial del pronombre átono de tercera persona», *RFE*, LXXIV, 1994, 71-125.

del norte (Asturias, Santander, noreste de León) en que pervive el neutro de materia: para entidades contables, los pronombres son *le* (acusativo y dativo masculinos) y *la* (acusativo y dativo femeninos), pero en el caso de nombres no contables o de materia se usan, *sin distinción de géneros*, *lo* para el acusativo, y *lo/le* para el dativo («la leche *lo* traen en botellas», «la madera *lo* vende a un maderero», etc.).

## Rasgos sintácticos

Salvo por lo que se refiere a los usos no etimológicos de los pronombres y al neutro de materia, mencionados ya por su claro valor diferenciador de zonas, no se ha hecho alusión hasta ahora a los fenómenos sintácticos más caracterizadores del dialecto, y ello por la razón ya aducida: en general se les ha prestado una atención escasa y asistemática, lo que dificulta su distribución por zonas. Tal distribución es, además, objetivamente menos clara, puesto que está demostrado que escapan con más frecuencia a la atención del hablante y que, por tanto, se mantienen mejor.

Los rasgos sintácticos que con mayor asiduidad suelen mencionarse son los siguientes:

1) *De extensión restringida a las zonas más dialectales:*

• Formas de imperfecto de subjuntivo en *-ra* con valor de pluscuamperfecto de indicativo e incluso de perfecto simple: «Faía cinco meses que *muriera.*»

• Supresión de preposiciones en determinadas perífrasis: *he date, voy faer, voy marchar, vo llegáme.*

• Clíticos pospuestos a las formas personales del verbo; a veces anteposición en las no personales: *Duelme mucho; quísolo ella; confesóuse; hay que lo llevar.*

• Interrogativas con refuerzos, partículas, pronombres o adverbios que no funcionan como en la lengua estándar: «—¿*áu* 'l reló? —aquí. —¿*aúlu?* —pus aquí» (Sarracín de Aliste); «*lu/u* ¿Por qué?» (Rebollar); «¿Qué *quéi o*?» (Babia y Laciana).

• Predominio del perfecto simple sobre el compuesto, que en algunas zonas (las más dialectales, sobre todo en León) no se usa prácticamente nunca.

• Fórmulas especiales de tratamiento: *tío/a* (con variantes diversas, según las zonas y los contextos: [*tjó/tíe, tjá, tjé; tí, ti*]) era la forma habitual de dirigirse o referirse a una persona después del matrimonio. Aún sigue teniendo vigencia en muchos lugares. Más arcaizante y, por tanto, menos vivo, es utilizar la 2.ª persona de plural del verbo, generalmente con el pronombre *usté(z)* si se menciona el sujeto: «¿Y usté qué 'stáis haciendo, tía María?» En La Ribera y El Rebollar salmantinos pueden oírse, aunque cada vez menos, *él/ella* con el valor de *usted*: «Tía María, que canti tio Martín una, y ella (= usted), otra.»

2)  *De amplia extensión:*

• Uso sistemático de artículo ante posesivo, aunque con ciertas restricciones: no se usa, por ejemplo, con los nombres de parentesco cercano: *la mi güerta, la mi vaca / mi madre.*

• Aparición de un *la* vacío o con valor neutro (= lo) en expresiones como *¡La que me hacía falta!; la que di el otro; la que te dije antes; ¡la hizo buena!; ¡ahí bien la erró!,* etc.

• Construcciones partitivas del tipo «trajo *bien de bellotas*», «dame *más d' ello*», «me trajo *del vino caro*», etc. Con el cuantificador *poco* la construcción produce concordancias no esperables: *unos pocos de burros, una poca cebada.*

• Cuando, en el sintagma nominal, la preposición *de* aparece detrás de una palabra que termina en vocal, cae con frecuencia, pero cae toda ella, y no sólo la consonante (se dice «una jarra vino» y no «una jarra e vino», «voy en ca Paco» y no «voy en ca e Paco»). Por otra parte, la caída no es sistemática y parece responder a tendencias semánticas aún no bien especificadas: «un carro madera» es un carro cargado de madera y nunca un carro hecho de madera.

• Propensión a convertir en no pronominales verbos que en la norma castellana culta se construyen pronominalmente: «Esta leña quema bien»; «esta tela rompe mucho»; «lavó las manos, puso la chaqueta y marchó al baile»; «todavía chupa el dedo», etc.

• Empleo de una rica gama de perífrasis verbales, unas con vigencia también en otras zonas e incluso en castellano antiguo, otras creaciones locales o regionales. He aquí algunas de las que más se repiten (ejemplifico con una forma en presente de indicativo, salvo que sea preceptivo otro tiempo): *ha de marchar, tiene de marchar* (obligativas), *quiere salir el sol, dan en venir los pájaros* (incoativas); *va a tener 20 años* (= creo que tiene 20 años), *ha de tener ya 20 años, dejará de tener 20 años, capá que tiene 20 años* (probabilidad o conjetura); *estuvo a peligro de caése, hubo (de) caése* (= estuvo a punto de caerse); *no soy a (de, pa) subir* (= no soy capaz de subir); *todo trae puesto el mandil* (habitualmente tiene puesto el mandil), etc.

• Preferencia clarísima por *cantara* frente a *cantase:* en muchos lugares la segunda forma se ve como foránea y pretenciosa.

• Frecuente uso de artificios gramaticales diversos para presentar las afirmaciones como fruto de indicios o manifestaciones exteriores, salvaguardando así la propia opinión: «*Di que (dis que, es que...)* está medio arruinao»; «*Se conó(z) que (pe que, pae que...)* no le marcha bien la cosa».

• Uso transitivo —más abundante en las zonas menos dialectales— de numerosos verbos intransitivos, entre los que se cuentan, como más extendidos, *caer, quedar* y *entrar.* En el caso de *caer,* los hablantes aducen con frecuencia un matiz de involuntariedad: «Moví un poco el codo y caí el vaso» (= «se me cayó»); pero tal matiz no siempre está presente : «—¿Ónde vais? —A caer una ancina.»

• Empleo del subjuntivo con interrogativas indirectas deliberativas: «No sé si fuera o no»; «no sé qué haga».

• Términos como *ninguno, nadie, nunca, tampoco,* etc., que sirven por sí mismos como negación cuando se anteponen al verbo, van acompañados de *no*: «Yo *tampoco no* lo quiero»; «aquí *nadie no* llamó»; «yo *ninguno no* tengo», etc.

• Acumulación de preposiciones (*pa* es frecuentemente una de ellas): «Vienen *de a pol* patatas»; «diba *hacia pa* la sierra»; «lo trajo *de pa* Pino».

## Vocabulario

Es el sector en que perviven más restos dialectales, si bien, como ilustran algunas de las estadísticas ya citadas, no es inmune al proceso de deterioro. Muchos de los vocablos que figuran en los repertorios y monografías son, efectivamente, **leonesismos**, es decir, vocablos que no sobrepasan por el oriente los límites del viejo dialecto, aunque sí pueden aparecer en las hablas portuguesas o gallegas. La lista sería interminable. He aquí una pequeña muestra:[31] *serano* 'reunión nocturna, primero para hilar y luego simplemente para charlar', *aseranar* 'trasnochar', *jera* (< DIARIA) 'tarea', *abese(d)o* 'umbría', *agarimarse* 'refugiarse de la lluvia', *adil* 'erial', *andurina* 'golondrina', *apechar* 'cerrar con llave', *orvayo, orvayada* 'rocío, llovizna', *babo, bago* 'grano de uva', *beche* 'macho cabrío', *bichonda* 'cabra en celo', *boraco* 'agujero', *botillo* 'estómago del cerdo y embutido que se hace con él', *camuñas* 'personaje con que se asusta a los niños', *caspuyo* 'escobajo del racimo', *empuntar* 'empujar, acompañar un trecho', *estinar* 'escampar', *fungo* 'gangoso', *garrapo, gurriato* 'cría del cerdo', *jeijo, jejo* 'guijarro', *lambrucias* 'goloso', *moceña, mojena, morceña,* etc., 'pavesa', *muña* 'polvo de la paja', *ñal, ñalero* 'nido de la gallina', *orniar* 'mugir', *ril* 'testículo de los animales', *ronar* 'rebuznar', *borrajo* 'rescoldo', *samagusa* 'sanguijuela', *sartigallo* 'saltamontes', *tartamelo* 'tartamudo', *teso* 'cerro', *trizar* 'pillar con una piedra, puerta', etc.

Además de las voces que, como alguna de las anteriores, son comunes al leonés y al gallego-portugués, existen en las zonas fronterizas verdaderos **portuguesismos**, es decir, préstamos de la lengua vecina, fruto de los contactos con sus hablantes. El portuguesismo sólo es detectable o por su fonética, distinta a la esperable en la zona (*duente* 'doliente, enfermo', *fariña* 'restos harinosos de la molienda' en La Ribera salmantina; *chumbadoiru* 'gozne', *sapu careiru* 'sapo grande' en El Rebollar), o porque realmente los hablantes tengan conciencia de cómo ha penetrado la palabra.

El léxico dialectal está integrado también en buena medida por **arcaísmos castellanos** que nuestros clásicos emplearon y que luego cayeron en desuso en la lengua común: *antruejo* 'carnaval', *bacín, bacinilla* 'orinal', *hacer la barba* 'afeitar', *livianos* 'pulmones', *abondo* 'abundante, mucho', *encetar* 'empezar a gastar una cosa', *malingrar* 'infectarse una herida', *materia* 'pus', *grifo* 'rizo', *regoldar* 'eructar', etc. Algunos de los empleados popular-

---

31. Lógicamente, cada término puede tener otras variantes.

mente en leonés suenan hoy en castellano a exquisitos cultismos: *escanciar,*
*enjugar, piélago, tildar, dechao,* etc.

Además del fondo léxico común al leonés y a las hablas de Hispanoamérica, se dan en las provincias estudiadas una serie de **americanismos**
que son fruto de la intensa emigración que se produjo, principalmente a
Argentina y Cuba, en los años veinte y treinta: *mecanudo, sacu* 'traje', *grin-
go* 'extranjero', 'caballería poco de fiar', *lindo, no más, relajo* 'desorden, des-
barajuste', *canfinflar* 'hacer el vago, andar sin trabajar de una parte a otra',
etcétera. Más recientemente ha sido la fuerte emigración a Europa la que
ha marcado social y lingüísticamente determinadas zonas: en El Rebollar
de Salamanca se oyen galicismos como *cava* 'bodega, subterráneo, garaje',
*usina* 'fábrica', *comuna* 'municipio', *seguranza* 'seguro', *posta* 'correos', *re-
molca* 'remolque', *pubela* 'basura', etc.[32]

No quiero terminar este breve apartado dedicado al vocabulario sin
mencionar un proceso que afecta a todo el dominio y que sin duda resulta
típico de las hablas en retroceso: cuando en la comunidad penetra un término nuevo puede desplazar al viejo, pero también *restringir su alcance semántico* y especializarlo en la designación de una realidad local muy concreta. Aparecen así **dobletes** que recuerdan a los producidos en las lenguas
romances por la introducción de los cultismos latinos: *majar/mayar* 'majar
lino', *fibra/febra* 'fibra de lino', *cenicero/ceniciero* 'lugar donde se echa la ce-
niza del horno', *badajo/badallo* 'badajo del cencerro', *radio/rayo* 'radio de la
rueda del carro', *anzuelo/anjuelo* 'trampa para cazar perdices', etc., etc.

---

32.   Quizá sea interesante destacar la presencia en Salamanca capital de un buen número de
*gitanismos: achantar* 'callar', *canguelo* 'miedo', *currelar* 'trabajar', *churumbel* 'niño pequeño', *fetén* 'mag-
nífico', *guipar* 'ver', *jamar* 'comer', *pinreles* 'pies', etc. (cfr. Llorente, «El habla de Salamanca...», p. 99).

# MIRANDÉS*

por Clarinda de Azevedo Maia

En la provincia de Trás-os-Montes, situada en el ángulo nordeste del territorio portugués, entre el río Duero y las tierras españolas de las provincias de Orense y de Zamora, aparte del habla trasmontana (con sus diferentes variantes) existen algunos dialectos estructuralmente próximos a los dialectos leoneses.

La zona oriental de esta provincia portuguesa, que linda con tierras leonesas de Zamora, aparte de algunas modalidades regionales marcadamente individualizadas presenta algunos dialectos caracterizados, en diferente grado, por soluciones de tipo leonés.[1] Estos dialectos parecen constituir dos núcleos distintos, no sólo de acuerdo con su posición geográfica, sino, sobre todo, en virtud de los diferentes grados de predominio del leonesismo que presentan:[2] por un lado, el grupo formado por los dialectos del rincón nordeste de la provincia, especialmente el de Rio de Onor y Guadramil, a los que se asocian, ya muy diluidos, los dialectos de otras dos poblaciones de la raya: Petisqueira y Deilão; por otro, en la zona oriental, hablado en la Terra de Miranda, el mirandés, el más marcadamente leonés de todos los dialectos de factura leonesa hablados en territorio portugués, en el que conviene enmarcar[3] como dialecto suyo, el sendinés, hablado en la población de Sendim, en el extremo meridional del dominio lingüístico mirandés, y señalado por particularidades dialectales muy características.

Estamos, pues, ante uno de los casos en que, al norte del Duero, la frontera lingüística no coincide con la divisoria política entre Portugal y España: en las referidas localidades trasmontanas del distrito de Bragança

---

\* «Mirandês», traducción de Basilio Losada.

1. Cfr. Maria José de Moura Santos, *Os falares fronteiriços de Trás-os-Montes*, sep. de la *Revista Portuguesa de Filologia*, vols. XII, tomo II, XIII y XIV, Coimbra, 1967, p. 427.

2. Cfr. Maria José de Moura Santos, *Os falares fronteiriços (...)*, pp. 428-429. Véase también Luísa Segura da Cruz, João Saramago, Gabriela Vitorino, «Os dialectos leoneses em território português: coesão e diversidade», en *Variação linguística no espaço, no tempo e na sociedade*. Actas del Encontro Regional da Associação Portuguesa de Linguística. Associação Portuguesa de Linguística/Edições Colibri, 1994, pp. 291-292.

3. Maria José de Moura Santos, *Os falares fronteiriços (...)*, p. 424.

el dominio del leonés penetra en territorio de Portugal.[4] La presencia de algunas características afines a los rasgos leoneses en la zona portuguesa fronteriza que raya con León, exceptuando la zona de Freixo da Espada a Cinta y la parte confinante del concejo de Mogadouro, en el extremo sudeste de la mencionada provincia portuguesa, permite suponer que allí se habían hablado «variedades dialectales muy semejantes a las leonesas, pero diferentes unas de otras, como es normal en un área de transición amplia y compleja».[5] Resulta incluso muy probable que a lo largo de la zona fronteriza que se extiende desde Parâmio y Montesinho hasta Babe y Quintanilha,[6] se hubiesen hablado dialectos más parecidos a los del ángulo nordeste de la provincia y que, a partir de allí, se iniciara la transición hacia los dialectos leoneses más afines al mirandés que, como luego veremos, comprendería también las zonas fronterizas de Vimioso y parte de Mogadouro.[7]

La existencia en territorio portugués de estos dialectos de tipo leonés que, pese a especificidades propias de cada uno, presentan en conjunto un «aire de familia»,[8] se debe a circunstancias históricas que han sido apuntadas por algunos estudiosos.

En un estudio clásico, publicado en 1906, en el que se establece de forma definitiva la filiación histórica del mirandés con relación al leonés,[9] Menendez Pidal afirma que el leonesismo del mirandés se debe a razones históricas muy antiguas. Apoyado en la convicción de que, al norte del Duero, la constitución de los primitivos dialectos es anterior a la creación del reino portugués en el siglo XII, encuentra la explicación histórica de la existencia de dialectos leoneses en territorio políticamente portugués en el hecho de que, en el período romano, la Terra de Miranda había pertenecido al convento jurídico de *Asturica Augusta* y no al de *Bracara Augusta*. Otra circunstancia histórica presentada por el mismo autor es la de que la iglesia de Bragança hubiera pertenecido, durante la Alta Edad Media, a la diócesis de Astorga, situación que se mantuvo hasta el momento en que, por pertenecer a reinos diferentes, se separó de la diócesis astorgana. Estas circunstancias históricas serían suficientes para explicar la situación lingüística de la Terra de Miranda y de las regiones vecinas donde se hablan dialectos leoneses afines al antiguo leonés occidental. La misma tesis será presentada por el gran maestro de la Filología hispánica en la obra, aún hoy ejemplar, *Orígenes del español*,[10] y en el importante estudio *Repoblación y tradición en la cuenca del Duero*, incluido en *Dos problemas ini-*

---

4.   Cfr. Ramón Menéndez Pidal, *El dialecto leonés*. Prólogo, notas y apéndices de Carmen Bobes, Oviedo, 1962, p. 19.

5.   Maria José de Moura Santos, *Os falares fronteiriços (...)*, p. 428.

6.   La toponimia, y también algunos rasgos característicos del habla de esa región, permiten suponer la existencia en ella de dialectos leoneses. Menéndez Pidal llamó la atención sobre este aspecto en *El dialecto leonés*, p. 19, a propósito del topónimo *Quintanilha*.

7.   Maria José de Moura Santos, *Os falares fronteiriços (...)*, pp. 428-429.

8.   Cfr. José Leite de Vasconcelos, *Estudos de filologia mirandesa*, II, Imprensa Nacional, Lisboa, 1901, p. 340.

9.   Cfr. Ramón Menéndez Pidal, *El dialecto leonés*, pp. 19, 30 y 34.

10.   Cfr. Ramón Menéndez Pidal, *Orígenes del español. Estudio lingüístico de la Península Ibérica hasta el siglo XI*, Espasa-Calpe, Madrid, 1968⁶, p. 435.

*ciales relativos a los romances hispánicos*, que sirve de introducción al primer volumen de la *Enciclopedia Lingüística Hispánica*.[11] Volviendo a ocuparse del «caso de Miranda do Douro», defiende el autor en este trabajo la idea ya expuesta en aquella obra maestra de la Lingüística histórica: el carácter originario, indígena, del idioma hablado en la Terra de Miranda, afirmando que no tiene consistencia la hipótesis de que existieran en esa región una o varias modalidades de tipo gallego-portugués a la que se habrían superpuesto luego los dialectos leoneses como consecuencia de la repoblación y colonización derivadas de la reconquista.[12]

En contraste con las tesis históricas y lingüísticas pidalianas, José G. Herculano de Carvalho[13] sostiene que la fisonomía cultural y, sobre todo, lingüística de la región, depende de la intensa colonización leonesa, que se extendió desde el siglo XIII hasta probablemente el XV, «tiempo más que suficiente, si no para el establecimiento, sí al menos para la fijación del dialecto leonés en tierras que eran ya políticamente portuguesas».[14] Esta colonización leonesa, ejercida especialmente por los monasterios de Moreruela, San Martín de Castañeda, por los templarios de Alcañices y por varios particulares, habría sido decisiva en el destino lingüístico de la región. Las *Inquirições* del monarca portugués Alfonso III proporcionan información preciosa sobre el importante papel desarrollado por los referidos agentes colonizadores. Así, al monasterio cisterciense de Santa María de Moreruela habrían pertenecido las aldeas de Constantim, Ifanes, Vila Chã de Barceosa, Palaçoulo, Águas Vivas e Prado Gatão (en el concejo de Miranda de Douro) y Angueira (en el concejo de Vimioso). Por otro lado, el monasterio de San Martín de Castañeda poseyó la población de S. Martinho de Angueira y parte de las de S. Joanico, Caçarelhos y Especiosa. A los templarios de Alcañices se atribuye, a su vez, la propiedad de la Quinta da Réfega, en el actual concejo de Miranda, así como Avelanosa, Cerapicos y Vale de Frades en el concejo de Vimioso. La posesión de bienes en tierras trasmontanas de esta región por parte de leoneses se habrá prolongado

11. *Enciclopedia Lingüística Hispánica*, tomo I, Consejo Superior de Investigaciones Científicas, Madrid, 1960, pp. XXIX-LVII.

12. Cfr. Ramón Menéndez Pidal, «Repoblación y tradición en la cuenca del Duero», p. LII: «[...] Miranda do Douro [...] habla un dialecto leonés [...] que debe explicarse como indígena, resultado estacionario de los tiempos en que Miranda formaba parte del convento jurídico Asturicense y no del Bracarense». Y, más adelante (p. LIV), destaca «la milenaria estabilidad de los límites lingüísticos en la cuenca del Duero, desde los tiempos romanos hasta hoy». Véase también, del mismo autor, *Orígenes del español*, p. 435: «[...] Miranda do Douro, que habla un dialecto leonés a pesar de su agregación al reino de Portugal, creado en el siglo XII, parece indudablemente conservar un lenguaje originario del país y desarrollado allí cuando Miranda, en tiempos romanos, formaba parte del convento jurídico Asturicense y no del Bracarense; si la tierra de Miranda era primitivamente una hijuela de Astorga y el dialecto de ambas regiones es hermano, este gran parecido debe depender de circunstancias primitivas y no de emigraciones y repoblaciones de reconquista».

13. José G. Herculano de Carvalho, «Porqué se falam dialectos leoneses em terras de Miranda?», en *Revista Portuguesa de Filologia*, V, 1952, p. 265-280 y 508. El artículo, ahora con el título «Porqué se fala dialecto leonês em Terra de Miranda?», fue reimpreso, con una nota adicional, en el volumen del autor *Estudos linguísticos*, 1.<sup>er</sup> volumen, Lisboa, 1964, pp. 39-60; 2.ª ed., Atlântida Editora, Coimbra, pp. 71-92. (A lo largo de este trabajo utilizamos esta edición.)

14. José G. Herculano de Carvalho, «Porqué se fala dialecto leonês em Terra de Miranda?», p. 84.

quizá hasta el siglo XV, aunque, en algunos casos, sea posible plantear la hipótésis de que esta influencia se hacía sentir aún en el siglo XVIII.[15]

No obstante, y pese al papel que pueda haber representado esta acción colonizadora, es muy probable que la población autóctona hablase un idioma originario de tipo leonés, muy afín al de las tierras limítrofes de Zamora.[16] En ese caso, tal colonización, al colocar durante siglos esta región en la órbita de la influencia leonesa, podría haber contribuido a mantener los dialectos leoneses primitivos y a acentuar las afinidades con los dialectos de las vecinas tierras de León.[17]

La Terra de Miranda, situada en la región fronteriza oriental de la provincia portuguesa de Trás-os-Montes, la más alejada del centro del país, y que constituye una de las más típicas y conservadoras zonas de esa provincia,[18] ofrecía condiciones para mantener aspectos lingüísticos y culturales[19] muy antiguos: por un lado, el aislamiento de la región con relación a los restantes territorios de Portugal y, por otro, los frecuentes contactos con las vecinas tierras zamoranas de Aliste y de Sayago. Las dificultades de comunicación con Bragança, a consecuencia de las condiciones topográficas de la región, y las intensas relaciones (comerciales y sociales) de las poblaciones mirandesas con los habitantes de las tierras contiguas del país vecino[20] ayudan a explicar el hecho de que se mantuvieran dialectos leoneses en esta región.

De todos los dialectos de factura leonesa presentes en territorio políticamente portugués, que presentan un «grado de vitalidad [...] directamente proporcional a la extensión que ocupan»,[21] el mirandés es, con mucho, el más vivo, pese al avance del portugués, que cada vez hace mayor competencia al antiguo dialecto local,[22] y es también el que manifiesta más soluciones de carácter claramente leonés. Los antiguos dialectos de las poblaciones de Rio de Onor, Guadramil y, un poco más al sur, Petisqueira y Deilão, muestran una vitalidad mucho menor y no conservan su integridad:

15.    José G. Herculano de Carvalho, «Porqué se fala dialecto leonês em Terra de Miranda?», pp. 77-84 y nota 40 de esta última página.
16.    Al carácter autóctono del mirandés, resultante de la evolución del «latín vulgar» implantado en el territorio que habría de formar la parte occidental del reino de León, y a su «constante histórica», se refirió António Maria Mourinho, «A língua mirandesa como vector cultural do Nordeste português», en *Actas das 1.ᵃˢ Jornadas de Língua e Cultura Mirandesa*, Miranda do Douro, 1987, pp. 75-76.
17.    Véase Maria José de Moura Santos, *Os falares fronteiriços de Trás-os-Montes*, pp. 417-418.
18.    Idem, *ibidem*, p. 56.
19.    Sobre la conservación de antiquísimas manifestaciones culturales (sobre todo de carácter folklórico) de la región, afines a las de las tierras zamoranas vecinas, véase Maria José de Moura Santos, *ob. cit.*, pp. 385-401. Recordemos sólo, a título de ejemplo, la *dança dos paulitos*, que parece haberse recibido de tierras leonesas en la época de la repoblación. Cfr. también Idem, *ibidem*, p. 50 y p. 420.
20.    Véase José G. Herculano de Carvalho, *ob. cit.*, pp. 88-89; R. Menéndez Pidal, «Repoblación y tradición en la cuenca del Duero», p. LIII-LIV; Maria José de Moura Santos, *ob. cit.*, pp. 49-51 y p. 56.
21.    Idem, *ibidem*, p. 416.
22.    En 1967 afirmaba Maria José de Moura Santos: «[...] la lengua oficial hace cada vez mayor competencia al mirandés, y acabará haciéndolo desaparecer. Antes de extinguirse transmitirá a la lengua que la suceda bastantes vestigios de su existencia. Es de esperar que este proceso de sustitución tarde aún unas decenas de años en realizarse, dada la gran vitalidad que aún presenta el habla

realmente son dialectos mixtos, cuyo grado de hibridismo es variable. Aunque el más híbrido sea el de Rio de Onor, todos pueden ser clasificados como dialectos mixtos de tipo gallego-leonés o, tal vez, gallego-portugués-leonés. Por algunas de sus particularidades muestran semejanzas con el' mirandés, pero se distinguen de él en otros aspectos de carácter fonético, fonológico y morfológico. Manifiestan, además, la presencia de algunas particularidades, no existentes en el mirandés, que los aproximan a las hablas leonesas vecinas.[23]

En un artículo publicado en 1882, y refiriéndose a la posición del mirandés con relación a los otros idiomas ibero-románicos, Leite de Vasconcelos vislumbró la filiación histórica del idioma hablado en Terra de Miranda en «el dominio español, como próximo al leonés».[24] Con todo, fue Menéndez Pidal quien, en 1906, en el estudio antes aludido,[25] estableció de forma decisiva el origen leonés de ese idioma. Y, de acuerdo con la clasificación geográfica que del leonés propone, sitúa el mirandés (y los dialectos de Rio de Onor y Guadramil) en el marco del leonés occidental.[26] De este modo el mirandés es, en lo esencial, el resultado de la evolución del «latín vulgar» implantado en el territorio de lo que vendría a ser el occidente del antiguo reino de León.

La delimitación geográfica del territorio lingüístico del mirandés fue establecida, al final de la década de los cincuenta, por António Maria Mourinho, que dice que el mirandés es hablado por los habitantes de treinta poblaciones de la zona fronteriza oriental del distrito de Bragança, veintisie-

---

local» (cfr. Idem, *ibidem*, p. 128). Pasados treinta años desde estas afirmaciones, el mirandés sobrevive aún en esta región, tal como revelan las investigaciones recientes realizadas *in loco* por los investigadores del Centro de Lingüística de la Universidad de Lisboa que trabajan en el *Atlas Lingüístico-Etnográfico de Portugal y de Galicia*, así como las investigaciones de carácter sociolingüístico emprendidas por Cristina Martins, de la Facultad de Letras de la Universidad de Coimbra.

23. Maria José de Moura Santos, *Os falares fronteiriços (...)*, pp. 132-139, 424-427 y 428.

24. El artículo, publicado en 1882 en *O Penafidelense*, se reproduce parcialmente en el volumen IV de los *Opúsculos*, pp. 679-685.

25. R. Menéndez Pidal, *El dialecto leonés*.

26. Según afirma expresamente, «el dialecto de Miranda [...] no es más que uno de tantos restos del leonés occidental» (véase Idem, *ibidem*, p. 19). En varios de sus trabajos, António Maria Mourinho, estudioso de las variedades dialectales del mirandés y de las relaciones de Miranda con las tierras zamoranas de Aliste y Sayago, ha sostenido, de manera insistente, la dependencia histórica del mirandés con relación al antiguo leonés. Reparemos, entre otras, en la siguiente afirmación: «[...] esta lengua viene en línea recta de la lengua hablada y escrita en el viejo reino de León en los siglos XII, XIII y XIV, hasta que el castellano invadió el leonés y lo dominó, con la fusión de los dos reinos. Cfr. António Maria Mourinho, «La lengua mirandesa como vector cultural del nordeste português», en *Actas das 1.ᵃˢ Jornadas de Língua e Cultura Mirandesa*, Miranda do Douro, 1987, p. 80. En un estudio anterior, el autor pone de relieve las afinidades existentes entre formas registradas en antiguos documentos particulares de mediados del siglo XIII del monasterio de Santa María de Moreruela, en tierras de Zamora, relativos a donaciones realizadas a ese monasterio de propiedades situadas en poblaciones del área mirandesa, especialmente Angueira y Genísio, donde surgen formas y expresiones leonesas que se mantienen actualmente en mirandés, en sendinés, en el rionorés y en el guadramilés. Cfr. António Maria Mourinho, «Diversidades subdialectais do Mirandês», separata de las *Actas do Colóquio de Estudos Etnográficos «Dr. José Leite de Vasconcelos»*, vol. III, Porto, 1960, p. 5. (El coloquio, promovido por la Junta da Província do Douro Litoral, tuvo lugar entre el 18 y el 23 de junio de 1958.) Véase también «A língua mirandesa como vector cultural do Nordeste português», p. 75.

te de las cuales pertenecen al concejo de Miranda do Douro y tres al concejo de Vimioso.[27] El dominio del mirandés se extiende así sobre un área de
cerca de 300 km², cuyos límites son, al norte la frontera luso-leonesa, o sea
la *raya-seca* hasta cerca de Paradela, junto al Duero; a partir de aquí, este
río pasa a servir de frontera hasta el límite con el concejo de Mogadouro,
que comienza al sur de la Terra de Miranda; a poniente, limita el territorio
con el concejo de Vimioso.[28] El número de habitantes del área ascendía entonces a cerca de quince mil.

De acuerdo con informes más recientes, proporcionados por el mismo
autor, el mirandés dejó de hablarse, hace unos treinta años, en la feligresía
de Caçarelhos.[29] Y pese a que, en 1987, otro estudioso muy integrado en la
vida de la región proporcionaba[30] el mismo número de hablantes del mirandés, tal vez sea posible que, en virtud de la disminución demográfica de
la región, se haya verificado un descenso real en el número de usuarios de
ese dialecto.[31]

Es muy probable que a lo largo de los siglos se haya ido verificando
una expresiva reducción en el dominio geográfico del idioma originario, en
virtud de la competencia de la lengua portuguesa, con la que se asoció
siempre un mayor prestigio sociocultural. No sólo en la ciudad de Miranda do Douro,[32] cabeza del concejo, sino también en algunas poblaciones de

27. Las poblaciones del concejo de Miranda son las siguientes: S.. Martinho de Angueira, Cicouro, Constantim, Ifanes, Paradela, Especiosa, Genísio, Póvoa, Malhadas, Pena Branca, Palancar, Aldeia Nova, Vale D'Águia, S. Pedro da Silva, Granja, Fonte Ladrão, Palaçoulo, Águas Vivas, Prado
Gatão, Duas Igrejas, Cércio, Vale de Mira, Vila Chã, Freixiosa, Fonte Aldeia, Picote y Sendim. En el
vecino concejo de Vimioso cita el autor las poblaciones de Angueira, Caçarelhos y Vilar Seco. Véase
António Mourinho, «Diversidades subdialectais do Mirandês», pp. 2-4. Véase también el mapa elaborado por Cristina dos Santos Pereira Martins, «Estudo sociolinguístico do mirandés. Padrões de alternância de códigos e escolha de línguas numa comunidade trilingüe», tesis doctoral (inédita), Coimbra, 1994, Anexos (mapa 4).
28. António Mourinho, «Diversidades subdialectais do mirandês», pp. 2-4.
29. Cfr. António Maria Mourinho, «A língua mirandesa como vector cultural do Nordeste Português», pp. 76-77.
30. Me refiero a Domingo Raposo, profesor de mirandés en la Escola Preparatória de Miranda do Douro, que, en comunicación presentada en las *Primeiras Jornadas de Língua e Cultura Mirandesa*, confirma el mismo número de hablantes: «Hoy día, la realidad ños muestra que esta lengua
mantiene aún vitalidad, pues es hablada por cerca de quince mil personas en las aldeas del concejo
de Miranda do Douro (se exceptúan la feligresía de Atenor y la ciudad de Miranda do Douro) y en tres
feligresías del concejo de Vimioso [...]». Cfr. Domingos Abílio Gomes Raposo, «Vitalidade, valor e estudo da língua mirandesa», en *Actas das 1.ᵃˢ Jornadas de Língua e Cultura Mirandesa*, Miranda do Douro, 1987, p. 55.
31. Sobre este tema, véase Cristina dos Santos Pereira Martins, *Estudo sociolinguístico do mirandés*, p. 24 y Anexos, gráfico I, donde están representados los datos demográficos relativos a 1991,
al tiempo que se establece la comparación con el número de habitantes en el área de implantación del
mirandés en 1981.
32. Sobre el progresivo abandono del uso del mirandés en la ciudad de Miranda do Douro en
virtud de importantes transformaciones sociales resultantes de acontecimientos políticos o religiosos
ocurridos, sobre todo, en el siglo XVI, véase José Leite de Vasconcelos, *Estudos de filologia mirandesa*,
vol. I, cap. IV («Pruebas de que el mirandés se habló antaño también en la ciudad de Miranda, y por
qué y cuándo dejó de hablarse»), pp. 105-151. Repárese en algunas afirmaciones finales del autor que,
en síntesis, explican la extinción del mirandés en la ciudad de Miranda: «Cuando la ciudad prosperaba, el idioma desaparecía; un hecho era consecuencia del otro, porque, ante la lengua portuguesa, al
mismo tiempo literaria y nacional, la mirandesa no pasa de ser un habla local, *caçurra* o *charra*, que
sólo se emplea en los usos domésticos, y no podía aspirar a servir de vehículo a las pastorales de los
señores obispos de Miranda, ni ser hablada en los púlpitos de la catedral por los doctores o por los sacerdotes en sermones de maravillosa doctrina, ni enseñada en las aulas por maestros de mentalidad es

los concejos de Mogadouro y Vimioso confinantes con el área mirandesa, se habría operado también el fenómeno de sustitución lingüística,[33] uno de los posibles resultados del bilingüismo social en comunidades que se convirtieron en bilingües en virtud de la sobreposición de otro idioma.

No escapó a Leite de Vasconcelos la cuestión de la diversidad dialectal del mirandés, y propuso la fragmentación del área mirandesa en tres variedades bien individualizadas, que designó como: subdialecto normal, o central, que corresponde a la mayor parte del territorio lingüístico mirandés; el subdialecto fronterizo, o septentrional, usado en las poblaciones de la *raya-seca*, es decir, de la frontera no fluvial (Paradela, Ifanes, Constantim, Cicouro y S. Martinho de Angueira); y el sendinés, hablado en Sendim.[34] Esta propuesta de división dialectal fue adoptada más tarde por António Maria Mourinho[35] que caracteriza cada una de estas variedades diatópicas apuntando algunos rasgos lingüísticos aparte de los que ya anteriormente habían sido referidos. Pese a no haberse constituido una lengua común en el área mirandesa, en virtud del atrofiamiento del idioma, los hablantes tienen conciencia de su diversidad diatópica e identifican las siguientes modalidades regionales: en la raya-seca, la *fala atravessada*, muy marcada por la interferencia del español; el *sendinês* y el *mirandês* propiamente dicho, hablado en la zona restante de la Terra de Miranda.[36]

Sería importante que los investigadores que se han dedicado a este espacio lingüístico establecieran, no sólo la delimitación geográfica del mirandés sino también sus áreas principales a partir del análisis del material fonético, morfológico y léxico que se podría recoger *in loco* en las diversas poblaciones de la región. La clasificación de este material permitiría seleccionar los rasgos dialectalmente relevantes para la caracterización de las diferentes variedades diatópicas.

---

trecha, ni, en definitiva, podía ser adoptada en los actos oficiales que a la nueva ciudad correspondían» (pp. 150-151). Véase también el artículo reciente de Cristina Martins, «O desaparecimento do mirandês na cidade de Miranda do Douro: uma leitura dos *Estudos de filologia mirandesa*, de José Leite de Vasconcelos», en *Variação linguística no espaço, no tempo e na sociedade*. Actas del Encuentro Regional da Associação Portuguesa de Linguística/Edições Colibri, 1994, pp. 95-105. Pretende la autora, como dice en la página 95, «proporcionar una relectura, informada por los principios teóricos desarrollados en el ámbito de la sociolingüística sobre el funcionamiento sincrónico de comunidades bi- y plurilingües, de los datos proporcionados por José Leite de Vasconcelos en el volumen I de sus *Estudos de filologia mirandesa* sobre la problemática de la desaparición del mirandés en la ciudad de Miranda do Douro».

33. Apoyándose en el conocimiento de algunos rasgos de tipo leonés, afines al mirandés, supuso António Mourinho que el área del mirandés fue inicialmente más extensa. Véase António Maria Mourinho, «A língua mirandesa como vector cultural del Nordeste portugués», pp. 76-77. Por otra parte, hace ya casi un cuarto de siglo afirmó el gran maestro de la filología portuguesa que «si con relación a otras tierras que confinan el área geográfica del mirandés se procediera a un estudio circunstanciado, bien de la lengua usual, bien del onomástico, y si se pudieran obtener algunos documentos antiguos, se llegaría tal vez a reconocer que el área del mirandés fue primitivamente aún más extensa, y que, aparte de la ciudad de Miranda [...], se extendía por otras localidades». Cfr. José Leite de Vasconcelos, *Estudos de filologia mirandesa*, vol. II, pp. 27-42 («II. Variedades dialectais do mirandês»).

34. José Leite de Vasconcelos, *Estudos de filologia mirandesa*, vol. II, pp. 27-42 («II. Variedades dialectais do mirandês»).

35. En el artículo antes citado, «Diversidades subdialectais do mirandês».

36. José Leite de Vasconcelos, *Estudos de filologia mirandesa*, vol. II, p. 27.

Bajo el punto de vista de la caracterización sociolingüística de las aldeas mirandesas, hay que poner de relieve el hecho de que las poblaciones autóctonas, aparte del mirandés, hablan portugués y, a causa de la vecindad del español y de las afinidades que con él presente su dialecto, comprenden, y en la zona fronteriza también hablan, la lengua del país vecino.[37]

Siendo muy complejos los parámetros que determinan la elección de lenguas en comunidades bi- o plurilingües, nos limitaremos a afirmar que el idioma autóctono es utilizado en las situaciones de interacción cotidiana informal con hablantes de la región, mientras que el portugués se usa sobre todo en situaciones marcadas por un elevado grado de institucionalización y de formalidad, con intervención, de manera prioritaria, de interlocutores percibidos como socioculturalmente superiores»[38] y no pertenecientes a la comunidad local.

Es posible que algunas medidas recientes o aún en curso acaben alterando las actitudes de los mirandeses con relación a su idioma autóctono y contribuyan también a modificar su propio comportamiento lingüístico con relación al mencionado fenómeno de la elección idiomática. Entre esas medidas destacan las siguientes: por un lado, la homologación de una disciplina opcional de mirandés en las escuelas preparatorias del concejo, habiéndose integrado en los planes de estudio en el año lectivo 1986/1987 en la Escuela Preparatoria de Miranda do Douro;[39] por otro, la elaboración de una «Propuesta de convención ortográfica mirandesa», cuyo objetivo prioritario es «establecer criterios claros, sistemáticos y económicos para escribir y leer el mirandés y para enseñarlo».[40]

Si partimos de las descripciones que del leonés hicieron R. Menéndez Pidal, L. Rodríguez-Castellano y Alonso Zamora Vicente[41] es fácil observar en el mirandés la presencia de soluciones de tipo leonés. De los rasgos de carácter fonético apuntados por estos autores, adquieren relevancia especial aquellos que individualizan este dialecto, bien con relación al castellano, bien con referencia a los dialectos del dominio gallego-portugués. De ese modo, para evaluar el leonesismo del mirandés son particularmente relevantes aquellos fenómenos que son exclusivos del leonés: la palatalización de L y N- iniciales latinas.[42] En toda el área mirandesa, con excepción sólo

---

37.   Sobre el trilingüismo en la Terra de Miranda, véase Maria José de Moura Santos, *Os falares fronteiriços (...)*, pp. 130-132.
38.   Cristina dos Santos Pereira Martins, *Estudo sociolinguístico do mirandés*, p. 117.
39.   Cfr. Domingos Abílio Gomes Raposo, «Vitalidade, valor e estudo da língua mirandesa», p. 57.
40.   Cfr. *Proposta de convenção ortográfica mirandesa*, Câmara Municipal de Miranda do Douro, 1995. La propuesta fue elaborada por lingüistas del Centro de Lingüística de la Universidad de Lisboa, de la Universidad de Coimbra y por responsables de la enseñanza y difusión del mirandés.
41.   Ramón Menéndez Pidal, *El dialecto leonés*, antes citado; L. Rodríguez-Castellano, *Aspectos del bable occidental*, Instituto de Estudios Asturianos, Oviedo, 1954, y Alonso Zamora Vicente, *Dialectología española*, Gredos, Madrid, 1974².
42.   Cf. R. Menéndez Pidal, *El dialecto leonés*, pp. 64-69; Alonso Zamora Vicente, *Dialectología española*, pp. 122-130 y pp. 130-131.

de Sendim, se opera la palatalización de L- en [ḷ]:[43] *lheite, lhugar, lhana, lhobo, lhabar, lhume, lhuna, lhengoa, lhado, lhebar, lhino, lhuito*, etc. No obstante, del fenómeno análogo de palatalización de N- latino no hay vestigios ni en mirandés ni en el subdialecto sendinés.[44] Ejemplos: nudo, nariç, nós, etc. Los otros cuatro dialectos del ángulo nordeste (Rio de Onor, Guadramil, Petisqueira y Deilão) no ofrecen el tratamiento típico del leonés, conservando, pues, L- y N- iniciales.

Aunque no privativos del leonés, dado que son comunes con el castellano, son característicos, por lo que al vocalismo se refiere, el tratamiento de las vocales latinas /Ĕ/ y /Ŏ/, así como, en el campo del consonantismo, la conservación de -L- y -N- intervocálicos y la palatalización de -LL- y -NN- en este mismo contexto fónico. Con relación a todos estos fenómenos, las soluciones leonesas contrastan con las de tipo gallego-portugués, pero coinciden con las castellanas, a no ser en el caso de la diptongación vocálica de /Ĕ/ y /Ŏ/, que en leonés presenta, como veremos, algunas peculiaridades. Los diptongos resultantes de /Ĕ/ y /Ŏ/ manifiestan, en leonés, vacilación e inestabilidad en el timbre de la vocal más abierta, revistiendo, de ese modo, varias formas en ese dominio lingüístico: por un lado, -je-, -ja-, correspondientes al /Ĕ/ latino, y, por otro, las variantes *uo* (y *uö*), *ua*, *ue*, resultantes de la diptongación de /Ŏ/. Contrariamente al castellano, que ya en el siglo X presenta diptongación [ué],[45] el leonés mantiene vivas, al lado de una variante de este tipo, las soluciones *ua* y *uo*.[46] Constituyen también peculiaridades del leonés la diptongación de /Ŏ/ antes de yod (cfr. *nueche* o *nuechi* y *ueyo*, correspondientes respectivamente a las formas castellanas de *noche* y *ojo*) y la no diptongación de la misma vocal seguida de nasal homosilábica (cfr. *fonte* y *ponte* en contraste con las formas castellanas *fuente* y *puente*). En lo que respecta a la diptongación de la vocal continuadora de /Ĕ/, constituye un tratamiento peculiar del leonés la ausencia de reducción del diptongo *ie* a *i* cuando va seguido de consonantes palatales (cfr. *marmiello, amariello, oriella* en contraste con las formas castellanas *membrillo, amarillo, orilla*).[47]

Como continuadoras de la /Ĕ/ latina se encuentran, no sólo en mirandés (con excepción del sendinés), sino también en los dialectos de Rio de Onor, Guadramil, Petisqueira y Deilão, variantes diptongadas que se enmarcan en la diptongación astur-leonesa: [i̯e], [i̯e], [i̯a] e, incluso, [i̯ö], resultante de *ie* cuando sigue la semivocal posterior *u* (*mi̯öu*, 'mío', *Di̯öus* 'Dios'). El timbre de la segunda vocal de las variantes anteriores es frecuentemente inestable e impreciso; la variante [i̯e], muy frecuente, resulta del efecto asimilatorio ejercido por la semivocal sobre el segundo elemen-

43. José Leite de Vasconcelos, *Estudos de filologia mirandesa*, vol. I, pp. 259-265; Maria José de Moura Santos, *Os falares fronteiriços (...)*, p. 212; Luísa Segura da Cruz, João Saramago, Gabriela Vitorino, «Os dialectos leoneses (...)», pp. 282-283.
44. José Leite de Vasconcelos, *Estudos de filologia mirandesa*, vol. I, p. 256; Luísa Segura da Cruz, João Saramago, Gabriela Vitorino, «Os dialectos leoneses (...)», p. 283.
45. A. Zamora Vicente, *Dialectología española*, p. 89.
46. A. Zamora Vicente, *op. cit.*, p. 91.
47. R. Menéndez Pidal, *El dialecto leonés*, pp. 37-44; A. Zamora Vicente, *Dialectología española*, pp. 89-99.

to. No obstante, a la misma vocal latina corresponde también, coexistiendo con las realizaciones diptongadas indicadas, la variante [ẹ], que es la más divulgada de todas.[48] En el extremo meridional de la Terra de Miranda, Sendim se individualiza por el hecho de presentar [i] como realización más generalizada de la vocal seguidora de /Ě/ latina: *firro* 'hierro', *pidra* 'piedra', *tista* 'testa', *pirna* 'pierna', *nito* 'nieto', *nive* 'nieve', etc. Sólo excepcionalmente se oye allí la variante diptongada [i̯ẹ] o la realización [ẹ].[49]

En lo referente al tratamiento del diptongo seguido de consonante palatal, el mirandés manifiesta vacilación entre formas con diptongo y formas con reducción a *i*: cfr. *gabielha* y *gabilha* 'gavilla' registradas en la población mirandesa de Duas Igrejas.[50]

En mirandés, y en los dialectos del ángulo nordeste, a la vocal que sigue a /Ǒ/ latina en posición tónica corresponden las siguientes realizaciones diptongadas y monotongadas que se integran en la historia del vocalismo leonés: [u̯o̯], [u̯a], [o̯] y [u]. Aunque en mirandés sea [o̯] la realización más divulgada, pueden oírse también realizaciones con diptongo; en rionorés y guadramilés predominan las realizaciones con diptongo, que pueden manifestarse de diversas formas en virtud de alteraciones de timbre sufridas por la vocal más abierta. Aparece generalizada en Sendim la variante monotongada [u] que, no obstante, puede aparecer con poca frecuencia en algunas poblaciones mirandesas: *buno* 'bueno', *murte* 'muerte', *purta* 'puerta', *ruda* 'rueda', etc.[51]

En los dialectos leoneses fronterizos hay algunos vestigios de diptongación de la vocal continuadora de /Ǒ/, cuando va seguida de consonante palatal: en Rio de Onor *fuoia* 'hoja', y en la aldea mirandesa de Constantim [fu̯o̯la], junto a [fo̯la] y a [fu̯la].[52]

Cuando está trabada por nasal, la diptongación no se produce generalmente en mirandés, a semejanza de lo que ocurre en leonés, y pueden presentarse las realizaciones [õ] y [ũ]. En Sendim es esta última la variante más generalizada y se oye habitualmente en esta población *punte*, *funte*.[53] Sin embargo, pueden registrarse también formas con diptongación tanto en la zona mirandesa como en Guadramil: *cuônta*, *cuônto*, *puônto*, *fuônte*, *puônte*.[54]

48.   José Leite de Vasconcelos, *Estudos de filologia mirandesa*, vol. I, pp. 218-223; Maria José de Moura Santos, *Os falares fronteiriços (...)*, p. 146 y ss.

49.   José Leite de Vasconcelos, *op. cit.*, vol. I, pp. 220-221 y vol. II, pp. 337-340; Maria José de Moura Santos, *Os falares fronteiriços (...)*, p. 150 y n. 150 y pp. 423-424.

50.   Luísa Segura da Cruz, João Saramago y Gabriela Vitorino, «Os dialectos leoneses (...)», p. 284.

51.   José Leite de Vasconcelos, *Estudos de filologia mirandesa*, vol. I, pp. 226-230; Maria José de Moura Santos, *op. cit.*, pp. 155-161; Luísa Segura da Cruz, João Saramago, Gabriela Vitorino, *Os dialectos leoneses em território português (...)*, pp. 284-285.

52.   Luísa Segura da Cruz, João Saramago, Gabriela Vitorino, *op. cit.*, p. 285.

53.   Maria José de Moura Santos, *Os falares fronteiriços (...)*, p. 160; José Leite de Vasconcelos, *Estudos de filologia mirandesa*, vol. I, p. 226; José G. Herculano de Carvalho, *Fonologia mirandesa*, I, Coimbra, 1958, pp. 61-62.

54.   Además de Leite de Vasconcelos, que en los textos del cancionero popular mirandés registra algunas formas con diptongo (cfr. *Estudos de filologia mirandesa*, II, p. 332), recogieron formas idénticas de la población mirandesa de Constantim y en Guadramil Luísa Segura da Cruz, João Saramago, Gabriela Vitorino, *Os dialectos leoneses em território português (...)*, p. 285.

La evolución de -N- y -L- latinas distingue claramente al gallego y al portugués del leonés y del castellano: las referidas consonantes se pierden en las dos lenguas del occidente hispánico en las formas tradicionales, y se mantienen en leonés que, en este sentido, coincide con el tratamiento del castellano. En toda el área mirandesa, incluido el subdialecto de Sendim, se conservan las referidas consonantes en posición intervocálica, exceptuando los casos en que aparecen en las terminaciones -ANE, -ONE y -UDINE (representada la primera por -ã, como en gallego, y en el antiguo gallego-portugués, y las siguientes por -õum, como en las hablas portuguesas de Entre-Douro-e-Minho).[55] Las formas mirandesas ofrecen así, sistemáticamente, la siguiente configuración: *a) moneda, tener, benir, pessona, cheno* 'lleno', *mano, camino, lhuna* 'luna',[56] *maçana* 'manzana', *bono* 'bueno', etc.;[57] *b) delor, malo, solo, filo* 'hilo', *salir, calente, color, palombo.*[59]

De los restantes dialectos, sólo el de Guadramil presenta un comportamiento análogo al del mirandés: el rionorés conserva generalmente -L-, pero revela grandes oscilaciones en cuanto al tratamiento de -N-.[60]

Acompañando el tratamiento astur-leonés[61] y castellano en lo referente a la evolución de -LL- y -NN- latinos, el mirandés (incluido el subdialecto sendinés) palatalizó siempre estas consonantes, y ofrece como resultados respectivamente [ḷ] y [ñ]. De este modo, ILLA- > *eilha*; CABALLU- > *cabalho*; STELLA- > *estreilha*; CAPANNA- > *cabanha*; PANNU- > *panho*, etc.[62]

Se alejan, en este aspecto, del mirandés los dialectos de las poblaciones del rincón nordeste de la provincia, de manera especial los de Rio de Onor y Guadramil, que presentan la simplificación de aquellas consonantes características del dominio gallego-portugués.[63]

Si por los fenómenos evolutivos señalados muestra el mirandés tratamientos propios del leonés, por otros es posible integrarlo más rigurosamente en el leonés occidental. Según fue establecido por Menéndez Pidal, la región dialectal que designa[64] como leonés occidental es aquella que, presentando la diptongación de las vocales que siguen a /Ĕ/ y /Ŏ/ latinas, manifiesta simultáneamente la conservación de los diptongos decrecientes *ei* y *ou* (en formas como *caldeiro* y *outro*), propios del dominio gallego-por-

55. Maria José de Moura Santos, *Os falares fronteiriços (...)*, pp. 213 y 216.
56. Ejemplos extraídos de José Leite de Vasconcelos, *Estudos de filologia mirandesa*, vol. I, p. 256.
57. Formas citadas por Maria José de Moura Santos, *Os falares fronteiriços (...)*, p. 213.
58. Ejemplos referidos por José Leite de Vasconcelos, *Estudos de filologia mirandesa*, vol. I, p. 265.
59. Formas referidas por Maria José de Moura Santos, *Os falares fronteiriços (...)*, p. 213.
60. Cfr. Maria José de Moura Santos, *Os falares fronteiriços (...)*, pp. 213-217, 422 y 426-427. Los dialectos de Petisqueira y Deilão, en notorio estado de disgregación, ofrecen una situación análoga a la de Rio de Onor, siendo, sin embargo, más raras las formas con -N- conservado y más frecuentes las formas sincopadas.
61. Sobre los resultados de -LL- y -NN- en el dominio leonés, véase A. Zamora Vicente, *Dialectología española*, pp. 146-149 y 153-154.
62. José Leite de Vasconcelos, *Estudos de filologia mirandesa*, vol. I, pp. 278-279; Maria José de Moura Santos, *Os falares fronteiriços (...)*, pp. 212-213.
63. Luísa Segura da Cruz, João Saramago, Gabriela Vitorino, *Os dialectos leoneses em território português (...)*, p. 286.
64. Ramón Menéndez Pidal, *El dialecto leonés*, p. 30.

tugués. Efectivamente, el diptongo *ai* (secundario), así como el diptongo *au* (primario o secundario) están representados en mirandés, como ocurre en gallego y en las hablas portuguesas septentrionales, por los diptongos *ei* y *ou* (siendo este último, en la Terra de Miranda, realizado como [öu̯]): *amei, lheite, feito, prumeiro* 'primero', *touro, ouro, fouce* 'hoz', etc.[65]

Si, en virtud de las características comunes a los dialectos leoneses y, muy particularmente, a los que constituyen el llamado leonés occidental, parece justificarse el encuadramiento del mirandés en el complejo lingüístico leonés, no puede dejar de subrayarse el hecho de que goza de identidad propia dentro de ese dominio lingüístico. Combinados con esas características, presenta el idioma de la Terra de Miranda rasgos lingüísticos divergentes con relación a los dialectos leoneses. En contraste con estos dialectos, posee el mirandés un sistema de sibilantes y de fricativas prepalatales idéntico al de las hablas portuguesas septentrionales de Trás-os-Montes y Alto Minho, constituido por seis fonemas fricativos /s/ /z/ /ş/ /ẓ/, /š/ /ž/ y por la africada /č/, y se mantienen en aquéllas las oposiciones entre sordas y sonoras y entre sibilantes pre-dorso-alveolares y ápico-alveolares.[66] No afectó al mirandés el ensordecimiento de las sonoras que afectó al leonés,[67] al gallego y al castellano.

Pero no sólo en lo que se refiere al sistema de sibilantes se comprueban afinidades con las hablas portuguesas de la zona trasmontana en la que el mirandés se integra; pese a algunas diferencias en lo referente a los antecedentes históricos de algunos fonemas, el sistema consonántico del mirandés es común al que está en vigor en toda la región fronteriza que enmarca la Terra de Miranda y toda la provincia de Trás-os-Montes. Otras particularidades diversas caracterizan en común a toda la zona fronteriza oriental. El secular contacto que en esta región se realizó entre el mirandés y el portugués (trasmontano) debe haber contribuido de forma significativa a configurar la peculiar posición del mirandés en el marco de los dialectos leoneses.

---

65.   José Leite de Vasconcelos, *Estudos de filologia mirandesa*, vol. I, pp. 213-218.

66.   Maria José de Moura Santos, *Os falares fronteiriços (...)*, p. 218 y ss.; José G. Herculano de Carvalho, *Fonologia mirandesa*, p. 95.

67.   Hay que subrayar el hecho de que los dialectos de Rio de Onor y Guadramil sufrieron el ensordecimiento de los referidos fonemas, lo que los vincula a los vecinos dialectos leoneses de Sanabria. Cfr. Maria José de Moura Santos, *Os falares fronteiriços (...)*, pp. 219 y 425-426.

# EXTREMEÑO

por M.ª Ángeles Álvarez Martínez

Extremadura es, como se sabe, una de las regiones que aún carece de atlas lingüístico, por lo que todavía hay muchos puntos de su amplio territorio que permanecen inexplorados lingüísticamente. A pesar de la existencia de monografías sobre hablas locales, que se han ido publicando desde finales de los años setenta y durante los años ochenta y noventa, carecemos de estudios de conjunto sobre la región e incluso sobre amplias zonas de la misma.[1] No es extraño, por ello, que en la bibliografía existente se siga recurriendo a estudios muy antiguos, como *Arcaísmos dialectales* de Aurelio M. Espinosa (1935)[2] o los resultados de las encuestas del *ALPI* (1962),[3] encuestas realizadas en esta región —recordemos— en el primer tercio de este siglo por Espinosa y L. Rodríguez-Castellano. Por ello, algu-

---

1. Curiosamente, para algunas zonas hay todavía que remitirse a estudios hechos hace más de medio siglo, como los de los alemanes Oskar Fink, *Studien über die Mundarten der Sierra de Gata*, F. de Gruyter, Hamburgo, 1929; W. Bierhenke, de orientación etnolingüística: «Das Dreschen in der Sierra de Gata», en *Volkstum und Kultur der Romanen*, II (1929), pp. 20-82, y *Ländliche Gewerbe der Sierra de Gata*, Hamburgo, 1932. De las décadas siguientes, se siguen consultando las obras de Espinosa (1935) (véase nota 2) y las de Alonso Zamora Vicente *El habla de Mérida y sus cercanías*, Anejo XXIX de la *Revista de Filología Española*, CSIC, Madrid, 1943, y «El dialectalismo de José María Gabriel y Galán», en *Filología*, II, 2 (1950), pp. 113-175 (reimpreso en sus *Estudios de dialectología hispánica*, Anejo 25 de *Verba*, Universidad de Santiago de Compostela, 1986, pp. 73-128). Realmente, hasta los años setenta la producción lingüística es muy escasa, pues además de los citados sólo cabría añadir, con cierta entidad, el vocabulario de Francisco Santos Coco, «Vocabulario extremeño», *Revista del Centro de Estudios Extremeños*, XIV (1940), pp. 65-96, 135-166, 261-292; XV (1941), pp. 69-96; XVI (1942), pp. 34-48; XVIII (1944), pp. 243-253; y en *Revista de Estudios Extremeños*, VIII (1952), pp. 535-542; así como el estudio de Juan José Velo Nieto, «El habla de las Hurdes», *Revista de Estudios Extremeños*, XII (1956), pp. 59-205, y el del investigador inglés John G. Cummins, *El habla de Coria y sus cercanías*, Thamesis Books Ltd., Londres, 1974. En torno a esta última fecha comienzan a realizarse investigaciones de campo que se presentan como memorias de licenciatura y tesis doctorales en varios centros (Universidades Complutense de Madrid, Granada y Salamanca), y especialmente a partir de 1973, con la creación de la Universidad de Extremadura, conocen estos estudios cierto auge. Baste decir que la única monografía global y con garantías publicada sobre el habla de Extremadura es de fecha mucho más reciente. Se trata de un breve compendio divulgativo de Antonio Viudas Camarasa, Manuel Ariza Viguera y Antonio Salvador Plans, *El habla en Extremadura*, Editora Regional de Extremadura, Junta de Extremadura, 1987. El resto de las descripciones que aspiran a la generalidad son muy incompletas o anticuadas. En el proyecto del *Nuevo Atlas de la Península Ibérica*, dirigido por Manuel Alvar, Extremadura tiene disponible su propio atlas.

2. Aurelio M. Espinosa (hijo), *Arcaísmos dialectales: la conservación de «s» y «z» sonoras en Cáceres y Salamanca*, Anejo XIX de la *Revista de Filología Española*, Madrid, 1935.

3. *Atlas Lingüístico de la Península Ibérica (ALPI)*, I: *Fonética*, CSIC, Madrid, 1962.

nas de las afirmaciones que puedan hacerse sobre el habla de Extremadura —llamada *castúo* por algunos, siguiendo la denominación de Luis Cha-
mizo—[4] son forzosamente provisionales, y en algunos casos hasta especu-
lativas, debido a la dificultad de elaborar generalizaciones sin disponer de
los datos necesarios. Como se verá en las páginas que siguen, la imagen
primera que proyecta un mapa lingüístico de la región es la de atomización
de fenómenos, pues muchos rasgos parecen quedar reducidos a «islas»;
quizá ello se deba a la realidad, que sin duda es compleja, pero tal vez obe-
dezca simplemente al estado imperfecto y fragmentado de nuestros conocimientos actuales.

Una vez hecha esta advertencia inicial, conviene decir de inmediato
que lo que sabemos de la realidad actual no desmiente la afirmación consabida de que en Extremadura, como apuntaba Zamora Vicente, no hay
verdadero dialecto, sino más bien «hablas de tránsito».[5] Así también lo ha
defendido hace poco tiempo, y desde otro punto de vista, Antonio Llorente, para quien el extremeño —como el murciano, las hablas andaluzas, las
hablas canarias o el español de América— no son verdaderos dialectos,
sino modalidades regionales. Para este autor, en efecto, todas estas hablas
«no son otra cosa que la continuación del antiguo dialecto castellano (hoy
convertido en la lengua española), continuación que presenta algunos fenómenos fonéticos distintos de los fenómenos del español común y del español coloquial del resto de las regiones españolas».[6] Las peculiaridades
que presenta cada una de estas hablas (que también llama Llorente «hablas
meridionales») son fundamentalmente fonéticas, ya que en lo morfosintáctico no hay grandes diferencias (aunque alguna sí hay para el extremeño,
como se anotará después). Pero debe observarse que en Extremadura no
sólo podemos hablar de hablas meridionales (algo que puede aplicarse sin
mayor dificultad a Badajoz, por ejemplo), sino que hay, en algunas zonas
de la provincia de Cáceres, rasgos comunes con las hablas dialectales leonesas, que constituyen —como ha explicado Emilio Alarcos— un conjunto
muy fragmentado. Es consecuencia naturalmente de la historia de la región, que fue reconquistada y repoblada en algunas zonas, y en ciertos momentos, por hablantes del antiguo reino de León.

Recordemos que en la primera etapa de la Reconquista (siglo XII) la
Transierra (o Trassierra; también Traslasierra), esto es, el norte de la provincia de Cáceres, se dividió en dos zonas, separadas por la calzada de Guinea (hoy ruta de la Plata): la occidental cayó bajo el influjo leonés y la oriental bajo el castellano. Durante el primer tercio del siglo XIII, y especialmente a partir de las Navas de Tolosa (1212), se avanza en la repoblación, y así

---

4.   Cfr. su célebre obra *El miajón de los castúos*, en *Obras completas* (ed. de A. Viudas Camarasa), Universitas Editorial, Badajoz, 1982. A pesar del rechazo al término *castúo* por Antonio Rodrí-
guez-Moñino (cfr. «Diccionario geográfico popular de Extremadura», *Revista de Estudios Extremeños*,
XVI [1960], p. 597), se trata de un vocablo que —aunque polémico— se ha hecho habitual en la región para referirse al habla extremeña.
5.   Alonso Zamora Vicente, *Dialectología Española*, Gredos, Madrid, 1979, pp. 332-336.
6.   Antonio Llorente Maldonado de Guevara, «Variedades del español en España», en Manuel
Seco y Gregorio Salvador (coords.), *La lengua española hoy*, Fundación Juan March, Madrid, 1995,
p. 88.

Cáceres, Mérida y Badajoz fueron reconquistadas por León, mientras que Trujillo, por ejemplo, lo fue por Castilla. Mas a partir de la reunificación de Castilla y León, en 1230, la reconquista y la repoblación de Extremadura no obedecieron ya a repartos geográficos fijos entre los dos antiguos reinos, de modo que los repobladores que se establecieron en las tierras extremeñas procedían de zonas diversas y con cierta frecuencia estaban mezclados.[7] Esto —así como la temprana castellanización del dialecto leonés, y luego la fuerza de la norma toledana (y sevillana)— hace difícil reconocer el origen de determinados fenómenos extremeños (¿se debe a influjo leonés o castellano el uso del artículo con posesivo, por ejemplo?). Donde más evidente es, sin duda, la huella leonesa es en la zona noroccidental de Cáceres. Ese componente se refleja sobre todo en el léxico y en algunos fenómenos de tipo histórico-fonético, así como en unos pocos rasgos morfológicos, algunos de los cuales se han extendido por toda la región.

Otra presencia lingüística importante en las hablas extremeñas —y no sólo en la historia, sino en la realidad actual— es naturalmente la del portugués en las zonas fronterizas, de las que el caso más relevante es quizá el habla de la ciudad pacense de Olivenza, española en unas épocas históricas y portuguesa en otras, que no abordaremos aquí por ser materia específica de otro capítulo de esta obra.[8] Pero no sólo Olivenza; hay otra zona, en el noroeste de Cáceres, que es la comarca del Trevejo, en la sierra de Jálama, donde hay varios pueblos fronterizos con Portugal (San Martín de Trevejo, Eljas y Valverde del Fresno) que ofrecen sin duda interés lingüístico, aunque la gran mayoría de los estudiosos que se han ocupado de esta zona se refiere a la lengua del lugar como un dialecto del portugués o del gallego, con algunos leonesismos, motivo por el cual no nos ocuparemos de él en estas páginas.[9] Las otras fronteras extremeñas son obviamente las del

7. Cfr. Manuel Ariza Viguera, «Apuntes de geografía lingüística extremeña (datos extraídos del *ALPI* y otras encuestas)», en *Anuario de Estudios Filológicos*, III (1980), pp. 21-29, e «Historia lingüística de Extremadura», cap. VI de *El habla en Extremadura*, pp. 49-55. Véanse también, para una exposición del mismo asunto y de la polémica histórica sobre las repoblaciones, los trabajos de Fernando Flores del Manzano, «Incidencia del factor histórico en la configuración geolingüística de Extremadura», en M. Ariza, A. Salvador y A. Viudas (eds.), *Actas del I Congreso Internacional de Historia de la Lengua Española*, Arco/Libros, Madrid, 1988, t. II, pp. 1449-1459, y «Modalidades de habla extremeña en la Sierra de Gredos», en M. Ariza, R. Cano, J. M.ª Mendoza y A. Narbona (eds.), *Actas del II Congreso Internacional de Historia de la Lengua Española*, Pabellón de España, Madrid, 1992, t. II, pp. 121-134. En ambos ensayos pueden encontrarse numerosas referencias bibliográficas sobre esta cuestión.

8. Cfr. María de Fátima Resende F. Matías, «Bilinguismo e níveis sociolinguísticos numa região luso-espanhola (Concelhos de Alandroal, Campo Maior, Elvas e Olivença)», *Revista Portuguesa de Filología*, Coimbra, 1984, así como la tesis doctoral de Manuel Martínez Martínez, *El enclave de Olivenza, su historia y su habla*, extracto publicado por la Universidad de Granada, 1974, y su artículo «Historia y toponimia de Olivenza», *Revista de Estudios Extremeños*, XXXIX (1983), pp. 81-93.

9. Cfr. Federico de Onís, «Notas sobre el dialecto de San Martín de Trevejo», en *Todd Memorial Volumes, Philological Studies*, II (1930), Nueva York, pp. 63-70; José Leite de Vasconcellos, «Português dialectal da Xalma (Espanha)», *Revista Lusitana*, XXXI (1933), pp. 164 y ss.; Clarinda de Azevedo Maia, «A penetração da língua nacional de Portugal e de Espanha nos falares fronteiriços do Sabugal e de região de Xalma e Alamedilla», en *Colóquio*, Lisboa, 2, III (1970) (separata, 13 pp.), y «Os falares fronteiriços do concelho do Sabugal e da vizinha região de Xalma e Alamedilla», *Revista Portuguesa de Filología*, Coimbra, 1977. Sin embargo, A. Viudas Camarasa («Un habla de transición: el dialecto de San Martín de Trevejo», *Lletres Asturianes*, 4 [1982], pp. 55-71) prefiere ver esta habla como un dialecto de transición entre las hablas gallego-portuguesas y el asturleonés occidental.

castellano y el andaluz, que —según iremos viendo— ejercen mayor o menor influencia en determinados rasgos de las hablas de Extremadura. Veamos, pues, y en primer lugar, cómo se reflejan los rasgos distintivos entre estas hablas extremeñas y las castellanas y andaluzas en el plano lingüístico en que mejor pueden apreciarse, el fonético.

El estudio del vocalismo aporta escasos elementos diferenciadores con respecto al castellano común, si acaso una tensión articulatoria mayor en las vocales tónicas, que provoca cierto alargamiento en su duración; y en cuanto a las átonas, se constata el fenómeno de la relajación, debido a factores sociolingüísticos (nivel cultural) y circunstanciales (mayor o menor cuidado en la elocución).[10] El rasgo más llamativo, que vincula el vocalismo extremeño de ciertas zonas al del andaluz, es el del comportamiento de la vocal final cuando desaparece la aspiración marca de plural. Esto, al igual que en andaluz occidental (Huelva, por ejemplo), no produce un reajuste fonológico (como sí sucede en el vocalismo granadino): las vocales /a/, /e/, /o/ para el singular se pronuncian cerradas, mientras que si son de plural (por desaparición de la [-s] o la aspiración) se pronuncian abiertas. Este fenómeno se ha registrado, al menos, en diversas zonas de la provincia de Badajoz, como en Valencia del Ventoso y Valdivia.[11]

Otro fenómeno llamativo, que reflejan las encuestas del *ALPI*, es el cierre de las átonas /o/ final en /u/ y /e/ final en /i/ en el noroeste y centro de la provincia de Cáceres, lo que probablemente se debe a influjo leonés, ya que la zona es coincidente con la indicada más atrás para la reconquista y repoblación medievales por parte de leoneses, aunque se ha recogido también en otras zonas cacereñas.[12] Cummins, en su estudio sobre la comarca de Coria, apunta que se trata de un fenómeno en regresión, ya que las generaciones jóvenes lo evitan por considerarlo «inculto». De modo análogo se pronuncia Flores del Manzano con respecto a la zona noreste de la provincia de Cáceres, en concreto en los núcleos serranos más altos del valle del Jerte (Piornal y otras localidades).[13]

10.    Cfr. para una síntesis de estos aspectos fonéticos Antonio Salvador Plans, «Principales características fonético-fonológicas», cap. III del libro ya citado *El habla en Extremadura*, pp. 25-37.

11.    Cfr. María Luisa Indiano Nogales, «El habla de Valencia del Ventoso (Memoria de Licenciatura inédita, Facultad de Letras, Cáceres, 1977), y Miguel Lumera Guerrero, «El habla de Valdivia (Badajoz)» (Memoria de Licenciatura inédita, Facultad de Letras, Cáceres, 1979). Sin embargo se constata que no se recoge en la provincia de Cáceres, en la zona de Coria (cfr. John G. Cummins, *El habla de Coria y sus cercanías*, § 13); ni en Madroñera (cfr. Pilar Montero Curiel, *El habla de Madroñera [Cáceres]*, Universidad de Extremadura, Cáceres, 1996, p. 75). Pero tampoco se ha registrado en Higuera de Vargas (suroeste de Badajoz) (cfr. E. Cortés Gómez, *El habla de Higuera de Vargas*, Diputación Provincial, Badajoz, 1979, p. 28). Véanse los trabajos de Gregorio Salvador «Unidades fonológicas vocálicas en andaluz oriental (1974/1977)» y «El juego fonológico y la articulación de las llamadas vocales andaluzas (1985)», en *Estudios dialectológicos*, Paraninfo, Madrid, 1987, pp. 79-96 y pp. 97-117; también «Las otras vocales andaluzas» en *Philologica I. Homenaje a D. Antonio Llorente*, Ediciones Universidad de Salamanca, Salamanca, 1989, pp. 115-123.

12.    Obsérvese que este fenómeno es común a otras zonas del dominio leonés, como Asturias, Santander, Zamora, Sayago y Salamanca, así como en La Rioja.

13.    Cfr. J. G. Cummins, *El habla de Coria...*, § 2°; y Fernando Flores del Manzano, «Modalidades de habla extremeña en la Sierra de Gredos», en M. Ariza, R. Cano, J. M.ª Mendoza y A. Narbona (eds.), *Actas del II Congreso Internacional...*, p. 128. Pilar Montero Curiel, sin embargo, en su más reciente estudio *El habla de Madroñera* no señala para esa localidad del sureste de Cáceres esta regresión, limitándose a apuntar que en Madroñera se produce el cierre más frecuentemente con la /-o/ que con la /-e/.

Los otros rasgos vocálicos que suelen darse en algunos estudios como propios de la región son fenómenos muy extendidos por toda la Península e incluso por buena parte del mundo hispánico, generalmente considerados ruralismos o vulgarismos; así los fenómenos de epéntesis de yod (*alabancia*), diptongaciones analógicas (*juegaba, apriende, dientihta, diferiencia*...), formas analógicas (*apretan, frego*), desaparición de diptongación (*pos* 'pues', *pacencia*...), ruptura de hiato y epéntesis (*riyendo*), proclisis (como en *mu* por *muy*), metátesis (*naide*), asimilaciones (*dicil* 'decir *kalandario* 'calendario'), disimilaciones (*semoh* 'somos', *medecina*), generación de [-n] paragógica (*asín, habalín*), etc. En las vocales átonas, además, se registran fenómenos también comunes a otras áreas, en niveles socioculturales asimismo bajos, como la desaparición de /a/ inicial (*buhero* 'agujero', *zotea* 'azotea'...), de /e/ inicial (*nano* 'enano', *tati kjetu* 'estate quieto'...), confusión de /a/ y /e/ (*cenahoria, ancía* 'encía'...), de /o/ y /e/ (*ehkuro*), cierre de finales (*dienti* 'diente'), etc.

En el consonantismo hay algunos fenómenos destacados en estudios anteriores que conviene repasar brevemente: 1) la distinción /b/ / /v/, el primer fonema bilabial oclusivo y el segundo labiodental fricativo; 2) la conservación de antiguas consonantes sonoras dentales y su relación con el seseo y ceceo; 3) la diferenciación y realizaciones de /ḷ/ / /y/; 4) la neutralización de la oposición /l/ / /r/; 5) la aspiración de la *h* procedente de /f-/ inicial latina y de *j* castellana.

Sobre el primer fenómeno cabe decir hoy muy poco, pues aunque Espinosa lo registró en sus encuestas en las localidades cacereñas de Serradilla y Garrovillas (y así lo han recogido tratadistas posteriores), en la actualidad la realidad es muy otra. Manuel Ariza ha explicado recientemente que ya no hay /v/ en esos lugares (si es que alguna vez la hubo, cosa que niega este estudioso), sino sólo la oposición [b] - [ƀ], las dos bilabiales, la oclusiva procedente de la /p/ latina; sin embargo, como apunta este lingüista refiriéndose a sus encuestas en Serradilla: «es cierto que este sistema fonológico con dos fonemas bilabiales sonoros convive con el del español, hasta el punto de que —como tenemos grabado— en ocasiones había que insistir en que pronunciasen como solían hacerlo normalmente, pues de primera intención realizaban pronunciaciones "normales" (es decir, con [ƀ] fricativa en situación intervocálica, sea cual fuere su origen)».[14]

El segundo rasgo es también arcaico, y uno de los más divulgados —gracias a Menéndez Pidal, Espinosa, Diego Catalán, Zamora Vicente y Rafael Lapesa— como propio de una zona de Extremadura.[15] Comentaba Espinosa que se mantenían dos parejas bien diferenciadas: *a*) la constitui-

---

14. Manuel Ariza, «/b/ oclusiva y /ƀ/ fricativa en Serradilla, Cáceres», en *Sobre fonética histórica del español*, Arco/Libros, Madrid, 1994, p. 69 [se publicó primeramente en *Anuario de Letras*, XXX (1992), pp. 173-176].

15. Cfr. Ramón Menéndez Pidal, *El dialecto leonés* (ed. de Carmen Bobes), Instituto de Estudios Asturianos, Oviedo, 1962, pp. 75-77; Aurelio M. Espinosa, *Arcaísmos dialectales*, §§ 49 y 57; Diego Catalán, «El fin del fonema /z/ [dẓ - ẓ] en español», en *El español. Orígenes de su diversidad*, Paraninfo, Madrid, 1989, pp. 17-52, especialmente pp. 44-45 para la cuestión que aquí nos ocupa; Alonso Zamora Vicente, *Dialectología española*, pp. 140-143, y Rafael Lapesa, *Historia de la lengua española*, Gredos, Madrid, 1980, p. 515.

da por la [s] sorda *(ss)* frente a la [s] sonora *(s)*; y *b*) la formada por el fonema alveolar africado sordo (la antigua grafía *ç*) frente a su correspondiente sonoro (*z*, o también *d* en ortografía moderna). Esta distinción era básicamente la del sistema medieval español, que se mantiene entre los judíos sefardíes, y —tal como lo recoge Espinosa en 1935— en varias localidades cacereñas, en concreto en Malpartida de Plasencia, Serradilla, Madroñera, ciertos puntos de la comarca de Coria, Plasencia, Garrovillas, Montehermoso, en las Hurdes, en la sierra de Gata, etc. En ellas, según Espinosa, se conservan estos sonidos conforme a su etimología, y en las excepciones a este hecho que se recogen se trataría de la aparición del sonido sordo moderno en lugar del esperable sonoro antiguo, lo que cabe explicar por influjo del español común. Diego Catalán, unos años después (en 1954) corrobora esta hipótesis en su detenido estudio del habla de Gregoria Canelo, esposa del farmacéutico de Malpartida de Plasencia, que en 1904 remitió a Menéndez Pidal unos textos escritos por ella misma en que se recogía la forma de hablar del pueblo, conocida como «chinato».[16] Sin embargo, esta teoría ha sido negada por Máximo Torreblanca en diversos estudios, en los que sostiene que las sonoras que se registran en estos lugares no son herencia medieval, pues no siempre se encuentran en palabras donde corresponderían según su etimología; según este investigador, se trata de una sonorización de /s/ y /θ/ moderna, totalmente independiente de la etimología de las palabras.[17] Sería un fenómeno análogo al de sonorización de otras consonantes sordas en otros lugares (como Canarias, según recogen Trujillo y otros),[18] un proceso, pues, de «lenición articulatoria»,[19] algo que Catalán rechaza con rotundidad.[20]

Manuel Ariza, por su parte, ha vuelto recientemente sobre la cuestión, examinando los testimonios de los lingüistas precedentes, y ha hecho en-

---

16.  Cfr. Diego Catalán, «Concepto lingüístico del dialecto "chinato" en una chinato-hablante. Ejemplo de un habla a la vez conservadora e innovadora», *Revista de Dialectología y Tradiciones Populares*, 10 (1954), pp. 10-28, recogido y actualizado posteriormente, con adiciones, en su libro citado *El español. Orígenes de su diversidad*, pp. 105-118.

17.  Cfr. Máximo Torreblanca, «La sonorización de las oclusivas sordas en el habla toledana», *Boletín de la Real Academia Española*, LVI (1976), pp. 117-145; «Las sibilantes sonoras del Oeste de España: ¿arcaísmo o innovaciones fonéticas?», *Revista de Filología Románica*, 1 (1983), pp. 61-108, y «La sonorización de /s/ y /θ/ en el noroeste toledano», *Lingüística Española Actual*, VIII/1 (1986), pp. 5-19.

18.  Cfr. Gregorio Salvador, «Neutralización *G-/K-* en español», en *Actas del XI Congreso Internacional de Lingüística y Filología Románica*, CSIC, Madrid, 1969, pp. 1739-1752 (recogido también, con importante apostilla de 1985, «con algunas consideraciones sobre el rasgo de sonoridad» en *Estudios dialectológicos*, Paraninfo, Madrid, 1987, pp. 152-167); Ramón Trujillo, «Sonorización de sordas en Canarias», *Anuario de Letras*, XVIII (1980), pp. 247-254, y «¿Fonologización de alófonos en el habla de Las Palmas?», en *I Simposio Internacional de Lengua Española*, Excmo. Cabildo Insular, Las Palmas de Gran Canaria, 1981, pp. 161-174; Manuel Almeida, «En torno a las oclusivas sonoras tensas grancanarias», *Revista de Filología de la Universidad de La Laguna*, 1 (1982), pp. 77-87; y M.ª Ángeles Álvarez Martínez, «Estudios fonéticos sobre el español de Canarias: la aspiración y la sonorización de oclusivas sordas», *Español actual*, 54 (1990), pp. 91-99.

19.  Cfr. Magne Oftedal, *Lenition in Celtic and Insular Spanish. The Secondary Voicing of Stops in Gran Canaria*, Universitetsforlaget, Oslo, 1985, así como nuestra reseña, en *Revista de Filología Española*, LXVII (1987), pp. 363-366.

20.  Cfr. Diego Catalán, «Concepto lingüístico...», p. 107, nota 5, donde sostiene que las afirmaciones hechas por él en 1954 pueden mantenerse hoy, como ha constatado en encuestas hechas en el curso 1981-1982.

cuestas en la zona, con los resultados que siguen. En Malpartida de Plasencia constata que no hay hablantes chinatos con las peculiaridades descritas por Catalán en su análisis del habla de Gregoria Canelo, aunque sí existe en el lugar conciencia de que ese modo de hablar fue habitual antes de la guerra civil; en el resto de las localidades visitadas por Espinosa el fenómeno está en total regresión o ha desaparecido, con una sola excepción. Esta excepción es Serradilla, donde Ariza ha registrado tanto la conservación de sonoras procedentes de la antigua dentoalveolar sonora medieval, como la diferencia antigua entre /s/ y /z/:

> *kaza* ('casa'), *kamiza* ('camisa'), *iglezia*, *meza* ('mesa'), *kozecha* ('cosecha'), *kezo* ('queso') o *kozer* ('coser') pueden escucharse en el pueblo en boca de hablantes de cualquier edad y condición. Este último fenómeno y el de la distinción de las formas provenientes de las antiguas labiales oclusiva y fricativa no están en decadencia, sino que mantienen su pleno vigor incluso entre la gente más joven.[21]

Por otro lado, cabe señalar que, en líneas generales, y frente a lo que ocurre en las hablas andaluzas, la distinción entre /s/ y /θ/ se mantiene en Extremadura con escasas excepciones: hay seseo en la zona fronteriza con Portugal, desde Alburquerque, en el norte de la provincia de Badajoz, hasta el sur de esa provincia, lo que evidencia el influjo portugués, así como en el «islote lingüístico» de Fuente del Maestre (pueblo de Badajoz) que, aunque rodeado de localidades distinguidoras, es claramente seseante desde tiempos antiguos, como se recoge en un famoso *dictado tópico* sobre el pueblo: «Todoh loh de La Fuente / son conosidoh / porque disen, aseite, / sebá y tosino.» El ceceo, documentado también desde muy antiguo, está reducido a otro «islote lingüístico» singular, el de Malpartida de Plasencia (tanto el caso del seseo de Fuente del Maestre como el ceceo de Malpartida de Plasencia son mencionados por el extremeño Gonzalo Correas en su *Ortografía* de 1630).[22]

En cuanto al tercer fenómeno mencionado más atrás, la distinción /ʎ/ / /y/, debe indicarse que el yeísmo está bastante extendido, de modo que son escasos los puntos de Extremadura que son distinguidores: algunas localidades del norte de Cáceres, del centro-sur y del este, así como ciertos focos muy aislados de la provincia de Badajoz (suroeste y noreste principalmente). En algunos lugares se dan fenómenos curiosos de «islotes lingüísticos», como en Madroñera, localidad cacereña absolutamente distinguidora, en una zona yeísta dominada por el enclave urbano de Trujillo y sus barrios (Huertas de Ánimas y Huertas de la Magdalena), a sólo 14 kilómetros de Madroñera, zona en la que se oye el dicho «quien no diga

---

21. Manuel Ariza, «Sobre la conservación de sonoras en la provincia de Cáceres», en *Sobre fonética histórica del español*, pp. 179-201 (la cita es de la p. 193) [se publicó originalmente en *Zeitschrift für romanische Philologie*, 108, 3/4 (1992), pp. 276-292].

22. Sobre estas y otras observaciones de Correas, en torno al extremeño y otras zonas, cfr. el ensayo de Antonio Salvador Plans, «Niveles sociolingüísticos en Gonzalo de Correas», en M. Ariza, A. Salvador y A. Viudas (eds.), *Actas del I Congreso Internacional de Historia...*, t. I, pp. 977-993.

*poyo-poyiyo* / no es de las Huertas ni es de *Trujiyo*».[23] Lo que se percibe también en Extremadura, como en otras zonas peninsulares, es la decadencia de /ʎ/, fonema reducido casi mayoritariamente a zonas rurales y hablantes de cierta edad, pues las generaciones jóvenes evitan articularlo. Por otro lado, la /y/ tiene dos modos articulatorios distintos en la región: uno caracterizado por un cierre que evoluciona hacia una fricación, produciéndose un sonido africado similar a la /ĉ/ relajada;[24] y otro que es el rehilamiento, o quizá mejor, un semirrehilamiento, porque en esta región es sin duda menos notorio que el conocido rehilamiento porteño. Este tipo de articulación semirrehilante de la /y/ se recoge en el centro-sur de la provincia de Cáceres y en el este de la Alta Extremadura (parece, según recoge Cummins, que es también creciente en la juventud de la localidad de Coria, en el noroeste de Cáceres),[25] así como en diversas localidades de Badajoz, en especial en la zona norte y central (aunque el *ALPI* lo registra en Talavera la Real, Almendral, Fuente del Maestre, Valle de Santa Ana, Calera de León, Hornachos y Campanario).[26]

El cuarto rasgo consonántico señalado antes, la neutralización de /l/ / /r/ en posición implosiva es, como se sabe, un fenómeno de gran extensión geográfica en todo el ámbito hispánico, y Extremadura no es en absoluto una excepción en esta tendencia tan acusada en las hablas meridionales especialmente. Lo que es más peculiar de las hablas extremeñas es el predominio de [r] como resultado de la neutralización, ya que en *l* parece limitarse a la zona norte de la provincia de Cáceres.[27]

El último rasgo del consonantismo que conviene resaltar es el de la aspiración, en lo que la modalidad extremeña se opone al castellano. Se ha escrito que es un rasgo leonés, pero igualmente —como sostenía Menéndez Pidal— puede entenderse como rasgo arcaico castellano, y parece natural que la norma toledana (luego sevillana) ejerciera también influencia al respecto.[28] En todo caso, la aspiración es un fenómeno muy extendido, y suele presentarse en realizaciones sonoras en casi toda la provincia de Badajoz y al sur de Cáceres, mientras que al norte del Tajo suele ser sorda.[29] Hay

---

23.   Cfr. el citado estudio de Pilar Montero Curiel, *El habla de Madroñera*, p. 81.
24.   Así lo describe Pilar Montero Curiel en *El habla de Madroñera*, p. 86.
25.   J. G. Cummins, *El habla de Coria...*, § 15.
26.   Sobre la situación en distintas zonas de la provincia de Badajoz especialmente cfr. Alonso Zamora Vicente, *El habla de Mérida...*, § 7; M.ª Luisa Indiano Nogales, *El habla de Valencia del Ventoso*, p. 43; E. Cortés Gómez, *El habla de Higuera de Vargas*, p. 29, y Manuel Hidalgo Caballero, «Pervivencia actual de la *-ll-* en el suroeste de España», *Revista de Filología Española*, LIX (1977), pp. 119-143.
27.   Cfr. Miguel Lumera Guerrero, «Aproximación a la fonética del habla de Plasencia», en M. Ariza, A. Salvador y A. Viudas (eds.), *Actas del I Congreso Internacional de Historia...*, t. II, p. 1524, y Fernando Flores del Manzano, «Modalidades de habla extremeña en la Sierra de Gredos», en M. Ariza, R. Cano, J. M.ª Mendoza y A. Narbona (eds.), *Actas del II Congreso Internacional...*, t. II, p. 129.
28.   Cfr. Antonio Salvador Plans, «Principales características...», cap. III de *El habla en Extremadura*, pp. 34-35, y Manuel Ariza Viguera, «Áreas lingüísticas», cap. VIII de *El habla en Extremadura*, pp. 61-62.
29.   Cfr. el temprano estudio de Aurelio M. Espinosa y L. Rodríguez-Castellano, «La aspiración de la *h* en el sur y oeste de España», *Revista de Filología Española*, XXIII (1936), pp. 225-250.y 337-378. Si bien estos autores consideran que la aspiración sonora sólo se da en pronunciación relajada, Alonso Zamora Vicente sostiene que la aspiración sonora es típica de Badajoz, y que en esa provincia no ha recogido aspiraciones sordas (cfr. *El habla de Mérida...*, § 6₄).

tres tipos de aspiración: *a)* la procedente de /f-/ inicial latina *(hondo, hormiga, hembra...)*; *b)* la que corresponde, como en andaluz, al fonema fricativo velar sordo /x/ del castellano (se trata de dos resultados distintos de la confluencia de los antiguos fonemas palatales fricativos sordo [grafía medieval *x*] y sonoro [grafías medievales *g, j*]), y *c)* la de la /-s/ implosiva en cualquier posición, al final o en medio de la palabra (como en *ehte*). Curiosamente, y aunque esta aspiración de /-s/ es equivalente a la andaluza, en Extremadura el tipo de /s/ predominante es la del castellano (la /s/ apical), y no los tipos coronal o dorsal, característicos del andaluz.[30]

De la entonación extremeña, a pesar de que Extremadura es de los pocos territorios sobre los que se ha trabajado algo, apenas podemos indicar —como señala Canellada— que lo más notorio es un tono medio de voz más elevado que en castellano.[31] La entonación dialectal es una de las cuestiones que menos atención ha recibido, sin embargo, podría decirse que la entonación extremeña es, en general, similar a la castellana. No obstante, en algunas zonas (por ejemplo, en los alrededores de Zafra, provincia de Badajoz) pueden recogerse peculiaridades que no han sido suficientemente estudiadas.

En cuanto al plano morfosintáctico, hay que reiterar algo ya dicho para ciertos rasgos fonéticos, esto es, que en Extremadura se presentan elementos de morfología y sintaxis bien conocidos en otros ámbitos dialectales, que tienen generalmente la consideración de vulgarismos y en algunos casos de occidentalismos o leonesismos.[32] Así por ejemplo: el género femenino en nombres masculinos *(la reuma, la calor, la pus...)*, e incluso lo contrario *(el ceriyo* 'la cerilla'); el empleo del artículo con el posesivo *(la mi casa, el mi coche)*, habitual sobre todo en la zona norte de la provincia de Cáceres (tanto la de repoblamiento leonés como la de castellano); el uso de artículo con nombres propios *(la María, el Fernando)*; vulgarismos en los pronombres personales, como *me se rompió*, o las formas *mos, mosotros, muestro* ('nos', 'nosotros', 'nuestro'); el uso partitivo del antiguo genitivo latino en *tengo unos pocos de caballos*; en los verbos la gran frecuencia de infinitivos en *-ear (lloviznear)*, las formas fuertes de la tercera persona del plural del pretérito indefinido: *puson, vinon, truhun* ('pusieron', 'vinieron', 'trajeron'), así como un empleo frecuente de la preposición *de* con algunos verbos *(le mandó de avisar, vimos de venir...)*; formas arcaicas y vulgares de algunos adverbios *(ansina, entavía...)*, y de combinación de varias preposiciones *(voy a por agua, vengo de por el vino)*, etc.

Quizá convenga referirse especialmente, dentro de este plano morfosintáctico, al uso de la sufijación, pues es muy habitual el diminutivo en

30. Cfr. Manuel Ariza Viguera, «Áreas lingüísticas», cap. VIII de *El habla en Extremadura*, pp. 62-63.

31. Cfr. María Josefa Canellada, «Notas de entonación extremeña», *Revista de Filología Española*, XXV (1941), pp. 79-91.

32. Para una síntesis de la situación, cfr. Antonio Salvador Plans, «Principales características morfosintácticas», cap. IV de *El habla en Extremadura*, pp. 39-44. También la parte de morfosintaxis del trabajo citado de Fernando Flores del Manzano, «Modalidades de habla extremeña en la Sierra de Gredos», pp. 130-132; así como el estudio de Miguel Lumera Guerrero, «Algunas notas de morfosintaxis del habla de Plasencia», en *Actas del II Congreso Internacional...*, t. II, pp. 187-197.

*-ino, -ina,* y al parecer en menor medida *-ín.* Son frecuentes en toda Extremadura usos como *chiquinino, cajina,* etc., de evidente procedencia leonesa, igual que el sufijo *-ín (garrapín, corderín).* Sin embargo, este último parece mucho más restringido geográficamente (Hurdes, zona de Coria).[33]

En algunos lugares se han registrado también leísmo y laísmo, tanto en la provincia de Cáceres (Plasencia y Madroñera) como de Badajoz (Valencia del Ventoso, Valdivia).[34]

Otro rasgo especialmente llamativo, que debe tener también origen leonés y que encontramos en otras zonas dialectales del Occidente peninsular, es el uso de los verbos *caer* y *quedar*; el primer verbo se emplea como transitivo con los valores de 'derramar', 'verter' *(caí un vaso de agua)*, y de 'tirar' *(ese árbol lo van a caer). Quedar*, por otro lado, se usa también como transitivo con el significado de 'dejar', 'abandonar' *(me has quedado dos horas esperando).*

Hay, desde luego, otros usos de verbos como *haber* que, como en otras muchas zonas, significa también en Extremadura 'tener' *(no habemos mucho trabajo)*, 'ser' *(habemos dos hermanos en la familia)*, y 'estar' *(habíamos allí muchos)*; asimismo, como en otros lugares, se registran empleos de *habían, hubieron,* etc. Antonio Salvador se refiere también a usos de los verbos siguientes: *entrar* por 'meter' *(entrar el coche en la cochera)*; *coger* por 'caber' *(no coger en un sitio ni una aguja)*; *soñar* como pronominal *(esta noche me he soñado muchas cosas raras)*, etc. Como este mismo lingüista advierte sobre estas características: «la mayor parte de ellas son comunes con otras zonas lingüísticas, pero juntas configuran la peculiaridad de las hablas extremeñas».[35]

A pesar de disponer de varios vocabularios, e incluso de un diccionario del extremeño,[36] la verdad es que en este terreno del léxico los datos contrastados que tenemos son más dispersos, y muy poco sistematizables en el estado actual de nuestros conocimientos. Hay ciertas recopilaciones de campos léxicos muy determinados, generalmente vinculados con las la-

33. Cfr. Antonio Salvador Plans, «Principales características morfosintácticas», cap. IV de *El habla en Extremadura*, p. 40.
34. Cfr. Miguel Lumera Guerrero, «Algunas notas de morfosintaxis del habla de Plasencia», en *Actas del II Congreso Internacional...*, t. II, p. 190; Pilar Montero Curiel, *El habla de Madroñera*, pp. 167-170; M.ª Luisa Indiano Nogales, *El habla de Valencia del Ventoso*, p. 71, y Miguel Lumera Guerrero, *El habla de Valdivia (Badajoz)*, p. 132. En este sentido, las encuestas que he realizado muestran que bastantes hablantes mantienen la norma etimológica en el uso de las formas átonas de complemento directo e indirecto, aunque existe el leísmo de cortesía que se manifiesta en gran parte de los casos. Pero también la norma castellana es frecuente. Como ha sucedido en otros lugares del ámbito hispánico, el influjo de los medios de comunicación (televisión y radio principalmente) ha extendido el empleo del leísmo de persona, masculino y singular (cfr. M.ª Ángeles Álvarez, «Sobre leísmo y otros temas: a propósito de *La norma castellana del español*», *Archivum*, XXXVI [1986], pp. 143-153).
35. Antonio Salvador Plans, «Principales características morfosintácticas», cap. IV de *El habla en Extremadura*, p. 44.
36. Cfr. especialmente el «Vocabulario extremeño» de Francisco Santos Coco ya citado, y la reseña crítica de Fritz Krüger, «Francisco Santos Coco, Vocabulario extremeño», *Revista del Centro de Estudios Extremeños*, XVIII (1944), pp. 259-264, así como Antonio Viudas Camarasa, *Diccionario extremeño*, Publicaciones de la Universidad de Extremadura, Cáceres, 1980 (2.ª ed. en 1988, editada por el autor).

bores del campo, pero poco más.[37] Podemos decir que, a simple vista, se aprecian muchos leonesismos (*aragaña* 'espigas o barbas de hierbas', *benza* 'fibra'...) pero también términos de procedencia gallego-portuguesa (*afechar, alpendada*...), y en general lo que podríamos llamar —ante la duda— occidentalismos (*carozo, coruja, millo*...), así como arcaísmos (*gaveta, faldiquera*...). Como es lógico, se han registrado especialmente en zonas que hasta hace relativamente poco tiempo han mantenido el aislamiento, como en las Hurdes, el valle del Jerte, etc.[38] Se advierten naturalmente andalucismos en el sur de la región (*doblao* 'desván', *escupidera* 'orinal', *puño* 'puñetazo'), aunque en algunos casos puede ocurrir que no sean más que arcaísmos o meridionalismos en general; y como curiosidad cabe añadir que se han recogido también arabismos muy poco frecuentes en castellano (*mancha* 'parte de terreno poblada de jaras y malezas', *rambla* 'arenal', *ahorrar* 'dejar vacío algo, quedarse un animal sin cría').[39]

Sin duda, la modalidad extremeña se resiente mucho de la inexistencia de un atlas lingüístico,[40] pero no sólo de la propia región, sino de las regiones limítrofes. Muchos de los problemas con que nos enfrentamos ahora, muchas de esas preguntas y dudas que nos surgen, en los tres niveles lingüísticos, pero quizá especialmente en el fonético y en el léxico, podrían resolverse o bien orientarse hacia una posible solución si dispusiéramos de atlas lingüísticos del antiguo reino de León, así como de Castilla-La Mancha. Sabemos que están en proceso de elaboración y publicación, de modo que cuando estén al alcance de todos las perspectivas de avanzar en nues-

37. Cfr., entre otros (en muchas de las monografías citadas a lo largo de este trabajo se recogen también vocabularios vinculados a labores del campo), los trabajos de Eduardo Barajas Salas, «Vocabulario de la alfarería de Salvatierra de los Barros», *Revista de Estudios Extremeños*, XXX (1974), pp. 383-407, «Léxico de la alfarería en Arroyo de la Luz», *Revista de Estudios Extremeños*, XXXII (1976), pp. 41-63, «Vocabulario de la apicultura en Villanueva del Fresno», *Revista de Estudios Extremeños*, XXXII (1976), pp. 531-555, «Nombres vernáculos de animales, plantas y frutos de la Baja Extremadura», en *V Congreso de Estudios Extremeños*, Literatura, 1, Badajoz, 1976, pp. 101-184, y «Vocabulario del horno de cal prieta de Villanueva del Fresno», *Revista de Estudios Extremeños*, XXXVIII (1982), pp. 205-243; de Pedro Barros García, «Estudios sobre el léxico arroyano», *Revista de Estudios Extremeños*, XXXII (1976), pp. 369-393, 491-530, y XXXIII (1977), pp. 145-179, y «El campo semántico 'arar' en Extremadura», *Revista de Estudios Extremeños*, XXXIII (1977), pp. 343-367; de Miguel Becerra Pérez, *El léxico de la agricultura en Almendralejo*, Diputación Provincial, Badajoz, 1992; de Fernando Flores del Manzano, «Vocabulario doméstico altoextremeño», *Revista de Estudios Extremeños*, XLI (1985), pp. 326-351; de Antonio Martínez González, «El léxico de la herrería en Badajoz», *Revista de Estudios Extremeños*, XXXI (1975), pp. 295-307; de Pilar Montero Curiel, *Vocabulario de Madroñera (Cáceres)*, Secretariado de Publicaciones de la Universidad de Extremadura, Cáceres, 1995; y de Juan Rodríguez Pastor, «El lino (una industria desaparecida en Valdecaballeros)» *Revista de Estudios Extremeños*, XL (1984), pp. 493-504, así como su Memoria de Licenciatura inédita *Léxico de la agricultura y la ganadería en Valdecaballeros (Badajoz)*, Facultad de Filosofía y Letras, Universidad de Extremadura, 1980, y el resumen de su tesis doctoral *El habla y la cultura popular de Valdecaballeros*, Universidad de Extremadura, Cáceres, 1984.

38. Cfr. los trabajos ya citados de Juan José Velo Nieto, «El habla de la Hurdes» (el vocabulario ocupa las pp. 125-205); y de Fernando Flores del Manzano, «Vocabulario doméstico altoextremeño».

39. Cf. Manuel Ariza Viguera, «Algunas notas sobre el léxico», cap. V de *El habla en Extremadura*, p. 46.

40. Si bien hay un atlas de esta región terminado y listo para la imprenta desde 1992, obra de Manuel Alvar, desgraciadamente aún no ha visto la luz. Ojalá esta publicación no se demore mucho más.

tros conocimientos sobre el extremeño mejorarán considerablemente. No
en vano, la existencia del *ALEA* ha permitido a algunos investigadores trabajos comparativos de gran interés;[41] una vez conozcamos la situación lingüística de las otras zonas, los estudios sobre el español de Extremadura
forzosamente experimentarán un impulso.

---

41.   Cfr. José Ignacio López de Aberasturi Arregui, «Extremeñismos léxicos en Andalucía occidental», en M. Ariza, A. Salvador y A. Viudas (eds.), *Actas del I Congreso Internacional de Historia...*,
t. II, pp. 1501-1510; y Antonio Salvador Plans, «¿Tres pueblos de habla extremeña en Andalucía? Estudio lingüístico», *Anuario de Estudios Filológicos*, IV (1981), pp. 221-231.

# CASTELLANO

## CANTABRIA

por María del Pilar Nuño Álvarez

### Introducción

No han sido muchos los estudios consagrados específicamente a las particularidades lingüísticas de Cantabria, ni tampoco las monografías sobre sus hablas locales. Si fuera preciso fijar un punto de partida en los estudios sobre las variedades cántabras, habría que remontarse a *El dialecto leonés* de Ramón Menéndez Pidal (publicado en su primera versión en la *Revista de Archivos, Bibliotecas y Museos* en 1906 y reimpreso, todavía en vida de su autor, casi sesenta años después en Oviedo, 1962), pues en él se llama la atención ya sobre cuestiones tales como el cierre de las vocales finales -e y -o, la apócope de -e final tras *l, r, n, s, z* (sobre todo en la 3.ª pers. del sing. del pres. de indic.), la aspiración de la *f-* inicial, la palatalización de *l-* inicial, la conservación del grupo latino -*mb*-, el empleo de los sufijos diminutivos -*uco* e -*ín*, etc. Algo después, Adriano García Lomas dio a la luz su *Estudio del dialecto popular montañés. Fonética, etimologías y glosario de voces* (San Sebastián, 1922), muy mejorado en una segunda edición de 1949, titulado *El lenguaje popular de las montañas de Santander. Fonética, recopilación de voces, refranes y modismos* (Santander, 1949); el trabajo de García Lomas pretendía ser un completo acercamiento a las cuestiones que tratamos ahora, pero, en definitiva, quedó más como un digno diccionario que como una monografía dialectal.[1]

Tras estos dos estudios, la década de los cincuenta supone el empuje decisivo en el análisis de las modalidades lingüísticas cántabras, con otra aportación de Menéndez Pidal («Pasiegos y vaqueiros. Dos cuestiones de geografía lingüística», *Archivum*, IV, 1954, pp. 7-44), donde se pone en relación la metafonía vocálica del valle del Pas con la asturiana —a su vez, causada por el sustrato oscoumbro—, como consecuencia de una coloni-

---

1. Las recopilaciones de léxico montañés se remontan a los modestos intentos de E. Huidobro (*Palabras, giros y bellezas del lenguaje popular de La Montaña*, Santander, 1907, selección de unos seiscientos términos extraídos de las obras de Pereda), J. González Campuzano («Apuntes para un vocabulario montañés», rev. y anot. por E. Huidobro, *BBMP*, II, 1920, pp. 3-10 y 59-68), J. M.ª de Cossío («Aportación al léxico montañés», *BBMP*, 9, 1927, pp. 115-122) y H. Alcalde del Río (*Contribución al léxico montañés*, Santander, 1933).

zación asturiana durante la Edad Media en el valle santanderino; por su parte, Lorenzo Rodríguez Castellano (en «Algunas precisiones sobre la metafonía de Santander y Asturias», *Archivum*, IX, 1959, pp. 236-247) insistió en la misma cuestión, utilizando la documentación recogida para el *ALPI*. Finalmente, Dámaso Alonso (en «Metafonía, neutro de materia y colonización suditaliana en la Península hispánica», *ELH. I. Suplemento*, Madrid, 1962, pp. 104-154) ofrecería una perspectiva más amplia del fenómeno, considerando conjuntamente el problema en todo el noroeste y oeste peninsular y poniéndolo en relación con el 'neutro de materia'. El propio Rodríguez Castellano había dedicado algunos años antes otro estudio a un problema del consonantismo cántabro («Estado actual de la *h*- aspirada en la provincia de Santander», *Archivum*, IV, 1954, pp. 435-437).

Sin embargo, hasta la aparición de *El habla pasiega: ensayo de dialectología montañesa* de Ralph J. Penny (Londres, 1970) no se puede considerar propiamente nacida la dialectología sobre Cantabria; el estudioso británico le consagró años después otra monografía, esta vez de carácter local, titulada *Estudio estructural del habla de Tudanca* (Tubinga, Max Niemeyer, 1978) y, aún, consciente de la riqueza dialectal de la región, aventuró un «Esbozo de un Atlas de Santander» (*LEA*, VI-2, 1984, pp. 123-181), donde en 35 mapas trató de reflejar isoglosas relativas al vocalismo, al consonantismo, a la morfología y al léxico. Mientras tanto, F. García González había dedicado ya su atención a la difusión del 'leísmo' en la provincia («El 'leísmo' en Santander», *Estudios ofrecidos a E. Alarcos Llorach*, Oviedo, 1978, vol. III, pp. 87-101).

Mas, al igual que ocurrió en otras zonas dialectales hispánicas, el conocimiento exhaustivo de los hechos lingüísticos cántabros debió esperar a la realización del correspondiente atlas regional, que habría de ser, obviamente, más ambicioso que el esbozado por Penny. Manuel Alvar y un equipo de colaboradores afrontaron la tarea: entre 1976 y 1978 recogieron *in situ* los materiales necesarios (M. Alvar, «El Atlas lingüístico y etnográfico de la provincia de Santander (España)», *RFE*, 59, 1977 [1979], pp. 81-118),[2] que vieron, por fin, la luz en 1995 dispuestos en 1.260 mapas (M. Alvar, *Atlas lingüístico y etnográfico de Cantabria* [*ALECant*], Madrid, 2 vols., 1995).

Los datos que se exponen a continuación proceden, fundamentalmente, de la bibliografía mencionada y, muy en particular, del *ALECant*.


## La fonética

### El vocalismo

El vocalismo cántabro se ajusta, en general, a las características del castellano, pero presenta algunas particularidades dignas de mención. Sin

---

2. Ahora también en sus *Estudios de Geografía Lingüística*, Madrid, Paraninfo, 1990, pp. 349-378, por donde cito.

duda ninguna, la más importante de ellas es la que concierne al cierre de las vocales finales -o en -u *(hoyu, lomu, humu)* y -e en -i *(lechi, buitri)*;[3] sin embargo, ambos fenómenos no tienen la misma extensión ni la misma vitalidad, pues, mientras el primero de ellos se muestra consistente en el extremo occidental de la región —en conexión con el asturiano— y continúa por la montaña hasta alcanzar el oriente, el paso de -e > -i parece más débil y queda limitado a algunas localidades del extremo occidental, por una parte, y del valle del Pas, por otra. En muchas ocasiones, además, la inflexión de -o puede producir la metafonía de las vocales tónicas -é- (incluso cuando constituye el segundo elemento del diptongo -ue-), -á- y, rara vez, -ó-, cerrándolas un grado, de manera que *é > í; á > ắ* e, incluso, *é;* y *ó > ú* *(caldiru* 'caldero', *truínu* 'trueno', *granu* 'grano', *añu peséu* 'año pasado', *puyu* 'poyo', etc.); mientras que la metafonía de las vocales tónicas -é-, -á-, producida por el cierre de -e final, parece extinguida ya en la provincia de Santander. Naturalmente, tales fenómenos conciernen también a la conjugación verbal, de manera que no son extrañas, en las zonas indicadas, formas como *hizu* 'hizo', *rí* 'ríe', *rimus* 'reímos', *víu* 'veo', *gulís* 'oléis', etc.[4]

En relación con estos fenómenos hay que situar la palatalización de la vocal final -a > -ắ y, a veces, -e ; y de -as > -ắs o, incluso, -es en el valle del Pas; esta palatalización suele producirse cuando la -a va precedida de vocal palatal, aunque puede darse en otros contextos fónicos: *arbejillä* 'guisante', *güecä* 'hueca', *hierbä* 'heno', *leñe* 'leña', *harine* 'harina', *gargantilläs* y *campanilles* 'mameyas', *tástanä* 'panal', *basurä* 'basura', *maná de vaques* 'vacada', *arresteadures* 'montoncitos de hierba segada'; de nuevo, la flexión verbal puede participar de esta articulación, según prueban formas como *cogiä, saliä, traiä, cogiäis, haciäis, comeriäis* o, incluso, como *traíe, comíe, subíe, cogíeis, hacíeis, comeríeis*, recogidas en algunas localidades dispersas del occidente y en otras del valle del Pas o próximas a él.[5]

En otro orden de cosas, se observa —preferentemente en las mismas zonas mencionadas de cierre de las vocales— una tendencia a deshacer hiatos, bien cerrando una de las vocales para convertirla en semiconsonante o semivocal, bien trasladando el acento a la vocal más abierta; así, *eo > io; oa > ọa* y, luego, *ua; ae > aẹ* y, luego, *ai: antiojeras, tọalla, almuada, trairé, máiz, ráiz.* En la conjugación verbal, incluso, el desplazamiento del acento para deshacer un hiato *(cogiámos* 'cogíamos') puede provocar, en casi toda la mitad norte y en localidades del sur, la aparición de triptongos: *haciáis* 'hacíais'; *cogiáis* 'cogíais'.

3. Naturalmente, hay grados intermedios de cierre: *ciegọ, ciegẹ, ciego, ciegu (ALECant,* mapa 975; *vid.* también 978, 984, 991, etc.); *fuentẹ, fuentẕ, fuenti (ALECant,* mapa 968; *vid.* también 983, etc.).

4. *Vid.* L. Rodríguez Castellano, «Algunas precisiones sobre la metafonía...», ya cit.; D. Alonso, «Metafonía, neutro de materia...», ya cit.; R. Penny, *El habla pasiega,* ya cit., en especial pp. 375-379 y 383-395; M. Alvar, «El Atlas lingüístico y etnográfico...», ya cit., pp. 356-357. La metafonía vocálica, sin embargo, es un fenómeno fonético en regresión, pues la situación que se observa en el *ALECant* —donde se estudió minuciosamente— se muestra mucho menos vigorosa que la conocida por Rodríguez Castellano o Penny en sus investigaciones.

5. *Vid.* R. Penny, *El habla pasiega,* ya cit., pp. 50-51. Poblaciones como Peseguero o Tudanca, en la zona occidental, conocen resultados aún más extremos, como *hacíis* 'hacíais', *salíis* 'salíais', *veníis* 'veníais', *comeríis* 'comeríais'.

Por último, es de reseñar una cierta inestabilidad en el timbre de las vocales átonas: *barbiquí / birbiquí* 'berbiquí'; *restrojo* 'rastrojo'; *cillisca / zullisca* 'cellisca'; *estilla* 'astilla'.

## EL CONSONANTISMO

Ninguna de las particularidades fonéticas referidas al consonantismo en Cantabria es exclusiva de este dominio, pues, o bien participa de ellas el castellano vulgar, o bien pertenecen a modalidades dialectales cercanas (sobre todo asturleonesas); pero, en conjunto, tales particularidades dibujan unos contornos lingüísticos que lo personalizan. Entre ellas, merece mención la aspiración de F- inicial latina, en palabras como *harina, hilar, hoyo, horno, humo*; el fenómeno —en estado ya caduco— aparece, como continuación de la aspiración asturiana, en poblaciones del occidente y centro de la región.[6] Incluso, en alguna ocasión, se realiza la aspiración de F- ante el diptongo *ue* (así, *huente* 'fuente', en Soverado); en otras localidades esta articulación —que se considera anticuada— alterna con la [Φ] bilabial, que es la más frecuente en la región.

La /x/ castellana (< -T'L-, -C'L-, -LY-, -DY-) se articula como velar fricativa sorda [x] en todo el dominio, excepto en el cuadrante noroccidental de la región, donde se aspira; esta aspiración tiene distintas realizaciones: [ɦ] sonora en posición intervocálica, [h] sorda en posición inicial (*navaɦa, paɦa, vieɦo, hornal*) y articulaciones intermedias entre [x] y aspirada. La zona de aspiración de /x/ es mayor que la de F- latina y, además, no coincide con ella, pues en alguna localidad como Tresviso, en donde la aspiración de F- tenía cierta vitalidad, apenas se practica la aspiración de /x/.[7]

El tratamiento dado a las consonantes sonoras en posición intervocálica es variable. De ellas, la más inestable es la *-d-*, que suele perderse, principalmente por el occidente de la región, en las palabras terminadas en *-ada, -eda, -ado*, pero también en otros contextos: *nevá; quijá; polvorea* 'polvareda'; *separaos* 'separados'; *arrimaos* 'arrimados'; *presumía* 'presumida'; *toavía* 'todavía'; *alante* 'adelante'. La *-g-* ha desaparecido en *aujero / auhero* 'agujero'; *aija(d)a / aihá / inja(d)a* 'aguijada'; *aijón / injón / ijón* 'aguijón' y en sus derivados, por un proceso de disimilación articulatoria.

La *-d* final puede asibilarse y articularse como [θ] (*verdaz; parez; sez*) en el norte, en el oriente y en el sur de Cantabria, o bien puede perderse (*paré; sé* 'sed') en el occidente y en la montaña. Sin embargo, y como sucede en asturiano, las palabras *red* y *césped* conservan la *-e* final: *rede; céspede*.

En cuanto a *l-* inicial, quedan restos de su palatalización en Camaleño, Soverado, y, sobre todo, en Tresviso: *llodu* 'lodo'; *llamizu* (cast. *lama*) 'te-

---

6. Carmona, Bárcena Mayor, Tudanca, San Sebastián de Garabandal y Tresviso son las localidades en las que el fenómeno se conserva con más vitalidad; en Celis, Espinama, Hermida, Salceda, Soverado y Villanueva la aspiración está en franco retroceso, y en Potes y Camaleño, prácticamente ha desaparecido. *Vid.*, no obstante, L. Rodríguez Castellano, «Estado actual de la *h-* aspirada...», ya cit.
7. *Vid.* M. Alvar, «El Atlas lingüístico y etnográfico...», ya cit., p. 354.

rreno pantanoso'; *llastra* (cast. *lastra*) 'piedra plana'; *llar* 'piedra del hogar', 'suelo del pan'; *llarau* 'canto rodado'.

Por lo que respecta al yeísmo, las únicas noticias que se tenían referidas a Cantabria procedían de Amado Alonso,[8] para quien el fenómeno afectaba fundamentalmente a la ciudad de Santander y a las variantes campurrianas y valdigreñesas. En la actualidad son yeístas el norte y el centro de la región, siendo la capital, Santander, el principal foco de irradiación lingüística, con lo que se comprueba una vez más el carácter urbano del fenómeno y la intensidad de su difusión; en el *ALECant* queda patente cómo el yeísmo va ganando terreno hacia el sur, pues en La Cárcova, Villa Carriedo, Arredondo, Riotuerto y Matienzo, la realización de /l̦/ resulta vacilante y tiende a desaparecer.[9]

En algunas ocasiones, las articulaciones de [y] < /l̦/ y de /y/ son sumamente relajadas (*fueẏe* 'fuelle'), llegando a realizarse, incluso, como semivocal (*poi̯o* 'pollo' y 'poyo'; *hói̯o* 'hoyo'). En contacto con vocal palatal, se conocen algunos casos de pérdida de /l̦/ y de /y/ (así, en Orejo y Pandillo se puede oír *obíu* 'ovillo'); mientras que la pérdida de /y/ se produce por toda la montaña, particularmente en las formas de gerundio: *traendo, leendo*. En muchas localidades santanderinas, sobre todo del oeste, la /y/ en posición inicial se resuelve en d + yod, como ocurre en *diendo* 'yendo' (en Carmona, San Sebastián de Garabandal y Tudanca puede incluso desaparecer la *y*-: *indo*); *diesca* 'yesca'; *dieldar* 'yeldar'.

La vibrante simple /r/ del infinitivo seguido de pronombre enclítico átono suele perderse: *calase* 'calarse'; *quemase* 'quemarse'; *ahogase* 'ahogarse'; esta pérdida se conoce también en palabras como *sucu* 'surco'.

En otro orden de cosas, el grupo etimológico -MB- se ha reducido a -*m*-, como ocurre en todo el dominio castellano. Sin embargo, en localidades de la zona occidental, como Camaleño, Carmona y Tresviso, y por influencia astur-leonesa, quedan restos de ese antiguo grupo en algunas palabras aisladas como *lombo / lombu* 'lomo' y *lomba* 'colina'; la conservación del grupo etimológico se extiende aún a más localidades en el caso de los derivados de las voces anteriores: *lombear / alombar / alombiar / lumbillar / hacer lombíos* 'disponer en lomos la hierba cortada'; pero también en el extremo oriental hay vestigios de ese grupo etimológico en voces como *cambear / hacer cambadas* (< lat. vg. c a m b a) 'disponer en lomos la hierba cortada'. Mayor difusión aún tiene la conservación de -MB- en los derivados del celta *a m b o s t a > *ambozada / emboza(d)a*, y sus variantes fonéticas *arbozada / albozada / albonzada / alborzada / empozá*, 'almorzada',[10] pues se extiende desde el occidente y la montaña hasta algunos enclaves del oriente santanderino. La conservación del grupo -MB- en estas palabras se justifica por su carácter técnico agrícola y aparece, por tanto, restringido a zonas

8. *Vid.* A. Alonso, «La *ll* y sus alteraciones en España y América», *Estudios dedicados a Menéndez Pidal*, Madrid, II, 1951, pp. 41-89 (= *Estudios lingüísticos. Temas hispanoamericanos*, Madrid, 1953), en especial p. 58.

9. *Vid. ALECant*, mapas 998 ('fuelle'), 1 026 ('chillar'), 1 027 ('llueve').

10. Para esta etimología, *vid. DCECH*, I, s.v. *ambusta*, p. 239.

rurales. Por último, en el caso de *lamber* (< lat. l a m b e r e) el mantenimiento está generalizado.

Los grupos cultos -CT-, -CC- presentan un amplio polimorfismo. Así, las
realizaciones del grupo -CT- oscilan desde [θt] hasta la asimilación de la
consonante implosiva y su consiguiente desaparición: *rezta* 'recta'; *efetto*
'efecto'; *erutar* 'eructar'. En cuanto al grupo -CC-, el polimorfismo es aún
mayor: la consonante implosiva puede articularse como [sθ] *(escema)*, [rθ]
*(ercema)*, [lθ] *(elcema)*, con aspiración intensa [xθ] *(ejcema)*, llegando, incluso, a la pérdida de la primera consonante del grupo *(ecema)*.

Por lo que concierne al grupo latino -L'C-, aún se mantiene por toda la
provincia en algunas palabras, como *salce* (< lat. s a l i c e ; cast. *sauce*) o *calce* (< lat. c a l i c e ; cast. *cauce*).

En localidades del occidente santanderino (Tresviso, Carmona, Soverado, Tudanca, Bárcena Mayor) se aspiran las consonantes *s* y *z* implosivas
de los grupos -SN-, -ZN-: *lobehno* 'lobezno'; *rebuhno / rohnido* 'rebuzno'; *freh-
no* 'fresno'.

En palabras como *aliento* o *ántrax*, la /t/ se ha sonorizado, de manera
que se dice *aliendo* o *ándrax*; sin embargo, la distribución geográfica de
una y otra voz no coinciden: mientras que *aliendo* ocupa el occidente y el
centro de la región, *ándra(x)* aparece también en poblaciones del oriente.

Son igualmente frecuentes las neutralizaciones de las consonantes /r/
y /l/, sobre todo cuando aparecen agrupadas con otra consonante: *blincar*
'brincar'; *robla / robra* 'alboroque'; *clín* 'crin'; *ombrigo* 'ombligo'; *ingre* 'ingle';
*sarpulli(d)o / sarpollo* 'salpullido'; *carcañar* 'calcañar'.

Finalmente, se puede consignar algún caso de alteración del consonantismo por razones de fonética sintáctica, como ocurre en localidades
del centro de la región (Villasuso, Tudanca y Bárcena Mayor), con la aspiración de -*s* ante palabra que comienza con vocal: *lo*ʰ *ombres* 'los hombres';
*la*ʰ *alas* 'las alas'. Quizás puedan explicarse estas articulaciones como resultado de una contaminación lingüística con el mediodía peninsular, a causa
de las emigraciones de gentes procedentes de esta región a la bahía de Cádiz (jándalos).

## La morfología

Al igual que ocurre con los fenómenos fonéticos, las alteraciones morfológicas registradas en Cantabria se corresponden con lo que sucede en
otras zonas dialectales del castellano. Tales alteraciones pueden afectar
tanto a cambios de género (*ubre*; *chinche*; *lentes* tienen, mayoritariamente,
género masculino; *eczema* o *hambre* suelen ser femeninos; por fin, en *hin-
chazón*; *reúma*; *alfiler*; *fantasma* y *crin* alternan los dos géneros)[11] como de

---

11.   Quizás resulte más significativa la creación de un femenino en -*a*, para voces como *pobre*
(*pobra* en algunas localidades) y *cliente* (*clienta* prácticamente en toda la región). En cuanto al llamado 'neutro de materia', *vid. infra* en Sintaxis.

número (*alicate(s)* y *tenaza(s)* se usan preferentemente en singular),[12] pero también a procedimientos de derivación léxica, como sucede con el diminutivo, para el que se emplean los sufijos *-in* (en el occidente: *pueblín*), *-ito* (en el oriente: *carrito* 'andaderas') y *-uco* (el de mayor difusión: *p>ebluco*; *ventanuco*), o al sistema pronominal y al verbal; en estos aspectos merece la pena detenerse algo más.

En cuanto al pronombre, el fenómeno fonético ya mencionado de la inestabilidad del timbre de las vocales átonas provoca la aparición esporádica de formas como *nusotros* y *vusotros*. Por otra parte, la forma átona *nos* es la más corriente, pero hay *mos* en Carmona, San Sebastián de Garabandal y Bárcena Mayor; *vos* ocupa el oriente y el extremo occidental de la región unidos por la montaña, con algunas incursiones en el sur; mientras que al norte y al sur de esta franja, por presión del castellano, se emplea *os*. En cuanto al pronombre personal enclítico *te*, se pronuncia frecuentemente acentuado *(quédaté)*.

Por lo que respecta al sistema verbal, las alteraciones fonéticas mencionadas más arriba causan no pocos cambios en sus formas (*hagu* 'hago'; *rí* 'ríe'; *rimus* 'reímos'; *víu* 'veo'; *gulís* 'oléis'; *cogïä* 'cogía'; *hacïäis* 'hacíais'; *comíe* 'comía'; *hacíeis* 'hacíais'; *cogiámos* 'cogíamos'; *haciáis* 'hacíais'; *trairé* 'traeré'; *leendo* 'leyendo'; *diendo / indo* 'yendo'; *quemase* 'quemarse', etc.). Además, se conocen casos de regularizaciones de conjugaciones o formas irregulares, como *maldecí* 'maldije'; *conduzamos* 'conduzcamos' (en el límite con León y en localidades cercanas a la provincia de Burgos), mientras que en el verbo *andar* todavía son mayoritarias (pero no exclusivas) las formas normativas *(anduviste)*. También se conservan en localidades aisladas del interior algunas formas arcaizantes como *semos* 'somos'; *triba* 'traía; *veniba* 'venía'; *riyera* 'riera' (en estos últimos casos, con desarrollo de una consonante epentética para deshacer el hiato).

Finalmente, aparece como segunda persona del singular, junto a la normativa, la forma analógica *trajistes* 'trajiste'; en cuanto al indefinido de la primera conjugación, en algunas localidades del centro, del este y del sur de la provincia se extiende analógicamente la *e* de la primera persona del singular a la del plural (*amemos* 'amamos'; *lleguemos* 'llegamos'); y, por fin, en cuanto al imperfecto de subjuntivo de los verbos de la segunda y tercera conjugación, se utiliza más la terminación *-era* que el alomorfo *-ese* (*viniera*; *saliera*, etc., frente a *viniese*; *saliese*, etc.).

## La sintaxis

Quizás el rasgo más notable, en lo que a morfosintaxis en la región cántabra se refiere, sea la utilización esporádica del 'neutro de materia', fenómeno más conocido y estudiado en Asturias, aunque su presencia en

12. En la capital y su entorno, y en localidades próximas a la frontera castellana se conserva el plural.

esta zona tampoco había pasado inadvertida.[13] Gracias a los mapas del *ALECant*, hoy sabemos que el neutro de materia, si bien no goza de mucha vitalidad, se extiende por toda la región y que se emplea tanto con la vocal final cerrada en *-u* (v. gr.: *tierra arcillosu; la carne asau; el agua parau; leña secu; yerba segau*, etc.) como, sobre todo, con la vocal final sin metafonía (v. gr.: *leche fresco; hay que lo cardar [la yerba]; nuez pudrido; cuajada cortao; agua blanco; manteca fresco; leña delgao*, etc.).

En la región cántabra el uso del leísmo referido a personas y a animales (v. gr.: *al lobo, le vimos*) está muy generalizado; por contra, el leísmo de cosa (v. gr.: *el libro, le olvidé en casa*) se encuentra más restringido, ya que no aparece en el norte, ni en localidades del oeste y del sur. Igualmente, el laísmo referido tanto a personas como a animales (v. gr.: *a la madre no la dieron limosna; a la yegua la cansa el trabajo*) está muy extendido por toda la región, excepto en la zona occidental donde se utiliza la forma etimológica.[14]

En lo que al verbo se refiere, es de señalar la tendencia en el occidente y en el centro del dominio a no usar la forma del pretérito perfecto (v. gr.: *¿comiste ya?; eso no lo oí yo*); además, el pretérito imperfecto de subjuntivo —que, por cierto, es mucho más conocido bajo la forma en *-era*— ha cedido espacios de uso en las oraciones subordinadas en beneficio del condicional (v. gr.: *le dijo que traería un pan* por ... *que trajera un pan*); así, las oraciones condicionales irreales pueden construirse de varias formas: *a*) es frecuente en el occidente de la región la construcción con el verbo de la prótasis en pretérito imperfecto de subjuntivo y el de la apódosis en pretérito imperfecto de indicativo (v. gr.: *si tuviera dinero, lo compraba*); *b*) en el sur y en el centro del dominio predomina la construcción con el verbo de la prótasis en condicional y el de la apódosis en pretérito imperfecto de indicativo (v. gr.: *si tendría dinero, lo compraba*), y *c*) finalmente, en la mitad oriental de Cantabria se conoce la construcción con los dos verbos, el de la prótasis y el de la apódosis, en condicional (v. gr.: *si tendría dinero, lo compraría*). En cuanto a las concesivas, la región aparece dividida en dos partes: la oriental, en la que el tiempo empleado, tanto para la oración principal como para la subordinada, es el condicional (v. gr.: *aunque podría, no lo haría*); en la occidental, sin embargo, la construcción puede resolverse de dos modos diferentes: imperfecto de subjuntivo para la subordinada e imperfecto de indicativo para la principal (v. gr.: *aunque pudiera, no lo hacía*) o bien imperfecto de subjuntivo para la subordinada y condicional para la principal (es la forma castellana; v. gr.: *aunque pudiera, no lo haría*).

Por lo demás, podrían señalarse algunos otros vulgarismos sintácticos, como es el hecho de transformar en construcciones personales algunas impersonales, haciendo concordar la forma verbal con su supuesto sujeto (v. gr.: *están haciendo unos días muy buenos; se piensan hacer muchas co-*

---

13. *Vid.* D. Alonso, «Metafonía y neutro de materia en España», *ZfRPh*, LXXIV (1958), pp. 1-24 y «Metafonía, neutro de materia y colonización...», ya cit., pp. 125-134; R. Penny, *El habla pasiega*, ya cit., pp. 150-155 y «Esbozo...», ya cit., pp. 135-136 y pp. 375-379.

14. *Vid.* F. García González, «El 'leísmo' en Santander», ya cit.

*sas*); o como la anticipación de los pronombres personales sobre el reflexivo (v. gr.: *me se cayó el libro; te se calmó el dolor*), en cualquier caso, no demasiado frecuente; o como la utilización del pronombre posesivo en lugar del personal (v. gr.: *detrás mía; delante tuya* por *detrás de mí; delante de ti*), aún menos frecuente; etc.

## El léxico

El léxico cántabro es de una gran riqueza, por lo que resulta imposible caracterizarlo ahora en sus detalles; sin embargo, el análisis de cualquier mapa del *ALECant* muestra, en primer lugar y de manera generalizada, una heterogeneidad considerable, derivada, en ocasiones, de los diferentes tratamientos fonéticos dados a un mismo étimo (*ALECant*, mapa 214: *chindada / chirlada / chillada* en el oriente, *cillo / cillada* en el occidente, para designar el 'chorro de leche que sale al ordeñar'; mapa 1 024: *barda* al occidente, *zarza* al oriente) y, en ocasiones, de la utilización de étimos distintos (*ALECant*, mapa 135: *área* en el occidente, *fanega* en el sur, *carro* en el resto, para designar la 'medida de superficie'; mapa 324: *ordino* y *bolizo* en el oriente, *erizo* por toda la región, para designar el 'erizo de la castaña'; mapa 592: *respe* en el oriente, *aguijón* en el sur y en el occidente, *jírpio* y *gício* también en occidente, para designar el 'aguijón'). Las isoglosas léxicas, además, no tienen consistencia, de manera que se puede oponer el norte de la provincia al interior (*ALECant*, mapa 788: *escarpín / calcetín de lana*), o el occidente al oriente (*ALECant*, mapa 645: *rámila / garduña*; mapa 646: *esquilo / ardilla*), mientras que no faltan ejemplos de léxico arcaizante relegado a zonas marginales o poco accesibles (*ALECant*, mapa 638: *nótica / nuética* (< lat. n o c t e ) 'lechuza'; mapa 704: *escanillo* en occidente, *cuévana* en localidades del valle del Pas, para designar la 'cuna'; mapa 1 045: *jato* 'becerro') y, naturalmente, de léxico procedente de dominios lingüísticos lejanos a Santander como consecuencia de movimientos demográficos concretos (*ALECant*, mapa 1 051: *manso* 'novillo domado').

En cualquier caso, y como no podía ser de otra manera, el léxico de la zona occidental suele responder al utilizado en Asturias y el del sudoeste al del leonés, mientras que el del sureste tiene que ver con las modalidades más conservadoras del castellano y el de la zona oriental con el vasco.

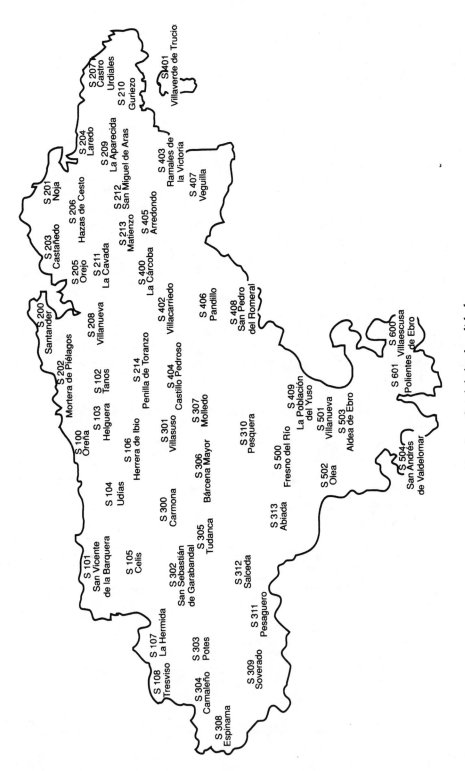

*Nombre oficial de las localidades.*

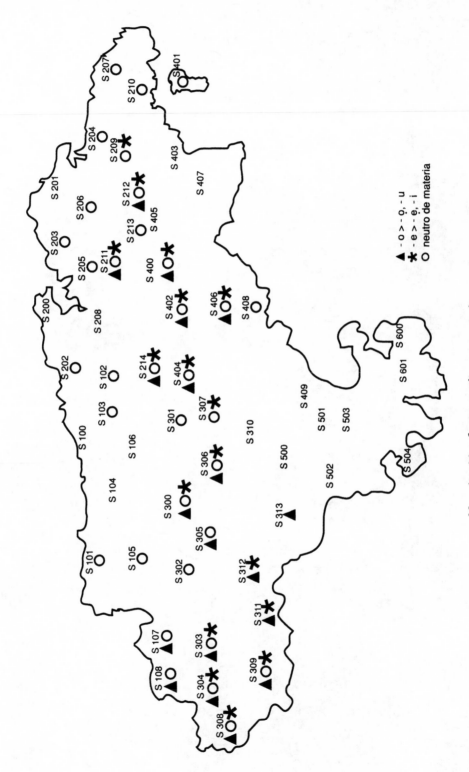

MAPA 1. *Metafonía vocálica y neutro de materia.*

- ▲ - o > ǫ, - u
- ✱ - e > ę, - i
- ○ neutro de materia

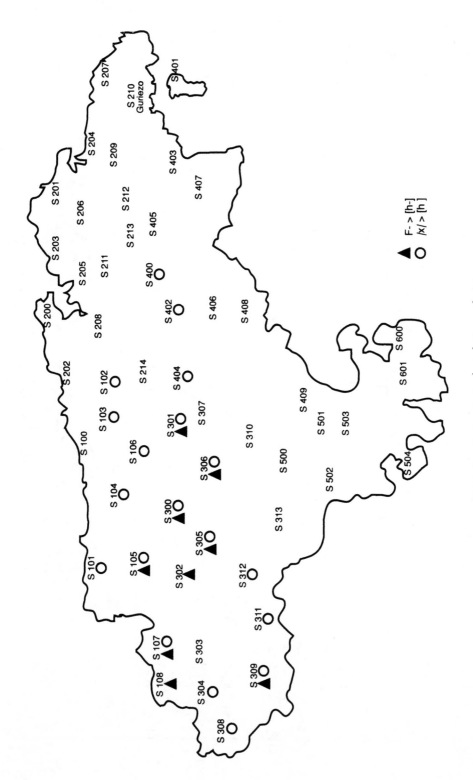

MAPA 2. *Tratamiento de F- latina y de /x/.*

F- > [h-]
/x/ > [h]

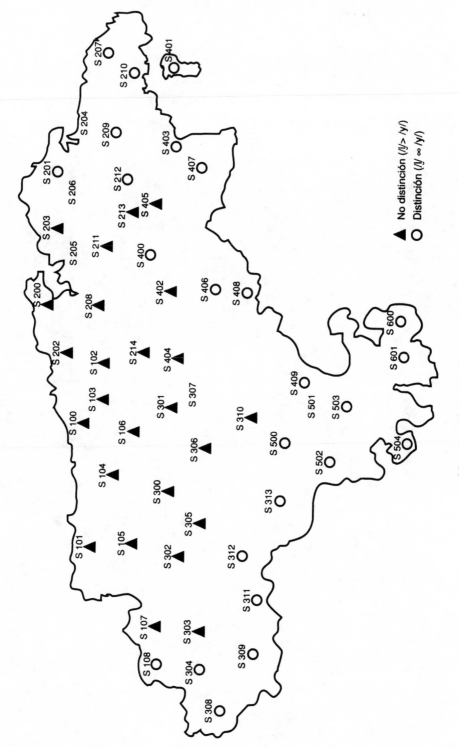

MAPA 3. *Distinción fonológica /l̬/ ∞ /y/.*

▲ No distinción (/l̬/ > /y/)

○ Distinción (/l̬/ ∞ /y/)

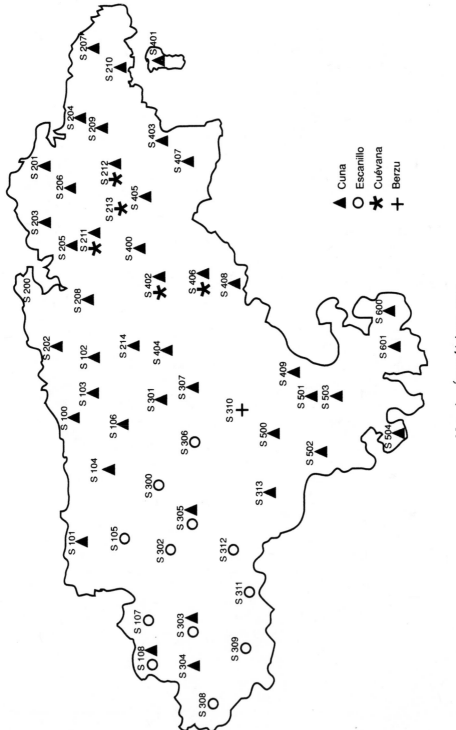

MAPA 4. *Áreas léxicas: cuna.*

# CASTILLA LA VIEJA

por César Hernández Alonso

El español, como toda lengua histórica, sólo se realiza a través de sus variedades, de los sistemas autosuficientes que abarca.[1] Y una de ellas, fundamental, madre y germen de una de las lenguas más habladas en todo el mundo, es el castellano, dialecto *primario* del español, espejo y luminaria en que muchos se miran, norte orientador y casi modélico para un buen número de hispanohablantes, que se realiza en unos vastos límites espaciales.

Tampoco el castellano es uniforme, ni siquiera el de la Castilla Vieja. Es, como todo sistema lingüístico comunicativo, un complejo de variedades diatópicas, diastráticas y diafásicas.[2] Ocuparse de todas y cada una de ellas es dentro de los límites del presente estudio una utopía. Las diferencias diatópicas son considerables, y, dada la gran extensión del ámbito en que se realiza este modo de hablar, sólo podremos referirnos a sus rasgos más destacados.[3]

Asimismo son muy notables las diferencias que se perciben entre la norma estándar culta y la coloquial popular. En otro momento presentaremos la norma culta de varias ciudades castellanas —trabajo casi terminado—; pero para esta ocasión nos ha parecido más interesante ofrecer aquí las peculiaridades generales y aun comunes del castellano hablado popularmente que, en ocasiones, también son propias de los demás registros socioculturales.

Tampoco es nuestro objetivo realizar un estudio sociolingüístico de todas las variedades, con la oportuna presentación de porcentajes, tendencias y desviaciones, atendiendo a las variantes de edad, sexo y cultura; si bien

---

1. E. Coseriu, *Sentido y tareas de la dialectología*, México, UNAM, 1982, p. 16.
2. V. García de Diego, «El castellano como complejo dialectal y sus dialectos internos», *RFE*, XXXIV, 1950, pp. 107-124.
3. Delimitar la zona de trabajo fue, lógicamente, la primera tarea que nos propusimos. Y puesto que pretendíamos caracterizar el habla más general y común de Castilla la Vieja, optamos por prescindir de las zonas marginales limítrofes con otras modalidades lingüísticas, variedades o dialectos. Así, centramos nuestra atención en las provincias de Burgos, Palencia, Valladolid, este de Zamora y de Salamanca, Ávila, parte de Segovia y oeste de Soria; selección que obviaba las interferencias antes señaladas.

es cierto que en algunos fenómenos destacados acudiremos a tales planteamientos para obtener mejor conocimiento de los hechos.

Intentaremos, pues, presentar una rica variedad del español, el castellano de Castilla la Vieja, con un planteamiento preferentemente sincrónico, lleno de referencias a diversidades diastráticas: el castellano hablado en ámbito familiar y popular, espontáneo y expresivo, atendiendo a los rasgos más destacados y a los que más se desvían de la norma estándar. Propiamente atendemos a esta modalidad regional caracterizándola a partir de tres tipos de rasgos: unos *privativos* y específicos de la región, aunque no siempre se extiendan a la totalidad de los lugares; otros *distintivos*, que, sin ser privativos de esta zona, se han convertido en característicos de su habla; y por último unos pocos rasgos que podemos llamar *habituales*, si bien son compartidos por otros lugares del mundo hispanohablante.

Para ello nos hemos apoyado en más de doscientas entrevistas y encuestas, dirigidas unas, espontáneas otras, y «piratas» algunas, así como en una copiosa bibliografía de trabajos publicados e inéditos. Estos últimos realizados en el ámbito de nuestro Departamento por profesores colaboradores y por equipos de alumnos, dirigidos. A todos ellos, desde aquí mi gratitud.

Prescindiremos, necesariamente, del nivel léxico, cuyas diferencias y coincidencias son realmente interesantísimas, y en algunos casos joyas lingüísticas que guardan recuerdos y vivencias de todo un pueblo.

Uno de los rasgos fundamentales que caracterizan la expresión popular hablada, y de manera muy especial la de Castilla, es la *espontaneidad*, que conlleva una inevitable improvisación como consecuencia de la relajación y de la comodidad expresiva, con todo lo que ello implica. Es decir, algo semejante a una ley del mínimo esfuerzo y máxima rentabilidad comunicativa.[4]

Sumada a este carácter destaca la gran fuerza que la *afectividad*, en sus más diversos grados y tensiones, plasma en toda comunicación espontánea oral.

Un tercer rasgo que mueve fundamentalmente dicha comunicación es la utilización de estereotipos, clichés, frases hechas, *verba omnibus*, etc., que potencian el aspecto parcialmente mecánico y espontáneo de la comunicación oral popular.

Pues bien, este conjunto de factores, entrelazados, se manifiesta en el hablar castellano de la Vieja Castilla en todos los niveles de la lengua.


## Nivel fónico

### VOCALISMO

Consecuencia de esa improvisación y descuido es la frecuente vacilación en el timbre de las vocales átonas, así como la pérdida de pos y pro-

---

4. Véase nuestro «Comentario de un texto coloquial», *Hispanic Journal*, IV, 2, Indiana, Pa, 1980, pp. 89-104.

tónicas: *sigún, istiércol, orbanizar, pulicía*, se escucha en Zamora, Toro; *enclusa, envitar, endeviduo, enjertar, nenguno, medecina, desipela, lagaña...*, en Serranillos (Ávila); *indición, intierro, tenaja, ancía, enginas, disván, albericoque...*, en La Bureba; *sigún, viciversa, cagüen, en cuanti* (por *en cuanto*), *cuete, ti voy a...* (Palazuelo de Vedija, Valladolid); *onoversidad* (Portillo, Valladolid), *ciminterio* (Valdespina, Palencia); etc.[5]

Esta serie de ejemplos —cuya procedencia hemos señalado ocasionalmente— son rasgos típicos de la modalidad más llana y popular castellana, frecuentes en ámbito rural y en los niveles socioculturales más bajos de las ciudades.

En muchos de ellos se funden las fuerzas de asimilación y disimilación fonética a un buen número de arcaísmos. Obviamente, en las encuestas del habla culta no hemos encontrado casos semejantes, excepto algún *sigún* y *pos* (por *pues*).

En todo caso, unos fenómenos que se encuentran diseminados por gran parte del ámbito castellano, preferentemente rural, han de ser tomados en consideración, sean cuales fueren los porcentajes y la frecuencia de su aparición; máxime cuando algunos de ellos son auténticos arcaísmos de rancia solera.

Está muy generalizada la realización como diptongos de una serie de palabras con vocales en hiato: *ai* (por *ahí*) con dislocación acentual (*veai* y *velai*), *osiá* 'o sea', *traime, rial, almuada, acordión, paice* ('parece') en niveles socioculturales bajos y medios de ámbito rural y urbano.

Carácter más vulgar tiene el fenómeno contrario, la reducción de diptongos a pronunciación monoptongada: *pos, Ustaquio, custión, trenta, vente, frego, mu* ('muy'), *ventisiete, jersés, anque...*

En el habla descuidada preferentemente rural y de nivel sociocultural más bajo son frecuentes las prótesis vocálicas (*arradio, arrascar, arrodear, ajuntarse...*); las formas sincopadas (*Rimundo, alcol, en ca...*); y las apocopadas (*mu, tol, to el* 'todo el', *ond'iba* en fonética sintáctica, *di quia* 'de aquí a', así como algunos casos de aféresis (*ta luego, Geño* 'Eugenio', *la lambrá* 'alambrada').

## Consonantismo

El más generalizado en el mundo hispanohablante es la caída de la *-d-* intervocálica, especialmente ante vocal átona. No sólo es general dentro del coloquio popular en los participios verbales (*cansao, jugao, editao, pué* 'puede', *he bajao, hestao, llevao, amarrá, habío...*), sino en muy diversas clases de palabras (*tol día, de lao, prao arriba, na de na...*). Conforme baja el nivel cultural se incrementa este fenómeno (*conocío, perdío, laera, de lao, escuilla...*) y el cierre de la vocal final (*pirau, cuñau, araus* 'arados'...). Se ha generalizado prácticamente en todos los niveles la pérdida de la preposi-

---

5. A partir de aquí prescindiré de señalar las procedencias de los ejemplos. En todo caso, siempre indicamos ejemplos y formas recogidas, con cierta frecuencia, en nuestras encuestas.

ción *de* en denominaciones *(la calle Tudela, el puerto El Pico, fuente el ma-cho, el caño Argales...).*

En expresión informal y descuidada en los niveles sociolingüísticos bajo y medio es muy frecuente también la pérdida de la consonante *-r-* intervocálica en determinadas palabras que se repiten mucho: *mia que* 'mira que', *me paece* 'me parece', más vulgar, *yo diría que quié llover.*

Un fenómeno fonético, extremadamente generalizado en Castilla, aunque no sea privativo de esta zona, es el yeísmo, consistente en la neutralización de la distinción /ḷ/ y /y/, que se realiza como [y], palatal central sorda, fricativa entre vocales y generalmente africada tras consonante. Es fenómeno en avanzada fase de desfonologización en el mundo hispánico; aunque está muy difundido (Madrid, Toledo, Santander... y buena parte de Hispanoamérica), en Castilla la Vieja es casi predominante tanto en el ámbito rural como en el urbano, y es común a todas las generaciones, aunque la generación de más edad, preferentemente en zona rural, es parcialmente distinguidora.

Por poner unos casos concretos, en Burgos ciudad es yeísta más del 60 % de los informantes, y sube el porcentaje en el barrio de Gamonal. En Valladolid, Palencia, Zamora, Ávila y Segovia el porcentaje de yeístas es bastante más alto. En encuestas de Toro, Zamora y de pueblos vallisoletanos sólo se encuentran hablantes distinguidores —y pocos— con edades superiores a los sesenta años.

Es fenómeno tan general porque la realización de la palatal central [ḷ] exige mayor tensión muscular y una posición más forzada de la lengua que la de la [y]. Por ello, dada la escasa diferencia que se percibe entre ambos sonidos al oído común, el hablante tiende a utilizar el más cómodo y relajado.

Otro fenómeno muy difundido y distintivo de Castilla es la pronunciación de la *-d* final de sílaba y especialmente final de palabra como interdental [θ] (Valladoliθ, Madriθ, saluθ, mitaθ, coleθtivo, doθtor, práθticamente, aθtor, usteθ, verdaθ, aspeθto). Según Lapesa,[6] es un rasgo del castellano septentrional, pero en realidad se extiende más de tales límites.

En algunos lugares castellanos alternan la pérdida de dicho fonema *-d* en final de palabra con la realización interdental. Esta última aparece como reacción hiperculta frente a la primera solución. En Zamora, Salamanca, Burgos, Palencia y Ávila encontramos alternando *verdá, mitá, usté, salú, seguridá...,* con *verda*θ, *mita*θ, *a*θ*tuación, felicida*θ, *vi*θ, etc. Es fenómeno generalizado en ámbitos socioculturales bajo y medio y aparece tanto en expresión popular descuidada como en actitudes más formales.

Este rasgo, entre otros, distingue claramente la expresión de las dos Castillas, puesto que en la Nueva es infrecuente.

Prácticamente en toda Castilla la Vieja se ha neutralizado la diferencia

---

6. R. Lapesa, *Historia de la lengua española*, Madrid, Gredos[8], 1980, pp. 464 y ss. Asimismo, «Tendencias y problemas actuales de la lengua española», en R. Lapesa (coord.), *Comunicación y lenguaje*, Madrid, Karpos, 1977. Véase también Lynn Williams, *Aspectos sociolingüísticos del habla de la ciudad de Valladolid*, Universidad de Valladolid, 1987.

de pronunciación entre -b- y -v- en posiciones intervocálica e inicial de palabra.

Mención aparte merecen las diversas realizaciones de grupos consonánticos. En general hay una tendencia a la simplificación, cuando no a una pronunciación más cómoda para el emisor.

En ámbito rural y urbano por toda Castilla, entre las personas de bajo nivel cultural especialmente, se reducen y simplifican casi todos los grupos. Así, se oye constantemente *istituto, istancia, dotor, madalena, acidente, sesólogo, fúbol, coluna, helicótero*, etc.

Mas algunos de estos grupos consonánticos formados por componentes de distintas sílabas presentan unas realizaciones especiales y más típicas de esta vasta región.

Así, el grupo -ct- [kt] y -cc- [kθ] se pronuncian con interdentalización de la consonante oclusiva: *aspe θto, dire θto, exa θtamente, perfe θtamente, a θtuar, tra θtor, dire θθión*..., fenómeno muy generalizado en casi todo el norte peninsular; pero más habitual en Valladolid, Salamanca, Zamora y Ávila.

En todo caso, es una pronunciación semiculta que convive en los grupos socioculturalmente más bajos con la pérdida de dicha consonante implosiva: *direto, aspeto, seguridá, ación, vítima, ojetivo*... Esta realización sólo se da en unas pocas palabras, y así no tenemos recogido en ninguna encuesta de Castilla formas como *pato* (por *pacto*), *ato* (por *acto* o *apto*), *ineto*, etc.

Podemos sintetizar diciendo que los fonemas oclusivos en posición final de sílaba (implosiva) /-p/, /-b/, /-t/, /-d/ y /-k/ tienden a realizarse como interdentales /θ/; más en las generaciones primera y segunda, y con mayor frecuencia en las mujeres que en los hombres.

Otro tanto se puede decir del grupo -gn-, cuya primera consonante, implosiva, se pronuncia en Castilla generalmente como gutural, semejante a [x] y no como velar: [díxno], [sixno]...; y más raro, pero frecuente en el nivel sociolingüístico inferior, es el del grupo -mb- que se resuelve con pérdida de la labial: *tamién*.

Semejante fenómeno de modificación de sonido implosivo se percibe en la pronunciación de la -x- intervocálica o precediendo a otra consonante. Sus dos componentes fonéticos, implosivo velar y silbante explosivo [ks] se reducen al segundo, especialmente ante otra consonante. En *excepto, excepcional, expuesto, taxi*... se pronuncia como *s*. Y aunque no es rasgo privativo de Castilla es tan general en ella, excepto en pronunciación cuidada de personas cultas, que podemos aceptarlo como distintivo del habla de esta región.

Hay otros fenómenos fonéticos que, aunque tampoco son privativos de Castilla la Vieja, se dan en buena parte de su ámbito rural, especialmente en nivel sociocultural bajo; pero con menor intensidad que los ya mencionados. Entre ellos:

- apócope de *muy* (*mu bien, mu apañao*...);
- epéntesis de *así* (*asín*);
- velarización de los grupos [bw] y [we] inicial por refuerzo de la *w*: [gwébos], *güeno*;
- pérdida de consonante final ajena al sistema fonológico español: *coñá, reló, chalé*;

- aféresis en fonética sintáctica: *la misora, una sageración*;
- síncopa de vocales: *vía* 'veía';
- cambios vocálicos más llamativos, especialmente en términos técnicos (*medecina, desipela, enclusa...*);
- paragoge vocálica: *rede*;
- metátesis de consonantes en determinadas palabras: *ojebto, murciégalo...*

## Nivel morfosintáctico

Los fenómenos de nivel morfosintáctico dejan una huella más honda en la lengua y dan una marca más distinguidora a sus usuarios. No en vano en las estructuras sintáctica y morfosintáctica de la lengua se sustenta el armazón de la lengua.

Como ya hemos señalado, presentaremos unos fenómenos seleccionados de los numerosísimos posibles específicos en mayor o menor grado de Castilla la Vieja, aun cuando algunos no sean privativos de esta región. Añadiremos unos pocos de uso casi general en la lengua popular oral, pero que en nuestra zona se reiteran con gran insistencia; y, en consencuencia, son distintivos frente a otros lugares.

Unas de las peculiaridades morfosintácticas más llamativas del castellano hablado en Castilla son el *leísmo* y el *laísmo*. Como bien se sabe, los dos fenómenos son manifestación del cambio del subsistema pronominal átono terciopersonal desde un esquema etimológico de doble base (funcional y genérica) a uno de base genérica, más sencillo. Desde un subsistema en que *le (les)* se utiliza para referirse al complemento indirecto indiferentemente de género masculino o femenino, y *lo (los)*, *la (las)*, *lo* para el complemento objeto directo con la correspondiente variación genérica (masculino, femenino, neutro) se está pasando a otro no distinguidor de funciones y sí de géneros.

De | *C. I.,* | | *C. D.,*
---|---|---|---
| M. | | *lo (los)*
| F. | *le* | *la (las)*
| N. | | *lo*

se está consolidando un subsistema como

| *C. I.,* | *C. D.,*
---|---|---
M. | *le (les)* | *le (les) / lo (los)*
F. | *la (las)* | *la (las)*
N. | | *lo*

El proceso ha consistido en el trasvase de *la* (c. d. femenino) a c. indirecto para desambiguar la indistinción genérica de *le (les)* en esta función; a cambio, la forma *le (les)* compensa tal cesión para distinguir el masculino (especialmente de personas) del neutro.

Con ello el pueblo hablante, que no distingue de funciones sintácticas, pero sí de diferencias de género, especialmente en lo referente a personas y seres animados, conforma un nuevo subsistema más transparente y «comprensible».

Así pues, la utilización de *le (les)* para el complemento directo, el leísmo, referido a personas —aceptado por la RAE— está difundido por toda la meseta Norte, irregularmente por toda la cornisa cantábrica, desde Galicia al País Vasco; mientras que el leísmo referido a animales, cosas y objetos está menos difundido, pero es habitual en Castilla, en gran parte de la Rioja, en extensas zonas de Castilla la Nueva, etc.

No creemos exagerado hablar de que el eje leísta se sitúa entre Madrid y Valladolid. Cuanto más nos desviamos hacia el dominio leonés y hacia el navarro-aragonés, estos dos fenómenos se van reduciendo considerablemente. Podríamos afirmar que se trata de un fenómeno típicamente castellano —en la Península—, que se extiende y difunde progresivamenete al resto de las zonas limítrofes. Dentro de Castilla, el leísmo se reduce hacia el occidente de Zamora y Salamanca.

En Burgos, Palencia y Valladolid el leísmo es prácticamente general en las distintas generaciones y en todos los grupos sociolingüísticos, utilizado tanto en singular como en plural. Curiosamente, en la conversación el nivel sociocultural más alto es el que más utiliza el leísmo, y tiene conciencia lingüística de que es lo correcto. Veamos algunos casos: *¿qué tal le vendes el vino luego?*, *le cogí*, *le aparté*, *no le ha dejao* (el azadón), *le habían montao los vaqueros y tal* (al caballo).

No aparecen en Castilla, salvo esporádicamente, casos de un leísmo con confusión de número, frecuente en Aragón *(sí, ya se les di el paquete)*, ni el leísmo sustituto de un género neutro *(eso no le sabía yo)*.

El *laísmo* o utilización de *la (las)* como complemento indirecto, en vez de *le (les)*, aunque está muy extendido, lo está en menor proporción que el leísmo. Aparece más en la conversación distendida que en respuestas a preguntas concretas de una encuesta. La primera generación es más laísta que la segunda, y ésta que la tercera; lo que nos indica un uso que avanza y se extiende. Hasta el extremo de que podemos asegurar que en estilo informal, coloquial, el leísmo es prácticamente general y el laísmo se le acerca. En Aranda de Duero, por poner un caso, una mayoría absoluta de los encuestados (el 83,3 %) son laístas, frente al 16,7 % que utilizan etimológicamente la forma *le* para el complemento indirecto. En cambio, en lecturas, exposiciones cuidadas y respuestas formales, el laísmo alterna con el uso de *le*.

En las zonas occidentales de Zamora y Salamanca la presencia de laísmo es menor.

Algunos ejemplos recogidos: *la ha quedao muy bien la cocina, que la coja un poquito de tierra, la tenemos dicho que..., que ya la digo yo...*

En general, en Castilla es más abundante referido a personas, aparece más en singular, y las personas cultas tienen conciencia mayoritariamente de que no es un uso correcto. En Castilla este fenómeno es un interesante marcador sociolingüístico.

Por contra, es mucho menos frecuente el *loísmo* o uso de *lo* como complemento indirecto. Aparece esporádicamente en nivel sociocultural bajo, escasamente, y en ciertas fórmulas semifijas, en especial en ámbito rural: *los he hecho la cena, lo pusieron un traje que era un adefesio, lo pegó un guantazo, algo los pasa a los Vidales...,* son algunos ejemplos.

En pueblos de Zamora, Salamanca y Ávila es donde tenemos recogidos mayor número de estos usos.

Llama la atención en otra buena parte de Castilla la Vieja la pronunciación como tónicos de los adjetivos posesivos proclíticos *(mìs libros, tùs amigos, sùs hermanos, el mì marido...)* en vez de la átona que les corresponde. Es un fenómeno fonético que pretende dar énfasis y relieve al posesivo dentro del sintagma, y se extiende desde León a Burgos, a Palencia y Soria. En menor proporción dentro de Castilla se escucha en Valladolid, y fuera de esta comunidad en Cáceres, Santander, etc.

Aunque no sea específico de Castilla y en relación con lo que acabamos de decir, conviene mencionar el creciente uso de las formas plenas y tónicas de los posesivos, como término de adverbios diversos: *corría detrás mío, enfrente suyo había mucha maleza, encima nuestro, debajo vuestro...*; nacidos como resultado analógico de las construcciones con valor de posesión /*de* + pronombre personal/ = /adjetivo posesivo/: *el dinero de él = su dinero.* Por extensión, cualquier otro contenido de la construcción /*de* + pronombre personal/ se identifica a la anterior *(detrás de mí = detrás mío)*.[7]

No se ha cerrado ahí el proceso, sino que en niveles socioculturales bajos se escucha la construcción con el adjetivo posesivo apocopado y antepuesto *(a mi alrededor,* ya generalizado, *por mi detrás...).*

Se trata de un fenómeno muy extendido por todo el mundo hispánico en expresión popular informal de bajo nivel cultural. En Castilla se da, al menos, en Burgos, Palencia, Valladolid y Salamanca.

Un fenómeno llamativo en la parte norte de Castilla es la sustitución del imperfecto de subjuntivo *-ra* o *-se* por el futuro hipotético en *-ría.* Se extiende desde el País Vasco y Cantabria por el norte; Navarra y La Rioja por el norte-nordeste; y por el este tiene sus lindes en tierras de Soria. Su ámbito geográfico en Castilla, pues, desciende desde el arco señalado por el norte a las provincias de Burgos, Palencia y norte de Valladolid. No creemos que su origen tenga nada que ver con el eusquera, pues en él no existe construcción semejante; y por si esto fuera poco, conviene recordar que el fenómeno se ha extendido a algunas zonas de Hispanoamérica (Rosario, Argentina, Ecuador, Guatemala, etc.).

---

7. Algunos de estos fenómenos están estudiados con criterio normativista en A. Llorente Maldonado de Guevara, «Consideraciones sobre el español actual», *Anuario de Letras*, XVIII, México, 1980, pp. 5-61; *El lenguaje estándar español y sus variantes*, Universidad de Salamanca, 1986. Véase, además, su *Estudio sobre el habla de la Ribera*, Salamanca, CSIC, 1947.

Son varios los casos y construcciones en que se da este cambio:[8]

1.   En la prótasis de las condicionales (*si haría buen tiempo, iríamos a la ermita, es que si vendrían los antiguos dirían..., si tendría dinero me lo compraría...*).

Asimismo en las modales-condicionales introducidas por *como si*.

2.   En cláusulas subordinadas de finalidad (*me dio una carga para que la echaría al correo, le compré los caramelos para que se estaría callado...*).

3.   En las «concesivas» (*aunque no me dejarías, yo lo haría*).

4.   En las que expresan tiempo (*yo me fui antes de que llegaría*).

5.   En cláusulas que funcionan como complemento directo —y ocasionalmente como sujeto— (*no creo que tendría dinero para comprárselo*).

6.   En cláusulas en función de adyacentes de un nombre —a veces de un adjetivo o de un adverbio— (*no encontré a ninguno que lo haría*).

7.   En oraciones independientes optativas (*ojalá me tocaría el gordo*).

El origen de un fenómeno tan llamativo en esa amplia cuña del norte peninsular no tiene una explicación convincente. Si bien es cierto que es alto el porcentaje del contorno /-ría ... -ría/, no es suficiente para creer que su génesis sea la tendencia al equilibrio de las formas verbales, como quería García de Diego. Eso nos dejaría sin explicar todos los demás casos. Tal vez sea la conjunción de una serie de factores lingüísticos lo que ha propiciado la difusión de tales construcciones. Por un lado, el sema de hipótesis y virtualidad de la forma -ría propicia algunos de sus usos; por otro, el sema de futuridad también lo hace propicio. Añádase a esto la alternancia y permutación de las formas -ra y -ría en varias construcciones a lo largo de los tiempos, y la contaminación de -ría con el imperfecto de indicativo en el habla popular, e iremos entendiendo las posibilidades que tiene la forma *cantaría* para formar las construcciones sintácticas que hemos señalado.

La coincidencia de las dos formas en la expresión del valor irreal, la alternancia de ambas en ciertos contextos, refuerzan esta situación, que nos orienta hacia la tendencia a un reajuste más, aunque parcial, del sistema verbal español.

Indudablemente, esta utilización de la forma -ría predomina de manera destacada en el nivel sociocultual más bajo, y es mucho más frecuente en la conversación informal que en otros actos elocutivos más cuidados, y la generación que más abusa de esta forma es la segunda.

La aparición de esta forma decrece considerablemente al sur de Burgos. Así, por ejemplo, en la ciudad de Palencia la presencia de la forma -ría en las subordinadas «condicionales» —que es donde más aparece— apenas supera un 15 % de los casos, frente a más del 60 % de formas de subjuntivo en las mismas construcciones.[9] Mientras que en Burgos ciudad, en si-

8.   Véase F. Miguel Martínez Martín, «Estudios de dialectología urbana: Variantes sociolingüísticas en el habla de los nativos de la ciudad de Burgos», tesis doctoral, Universidad de Valladolid, 1982.

9.   *Ibidem.*

tuación conversacional, el nivel sociocultural inferior lo utiliza en proporción de 7 a 2 frente a las formas del imperfecto de subjuntivo. Por contra, el nivel sociocultural superior prefiere de manera considerable la utilización de *-ra* (67 %) y aun de *-se* (29 %) a la del futuro hipotético (4 %). En Aranda de Duero, en construcción condicional, solamente un 16,7 % de los encuestados optan por la forma *si tendría, iría*, frente al 50 % que prefiere la canónica *si tuviera, iría*; y un alto porcentaje (33,3 %) que se inclina por utilizar el presente de indicativo en la condicional, para solucionar «el dilema».

Es, pues, en todo caso rasgo marcado sociolingüísticamente. Pese a no ser fenómeno general de Castilla, es tal su peculiaridad y se escucha tan machaconamente en su zona norte, que realmente podemos interpretarlo como rasgo específico y distintivo de una buena parte del territorio castellano.

Cuestión notable, que afecta tanto a la sintaxis como al léxico, es la confusión de *quedar* por *dejar* y *caer* por *tirar* o *dejar caer*, utilizados como verbos transitivos con complemento directo. En realidad se trata de un proceso de gramaticalización en las construcciones de unos pocos verbos, hecho que se viene dando con frecuencia a lo largo de la historia de la lengua. Por evocar algunos otros casos relativamente modernos, pensemos en el cambio de construcción que han sufrido *jactar, entrenar, desayunar, cesar, dimitir*, etc. Durante siglos se decía *que no jacto valor de mis pasados* donde hoy *que no me jacto del valor de mis pasados*; hasta hace pocos decenios *nos entrenábamos a las órdenes de...*, pero hoy todo el mundo dice que *entrena los miércoles y viernes* o que *alguien le entrena*; otro tanto podemos decir de *desayunar algo*, donde hasta hace poco se decía *desayunarse con algo*; y hoy golpean nuestros oídos construcciones del tipo *el ministro lo ha cesado* o *le dimitió* en fórmulas que implican un imposible metafísico. Nadie puede *cesar* ni *dimitir* a otra persona, pues es, por definición, un acto personal, voluntario o condicionado, sugerido o coaccionado, pero que sólo puede realizar el que ocupa un puesto, cargo o función. Una persona puede cesar en sus funciones, o un proceso, una acción podrá *cesar*, pero nadie puede cesar a alguien o algo; aun cuando pueda condicionarle para hacerlo o provocar el cese de un hecho o del desempeño de una función.

Pues bien, a lo largo de la historia de la lengua los cambios de construcciones de ciertos verbos se dan con alguna frecuencia: «transitivaciones e intrasitivaciones» son más abundantes de lo que se piensa.

*Caer algo* (por *dejarlo caer*) o *quedar el libro* (por *dejarlo*) son fenómenos de transitivación de dos verbos habitualmente construidos intransitivamente: *me cayó el caballo en carnaval, la quedó con una niña, y quedárselo a la otra*.

El fenómeno se extiende, al menos, por Salamanca, Zamora, Palencia, Ávila, Valladolid, parte de Burgos..., y su difusión llega a los niveles sociolingüísticos bajo y medio.

Mas no debe verse como una desviación moderna o como una moda reciente, pues sus raíces son antiquísimas. Por no ir más atrás, en la *Cró-*

*nica de Veinte Reyes* (libro XV, cap. LVII), por ejemplo, se lee «*nunca quedaron de seguir...*», donde la norma ya exigía *dexaron*.

En todo caso, pese a la difusión de este fenómeno por otras zonas peninsulares (Centro, León, etc.) no parece que vaya a prosperar, puesto que los hablantes cultos y semicultos manifiestan ante él una actitud negativa, y son conscientes, al preguntarles por dicho uso, de su inexactitud. Sea cual fuere el futuro de este proceso en marcha, creemos que no afecta a la estructura básica de la lengua, y mínimamente a la capacidad comunicativa entre hispanohablantes.

Íntimamente relacionada con esta variedad está la utilización del verbo *entrar* en construcciones transitivas con complemento directo; incorrección sintáctica más llamativa, y difundida tanto en Hispanoamérica como en España. Acá se ha extendido considerablemente en los últimos lustros entre los hablantes de niveles socioculturales bajos y, en menor grado, medio, preferentemente en la primera y segunda generación. Fórmulas como *éntrame ya esa caja* se oyen con frecuencia.

Otro fenómeno característico del habla de Castilla, aunque en ningún caso específico de la zona, es la confusión de género y la consiguiente concordancia errónea de una serie de sustantivos femeninos que comienzan por *a* tónica, algunos de ellos precedidos de *h*.

Se explica el hecho por la exigencia del artículo *el* ante dichas palabras, aunque sean de género femenino, como herencia del antiguo femenino del artículo, *ela*, y para evitar la cacofonía. Por decirse *el águila, el agua, el aula, el asta, el hambre, el arca*, etc., un altísimo número de personas convierten y pronuncian —aun escriben— *este agua, este aula, aquel arca*, etc., en vez de los correctos *estas aulas, esta agua, aquellas arcas...*

El fenómeno está difundido en todos los niveles socioculturales y prácticamente se encuentra en las tres generaciones, si bien con menor frecuencia en la tercera.

Aunque no sea fenómeno privativo del castellano, su machacona y creciente aparición en la expresión hablada de los últimos lustros nos permite considerarlo como rasgo peculiar de la comunicación popular de Castilla, al igual que lo es del resto del mundo hispánico. Nos referimos al complejo de fenómenos llamados *dequeísmo, queísmo* y *deísmo*, al que podemos añadir el *decomoísmo*. Como es bien sabido, dequeísmo y deísmo consisten en la anteposición innecesaria de la preposición *de* ante una cláusula complementaria o en infinitivo (ejs.: *estoy pensando de que no nos conviene ir a medias con X, que procure de que lo arreglen, no quiere decir de ir a la capital, sino..., una vez de que me he jubilao...*); por contra, el queísmo consiste en la supresión de dicha preposición en construcciones subordinadas que la exigen (ej.: *no me acuerdo que viniera a la fiesta*), y, ocasionalmente, de alguna otra preposición como *en* (ej.: *insistía una y otra vez que no había participado*); y el más infrecuente, el decomoísmo, paralelo al dequeísmo antepone indebidamente la preposición *de* a una construcción que no la necesita (ej.: *estoy pensando de cómo sacarle el tema para que no se moleste*).

Conviene advertir, en primer lugar, que la preposición *de* es, con mucho, la más frecuente del español, y asimismo el grupo *-de-* y esta preposición han desaparecido con gran frecuencia a lo largo de la historia de la lengua. Así lo vemos, por ejemplo, en las numerosísimas aposiciones denominativas (*calle Tudela, teatro Calderón, pago la Barca,* etc.). En segundo lugar, que son muy antiguas las construcciones que hoy llamamos «queísmos» y «dequeísmos», y están documentadas como rectas y normales hace más de tres siglos. Aún más, muchos verbos admitían —y hoy admiten— la doble construcción complementaria con preposición *de* o *en*, y sin preposición *(pensar algo / en algo, tratar algo / de algo).*

Se trata, pues, de una serie de fenómenos complejos que afectan a la estructura del sintagma verbal, de muy larga tradición, y en los que, además de lo expuesto, interfiere el cambio de unas preposiciones por otras. Que el hablante utilice el queísmo para una comunicación más directa, y el dequeísmo como un rasgo de mayor ampulosidad comunicativa, son factores que no explican la esencia lingüística de estas construcciones.

Puesto que disponemos de numerosos trabajos sobre estos puntos para buena parte del mundo hispanohablante (México, Santiago de Chile, Caracas, Lima, Rosario, San Juan de Puerto Rico, Madrid, Sevilla...),[10] podemos cotejar resultados y conclusiones con los resultados de un trabajo sobre las hablas culta y popular de Valladolid y de otras zonas castellanas vecinas.[11]

Así, mientras que en Sevilla el dequeísmo llega a un porcentaje del 20 %, en el habla culta de Valladolid apenas supera el 5 %. Por contra, el deísmo es mucho más frecuente en el habla popular que en la culta. Todo ello se ha porcentuado sobre el número total de usos no ajustados a la norma recta. La presencia de la preposición *de* en estas construcciones que no la exigen asciende casi a un 25 % en la norma popular; situación que contrasta netamente con la del habla de Sevilla. A esto hay que añadir un leve porcentaje de cambios de preposiciones, 7,5 %, en las construcciones que la exigen.

Todos los fenómenos de este grupo aparecen con mayor intensidad en la segunda generación. Las mujeres utilizan el queísmo más que los hombres, y también cambian la preposición adecuada con mayor frecuencia que ellos. Y, como ya anticipamos, aparecen en la lengua hablada tanto culta como en la popular e informal.

Queísmo y dequeísmo siguen avanzando, muy probablemente por influencia de los medios de comunicación, en que aparecen con notable frecuencia.

Asimismo hay un fenómeno generalizado en Castilla la Vieja, aunque no sea privativo de esta región: la confusión de las perífrasis *deber* + infinitivo y *deber de* + infinitivo con valor hipotético.

De las encuestas realizadas sobre esta cuestión en dos puntos del centro castellano (provincias de Burgos y Valladolid) obtenemos un porcentaje del 62 % que utilizan la forma *deber* + infinitivo; mientras que usan el originario y adecuado *deber de* + infinitivo solamente el 38 %. Y esto en res-

10. Se trata de trabajos procedentes del *Proyecto sobre la norma culta* en el mundo hispánico.
11. Trabajo coordinado por la profesora D. Dietrich.

puesta a pregunta directa para elegir entre las dos fórmulas; que en conversación espontánea la primera construcción sube bastantes puntos su porcentaje. Curiosamente, ante la pregunta que marca obligatoriedad, las formas *debes* + infinitivo llega al 66,7 %, y *debes de* + infinitivo queda en el 33,3 %. Lo que nos indica que esta solución es complementaria de la anterior, y que los dos fenómenos aquí señalados se han estabilizado sociolingüísticamente en los porcentajes fijados en la Castilla Vieja; o al menos en su centro.

Avanza asimismo la utilización de la perífrasis *voy a ir* en vez del futuro *iré*, en proporción de 3 a 1.

Fenómenos de índole morfosintáctica y morfológica muy comunes en ámbito rural castellano, entre los grupos socioculturalmente más bajos hay numerosísimos. Mencionaremos aquí los más frecuentes:

• Metátesis de pronombres personales: *te se cayó, me se olvidó*, de carácter netamente vulgar; *me dé la llave, me pase la sal, le dé usté un azote...*

• Prótesis consonántica en el pronombre átono *os*: *sos la di ya*.

• Presencia del artículo ante nombres propios de persona y ante apodos, con mayor frecuencia referidos a mujeres: *la Petra, la Mecha*.

• Formación irregular y analógica del plural de algunos sustantivos: *alhelises, jabalines* (32,3 % en Aranda de Duero), *jabalís* (32,2 %), *relós, la tijera* (32,3 %, Aranda), *las tijeras* (66,7 %).

• Utilización de un género arcaico o perdido en unos pocos sustantivos: *la calor, la lagar, la color, la reuma*. En una zona tan castellana como Aranda de Duero, *el alfiler* es masculino para un 66,7 % y femenino para el 33,3 %; *el vinagre* es preferido por un 10 % de hombres, y *la vinagre* por el 87,5 % de mujeres.

• Aposición de sustantivos con valores diversos: *vida padre, Pedro Lucas* 'Pedro hijo de Lucas', *Paco conejo, Pedro melones*, con referencia al apodo, *tío Vitorio*.

• Pérdida del artículo ante nombres de familia de personas relacionadas directamente con el hablante: *padre dijo que lo hiciéramos así; madre, abuelo...*

• Utilización de posesivos antepuestos para expresar afectividad: *mi María, mi hombre...*

• Utilización arcaizante de *habemos* por *hemos*: *Es que habemos sido mu parientes...*

• Futuros arcaicos de algunos verbos: *quedrá, doldrá, doldría...*

• En las desiderativas con *ojalá* de proyección futura predomina el presente de subjuntivo (66,6 %) sobre el imperfecto (33,4 %).

• Utilización vulgar y arcaizante de la 2.ª persona de pasados simples con *-s* paragógica: *cantastes, comistes, vinistes...*

• Formación analógica, hoy vulgar, de otros pasados simples de verbos irregulares: *andó, andaron...* —en Aranda, el 33,3 % de los encuestados contestaron *andé* (más los hombres que las mujeres) frente al 61,1 % que responde correctamente *anduve*—, y de otras formas verbales como *dijon, trajon*.

• Presente de subjuntivo de carácter vulgar: *haiga, haigan*.

- Utilización casi general, en niveles socioculturales bajo y medio, del infinitivo con valor de imperativo: *callar, sentarse.*
- Formas sincopadas o apocopadas con carácter vulgar, de ciertos adverbios: *amás* 'además', *ande* 'adonde', *onde, diquíallá* 'de aquí a allá'...; así como otros adverbios con prótasis *(entodavía)*, o diversos modos de epéntesis consonántica *(asín, asina).*
- Conservación del valor originario temporal de inmediatez del adverbio *luego*: *voy luego* 'ya voy, de inmediato'. Este uso es más frecuente en Zamora y Salamanca. Una variante de este adverbio es su uso interrogativo e ilativo: *¿y luego?, luego ¿crees que ya no vuelve?*
- Duplicación de preposiciones: *voy a por la leche, quita de en medio, iban a por los toros...*
- Sustitución de *cuanto* por *contra* (o *contri*) en estructuras correlativas: *contri más le pega, peor.*
- Construcción de *haber*, normativamente impersonal, concordando con el complemento directo, erróneamente interpretado como sujeto: *habían muchos forasteros, los carrocistas que antes habían.*
- En ciertas zonas de Zamora, Salamanca, Valladolid... se escucha de manera insistente el adverbio *mismamente*, y a su lado, las formas *igual* y *lo mismo* con significado de 'a lo mejor'.
- Muchos lugares tienen como rasgo propio —no general de Castilla— unas muletillas exclamativas, de las que presumen y por las que se reconocen. Son unidades como *tó* (con su variante *chó*), combinado a veces con *mira...*, que se escucha machaconamente al este de Zamora; o exclamaciones como *¡Santo Cristo Bendito!* que se repite en otros lugares, etc.

Y otros muchos con distribución irregular.

No entraremos aquí a ver los fenómenos específicos que se dan en zonas marginales de la región en contacto con otras hablas regionales o con dialectos diversos. Es claro que el noroeste de Zamora presenta rasgos característicos del leonés, y en menor medida el oeste de dicha provincia. Así como el de la de Salamanca. La zona de la sierra de Salamanca y el suroeste de Ávila mezclan rasgos castellanos con algunos extremeños —aspiración de *f-* latina, de /x/, confusión *l/r: reflanes...*—; así como en el norte y nordeste burgalés se acusa el influjo del riojano —pronunciación prepalatal del grupo *tr*, también vigente en alguna zona norteña de Soria— y del castellano alavés. Todo ello es lógico. Bien la historia de los pueblos o los contactos de hablas vecinas o la convivencia favorecen estas situaciones transitorias de sistemas comunicativos. Mas por no ser fenómenos propiamente castellanos viejos, hemos prescindido de ellos. No debe olvidarse, no obstante, el influjo y la herencia del leonés en zonas que en otros tiempos estuvieron limítrofes con el viejo reino de León.

Aun en zonas que no se hallan en contacto con otras variedades regionales o dialectales podemos encontrar algunos fenómenos netamente específicos y propios, pero que no caracterizan al castellano general de esta región. Por poner un ejemplo, fenómenos como los señalados por González

Ollé[12] para la Bureba —alguno de los cuales está desapareciendo— (anaptisis del tipo *berezo* por *brezo*; arcaísmos como *salce, calce*; reiteraciones fonéticas como *bocecear*, o *bubulilla*; *a lo mismo* por 'junto a', etc.) no son distintivos de la variante castellana norteña, sino de una comarca concreta. Como tampoco lo es una construcción *no hacer algo más nunca*, que se dice en un pueblecito cercano a Valladolid, como si de un enclave andaluz se tratase. De todos estos rasgos y otros muchos hemos prescindido en este trabajo.

De cuanto venimos diciendo se deduce claramente que no existe uniformidad lingüística en Castilla la Vieja, como no la hay, salvo en espacios muy reducidos; que el marco geográfico y los límites con otras hablas distintas condicionan en buena parte el habla de lugares fronterizos; que hay un rápido proceso de neutralización de las diferencias de habla entre pueblos y ciudades, excepto en la tercera generación; y que en el léxico —que aquí no hemos podido abordar— es donde mayor número de arcaísmos se encuentran.

Durante largo tiempo la lengua de Castilla la Vieja fue considerada modélica ante todas las hablas de España. Pero a comienzos del siglo XVI, como bien dijo González Ollé,[13] «el centro de gravedad de la lengua se desplaza de Castilla la Vieja a la Nueva, de Burgos a Toledo».

Durante mucho tiempo la polémica entre la norma castellana vieja y la toledana se cifró en ataques, denuncias y denuestos recíprocos. Lo cierto es que en el siglo XVII Castilla había perdido ya la capacidad de imponer su norma como modélica, y su habla pasa a convertirse en una variedad regional más. Pese a todo, algunos visitantes de la Vieja Castilla seguían viendo en ella «a gente (la de Valladolid) fácil en su trato, lúcida en las personas, aguda y graciosa en la palabra y bien inclinada en todo su proceder».[14] Y Madame D'Aulnoy[15] aseguraba, a finales del siglo XVII, que los habitantes de Burgos hablan el castellano más correctamente que en otras poblaciones españolas. Pasado el tiempo, la polémica entre la norma castellana y la toledana remitió, y el concepto de norma de prestigio fue cambiando.[16]

Todo ello no obstante, a lo largo de este siglo el castellano de Burgos y el de Valladolid disfrutan de un gran prestigio como modelos de castellano hablado, sin que desmerezcan otras poblaciones o provincias vecinas. Sea como fuere, este planteamiento es absolutamente chauvinista y relativo. El mejor castellano, el más castizo, propio y expresivo no se habla en ningún lugar concreto; sino que es el que hablan los hispanohablantes cultos del

12.   F. González Ollé, *El habla de la Bureba*, Madrid, CSIC, 1964; y «El habla de Burgos como modelo idiomático en la historia de la lengua española y su situación actual», en *Presente y futuro de la lengua española*, Madrid, 1964, pp. 227-237.

13.   Véase «Aspectos de la norma lingüística toledana», en *Actas del I Congreso Internacional de Historia de la Lengua Española*, Madrid, Arco-Libros, 1989, pp. 859-871.

14.   Véase Pinheiro da Vega, *Fastiginia o Fastos geniales*, traducción y edición de N. Alonso Cortés, Ayuntamiento de Valladolid, 1973.

15.   Cfr. F. González Ollé, 1964, p. 228.

16.   Cfr., entre otros, nuestro «El concepto de norma lingüística en Nebrija: pervivencia y superación», *Anuario de Letras*, XXXI, México, 1993, pp. 183-204; y C. Moriyón Mojica, «El concepto de norma lingüística en la tradición gramatical española (de Nebrija a Bello)», tesis doctoral, Universidad de Valladolid, 1994.

mundo, que muestran riqueza y precisión léxica, aporte a las estructuras sintácticas de la lengua, una pronunciación adecuada, pulida y sin desviaciones dialectales.[17]

Domina el idioma no quien sabe expresarse bien sólo en un registro, aunque éste sea el culto, sino quien conoce bien todos ellos y sabe adaptar la expresión al momento, a la ocasión y a los interlocutores.

Tras todo esto podemos confirmar con suma cautela que por término medio se suele hablar mejor en esta zona central de la Vieja Castilla (Burgos, Valladolid, Palencia, Zamora...) que en otros lugares, sin que falten quienes destrozan el castellano en estas provincias y abunden quienes lo hablen preciosamente en cualquiera otra parte del mundo.

Tal vez se pueda advertir en esta zona una mayor proximidad a la norma estándar, una mínima carga de dialectalismos; este castellano se adorna en general con una entonación y un ritmo serenos y sirve de modelo a muchos extranjeros que, al aprender español, encuentran en este modo de hablar una especial eufonía y riqueza léxica.

Mas, como puede verse, cuanto acabo de exponer no pasa de ser el reflejo de unas opiniones, en muchos casos meramente intuitivas, si bien sinceras. En las encuestas sobre actitudes lingüísticas realizadas en varios de los lugares mencionados predomina, con ciertas reservas, la creencia de que allí se habla bien.

En todo caso, conviene recordar que la ciudad moderna ha absorbido en buena parte a la población de origen rural, que en ella se han conjuntado en poco tiempo muy diversos modos de hablar que se han neutralizado y parcialmente homogeneizado. Súmese a esto que la vida actual impone un permanente contacto entre pueblos y ciudades, y que los medios de comunicación ejercen enorme influencia en la normalización lingüística a costa de las diferencias específicas de unos y otros lugares. Y con todo ello comprenderemos lo complejo que es caracterizar una variedad lingüística regional, extendida por tan vasto territorio, por medio de los rasgos dominantes y distintivos, buscando un común denominador de los fenómenos más llamativos y desviados de la norma estándar culta.

---

17. Véase nuestro *Así hablamos*, Valladolid, 1986.

# CASTILLA LA NUEVA

por Francisco Moreno Fernández

## Introducción[1]

Tradicionalmente se ha dado el nombre de Castilla la Nueva a la región española situada en el centro de la península Ibérica cuyo territorio incluye las provincias de Madrid, Guadalajara, Toledo, Cuenca y Ciudad Real. Cuando en 1983 quedaron completamente perfiladas las Comunidades Autónomas de España, Castilla la Nueva se vio repartida en dos ámbitos autonómicos: Madrid, segregado de las provincias circundantes, y Castilla-La Mancha, al que se le agregó el territorio de la provincia de Albacete, muy vinculado a la región de Murcia durante buena parte de su historia. Castilla la Nueva es, por su configuración interna, una región de fuertes contrastes,[2] de límites geográficos imprecisos, con unas comunicaciones interiores históricamente deficientes —especialmente de este a oeste— y cuya vida socioeconómica se articula en torno a un gran centro urbano, Madrid, capital hegemónica, omnipresente como punto de referencia. La descripción lingüística que aquí se va a ofrecer estará centrada, de oeste a este y

1. Una buena parte de los ejemplos que se presentan en estas páginas proceden de los cuestionarios cumplimentados para el *Atlas Lingüístico (y etnográfico) de Castilla-La Mancha*, si bien se han manejado única y exclusivamente las respuestas recopiladas, transcritas y grabadas por Moreno Fernández. Lógicamente, también se presentarán materiales del atlas que ya han sido publicados de una u otra forma, en cuyo caso se citará, como es natural, la procedencia. Sobre el atlas citado, véase *Atlas Lingüístico (y etnográfico) de Castilla-La Mancha. Cuestionario I y Cuestionario II*, Madrid, 1988; *Atlas Lingüístico (y etnográfico) de Castilla-La Mancha. Cuestionario reducido (Léxico)*, Universidad de Alcalá de Henares, Alcalá de Henares, 1989. Véanse de P. García Mouton y F. Moreno Fernández los siguientes trabajos: «Proyecto de un *Atlas Lingüístico (y etnográfico) de Castilla-La Mancha*», *Actas del I Congreso Internacional de Historia de la Lengua Española*, Arco/Libros, Madrid, 1988, pp. 1462-1480; «Notas de las encuestas del *Atlas Lingüístico (y etnográfico) de Castilla-La Mancha*», *Actas do XIX Congreso Internacional de Lingüística e Filoloxía Románicas* (en prensa); «L'ALecMan parmi les atlas linguistiques espagnols», *Géolinguistique*, 5 (1993), pp. 217-232; «El *Atlas Lingüístico (y etnográfico) de Castilla-La Mancha*. Estado de las encuestas», en O. Winkelmann (ed.), *Stand und Perspektiven der romanischen Sprachgeographie*, Gottfried Egert Verlag, Wilhemsfeld, 1993, pp. 153-164; «El *Atlas Lingüístico (y etnográfico) de Castilla-La Mancha*. Materiales fonéticos de Ciudad Real y Toledo», en P. García Mouton (ed.), *Geolingüística. Trabajos europeos*, CSIC, Madrid, 1994, pp. 111-153.
2. Véanse *Atlas de Castilla-La Mancha*, Junta de Comunidades de Castilla-La Mancha, Madrid, 1986; *La economía en la Comunidad Autónoma de Madrid en 1993*, Cámara de Comercio e Industria de Madrid, Madrid, 1995.

de norte a sur, en las provincias de Madrid, Guadalajara, Toledo, Cuenca, Ciudad Real y Albacete.

Las hablas de Castilla la Nueva están vinculadas a la variedad castellana más general, utilizada *grosso modo* en los dos tercios septentrionales de España; por lo tanto, la norma culta que orienta los usos de los hablantes de este territorio responde a un modelo de español castellano. El bajo nivel cultural de una gran parte de la población que se dedica a actividades agropecuarias y las deficientes comunicaciones intrarregionales explican la pervivencia de rasgos lingüísticos heterogéneos, antiguos, vulgares o populares. Frente a esto, el habla culta de Madrid constituye el canon de la norma culta del centro peninsular y, a la vez, su principal fuente de innovaciones lingüísticas, mientras las variedades populares madrileñas suelen recoger los caracteres dialectales de los emigrantes llegados a la capital durante el último medio siglo.

Es lugar común considerar que en Castilla solamente se habla un castellano culto y conservador. Sin embargo, el habla de Castilla no es un todo homogéneo, porque dentro de ella se observan interesantes contrastes geolingüísticos, cuya expresión más clara se aprecia al comparar el habla de Castilla la Vieja con la de Castilla la Nueva. En general, el castellano de Castilla la Vieja es más conservador y el de Castilla la Nueva, más innovador, aunque sea realmente difícil fijar una frontera entre una y otra: Madrid, Guadalajara y el norte de Cuenca son tierras algo más conservadoras; Albacete, Ciudad Real y Toledo, algo más innovadoras.[3] Las diferencias se han ido fraguando con los siglos: la geografía de las dos mesetas castellanas es diferente, las fechas de reconquista y repoblación de ambos territorios también lo fueron,[4] así como los contactos lingüísticos que han man-

---

3. Véanse R. Lapesa, *Historia de la lengua española*, Gredos, Madrid, 8.ª ed., 1980; P. García Mouton, *Lenguas y dialectos de España*, Arco/Libros, Madrid, 1994.

4. La reconquista de Castilla la Nueva se produjo fundamentalmente entre los reinados de Alfonso VI (1072-1109) y de Alfonso VIII (1158-1214), incluidos ambos. Los territorios de Madrid, Guadalajara y Toledo fueron reconquistados en torno a 1085, Cuenca lo fue en 1177 y el avance hacia las tierras andaluzas se completó en la primera mitad del siglo XIII. La repoblación en muchos de estos lugares, sobre todo en las ciudades más importantes del norte de la región, se produjo de forma casi inmediata. Las actuales provincias de Guadalajara, Toledo y Madrid fueron repobladas entre 1120 y 1220 aproximadamente: el Fuero de Guadalajara es de 1133, el Fuero Viejo de Alcalá, de 1135, el de Cuenca es anterior a 1185 y el de Madrid, anterior a 1202. Durante la segunda mitad del siglo XII y hasta el siglo XV, las Órdenes Militares se encargaron de la repoblación de las extensas llanuras de La Mancha, que durante mucho tiempo fueron zona de lucha y tierra casi despoblada. Los pobladores que permanecieron en estas tierras castellanas, una vez reconquistadas, fueron mozárabes en una proporción importante, aunque también se quedaron mudéjares y judíos. Los mozárabes despoblaron pronto las zonas rurales para concentrarse sobre todo en la ciudad de Toledo y su entorno, donde más tarde llegarían otros muchos procedentes de Andalucía. En cuanto a los repobladores llegados tras la reconquista, la mayor parte de ellos fueron de origen castellano, concretamente de las tierras de Zamora, Valladolid, Palencia y Burgos. En tiempos de Alfonso VI llegaron al oeste de la región pobladores de Galicia y León, aunque en cantidad moderada, porque se tuvieron que atender las necesidades de repoblación de Extremadura. Al este llegaron, también con limitaciones, pobladores de Navarra, Aragón y Cataluña. Hasta tierras conquenses llegaron numerosos riojanos y burgaleses; a Toledo y Madrid, muchos segovianos (véase de J. González, *Repoblación de Castilla la Nueva*, 2 vols., Universidad Complutense, Madrid, 1976. También, S. de Moxo, *Repoblación y sociedad en la España cristiana medieval*, Rialp, Madrid, 1979; R. Izquierdo Benito, *Castilla-La Mancha en la Edad Media*, Junta de Comunidades de Castilla-La Mancha, Toledo, 1985. Para el territorio de la provincia de Toledo, véase R. Izquierdo Benito, *Reconquista y repoblación de la tierra toledana*, IPIET, Toledo, 1983).

tenido con otras lenguas y dialectos peninsulares. Esto nos lleva a afirmar que las hablas de esta región no forman por sí solas un dialecto. Si tomamos como referencia la definición de «dialecto» que ofrece Manuel Alvar,[5] observamos que estas hablas no se han desgajado de otra variedad común, ni están fuertemente diferenciadas frente a otras del mismo origen: todos los rasgos fonéticos que allí se dan cita se encuentran en otros territorios peninsulares, con los que también comparte, en diverso grado, unidades léxicas y usos gramaticales.

El punto de vista desde el que vamos a hacer la caracterización de las hablas de Castilla la Nueva concibe el castellano como una variedad más de la lengua española, una variedad equiparable a otras modalidades del español, pero con personalidad propia: su vinculación al castellano norteño, su carácter innovador frente al mismo, su naturaleza de transición entre el norte y el sur, entre el este y el oeste, su proximidad, según la comarca, a las hablas extremeñas, andaluzas, murcianas, valencianas o aragonesas. Todo ello se comprobará cuando presentemos los rasgos fonético-fonológicos, gramaticales y léxicos más destacados de la región.

## Fonética y fonología

La fonología de las hablas de Castilla cuenta, en su sistema vocálico, con las conocidas cinco vocales cardinales primarias. El sistema consonántico contrapone las áreas en las que se conserva el fonema lateral palatal /ḷ/ y las que no lo tienen. Exceptuando este rasgo fonológico, la mayor parte de los fenómenos castellanos que vamos a describir tienen una dimensión puramente fonética y prácticamente todos ellos se encuentran en otros ámbitos geográficos del español.

En el vocalismo podemos destacar el uso de unidades átonas que a menudo se apartan de la norma: *joventud* 'juventud', *sigún* 'según', *injuto* 'enjuto'. Formas como éstas pueden encontrarse por toda Castilla la Nueva en hablantes de nivel sociocultural bajo. Por otro lado, también es frecuente entre este tipo de hablantes que el elemento abierto del diptongo *ai* se cierre un grado (*ei*) por asimilación con la vocal siguiente, dando lugar a formas como *eire* 'aire', *beile* 'baile', *veinilla* 'vainilla', *poleinas* 'polainas'. El paso *ai* > *ei* es usual en las provincias de Guadalajara, Cuenca y Albacete, es decir, al este de nuestra región; y lo mismo puede decirse del paso *ei* > *ai*, que encontramos en formas como *azaite* 'aceite', *paine* 'peine' o *sais* 'seis'.

La tendencia antihiática del español se hace patente en muchos hablantes mediante la creación de diptongos populares o vulgares, habituales, por otro lado, en diversas áreas del mundo hispánico. Así, se halla extendido por toda la región el uso de formas como *piazo* 'pedazo', *acarriar* 'acarrear' o *apedrió* 'apedrear'. En las provincias de Guadalajara, Cuenca y Albacete, principalmente, así como en el oriente de Toledo suele ser frecuen-

---

5.  Véase «Hacia los conceptos de lengua, dialecto y hablas», *La lengua como libertad*, Ediciones Cultura Hispánica, Madrid, 1983, pp. 56-65.

te, como solución antihiática, la aparición de una consonante entre las vocales, generalmente *b* o *g*: *toballa* 'toalla', *cobete* 'cohete', *puga* 'púa', *mogo* 'moho'.

En relación aún con el vocalismo, cabe destacar tres fenómenos que pueden oírse en hablantes de toda condición sociológica. Uno de ellos es la aparición de un *-e* paragógica, especialmente tras *-r* final, localizada en el centro de la provincia de Cuenca, al norte de Albacete y en las provincias de Toledo y Ciudad Real, sobre todo en sus extremos occidental y oriental:[6] sirvan como ejemplos las formas *comere*, *vivire*; la pronunciación de este elemento vocálico es muy relajada. Otro rasgo es el uso extendido de la vocal *-e* en lugar de *-o* o de *-a* finales, localizado en Guadalajara y Cuenca: *aguiluche*, *pértigue*, *alfalfe*, *amugues* 'jamugas', *redonde*, *desvíe*, *escarpes*, *las regles*, *priete* 'prieto, -a'.[7]

El ámbito del consonantismo de Castilla la Nueva ofrece muchos y variados rasgos dignos de comentario. Para su presentación, procederemos agrupándolos, según el caso, por series y órdenes fonológicos. En las consonantes definidas como oclusivas hay que separar los rasgos de uso generalizado, de aquellos que se dan predominantemente en hablantes de extracción sociocultural baja. Entre los primeros, se debe destacar la pérdida de la dental *-d-*, sobre todo en las terminaciones de los participios de la primera conjugación (*acabao*, *cansao*; también en *to* 'todo' y *na* 'nada'). Más característicos de hablantes poco instruidos son los fenómenos de sustitución de los fonemas /k/ y /g/ (*carrucha* 'garrucha', *garpa* 'carpa') y las equivalencias acústicas (*bolpe* 'golpe', *buerta* 'huerta', *bimbre* 'mimbre', *gramante* 'bramante').

La posición implosiva de los fonemas /d/ y /k/ produce algunos resultados usuales en el castellano más septentrional; en esta posición, ambos pueden pronunciarse [θ]: *soledaz*, 'soledad', *parez* 'pared', *saluz* 'salud', por un lado; *traztor* 'tractor', *oztubre* 'octubre', *rezta* 'recta', por otro. La pronunciación asibilada de la *-d* final se da mucho en el habla de Madrid, Guadalajara, Toledo y Cuenca, mientras que en Albacete y Ciudad Real es más fácil que ese elemento se pierda: *soledá*, *paré*, *salú*. La realización dentalizada de -/k/ tiene una distribución geográfica similar; en el sur es frecuente documentar su aspiración.

Las consonantes fricativas presentan en Castilla la Nueva aspectos interesantísimos, muchos de ellos compartidos con otros territorios hispánicos. El fonema /f/ se realiza como bilabial en buena parte de la región. En hablantes con pocos estudios se encuentran equivalencias acústicas del tipo *celipe* 'Felipe', *cinca* 'finca', *escalazón* 'escalafón'. El fonema /χ/ se rea-

---

6. Es uso registrado también en las hablas extremeñas.
7. La mayoría de estas muestras no son sustantivos posverbales (véase M. Alvar y B. Pottier, *Morfología histórica del español*, Gredos, Madrid, 1983, p. 394). Es posible que algunas respondan a una influencia mozárabe, sobre todo cuando se trata de plurales (p. ej., *les regles*). Véase Á. Galmés de Fuentes, *Dialectología mozárabe*, Gredos, Madrid, 1983, pp 109-111. Un fenómeno más sería la pérdida de la vocal postónica en los superlativos, muy frecuente en la provincia de Cuenca y en los territorios cercanos de Albacete, Ciudad Real y Toledo: *muchismo* 'muchísimo', *buenismo* 'buenísimo', *tontismo* 'tontísimo'.

liza en casi todo el territorio como fricativo, velar y sordo, si bien es posible encontrar aspiración en el oeste y en el sur de Ciudad Real (Fuencaliente) y en el occidente toledano, es decir, en las fronteras con Andalucía y Extremadura. Hay casos aislados de aspiración o de realización muy relajada en la mitad sur de Cuenca. También hay casos de aspiración procedente de F- inicial, no demasiado frecuentes, en puntos del oeste toledano y en hablantes poco cultos: [húmo], [hóyo].

El fonema /s/, como es corriente en todas las hablas hispánicas consideradas como innovadoras, presenta en Castilla la Nueva una dimensión fonética rica y variada.[8] En términos generales, puede afirmarse que el fonema /s/, en posición implosiva y en el norte de la región (Madrid, Guadalajara, norte de Cuenca), tiene un comportamiento parecido al que ofrece en Castilla la Vieja (tendencia a la conservación, realización apicoalveolar, cóncava), mientras que en el sur de la región su comportamiento se hace progresivamente más parecido al que tiene en las hablas extremeñas, andaluzas y murcianas (tendencia al debilitamiento, realización plana o convexa). Esto no quiere decir, sin embargo, que no se encuentren soluciones innovadoras en el norte: el habla de Madrid aspira con frecuencia la s implosiva, sobre todo la población inmigrante llegada desde tierras meridionales.

En el artículo de García Mouton y Moreno Fernández de 1994[9] se afirma que la -s implosiva se encuentra debilitada, con soluciones aspiradas o asimiladas, en todos los puntos encuestados de las provincias de Toledo y de Ciudad Real y son las mujeres, en general, las más remisas a generalizar la realización aspirada. Asimismo, cuando la sibilante va precediendo a una consonante sorda se ve favorecida la aspiración.

En cuanto a las provincias de Madrid, Guadalajara, Cuenca y Albacete, hay que señalar que en todas ellas es posible encontrar aspiraciones de s implosiva, pero son más frecuentes en la mitad sur de Cuenca y en la provincia de Albacete que en las zonas rurales de Guadalajara o Madrid. Las aspiraciones de s final que encontramos en estos territorios y en los de Toledo y Ciudad Real provocan en ocasiones la alteración del timbre de la vocal, que se abre cerca de un grado (e abierta; o abierta) o que se palataliza (en el caso de la a). Este fenómeno resulta más llamativo cuando la sibilante se pierde totalmente y deja la vocal abierta en posición final, pero no sobrepasa los límites de la pura fonética.[10]

En todo el territorio albaceteño, la aspiración suele convivir con la asimilación de s, que se produce cuando la sibilante va seguida de una consonante sonora; asimilaciones como [laɸólah] 'las bolas', [loθíah] 'los días', [máhránde] 'más grande' son habituales en toda la provincia aunque su presencia es más intensa en las inmediaciones de la región de Murcia. En

8.   Véase M. Alvar, «La suerte de la -s en el mediodía de España», *Teoría lingüística de las regiones*, Planeta, Barcelona, 1975, pp. 63-90.
9.   «El *Atlas Lingüístico (y etnográfico) de Castilla-La Mancha*. Materiales de Ciudad Real y Toledo», art. cit.
10.   Téngase en cuenta la polémica acerca del supuesto desdoblamiento del sistema vocálico, con vocales abiertas y cerradas.

Toledo y Ciudad Real también se encuentran estas asimilaciones, pero de forma más limitada y sobre todo en las secuencias s + b, s + g, en interior de palabra, cuando la s forma parte del artículo y en estilos informales. La pérdida de s implosiva en posición final absoluta se registra en toda la provincia de Ciudad Real, no tanto en el nordeste, y en la mitad occidental de Toledo, y más en los hombres que en las mujeres.

Pero, todavía en relación con la s implosiva, hay que comentar dos fenómenos más. Por un lado está el desarrollo de un elemento vocálico como consecuencia del debilitamiento de la sibilante, que lleva a las realizaciones [pér̄oe] para *perros* y [dóhbeyótae] para *dos bellotas*.[11] Este curioso fenómeno se encuentra más intensamente en el norte y el oeste de Toledo, cerca de Extremadura, aunque también se dan casos en el oriente de Albacete. Igualmente, es posible encontrar esas vocalizaciones cuando la consonante final es z, como en los ejemplos siguientes: [ar̄óe] 'arroz' y [lúe] 'luz'.[12] El otro fenómeno que debe destacarse es el rotacismo, que se produce prácticamente en toda Castilla la Nueva; se trata del paso -s > -r y se da con especial intensidad cuando la consonante siguiente es una dental, sobre todo d o z: [lordjéntes] 'los dientes' [larθárθas] 'las zarzas'.[13]

Aparte de lo ya comentado, hay más aspectos relacionados con el fonema /s/ que merecen atención, aunque serán tratados con la profundidad debida cuando se publiquen los materiales de los atlas lingüísticos. Uno de ellos es el de los tipos de s que se usan en Castilla la Nueva. A la espera de informes geolingüísticos más detallados, podemos afirmar que en nuestra región alternan las realizaciones cóncavas y apicoalveolares con otras que podemos calificar como «no cóncavas» (planas, convexas) y «no apicoalveolares» (dentoalveolares, dentales, predorsales, predorsodentales). Se registran eses apicoalveolares cóncavas en las provincias de Madrid y Guadalajara, en el norte y el sudeste de Toledo, en el nordeste y puntos del sur de Ciudad Real, en casi toda la provincia de Albacete y en puntos del norte y el oriente de Cuenca. Esto quiere decir que el fonema /s/ se puede encontrar realizado como «no apicoalveolar» y «no cóncavo» en el sudoeste y centro de Toledo, en el oeste y el sudeste de Ciudad Real, en puntos aislados de Albacete y en el oeste y el centro de Cuenca. Dentro de esta segunda zona, en numerosos puntos, sobre todo de Ciudad Real y Toledo, la /s/ se puede realizar como predorsodental convexa, es decir, como una s de las llamadas andaluzas o sevillanas.[14] Cuando no se da esta pronunciación, es frecuente que la s sea convexa, sin que la lengua llegue a tocar los incisi-

11.  Véase P. García Mouton y F. Moreno Fernández (1994), art. cit. Véase también la tesis doctoral de Florentino Paredes sobre la comarca de la Jara, «Estudio sociolingüístico de la Jara», tesis doctoral inédita, Universidad de Alcalá de Henares, 1994.

12.  Véase P. García Mouton y F. Moreno Fernández, art. cit., p. 139. Los ejemplos que proporcionamos ya se dieron en el trabajo de los mismos autores titulado «Notas de las encuestas del *Atlas Lingüístico (y etnográfico) de Castilla-La Mancha*», en *Actas do XIX Congreso Internacional de Lingüística e Filoloxía Románicas* (en prensa).

13.  Véase F. Moreno Fernández, «El paso -s > -r en español», *Journal of Hispanic Research*, 1 (1992-1993), pp. 17-34.

14.  Véase T. Navarro Tomás, «La frontera del andaluz», *Capítulos de geografía lingüística de la Península Ibérica*, Instituto Caro y Cuervo, Bogotá, 1975, pp. 21-80.

vos inferiores y con fricación producida por el contacto del dorso-predorso de la lengua en los alveolos.

Otro fenómeno interesante encontrado en Guadalajara, Cuenca y Ciudad Real, principalmente, es el uso de *s* por *z* y de *z* por *s*, tanto en posición implosiva como en posición inicial de sílaba.[15] Estamos ante casos que parecen muestras de un seseo y un ceceo que en tierras de Andalucía llegaron a desarrollarse en todos sus extremos. Tenemos ejemplos de *s* por *z* implosiva en *lesna, rodesno, gaspacho, isquierda, pisca, pardusca, mescla, amanesca, ves* 'vez', *hos* 'hoz', *arrós* y *nues*; y en posición inicial de sílaba, en *pesuña, sencío* y *nesecites*. Tenemos ejemplos de *z* por *s* implosiva en *pezcuño, azcla, miez, revez, toz*; y en posición inicial de sílaba en *zurco, zapo, zándalo, zandía, cimencera, cimensera* y *nesecites*. Por otra parte, las antiguas confusiones de *ss-s* y *x-g-j* pudieron originar formas como las que esporádicamente se recogen hoy en puntos de Castilla la Nueva:[16] *jurco* 'surco', *gésped* 'césped', *márcenes* 'márgenes', *cogechar* 'cosechar' y *cogechadora* 'cosechadora', estas últimas en la mitad norte y el oriente de la provincia de Cuenca.

Si son interesantes en Castilla la Nueva las consonantes fricativas, no lo son menos las palatales, africadas y fricativas, que ofrecen manifestaciones dignas de estudios más detenidos.[17] En primer lugar, debemos destacar algo que parcialmente ya quedó apuntado en 1994: el yeísmo, la indistinción fonológica de /ļ/ y /y/, está muy extendido por toda la región, muy especialmente en las ciudades.[18] Actualmente, la oposición de ambos fonemas se mantiene en puntos aislados de Madrid y del norte y el oeste de Toledo, en algún punto del norte de Ciudad Real, en puntos de la mitad norte de Albacete y en las provincias de Guadalajara y Cuenca (véase mapa 1). Dentro de estas últimas, las ciudades son mayoritariamente yeístas, a la vez que hay puntos en los que la oposición fonológica o no existe (Brihuega, Trillo) o está en proceso de desaparición (oeste de Guadalajara y de Cuenca). Junto a estos casos, hemos de anotar el lleísmo recogido en Alarcón (Cuenca), donde se oyen formas como [λúγo] 'yugo' o [λúŋke] 'yunque'.

En los lugares en los que se mantiene la palatal lateral como en los que el yeísmo se ha generalizado, el fonema /y/ puede presentar diversas realizaciones. Desde el punto de vista de la distribución geográfica, se da una mayor presencia de la variante medio palatal [y] en las provincias de Madrid, Guadalajara, Toledo, Ciudad Real y Albacete, mientras que en la provincia de Toledo están más generalizadas las variantes prepalatales, que, en la provincia de Ciudad Real, aparecen con mayor vitalidad en el sudeste y en el noroeste.

15. Véanse J. A. Frago, *Historia de las hablas andaluzas*, Arco/Libros, Madrid, 1993, p. 307 y ss.; M. Ariza, *Sobre fonética histórica del español*, Arco/Libros, Madrid, 1994, p. 226 y ss.

16. Véase J. A. Frago, *Historia de las hablas andaluzas*, p. 442.

17. Véase A. Alonso, «La LL y sus alteraciones en España y América», *Estudios lingüísticos. Temas hispanoamericanos*, Gredos, Madrid, 3.ª ed., 1967.

18. Véase P. García Mouton y F. Moreno Fernández, art. cit. También T. Navarro Tomás, «Nuevos datos sobre el yeísmo en España», *Capítulos de geografía lingüística de la Península Ibérica*, Instituto Caro y Cuervo, Bogotá, 1975, p. 175 y ss.

MAPA 1.  *Oposición ll-y en Castilla-La Mancha.*

En relación con el sonido medio palatal fricativo sonoro [y], hay que destacar un fenómeno que se localiza principalmente en el sur de la provincia de Guadalajara, en el norte y oeste de Cuenca, en el nordeste de Valencia y en algún punto del oeste toledano. Se trata de la realización [gjé-] en formas que comienzan por *hie-* o *ye-*, sea cual sea su etimología. Así, es frecuente anotar, incluso en hablantes semi-intruidos, formas como *guieso* 'yeso', *guierro* 'hierro', *guierrecillo* 'hierrecillo', *guierba* 'hierba' o *guierno* 'yerno'.[19]

El fonema prepalatal africado sordo ofrece distintos tipos de articulaciones en Castilla la Nueva, si bien pueden agruparse en torno a dos pro-

19.   Se han documentado formas como éstas en Navarra, Aragón, oeste de Valencia y Andalucía. Véase M. Alvar, «El habla de Oroz-Betelu», *Revista de Dialectología y Tradiciones Populares*, III (1947), pp. 447-490; A. Zamora Vicente, *Dialectología española, op. cit.*, p. 215. *Guierro* figura como entrada en el *Vocabulario andaluz* de A. Alcalá Venceslada (Gredos, Madrid, 1980).

nunciaciones básicas: una prepalatal y otra adelantada, que llegan a realizarse como alveolar o dentoalveolar. Esta última puede encontrarse esporádicamente por algunos puntos de la región, pero su presencia es algo más intensa en la provincia de Toledo y al norte de Ciudad Real. También en puntos aislados de Guadalajara y del norte de Cuenca es posible percibir cierto adelantamiento articulatorio de la *ch*.

En lo que se refiere a la nasal palatal, como describimos en 1988,[20] es posible encontrar en la región casos en los que la *ñ* aparece despalatalizada (*panuelo* 'pañuelo', *albanil* 'albañil', *companía* 'compañía') o en los que se ha desarrollado un elemento semiconsonántico, con diverso grado de mantenimiento de la palatal (*pañio* 'paño', *moñio* 'moño', *senior* 'señor'). Junto a éstos, también se documentan casos de palatalización de la secuencia *n + i* (*Alemaña, Antoño*). El proceso de palatalización se conoce en todo el mundo hispánico y las despalatalizaciones se recogen por muchos lugares de España y de América, pero dentro de Castilla la Nueva se han encontrado al sudeste de Toledo (Mora de Toledo, Quintanar de la Orden), al nordeste de Ciudad Real (Herencia) y al este de Cuenca (Valdemorillo de la Sierra, Alcalá de la Vega). Arcaísmos como *ñudo* 'nudo' se encuentran en lugares apartados y en hablantes incultos de mucha edad.

Pero aún hemos de prestar atención a otro aspecto del consonantismo: las líquidas.[21] En Castilla la Nueva se encuentra un fenómeno característico de las zonas más innovadoras del mundo hispánico; se trata de la neutralización de los fonemas /l/ y /r/. En líneas generales, el paso *l > r* es más frecuente en interior de palabra (*arbañil* 'albañil', *torva* 'tolva'), mientras el paso *r > l*, cuando se produce, aparece más en posición final de palabra (*comel* 'comer', *colal* 'colar'); pero el primero también se puede encontrar en posición final de palabra (*manantiar* 'manantial', *recentar* 'recental', *cenagar* 'cenagal').

García Mouton y Moreno Fernández[22] han explicado que la neutralización de líquidas está generalizada en las provincias de Toledo y Ciudad Real y entre hablantes poco instruidos, aunque en el oriente de Ciudad Real y el sudoeste de Toledo se tiende a conservar la distinción. La provincia de Guadalajara ofrece neutralizaciones frecuentes en el sudoeste (Mondéjar, Pastrana y alrededores), que también se dan en la mitad oriental de Madrid; en estas zonas se localiza más el paso *l > r* en posición final (*manantiar*). La neutralización de /l/ y /r/ se recoge igualmente, pero con menos intensidad, en puntos dispersos de Cuenca y Albacete y en el entorno de Hellín está bastante generalizada (véase mapa 2). El fenómeno es característico, en cualquier caso, de hablantes de niveles socioculturales bajos.

Otro uso frecuente en Castilla la Nueva, aunque no sólo aquí, es la pérdida fonética de la *r* del infinitivo, cuando éste va seguido de un pronombre enclítico: prácticamente en todas nuestras provincias es posible reco-

20. F. Moreno Fernández, «Despalatalización de *ñ* en español», *Lingüística Española Actual*, X (1988), pp. 61-72.
21. Véase A. Alonso, «'-R' y '-L' en España y América», *Estudios lingüísticos. Temas hispanoamericanos, op. cit.*, pp. 213-267.
22. Art. cit., 1994, p. 141 y ss.

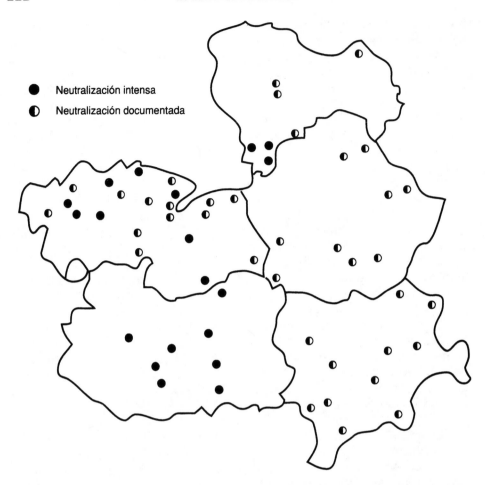

MAPA 2.  *Neutralización de líquidas en posición final de palabra en Castilla-La Mancha.*

ger, sobre todo de hablantes poco cultos, realizaciones como *vestise* 'vestir-se', *dejate* 'dejarte', *decilo* 'decirlo' y *reínos* 'reírnos'.

Cerramos el epígrafe dedicado a fonética y fonología con unas notas sobre acentuación.[23] En diversos lugares de Castilla la Nueva es frecuente encontrar cambios de acento que responden a orígenes diversos. Así, por ejemplo, en la mitad oriental de las provincias de Guadalajara y de Cuenca se prolonga una realización acentual característica de las hablas aragonesas: las palabras proparoxítonas dejan de serlo cuando el acento pasa a la penúltima sílaba (*abrego* 'ábrego', *vertebras* 'vértebras', *vibora* 'víbora', *oxido* 'óxido', *pajaro* 'pájaro', *apaleabamos* 'apaleábamos').[24]

23.  Sobre cambios acentuales en el mundo hispánico y otros fenómenos fonéticos, véase A. Alonso, «Problemas de Dialectología Hispanoamericana», en A. M. Espinosa, *Estudios sobre el español de Nuevo Méjico*, I, Instituto de Filología, Universidad de Buenos Aires, Buenos Aires, 1930, pp. 317-469 (*Biblioteca de Dialectología Hispanoamericana*, I).

24.  A propósito de las hablas de Aragón, véase el *Atlas Lingüístico y Etnográfico de Aragón, Navarra y Rioja*, dirigido por Manuel Alvar, Inst. Fernando el Católico, CSIC, Madrid, 1979-1983.

En las provincias de Guadalajara, Cuenca, Albacete y Ciudad Real también es posible observar un cambio de acento en los hiatos —originales o creados tras la pérdida de una consonante—, por el cual se traslada a la vocal más abierta: *sudáor* 'sudador', *cazáor* 'cazador', *trilláor* 'trillador', *tapáor* 'tapador', *aura* 'ahora', *raiz*, *reiz* 'raíz', *reices* 'raíces', *traiba* 'traí(b)a', *atajaizo* 'atajadizo', *sentaicos* 'sentadicos', *encañaura* 'encañadura', *naita* 'nadita', *laito* 'ladito', *azailla* 'azadilla', *alargaizo* 'alargadizo', *cogiéis* 'cogíais', *saldriéis* 'saldríais'. Como se aprecia en los ejemplos, ese traslado suele provocar soluciones diptongadas, incluso cuando uno de los elementos vocálicos no es cerrado: *ataero* 'atadero', *polvaera* 'polvareda'. Formas como *sentaicos* o *cansaica* son también conocidas en las hablas murcianas.

## Gramática

La gramática de las hablas de Castilla la Nueva no ofrece características muy diferentes de las que se encuentran en la Castilla más septentrional.[25]

Al estudiar la afijación, descubrimos un fenómeno que se localiza principalmente en Guadalajara, aunque también se documenta en puntos aislados de otras provincias: el uso de un prefijo *a-* precediendo, por lo general, a formas verbales de la primera conjugación. Son casos como *atopar* 'topar', *apegarse* 'pegarse', *ajubilar* 'jubilar', *agastar* 'agastar', *arrecordar* 'recordar', *ayuncir* 'uncir', *atrabar* 'trabar', *atorear* 'torear'.[26] También en Guadalajara, sobre todo en el este, se recogen formas que muestran aféresis, tal vez como un modo de contrarrestar la intensidad de la prótesis: *flojar*, *pretar*, *travesar*. Estos rasgos destacan en hablantes de bajo nivel sociocultural, como ocurre con la sustitución de *des-* por *es-* (*estrozar* 'destrozar') o de la sílaba inicial *ra-* por *re-*: *renura* 'ranura', *recimo* 'racimo', *restrojo* 'rastrojo'.

En el ámbito de la morfología nominal, nuestra región muestra también características que coinciden con las de otras tierras. Llama la atención, sin embargo, el uso masculino de algunas voces femeninas que se refieren a materia, lo que hace pensar en el neutro de materia de las tierras asturianas y cántabras:[27] *el agua claro, el agua gordo, el arena delgado, avena albaceteño*. Estos usos se encuentran en los montes de Toledo (p. ej., Los Navalucillos), donde pudieron llegar repobladores asturleoneses, y en algún punto del norte de la misma provincia de Toledo (Cobeja), pero hay que aclarar que el fenómeno se restringe a unos pocos sustantivos (sobre

25.   Además, muchos de esos rasgos se encuentran en otras zonas del mundo hispánico. Véase Á. Rosenblat, «Notas de morfología dialectal», en A. M. Espinosa, *Estudios sobre el español de Nuevo Méjico*, Instituto de Filología, Universidad de Buenos Aires, Buenos Aires, 1946, pp. 105-316 (*Biblioteca de Dialectología Hispanoamericana*, II).

26.   Véase P. Sánchez-Prieto, «Alternancia entre el lexema con y sin prefijo en castellano medieval (el verbo)», *Actas del II Congreso Internacional de Historia de la Lengua Española*, Pabellón de España, Madrid, 1992, pp. 1323-1336.

27.   Sobre el neutro de materia, véase el estudio de D. Alonso, ya clásico, «Metafonía, neutro de materia y colonización suditálica en la península hispánica», en *Obras Completas*, I, Gredos, Madrid, 1972, pp. 147-213.

todo *agua*) y que no alcanza la dimensión que tiene en el norte peninsular; esto permite pensar, según nuestra opinión, en un hipotético desarrollo autóctono.[28]

La morfología verbal nos muestra algunos fenómenos que probablemente se conserven como testimonio de épocas antiguas. Así, por ejemplo, en Guadalajara, Cuenca, Albacete y Madrid, aunque también en puntos del este de Ciudad Real, se recogen muestras de imperfectos en *-iba*, como en Aragón: *traíba*.[29] Tales formas, no obstante, se encuentran casi exclusivamente en hablantes de edad avanzada y con pocos estudios.

Como arcaísmo morfológico podría interpretarse también la presencia de imperfectos y condicionales en *-ie* en la provincia de Toledo, en el este de Madrid (p. ej., en Chinchón) y el noroeste de Guadalajara, como Menéndez Pidal describió para tierras leonesas.[30] Es posible, sin embargo, que muchos de ellos, en las zonas fonéticamente más innovadoras, no se den por arcaísmo, sino precisamente por innovación:[31] con una frecuencia muy grande, las formas verbales de imperfecto y condicional de la segunda persona del plural cambian la *a* por *e*: (*cogíeis*, *vendríeis*); a la vez, el debilitamiento de /s/ en la segunda persona del singular puede provocar la palatalización de la vocal *a*, hasta dar también un resultado *-ie*: [koχíeh] 'cogías'. Existe la posibilidad de que a partir de estas formas se haya extendido la variante *-ie* al resto del paradigma.

También admitiría una valoración de arcaísmo el uso de *-i* en la segunda persona del plural de los imperativos, de origen leonés: *jugái* 'jugad', *hacéi* 'haced'. Formas como éstas son frecuentes en hablantes poco cultos y de edad avanzada del oeste de la provincia de Toledo y de Ciudad Real, aunque en el sudoeste de Albacete, en Letur, también se han anotado *vei* 'id' y *dai* 'dad'. Las formas como *conozo* o *merezo* y perfectos como *dijon* o *quison* pueden encontrarse en el oeste de Toledo y de Ciudad Real, como prolongación de unos usos que se dan también en Extremadura.[32]

28.   Podría pensarse en una falsa concordancia basada en la interpretación de *el* (< ILLA) como determinante masculino. Por lo que se refiere a la morfología nominal, añadiremos simplemente que el uso de los diminutivos en Castilla la Nueva es muy rico y variado, siendo habitual la alternancia de sufijos en unos mismos hablantes. En las provincias de Guadalajara, Cuenca y Albacete es importante el uso de *-ico* (formas como *bonico* o *pequeñico*, por ejemplo), sobre todo en las áreas más orientales; se trata por tanto de áreas que prolongan un uso aragonés, que continúa hacia el sur hasta tierras murcianas, almerienses y granadinas. En las provincias orientales de Castilla la Nueva, el sufijo *-ico* alterna a menudo con *-ito*, *-ejo* e *-illo*, y en Cuenca y Albacete también con *-ete*, por el contacto con las tierras valencianas. Los diminutivos *-ito* e *-illo* son habituales en Madrid, Toledo y Ciudad Real, mientras que en el oeste de estas dos últimas se usan con frecuencia *-in* e *-ino* (en la forma *chiquinino*, por ejemplo), de clara tradición asturleonesa.
29.   Véase M. Alvar, «El imperfecto *-iba* en español», *Homenaje a Fritz Krüger*, I, Universidad Nacional de Cuyo, Mendoza, 1952, pp. 41-45.
30.   Véase F. Moreno Fernández, «Imperfectos y condicionales en *-ie*. Arcaísmo morfológico en Toledo», *Lingüística Española Actual*, VI (1984), pp. 183-211.
31.   Véase A. Llorente, «Fonética y fonología andaluzas», *Revista de Filología Española*, XLV (1962), pp. 227-240; J. Mondéjar, *El verbo andaluz. Formas y estructuras*, C.S.I.C., Madrid, 1970.
32.   Usos más propios de hablantes poco instruidos y de edad avanzada son los siguientes: la creación de gerundios, muy aragonesa, a partir del tema de perfecto, especialmente en Guadalajara y Cuenca (*compusiendo*, *detuviendo*, *pusiendo*, *hubiendo*); la conservación de arcaísmos como *truje* y *vido*; el uso de formas vulgares como *háyamos*, *váyamos*, *venéis*, *querís*, *haiga*, *apreta*, *lleguemos* 'llegamos', pres. ind.' o *semos* 'somos'. El uso vulgar de la terminación *-stes* para la segunda persona del singular del indefinido está muy extendido, incluso entre hablantes cultos: *vinistes*, *pegastes*.

En lo que se refiere a los pronombres, en Castilla la Nueva destacan, sin duda alguna, los fenómenos del leísmo, el laísmo y el loísmo. En términos generales, nuestras provincias quedan bien diferenciadas por el uso de los pronombres átonos:[33] dentro de Toledo, la zona que se ve menos afectada por los fenómenos del leísmo, del laísmo y del loísmo es la oriental, especialmente el sudeste; Ciudad Real tiene estos fenómenos sólo al occidente, sobre todo al noroeste, aunque el leísmo de persona en masculino singular puede hallarse fácilmente por el centro y sudeste de la provincia; Madrid y el tercio oeste de Guadalajara son laístas, también con leísmo de persona en masculino singular y con casos de leísmo de cosa. Los dos tercios orientales de Guadalajara, Cuenca y Albacete tienen unos usos etimológicos que sólo se rompen parcialmente en el leísmo de persona.

La zona más intensamente leísta, laísta y loísta está formada por los dos tercios occidentales de Toledo y el oeste de Madrid; el occidente de Guadalajara es laísta y leísta, con casos esporádicos de loísmo.[34] Puede decirse que el resto del territorio sigue la norma etimológico-académica, que acepta el leísmo de persona en masculino singular. Ahora bien, la alternancia de usos pronominales observada en Toledo y en Madrid tiene un especial interés porque nos hace pensar en una pugna de sistemas que se libra por presión de la norma.[35]

Para cerrar este apartado sobre gramática se podrían añadir a nuestra lista algunos rasgos que tienen que ver con la sintaxis y el discurso. En Guadalajara, por ejemplo, se ha encontrado un uso interesante de *mucho* por *muy* en *mucho bueno* y *mucho bien*. También en Guadalajara se registra esporádicamente la pérdida del artículo cuando el sintagma nominal se inicia con *todo* o *toda* (*toda vida* 'toda la vida'). En el sudoeste de Toledo se registra la repetición del adverbio *antes* para indicar una mayor lejanía en el tiempo: *antes, antes* 'hace mucho'. En hablantes poco instruidos se suele usar como locución subordinante de tiempo *a la que*, en vez de *cuando*: *a la que pasaba, le empujó*.[36]

## Léxico

Las influencias lingüísticas de las regiones limítrofes sobre Castilla la Nueva, de las que hemos hablado en distintos apartados de este estudio,

---

33. Véase A. Llorente, «Consideraciones sobre el español actual», *Anuario de Letras*, XVIII (1980), pp. 5-61.

34. Véase F. Moreno Fernández, M. Amorós, J. Bercial, F. Corrales y M.ª Á. Rubio, «Anotaciones sobre el leísmo, el laísmo y el loísmo en la provincia de Madrid», *Epos*, IV (1988), pp. 101-122. También A. Quilis *et al.*, *Los pronombres* le, la, lo *y sus plurales en la lengua española hablada en Madrid*, C.S.I.C., Madrid, 1985.

35. Acerca de los pronombres personales, no merece la pena extenderse mucho en rasgos que son usuales en amplias y diferentes zonas del español. Pensamos en usos vulgares como *nusotros* 'nosotros', *vusotros* 'vosotros', *los* 'nos, os', *sus* 'os' o *vos* 'os', este último registrado en el oriente de Guadalajara, o en el uso reprobable de *me se* por *se me* (*me se ha caído*).

36. Como ocurre en cualquier rincón hispánico, es fácil encontrar que una localidad o una comarca hace uso de determinadas interjecciones o muletillas que llegan a servir de elementos identificadores frente a otras localidades más o menos cercanas. Sirva como ejemplo el uso de la forma *bolo* en el centro y el oeste de Toledo.

adquieren su mayor relevancia en el nivel léxico. Nuestra región está rodeada por Castilla la Vieja, Aragón, Valencia, Murcia, Andalucía y Extremadura, y con todas estas regiones va a compartir elementos léxicos; por otro lado, si la región ha recibido históricamente la influencia de los reinos de León, Castilla y Aragón y acogió en su momento población árabe y mozárabe, es comprensible que encontremos elementos leoneses, castellanos, aragoneses, árabes y mozárabes, aunque estén bien distribuidos en la geografía.

El occidente de Castilla la Nueva, en especial el de Toledo y Ciudad Real, se caracteriza, desde un punto de vista léxico, por la presencia de elementos de origen leonés u occidentales, en general, elementos que a menudo comparte con las hablas extremeñas. Así, se recogen formas como *flama* 'llama', *lamber* 'lamer', *blasfemiar* 'blasfemar', *grancias* 'granzas', *matancia* 'matanza', que incluyen unos rasgos fonéticos característicos de las hablas occidentales. En la Jara toledana se encuentran también los vocablos *fusca* 'hojarasca' y *morgaño* 'araña', compartidos con Salamanca y Extremadura, el último con ese mismo significado, aunque algunas variantes con el significado de 'musaraña' se pueden recoger también en la mitad oriental de la Península.[37] Como en otros ámbitos occidentales, en el oeste de nuestra región se usan las formas *caer* y *quedar* con el significado de 'tirar' y 'dejar', respectivamente.

El oriente de nuestra región ofrece un léxico compartido con los territorios limítrofes y que en muchos casos tiene un evidente origen aragonés o catalán. Son aragonesismos, que hoy se pueden encontrar prácticamente desde Aragón a Murcia o Almería, pasando por el oeste valenciano, formas como *guizque* 'aguijón; pellizco', *pernil* 'jamón', *aliaga* 'aulaga', *empentar* 'empujar', que en Cuenca también tiene el significado de 'rozar, apoyar', y un uso pronominal (p. ej., *no te empentes*), *mangrana* 'granada', en el sudeste de Cuenca, *adaza*, *araza* 'maíz', *rosigar* 'roer' o *alborgas* 'abarcas'.[38]

Por otro lado, algunas palabras conservan rasgos fonéticos característicos de las hablas aragonesas: así, *aguatero* 'aguador' y *pescatero* 'pescadero' presentan mantenimiento de la oclusiva sorda; *forcate* 'horcate' y *farinetas* 'gachas de harina', frecuentes en Cuenca, por ejemplo, mantienen la F- inicial latina; *rojío* 'rocío', conocida también en Aragón y Murcia, muestra una velar procedente del sonido del aragonés y el catalán *x*, que a su vez procede de -SCI-. Junto a las formas de origen aragonés, encontramos en el este de Castilla la Nueva algunos catalanismos o vocablos que han recibido la influencia del catalán valenciano, sobre todo en la provincia de Albacete, muchos de ellos compartidos con la región de Murcia: *bajoca* 'judía', *guija* 'almorta', *tabilla* 'vaina de las legumbres', *aspardeñas* 'alpargatas de esparto', *esparteñas* 'alpargatas de esparto', *rustir* 'asar', *surtir* 'salir con fuerza', *piñuelo* 'orujo'.

---

37.   Véase J. Corominas y J. A. Pascual, *Diccionario Crítico Etimológico Castellano e Hispánico*, Gredos, Madrid, 1980.

38.   En el norte de Cuenca hemos recogido la forma *rancho*, muy extendida en América, con el significado de 'apartado dentro de la tinada o paridera donde comen y duermen los pastores'.

Aparte de los arabismos que pueden considerarse de uso generalizado en el castellano, Castilla la Nueva conserva otros muy interesantes. Algunos los comparte con el occidente peninsular, como *zumaque* 'pellejo para guardar vino', que también se ha encontrado en Zamora, Salamanca y Segovia; otros son arabismos llegados a Castilla a través del aragonés o el catalán: *tarquín* 'barro; cieno' se encuentra en Aragón, Valencia, Murcia, y también en el nordeste de Albacete; *tahúlla*, 'medida agraria', es arabismo del sudeste de Albacete, compartido con Murcia y la Andalucía oriental (en el catalán de Valencia se recoge *tafulla*); *barchilla* 'medida de capacidad para áridos; cuartilla de trigo' es voz mozárabe usada en el oriente peninsular.[39]

Al léxico comentado hay que añadir numerosas voces usadas en diversas zonas del español de España y documentadas ampliamente desde antiguo. El vocablo *somarro* 'cecina' se puede encontrar en el oriente de nuestra región; *regalar* 'derretir' se localiza en el nordeste de Albacete, tal vez por ser forma usada también en catalán; *estar repiso* 'estar arrepentido' se oye mucho en las llanuras de La Mancha; *gozque* 'perro pequeño' se recoge en diversas localidades, sobre todo del este castellano; *uvio* y *luvio*, con una pérdida de J- inicial característica de variedades como el leonés o el mozárabe, se dan en Albacete;[40] las formas *zafrán* 'azafrán' y *zofre* 'azufre', frecuentes también en Albacete, aparecen en la documentación antigua.[41] Los estudios que se han hecho hasta ahora sobre el léxico de Castilla la Nueva muestran unas áreas léxicas que no son constantes, aunque algunas se repitan con cierta insistencia. Ya hemos tenido oportunidad de presentar la personalidad léxica del oriente y del occidente de Castilla la Nueva. Un buen ejemplo de la división este-oeste se observa en la distribución geográfica de las voces *guiñar* y *cucar*: la primera se localiza en Madrid, Toledo, Ciudad Real (excepto una estrecha franja del interior) y en el oeste de Guadalajara; *cucar* se encuentra en el este de Guadalajara, en Cuenca y en toda la provincia de Albacete.[42] La isoglosa viene a coincidir con la línea vertical que separa Toledo de Cuenca y Ciudad Real de Albacete, aproximadamente.[43]

Como es natural, en el interior de la región ciertas voces son más características de unos lugares que de otros: la forma *guacho, -a* 'niño pequeño' se usa mucho en la provincia de Cuenca, y también en Albacete; la

39.   Sobre toponimia manchega de origen mozárabe, véase F. Moreno Fernández, «Ensayo de toponimia mozárabe del Común de La Mancha», *Estudios sobre Alfonso VI y la Reconquista de Toledo. Actas del II Congreso Internacional de Estudios Mozárabes*, Instituto de Estudios Visigótico-Mozárabes, Toledo, 1987, pp. 295-313.

40.   Sobre rasgos lingüísticos del mozárabe, véase Á. Galmés de Fuentes, *Dialectología mozárabe*, Gredos, Madrid, 1983.

41.   Véase, para ésta y las demás voces, J. Corominas y J. A. Pascual, *op. cit.* Otros usos léxicos son populares y se pueden encontrar en muy diversos lugares: *recordarse* 'acordarse' o el uso de *hermoso, -a* como apelativo afectivo, muy frecuente en las tierras manchegas.

42.   Véase P. García Mouton y F. Moreno Fernández, «L'ALecman...», art. cit., pp. 226-228.

43.   Esta zona, según hipótesis de D. Catalán, corresponde a la primitiva área de expansión hacia el sur de las comunidades humanas asentadas, a finales del siglo XI, a un lado y otro del Ebro dentro de lo que fue la Gran Navarra najerense. Catalán presenta como ejemplo la distribución geográfica de la forma *guizque*. Se trataría de la unidad de una serie de comarcas ni plenamente castellanas ni plenamente aragonesas del macizo ibérico. Véase «De Nájera a Salobreña», en *El español. Orígenes de su diversidad*, Paraninfo, Madrid, pp. 296-327.

palabra *zurra* 'bebida refrescante parecida a la sangría, elaborada con vino blanco' es corriente en Ciudad Real y Toledo, mientras que *cuerva* se encuentra sobre todo en Cuenca y Albacete; *grumo* 'conjunto de uvas más pequeño que un racimo' se localiza en las tierras manchegas de Toledo, Cuenca, Ciudad Real y Albacete, y *carpa* es más propia del centro y del oeste toledano, por ejemplo.

En 1987, García Mouton y Moreno Fernández presentaron dos mapas elaborados a partir de materiales del *Atlas Lingüístico de España y Portugal* que dejan ver lo que comentamos unas líneas más arriba: las áreas léxicas de Castilla la Nueva no son constantes.[44] Uno de los mapas muestra el uso de la forma *amapola* en el oeste de Guadalajara (también se da en Madrid) y en los dos tercios occidentales de Toledo y Ciudad Real, de *amapol* o *anapol* en la confluencia de las provincias de Toledo, Cuenca y Ciudad Real y de *ababol* en el este de Guadalajara, los dos tercios orientales de Cuenca y en la provincia de Albacete. El otro mapa muestra un uso generalizado por toda la región de la voz *zagal* 'niño que ayuda al pastor', excepto en el occidente conquense y en puntos del sudeste toledano, donde se encuentra la voz *rochano*. En otras ocasiones, la zona diferenciada del resto de la región es sólo la franja más oriental de Guadalajara y Cuenca y la provincia de Albacete; así ocurre con los nombres de la herrumbre y del maíz: *óxido* y *maíz* se dan en toda la región; *robín* y *panizo* sólo en el oriente.[45]

Estos pocos ejemplos demuestran que el léxico permite fragmentar la región de Castilla la Nueva de formas diversas: a veces hay homogeneidad general, con pequeñas zonas divergentes; a veces Toledo y Ciudad Real comparten unidades léxicas y a veces no; en ocasiones las zonas manchegas de Toledo, Cuenca y Ciudad Real usan un léxico que se aparta del utilizado en el resto del territorio. Esta relativa heterogeneidad puede explicarse por las diferencias geográficas internas de la región —hay zonas llanas y bien comunicadas y zonas aisladas—, por la procedencia de los repobladores que fueron llegando al territorio en épocas sucesivas y por las influencias léxicas que se han recibido desde las regiones limítrofes: son muchas las isoglosas que se cruzan en estas tierras. Pero, a pesar de todo, no puede olvidarse que hay unas áreas léxicas que se repiten con nitidez: la franja oriental, con sus aragonesismos y catalanismos; el oeste de Toledo y Ciudad Real, con sus leonesismos y otros occidentalismos.

44.  Véase «Proyecto...», art. cit.
45.  Véase P. García Mouton y F. Moreno Fernández, «L'ALeCMan...», art. cit. P. García Mouton, «Los nombres españoles del maíz», *Anuario de Letras*, XXIV (1986), pp. 121-146. A estas muestras «discrepantes» podemos añadir otras: el vocablo *cepa* 'tronco de la vid' es general en nuestra región, incluido el oriente de Ciudad Real, pero en el centro y el oeste de esta provincia se usa *parra*. El nombre de la cogujada que predomina en Madrid, Toledo y el norte de Ciudad Real es, precisamente, *cogujada*; pero en Guadalajara y el oeste de Cuenca se usa *moñuda*, y más al oriente y en Albacete se usa mucho *totovía*. Véase L. González, F. Moreno, L. Pinzolas y H. Ueda, «Los nombres de la "cogujada" en los Atlas regionales españoles», *Archivo de Filología Aragonesa*, XXXII-XXXIII, pp. 257-289.

### Áreas lingüísticas

La caracterización de Castilla la Nueva que hemos presentado servirá de base para proponer provisionalmente una división interna, una zonificación lingüística, que tan sólo podrá ofrecerse de modo más seguro y fiable cuando los materiales de los atlas lingüísticos permitan realizar otros análisis, incluidos análisis dialectométricos.

Una primera división, muy general, nos llevaría a distinguir en el plano fonético las provincias más conservadoras de las más innovadoras: Madrid, Guadalajara y el norte de Cuenca son las zonas más conservadoras (mantenimiento de *s* implosiva; mantenimiento de la distinción de /λ/ y /y/); Toledo, Ciudad Real y Albacete las más innovadoras (debilitamiento y pérdida de *s*); de ellas, Ciudad Real es la más próxima a las hablas andaluzas (aspiración de /χ/ en el sur; intensa neutralización de líquidas) y Albacete a las murcianas (asimilaciones de *s* más consonante sonora). En cualquier caso, por tratarse de una región de paso, de frontera, las isoglosas de muchos fenómenos lingüísticos se entrecruzan por todo el territorio de norte a sur y de este a oeste; la ciudad de Madrid merece consideraciones aparte, por su compleja naturaleza sociolingüística.

Junto a esta división general del territorio, se puede hablar de otra que nos lleva a oponer las provincias occidentales, en las cuales se observa el influjo de las hablas leonesas y extremeñas (diminutivos en *-in*, *-ino*; imperativos en *-i*), y las provincias orientales, en las que la influencia se recibe de Aragón (consonantes antihiáticas; gerundios con tema de perfecto; imperfectos en *-iba*; desplazamiento de acento en las esdrújulas) y, más hacia el sur, del territorio valenciano (léxico catalán). Toledo y Ciudad Real, por un lado (leísmo, laísmo, loísmo; *cucar*), y Guadalajara, Cuenca y Albacete, por otro (*hie-*, *ye-* > [gjé-]; *ababol*, *guiñar*), suelen compartir rasgos lingüísticos de diversa naturaleza.[46]

Una vez hechas las consideraciones generales, conviene prestar atención a zonificaciones más detalladas (véase mapa 3). Así, la provincia de Guadalajara se puede dividir, con un trazo vertical, en dos áreas: la mitad oriental y la occidental. La oriental, con Molina de Aragón como enclave más importante, mira nítidamente hacia las hablas aragonesas, prolongando muchos de sus rasgos fonéticos, gramaticales y léxicos, que, a su vez, se extienden hacia la provincia de Cuenca.[47] Dentro de la mitad oriental de Guadalajara es posible hablar de una subzona, el sudoeste, si se tienen en cuenta rasgos como la neutralización de las líquidas.

La provincia de Madrid, dejando a un lado la ciudad, puede dividirse, no sin dificultades, en tres zonas: la occidental, que se identifica con las tierras castellanas viejas de Segovia; la oriental, que coincide en numerosos

46.   Para la caracterización de la todas las variedades «de expansión y avanzada», véase M. Muñoz Cortés, «Variedades regionales del castellano en España», en G. Holtus, M. Metzeltin, C. Schmitt (eds.), *Lexikon der Romanistischen Linguistik*, I, Max Niemeyer, Tubinga, 1992, pp. 583-602. Véase también *El español vulgar*, Biblioteca de la Revista de Educación, Madrid, 1958.

47.   Véase J. M.ª Enguita, «Sobre fronteras lingüísticas castellano-aragonesas», *Archivo de Filología Aragonesa*, XXX-XXXI, pp. 113-141.

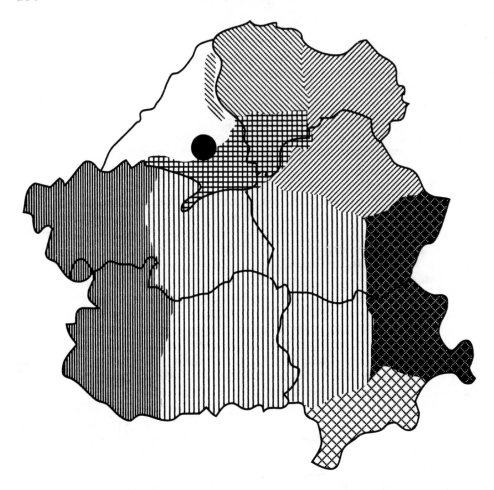

MAPA 3.  *Áreas lingüísticas de Castilla-La Mancha y Madrid.*

aspectos con el oeste de Guadalajara (p. ej., laísmo, neutralización de líquidas); y el sur, que anticipa ya algunos rasgos de Toledo (p. ej., imperfectos en *-íe*). Madrid es, pues, tierra de transición hacia la Castilla septentrional.

En la provincia de Cuenca se distinguen la serranía de Cuenca y la Alcarria, al norte, que coinciden en muchas de sus características con la provincia de Guadalajara, por el este y por el oeste; y La Mancha conquense,
al sur, que comparte caracteres con las tierras manchegas de Toledo, Ciudad Real y Albacete; dentro de esta mitad meridional, el área oriental se ve
influida por las hablas valencianas, en lo que coincide con el nordeste de
Albacete (p. ej., uso de *robín* 'óxido').[48] Todo esto no es óbice para que el

---

48.   Véase A. Briz Gómez, *El habla de la comarca de Requena-Utiel*, Generalitat Valenciana, Valencia, 1991.

norte y el sur de Cuenca coincidan en numerosos usos léxicos y para que se delimite el nordeste como la zona con mayor grado de aragonesismo o, si se quiere, de orientalismo.

La provincia de Albacete permite hablar de una zona manchega, en torno a La Roda y Villarrobledo, muy vinculada a Cuenca y Ciudad Real, un área de influencia valenciana, en torno a Casas Ibáñez, Alcalá del Júcar y Navas de Jorquera (léxico de Valencia), y una zona más coincidente con la región de Murcia, el sudeste (Hellín) y buena parte del sur (sierra de Alcaraz).[49] Con esta propuesta, dejamos ver claramente que, en nuestra opinión, las tierras de Albacete no deben ser incluidas, sin más, como dominio de las hablas murcianas.[50]

Toledo, por su parte, puede dividirse lingüísticamente según sus vecinos lingüísticos. El oeste toledano forma una zona bien definida, de influencia extremeña, de elementos de origen leonés (posesivos tónicos, imperativos en -i; caer 'tirar') que se hace evidente en el entorno de Talavera (vocalizaciones de s implosiva), sobre todo en el rincón en el que está enclavado Anchuras, y se desdibuja algo al norte del río Tajo; el oriente es manchego y, por tanto, afín a las características de las provincias adyacentes. Puede decirse que La Mancha empieza en Mora de Toledo y, aunque entre Quintanar de la Orden (Toledo) y Mota del Cuervo (Cuenca)[51] pasan algunas isoglosas fonéticas y léxicas (p. ej., yeísmo-distinción), son muchos los rasgos que comparte la encrucijada de Toledo, Cuenca y Ciudad Real, lo que se explica por la fácil y frecuente comunicación que siempre ha existido en esta zona. Ciudad Real, finalmente, muestra un panorama similar, con influencias extremeñas al oeste y características manchegas en el resto (parra, cepa), si bien toda la provincia, frente a lo que ocurre en Toledo, muestra un notable grado de andalucismo, sobre todo en el ámbito fonético.

Como conclusión final, merece la pena insistir en dos aspectos que ya hemos comentado y ejemplificado ampliamente. En primer lugar, desde una perspectiva sociolingüística, hay que tener en cuenta que la mayor parte de la población de Castilla la Nueva está concentrada en la ciudad de Madrid y en las grandes poblaciones que forman su área metropolitana: el habla de estas personas es un habla que, de modo general, goza de prestigio entre las hablas españolas. Los hablantes más desfavorecidos económicamente en estas zonas urbanas son inmigrantes en un número importante y mantienen rasgos lingüísticos originarios de territorios meridionales (Extremadura, La Mancha, Andalucía). Esos rasgos lingüísticos no son valorados muy positivamente, pero de hecho están ejerciendo una influencia notable sobre el modelo lingüístico de la ciu-

49.    Véase G. Gómez Ortín, *Vocabulario del noroeste murciano*, Editora Regional de Murcia, Murcia, 1991.

50.    Así se hacía en J. García Soriano, *Vocabulario del dialecto murciano*, Madrid, 1932.

51.    También entre Quintanar de la Orden y El Toboso, poblaciones toledanas muy cercanas. Véase F. Moreno Fernández, «Geografía lingüística y variacionismo», *Homenaje a Ramón Trujillo* (en prensa).

dad.[52] Desde una perspectiva geolingüística, Castilla la Nueva es un espacio de múltiples fronteras, un espacio que recibe influencias de un entorno lingüístico rico y variado, cuya historia puede ayudar a comprender mejor la historia de las variedades limítrofes y de la propia lengua española.

52.   Ahora bien, la influencia de Madrid sobre toda Castilla-La Mancha, que ya se produce a través de los medios de comunicación social, se multiplica por la facilidad y comodidad de las comunicaciones terrestres entre capitales. Hoy día es relativamente frecuente que la gente de Guadalajara, Cuenca, Toledo, Ciudad Real y Albacete se desplace a la capital de España para desarrollar todo tipo de actividades, comenzando por las comerciales y las lúdicas. Las hablas de estas zonas están dejando su huella en Madrid y Madrid está penetrando en esas hablas, provocando el desplazamiento de usos más peculiares o tradicionales.

# ANDALUZ

por Manuel Alvar

Sobre las hablas andaluzas se han vertido las más absurdas hipótesis. No sólo por los aficionados a los tópicos regionales, sino también por los lingüistas. De tal modo que la primera cuestión que se nos plantea al enfrentarnos con una realidad viva es su «naturaleza y *status* social». Más aún, con no poca arbitrariedad se da la fecha de su nacimiento: 1881. Sin embargo, creo que muchas arbitrariedades habrán terminado en 1993 cuando se lea un libro capital: la *Historia de las hablas andaluzas* de Juan Antonio Frago.[1] Lo que este investigador ha hecho es lo que no suele hacerse: ir a los documentos originales (no copias), trasladar directamente (no fiando el quehacer a los demás) y, luego, con tan seguros asideros, especular. Porque ni siquiera valen ahora, ni siempre, los testimoios de los doctos: estamos cansados de que los escritores andaluces distinguieran *b* y *v* en el siglo XVI, cuando lo cierto es que las clases populares las igualaban y así las llevaron a la sabana de Bogotá, según documentos de hacia 1580. Pero no nos desviemos de algo a lo que habrá que volver.

Para mí es enmarañar innecesariamente las cosas preguntar «si el "andaluz" histórico es un *dialecto* u otra cosa que podemos llamar *modalidad* o *variedad regional* del español».[2] Al presentar este volumen me ampararé en minuciosas disquisiciones para entender qué cosa puede ser un dialecto. Válidas no por ser mías, sino por acogerme a la verdad de todos. Que un rasgo andaluz como, por ejemplo, la aspiración de la *ese* se dé en Salamanca, en Ávila o en Toledo, que la neutralización de *l* = *r* aparezca —por decir un solo dominio— en Puerto Rico o que haya abertura de vocal en los plurales en algún sitio del español rioplatense, no creo que quiten fisonomía al andaluz, ni la pierde porque encontremos otros rasgos suyos en canario o en murciano. No creo que ningún aficionado a la dialectología confunda a un hablante de Las Palmas o de Cartagena con otro de Málaga.

---

1. Madrid, 1993.
2. José Mondéjar, «Naturaleza y status social de las hablas andaluzas», en el libro coordinado por Manuel Alvar, *Lenguas peninsulares y proyección hispánica*, Madrid, 1986, pp. 143-149. El propio Mondéjar preparó una útil *Bibliografía sistemática y cronológica de las hablas andaluzas*, Granada, 1989.

Por otra parte, no es lícito mezclar cosas heterogéneas. No es válido decir, como se ha hecho: «todas las hablas meridionales conocen, en mayor o menor grado, la aspiración de la -s implosiva, la abertura de la vocal final, la aspiración de las velares sordas, la confusión de r y l en final de sílaba o su pérdida en final absoluta, etc.». Aquí hay reunidas cosas heterogéneas: no se puede mezclar la aspiración de la -s, que es un proceso de la «demolición» de la s implosiva del indoeuropeo, que afecta a muchísimas lenguas y en la nuestra tiene enorme difusión, con la abertura de la vocal final, pues no se ha resuelto del mismo modo la manifestación del plural en rumano y en granadino;[3] ni en sevillano y granadino, con lo que tendremos otro hecho básico al que me referí hace casi treinta años: «[las Andalucías] que nosotros podamos descubrir carecen por completo de cierta uniformidad o "nivelación" lingüística» y esto es un rasgo dialectal, porque, si no lo fuera, habría que ir pensando en otras cosas. En sociedades como las nuestras, donde escribir no es difícil, los dialectos sólo sirven para una literatura de escaso valor, pues la creación duradera está en la lengua de cultura. No vale decir que entonces no se trata sino de variedades; la diferenciación es algo sobre lo que voy a escribir y sobre lo que escribiré. Pero no puedo aceptar que «todas las hablas meridionales conocen en mayor o menor grado» unos cuantos fenómenos. Sí, pero vuelvo a mi granadino: ¿su abertura vocálica es como la de otros sitios? ¿Es el granadino como el panocho, como el jándalo o como el palmero? Me refiero al grado de originalidad. Y quedan cosas que no se han tenido en cuenta: nada se dice de la desoclusivización de la ch, que obliga a un reajuste fonológico de todo el sistema de las palatales y, vinculado con él, del de las dentales; y nada se dice de la pérdida de las implosivas que unida, allí donde se da, al hundimiento del sistema pronominal castellano, fuerza a una reagrupación de las formas verbales, pero que sólo en parte coincide con América (falta el voseo y formas concurrentes) y está creando una ordenación de los pronombres muy extraña al castellano. Con lo que tendríamos una formación del plural o una neutralización de los signos que nada tiene que ver con la norteña y una estructura del sistema verbal igualmente diferenciada. ¿No es esto «sentido vulgar» del término dialecto? Y añadamos otras discrepancias: leísmo, laísmo y loísmo son desconocidos en Andalucía, mientras que ya están muy firmemente asentados en Castilla; se argüirá que es Castilla la disidente, pero ¿habrá o no disidencia cuando el rasgo afecta a León, Extremadura, Castilla, La Mancha? Para mí el mantenimiento etimológico es otro rasgo diferenciador por más que sea arcaizante frente al carácter innovador de Andalucía frente a Castillla. Habría también que hablar de lexicalización de fenómenos fonéticos que, lógicamente, afectan al vocabulario y originalidad del léxico, por más que no se crea, o, tras los trabajos de Julio Fernández-Sevilla[4] y José Andrés de Molina,[5] mal podemos

---

3.   Manuel Alvar, «Las hablas meridionales de España y su importancia para la lingüística comparada» (*Rev. Filol. Española*, XXXIX, 1955, pp. 284-313).
   4.   *Formas y estructuras del léxico agrícola andaluz*, 1975.
   5.   *Introducción al estudio del léxico andaluz*, Granada, 1971.

decir que no esté alterada la estructrua «lexicosemántica» del castellano, y no hablemos del uso de los pronombres, tan reiterado frente al septentrional, o sintagmas como *no empujéis, nunca más, nada más, vamos ahora mismo, cuanto más... mejor*, etc., desconocidos por el castellano bajo las formalizaciones andaluzas, y si los cito aquí es porque están en el *ALEA*.[6]

Volvamos ahora a una opinión mía de 1964. Entonces dije: «Las hablas canarias no son un dialecto. Ni uno sólo de sus rasgos fonéticos es privativamente suyo, ni su léxico se diferencia de los otros [...]. Pertenece a un gran complejo [...] en el que cabrían el extremeño del sur, el andaluz, el murciano [...].» Hay quienes a los que conviene que el andaluz forme bloque con esas hablas meridionales en las que diluiría su originalidad, pero mis ideas son muy precisas, y lo eran hace muchos años. Nada de particular tendría cambiarlas (para bien), pero siento decir que no las he cambiado.

Cuando inventé el *ALEA* (1952) apenas si sabíamos algo del andaluz; del canario, hasta 1959, poco más que nada. Cuando puse en marcha el *ALEICan* (1964)[7] ya había publicado tres tomos del *ALEA*. Es decir, podíamos establecer, desde mi punto de vista, una coordinación de saberes que estaban explícitos en la propia orientación del *ALEICan*. Cuando yo digo que el andaluz es un dialecto y el canario no, nada más lejos que «establecer dependencias de *status* que [...] parecen no existir» en mi pensamiento. Nada más lejos de la realidad. Cuando tratamos de ordenar, recurrimos a los rasgos comunes de unas lenguas; así, decimos que el rumano, el rético, el sardo, etc., son lenguas románicas por lo que las agrupa (su base latina): es lo que hice en mi texto de 1964; pero, al decir que el francés es una lengua románica no se me ocurre pensar que no esté bien diferenciada, ni al enumerar las «hablas hispánicas meridionales» se me ocurre negar la fuerte diferenciación del andaluz.[8] Cuando tratamos de caracterizar en lingüística, lo hacemos por lo que es discrepante, original o como queramos llamarlo, y entonces el portugués, el español o el italiano lo son por lo que no se parecen, es decir, por sus peculiaridades; o el andaluz, frente al canario, por las suyas.

En el manoseado artículo de 1961, del que aquí he presentado lo que me pareció pertinente, intenté plantearme la cuestión de qué era *lengua*, qué *dialecto*, qué *hablas*.[9] Dije entonces cuán imprecisa era una terminología que no es lingüística, sino paralingüística. ¿Por qué un sistema se llama lengua y otro dialecto? Para mí, hoy, sencillamente por razones de prestigio. Ahora bien, a lo largo del tiempo los lingüistas han ido exponiendo sus criterios con la pretensión de aclarar las cosas: así historicistas y estructuralistas, así idealistas y positivistas, así geógrafo-lingüistas o sociólo-

6.    Manuel Alvar (con la colaboración de A. Llorente, G. Salvador y, de modo parcial en el t. VI, de J. Mondéjar), *Atlas Lingüístico y Etnográfico de Andalucía* (2.ª edic.). Cfr. A. Narbona, «Problemas de sintaxis andaluza (*Analecta*, II, 1979, pp. 245-285), del mismo: «Problemas de sintaxis coloquial andaluz» (*Revista de la Sociedad Española de Lingüística*, XVI, 1986, pp. 229-275).
7.    *Atlas Lingüístico-Etnográfico de las Islas Canarias* (3 vols.).
8.    «¿Existe el dialecto andaluz? (*Nueva Revista Filología Hispánica*, XXXVI, 1988, pp. 7-22).
9.    Un resumen está en las páginas 10 a 14 de este libro.

gos. Para todos, sin excepción, *dialecto* es una diferenciación. Para mí, y acabaré ya de referirme a ese artículo tan antiguo, todos los rasgos que he dado en la definición de dialecto se dan en el andaluz. Decir que es un hecho indiscutible que «las hablas andaluzas, respecto del español, no difieren sustancialmente de la lengua histórica, encarnada en cada región con variantes» me parece cerrar los oídos a la realidad. Porque ¿qué es el español?, ¿qué es la lengua histórica? Creo que así, en montón, las cosas no se entienden. Intentaré decir lo que pienso:

*Español* es el suprasistema abarcador de todas las realizaciones de nuestra lengua. O dicho técnicamente: la *lengua* abstracta que todos aceptamos, que tiene virtualidad en la lengua literaria escrita y que ninguno habla. Es el sistema considerado fuera del individuo. Pero esta abstracción se realiza en millones de actos comunicativos *(la parole)* que están trabados por dos órdenes de fuerzas, las geográficas y las sociales. De ahí las variedades geográficas (o dialectos tradicionales) y las verticales (o sociolectos).

¿A qué *lengua histórica* se refiere el andaluz? ¿Al español que se aduce? Si esto es así la formulación es falsa, porque la lengua histórica a la que se debe referir el andaluz no es el español (inexistente en el siglo XIII o en el XV), sino al castellano. Sólo después los andaluces han ayudado a conformar —¡y de qué modo!— la unidad de sistema de sistemas que es el español. Por tanto, decir que el andaluz no «difiere sustancialmente» del español es erróneo históricamente y relativo, porque hay que saber qué se quiere decir con *sustancialmente*. En cuanto a las discrepancias del andaluz con respecto del castellano me parecen de cierta entidad. Y muchísimas más si pensamos en un «castellano histórico», porque «el castellano de Castilla puede ser tan variedad o si se quiere tan dialectal como el andaluz respecto del español».

Si *sustancialmente* significa que las discrepancias del andaluz son «pocas» fonológicamente y «bastantes« fonéticamente, tendremos que dar contenido objetivo a *poco* y *bastante*. Depende de lo que queramos decir y depende de lo que entendamos por fonética y por fonología. Porque si es poco el funcionamiento fonológico de *h* y *ø*, totalmente distinto del que tiene la *jota* en castellano, el seseo o el ceceo, el yeísmo y la alteración del sistema de palatales, la desoclusivización de la *ch*, el reajuste de las dentales, etc., no sé cuál será el valor de *mucho*. Para mí, pues, el andaluz está suficientemente diferenciado.

Y esto me obliga a perfilar algo que escribí en 1976.[10] El estudio del mapa 5 del *ALEA* me hizo ver con claridad cuál era la conciencia lingüística de los andaluces: hay un ideal mayor de lengua que es el *castellano*, aunque no siempre ni colectivamente, pero también «una fuerte identificación con su dialecto [...]. Y es que unas hablas como éstas, muy diferenciadas de la lengua común, sirven para acentuar el sentido dialectal de las gentes que las emplean; más aún, crean una autoafirmación de personalidad que les hace descuidar todo aquello que les es dispar, y eso desde el catedráti-

---

10. «Actitud del hablante y sociolingüística» (1976), recogido en el libro *Hombre, etnia, estado*, Madrid, 1986.

co de universidad hasta el último bracero, con lo que resulta que el dialecto tiene un prestigio social que difícilmente alcanza en ningún sitio del país, y es que en Andalucía se trata de una conciencia colectiva íntimamente sentida».

Que el *andaluz* así, en bloque, no existe como l e n g u a es evidente, porque si existiera sería algo distinto del español, y eso es una falsedad que no merece la pena discutir. Sí hay una conciencia regional —hasta donde llega lo de conciencia regional, que no son las fronteras administrativas de Andalucía— de tipo diferenciador.

«Nosotros no tenemos más que una lengua, que es la española», las variedades orales pueden mostrar diferencias geográficas o sociales. Aquéllas adoptan diversos registros de lengua; éstas se borran con la educación (no con la zapa demagógica) de las clases menos instruidas. No hacer esto es volver a posiciones retrógradas y a la folclorización cultural.

## Sevilla y el seseo-ceceo

En 1924, Américo Castro recogía una serie de *Esbozos*, como él los llamó, entre los que incluía unas notas sobre *El habla andaluza*.[11] Los muchos años transcurridos han hecho que alguno de sus deseos se haya logrado; han aparecido preocupaciones que entonces no se podían sospechar, y el trabajo ha quedado como un hito histórico al que referir los estudios sobre el dialecto.

Hoy sabemos que los problemas socioculturales del dialecto andaluz tienen una proyección que, observada por Américo Castro, obliga —sin embargo— a enunciar categóricamente lo que en él no fue sino un tímido apunte. La separación del andaluz del castellano que lo motivó es de tal condición, que han venido a romperse en mil casos las amarras de unión. Hasta el extremo de que la norma de la lengua común ha dejado de regir incluso en el habla de las gentes instruidas. Difícilmente se podría escribir sobre ningún sitio de España un trabajo como las *Vocales andaluzas*, de Dámaso Alonso, Alonso Zamora y M.ª Josefa Canellada, en el que se comprueba cómo informantes universitarios —profesores y estudiantes de la Facultad de Letras granadina— son óptimos «sujetos dialectales» para describir en ellos el rasgo fonológico más grave de todos los que amenazan a nuestro sistema lingüístico.[12] En Andalucía —como en Canarias o, en otro sentido, en América— se ha cumplido un doble proceso: de una parte, el

---

11.   «El habla andaluza», en *Lengua, enseñanza y literatura*, Madrid, 1924. Este trabajo queda como un hito testimonial; los estudios recientes son ya numerosísimos: A. Llorente, «Fonética y fonología andaluzas» (*Rev. Filol. Española*, XLV, 1962, pp. 227-240); R. Morillo Velarde, «Sistemas y estructuras en las hablas andaluzas» (*Alfinge*, III, 1985, pp. 29-60); J. M. Becerra - C. Vargas, *Aproximación al español hablado en Jaén*, Granada, 1986; P. Carbonero, *El habla de Sevilla*, Sevilla, 1982; G. Salvador, «El habla de Cúllar Baza» (*Rev. Filol. Española*, XLI, 1957, pp. 37-89); J. A. Moya - E. J. García, *El habla de Granada y sus barrios*, Granada, 1995, etc.

12.   Dámaso Alonso, Alonso Zamora y María Josefa Canellada, «Vocales andaluzas: contribución al estudio de la fonología peninsular» (*Nueva Revista de Filología Hispánica*, IV, 1950, páginas 209-230).

conjunto de las hablas regionales se ha separado de la norma común, y el
hecho afecta a todos, cultos e ignaros; de otra, las clases más instruidas
participan de rasgos profundamente dialectales, lo que sería incomprensible en otras regiones de intensa vida dialectal.

En el caso de Sevilla, estos hechos se cumplen del mismo modo que en
los demás sitios, pero su importancia es mucho mayor, porque Sevilla fue
la norma que se imitó cuando empezó la gran expansión del castellano.[13]
Amado Alonso tomó como norma del español áureo la que regía en Toledo: «El "castellano" pasa a ser "español", y el español se identifica con el
hablar de la corte y del reino de Toledo, como el mejor. El idioma que llevan los españoles por Europa, en su nuevo papel de hegemonía, es el "español", que, teniendo por base el hablar toledano, se impone sobre todas
las variedades regionales para ser el idioma de todos los españoles.»[14]

El texto del gran lingüista es ejemplar. Por lo que dice, y por lo que si-
lencia. Amado Alonso fue siempre hostil al «andalucismo» de América, por
eso habla del español que se extiende por Europa. Pero fue mucho más importante aquella variedad que peregrinó por las Indias. Y a América no va
la norma toledana, sino la sevillana. De lo que se veía como reino de Sevilla (Huelva, Sevilla, Cádiz) salieron las gentes que fueron a conquistar las
islas de Canaria y allí dejaron su impronta en esa nueva manera de vivir
hispánico.[15] El sevillanismo insular fue puente hacia las Indias; las naves
que iban hacia el Nuevo Mundo llevaban un ideal llamado Sevilla, que se
reforzaba al hacer escala en Canarias. Colón, en el *Diario* de su primer viaje, siente el recuerdo de dos ciudades andaluzas: Córdoba y Sevilla; del reino de Sevilla son aquellos dos españoles —Jerónimo de Aguilar y Juan
Guerrero— que dan testimonio de sendos procesos de americanización.
Cuando Agustín de Zárate, cronista del Perú y contador de mercedes regias,
aprueba la publicación de las *Elegías de varones ilustres de Indias*, de Juan
de Castellanos, está pensando en estas tierras: «... la materia de que trata,
por ser tan deseada, será muy bien recebida en todos estos reinos, especialmente en el de Andalucía y lugares marítimos de aquella costa, donde
se tiene más noticia y comercio con las Indias y navegación dellas».[16] En
otra parte he señalado cómo en Juan de Castellanos, *andaluz* ha pasado a
ser sinónimo de 'español' y, lo que apura el proceso semántico, *sihuiya* es
'español', en caribe.

Es cierto que a partir del segundo viaje de Colón, «la ciudad se convierte en capital del Nuevo Mundo, tiñendo de sevillanismo a la vida americana en todos sus aspectos»:[17] advocaciones religiosas, hombres, animales, plantas, comercio de libros [...] Incluso para lo que es menos reco-

13.  «Sevilla, macrocosmos lingüístico» (*Homenaje a Ángel Rosenblat*, Caracas, 1974, pp. 13-42).
14.  *De la pronunciación medieval a la moderna en español*, ultimado y dispuesto para la imprenta por Rafael Lapesa, Madrid, 1955, t. I, p. 21.
15.  *Vid.* las páginas 329 a 331 de este libro.
16.  Lo cito en «Sevilla, macrocosmos lingüístico», recogido después en el libro *Norma lingüística sevillana y español de América*, Madrid, 1990, p. 22.
17.  Francisco Morales Padrón, *Sevilla, Canarias y América*, Las Palmas, 1970, p. 129. He agru-
pado testimonios en «Sevilla, espejo e imagen», en el libro *Mi Sevilla*, Sevilla, 1995, pp. 203-213.

mendable, Sevilla también está presente. Fray Pedro Aguado atestigua algo que —generalizado— se convertirá en tópico («no se auia de fiar de ningun seuillano, pues sauia los doblezes que en ellos auia»),[18] Gracián al lado de la facundia de sus gentes hace consideraciones de cuenta («De Sevilla no había que tratar, por estar apoderada della la vil ganancia, su gran contraria, estómago indigesto de la plata, cuyos moradores ni bien son blancos ni bien negros, donde se habla mucho y se obra poco, achaque de toda Andalucía. A Granada también la hizo la cruz y a Córdoba un calvario.»)[19] Para que no todo sea negativo, en la crisis XIII de la segunda parte nos habla de «los bellos decidores a Sevilla».

Sevilla está constantemente en la lengua y en la pluma de los españoles que rehacen su vida al otro lado del mar. ¿Cómo su norma lingüística va a ser ajena a la modalidad sevillana? ¿Cómo ignorar que se dan en estas tierras todos los rasgos que sirven para caracterizar el español americano? No se puede creer en el azar, ni que el espíritu de la lengua poseyera tales rasgos en ciernes. Lo segundo no deja de ser sorprendente —y dejo aparte el determinismo espiritual que llevó al nazismo a algunos lingüistas—, porque esos rasgos no se cumplieron en Castilla.

Han sido necesarias muchas páginas para aclarar qué se entiende por *ceceo*. La documentación antigua había venido sembrando confusiones, cuando no demostrando ignorancia. Tal es el caso del historiador portugués João de Barros, que en 1540 habló de «o cecear cigano de Sevilla»; texto que Amado Alonso[20] pretendió que de nada servía, pues Barros ignoraba en qué consistía el ceceo, creía que los gitanos eran de Sevilla, sin tener en cuenta su nomadismo, y lo que él identifica por ceceo (*çe* no *ke*) no nos dice si era sevillano o gitano. Acaso haya que atenuar las afirmaciones tajantes en demasía, pues —aunque tarde— alguna otra identificación se hizo entre gitanos y andaluces por lo que respecta al ceceo. En el *Arenal de Sevilla* (acto II, esc. 1.ª), Lope escribe:

> *La lengua de los gitanos*
> *nunca la habrás menester,*
> *sino el modo de romper*
> *las dicciones castellanas:*
> *que con eso y que zacees,*
> *a quien no te vio jamás*
> *gitano parecerás.*

Por su parte, Gracián dice en *El Criticón*: «... ceceaba uno tanto, que hacía rechinar los dientes y todos convinieron en que era andaluz o gitano» (I, p. 85).

---

18. *Historia de Venezuela*, edic. J. Bécker, Madrid, 1912-1919, t. I, p. 326.
19. *El Criticón*, edic. A. Prieto, Madrid, 1970, t. I, p. 128.
20. «O cecear cigano de Sevilla, 1540» (*Rev. Filol. Española*, XXXVI [1952], pp. 1-5).

No son raros los testimonios de Gracián con respecto al ceceo, pero —sobre tardíos— resultan poco claros. Vemos que identifica andaluz con gitano, lo que no es mucho decir, pero es que el jesuita aragonés no veía con buenos ojos —ni oía con buenos oídos— a los andaluces.[21] Ya lo he señalado. En cuanto a las otras referencias al ceceo, serían —si nos amparáramos en la autoridad de Romera— ajenas a nuestro objeto, pues la pronunciación «deficiente» de *ce* sirve para ahuyentar y no para atraer. Ahora bien, rechinar los dientes para cecear evoca el ciceo y no el seseo, con lo que la pronunciación de los gitanos sería ceceante con *ce*, como ciertas hablas andaluzas, pero no la de Sevilla capital. Si unimos esto a que no se encuentra el ceceo para llamar a los animales y sí articulaciones que puedan ser resultados enfáticos de *ese*, habrá que pensar que, en los días de Gracián, el timbre ciceante de la *ce* se había estabilizado de manera definitiva, y así —sin buscar más tres pies al gato— tendremos que interpretar la pronunciación del ceceoso o los avisos del ceraste. Claro que nada de esto —por su cronología— nos sirve para aclarar el ceceo de los gitanos y los sevillanos de Barros ni la alusión de Lope en el ejemplo aducido. Para poder aclarar qué se entendía por *ceceo* en el siglo XVI habrá que volver los ojos a otros autores, pues no toda Andalucía cecea, sino que buena parte sesea, y en el debatido problema del ceceo, con los andaluces andan mezclados los canarios, que nunca han ceceado ni cecean.

El sistema medieval castellano con sus dos pares de sibilantes (*s* [z] fricativa sonora - *ss* [s] sorda y *z* [ẑ] africada sonora -*ç* [ŝ] sorda) estaba caracterizado por el carácter apical de las primeras y el predorsal de las segundas.[22] Al perderse la oclusión de *ẑ* y *ŝ* surgió una oposición mínima entre articulaciones apicales y predorsales, que era de difícil sostenimiento por la proximidad tanto articulatoria como de timbre. El castellano adelantó hasta θ las *z* y *s* predorsales —con lo que vinieron a distinguirse de las *z*, *s* apicales—, mientras que el andaluz las atrajo al punto de articulación de las predorsales, neutralizándolas. Como, por otra parte, se había anulado la oposición de sonoridad, el castellano creó una oposición θ-*s*, mientras que en andaluz todo quedó en una neutralización, /s/.

Cómo se llegó a esta situación última es un largo proceso en el que el habla de Sevilla ha sido testimonio decisivo. No suele aducirse la documentación de Jaime Huete, que en su *Tesorina* (c. 1531) hace hablar en andaluz a fray Vegecio. Tanto más de valorar el hecho por cuanto Huete tuvo clara conciencia de su condición regional y, al remẽdar a los demás, trataba de ajustarse a la realidad que oía. Como ocurrirá después con Mateo Alemán: sus grafías de *ç* y *z* corresponden a consonante sorda; la primera procede de una -*s*- sorda intervocálica *(confeçor; moçen)*, o de una *s*- inicial *(çalud)*, mientras que *z* es la grafía que corresponde al ceceo de *s* implosiva: *hezizte, loz doz, Dioz, traez alforjaz*. Creo que se puede inferir de este

21.   Para todo esto, *vid*. «A vueltas con el seseo y el ceceo» (*Románica*, V, 1974, pp. 41-57, recogido con algunas modificaciones en *Norma lingüística sevillana y español de América*, ya citada).
22.   Es imprescindible la obra de J. A. Frago citada en la nota 1.

conjunto de ejemplos que la ç corresponde a las posiciones tensivas y la z a las distensivas, pero una y otra son sordas.

Hacia 1592, Arias Montano dio un testimonio del cambio andaluz de ç por s, que en modo alguno debe interpretarse como ceceo actual. En 1609, el sevillano Mateo Alemán señala taxativamente la fusión de s-ss, mientras que distingue entre z-ç, no en cuanto a la sonoridad —que ambas son sordas para él—, sino en el modo de articularlas: z era fricativa y ç africada, pero su descripción no es sevillana, sino general, pues él mismo —en opinión de A. Alonso— era ceceante y denunció la igualación ç-z-s en tierras de Andalucía. Ahora bien, el valor de este *ceceo* no era muy claro en un principio: podía tratarse tanto de ciceo como de seseo. El gran lingüista Amado Alonso señala la aparición de un timbre *ce* incipiente en Pedro de Alcalá (1501), y con su testimonio quiere explicar las alusiones al ceceo que se hacen más de un siglo después y que acreditarían el cumplimiento del proceso hacia 1630, año en que Gonzalo Correas imprime estas palabras en su *Ortografía*: «La suavidad del *zezeo* de las damas sevillanas, ke hasta los onbres les imitan por dulze.»

A renglón seguido el maestro Correas vitupera a las gentes de Fuente del Maestre y Malpartida de Plasencia (Extremadura) que «hablando kieren más parezer hembras o serpientes ke onbres o que palos». Ahora bien, Fuente del Maestre es pueblo seseante con s, mientras que cecea Malpartida, lo que se cohonesta mal con el apoyo para el timbre ceceante. Creo que de estos textos no se puede inferir la existencia del ceceo, sino que la situación actual podrá aclarar lo que ocurría hace tres siglos: había mujeres ceceantes (= seseantes con s coronal) como las de Lucena y Cabra, aducidas en el *Estebanillo González* (1646). De los mismos informes de A. Alonso se puede inferir el carácter seseante que tenía lo que sus autoridades llaman ceceo: Ambrosio de Salazar habla del cecear *con gracia*; Correas de *la suavidad del zezeo de las damas sevillanas*. Quevedo insiste en el carácter mujeril del ceceo: *si un barbado cecea / ¿que hará doña Serafina?*; Suárez de Figueroa se refiere a una lengua ceceosa *llena de donosidad* y Lope a un *hablar suave, con un poco de ceceo*. Todos estos testimonios, salvo el de Figueroa, que por el frenillo que aduce me parece ambiguo, son muy claros: el ceceo era suave y con remilgamiento *femenino*. Dudo que de aquí pueda deducirse otra cosa que el seseo (z = s, como hoy lo entendemos) y no el ceceo (s = z) y habrá que pensar que Mateo Alemán debió ser seseante.

En oposición al ceceo de timbre seseante, al que creo se refieren los autores anteriores, está el *ciceante* en la pronunciación ce, ci, z, por cuanto éste se identificaba con el «habla gorda o gruesa» de que hablaban otros contemporáneos. No creo que con el seseo se pueda identificar el ceceo pronunciado «con alguna violencia» de que habla Juan Pablo Bonet o la *langue grasse* de César Oudin (1619) o la z «con lengua gorda, un poco ciceada, semejante a la za o tha árabe [...] en vez de la c siseada», que se infiere de la descripción que hace Pedro de Alcalá. Bernal Díaz del Castillo, tan parco y eficaz retratando a sus compañeros de armas, nos facilita unos informes sumamente válidos, aunque no todos hayan sido tenidos en cuenta. Luis Marín —nacido en Sanlúcar— «ceceaba un poco como sevillano»;

de aquella gran persona y gran soldado que fue Gonzalo de Sandoval, dice que «ceceaba tanto cuanto» y, en otro retrato, de Cristóbal de Olid, nacido cerca de Linares o Baeza, se apostilla que «en la plática hablaba algo gordo y espantoso». Creo ciertas las observaciones de Diego Catalán,[23] al separar el ceceo de Marín del de Sandoval, que sería defecto personal, por cuanto el hablante pertenece a pueblo distinguidor; en cuanto al hablar gordo de Olid, no sé si se puede vincular con el ceceo, por más que la caracterización sirva, de acuerdo con Bonet o Oudin, por ejemplo. De serlo habría que achacarlo —también— a circunstancias individuales.[24]

## La pérdida de la *s* implosiva y final

Es un hecho sabido que la -*s* final absoluta se debilita en muchas lenguas e incluso llega a desaparecer. Así, por ejemplo, en sánscrito, la -*s* final ante pausa se convierte en una aspiración; otro tanto ocurre en armenio, donde la -*s*, ante vocal o ante pausa, tiende a enmudecerse, y en antiguo eslavo, donde se pierde en los polisílabos. Del mismo modo el celta insular olvidó esta -*s* lo más tarde en el siglo VI a. de J.C., y el galo estaba en trance de perderla en la época de la conquista latina. Téngase en cuenta, por otra parte, que la -*s* final absoluta en latín debía tener una articulación muy relajada, lo que permitiría la fácil sustitución del genitivo en -*s* de los temas en *a* por el genitivo en -*i*, propio de la segunda declinación, y lo que hizo que alguna vez esta -*s* no se pusiera en las inscripciones: *tribunos militare* por 'tribunus militaris'.[25]

Las hablas meridionales de España presentan un estado de cosas que va desde la aspiración de la -*s* hasta su total pérdida; no es raro, incluso, que ambos grados se den en la misma localidad con variaciones relativas a la edad o al sexo. Alther[26] señaló distintos grados de aspiración en las regiones de Sierra Morena y del oeste de Andalucía, que fueron objeto de su estudio, y sus datos son válidos para toda la región andaluza, aunque se pueda precisar que la total pérdida de -*s* final absoluta, sin dejar rastros de su aspiración, se da en murciano, en español de América y, más raramente, en judeo-español y en canario. También el portugués del Brasil pierde el signo de plural en posición final absoluta (*os livro, as mesa*), en tanto que

23. «El çiçeo-zezeo al empezar la expansión atlántica de Castilla» (*Boletín de Filología*, XVI, 1956-1957, pp. 311-315).

24. A. Alonso, «Formación del timbre ciceante de la *c, z* española» (*Nueva Revista Filol. Hispánica*, V [1951], pp. 121-172 y 263-312); «Historia del "seseo" y del "ceceo andaluces"» (*Thesaurus*, VII, 1951, pp. 111-200); «Cronología de la igualación *c-z* en español» (*Hispanic Review*, XIX [1951], pp. 37-58 y 143-164); R. Lapesa, «Sobre el ceceo y el seseo andaluces» (*Miscelánea Homenaje a André Martinet*, t. I, La Laguna, pp. 86-90); J. A. Frago, «De los fonemas medievales /ŝ, ẑ/ al interdental fricativo /θ/ del español moderno» (*Philologica hispaniensia in Honorem Manuel Alvar*, t. II, Madrid [1985], pp. 205-216); J. Mondéjar, «El ceceo» (*Dialectología andaluza*, Granada [1991], pp. 171-188). Como amplia visión románica, *vid.* Álvaro Galmés, *Las sibilantes en la Romania*, Madrid, 1962.

25. *Vid.* artículo citado en la nota 3.

26. *Beitrage zur Lautlehre südspanische Mundarten*, Aarau, 1935, pp. 88 y 91-93.

el peninsular sólo documenta la pérdida en la aldea de Romariz, según informes de Paiva-Boléo.[27]

Naturalmente, el grado anterior a la pérdida, que registran algunas lenguas no románicas, y que fisiológicamente es necesario para llegar a la desaparición, se documenta en el sur de España en zonas mucho más extensas, puesto que, además de cubrir la superficie de $\dot{-s}$ > ø, se encuentra en Extremadura, Albacete y llega a ser rasgo barriobajero madrileño en curso de realización.

En el mediodía de España, la -s final seguida de palabras que empiezan por p, t, k tiene fundamentalmente tres tratamientos que, por su realización fonética, pueden establecerse en el siguiente orden: aspiración (I), reduplicación (II) y pérdida (III). La aspiración es sorda, la reduplicación produce una especie de geminación del sonido consonántico (conservando o no restos de la aspirada) y la pérdida es, naturalmente, total eliminación del fonema precedente:

    (I)    *loh pieh, doh toroh, lah casah;*
    (IIa)  *lo$^{hp}$ pieh, do$^{ht}$ toroh, la$^{hk}$ casah;*
    (IIb)  *lo$^{p}$ pieh, do$^{t}$ toroh, la$^{k}$ casah;*
    (III)  *lo pieh, do toroh, la casah;*

-s + consonante sonora. Se conserva la aspiración de la -s final (*leh behtis* 'las bestias'; *boh gahaw* '¿quieres cogerlo?') del suroeste, mientras que se pierde cuando va precedida de e (-es + cons. sonora > ø) en sarladais del norte y del centro.[28]

Al sur de España —y en las hablas con él relacionadas— los tratamientos fonéticos de la -s son de la mayor complejidad, puesto que dependen de la consonante sonora siguiente y, después, de distintos grados de inflexión que puede producir la aspirada sobre la sonora. Ejemplos:

    (I)    -s + b: *lah brujah, lab bragah, lav viñah, lo brimbe, muncho fohqueh* (= 'las brujas, las bragas, las viñas, los brimbes, muchos bosques') y matices intermedios.

    (II)   -s + d: *loh dienteh, buenođ đía, uno đeoh* (= 'los dientes, buenos días, unos dedos') y otras variantes fonéticas.

    (III)  -s + g-: *lah gatah, log güebo, loj jabilane, la jraná* (= 'las gatas, los huevos, los gavilanes, las granadas').

    (IV)  -s + m-: *lohm mueble, lam mohca, lam media, lo moco* (= 'los muebles, las moscas, las medias, los mocos').

La desaparición de la -s final en una época protorrománica vino a fragmentar en dos zonas la unidad imperial latina. En Italia o Dacia, donde, a causa de la pérdida, llegaron a identificarse el singular y el plural, el nominativo plural resolvió la dificultad. Sin embargo, el enmudecimiento y

27. *Brasileirismos*, Coimbra, 1963, p. 32.
28. Art. cit., nota 3, pp. 291-293.

pérdida de la -s final en francés suscitó nuevas y más complejas dificultades: la creación del utensilio gramatical que diferenciara la unidad de la pluralidad no llegó a realizarse más que parcialmente.

Brugmann y Stolz señalaron cómo en latín la -s final caduca se conservaba cuando la palabra siguiente empezaba por vocal. Un hecho paralelo documentamos en francés tras el enmudecimiento de su -s, ocurrido en el siglo XIII: cuando la palabra siguiente empieza por vocal, la -s sonorizada actúa como una especie de prefijo que sirve para resolver la oposición singular-plural: *arbre, z-arbre; oie, z-oie,* etc.; sin embargo, cuando la palabra empieza por consonante, el artículo es insuficiente muchas veces para establecer la diferencia: *livre, livre(s).* Otro tanto ocurre en las hablas provenzales, donde la -s final se conserva ante vocal inicial (en Forcalquier, Gap, Devolui, Queiras, Chorges, región de Toulouse, etc.) con el valor de -z sonora, y en alguna región rética, donde el artículo se emplea como signo de plural.

En el mediodía de España la pérdida de -s final ha determinado la paridad de singular y plural. Y en algunas de estas zonas, igual que en francés, hay una clara discriminación, en los casos en que el sustantivo empieza por vocal, producida, precisamente, por la «liaison», mientras que hay identidad fonética entre singular y plural en los sustantivos empezados por consonante.

La pérdida de la -s final nos ha situado hasta este momento ante varios hechos: la diferenciación del plural por medio de un prefijo en los casos como el francés *z-arbre* o el andaluz θ-*árbo*; la diferenciación de la unidad o de la multiplicidad como categorías gramaticales en casos como el francés *livre(s)* o el andaluz *muncho(s) toro(s)*; la distensión articulatoria de la -s- intervocálica que, sin valor morfológico, altera notoriamente la estructura fonética de las palabras y la creación de una aspiración caduca entre voces distintas cuando una de ellas acaba en -s y la siguiente empieza por vocal, con resultados secundarios. A pesar de todo esto queda —a mi modo de ver— lo más importante de las influencias que la pérdida de la -s lleva consigo: la del plural apofónico.

En la Andalucía oriental, algo en el judeo-español de Tetuán y algo en el español de América, la pérdida de la -s del plural ha creado una situación hasta cierto modo paralela a la de la Romania oriental, pero la correlación de abertura que se documenta en granadino hace pensar en apofonías semejantes a las de las lenguas germánicas.

La aspiración de la -s en las hablas meridionales lleva consigo una mayor abertura de esa vocal final.[29] Ahora bien, cuando la aspiración desapa

---

29.   Hay posturas que difieren: Emilio Alarcos, «Fonología y fonética» (*Archivum*, VIII [1958], pp. 191-203); José Mondéjar, «Distribución de los fonemas en el esquema fonológico» y «La geminación difonemática en andaluz» (ambos en *Dialectología andaluza*, Granada [1991], pp. 279-284 y 308-315, respectivamente). Cfr. Humberto López Morales, «Desdoblamiento fonológico de las vocales en el andaluz oriental: examen de la cuestión» (*Revista Sociedad Española de Lingüística*, XIV [1984], pp. 85-97); Juan A. Villena, *Forma, sustancia y redundancia contextual: el caso del vocalismo del español andaluz*, Málaga, 1987. Para las formas verbales a las que me refiero un poco más adelante es imprescindible el libro de José Mondéjar, *El verbo andaluz. Formas y estructuras*, Madrid, 1970.

rece, desaparece consigo la abertura vocálica, como ocurre en francés y como ocurre en andaluz occidental: se produce entonces la igualación singular-plural, por lo demás encontrada también en la Italia del norte y del sur, aunque aquí por otras razones. Pero hay otra posibilidad, y es que la abertura permanezca incluso después de caer la aspirada. Entonces se establece una precisa diferenciación: a vocales medias o cerradas en el singular corresponden vocales abiertas en el plural, algo semejante a lo que hay en rumano, a lo que ocurre en portugués con los sustantivos en *o ... o* y algo de lo que sucede en asturiano al perderse la metafonía vocálica en los plurales.

En este punto surge una nueva tendencia diferenciadora, y es que la vocal cerrada se cierra más y la abierta aumenta su grado de abertura, y aquí surge, de nuevo, el cotejo con los hechos de otras lenguas: si una *-i*, o una *-u* son capaces de producir la apofonía de las vocales tónicas en dialectos hispánicos, en lenguas germánicas, etc., ya no tendremos por inaudito que, en andaluz oriental, toda vocal cerrada en posición final determine la cerrazón de todas las vocales de la palabra y una vocal abierta produzca abertura en todas las vocales de esa misma palabra. De ahí una doble conclusión (mapa 1):

*a)* En andaluz oriental las categorías gramaticales del singular y del plural se diferencian, respectivamente, por el cierre o abertura de la vocal final, en grados mucho más extremos que la cerrazón o abertura que tales vocales tienen en español.

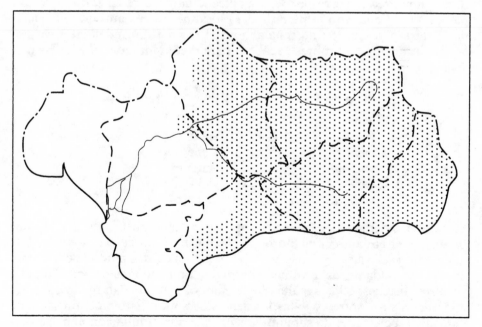

MAPA 1. *Se señala la zona de oposición fonológica.*

*b)*   En esa misma región el cierre o abertura de la vocal final es considerablemente aumentado, y con él se produce una correlación de cerrazón o abertura en todas la vocales de la palabra: ọlọrọsọ (sing.) -ǫlǫrǫsǫ (pl.), pọbrẹ - pǫbrẹ, etc.

Ahora bien, no es difícil comprender las correlaciones ọ-ǫ (ǫ), ẹ-ẹ (ẹ), pero ¿y la *a*? Una nueva cuestión, y no menos ardua, suscitan los plurales en -*a*. Siendo menos perceptible la abertura, y sobre todo la cerrazón de la *a*, ha surgido un nuevo tipo de diferenciación: a singular en -*a* corresponde plural en *ä*, y acaso a esa voluntad de diferenciación se deba la *a* marcadamente velar que se recoge en la costa granadina (Almuñécar, Gualchos, Lújar), frente a la *a* de los plurales. La existencia de todos estos signos viene a crear un sistema fonológico totalmente distinto del de la lengua oficial.

Las hablas meridionales de la Península pierden, en general, todas las consonantes finales. Esto produce la necesidad de evitar la homonimia que con cierta frecuencia se produce. Necesariamente pensamos en el francés, con su preciosa «terapéutica verbal», pero de momento quiero llamar la atención sobre un hecho muy concreto: la suerte de la conjugación; pero, antes de entrar en él, debo señalar la pérdida de la -*n* final en andaluz.

De todas las consonantes finales es la -*n* la única que subsiste en algunas regiones; sin embargo, tampoco es difícil documentar una pérdida que, como último resto, deja una resonancia nasal semejante a la francesa, o a la que se supone para la pérdida de la -*m* en latín y la de cualquier nasal en sánscrito. Un grado más adelantado de esta pérdida es la desnasalización que aparece en Andalucía y Canarias en situaciones originariamente implosivas. Las caídas de esta -*n* final y la de la -*s*, ya considerada, determinan una precisa correspondencia entre lo que ocurre en el dominio hispánico meridional con la pérdida del plural de los sustantivos y la suerte de la flexión verbal. Se ha señalado en el oriente de Andalucía una perfecta adecuación de timbres vocálicos para distinguir cada una de las personas:

| Andaluz oriental | Andaluz occidental |
|---|---|
| vengọ | vengo |
| viẹnẹ | viene |
| viẹnẹ | viene |
| venimọ | venemo |
| venị́ | viene(n) |
| viẹnẹ(n) | viene(n) |

Como quiera que la persona *vosotros* ha sido sustituida por *ustedes* (mapa 2), el empobrecimiento de la flexión ha fundido en una sola, formalmente *ellos*, las segundas y terceras personas del plural; pero como, además, la caída de las terminaciones había unificado las personas tú, él y vosotros (ustedes)-ellos, resulta que los paradigmas quedan reducidos a las diferencias yo-nosotros y todas las demás personas. Esto en el presente de indicativo, pero en el de subjuntivo sólo cabe discriminación entre la persona nosotros y todas las demás. Para resolver las homonimias se recurre,

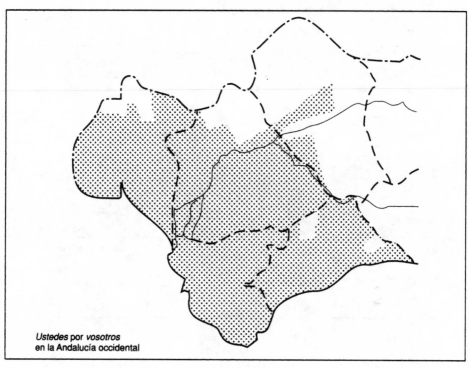

Ustedes por *vosotros*
en la Andalucía occidental

MAPA 2

como en francés, a crear un tipo de conjugación basada no en las terminaciones, sino en una especie de prefijos, puesto que en tales quedan convertidos los pronombres personales. Nos encontramos, por tanto, en camino de una gramaticalización —en trance de cumplirse— que acabará el día en que los pronombres, perdido el asidero, tan débil, de su presencia enfática, sean mero utensilio vacío de significado.

### Otros fenómenos fonéticos

Quedan considerados los rasgos fonéticos que de modo más sobresaliente pueden caracterizar al dialecto, pero hay otros que —siquiera en mapas— aduciremos para que se complete la fisonomía de ese mundo tan complejo que es el andaluz.

1. La terminación -*al*, tras la conversión en cacuminal de la *l* implosiva, llega al resultado *e*, que se ha equiparado con la solución -*as* > *e*, aunque tienen motivaciones totalmente distintas: ahora el carácter cacuminal de la *l* es la causa inductora de la palatalización de la *a*. El fenómeno se da en el encuentro de las provincias de Málaga, Córdoba y Sevilla,[30] y debe ser moderno y restringido a clases sociales sin cultura (mapa 3).

30. Dámaso Alonso, «En la *Andalucía de la e*. Dialectología pintoresca», Madrid, 1956; Manuel Alvar, «El cambio -*al*, -*ar* > *ę* en andaluz» (*Rev. Filol. Española*, XLII [1958-1959], pp. 279-282).

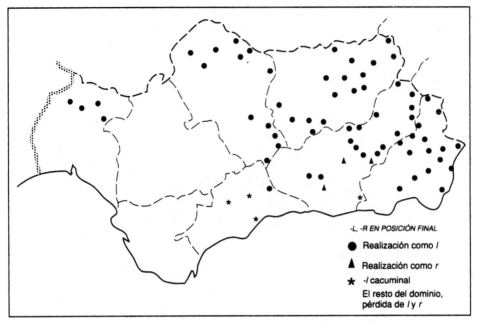

MAPA 3

2.   La distinción entre *ll* y *yeísmo* (con diversos tipos de *y*) aparece en unas pocas salpicaduras en el oriente de Jaén, Granada y Almería, en numerosos puntos de la provincia de Huelva, en el valle bajo del Guadalquivir y en la serranía de Cádiz-Málaga (mapa 4).

3.   Hay tres tipos de *s*: la castellana, la coronal plana y la predorsal. No pueden independizarse estos rasgos del seseo / ceceo por cuando se condicionan. Así, la *s* coronal se usa en zonas de distinción y de seseo; la predorsal, en las «zonas en que el seseo convive y alterna con el ceceo»[31] (mapa 6). El estudio al que estoy refiriéndome es antiguo y, por ello, tiene afirmaciones harto dudosas; sin embargo es válido en muchas cosas. No creo que por un solo rasgo se pueda trazar la frontera de un dialecto porque ni siquiera la caracterización que se hace en este —excelente— trabajo es universalmente válida. En los mapas 5 y 6 trazo las áreas de estos fenómenos según el atlas regional.

4.   Una *ch* fricativa es muy corriente, frente a una gran variedad de tipos de *ch* africada (mapa 5). Esta aparición de *š* frente a *ch* obliga a una reestructuración del sistema de las palatales (mapa 7); como, por otra parte, la *s* se ha hecho dental, distinta de la castellana (ápico-alveolar), el orden de estas articulaciones establece una clara diferenciación

    31.   Tomás Navarro Tomás, Aurelio M. Espinosa (hijo) y Lorenzo Rodríguez-Castellano, «La frontera del andaluz» (*Rev. Filol. Española*, XX [1933], pp. 225-277).

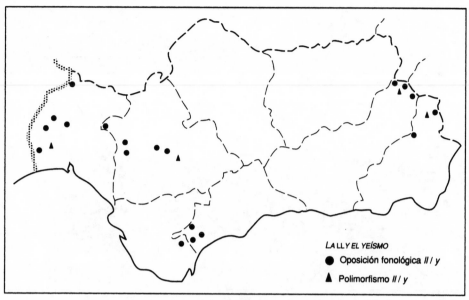

MAPA 4

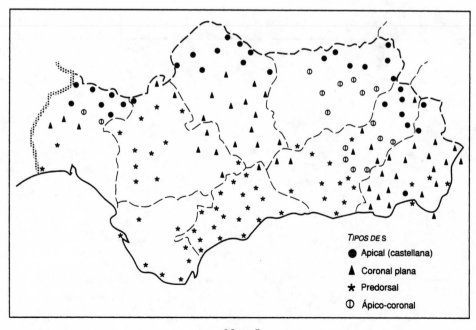

MAPA 5

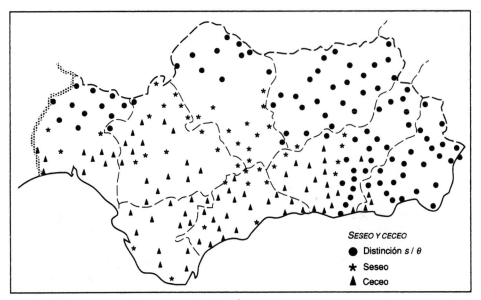

MAPA 6

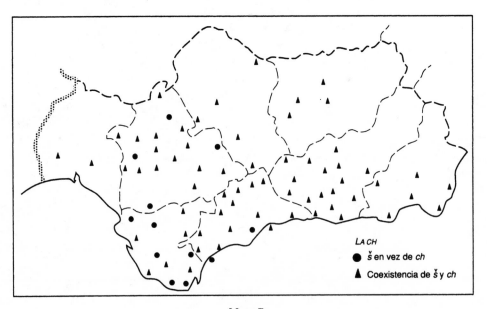

MAPA 7

con el que determina la lengua oficial. Así tendríamos una clara oposición:

1.  Castellano:

2.  Andaluz:

5.    Dominan variados tipos de aspiración en todo el dominio: Espinosa y Rodríguez-Castellano hicieron un pormenorizado estudio[32] sobre la difusión de estas articulaciones en cada provincia de Andalucía y expusieron una exhaustiva descripción de las variantes que habían recogido. En el mapa 8 puede verse la situación tal y como se atestigua en el *ALEA*.

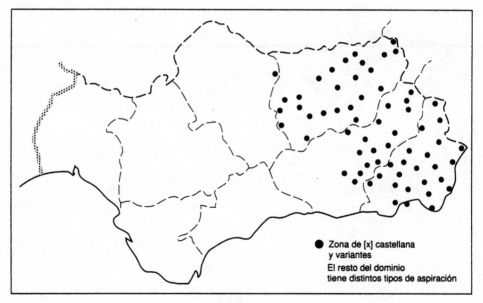

MAPA 8

32.    «La aspiración de la *h* en el Sur y Oeste de España» (*Rev. Filol. Española*, XXIII [1936], pp. 225-254 y 337-378).

6.    La neutralización de *l/r* es muy común, pero, cuando se da en final de palabra, tiene un ámbito bastante bien definido.[33]

En la lámina adjunta se presentan dos gráficos en los que se resumen muchas de estas cuestiones.

| Sistema normal | F > ø | ll / y | ŝ | -d- | l / r | sb, sd, sg | vocales orales | des- |
|---|---|---|---|---|---|---|---|---|
| Andaluz occidental | aspiración | rehilamiento | š̌ | -ø- | neutralización | f, z, j | nasalización | es- |
| HC | | | | | | | | |
| MC | | | | | | | | |
| HS | | | | | | | | |
| MS | | | | | | | | |

*Altura social de algunos fenómenos fonéticos.*

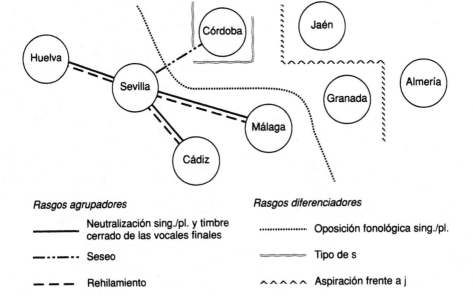

Rasgos agrupadores

———— Neutralización sing./pl. y timbre cerrado de las vocales finales

—··—··· Seseo

— — — Rehilamiento

Rasgos diferenciadores

·········· Oposición fonológica sing./pl.

═══ Tipo de s

^^^^^ Aspiración frente a j

*Relaciones del habla de Sevilla con las otras capitales andaluzas.*

33.    *Vid.* Francisco Salvador, *Neutralización l/r explosivas agrupadas y su área andaluza*, Granada, 1978.

## Morfología

Los rasgos más significativos han sido aducidos al hablar del fonetismo. Señalemos sin embargo:

1. La sustitución, en la Andalucía occidental, de *vosotros* por *ustedes* y la repercusión que el hecho tiene en la conjugación (desaparece la 5.ª persona, reemplazada por la 6.ª) mapa 2. Lo que determina un verdadero caos en el uso de formas verbales y pronominales.

2. Traslaciones acentuales *(váyamos, véngamos)*, estudiadas por Amado Alonso para América[34] y que se reflejan en el mapa 9.

3. La forma de las desinencias en las conjugaciones *-er, -ir*, según se refleja en el esquema 10.

4. La persistencia de arcaísmos del tipo *vide* (mapa 11), *truje* y formas analógicas del paradigma.

5. Vulgarismos del tipo *andé* 'anduve' (mapa 12).

## El léxico

Los estudios del léxico discrepan enormemente de los fonéticos. Contra la creencia común, el vocabulario se muestra mucho más permanente

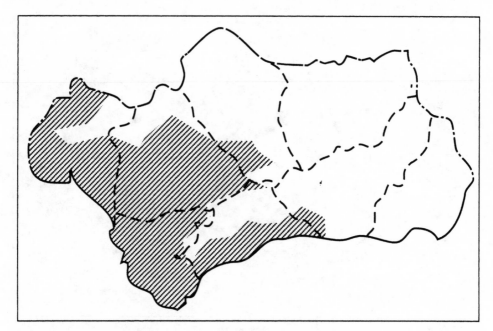

MAPA 9. *En la zona rayada se producen los traslados acentuales* (váyamos, véngamos).

34. «Váyamos, váyais», en *Problemas de dialectología hispanoamericana*, Buenos Aires, 1930, pp. 37-41.

que la fonética. En las zonas rurales, sobre todo, Andalucía es una región, también ahora, de enorme complejidad. Palabras viejas, a veces muy viejas, junto a términos traídos por los reconquistadores o repobladores siguientes, han persistido mozarabismos y arabismos, lo mismo que antiguos sistemas de cultivos o curiosas supervivencias culturales. Pero no se olvide, el carácter innovador de la norma lingüística andaluza lo es en fonética y nos va a valer.

Hoy se saben algunos pasos que llevaron a Nebrija hasta su *Vocabulario español-latino*, pero no se ha pensado mucho en lo que debe a la propia realidad lingüística en la que vivió, y en que se formó. Al escribir el prólogo a esta gran obra anotó una entrañable referencia: «Y dexando agora los años de mi niñez passados en mi tierra debaxo de bachilleres y maestros de gramática y lógica.» Esos años de su niñez condicionaron su obra de madurez.[35] Hay dos entradas en el *Vocabulario* que siempre me han llamado la atención y que me van a servir de punto de partida; en un lugar dice: «Amoradux o axedrea. sambucus. i»; en otro: «Majorana lo mismo que», y queda truncada la correspondencia. He pensado en las prisas, en el propósito de completar la referencia, mirar libros, preguntar; siempre la esperanza de que las pruebas le permitan salvar la pequeña ignorancia, pero el impresor no envió otras pruebas, o no esperó, y nosotros, piadosamente, contemplamos la debilidad del maestro (mapa 13). Pues bien, multitud de

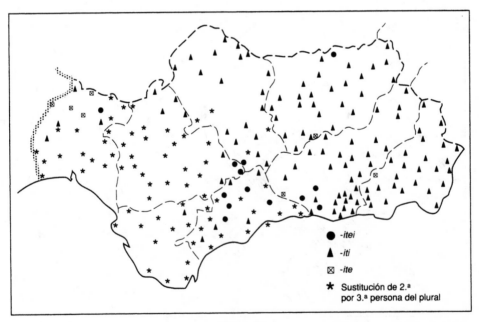

● -*itei*
▲ -*iti*
⊠ -*ite*
★ Sustitución de 2.ª por 3.ª persona del plural

MAPA 10

35. *Vid.* «Tradición lingüística andaluza en el *Vocabulario* de Nebrija» (*Boletín Real Sociedad Vascongada de Amigos del País*, L [1994], pp. 483-525). En el mapa que reproduzco se ve bien cómo *amoraduj*, tal y como transcribió Elio Antonio, es forma de Lebrija y sus proximidades, mientras que el muy difundido *almoraduj* queda ya distante.

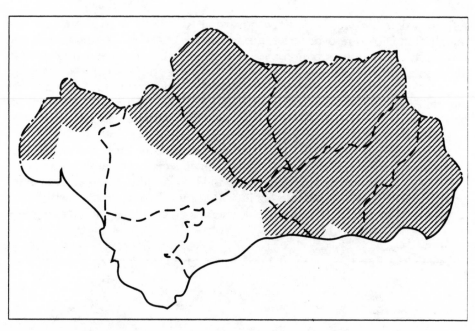

MAPA 11. Vide, vido *ocupan la zona rayada.*

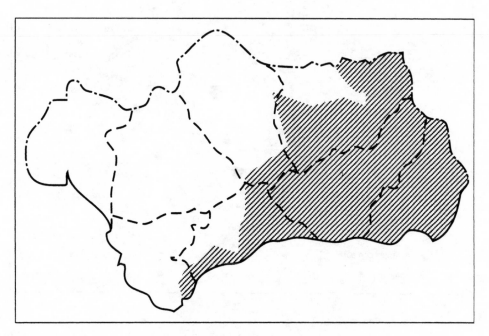

MAPA 12. Andé *ocupa la zona rayada.*

términos de su *Vocabulario* viven hoy en la Andalucía occidental, cerca de aquella emocionante evocación que formula, «los años de mi niñez pasados en mi tierra». Pues bien, de ellos proceden su *amoraduj*, así *amoraduj*, 'mejorana', *azofeifo*, *alhucema* 'espliego', *corcha* 'corcho del alcornoque', *hamapola* o *mahapola* 'amapola', *matalahuga* 'anís', *calabozo* 'herramienta agrícola', *acemite* 'afrecho o salvado', *alfajor* 'alajú', *pámpana* 'pámpano', *tabarro* 'especie de avispa', *babuza* 'babosa', etc. Y aún podríamos aducir testimonios de Vicente Espinel, pero baste con lo dicho.

Esta breve consideración nos hace pensar en la heterogeneidad del léxico andaluz. Teresa Garulo[36] ha estudiado los dialectalismos árabes que perviven hoy en las hablas de la región, sobre todo en la mitad oriental, lo que nos permite identificar el origen de las invasiones y las zonas de su asentamiento. Datos de importancia suprema, si tenemos en cuenta el carácter migrato-

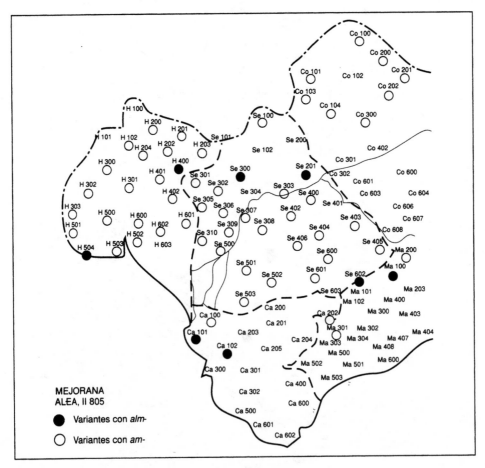

MAPA 13

---

36. *Los arabismos en el léxico andaluz*, Córdoba, 1983.

rio de las tribus árabes, según acredita el atlas de Horân, que preparó Cantineau. Pensemos en *izn- / azn- (Iznatoraf / Aznalfarache), almáciga / almajaraca, albahaca / alábega.* Pero siendo esto de un enorme valor, mayor lo tiene la distribución heterogénea de nuestro léxico por las tierras meridionales.[37]

Estudiando unos ejemplos del *Atlas de Andalucía* se comprueba el hecho de que cada palabra tiene su propia historia, lo que no impide que veamos dividida la región en dos amplios ámbitos: oriental y occidental *(farfolla / fárfara* 'hoja del maíz'), pero es preferible encontrar más claras motivaciones. Encuentro las siguientes zonas (mapa 14):

1.    Occidental (con términos leoneses y portugueses) que llega hasta las cercanías de Sevilla: *tabefe* 'requesón', *herrete* 'aguijón', *madre* 'abeja reina', *corcho* 'colmena', *panizo* 'carozo', *lama* 'fango'. Dentro de esta región, el norte de Huelva tiene acusada personalidad (*repión* 'perinola', *panizo* 'carozo', *zurrapas* 'requesón', etc.).

2.    La provincia de Sevilla, que puede irradiar hacia Huelva o Córdoba o Cádiz: *borrega* 'oveja', *obispero* 'avispero', *puyón* 'aguijón', *limo*.

3.    La costa de Cádiz y el occidente de Málaga: *mona* 'trompo', *moniche* 'perinola', *mazorca* 'carozo', etc.

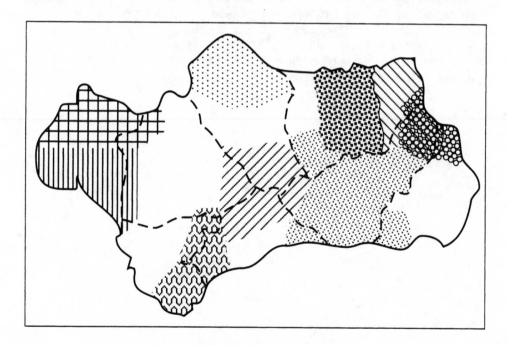

MAPA 14.   *Áreas léxicas.*

37.    «Estructura del léxico andaluz» (*Boletín de Filología de la Universidad de Chile*, XVI [1964], pp. 5-12); Ana I. Carrasco, «Distribución del léxico dialectal del *ALEA*» (*Español Actual*, n.° 45 [1986], pp. 51-86).

4.   Norte de Córdoba: *légamo, zumbel* 'cuerda del trompo', *názura* 're-quesón'.

5.   Centro de Andalucía: norte de Málaga, este de Sevilla, sur de Córdoba, suroeste de Jaén: *recocío* 'requesón', *tarro* 'avispa', *trompa* 'trompo'. Es la región donde se acredita la «Andalucía de la *e*», donde convergen seseo y ceceo, *s* coronal y predorsal, abertura fonológica en los plurales.

6.   Reino de Granada, con asentamiento producido por la repoblación que produjo la sublevación de los moriscos (1501) y la guerra de la Alpujarra (1568-1571) hasta la definitiva expulsión de los moriscos (1610): *rey* 'abeja reina', *perindola* 'perinola', *guita* 'zumbel'.

7.   Fragmentación léxica de Málaga, como tierra de paso que es desde el norte andaluz hacia el Mediterráneo.

8.   Oriente de la región: Orcera (Jaén), Huéscar (Granada), Vélez Rubio (Almería) pertenecen al dominio murciano. Elementos propios son: *cabirón* 'carozo'; aragonesismos como *panizo* 'maíz', *tarquín* 'cieno'; murcianismos como *perfolla* 'hojas de maíz', *guizque* 'aguijón', *zuzo* 'carozo'.

Motivos todos vinculados con hechos históricos que los explican y los sustentan y con proyección en la propia dialectología actual: el vocabulario se muestra mucho más permanente que la fonética. Junto a los términos traídos por los reconquistadores o repobladores siguientes han persistido mozarabismos y arabismos, lo mismo que antiguos sistemas de cultivo o curiosas supervivencias culturales. No se olvide: el carácter innovador de las formas andaluzas está en la fonética, mientras que el léxico, con muchísima frecuencia, es conservador.[38]

---

38.   M. Alvar, «Modalidades fonéticas cordobesas en el *ALEA*» (*Estudios de geografía lingüística*, Madrid [1991], p. 245).

# BARRANQUEÑO

por Manuel Alvar

Como es sabido, enclaves leoneses hay en tierras de Portugal (dialecto mirandés) y portugueses en Extremadura (Olivenza): su historia o su situación lingüística son bien conocidas. Pero en el siglo XIII hubo establecimientos leoneses que fueron absorbidos, no sin que antes dejaran el espléndido testimonio de los fueros de Castelo Rodrigo;[1] jurídicamente, el propio fuero de Salamanca configuró los *concelhos perfeitos* que motivaron los grandes municipios de la Beira Central y de Alemdouro.[2] Una situación semejante a la de estos establecimientos que, en tierra de Portugal, después fueron absorbidos, podemos seguirla en el dialecto barranqueño; habla singular no poco conocida en Portugal, gracias a los trabajos de Leite de Vasconcelos,[3] pero de la que no se hacen cargo nuestros dialectólogos. Merece la pena que nos detengamos.

Barrancos (Baixo Alemtejo) es una cuña portuguesa inserta dentro de un círculo formado por Valencia de Mombuey y Oliva de Jerez (Badajoz) y Encinasola y Rosal de la Frontera (Huelva). Sus relaciones son muy estrechas con Rosal, de donde sólo dista 11 kilómetros. La vieja documentación señala que, en 1527, Barrancos era una aldea de Nóudar poblada por mayoría castellana y todavía a finales del siglo XIX, médico, maestro, veterinario y tenderos eran exclusivamente españoles, y españoles había como barberos, zapateros, carpinteros y negociantes. Esto ha hecho que los barranqueños no se hayan considerado ni españoles ni portugueses, sino simplemente barranqueños, aunque las cosas parecían irse decantando hacia el portugués en los años en que Leite de Vasconcelos hizo sus encuestas, y no hemos de excluir la cantidad de patriotismo que el gran investigador ponía en sus juicios. Lo más digno de mención es que el dialecto local está influido por las hablas meridionales y occidentales de España, tanto en los rasgos generales (igualación de *b* y *v*) como en los dialectales (cierre de *-e* en *-i*, pérdida de *l* y *r* finales y su neutralización como implosivas, aspiración de *s* implosiva). Para Leite de Vasconcelos, «el estudio de esta altera-

---

1. Luis F. Lindley Cintra, *A linguagem dos foros de Castelo Rodrigo*, Lisboa, 1959.
2. Alexandre Herculano, *História de Portugal* (9.ª edic.), Lisboa, [s.a.], t. VIII, p. 178.
3. *Filología barranqueña. (Apuntamentos para o seu estudo)*, Lisboa, 1955.

ción fue el punto más difícil que me deparó el barranqueño». Pero sus informes no son muy precisos ya que no ha caracterizado el punto de articulación de esta *h* cuando está en contacto con otra oclusiva y su tensión. Estudiando el habla de Encinasola, y en este punto es fundamental la información que da el *ALEA*, me parece que abunda más la reduplicación de la oclusiva que la simple aspiración y acaso haya que hacer consideraciones sociolingüísticas que mostrarían cómo en el habla femenina se reduplicaba menos que en la masculina. Hecho que también se da en Barrancos, en la llamada «*s* medial» *(laba(h)ti)* semejante a la de *fohti, ehta, pahto*. Según mis observaciones, en Encinasola la aspiración intervocálica era sonora y relajada, mientras que en posición final absoluta desaparecía sin dejar rastro.

Cuando la -*s* está en final de palabra y va seguida de otra empezada por vocal (español *los-ojos*), Barrancos coincide con el español común y con los tratamientos dialectales geográficamente próximos. Leite de Vasconcelos dice que este tipo de soluciones datan de un período remoto, cuando la *s* aún no había evolucionado a *h*, pero es una tesis que debe rechazarse: el relajamiento de la *s* se produce cuando va ante consonante o en posición final absoluta, no en el ejemplo aducido (*los-ojos* o, en el interior de palabra, *casa*) porque la sibilante va entonces en la rama tensiva de la elocución y, por tanto, con su máximo vigor articulatorio. El hablante, en ese momento, no relaja la tensión de la *s*, sino que la mantiene (*az-uba* 'las uvas", *uz-ómi* 'los hombres', *doiz-amiguh* 'dos amigos').

En posición final absoluta, la -*s* puede desaparecer y crea esa homonimia *(el niño - loh niño)* que es absolutamente normal por cuanto pertenece a la bien sabida igualación de singulares y plurales que se cumple en la Andalucía occidental. Así, en Encinasola y Rosal de la Frontera no hay oposición fonológica entre la vocal final, lo que produce falta de distinción entre lo uno y los varios. Fenómeno que repercute también en la conjugación según se ha señalado anteriormente en el andaluz.

Nada de extraño tiene que *labradô* tenga un femenino *labradôra* por cuanto la -*r* del masculino se ha perdido como tantas consonantes finales, pero no hay motivos para su caída en *labradora* (intervocálica y no final), manteniéndose por tanto la forma etimológica. La convivencia secular de *labrador/labradora* no afectó a un hecho mucho más moderno (pérdida de -*r*) que es incapaz de reestructurar el sistema morfológico; por eso *labradó/labradora* y no *labradó/\*labradá*. Ni extraño tampoco el cierre de *e* en *i*, que se encuentra abundantemente en la literatura regional. Así, *güelvi* 'vuelve', *probi* 'pobre', *altoncis* 'entonces', *compri* 'compre' y otros muchos ejemplos se encuentran en *El «señoritu»* de Antonio Reyes Huerta, aunque no habría que desdeñar el influjo decisivo de Gabriel y Galán, cuyo extremeño abunda en este paso de *e* a *i*. (Los informes de Reyes Huerta pueden ser de Campanario o de las comarcas de Badajoz y Mérida.)

Para acabar con este apartado de fonética y fonética-sintáctica, voy a ocuparme del orden de las palatales: en barranqueño no existe *ch* (palatal africada), sino que es sustituida por *š* (palatal fricativa) como en todo el Alemtejo. Por más que esta *š* sea harto general en Andalucía (mapa 7 del capítulo correspondiente), me inclino a creerla rasgo portugués ya que en Encinasola hay dos tipos de *ch*: uno castellano y otro menos tenso y más plano, mientras que el sonido en Rosal era muy palatal, por tanto de articulación más retrasada que la castellana y con el ápice de la lengua apoyado en el bisel inferior de los incisivos superiores. Si de este sonido pasamos a la articulación de la *ll*, la información de Leite de Vasconcelos es errónea, y hasta disparatada. La *ll* subsiste en pueblos como Bodonal de la Sierra (Badajoz), en las proximidades de Barrancos y en Encinasola, donde la *ll* tiene total vitalidad en todas las clases sociales, sin diferencia de edad, sexo, etc.; es más: existe la conciencia de este rasgo diferenciador. Mis informes acreditan que en Huiguera la Real (Badajoz) también mantiene su vitalidad, no así en Fregenal de la Sierra. Por lo que respecta a Rosal de la Frontera (Huelva), la pérdida de este fenómeno merece alguna consideración: en 1822 se propuso la fundación del pueblo, cuyo término se disgregó de Aroche; en 1838 vinieron colonos y se constituyó una Junta de Administración. Los fundadores de la villa (hasta 1860 se llamó Rosal de Cristina) procedían de Encinasola, Puebla de Guzmán y, en menor proporción, de Aroche. Hoy todavía abundan los «inmigrantes» de esas localidades, que conservan su *ll*, pero la pérdida de la consonante se percibe en sus descendientes, lo que hace que la *ll* barranqueña conviva con Portugal y muchos puntos españoles de Badajoz y Huelva.

En morfología, el superlativo absoluto en -*ís(s)imo* es sustituido en barranqueño por *mu* o por perífrasis semejantes a ¡*qué campu mai grande!*, con ponderaciones idénticas a las del sur de España o se emplean valoraciones estimativas: ¡*ay que vé lo guapa que é!* (una muchacha muy hermosa), ¡*qué cacho de caballo!* (un caballo grandísimo), ¡*qué hermosa é!* (una mazorca grandísima) y dejemos aparte la caracterización exagerada de los pueblos limítrofes, pues los portugueses se pintan siempre como muy exagerados en los chistes españoles. También es andaluz el cómputo por *vintados*: un hombre de setenta años tiene «tres duros y diez reales», y uno de ochenta, «cuatro veintes». Añadamos para terminar la falta del infinitivo personal, la fusión de vosotros = ellos, como en andaluz; la traslación acentual *lábemu, bêbamu*, andaluz también.

Recurrir a mil motivos cotidianos nos vuelve a hablar de la presencia del español: que *azúcar* sea femenino, nada tiene de particular; que *aguamiel* pertenezca a nuestra lengua, tampoco; que el suegro sea *tío* y la suegra *tía*, menos; que *antiguamente* sea adverbio español, tampoco; ni las formas de llamar a los animales y otros mil términos léxicos o formas de indicar las horas (*un quartu para a tre* 'las tres menos cuarto'), que son bien españolas y que a Barrancos no llegarían desde el inglés *a quarter to three*.

He aquí cómo determinados hechos históricos sirvieron para crear una lengua mixta por más que la gente tenga conciencia de esa realidad que conoce o utiliza. Resultado de un bilingüismo que viene actuando desde el siglo XVI y que hoy permite levantar varios estratos en la descripción funcional que poseemos, pues si hay rasgos castellanos que hablan del antiguo bilingüismo, otros, en su modernidad, nos hacen pensar en lenguas en contacto, cuyas características proceden de los dialectos españoles más próximos (extremeño y andaluz). Esta imagen podemos completarla con lo que pasa aquende las fronteras.

En 1957 hice encuestas en los pueblos próximos a Barrancos; tras señalar las discrepancias fonéticas y gramaticales a las que he hecho rápida referencia, y que acreditan en el barranqueño su carácter de «lengua mixta», que aún no ha perdido la condición de su origen o su vinculación con las modalidades meridionales de España, llevé a cabo una larga investigación léxica. Leite de Vasconcelos, al final de su libro incluye una *Seara Vocabular* que pregunté íntegramente en las dos localidades andaluzas tan vinculadas con el barranqueño. Pues bien, los resultados obtenidos fueron de valor muy heterogéneo, como cabía esperar de una encuesta lexicográfica, pues la estructura del vocabulario no es tan cerrada como la fonética o la morfológica. Si, digamos, *abanicá* es el término barranqueño que se corresponde con *da aire* o *echase aire* no podemos pensar que *abanicar* sea término ignorado por el español común, y ahí está el testimonio del *Diccionario* académico que recoge la voz sin tilde de localismo; otro tanto diríamos del barranqueño *herpil* frente a *barcina* o de *chamarreta* frente a *chaqueta*. Pero, evidentemente, hay hispanismos que duran en barranqueño (como *añoju* 'becerro', *arrêmpuxá*, *barquinaçu* 'porrazo', *bixôrnu* 'bochorno', *camilha*, *cucaracha*, *currentilha*, etc.), o dialectalismos del occidente español (*andancio* 'epidemia', *avío* 'preparativos para la matanza', *chispa* 'borrachera ligera'); en contrapartida, se oyen lusismos en Rosal de la Frontera (*bichoco* 'forúnculo', *esmorecido* 'traspuesto', *engoyipá* 'atragantar', *fonil* 'embudo para embutir', *goropeya* 'zorra', etc.) y en Encinasola (*bagazo* 'señal de granizo en un fruto', *cachola* 'calmudo', *cotovía* 'alondra', *entortá* 'torcer', *fastío* 'sin apetito', etc.). Todos estos testimonios sirven para mostrar cómo una lengua originariamente española va siendo captada por el portugués, si es cierto que han desaparecido la *s* y la *ch* castellanas, pero sigue siendo leonés el cierre de *-e* final en *-i* y, digamos ampliamente meridional, la pérdida de las consonantes finales, la aspiración de *s* implosiva, la neutralización de *l* = *r*, el yeísmo, etc. Unido todo ello al tratamiento del vocabulario, podemos pensar en el nacimiento de una estructura mixta producto del bilingüismo: de una parte la tradición y ciertas razones geográficas abonan por el carácter español del barranqueño, mientras que el portuguesismo resulta de otros motivos geográficos y de la «natural evolução do sentimento patriotico e político, acompanhada da intervenção de Governo Central». Se está llegando —si no se ha llegado ya— a un bilingüismo que necesariamente lastimará a una de las dos lenguas, con independencia de esos términos que se intercambian a ambos lados de la frontera, como resultado de las relaciones que en lingüística llamamos adstrato.

# ARAGONÉS

por Manuel Alvar

## Situación científica del dialecto aragonés

En 1953 se publicó la primera obra de conjunto sobre *El dialecto aragonés*.[1] El que no haya sido sustituida por otra no dice sino que los materiales recogidos seguían siendo los universalmente válidos. Pero la publicación del atlas regional dio un sesgo totalmente diferente a buena parte de esos estudios.[2] Porque entonces las hablas vivas cobraron una significación muy distinta de la que teníamos y vieron enriquecerse campos habitualmente bien estudiados (frontera catalano-aragonesa), otros (localidades de Zaragoza y Teruel) contaron una vida que les estaba negada.

Nadie al escribir un dialecto aragonés puede desentenderse de los estudios pioneros de Costa y Saroïhandy[3] o de los científicamente rigurosos de Rohlfs, Kuhn y Elcock,[4] pero con ellos no se hace una descripción del dialecto aunque estén dentro de él. Porque a finales del siglo XIX (datos de Costa-Saroïhandy) lo que se transcribía era una modalidad lingüística que, si viva, representaba la de una generación nacida por 1850 o antes; es decir, conjunto de rasgos que estaban ya en trance de desaparición como sistema. Al hacer la síntesis de 1953, ¿cuántas veces no se facilitará información de cien años atrás? En cuanto a los materiales de Alwin Kuhn —los más coherentes para mi objeto—, estaban limitados a una pequeña región, a veinte localidades cuyo punto extremo era Fiscal (ribera del Ara sin entrar en Sobrarbe) y a unos aspectos puramente sincrónicos. Es decir, dentro de sus limitaciones, todo enteramente válido, aunque la presentación de los materiales nos presente algunas dificultades. Kuhn hizo sus encuestas en 1932, con gentes que iban de los 35 (Ipiés) a los 78 años (Sallent); es decir, manejó generaciones muy diversas y con criterios difícilmente sistemáticos.

---

1. Manuel Alvar, *El dialecto aragonés*, Madrid, 1953. Es imprescindible el *Archivo de Filología Aragonesa* que, en 1996, publicará el tomo LI.
2. Manuel Alvar con la colaboración de A. Llorente y T. Buesa, *Atlas Lingüístico y Etnográfico de Aragón, Navarra y Rioja*, Madrid, 1979-1983 (12 volúmenes).
3. «Dialectos aragoneses», prólogo de J. Costa. Se tradujo en *Aragón*, VII, 1931.
4. Respectivamente, *Le gascon* (1935; 2.ª edic., 1970), *Der Hoch-aragonesische Dialekt* (1936) y *De quelques affinités phonétiques entre l'aragonais et le béarnais* (1937).

Como en tantos sitios, la situación sólo podía modificarse con una obra que recogiera materiales en todas las comarcas de la región y de manera uniforme; sin prejuicios y que, además, facilitara una visión espacial simultánea y coherente. Es decir, que nos diera la biología con lo que la biología es de vida (instauración en un ambiente, relación con otros seres). Ni más ni menos que las soluciones que aparecieron para resolver las aporías con que Meyer-Lübke se encontró al escribir el prólogo a su célebre *Gramática* de las lenguas romances, a las que he hecho mención.

Ahora, publicados los doce tomos del Atlas es cuando se puede hacer la descripción sincrónica de las hablas aragonesas.[5] Veremos cómo los resultados son de impresionante variedad. Con estos planteamientos vamos a enfrentarnos con la realidad histórica y la situación actual del dialecto.

## La Edad Media

Trabajos de Menéndez Pidal, García de Diego y Umphrey[6] fijaron las bases seguras para el estudio del dialecto, pero son estudios lejanos que se han ido ampliando con otros nuevos, especialmente de literatura aljamiada, que cuenta con la memorable edición del *Libro de Yúçuf*.[7] Pero estos estudios de singular valor no dan la imagen del dialecto, sino su trasunto literario y su localización en ámbitos cultos con lo que queda muy empañada la vieja realidad. Baste comparar las documentaciones de los textos con lo que fue la vida del dialecto. ¿Cómo si no explicar la poca relación de las hablas pirenaicas con las del valle del Ebro? Y elijo este ejemplo porque no es un caso extremo. Sin embargo, poseemos un instrumento único en nuestra dialectología: los peajes de 1437 que dan una imagen geográfica de las hablas en el siglo XV, por cuanto cada inventario trataba de reflejar la modalidad lingüística local (mapa 1).[8] Este inmenso repertorio lingüístico tiene singular valor para la fonética histórica y para el léxico. Merecerá la pena volver sobre esto. Pero hagamos un poco de historia.

La discutida existencia de un «latín notarial» tuvo sus manifestaciones en Aragón, manifestaciones que persisten durante algún tiempo, pues «hasta el XII no aparecen en Aragón documentos totalmente escritos en romance».[9] Los reinados de los cuatro primeros reyes (1035-1134) son fundamentalmente para la historia futura: Ramiro I se anexiona Sobrarbe y Ribagorza (1038), su hijo Sancho Ramírez pone sitio a Huesca, en cuyo asedio muere; Pedro I ocupa la ciudad, recobra Barbastro y se extiende por

5.  En el *Archivo de Filología Aragonesa* se vienen publicando desde 1981 trabajos elaborados con estos materiales. Cfr. R. M. Castaño y J. M. Enguita, «Una década de estudios sobre el *ALEANR*» (*Archivo Filología Aragonesa*, XLII-XLIII, 1989, pp. 241-257).

6.  Respectivamente: *El poema de Yúçuf* (Granada, 1952), *Caracteres fundamentales del dialecto aragonés* (Zaragoza, 1918); *The Aragonese Dialect*, Seattle, 1913.

7.  Hay que dejar constancia de la infatigable labor de Álvaro Galmés de Fuentes en obras personales o en la dirección de colecciones.

8.  *Antigua geografía lingüística de Aragón*, Zaragoza, 1992.

9.  Manuel Alvar, «Elementos romances en el latín notarial aragonés (1035-1134)», recogidos ahora en los *Estudios sobre el dialecto aragonés*, t. I, Zaragoza, 1973.

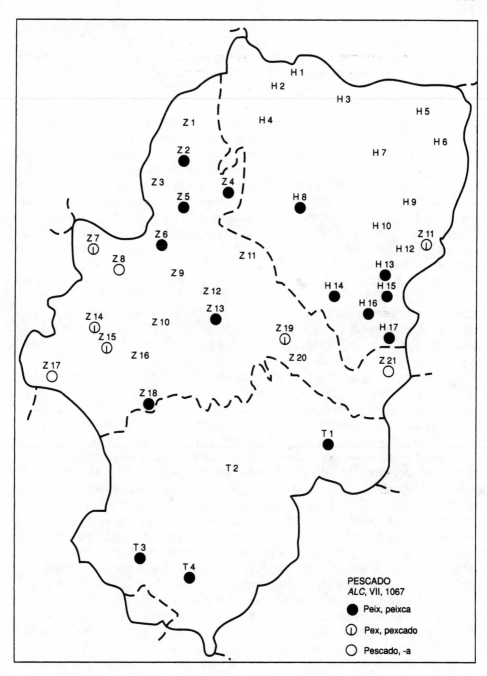

MAPA 1

la Litera y el Cinca; Alfonso I, su hermano, culmina la empresa reconquistadora: desde Egea hasta Monreal del Campo, de Tarazona a Fraga; en el centro, Zaragoza, ganada en 1118 y la venida de un aluvión de caballeros francos que hicieron cambiar la historia cultural de Aragón, y la lingüística también.

Aragón dejó de ser un reino pirenaico pero, al mismo tiempo, dejó de tener un habla pirenaica; empezaron a venir —con las gentes que afluían al sitio de Zaragoza— modos lingüísticos que pugnaban con la vieja tradición, y aparecieron los juglares, se abandonaron unas grafías, los apellidos se formaron a la francesa y se olvidó el léxico prerromano. Todos estos elementos extraños se centran en un hecho: la conquista de Zaragoza. Hemos de ver cómo —una vez más— el hecho histórico condiciona las manifestaciones culturales y, entre ellas, las lingüísticas. Y el asedio de Zaragoza tuvo significación como para conmover a la cristiandad: el Papa Gelasio II se dirigió al ejército sitiador para concederle la bendición apostólica y comunicarle la consagración de Pedro de Librana como obispo de la ciudad.[10]

En las páginas que siguen voy a intentar analizar lingüísticamente estos cien años de la historia aragonesa. El estudio se ha de hacer, precisamente, en documentos redactados en latín. Un latín que apenas si del clásico tenía otra cosa que un intento de terminaciones: en una declinación anulada por las preposiciones, en una conjugación con estructura románica. La sintaxis latina —casi sin excepción— ha desaparecido y el léxico se muestra empedrado de elementos vascos, primero, arábigos, más tarde. Así, pues, nos encontramos —siglos XI, XII y aun después— con un latín en el cual se puede reconocer el habla romance —o una parcela del habla—: en ocasiones reproducirá estados más arcaicos, pero con frecuencia reflejará las peculiaridades lingüísticas de su tiempo. Ahora bien, esta lengua escrita no es otra cosa que el llamado «latín popular», dispar del romance y diverso del latín de las escuelas. Estamos, pues, ante un latín vulgar que vivió mucho más tiempo que el de las formas merovingias (siglos VII al X)[11] y que el latín popular leonés (todavía en los siglos X y XI). Hay que pensar en el arcaísmo lingüístico de Aragón que le ha llevado a mantener por más tiempo que región alguna de la Península este latín vulgar que «se habló sin duda mucho en toda la Romania durante la más remota Edad Media, pero rara vez se escribió».[12] Ante estos hechos hemos de trasladar el enfoque del problema: su culminación no está en León, sino en Aragón, y no hay que pensar en los mozárabes para el uso escrito de este latín arromanzado. Según es sabido, los mozárabes aragoneses no tuvieron gran influencia en las cortes de los reyes. Cuando los de Zaragoza piden al rey Alfonso I «que les asigne una parte de la población [Zaragoza], en premio a su perseverancia en la fe y a los buenos servicios prestados durante el ase-

---

10. «Colonización franca en Aragón» que se incluye en la obra citada en la nota anterio; Pilar García Mouton, «Los franceses en Aragón (siglos XI-XIII)» (*Archivo de Filología Aragonesa*, XXVI-XXVII, pp. 7-98; Tomás Buesa, «Aspectos de Jaca medieval» (*id.*, pp. 99-134).

11. *Vid.* J. Pirson, «Le latin de formules mérovingiennes et carolingiennes» (*Romanische Forschungen*, XXVI, pp. 837-944).

12. R. Menéndez Pidal, *Orígenes del español* (3.ª ed.), Madrid, 1950.

dio», el *Batallador* les concede la villa de Mallén y el barrio mozárabe de la ciudad se lo entrega a Gaston de Bearne.[13] Poco importa la gran cabalgada hasta Salobreña (1125-1126) y la venida de 10.000 mozárabes a tierras de Aragón; su influjo, si existió, fue *a posteriori*: antes habría que explicar el latín vulgar de Ramiro I y sus herederos.

Los rasgos dialectales más importantes que pueden documentarse son la inestabilidad del timbre de las vocales, la persistencia de -*u* final y su ultracorrección (*o > u*: *caballerus*, *senderum*, *susu* < sursum), prótesis de *a* ante *rr*- (*arripera* 'ribera', *arrigo* 'río', *arretondo*, etc.), su no inflexión ante *x* (como en lo moderno: *fráxin* 'fresno', *faja*, *saso* < saxu 'peñasco'), diptongación de *o* en *ua* (*spuanna* < spŏnda, *nuava* < nŏva, *duan* < dŏmina) y de *e* en *ia*, por más que sea rarísimo) y el tratamiento de -*o* y -*e* finales. Merece la pena tomar en cuenta estas últimas evoluciones.

Menéndez Pidal y Lapesa[14] se han ocupado de la apócope en aragonés. Para ambos autores hubo una «propensión espontánea del dialecto», favorecida por apoyo catalán y extranjero. En efecto, los antiguos textos aragoneses (siglo XI) manifiestan una clara vacilación: de una parte la pérdida, de otra la conservación. La apócope de la vocal final no fue escasa en el siglo XI, si bien el mantenimiento parece predominar. En esta serie de casos conservados habrá que ver también la influencia de los escritores latinizantes. Sin embargo, cuando se lleva a cabo la reconquista del valle del Ebro y a ella vienen oleadas de gentes ultrapirenaicas, la pérdida es sensiblemente superior a la conservación. Pues si bien se restituye en ocasiones una -*o* y, más rara vez, una *e*, son muchos más los casos en que la consonante o el grupo consonántico quedan en posición final y, lo que es más de notar, la vocal, que sólo excepcionalmente se perdía en los apelativos comunes (*roboret*, *capmansum*, *tor*), ofrece (en los textos a partir de 1121) abundantes ejemplos de caída, sobre todo en el sufijo -*er(o)*. Esto indica que si la acción latinizante fue capaz de mantener en la escritura a las -*e* y -*o* finales, la presencia de gentes ultramontanas fue capaz de eliminarlas también de este último reducto.

Junto a la «propensión espontánea del dialecto» y a la acción de los francos que bajaron a la vega del Ebro, hay que pensar en lo que Somport significó para las peregrinaciones jacobeas; significación que si pudo influir en las designaciones toponímicas mucho más lo sería sobre el habla viva. Conviene recordar que, en el Aragón medio, Zaragoza fue ciudad con un barrio de franceses (como Logroño, Estella, Puente de la Reina o Sangüesa); que el Burnau de Jaca estaba poblado con franceses en el primer tercio del siglo XII y que en provenzal se redactan el *Fuero* y los *Establimentz* jacetanos.[15] Estas acciones concomitantes favorecieron la tendencia del dialecto (intermedio entre Cataluña y Castilla) que no pudo rehacer las

13. Américo Castro, «Los mozárabes», en *Santa Teresa y otros ensayos*, Madrid, 1929, páginas 95-96.
14. Respectivamente: *Orígenes*, pp. 173-176, y «La apócope de la vocal final en castellano antiguo» (*Estudios dedicados a Menéndez Pidal*, II, pp. 201-202).
15. «Los *Establimentz* de Jaca del siglo XIII» (*Estudios sobre el dialecto aragonés*, II, páginas 197-225).

formas plenas, como la lengua alfonsí, porque los francos favorecieron su vieja inclinación. Y, cuando las gentes transpirenaicas perdieron su antigua pujanza, la dinastía de los reyes catalanes (1137-1410) vino a fomentar la misma tendencia.

En el consonantismo se documentan los archisabidos testimonios de F- y G- conservadas (infinitos de *f-*; *iermanos, genestal, gener*), el mantenimiento de las sordas intervocálicas *(capanna, vallato, lacunala)*, mientras que son rarísimos los tratamientos dialectales de -LL- latina (*car* < c a l l e m, *Lauata* < i l l a  v a l l a t a).

Rasgos específicamente pirenaicos de las dos vertientes: sonorización de oclusivas sordas tras nasal y líquida (*alda* 'alta', *algalde* 'alcalde', *ordolés* 'hortense', *splunga* 'espelunca', etc.) y otros menos significativos (-KT- > *it*, *fita, peito*). Merece la pena tomar en consideración el tratamiento del grupo secundario -M'N- que da pluralidad de soluciones *(mpn, npn)*, según era corriente en el bajo latín (donde se encuentra también *indenpne* o *solenpnidat*). Millardet propone la articulación de *mn* en la misma sílaba, la segmentación de *m* en dos elementos y el ensordecimiento y desnasalización del segundo que da origen a *p*. Menéndez Pidal rechaza, con razones suficientes, el silabeo antietimológico. Para él «no es admisible que la *p* represente una oclusiva sorda entre dos nasales sonoras, siendo de suponer que sólo signifique la articulación exagerada de la *m*, o, si acaso, la articulación más diferenciada como *mb*». Ynduráin se muestra de acuerdo con él.[16] Ahora bien, esta explicación afecta sólo al origen del fonema epentético. Pero no están aquí todas las dificultades: ¿qué valor tiene *-p-*? ¿Gráfico? ¿Fonético?

Para mí, *p* es el resultado de la división silábica: al separar *m* de *n*, después de la primera nasal, el velo del paladar se cierra, pero inmediatamente vuelve a abrirse para articular la segunda nasal, con lo que resulta que no puede producirse la oral *b* correspondiente a la nasal *m*. Por otra parte, esta misma articulación de dos nasales contiguas tiende a relajar la pronunciación diferenciada de los sonidos; a fin de acusar la independencia de *m* y *n* se escribe —valor gráfico— una consonante que acentúe el valor independiente de ambas nasales: es la grafía de una sorda que manifiesta un máximo de diferenciación precisamente con la consonante sorda. Creo que apoya lo que sustento —mero valor gráfico de *p* para impedir que el grupo llegue a *ñ*— multitud de otros ejemplos de alternancia aragonesa como *dominus / donpnus*.


## Relaciones con Francia

Como ha quedado dicho, toda la historia futura del oriente peninsular está en esos cien años que median entre la muerte de Sancho Garcés III (1035) y erección de Aragón como reino, hasta la de Alfonso I (1134).

---

16. *Linguistique et dialectologie romanes*, París, 1923, p. 291; Francisco Ynduráin, *Contribución al estudio del dialecto navarro-aragonés antiguo*, Zaragoza, 1945, p. 57.

Cuando Ramiro I es proclamado primer rey de Aragón, su reino es un escaso pegujal. Él mismo logra acrecentarlo con Sobrarbe y Ribargoza, y, en el año de su muerte ante los muros de Graus (1063), convocó el Concilio de Jaca, que había de tener largas consecuencias culturales.

Tales resultados son algo que inferimos por la acción inmediatamente posterior.[17] La lengua va a ir a remolque de las otras circunstancias históricas. Por eso, siquiera sea brevemente, debemos detenernos en éstas. Ramiro decidió la forma de la futura catedral: planta de tres naves, con bóveda de piedra; torres con ocho campanas sobre la puerta principal y chapitel también de piedra. Es decir, algo que todavía podemos contemplar en Jaca o en Saint-Benoît-sur-Loire o Saint-Hilaire de Poitiers. No se olvide que el concilio reunió a nueve obispos, pero allí estaban presentes Eraclio de Bigorra, Esteban de Oloron, y, todos, presididos por la dignidad de Austindo, arzobispo de Auch, que —como metropolitano— encabeza a los prelados franceses, aragoneses (de Jaca y Roda), catalanes (de Urgel), castellano (de Calahorra) y mozárabe (de Zaragoza).

El Midi estaba presente en esta primera voluntad real. En el reino recién nacido contaba —ya— el prestigio de las sedes de Aquitania. Pero hubo algo más que la presencia dignificadora de aquellos tres prelados meridionales. En el concilio estaba también Sancho, el hijo y sucesor de Ramiro. En el joven heredero fraguaron el sentido político y la voluntad regia que lo servía. Sancho Ramírez, rey ya, firma un texto que emociona por su laconismo: «quiero que sea ciudad esta mi villa que se llama Jaca. Y a este fin os anulo todos los malos fueros que habéis tenido hasta el día de hoy en que es mi voluntad que Jaca sea ciudad». Hay un proverbio indio que dice cómo las ciudades nacen por voluntad de Dios, por el paso del agua o por la decisión de un rey. He aquí Jaca convertida en ciudad por designio de Sancho Ramírez: *civitas* lo que era, simplemente, *villa*, es decir, explotación agraria.[18] Y el rey decide —además— embellecer la fábrica de su catedral: casado con la provenzal Felicia, acepta los gustos románicos que vienen de allende el Pirineo y «el matrimonio de Sancho y Felicia, un mozárabe y una románica, un hispánico y una provenzal, parece consumarse en las piedras de Jaca».[19]

Tenemos, pues, en pleno siglo XI, un reino que, apenas con cincuenta años de vida independiente, muestra su voluntad europeísta: construye la más vieja catedral española de estilo románico, y con una personalidad que ha hecho pensar en su prioridad con respecto a las iglesias francesas;[20] se suma al movimiento unitario de Cluny y, como vamos a ver, intenta crear una ciudad con hombres de todas partes.

Esta venida de gentes va a tener las más importantes consecuencias lingüísticas. En la carta jaquesa de Sancho Ramírez se lee: «y como deseo que Jaca esté bien poblada, a vosotros y a todos los que vinieren a habitar

17. Para lo que sigue, *vid.* mi «Colonización», ya cit., pp. 168 y s.
18. *Vid.* José María Ramos y Loscertales, «El fuero latino de Jaca» (*Anuario de Historia del Derecho Español,* V [1925], p. 410).
19. J. Pijoán, *Summa Artis. Historia General del Arte,* t. IX, Madrid, 1944, p. 95.
20. A. K. Porter, *The Romanesque Sculpture of the Pilgrinage Roads,* Boston, 1923.

en mi ciudad de Jaca, os concedo y ratifico todos aquellos buenos fueros que me habéis pedido para que mi ciudad sea muy populosa». Y el rey va concediendo privilegios de libertad personal («cada uno edifique y cierre su propiedad como mejor pueda», «cualquiera que compre [...] heredad, dentro o fuera de Jaca, la tenga libre e ingenua, sin traba alguna», «tened facultad de pastos y leñas hasta donde podáis ir y volver en el día», «no tengáis obligación de aceptar desafíos», «ninguno de vosotros pueda ser preso siempre que dé la fianza correspondiente», «no deis vuestras fincas ni las vendáis a la Iglesia ni a los infanzones», etc.) y se piensa —también— en las gentes que han de venir; Jaca deja de ser un *castro* o una *villa* para convertirse en una *civitas*. Estos y otros privilegios (limitación de obligaciones militares, humanización de las penas, protección jurídica) buscaban un fin: crear una auténtica ciudad. Y en este sentido los cimientos colocados por Sancho Ramírez pronto iban a sustentar una nueva estructura: el *Burnou* o *Burgo nuevo* de la ciudad. Fue éste un barrio habitado por comerciantes y hospederos, situado extramuros del casco urbano. Su vida fue próspera, pero corta; en 1596, y esta vez no como resultado de una paz, sino por el temor de una guerra, Felipe II lo hizo demoler para levantar en su emplazamiento la Ciudadela. Las gentes que se establecieron en el Burnou fueron occitánicas; el mismo barrio se designó con un adjetivo que no tenía forma hispánica: *Borgnau* o *Borgnou*, a la manera provenzal. Muchos años después de esos últimos del siglo XI en que el barrio se construye, la vida ciudadana de Jaca se reguló en unos *Establimentz* o leyes municipales. Allí, en 1238, los apellidos de origen meridional son nada menos que un tercio de los firmantes: *Bañeras de Bigorra*, *Biela* (Bielle), *Borza* (Borce), *Gavarán*, *Lascar*, *Lugaynach*, *Lurbe*, *Montclar*, *Montvaldran*, *Morlans*, *Oloron*, *Orllac* (Aurillac), *Ossal* (Ossau), *Pintatz* (Les Pindatz), *Saules* (Mauleon-Soule), *Setcera*, *Tolosa*. No es necesario hacer cábalas para conocer las causas de la prosperidad de este barrio. Jaca quedaba en el *camin romiu* y el *Codex Calixtinus* nos dice que era fin de la primera etapa en territorio español. Por eso, abundan apellidos de origen toponímico situados en el «iter francorum»: *Borza, Oloron, Canfranc, Seta, Santa Cristina, (Puente la) Reina*.

Todos los hechos que he referido hasta aquí nos sirven para conocer un tipo de «colonización» franca en Aragón, pero, antes de sacar conclusiones, es necesario pensar en otra clase de relaciones. Hasta ahora nos hemos enfrentado con establecimientos pacíficos, inspirados en circunstancias culturales, o, al menos, mercantiles. Pero si volvemos los ojos a los albores del siglo XII hemos de encontrar una nueva conexión de las cosas de Aragón con las de Francia.

El asedio (1094) y ocupación de Huesca (1096) significa un trueque completo en la estructura del pequeño reino pirenaico. Los tres minúsculos estados (Aragón, Sobrarbe, Ribargoza) cambian ahora su fisonomía. Quedan atrás las abruptas montañas y surgen las llanadas donde los ríos se remansan; a la unidad de gentes se opone la diversidad de los adventicios y los sometidos; las luchas por vericuetos y quebradas son sustituidas por combates a caballo; la población dispersa en aldeas forma ahora importantes núcleos urbanos. El reino pirenaico ha dado un gran empuje, pero en él ha perdido totalmente su fisonomía. Para atender a las nuevas necesidades, Aragón tiene que abrirse hacia el exterior.

En tiempos de Pedro I se había iniciado la manera aragonesa de guerrear a caballo, que —como tantas cosas— culminó en el reinado de Alfonso el Batallador. En efecto, de Castilla se importó la reglamentación del servicio militar de los jinetes, según mostró Ramos y Loscertales, y con las instituciones migraron —también— las palabras.[21] Así, la *honsata* de un documento de 1132.

Después de 1130, una segunda emigración francesa vino a la urbe. Cientos de documentos nos han conservado sus nombres y en algunos hay gentes de Normandía, como *Robert Normant, Rotro de Perges, Rotbert Bordet, Rainaud de Bailleul* o *Galter de Guidvilla*; de Bretaña, como *Iudicher Breton* y, por supuesto, infinidad de gentes de otros sitios: Calvados (como *Gilabert, Roger* y *Umfret de Falesa*), Mosela (*Morgant, Iohan* y *Raul de Metz*), Orne (*Gaufridus* y *Eimet d(e) Ala(n)zon*) y, sobre todo, gentes languedocianas. No menos de veinte departamentos actuales colaboraron en la repoblación aragonesa, pero si, como he dicho, situamos sobre un mapa el origen de todos estos soldados, comerciantes, menestrales, etc., veríamos que la mayor proporción de repobladores estaba comprendida en un rectángulo que podríamos limitar por la costa del Atlántico (desde Hendaya a Burdeos), una línea paralela a los Pirineos (que uniera la desembocadura del Garona con Arlés. Otra línea de Arlés a Port Bou y, por último, otra constituida por los Pirineos). Pues bien, un 66 % de las gentes galorrománicas venidas a Aragón eran de Occitania (mapa 2). El resto, hemos visto, procedían de rincones lejanos de Bretaña, Normandía, Lorena o los Alpes. El mediodía de Francia hizo la aportación más importante: pronto, un par de generaciones más, y la asimilación de estas gentes pareció total; los que con los años seguían inadaptados, liquidaron sus bienes y volvieron a la Galia, así —por ejemplo— la mujer del primer señor de Zaragoza. Pero su huella debió de ser profunda. Es difícil rastrearla hoy, pero difícil, también, silenciarla. Los cronistas árabes cuentan que 50.000 «francos» combatientes vinieron a la conquista de Zaragoza; rebajemos prudentemente la cifra, pero su importancia no se aminorará.

En Zaragoza aparecen dos de los más antiguos juglares de los que tenemos noticias; uno de ellos, catorce años antes que el santiagués *Palla* (1136), y sus nombres son, inequívocamente, ultramontanos: «*Poncius*, iocularis regis» (1122) y «don *Brun*, iuclar» (post. 1137). Pero, también en tiempos de Alfonso I, desaparecen grafías típicamente aragonesas, como *lg*, para representar a la palatal *ll* y un río de Zaragoza se llamará *Gáreco* (1119) y no 'Gállego' o documentaremos, bajo forma occitánica, algunas palabras como *feuu* 'feudo' (1125?) o algún nombre propio como *Azelme* (1124). Siendo importantes todos estos motivos, hay otro par de ellos que, acaso, sean más significativos. Leyendo los documentos de Ramiro I y de Sancho Ramírez se ve una enorme variedad, si no anarquía, en la forma-

---

21. La observancia 31, «De generalibus privilegiis, del libro VI» (*Hom. Menéndez Pidal*, II, pp. 228-229).

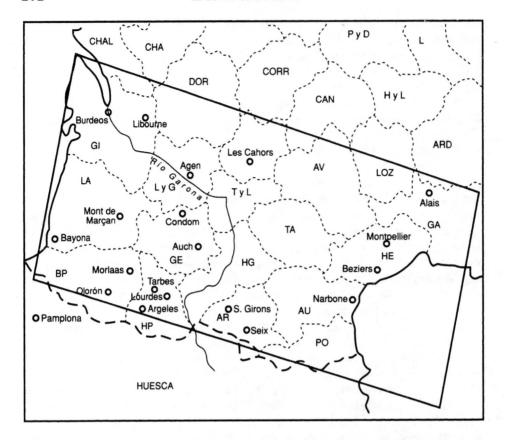

MAPA 2. *Procedencia de los repobladores franceses. Al norte de estos Departamentos están las localidades de Falaise, Metz, Alençon, Luçon, Argenton, Bourges, Limoges, Embru y Arles que dieron repobladores, pero la dispersión de los emplazamientos no tiene coherencia como en el Midi.*

ción de los apellidos; pero, en un conjunto de varios millares de firmantes, sólo quince lo hacen conforme al siguiente esquema: *nombre personal + de + nombre de lugar*. Sin embargo, después de la repoblación del Valle del Ebro se documenta un alud de tales formas. Y es que todas aquellas gentes que vienen de la Galia son designadas de una manera muy simple: *nombre personal + de + nombre de lugar o de región*; porque de ellos no interesaba su linaje, sino el origen (de los muchos *Pedros* posibles se convivía con el venido de aquí o de allá, pero de nada servía saber si eran hijos de Miguel o de Juan), y es que el origen era, a la vez, elemento agrupador y diferenciador y caracterizaba cumplidamente al hombre que lo llevaba. Este uso, casi exclusivo entre los galorromanos, pasó a gentes cispirenaicas que propagaron una formación de apellidos que no les era familiar, porque antes de la reconquista del Valle del Ebro, los lugares diminutos, las gentes muy arraigadas a su terruño, no necesitaron —o necesitaron excepcionalmente— una caracterización patronímica, sino que se atuvieron a la gentilicia.

Qué puede quedar de esto en la lingüística es algo que podemos dilucidar. En 1938, Denis W. Elcock publicó las relaciones entre aragonés y bearnés; Alwin Kuhn estudió *Der lateinische Wortschatz zwischen Garonne und Ebro*, aunque sus resultados son muy parciales, como lo fueron los de Bourciez.[22] La comparación de los atlas de Gascuña y Aragón me ha permitido «aleccionar una colección de mapas (*saúco / sureau / boleau, arce / érable, cerezo / cerisier, bellota / gland, roturar / défricher, descuajar / oter les racine, cebada / orge, angarilla / civière, almiar / meule de paille, rebeco / isard, garduña / fouine, tejón / blaireau*, etc.). De ellos he obtenido unos claros resultados: la latinización de amplias zonas, en Galia e Hispania, no pudo subsistir durante muchos siglos porque la invasión árabe dio al traste con la unidad y surgieron unidades más pequeñas: Galia y Pirineo español.[23] Sobre este fondo se fueron proyectando otras realidades menores, pero condicionadas por la historia: de una parte, migraciones de grandes grupos humanos que vinieron al sitio de Zaragoza (1118) y a la repoblación del valle del Ebro; de otra, la acción continuada de un intercambio mercantil que duró siglos, aunque se limitó a zonas más exiguas (pensemos en los *Establimentz* de Jaca); de otra los tratados pastoriles entre valles contiguos. Estos tres tipos de relación dejaron sus huellas. Esa historia creó otras nuevas realidades y la lengua fue adaptada a ellas. Hubo préstamos como consecuencia de los montañeses y esos préstamos dieron motivos a hechos de lingüística general que conocemos como relaciones de lengua y dialecto, intercambios dialectales, soluciones de compromiso, geografía de las variantes, difusión de los préstamos, etc. Véanse los mapas 3 a 6, donde se proyectan resultados de estas relaciones.

**La geografía lingüística**

El 5 de octubre de 1436, los comisarios de la Corte General sometieron a aprobación los peajes que debían entrar en vigor en el reino. El 13 de junio del año siguiente fueron aprobados. El valor del texto es inmenso tanto para la historia social y económica de Aragón, como para la lingüística. Para nuestro objeto debemos insistir en que las listas de mercancías se adaptaban a la realidad lingüística local, con lo que se podía hacer —en el siglo XV— una geografía lingüística de Aragón (30 puntos fueron escogidos). Entonces se puede estudiar la *a-* en los arabismos (*safrán* 'azafrán', *çufre* 'azufre', *roz* 'arroz'), la pérdida de la *-e* (*almastech* 'resina de lentisco', *çumach* 'zumaque', *blanquet* 'albayalde'), la pérdida de la *-o* (*argent biu* 'mercurio', *encins* 'incienso', *cinc* 'cinco'), conservación de -F- *(alcofol), it* en *gueyto* (<ŏcto), *fruita* (fructa), tratamiento de los grupos con yod (-LY- siempre da *ll*; -SCY- > *x, axada*), y de los secundarios (*cullir* < colligere,

---

22. W. D. Elcock, *De quelques affinités phonétiques entre l'aragonnais et le béarnais*, París, 1938; Alwin Kuhn, en la *Zeitschrift für romanische Philologie*, LVII, 1937, pp. 326-365, y E. Bourciez, «Les mots espagnols comparées aux mots gascognes» (*Bulletin Hispanique*, III, 1901).
23. Considero estas cuestiones en mi trabajo «Correspondencias léxicas entre el bearnés y el aragonés», en prensa en el t. III de los *Estudios sobre el dialecto aragonés*.

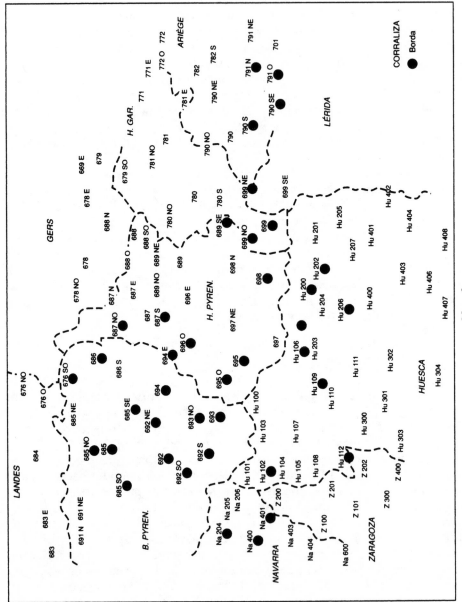

MAPA 3

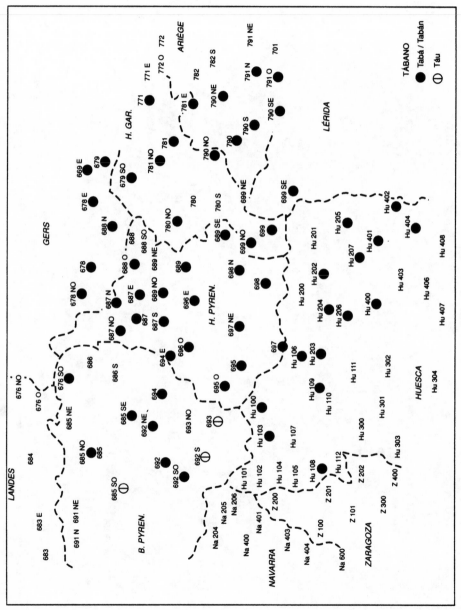

MAPA 4

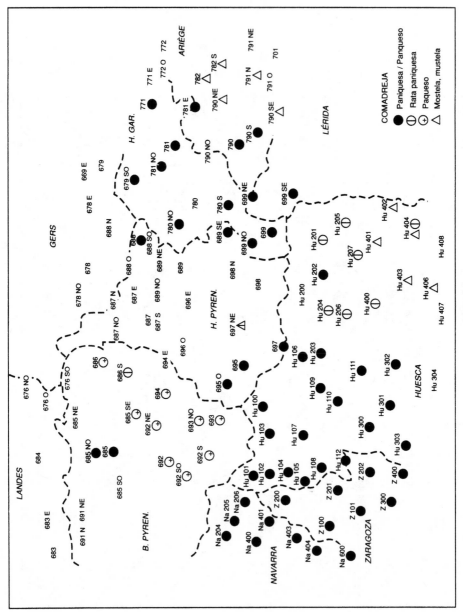

MAPA 5

COMADREJA
● Paniquesa / Panqueso
⊖ Rata paniquesa
⊕ Paqueso
△ Mostela, mustela

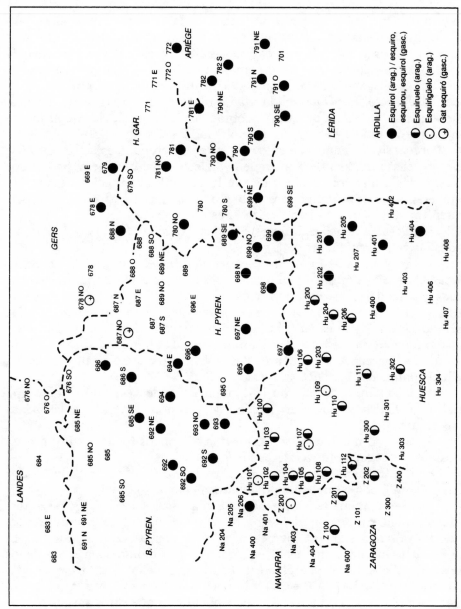

MAPA 6

*arampne; azembla* < acemila), etc. Todos estos testimonios vienen a probar que el dialecto moderno se ha empobrecido y que los peajes sólo presentan testimonios de la lengua escrita, pero, así y todo, hay un hilo que une lo que era general en el siglo XV con lo que sigue siéndolo hoy como la aparición de *saíno* (no *saín*) y *alcazuz* 'regaliz' en los mismos puntos que hoy, en la persistencia de *craba* por *cabra*, en la distribución de las variantes de *ciruela* o *anguila* y la correspondencia antigua y moderna de los plurales en *-ls, -ns* y *-rs (cols, pantalons, segadórs)*. Hay una correspondencia entre esas áreas que establecieron tan bien los hombres del siglo XV con las que fuimos allegando, entre 1963 y 1983, para señalar la geografía lingüística del dialecto. Hay una solidaridad entre esos cinco siglos de historia, que —quinientos años después— cobran luz, aunque lógicamente no se pueda borrar tan largo período de evolución histórica.

Porque, si nos fijamos en esos mapas tan sorprendentes por cuanto nos dan una cierta imagen geográfica de la dialectología aragonesa, podríamos trasladarlos a unos resultados que son la geografía lingüística de hoy, basada en unos datos abrumadores. Lo que los mapas de estos días nos permiten ver son los rasgos caracterizadores del dialecto.

1. Pérdida de los esdrújulos. Se acentúan *aguíla, cañámo, higádo*, en todas las zonas del dialecto.

2. Hay un sonido *š*, discrepante del castellano (*tišidor* 'tejedor', *mateša* 'madeja', *vešiga* 'vejiga'), que puede llegar a *ch*: *bochicha* 'vejiga', *madeicha* 'madeja', *cheringa* 'jeringa'.[24]

3. La diptongación de *ŏ* en *uo* es muy escasa (*esquirguollo* 'ardilla', *guordio* 'cebada') y lo es *uá* (*cualla* 'cuello', *guambre* 'arado' < vŏmer). Del mismo modo *iá* procedente de *ĕ* tampoco es muy abundante: *tiampo* 'tiempo', *hiarba* 'hierba', *diande* 'diente'. Pero es muy frecuente el sufijo *-iello* sin reducir *(muriellos, aguatiello, taniellas)*.

4. Hay supervivencia de la diptongación de vocal breve ante yod (fŏlia > *fuella* 'hoja', ŏculu > *güello* 'ojo'), aunque limitada a las zonas más arcaizantes.

5. La yod procedente de -KT- forma diptongos (peito, *dreito*) que en ocasiones se reducen (*dreta* 'derecha', *let* 'leche').

6. Es frecuente la apócope de *-e* y *-o* (*nueyt* 'noche', *falz* 'hoz'; *caloy* 'cría muerta'), como queda dicho anteriormente.

7. Se mantiene la F-, que ha pasado a considerarse como rasgo distintivo del dialecto *(ferrar, filo, foyo)*. No se puede comparar la situación actual con la que denuncian los peajes de 1436 por la razón de que la geografía de las localizaciones es diversa. Hay un testimonio de la época de los Reyes Católicos, en el que el poeta Pedro Marcuello intenta oponer lingüísticamente, Aragón a Castilla y lo hace precisamente, por la persistencia o pérdida de la F- inicial, sin darse cuenta de que otros rasgos que figuran en su versión aragonesa manifiestan total castellanización:

---

24. María Luisa Arnal, «Orígenes de *ch* en Aragón (*Rilce*, XI [1995], pp. 199-222).

*Del fenojo en Aragón*
*la effe es letra primera*
*y en Castilla, en conclusión*
*nombrándolo por razón,*
*es la y más delantera.*[25]

El hecho de que el aragonés conserve la F- inicial (frente al gascón que la pierde) siendo, como es, territorio de gran influencia del vasco, hace pensar en una explicación de distinta índole, incluso que hubiera dos dialectos vascos (con pérdida y mantenimiento de la inicial), tal y como las hay en el tratamiento de diptongación o no de la ĕ, de *j*- sorda o sonora (etxe + berri > *Chávarri, Echevarría,* al occidente; *Javier,* en Navarra).[26] El mantenimiento de F se da en un ancho ámbito que tuviera a Loarre como límite meridional, por más que rasgos esporádicos de su conservación se puedan encontrar en muchísimas partes.[27]

8.   Las J- y G'- iniciales han dado š (*šelar* 'helar') o, más frecuentemente, *ch* (*chito* 'brote', *chemecar* 'gemir') o *j* (*jinebro* 'enebro'). La situación medieval de estos tratamientos era ž (*germanos, geitat*), pero, en lo moderno, las cosas han evolucionado siguiendo una vieja andadura, pues ya en los *Inventarios* que publicó Serrano y Sanz[28] se confunden las grafías de *ch,* š y ž (*jaminera* 'chimenea', *jamelot* 'chamelote', *jiqua* 'chica', *zabega* 'azabache', *ganxos* 'ganchos'). Los cambios hoy, cuando la ruina del dialecto es muy acusada, llevan a confundir estos sonidos con ŝ y ẑ alveolares (por ejemplo en el Campo de Jaca).[29]

9.   La conservación de PL-, KL, FL- (*plover, clau, flama*) es muy común y, en Ribagorza, la solución es *pll-, cll-, fll-,* que pueden llegar a ser *pi̯-, ki̯-, fi̯,* igual que en italiano. En el mapa 7 se puede ver un ejemplo muy claro de estos resultados.

10.   El mantenimiento de las sordas intervocálicas (*crepazas* 'grietas', *forato* 'agujero', *višica* 'vejiga') es un rasgo del pirenaico cuya explicación ha sido la del iberismo (Saroïhandy), las causas externas (García de Diego)[30]

25.   *Cancionero,* edic. J. M. Blecua, Zaragoza, 1987, p. 91. La oposición aragonesa *(fenojo)* al castellanismo *(ynojo)* pudiera apoyarse en más hechos: la *ll* del dialecto, frente a la *j* castellana y, probablemente, la pérdida de *-o.* El poeta, sin embargo, y, a pesar de su profesión de fe, escribirá: *azello* 'hacerlo', *ablo, artar, ablar,* etc.

26.   R. Menéndez Pidal, «Sobre las vocales abiertas ę y ǫ en los nombres toponímicos», apud *Toponimia prerrománica hispánica,* Madrid, 1952.

27.   Las discusiones sobre la pérdida de la F- inicial han sido un caballo de batalla de nuestra lingüística: contra J. Orr («F > h, phénomène ibère ou roman?», *Revue Ling. Romane*) escribieron Menéndez Pidal, Rohlfs, Alvar que mantuvieron la acción del sustrato en la conservación de la *f-.* Los materiales del atlas regional permitieron los estudios de Pilar Carrasco («Geografía lingüística de F- inicial en las hablas altoaragonesas», *Argensola,* n.º 93 [1982], pp. 81-112 y J. M. Enguita - M. L. Arnal, «Pervivencia de F- inicial en las hablas aragonesas y otros fenómenos conexos», *Archivo Filol. Aragonesa,* XXXIX [1987], pp. 9-53).

28.   «Inventarios aragoneses de los siglos XIV y XV» (*Boletín Real Academia Española,* vols. II, 1915; III, 1916; IV, 1917; VI, 1919, y IX [1924]). Sobre ellos Bernard Pottier elaboró su «Étude Lexicologique sur les Inventaires aragonais» (*Vox Romanica,* X [1948-1949], pp. 87-219).

29.   María Luisa Arnal, «El tratamiento Gᵉ̌-, I- iniciales en el territorio aragonés» (*Actas III Congreso Internacional de Historia de la Lengua Española,* Salamanca, 1993) y «Orígenes de *ch* en Aragón y otras cuestiones conexas» (*Rilce,* II-2 [1995], pp. 199-222).

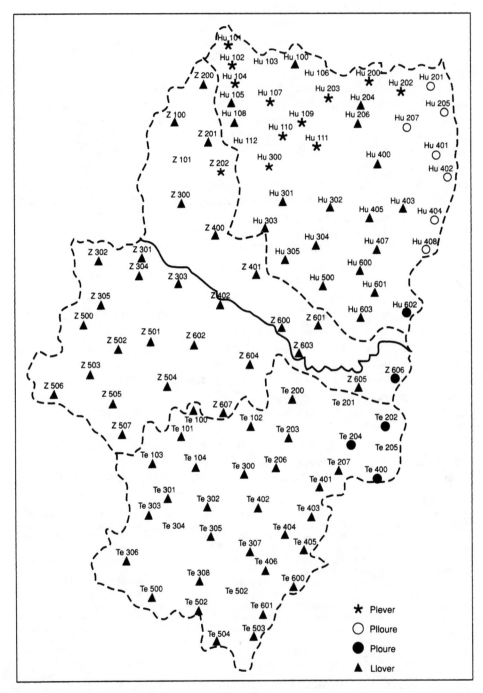

MAPA 7

o la continuidad latina (Menéndez Pidal). Véanse dos cronologías del fenómeno en los mapas 8 y 9.

11.   El paso -LL- > *ch*, *t* ya no existe más que en toponimia y refleja una situación anterior, pues en el dominio gascón (Luchón, Arán, Lez, Salat) se documenta la *ch*, o una *t* palatalizada, proceso que también se conoce en Calabria, Sicilia, Cerdeña, Asturias y algún punto de León. En las explicaciones que se han dado para aclarar los cambios anotados, tal vez sean las de Kuhn las que resulten más acertadas: evolución tardía y relegada a un tipo de designaciones terruñeras; de ahí su poca difusión y su, ya, escasa permanencia. Considerando el tratamiento de la -LL-, que es muy abundante en los derivados del sufijo -ĕllu, creo que habría que desestimar muchas razones de las que se han dado, para pensar sólo en un tratamiento estrictamente fonético:

$$-\text{LL-} > \text{l.l} \underset{\searrow\ \text{l} > \text{r}}{\overset{\nearrow\ \text{ll}}{-\text{dḍ}}} \underset{\searrow\ \text{t}}{\overset{\nearrow\ \text{ch}}{<}}$$

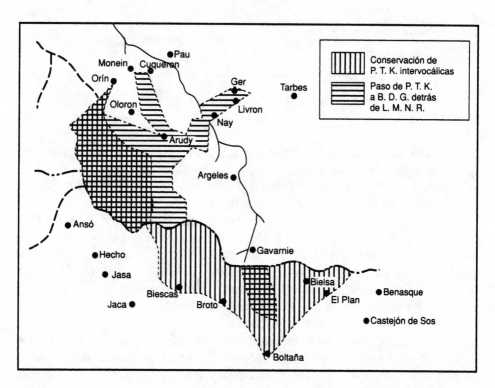

MAPA 8.   *Conservación de sordas intervocálicas y sonorizaciones tras nasal y líquida (según Saroïhandy).*

30.   Los ejemplos pueden proceder de geminación consonántica *(batajo)*, contaminación con un sufijo *(melico)* o formas rehechas sobre otras apocopadas *(lobo > lop > lopo)*. No creo que valgan las razones: hay continuidad en la Edad Media y no pueden explicarse con ellas *liepre* o *cleta*.

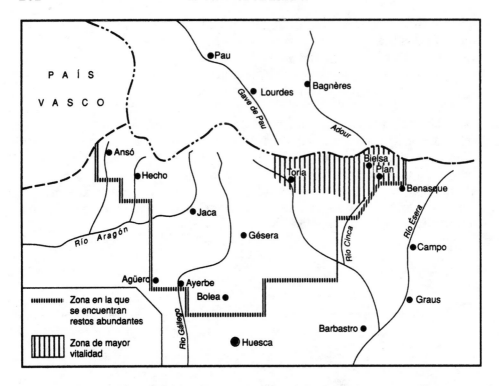

MAPA 9.  *Extensión actual de la conservación de las sordas intervocálicas.*

En cuanto a la cronología del cambio, pienso que -ĕllu > *ieto* sería anterior al siglo x, cuando Castilla empezó a imponer su *-iello*, que también tiene restos abundantes en el Pirineo. Por último -LL- > *ch* (mucho más escaso) posiblemente es de importación francesa.[31]

12.    Aparte debe considerarse la evolución -LL- > *d*, que si bien es escasa (ár. za'rura > *acerolda*), puede relacionarse con el de *-rr-* > *rd*. El último de estos cambios se ha considerado ibérico (cfr. *ezquerra* > *izquierda*) y tiene cierta vitalidad en las dos vertientes pirenaicas (*bimarro / bimardo* 'cordero de dos años', *marrano / mardano* 'cordero que padrea', *sarrio / sigardo* 'gamuza', *barro / bardo*, etc.). Véase mapa 10.

13.    -NS- se mantiene *(pansa, ansa)*.

14.    -ND- *(esponda, espuena)* debe ser un cambio paralelo a la similación -MB > *m* y que, en opinión de Menéndez Pidal, no puede separarse de la sonorización de las sordas tras nasal y líquida (*ordiga* 'ortiga', *punda*

31.    No pocas de estas cuestiones se pueden ver en W. D. Elcock, «Substrats phonétiques dans les parlers romans des Pyrenées» (*Actas VIII Congreso Internacional de Lingüística Románica*, San Cugat del Vallés, 1955, pp. 695-697) y «The Evolution of -ll- in the Aragonese Dialect» (*Actas Congreso Internacional de Estudios Pirenaicos*, Zaragoza, 1950) y A. Kuhn, «Arag. -ll- > tš» (*Zeitschrift für rom. Philologie*, LIX, 1939, pp. 73-82).

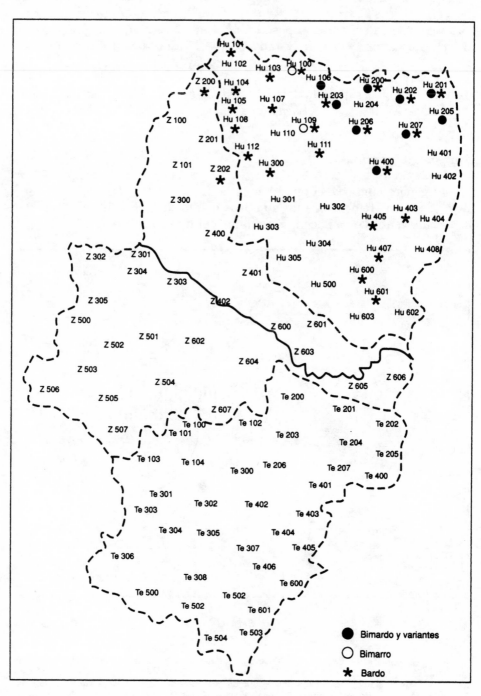

MAPA 10

'punta', *chungo* 'junco', *cambo* 'campo'),[32] fenómenos que, según el maestro, no son ibéricos (Saroïhandy, Rohlfs, Elcock), sino osco-umbros, pues el vasco antiguo no conocía el paso de *nk* a *ng*, de *lt* a *ld*, etc., y, además, el ibérico no conoce *mb* > *m* (y muy poco en vasco, lo mismo que *nd* > *n*, *ld* > *ll*). El foco donde el fenómeno tiene mayor vitalidad es Torla, Buesa, Fanlo, Sercué y Campol (véase mapa 11).

15.    Es bien sabida la solución *ll* a los grupos -LY- (*treballo* 'trabajo'), -TL-, -CL-, -C'L-, G'L, y -CHL- (*viello, güella* 'oveja', *tella* 'teja', *cullar* 'cuchara').

## Morfología nominal

El género conserva el que tuvo en latín *(la fin, la val, la salz)*, tiende a dotar de forma femenina a los adjetivos que lo son (*libra* 'libre', *verda* 'verde', *genta* 'gentil') o se hacen masculinos del tipo *tristo* 'triste'.

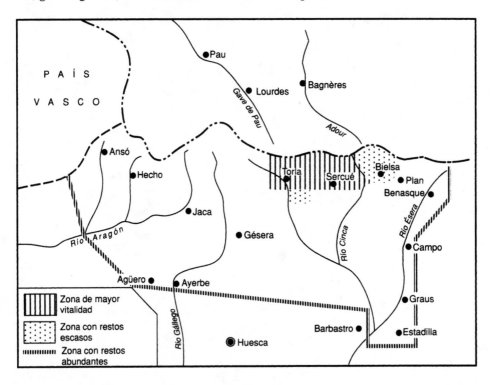

MAPA 11

32.    La sonorización de las oclusivas sordas tras nasal y líquida es uno de los dos fenómenos que estudia Elcock en las *Affinités*, ya aludidas. Véase también H. Gavel, «Remarques sur les substrats ibériques, réels ou supposés, dans la phonétique du gascon et de l'espagnol» (*Revue Ling. Romane*, XII, 1936, pp. 36-43); Enrique Guiter, «En torno al aragonés histórico: el sustrato cántabro-pirenaico» (*Arch. Filol. Arag.*, XXXIV-XXXV, pp. 203-214); Gregorio Salvador, «Hipótesis fonológica sobre oclusivas sordas y sonoras divergentes en altoaragonés y gascón» (*Arch. Filol. Arag.*, XXXVI-XXXVII, pp. 257-274).

El género, por pérdida de la vocal final, presenta grupos consonánticos (*allagons* 'aulagas', *cols* 'coles') y *-ts* evoluciona a *z* (*fonz* 'fuentes', *ponz* 'puentes'), aunque sea formación que ya ha muerto.

Como posesivo medieval aparecen *lur* y *lor* (éste muy raro), que dejaron de usarse por el siglo XIV (\*illorum con la *ū* de illujus, illui, que hicieron sustituir al clásico illorum).

El demostrativo *exe, iše* duraba aún en el siglo XVII y Tilander lo deriva de ipseum (ipse + is > ipsiu), que explicaría la *-e* por analogía con *este, ese*.[33]

Persisten todavía los derivados de ibi > *y*, inde > *en, ne*.[34]

## El artículo

En aragonés hay dos derivados de illum, *lo* y *o*. Ambas soluciones ocupan a veces áreas coincidentes y en pugna con el castellano *el*.[35] La forma *lo* aparece en el Aragón Subordán, en Tena, Buesa y en algún pueblo del Campo de Jaca; *o* se encuentra en Ansó, Jaca, Guara y el Somontano. Entre el Esera y el Noguera Pallaresa se extiende una región de *el*. Es notable observar cómo esta especial disposición lingüística de los Pirineos españoles coincide con una distribución afín en la vertiente norte, pero lo que en España vemos como franjas verticales se presenta en Francia longitudinalmente: estratos de *lu, le* y de *el, er*. La complejidad aragonesa se ve favorecida por las formas *ro, ra*, que se extienden desde el valle del Gállego hasta el del Cinca, aunque la toponimia acredita que su difusión fue mayor. El origen gascón de estas formas (Kuhn) fue rechazado por Rohlfs, que pensaba en motivos de fonética sintáctica (cuando *lo* quedaba en posición intervocálica, la *l* pasaba a *r*).

Por último, en Campo sobrevive la forma *es* 'los' (*es arbres* 'los árboles', *es artos* 'las zarzas'), que tiene abundantes restos en la toponimia (véase mapa 12).

## Morfología verbal

Las desinencias son: -sti > *-stes*; -mus > *-nos*; -stis > *-z, -éis*; -rŭnt > *-ron, -oron, -n*. En el imperfecto dura la *-b- (teneba, partiba)* por in-

---

33.  Gunnar Tilander, «Etymologies romanes» (*Studia neophilologica*, XVIII, pp. 1-4).
34.  Antonio Badía, *Los complementos pronominalo-adverbiales derivados de «ibi» e «inde» en la Península Ibérica*, Madrid, 1947; Demetri Gazdaru, «*Hic, ibi, inde* en las lenguas ibero-románicas» (*Filología*, II, 1950); Antonio Badía, «Sobre "ibi" e "inde" en las lenguas de la Península Ibérica» (*Rev. Filol. Española*, XXXV [1951], pp. 62-74); George Sachs, «Reflejos de "inde" en España» (*Rev. Filol. Esp.*, XXI [1934], pp. 159-160).
35.  *Vid.* R. W. Thompson «El artículo en el Sobrarbe» (*Revista de Dialectología y Tradiciones Populares*, XI [1953], pp. 473-477).

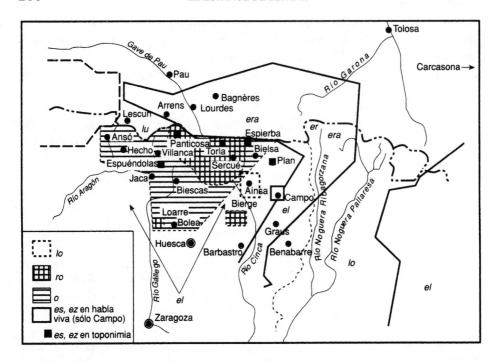

MAPA 12.   *El artículo en aragonés (sobre un mapa de Kuhn se incorporan los estudios posteriores a 1935).*

flujo de la 1.ª conjugación *(amaba)* o, lo que es más probable, por mantenimiento etimológico (en la *Razón de Amor* se lee *eba* < h a b e b a t).[36]

El problema fundamental de la morfología aragonesa está en las formas del perfecto. La conjugación en *-ar* tenía un perfecto vulgar por antonomasia, cuyo paradigma fue *pagué, -es, -ó, -emos, -estes, -oron (pagués* explicable por *pagué + s; paguemos* se ha rehecho sobre la 1.ª persona: *pagué - paguemos,* como *paguestes,* sobre la 2.ª, y *pagoron* desde *pagó,* como *pagón < pagó + n).* La final *-oron* fue abundantísima en lo antiguo y aún dura hoy. La forma vulgar por antonomasia, en la actualidad, muestra el paradigma *compré, -és, -ó, -emos, -éis / -éz, comprón* (Ansó, Campo de Jaca, Biescas, Loarre). El río Gállego separa *-oron / -ón* atestiguados en las orillas derecha e izquierda, respectivamente.

36.   Véanse los siguientes trabajos: Antonio Badía, «Sobre morfología dialectal aragonesa» *(Boletín Academia Buenas Letras,* XX [1947], pp. 1-67); R. Gastón, «El latín verbal del dialecto cheso» *(Universidad,* XI [1934], pp. 273-318); D. Miral, «El verbo ser en cheso» *(Universidad,* I [1924], pp. 209-216); «El verbo hacer = fer» *(Universidad,* VI [1929], pp. 3-10); T. Navarro Tomás, «El perfecto de los verbos en *-ar* en aragonés» *(Revue Dial. Romane,* I [1909], pp. 110-121) (reimpreso en el *Archivo de Filol. Arag.,* X-XI, 1958-1959); J. Bourciez, «Le parfait latin des verbes en *a* dans la région pyrénéenne (3.ª personne)» *(Bulletin Hispanique,* XXV [1925], pp. 226-228); G. Rohlfs se opuso al *Hoch. Dialekt* de Kuhn en «Zum Aragonesischen» *(Zeit. für rom. Philologie,* LVIII [1938], pp. 552-559) y le replicó A. Kuhn en la misma revista (LIX [1939], pp. 73-82); Rosa María Castañer, «Algunos ejemplos de derivación verbal en Aragón» *(Arch. Filol. Aragonesa,* XXXIV-XXXV, pp. 251-272); Tomás Buesa - Rosa M.ª Castañer, «El pretérito perfecto simple en las hablas pirenaicas de Aragón y Navarra» *(Archivo de Filología Aragonesa,* L, 1994, pp. 65-134).

Hubo un perfecto en *-é* que tiene el paradigma *mató, -és, -é* < -avit, *-emos / -ez, -eron*, formas condicionadas por la *é* de la tercera persona (-avit > *é*), que influyó sobre todas las formas de este paradigma.

En cuanto al perfecto en *-o (cantó, -ós, -ó, -omos, -oz / -ois, -oron)*, está en trance de desaparición, si no ha desaparecido ya: hacia 1950 no había sino restos dispersos entre gentes de mucha edad.

Los perfectos en *-er* e *-ir* documentan todavía el esquema siguiente: *vendié, -iés, -ié, -iemos, -iez, -ieron*. Alwin Kuhn intentó explicar el paradigma poniéndolo en relación con el imperfecto anteriormente estudiado: las primitivas terminaciones del imperfecto de las conjugaciones segunda y tercera eran *-ié, -iés, -ié, -iémos, -íes, -íen*; estas terminaciones fueron reemplazadas por *-eba, -iba*, analógicas, según él, de la conjugación en *-ar*. Una vez que la sustitución analógica ha triunfado, las formas antiguas en *-ié, -iés, -ié*, etc., quedan libres y por proximidad fonética con el perfecto se incorporan a él, dando por resultado el paradigma cheso. Veamos cómo: en castellano antiguo, el imperfecto era: *comía, comíe; comíes, comíe, comíamos, comiéis* y *comíen*. Estas vocales (*-ía*, etc.) en hiato tendían a formar diptongo cargando el acento en la vocal abierta: *comié, comiés, comié, comiémos, comiéis* y *comién*. Cuando el paradigma llega a este punto surge la colisión con las formas del perfecto absoluto: *comí, comiste, comió, comiemos, comiestes* (< -iistis) y *comieron*. Si tenemos en cuenta que imperfecto y perfecto coinciden en las vocales tónicas del plural y además, en aragonés, *-ivi* > *ié* (*comié*, no *comí*) e *-ivit* > *ié* (*comié*, no *comió*), no será aventurado suponer la fusión fonética de los dos paradigmas, sobre todo a partir del momento en que la analogía hizo que *-eba, -iba*, sustituyeran a las formas afectadas.

La teoría de Kuhn fue base de una polémica con Rohlfs. Sostuvo Rohlfs que las cosas sucedían con mayor simplicidad: la forma etimológica regular *-iéron* (< -ivĕrunt) influía analógicamente sobre todas las demás, que aceptan el diptongo tónico *ié*; en apoyo de su tesis alega el perfecto de Panticosa *comié, comieste, comié, comiemos, comisteis, comieron*, eslabón que uniría las formas etimológicas del perfecto con las analógicas de Echo. Además, corroboraría su aserto ver que en el valle de Echo todo el perfecto de la primera conjugación se rehace, analógicamente también, sobre la persona él (*compró, comprós, compró, comprómos, comproz, comproron*).

Kuhn insiste en la cuestión y replica a Rohlfs. Efectivamente, la acción analógica de la persona Ellos puede explicar las formas de los perfectos débiles, por cambio de tema *hube* > *habié*, *dije* > *icié*, *quise* > *querié*. La hipótesis de Rohlfs sería válida siempre que los perfectos de *tener, haber, hacer* fueran *tuvié, hubié, ficié* y no *tenié, habié, facié*; por tanto, hay que ver en estos perfectos con tema de presente restos de antiguos imperfectos. Kuhn expone su criterio según las etapas siguientes:

1.ª   Cambio *-ía, íe* > *-ié*.
2.ª   Formación analógica del imperfecto, sobre el modelo de la conjugación *-ar*, que tenía *-b-* etimológica.

3.ª   Fusión de las antiguas formas del imperfecto, con las etimológicas del perfecto.

La primera etapa se documenta en todas las hablas españolas (incluso catalán y castellano), pero sobre todo en leonés y aragonés. A la objeción de Rohlfs de la existencia de imperfectos del tipo *comeba* en otras hablas (segunda etapa), Kuhn mantiene que en todas ellas se ha impuesto la analogía: en su apoyo cita la tardía documentación de estos imperfectos (tímidamente en el XIV, estabilizados en el XV). Esta acción analógica pretendía hacer desaparecer las diferencias existentes entre los tres tipos de perfecto (conjugaciones en *-ar, -er, ir*), diferencias formales para expresar unidad funcional. Por último (tercera etapa), las terceras personas del singular o del plural influyen sobre el resto del paradigma uniformándolo sobre el tipo de su vocal tónica. Esto en cuanto a los perfectos débiles. Respecto a los fuertes (*tuvo* convertido en *tenié* no en *tuvié*) se puede pensar:

*a)*   En una acción analógica tan fuerte que cambia no sólo las vocales tónicas, sino también el tema, cuando éste no es el de presente (así como *metí* + *metieron* > *metié, tuve* + *tuvieron* > *tuvié* y *tuvié* + *tener* > *tenié*).

*b)*   Considerar en los perfectos *tenié, querié,* etc., y los perfectos uniformados de los verbos regulares, a los antiguos imperfectos *tenié, querié.* Kuhn acepta esta segunda hipótesis y, frente a Rohlfs, justifica el proceso imperfecto > perfecto no como un cambio, sino como una pérdida del valor «imperfecto» de las formas en *ié* desde el momento mismo en que han sido suplantadas por las en *-eba, -iba.*

## El léxico

El vocabulario presenta, en las regiones septentrionales, supervivencia de voces vascas como *agüerro* 'otoño' (< a g o r r o 'mes de septiembre'), *artica* (< a r t e 'encina verde'), *gabardera* (< g a p a r r a 'espino'), *muga* 'límite' (< m u g a), *sabaya* 'desván' (< s a b a i), *berica* 'embutido de pulmones' (< b i r i k a), etc. Mayor extensión tienen otras voces que deben explicarse por su relativa antigüedad en romance: *lurte* 'desprendimiento de tierra' (< e l u r r 'nieve'), *esturraz* 'rastra, trineo' (< e s t o), *chandra* 'mujer poco hacendosa' (< e t x e t a n d r e a).

Pero lo que tiene mayor interés es la información que se logra de la difusión de este léxico según los materiales actuales del *Atlas de Aragón.*[37] Reduciendo todo a un esquema sencillísimo, tendríamos que decir que el léxico es más conservador que la fonética, y no es éste el único caso en que dialectalmente podemos comprobar el hecho y, sin embargo, este léxico

---

37.   Las breves páginas que siguen son las conclusiones de un análisis de 120 mapas que llevé a cabo en mi *Geografía lingüística de Aragón.* Reproducir todo lo que me ha conducido a estas conclusiones no tiene sentido. Por eso me limito a presentar dos mapas con los resultados y a explicar sobre ellos las causas que los han determinado.

presenta, también, un proceso castellanizador que coincide con las mismas zonas donde la fonética de la lengua común ha reemplazado a las evoluciones históricas del dialecto. Muchas veces, los supervivientes regionales han sido arrumbados a la provincia de Huesca y aun en ella manifiestan diversos grados de erosión e incluso de destrucción.[38] Hoy la fonética confirma la vieja tesis de la romanística: cada palabra tiene su historia. Verdad irrecusable. Y aunque las isoglosas de fonemas o de palabras confirmen este hecho en mil casos repetidos, la verdad individual no nos impide confirmar que también existe una historia lingüística que podemos ver en su conjunto. La uniformidad de unos rasgos, y el desmigajamiento de los más, no impide trazar unas áreas que también existen, resultado de una historia antiquísima, de otra más reciente y de una sincronía en la que vivimos.

La unidad administrativa a la que llamamos Aragón no corresponde a ninguna unidad lingüística. Y esto es lógico: mil razones históricas han jugado para que los resultados sean los que tenemos ante nuestros ojos. La más vieja estructura política de la región actual estuvo incardinada en aquellos viejos condados del siglo X y que son Aragón, Sobrarbe y Ribagorza. De esta situación aún podemos percibir unos hechos muy claros: el nódulo más característicamente aragonés, que se denuncia en los valles occidentales del Pirineo: Ansó, Echo, las tierras de Tena, por más que la antigua capital, Jaca, esté fuertemente castellanizada y su situación pueda proyectarse a las zonas más próximas.[39] Estos viejos Aragones Beral y Subordán constituyen una comunidad pastoril, no uniforme, pero vinculada con el mediodía de Francia. La trashumancia ha hecho que irradien hacia el sur peculiaridades que le atañen, sin alcanzar el valle del Ebro: con la relatividad que da la historia singular de cada palabra, podríamos fijar sus límites en la zona de círculos negros que figura en el mapa de *áreas léxicas I*. Al oriente del dominio está la región de Ribagorza: su historia es independiente del resto de los dominios que estudiamos y resultado de ella son variedades tan originales como la benasquesa y las formas del catalán hablado en esta «raya» (círculos cortados); vinculadas con ella, pero no confundidas estarían las otras modalidades aragonesas del catalán.[40] Entre los Aragones y Ribagorza queda una amplia zona (la señalo con triángulos y círculos blancos, mapa 13) que sería Sobrarbe y las comarcas próximas. Este ámbito central es el que, acaso, muestra mayor capacidad de expansión y se extiende hacia el mediodía. Cierto que se atestigua una relativa unidad léxica de los ámbitos que, *grosso modo*, llamo Aragones y Sobrarbe: una y otra vez nos encontramos con coincidencias terminológicas que

38. Arno Scholz, «El léxico aragonés (según el *ALEANR*)» (*Arch. Filol. Aragonesa*, XLIV-XLVII [1991], pp. 127-142). Téngase en cuenta un libro fundamental: *I Curso de Geografía Lingüística de Aragón*, Zaragoza, 1991.
39. Tomás Buesa, «Notas sobre las hablas altoaragonesas» (*Arch. Filol. Aragonesa*, XLI [1988], pp. 9-24); José M. Enguita, «Panorama lingüístico del Alto Aragón» (*Archivo Filol. Aragonesa*, XLI, 1988, pp. 175-192); Jacques Allières, «Zonas pirenaicas» (*Actas del I Congreso de lingüistas aragoneses*, Zaragoza, 1991, pp. 41-46); Tomás Buesa, «Apostilla a un panorama de las hablas pirenaicas» (*id.* pp. 47-53).
40. Manuel Alvar, *La frontera catalano-aragonesa*, Zaragoza, 1976; María Antonia Martín Zorraquino *et al.*, *Estudio sociolingüístico de la franja oriental de Aragón* (2 vols.), Zaragoza, 1995.

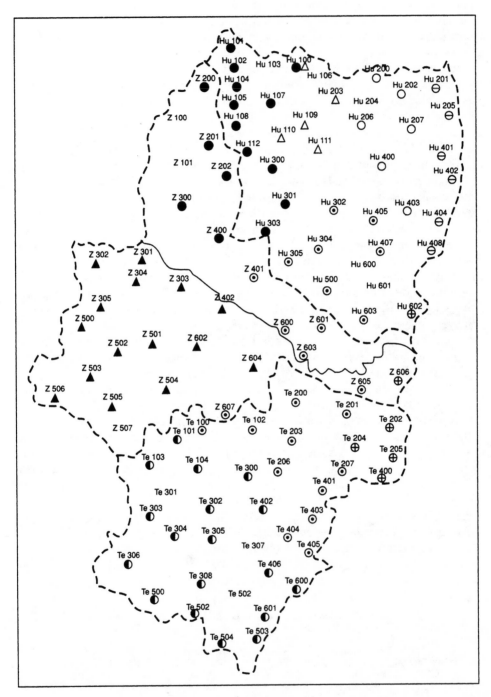

MAPA 13.  *Áreas léxicas (I).*

hoy se pueden ver por casi toda la provincia de Huesca (a veces se apartan de ella, como es lógico, los pueblos más meridionales, limítrofes con Zaragoza). Como visión de conjunto, véanse las *áreas léxicas II*, donde señalo con círculos negros los puntos que pudieron constituir esta unidad y con simples circunferencias, los que llamaría de transición (mapa 14).

El mapa 13 muestra muy bien una zona homogénea en el sur de la región; es la que de una u otra forma hemos atestiguado en otros muchos. Esto sirve para articular una región escindida en dos grandes conjuntos separados por el río Ebro y que, de una u otra forma, nos hace pensar en la historia: las tierras del norte tienen una fisonomía arcaica; ni los primitivos condados, ni el reino incipiente fueron otra cosa que minúsculas entidades cuya naturaleza se modifica al producirse la gran expansión aragonesa. El asedio y conquista de Zaragoza cambiaron todos los planteamientos históricos y a partir de comienzos del siglo XII, la organización del ejército, la distribución del territorio, la venida de gentes extrañas, todo concitó unos ideales que opusieron el sur al norte, y que se manifestaron ya para siempre. Ahora bien, si a grandes rasgos es ésta una situación que denuncia un grupo nada pequeño de nuestros mapas, otro manifiesta unos procesos castellanizadores que han seguido dos vías de penetración: desde Soria, en Zaragoza, y desde Cuenca, en Teruel. Es decir, dos Castillas también, la Vieja y la Nueva. Y así vemos cómo se marcan bien dos tipos de penetración castellana. O de irrupción castellana en el primero y valenciana en el segundo, lo que no quiere decir que a un castellanismo necesariamente tenga que corresponder otro o un valencianismo, no. Simplemente, que puede haber acción dual (dos términos extraños, uno para cada provincia) o simple (préstamo en un ámbito y no en el otro).

Con círculo con punto señalo una amplia región que afecta a las tres provincias, pero que no es coherente, sino que en ella se dan influjos esteoeste, norte-sur obedeciendo al ámbito geográfico al que pertenece y no a cualquier pretensión de unidad.

Con las limitaciones a que ya he hecho mención, los dos mapas de áreas léxicas señalan dos tipos de distribución del vocabulario: uno, de fenómenos limitados en los que podemos contemplar la diversidad regional en sus pormenores y en su complejidad, y otro en el que se proyectan unos hechos de carácter muy general. Diríamos que el primero es la intrahistoria y el segundo la historia. La vida impuesta al individuo y la que él traza, poco a poco, al enfrentarse con sus menudas realidades.

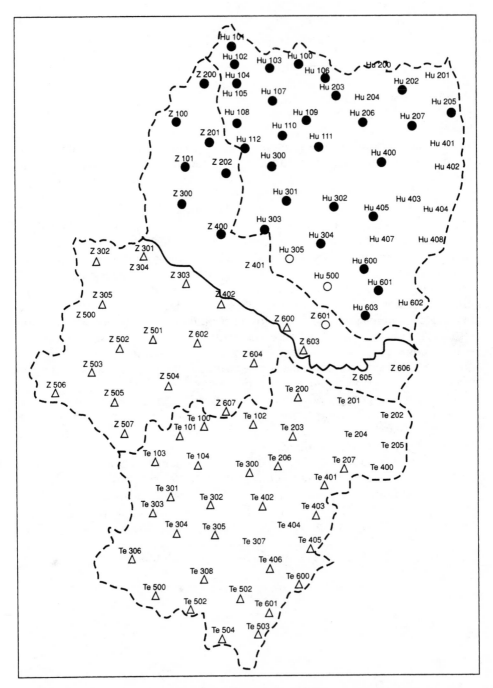

Mapa 14. *Áreas léxicas (II)*.

# LA FRONTERA CATALANO-ARAGONESA

por M.ª Antonia Martín Zorraquino y M.ª Rosa Fort Cañellas

## Caracterización general

La frontera catalano-aragonesa separa el dominio lingüístico catalán del aragonés, o, si se prefiere, del castellano-aragonés.

Desde el punto de vista geográfico, ateniéndonos estrictamente al territorio de Aragón, comprende una zona que se extiende, de norte a sur, a lo largo de las tres provincias aragonesas (Huesca, Zaragoza y Teruel), desde Benasque (al pie del macizo pirenaico de La Maladeta) hasta Peñarroya de Tastavíns *(Pena-roja)*, detrás de los puertos de Beceite *(Beseit)*, en el límite con la provincia de Castellón. De oeste a este abarca un área de anchura desigual, marcada, en parte, por el curso de los ríos: en el extremo más septentrional se sitúa el territorio incluido entre el Ésera y el Noguera Ribagorzana —*Noguera Ribagorçana*— (cuyo cauce viene a coincidir con la separación interprovincial Huesca/Lérida), donde se localizan diversas hablas altorribagorzanas, que reflejan el entrecruzamiento de rasgos lingüísticos aragoneses y catalanes. Al sur, la frontera lingüística vuelve a quedar señalada por el curso fluvial, en este caso, el del Cinca, desde Zaidín —*Saidí*— (Huesca) hasta la desembocadura en el Ebro, cerca de Mequinenza —*Mequinensa*— (Zaragoza). En fin, ya en la margen derecha del Ebro, los ríos Guadalope y Algás —*Algars*— (afluente del río Matarraña —*Matarranya*— que entra enseguida en Cataluña) configuran un área donde las comunidades de habla de la frontera lingüística se agrupan especialmente a lo largo de la cuenca del Matarraña (afluente también del Ebro) y entre éste y el río Mezquín —*Mesquí*— (afluente del Guadalope). En cuanto a la distribución comarcal, el dominio que nos ocupa está adscrito, de norte a sur, a las comarcas aragonesas de la Ribagorza, La Litera, el Bajo Cinca —las tres en Huesca—, el Bajo Aragón zaragozano y el Bajo Aragón turolense.[1]

---

1. Estas denominaciones reflejan la división comarcal que, de modo oficioso, ha consagrado la Diputación General de Aragón en sus planes económicos y, aunque están sometidas actualmente a revisión —se está en busca de una nueva vertebración del espacio aragonés—, son las adoptadas en las síntesis más recientes sobre el territorio de Aragón. *Vid.* Luisa M.ª Frutos Mejías, «Aragón», en *Geografía de España. Aragón. Castilla y León*, Planeta, Barcelona, 1990, VI, pp. 9-253 (véanse, en especial, pp. 148-253). Cfr. asimismo nuestro trabajo *Estudio sociolingüístico de la Franja Oriental de*

Desde el punto de vista lingüístico, la frontera catalano-aragonesa atañe a lenguas históricas que tienen el mismo origen, por lo que, siguiendo a Sever Pop[2] (y como ya hemos apuntado al referirnos a las hablas altorribagorzanas), debería plasmarse en forma de una amplia banda —o *zona de límites sueltos*, como indica Menéndez Pidal—,[3] lo que, sin embargo, sólo se observa en su parte septentrional: es decir, en la Ribagorza *(Ribagorça)* y hasta la localidad de San Esteban de Litera *(Sant Esteve de Llitera)* en la comarca de La Litera *(La Llitera)*. En cambio, al sur de esta población, en el Bajo Cinca *(Baix Cinca)* y en el Bajo Aragón —zaragozano y turolense— *(Baix Aragó saragossà i terolenc)*, los límites son tajantes, si bien se dan ciertas peculiaridades específicas en algunas hablas, por ejemplo en Maella o en Aguaviva —*Aiguaviva*— y en La Ginebrosa. Así, el paso del castellano (o del castellano-aragonés) al catalán se produce en toda esa área meridional, de forma brusca. Esta forma de frontera de haces apretados penetra en la Comunidad valenciana hasta Alicante.[4]

## Factores históricos y límites lingüísticos

*La frontera catalano-aragonesa septentrional.*   La diversidad en el trazado de la frontera lingüística catalano-aragonesa obedece a razones de índole fundamentalmente histórica, que han estado sometidas a controversia. En 1914, Griera defendió que el despliegue de isoglosas en la parte septentrional venía determinado por los límites del primitivo condado de Ribagorza y del antiguo obispado de Roda.[5] Sin embargo, para Menéndez Pidal, los hechos son mucho más complejos: tal situación es producto de límites étnicos, políticos o comerciales entre pueblos vascones, cerretanos e ilergetes, desde época prerromana; a ello se añade —siempre según Menéndez Pidal— que las poblaciones de la zona o nunca estuvieron bajo la dominación árabe o bien fueron reconquistadas antes del siglo XII, cuando el dialecto románico allí existente todavía era capaz de subsistir y predo-

---

*Aragón*, Universidad de Zaragoza, Zaragoza, 1995, que hemos llevado a cabo en colaboración con M.ª Luisa Arnal Purroy y Javier Giralt Latorre, donde nos atenemos también a esas denominaciones, que no siempre coinciden con las que se utilizan en la bibliografía elaborada desde Cataluña. Para las características y para el desarrollo previsible de las comarcas citadas, remitimos al texto de Luisa M.ª Frutos Mejías. En cuanto a valores demográficos, ha de advertirse que, en la bibliografía relacionada con la frontera catalano-aragonesa, las cifras suelen oscilar bastante (consúltese nuestro *Estudio sociolingüístico*, pp. 39-42). Teniendo en cuenta todo el conjunto de las poblaciones de la frontera, la cifra de habitantes, siguiendo el censo de 1991, alcanza los 50.000.

   2.   Sever Pop, *La dialectologie. Aperçu historique et méthodes d'enquêtes linguistiques*, Duculot, Louvain, 1950, p. 24.

   3.   Se alude al término en Fernando Lázaro Carreter, *Diccionario de términos filológicos*, Gredos, Madrid, 2.ª ed., 1967, s.v. *isoglosa*.

   4.   *Vid.* Manuel Alvar, *El dialecto aragonés*, Gredos, Madrid, 1953, p. 144; y Alonso Zamora Vicente, *Dialectología española*, Gredos, Madrid, 2.ª ed., 1967, pp. 211-215 y mapa XVI.

   5.   Antoni Griera, *La frontera catalano-aragonesa. Estudi geogràfic-lingüístic*, Institut d'Estudis Catalans, Barcelona, 1914, p. 31.

minar frente al de los reconquistadores venidos del interior de Aragón o de Cataluña.[6] La tesis pidaliana[7] ha sido aceptada por otros investigadores[8] a partir de los años cincuenta, fecha desde la que se ha incrementado el interés por los problemas que suscita esta área lingüística.[9]

Aparte los factores históricos configuradores de la frontera, otro aspecto de orden diacrónico que ha creado interés y polémica es la evolución de la extensión del catalán en el límite fronterizo occidental. Para algunos estudiosos, la divisoria lingüística catalano-aragonesa habría ido sufriendo en las últimas centurias un notable retroceso hacia el este;[10] mientras que para Menéndez Pidal, y, de acuerdo con él, para Rubio, Corominas y Haensch, la frontera entre el catalán y el aragonés se halla, más bien, en torno a la cuenca del río Isábena (afluente oriental del Ésera) y

---

6.   Joaquín Costa había tratado de la diversidad lingüística de esta zona en «Dialectos ribagorzanos y demás aragoneses-catalanes y catalanes-aragoneses», en *Boletín de la Institución Libre de Enseñanza*, 3 (1879), pp. 2-3, 18-19, 33-35 y 41-42, e incluido íntegramente en Eloy Fernández Clemente, *Estudios sobre Joaquín Costa*, Universidad de Zaragoza, Zaragoza, 1989, pp. 387-400. Tres décadas más tarde, el interés por esta área se puso de manifiesto en el *Primer Congrés Internacional de la Llengua Catalana* (Barcelona, 1906), en el que presentaron contribuciones sobre este dominio A. Navarro, «El català a-n el Ribagorça», Barcelona, 1908, pp. 222-231; y Jean Saroïhandy, «El català del Pirineu a la ralla d'Aragó», pp. 331-334.

7.   La tesis de Menéndez Pidal se publicó en forma de revisión crítica al trabajo de Griera, en *Revista de Filología Española*, III (1916), pp. 73-88.

8.   *Vid.* Luis Rubio, *Estudio histórico-lingüístico del antiguo condado de Ribagorza*, Instituto de Estudios Ilerdenses, Lérida, 1955; Manuel Sanchis, «Factores históricos de los dialectos catalanes», en *Estudios dedicados a D. Ramón Menéndez Pidal*, CSIC, Madrid, VI (1956), pp. 151-186; M. Alvar, «Catalán y aragonés en las regiones fronterizas» (1955), incluido en *La frontera catalano-aragonesa*, Institución Fernando el Católico, Zaragoza, 1976, pp. 23-72. *Vid.* especialmente nuestro *Estudio sociolingüístico*, pp. 13-17, páginas que debemos particularmente a M.ª Luisa Arnal Purroy.

9.   Además de las obras ya citadas en notas precedentes, deben destacarse por orden alfabético de autores:  M. Alvar, «Un problema de lenguas en contacto: la frontera catalano-aragonesa» (1971), en *La frontera catalano-aragonesa*, pp. 7-29; Antoni Maria Badia, *La formació de la llengua catalana*, Publicacions de l'Abadia de Montserrat, Barcelona, 1981; Pere Barnils, «Dialectes catalans», en *Butlletí de Dialectologia Catalana*, VII (1919), pp. 1-10; Joan Coromines, «Els noms dels municipis de la Catalunya aragonesa» (1959), en *Estudis de toponímia catalana*, Barcino, Barcelona, 1970, II, pp. 43-141; J. Coromines, «El català, llengua de la Ribagorça», en *Les terres de Lleida en la geografia, en l'economia i en la cultura catalanes*, Barcelona, 1971; M.ª R. Fort, «Hablas orientales», en *I Curso de Geografía Lingüística de Aragón* (1988), Institución Fernando el Católico, Zaragoza, 1991, pp. 185-199; A. Griera, «La frontera del català occidental. Alguns criteris lexicogràfics que separen el català de l'aragonès i del gascó (I y II)», *Butlletí de Dialectologia Catalana*, VI (1918), pp. 17-37, y VII (1919), pp. 69-79, y «Castellà, català, provençal», en *Zeitschrift für Romanische Philologie*, 45 (1925), pp. 198-254; Günther Haensch, *Las hablas de la Alta Ribagorza*, Institución Fernando el Católico, Zaragoza 1960 (publicado también en *Archivo de Filología Aragonesa*, X-XI, 1958-1959, pp. 57-193 y XII-XIII, 1961-1962, pp. 117-250); «Algunos caracteres de las hablas fronterizas catalano-aragonesas del Pirineo (Alta Ribagorza). Contribución al estudio del problema de los dialectos llamados de transición», en *Orbis*, 11 (1962), pp. 75-110; «Las hablas del valle de Isábena (Pirineo aragonés)», en *Revista de Dialectología y Tradiciones Populares*, XXX (1974), pp. 295-314; y «Fronteras político-administrativas y fronteras lingüísticas: el caso de la Ribagorza catalanohablante», en *Archivo de Filología Aragonesa*, XXX-XXXI (1982), pp. 7-19; Rafael Lapesa, *Historia de la lengua española*, Gredos, Madrid, 9.ª ed., 1981, pp. 497-498; Ramón Menéndez Pidal, *Orígenes del español. Estado lingüístico de la Península Ibérica hasta el siglo XI*, Espasa-Calpe, Madrid, 9.ª ed., 1980; Josep M. Nadal y Modest Prats, *Història de la llengua catalana. 1.: Dels inicis fins al segle XV*, Edicions 62, Barcelona, 1982, pp. 242-250; M. Sanchis, *Aproximació a la història de la llengua catalana*, Salvat, Barcelona, 1980, pp. 61-68; Ramon Sistac, «Prospeccions dialectals en una frontera lingüística: el ribagorçà a la línia Fonts-Peralta de la Sal», en *Butlletí de Dialectologia Nord-Occidental*, 4 (1985), y *El ribagorçà a l'Alta Llitera*, Institut d'Estudis Catalans, Barcelona, 1993; Joan Veny, *Els parlars catalans*, Ed. Moll, Palma de Mallorca, 1982. En nuestro propio libro (citado en n. 1), las páginas 13-17 están dedicadas específicamente al tema que nos ocupa.

10.   Cfr. nuestro *Estudio sociolingüístico*, p. 16 y n. 9.

es, sin duda, muy antigua, basada en algún límite étnico de época prerro-mana.[11]

*La frontera catalano-aragonesa meridional.* En contraposición con el área septentrional, la nitidez de la línea fronteriza, al sur de Tamarite de Litera *(Tamarit)* (reconquistada h. 1145), es consecuencia de la reconquista llevada a cabo desde mediados del siglo XII: las localidades repobladas por catalanes hablan catalán, mientras que pertenecen al dominio lingüístico aragonés las repobladas por aragoneses.[12]

Sin embargo, también en el extremo situado más al sur del trazado fronterizo se hallan ciertas isoglosas entremezcladas. Dicho entrecruzamiento de isoglosas, junto al mayor desconocimiento de la realidad lingüística de ese espacio bajo-aragonés —que no ha recibido la atención prestada al área septentrional—, ha determinado una cierta controversia en torno a la fijación de límites y a la caracterización de algunas variedades autóctonas.[13]

La discusión ha venido motivada por la existencia en el habla de algunas localidades (las situadas en la orilla derecha del río Guadalope, Aguaviva y La Ginebrosa, particularmente) de ciertos rasgos fónicos peculiares en relación con el catalán occidental.[14] Estos hechos llevaron a Hadwiger, en 1905, a atribuir la mezcla de fenómenos dialectales a la fuerte influencia del castellano,[15] y al propio Menéndez Pidal,[16] en 1906, a dudar de la catalanidad del habla de Aguaviva y a incluirla en el dominio lingüístico aragonés. Manuel Sanchís Guarner, sin embargo, mostró, en un excelente trabajo, en 1949, que las peculiaridades lingüísticas de esa microárea fronteriza meridional remiten al catalán preliterario que llevaron los repobladores cristianos en el último tercio del siglo XII, muy probablemente catalanes. La zona de Teruel, en cambio, reconquistada en 1171, y toda la región que se extiende hasta la margen izquierda del Guadalope (Castellote: ligeramente al oeste de Aguaviva), reconquistada a partir de 1194, fueron repobladas por aragoneses:[17] así, las diversas condiciones de la repoblación permitirían explicar el trazado fronterizo.[18]

---

11. *Vid.* R. Menéndez Pidal, *Orígenes*, pp. 467-468; L. Rubio, *Estudio histórico-lingüístico*, pp. 157-158; J. Coromines, «Els noms dels municipis», pp. 49-50; G. Haensch, «Fronteras político-administrativas y fronteras lingüísticas», pp. 12-13.

12. *Vid.* R. Menéndez Pidal, *Reseña*, p. 86 (cfr. nuestro *Estudio sociolingüístico*, p. 18).

13. Cfr. nuestro *Estudio sociolingüístico*, pp. 18-19.

14. Entre ellos destacan, sobre todo, la distinción entre /θ/ (procedente de c⁻ⁱ) ([θíŋk] y no [síŋk], como en cat. gral.) y /s/ (v. gr. [sét]); el tratamiento original, de c⁻ⁱ tras consonante en grupos romances (v. gr. [óⁿdᵊ] vs. cat. gral. *onze* o [dódᵊ] vs. cat. gral. *dotze*), y la diptongación creciente [já], allí donde el catalán occidental y el valenciano ofrecen [ȩ] abierta procedente de Ĕ o Ē, en determinadas circunstancias: por ejemplo, [mjál] vs. cat. gral. *mel*; [pját] vs. cat. gral. *pèl*, etc.

15. I. Hadwiger, «Sprachgrenzen und Grenzmundarten des Valencianischen», en *Zeitschrift für Romanische Philologie*, XXIX (1905), pp. 712-731.

16. R. Menéndez Pidal, «Sobre los límites del valenciano», en *Primer Congrés Internacional de la Llengua Catalana*, pp. 340-344.

17. M. Sanchis, «Noticia del habla de Aguaviva de Aragón», en *Revista de Filología Española*, XXXIII (1949), pp. 15-65. (M. Alvar reseñó el trabajo en el *Archivo de Filología Aragonesa*, III, 1950, pp. 183-186.) *Vid.*, sobre todo, pp. 64-65.

18. El aislamiento de Aguaviva y La Ginebrosa sería un factor determinante, según Sanchis, «Noticia», pp. 63-65, para interpretar la evolución de c⁻ⁱ > θ como un arcaísmo y la diptongación se-

### Áreas lingüísticas

*Dominio septentrional.* En la parte septentrional de la frontera se distinguen áreas de predominio lingüístico aragonés, áreas de transición, y áreas claramente catalanas.[19] Todo el dominio participa, con más o menos intensidad, de los rasgos que caracterizan al ribagorzano, subdialecto del catalán noroccidental que rebasa los límites comarcales de la Ribagorza —algunas de sus peculiaridades penetran hasta el Pallars— y que comparte ciertas características con el aragonés.[20]

Al occidente de esta zona septentrional, se consideran plenamente aragonesas las hablas altorribagorzanas de Bisaurri, Renanué, San Martín y San Feliú,[21] así como las de la Baja Ribagorza occidental que, teniendo como foco principal la localidad de Graus, llegan hasta Perarrúa y Santa Liestra, por el norte; a Estada, Estadilla y Fonz, por el sur, y a Capella, por el este.[22] En La Litera, la localidad de Alíns del Monte se adscribe también al dominio castellano-aragonés, de acuerdo con los datos que aporta Ramon Sistac.[23] Es característica de todas estas hablas la diptongación espontánea, generalizada, de ĕ y ŏ tónicas [djén], [fwén], que marca uno de los límites más claros entre el catalán y el aragonés. Por otra parte, en todas ellas es frecuente también —general, en el bajorribagorzano occidental— la conservación de -o ([fílo], [lóƀo]). Así pues, las hablas de la Baja Ribagorza occidental representan, al oeste, el límite extremo de la banda fronteriza, si

---

cundaria en [ja] de ĕ o ē ([ę]), como un resultado genuino del dialecto local. También Joaquim Rafel ha dedicado varios trabajos, atentos y rigurosos, al Bajo Aragón meridional. Debe destacarse muy especialmente su excelente obra *La lengua catalana fronteriza en el Bajo Aragón meridional. Estudio fonológico*, Universidad de Barcelona, Barcelona, 1981. Se ha producido, de otro lado, alguna confusión entre los estudiosos a propósito de esta zona: nos referimos a la identificación errónea entre *Cañada de Verich* y *Cañada de Benatanduz*, pueblo éste de habla castellana (o castellano-aragonesa) que Griera tomó por el primero (de habla catalana). Para más pormenores, *vid.* nuestro *Estudio sociolingüístico*, p. 19 y n. 14.

19.   Cfr. M. Alvar, «Un problema de lenguas en contacto», pp. 20-21: «Las hablas de la frontera catalano-aragonesa se nos presentan bajo dos tipos muy claros: uno, en el que aparecen rigurosamente separados el catalán y el aragonés; otro, donde las interferencias son muy numerosas.»

20.   Recordemos como rasgo más peculiar del ribagorzano la palatalización del elemento lateral y la conservación de la oclusiva en los grupos PL-, CL-, FL-, BL- y GL- ([plóųre], [kḷót], [fḷáma], [póbḷe], [maŋgḷána]). Coincide, de otra parte, el ribagorzano con el aragonés en el resultado palatal africado sordo [š] para Gᵉ·ⁱ y J, concomitante con la ausencia de -s- sonora [z]; por otro lado, desde el punto de vista morfológico, ambas variedades lingüísticas conservan las terminaciones en -*eba*, e -*iba*, en el imperfecto de indicativo. Para una caracterización del subdialecto ribagorzano, *vid.* J. Veny, *Els parlars*, pp. 142-148.

21.   Son las que G. Haensch incluye en la zona A que distingue en *Las hablas de la Alta Ribagorza*, p. 279.

22.   De las hablas bajorribagorzanas occidentales se ha ocupado, en un excelente libro (en prensa), M.ª L. Arnal (*El habla de la Baja Ribagorza Occidental. Aspectos fónicos y gramaticales*, Instituto de Estudios Altoaragoneses, Huesca). La autora ha dedicado, además, a esa zona, dos artículos ya publicados («Conductas y actitudes lingüísticas en la Baja Ribagorza Occidental (Huesca)», en *Actas del II Congreso Internacional de Historia de la Lengua Española*, Pabellón de España, Madrid, 1992, I, pp. 35-44, y «Hablas bajorribagorzanas», en *Actas del III Curso sobre Lengua y Literatura en Aragón. Siglos XVIII-XX*, Institución Fernando el Católico, Zaragoza, 1994, pp. 287-310).

23.   *El Ribagorçà a L'Alta Llitera. Els parlars de la vall de la Sosa de Peralta*, Institut d'Estudis Catalans, Barcelona, 1993. Sistac identifica tres zonas en el área que estudia: la zona 1 (Peralta y Gabasa —*Gavasa*—) es de filiación plenamente catalana; la zona 2 (Azanuy —*Açanui*— y Calasanz —*Calassanç*—) es, para el autor, de carácter híbrido, y la zona 3 (Alíns del Monte —*Alins*—) está profundamente castellanizada.

bien conservan algunos rasgos catalanes (la palatalización de L- y el perfecto perifrástico) que penetran hasta el valle de Gistáu.[24] En la comarca de La Litera queda plenamente inserta en el dominio castellano-aragonés Binéfar, que desconoce los rasgos catalanes citados y que, como ya indicó puntualmente Manuel Alvar, representa el núcleo fronterizo con un predominio mayor de formas castellano-aragonesas en el vocabulario.[25]

Al este de las áreas delimitadas se localizan hablas diversas de transición. De norte a sur, se distinguen, en primer lugar, las del valle de Benasque, estudiadas por Alvar, Ballarín, Rafel y, más recientemente, por Morant,[26] que presentan una combinación muy interesante de rasgos lingüísticos: de una parte, reflejan los más característicos del subdialecto ribagorzano; de otra, manifiestan resultados propios del castellano-aragonés (la diptongación espontánea, no generalizada pero muy extendida, de ĕ y ŏ tónicas y la conservación de la -o en singular [díđo], [fílo], no en plural) o las terminaciones en [áu̯] y en [íu̯], frente a -at, -it, -ut del catalán: [práu̯], [kremáu̯], etc.; y cuentan también, en fin, con rasgos típicamente catalanes, como la palatalización de L- o el resultado [s] < cᵉ·ⁱ ([síŋk]). (En relación con las terminaciones -as/-es de los plurales femeninos —soluciones que separan el dominio castellano-aragonés del catalán—, las hablas benasquesas ofrecen ambos tipos: al norte —Benasque, Cerler, Sahún—, se dice, v. gr., [dónes], mientras que al sur —Eresué— se recoge [dónas]).[27]

Al sur del Valle de Benasque, y al este de Bisaurri, Günther Haensch localiza el conjunto de hablas altorribagorzanas más propiamente de carácter mixto: los núcleos de Espés, Laspaúles (*Les Paüls*), Abella y Alíns (*Alins*), en la cuenca del río Isábena. Estas variedades no ofrecen ya resultados de diptongación para ĕ y ŏ tónicas y mantienen los rasgos más ca-

24. M.ª L. Arnal distingue, en el interior de las hablas bajorribagorzanas occidentales, ciertas microáreas: son más conservadoras las hablas de Fonz y Estadilla, al sur, así como la de Capella, al este; están más castellanizadas las ubicadas en la margen derecha del Ésera (desde Perarrúa hasta Estada) (remitimos a las conclusiones de su libro, en prensa).

25. *Vid.* M. Alvar, «Catalán y aragonés en las regiones fronterizas», pp. 66-68.

26. M. Alvar, «Léxico de Benasque según el *ALC*», en *Archivo de Filología Aragonesa*, XX, pp. 367-376; Ángel Ballarín, *Vocabulario de Benasque*, Zaragoza, 1971; «El habla de Benasque», en *Revista de Dialectología y Tradiciones Populares*, XX (1974), pp. 99-216; *Elementos de gramática benasquesa*, Zaragoza, 1976, y *Diccionario del Benasqués*, Zaragoza, 1978; J. Rafel, «Sobre el benasqués», en *Actes del Cinquè Col·loqui Internacional de Llengua i Literatura Catalanes*, Publicacions de l'Abadia de Monserrat, 1980, pp. 587-618; Ricard Morant, *Lengua, vida y cultura en el valle de Benasque*, Ediciones Libertarias, Madrid, 1995. Ha de indicarse que en la actualidad se está realizando, bajo la dirección del profesor José M.ª Enguita, una tesis doctoral sobre el benasqués en el Departamento de Lingüística General e Hispánica de Zaragoza.

27. En cuanto a la proporción de voces aragonesas, catalanas, castellanas, etc., en las hablas benasquesas, M. Alvar, en su «Catalán y aragonés en las regiones fronterizas», p. 68, señala un 52,1 % de formas castellano-aragonesas en el recuento de términos que estudia. Conviene recordar las oportunas palabras de J. Coromines («Els noms dels municipis», p. 48) a propósito de las hablas de transición de esta zona fronteriza: «cal reconèixer que dins aquesta zona autènticament mixta tota repartició entre els dos idiomes té alguna cosa de subjectiu o almenys discutible, i que tant el lingüista que volgués atribuir tota aquesta zona mixta al català com el que la posés sencera del costat aragonès, trobarien fàcilment raons per argumentar en un sentit i en l'altre». Por otra parte, acerca de las hablas de transición en los dominios de fronteras lingüísticas, son igualmente pertinentes las reflexiones de Sever Pop (*op. cit.*, pp. 293-294), cuando nos advierte que, en dichas áreas, el punto en el que el dialecto cambia no es siempre aquel en el que cesa un rasgo lingüístico importante: basta a veces que un rasgo sobresaliente pierda parte de su interés o de su frecuencia, o que un rasgo secundario se convierta en preponderante, para modificar el aspecto de la lengua.

racterísticos del ribagorzano (y aquellos que el ribagorzano comparte con el aragonés: principalmente, cuentan con una *s* sorda [s], a diferencia de las hablas orientales más próximas, las de Bonansa y Castanesa, que presentan el resultado más general del catalán, es decir, la [z] sonora).[28]

Siguiendo hacia el sur la cuenca del Isábena se encuentran otros núcleos de carácter mixto (Torre la Ribera —*Torlarribera*—, Merli, Beranúy —*Beranui*—, Serradúy —*Serradui*—, La Puebla de Roda —*La Pobla de Roda*—, Roda de Isábena —*Roda d'Isàvena*—, Güel, etc.) de las que se carece de estudios detallados. En la Baja Ribagorza, Torres del Obispo *(Torres del Bisbe)*, Aler y Juseu *(Jusseu)* presentan muy debilitados algunos rasgos característicos del ribagorzano.[29] En La Litera, Sistac considera hablas de transición las de Azanuy *(Açanui)* y Calasanz *(Calassanç)*, que, aun contando con el sistema vocálico característico del catalán, ofrecen muy frecuentes casos de diptongación de Ĕ y ŏ tónicas.

Esta microárea de transición se distingue de otra, más claramente catalana, representada por las localidades de Peralta y Gabasa *(Gavasa)*. En los dos primeros casos se advierte una frecuencia mucho más alta de diptongaciones de Ĕ y ŏ latinas tónicas y, sobre todo, se da una presencia más acentuada de ciertas características propias del catalán preliterario: la [ę], por ejemplo en [karbonę́] (< *carbonárium*), vinculada a la [ę] < -A, que aparece en otros puntos de La Litera, así como en Castanesa, al norte, y en Maella (en el Bajo Matarraña —*Baix Matarranya*—). Esta [ę] mantiene plena vitalidad en el último núcleo de transición que se ha venido distinguiendo hasta ahora al sur de la zona septentrional fronteriza: San Esteban de Litera *(Sant Esteve de Llitera)*, de cuya habla —como de la de toda La Litera— se ocupa en la actualidad Javier Giralt.[30] Aun manifestándose, en muchos aspectos, como una variedad mixta, el habla de San Esteban —*Sant Esteve*— tiende, para Giralt, hacia una mayor proporción de elementos catalanes.[31]

28.  *Vid.* G. Haensch, *Las hablas de la Alta Ribagorza*, pp. 45-46.

29.  *Vid.* A. Quintana, «Encara més capcirs: els parlars orientals de Sarró (Baixa Ribagorça Occidental)», en *Estudis de Llengua i Literatura Catalanes*, XXVII. *Miscel·lània Jordi Carbonell*, 6, Publicacions de l'Abadia de Montserrat, Barcelona, 1993, pp. 271-308. Para el autor, las hablas de estas localidades, adscritas a un área considerada mixta, presentan, sin embargo, más proporción de elementos catalanes. Cfr. *Aler*, en *Gran Enciclopèdia Catalana*, Enciclopèdia Catalana, Barcelona, 1970, 1, p. 534 (el autor de la entrada es Max Cahner).

30.  Ha llevado a cabo su memoria de licenciatura sobre la morfosintaxis de San Esteban de Litera, y está a punto de terminar su tesis doctoral (que ha ampliado a toda La Litera), bajo la dirección del profesor Enguita en la Universidad de Zaragoza. Para las hablas de La Litera puede verse, además de la obra de R. Sistac ya citada, la de Joaquín Carpi, *El dialecto de Tamarite de Litera*, Ayuntamiento de Tamarite, Huesca, 1981, y Antonio Viudas, *El habla y la cultura populares en La Litera (Huesca). Léxico agrícola*, Instituto de Estudios Ilerdenses, Lérida, 1980.

31.  Con todo, el carácter mixto del habla se aprecia, por ejemplo, en la formación del número de los nombres y adjetivos, para los que el singular, con pérdida de -o ([gát]), propiamente catalán, se corresponde en plural con [θ] ([gáθ]), coincidente con el aragonés (donde -ts > θ, tanto en la flexión nominal como en la conjugación verbal —segunda persona de plural—). Conviene advertir que el resultado /θ/ procedente de cᵉ˙ⁱ (y de TY, KY) no es ajeno a las localidades de la Alta Litera estudiadas por Sistac (Peralta, Gabasa —*Gavasa*—, Azanuy —*Açanui*—, Calasanz —*Calassanç*— y Alíns —*Alins*—), y que también documenta A. Quintana en las hablas de Juseu —*Jusseu*—, Torres del Obispo —*Torres del Bisbe*— y Aler, en la Ribagorza. Dicho resultado —/θ/ < cᵉ˙ⁱ, TY, KY— reaparece también en la parte meridional de la frontera (entre otros lugares, en La Codoñera —*La Codonyera*—, Aguaviva

Al extremo opuesto, oriental, de las hablas que hemos distinguido al comienzo de este apartado, se hallan las variedades incluidas en un área plenamente catalana (la llamada Franja Oriental de Aragón —*Franja d'Aragó*—),[32] las cuales se ajustan al catalán noroccidental (ribagorzano), aun con muchas peculiaridades locales (como es frecuente en las comunidades de frontera) y reflejan, además, algunos elementos occidentales —aragoneses—, de modo análogo a como ciertos rasgos generales del catalán (L > ḷ, por ejemplo), penetran hasta el oeste. Los puntos más septentrionales de estas hablas de filiación catalana se hallarían en la microárea altorribagorzana estudiada por Haensch: Bonansa, Noales *(Noals)*, Benifóns *(Benifons)*, Ardanúy *(Ardanui)*, Castanesa y Fonchanina *(Fontjanina)*, en la cuenca del Noguera Ribagorzana. A pesar del claro predominio de rasgos catalanes que estas hablas ofrecen, todavía en Bonansa se recoge la solución *-as* para la formación de los plurales femeninos.

Quedan asimismo del lado oriental de la frontera septentrional, siempre hacia el sur, Betesa, Pallerol, Sopeira, Arén *(Areny)*, Cajigar *(Queixigar)*, Castigaleu, Montañana *(Montanyana)*, Viacamp y Litera *(Viacamp i Llitera)*, Tolva *(Tolba)* y Benabarre *(Benavarri)* (en Ribagorza), y Estopiñán *(Estopanyà)*, Camporrells, Baells, Baldellou *(Valdellou)*, Alcampel *(El Campell)*, Castillonroy *(Castellonroi)*, Albelda, Tamarite de Litera *(Tamarit de Llitera)* y Altorricón *(El Torricó)*, en La Litera. Tamarite, al este de San Esteban, marca el límite, junto con Altorricón (apenas a 13 km), de la parte septentrional fronteriza y constituye el punto del que parten, hacia el valle del Cinca, los haces compactos de isoglosas característicos del área meridional.

*El área meridional.*    Al sur de Tamarite, la frontera queda a la derecha de la cuenca del Cinca, de manera que son las localidades del Bajo Cinca *(Baix Cinca)* —Zaidín *(Saidí)*, Velilla de Cinca *(Vilella de Cinca)*, Fraga, Torrente de Cinca *(Torrent de Cinca)* y Mequinenza *(Mequinensa)*, ésta en la provincia de Zaragoza— las que reflejan variedades lingüísticas catalanas. Las hablas de esta microárea carecen de estudios parciales actualizados y, por supuesto, de uno de conjunto.[33] Fraga representa el límite extremo meridional de las peculiaridades ribagorzanas, el último punto en el que los grupos PL-, CL-, FL-, BL- y GL- evolucionan a [pḷ, cḷ, fḷ, bḷ, gḷ] ([pḷorá], [kḷáu̯], [fḷó], [bḷáŋk], [r̄égle]).[34] Toda esta microzona muestra resultados catalanes mucho más netos que el dominio septentrional (cᵉ·ⁱ, TY, KY > s; Gᵉ·ⁱ, J > ž y ẑ,

—*Aiguaviva*—, La Ginebrosa) y se considera una solución no ajena al catalán: se interpreta como un fenómeno propio del catalán preliterario en el área ribagorzana: *vid.* J. Veny, *Els parlars*, pp. 144-145.

32.    *Ralla* para Saroïhandy; o *Franja de Ponent*, en algunos textos escritos desde Cataluña.

33.    De 1916 data el trabajo de P. Barnils, «Del català de Fraga», en *Butlletí de Dialectologia Catalana*, IV (1916), pp. 27-45 (reeditado en el *Archivo de Filología Aragonesa*, XLI, 1988, pp. 231-249). (*Vid.* también del mismo autor «Dialectes catalans», en *Butlletí de Dialectologia Catalana*, VII, 1919, pp. 1-10.) Para más bibliografía sobre las hablas de la Franja Oriental de Aragón —estudios sobre los diversos niveles de análisis (fónico, gramatical, léxico) o trabajos sobre toponimia o documentación medieval—, cfr. nuestro *Estudio sociolingüístico*, pp. 23-29.

34.    En encuesta llevada a cabo por nosotros hemos detectado, especialmente en el habla de los jóvenes, cierta tendencia al yeísmo: [pjorá] por [pḷorá], por ejemplo.

etc.); quizá sea Mequinenza la localidad de Aragón que manifiesta una proporción más alta de rasgos generales del catalán occidental.[35]

En el valle bajo del Matarraña, la línea de frontera deja a la derecha a las localidades de Fayón *(Faió)*, Nonaspe *(Nonasp)*, Fabara *(Favara de Matarranya)* y Maella. Las hablas de ese enclave de la provincia de Zaragoza han sido estudiadas por Artur Quintana.[36] Aun tratándose de variedades lingüísticas muy próximas, se detectan, tanto en el plano fónico, como en el morfológico y en el léxico, diferencias notables (lo que, insistimos, es frecuente entre comunidades de habla situadas en los límites de dominios lingüísticos). Maella se destaca como el enclave más peculiar; su habla es la más característica de todas (ya Coromines indicó de ella que es «una illa dialectal»):[37] ofrece la solución de [ę] (para Ĕ tónica y Ĕ átona: [dęu̯], [ibę́rn]; para Ē e Ĭ: [nęu̯]; y para -A: [maélę]). De otra parte, en Maella —más esporádicamente, en Fabara *(Favara)*— se recoge de nuevo la solución africada sorda [š] procedente de Cᵉ·ⁱ, en contraste con Nonaspe *(Nonasp)* y Fayón *(Faió)*, que ofrecen los resultados más genuinamente catalanes [ž] y [ẑ].[38]

El sonido africado sordo -[š]-, concurrente con la presencia de [s] sorda intervocálica (propios del *apitxat*), penetra, al sur de Maella, en la cuenca del Matarraña (en Valjunquera y La Fresneda) y a la derecha de la cuenca del Guadalope (en La Codoñera —*La Codonyera*—, Torrevelilla —*Torrevilella*— y La Ginebrosa). Estas hablas meridionales han sido estudiadas por Sanchis Guarner, Quintana y Rafel.[39]

Es característica de toda esta zona la atracción que ejercen sobre sus hablas las otras variedades catalanas más próximas, en Cataluña o en Valencia. Así, en el Matarraña, Mazaleón *(Massalió)*, y, entre los ríos Matarraña y Algás *(Algars)*, Calaceite *(Calaceit)*, Aréns de Lledó *(Arenys de Lledó)*, Lledó, Cretas *(Cretes)*, Valderrobres *(Vall-de-roures)* y Beceite *(Beseit)* son las localidades más cercanas a la provincia de Tarragona, concretamente al área de Tortosa, en las que el resultado Gᵉ·ⁱ e J > [ž] o [ẑ], resultados que se dan igualmente en los núcleos situados en la cuenca del Tas-

---

35.  A propósito de Mequinenza, en «Catalán y aragonés en las regiones fronterizas», M. Alvar identifica, en el recuento de voces procedentes de la localidad, examinado por él, un 82,3 % de formas catalanas, frente a un 15,2 % de formas aragonesas, y frente a un 2,5 % de formas híbridas (*art. cit.,* p. 68). Y un poco más adelante, al establecer una clasificación sobre el grado de catalanismo de las formas léxicas analizadas en las hablas fronterizas, coloca a Mequinenza en el primer lugar (82,3 %), seguida de Fraga (79,7 %), Calaceite (79,5 %), Maella (77,3 %), Tamarite (65,4 %), Peralta (58,0 %) y Benabarre (55,7 %) (pp. 68 y s.).

36.  «Els parlars del Baix Matarranya», en *Estudis de Llengua i Literatura Catalanes, XIV, Miscel·lània Antoni M. Badia i Margarit*, Publicacions de l'Abadia de Montserrat, Barcelona, 1987, pp. 157-187.

37.  A. Quintana, art. cit., p. 185; J. Coromines, «Els noms dels municipis», p. 105.

38.  Es curioso advertir cómo en dos localidades separadas por apenas 10 kilómetros (Fabara —*Favara*— y Maella) los resultados de -A pueden ser completamente divergentes: frente a la [ę] maellana, Fabara ofrece una solución velar, que produce la impresión de una *a* muy cerrada. Las hablas de las localidades estudiadas por Quintana se singularizan también en las formas pronominales y en la conjugación verbal, particularmente en el presente de subjuntivo (*vid.* pp. 172 y ss.) y, por supuesto, en el léxico, donde los maellanos insisten en lo peculiar de su vocabulario: por ejemplo, dicen [karęnšáls] por [aṛakáɗes] para 'pendientes' (de mujer), etc.

39.  Remitimos a los trabajos, ya citados, de M. Sanchis sobre el habla de Aguaviva, y de J. Rafel sobre la lengua catalana fronteriza en el Bajo Aragón meridional. La monografía de A. Quintana, «El parlar de la Codonyera. Resultats d'unes enquestes», en *Estudis Romànics*, 17 (1976-1980), pp. 1-253, aporta datos valiosos sobre toda el área meridional bajoaragonesa.

tavíns (Ráfales —*Ràfels*—, Fuentespalda —*Fondespatla*—, Monroyo —*Mont-roig de Tastavins*— y Peñarroya de Tastavíns —*Pena-roja*), así como en Torre de Arcas *(Torredarques)*, Fórnoles *(Fórnols)* y La Portellada.[40] Se destacan, en fin, del conjunto las hablas localizadas más hacia la cuenca del Guadalope, en torno a la del Mezquín, donde las variedades de Aguaviva y La Ginebrosa (pero también, en parte, las de La Codoñera, Belmonte de San José —*Bellmunt*—, Torrevelilla, La Cañada de Verich —*La Canyada de Veric*— y La Cerollera —*La Sorollera*—) reflejan rasgos más arcaizantes. Algunas soluciones características de Aguaviva y La Ginebrosa llegan parcialmente a las otras localidades ($c^{e,i} > \theta$, hasta Torrevelilla y La Codoñera —no en Belmonte de San José, La Cañada, La Cerollera ni en Torre de Arcas—, y el diptongo [ja] < [ę] se recoge igualmente en La Cañada de Verich, Belmonte de San José, Torrevelilla, La Codoñera, y hasta en Valjunquera).

## Aspectos sociolingüísticos

Como todos los dominios de lenguas en contacto, la frontera lingüística catalano-aragonesa es un área especialmente interesante también desde el punto de vista sociolingüístico. En muchos de los trabajos que hemos citado, los autores aluden a menudo a cuestiones de esta índole.[41]

En todo el dominio fronterizo (entendido en toda su amplitud) se da una situación de diglosia funcional (o de bilingüismo social), en la que las variedades vernáculas constituyen el vehículo de expresión oral, familiar y más representativo de la vida cotidiana intracomunitaria, mientras que el castellano es la lengua que se utiliza en la expresión escrita (así como en ciertos ámbitos específicos: sobre todo, en la asistencia sanitaria y en la iglesia). Los rasgos más sintomáticos de las creencias y actitudes de los hablantes aragoneses de toda esta zona de frontera pueden sintetizarse así: una fuerte conciencia de identidad aragonesa; lealtad hacia la manifestación oral de las hablas vernáculas; reticencias a dejar de emplear el castellano en la escritura y en las situaciones de comunicación más elaborada; prevención hacia las actitudes del resto de los aragoneses no catalanohablantes; tendencia a evitar el término *catalán* para designar el habla propia (se prefieren denominaciones locales —*tamarità, fragatí, maellà*, etc.— o, incluso, variantes del término lematizado *chapurreado* —*xapurriat, xampurreat, chapurriau*—, etc.); oposición mayoritaria tanto a una enseñanza obligatoria del catalán como a la cooficialidad de esta lengua con el caste-

40.   La solución [ž] se da también en Aguaviva, en contraste con las hablas de los pueblos que le quedan más próximos (*vid.* M. Sanchís, «Noticia», p. 38).

41.   Así, M. Alvar, «Un problema de lenguas en contacto», pp. 9 y ss.; G. Haensch, *Las hablas de la Alta Ribagorza*, p. 42, y en «Els parlars catalans d'Areny y de la Ribera de Cornudella», en *Miscel·lània Aramon i Serra. Estudis de llengua i literatura catalanes oferts a R. Aramon i Serra en el seu setantè aniversari*, II, Publicacions de l'Abadia de Montserrat, 1980 (pp. 219-229), p. 229; A. Quintana, «La Codonyera», p. 6, y «Els parlars del Baix Matarranya», pp. 153-154; J. Rafel, *La lengua catalana*, p. 31. En cuanto a los trabajos de M.ª L. Arnal sobre aspectos sociolingüísticos, cfr. n. 22; *vid.* además J. Giralt, «Creencias y actitudes sociolingüísticas en Azanuy», en *Actas del III Congreso Internacional de Historia de la Lengua Española*, Salamanca, 1995, pp. 1069-1080. Desde los primeros trabajos de Saroïhandy (1906) y Griera (1914) se ha prestado atención a cuestiones sociolingüísticas.

llano. Todos estos datos se matizan, naturalmente, en función de las variables sociales biológicas (sexo y edad) y culturales (niveles de instrucción).[42]

A raíz de los cambios políticos ocurridos en España, a partir de 1975, y muy particularmente entre 1985 y 1987, se inició un debate sobre la introducción del catalán en el área catalanohablante aragonesa.[43] En la actualidad, el Estatuto de Autonomía de Aragón, en sus artículos 7 y 35, se compromete a la protección de las modalidades lingüísticas de la Comunidad Autónoma, y, de otro lado, la Resolución del Ministerio de Educación y Ciencia del 18 de julio de 1984 regula la impartición de la lengua catalana, con carácter voluntario, en numerosos centros de enseñanza (primaria y secundaria) de la Franja Oriental de Aragón (en la Universidad de Zaragoza, las materias del área de Filología Catalana se enseñan desde 1985). Esta situación está siendo revisada, y en la modificación del Estatuto de Autonomía de Aragón se prevé un reconocimiento jurídico más explícito para las variedades del catalán de Aragón.

En cualquier caso, en el ámbito de la sociedad civil, hemos podido detectar personalmente, a través de la encuesta directa, que, desde las palabras de Saroïhandy en 1906, referidas a las gentes de la frontera catalano-aragonesa —«la gent s'avergonya de parlar el seu dialecte. És molt lleig, molt *fiero*, com diuen ells, y tots se van al castellà que declaren ser la millor de les llengües» (art. cit., p. 333)—, algo esencial ha cambiado y algo también esencial permanece: las variedades autóctonas gozan de una valoración más prestigiosa y, al mismo tiempo, el castellano convive con ellas como la lengua común que enlaza a la Franja Oriental con el resto de Aragón.[44]

42.   Cfr. *Estudio sociolingüístico*, pp. 125-134. Nuestra encuesta abarca las 61 localidades incluidas claramente en el dominio catalán de la frontera catalano-aragonesa, y analiza una muestra estratificada (de acuerdo con las variables señaladas), representativa y proporcional, que incluye a 520 informantes (véase el capítulo 2 de nuestro libro).

43.   *Vid.* José Ramón Bada, *El debat del català a l'Aragó*, Edicions del Migdia, Calaceit, 1990. Cfr. también nuestro *Estudio sociolingüístico*, pp. 29-35 y el capítulo 4.

44.   Cfr. nuestro libro, pp. 36 y s. Para las referencias bibliográficas atingentes a cuestiones relacionadas con los temas de política y planificación lingüísticas en Aragón, *vid.* nuestro *Estudio sociolingüístico*, pp. 33-35 y las nn. 33-36, así como el capítulo 4 de la obra. *Vid.* también —contiene reflexiones sobre la posible política lingüística en el marco de la Comunidad Autónoma aragonesa— M. Alvar, «Modalidades lingüísticas aragonesas», en *Lenguas peninsulares y proyección hispánica*, Fundación Friedrich Ebert-Instituto de Cooperación Iberoamericana, Madrid, 1986, pp. 133-141 (sobre todo, pp. 137-138 y 140-141).

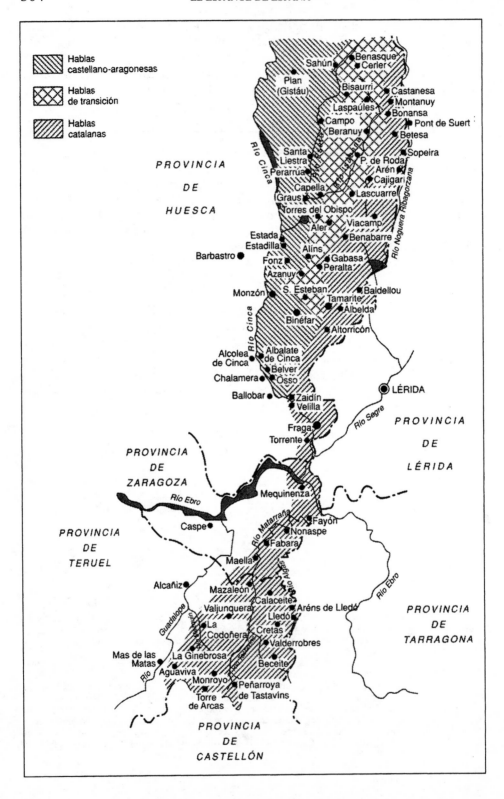

# NAVARRO

por Fernando González Ollé

## Diferenciación dialectal y Dialectología

Por vez primera en un manual de dialectología tiene entrada el *navarro*.[1] La novedad aconseja aducir una breve justificación.

La precaria atención merecida suele situarse bajo *navarroaragonés* o *navarro-aragonés*. Menéndez-Pidal, *Orígenes del español* (1950[3]), en el capítulo «Región navarro-aragonesa» inserta los epígrafes «Dialecto aragonés, el ribagorzano» y «El riojano»; ninguno dedicado al *navarro*. Esta postura hubo de influir decisivamente a favor de la designación compuesta.

Otros casos de individuación dialectológica han dependido de la existencia de divisiones políticas medievales o por su continuación como regiones tradicionales o administrativas. Ni siquiera ha servido esta razón para el caso presente, pues apenas se menciona el *dialecto navarro*, pese a haberse mantenido la entidad *Navarra*.[2]

El motivo de la omisión del *navarro* radica, a mi parecer, en el desconocimiento de su existencia, es decir, de una variedad dialectal diferenciada. De ahí la falta de un nombre específico, cuando, en realidad, lo difícil era justificar el de *navarroaragonés* en estudios atinentes sólo al espacio aragonés, sin información de Navarra, cuya parca bibliografía ofrecía escaso vuelo. No deja de ser revelador que *Orígenes del español* no presente documentos de aquel reino. Sin duda, por la escasez, tardía y parcialmente paliada, de fuentes publicadas.

Hace veinticinco años, al percibir (González Ollé, 1970*a*) la situación descrita y, por consiguiente, advertir que la equiparación nominal entre el

---

1. El de García de Diego (1946) no llega a media docena de menciones sobre Navarra en el capítulo *Aragonés*. En 1959,[2] epígrafe *Navarro*, le dedica una página escasa, donde, paradójicamente, afirma su coincidencia global con el aragonés. Añade unas voces vascas, e interpreta confusa, si no erróneamente, las grafías características. Análogo trato muestra el de Zamora Vicente (1967)[2], si bien consigna la diferencia «entre ambos dialectos, navarro y aragonés» (231), acerca de -D- intervocálica, y de que el «navarro antiguo» (237) conserva el grupo -MB-.
2. Este nombre «corresponde a un antiguo reino independiente, un estado medieval coronado por la institución monárquica desde períodos oscuros de la Edad Media hasta comienzos del siglo XVI, estado que tuvo fronteras distintas según las épocas, pero que, al fin, vino a reducirse a los límites de la actual provincia»: J. Caro Baroja, *Etnografía histórica de Navarra*, Pamplona, 1971, I, 27.

habla medieval de Navarra y la de Aragón resultaba en buena parte aprio-
rística, surgió el propósito de ver si podía mantenerse. El paso indispensa-
ble para averiguarlo consistía en examinar la primera para saber si se identificaba o no con la segunda.

Desde entonces, monografías dedicadas a aquélla y, después, exposiciones de conjunto han revelado hechos diferenciales que garantizaban mi
propuesta[3] de la peculiaridad navarra. Consecuencia de dichas investigaciones ha sido una amplia aceptación de la realidad del *navarro*,[4] con esta
denominación,[5] acreditada por numerosos testimonios.

Confirmado mi planteamiento inicial, admito sin esfuerzo que, con visión más integradora,[6] cabe mantener *navarroaragonés*, pues, dentro del espacio geográfico pertinente, las coincidencias son considerables. Representa el caso inverso el hecho de que, por razones de orden histórico y geopolítico, no suela ponerse en entredicho (sí, por ejemplo, García de Diego, en
el capítulo «Pirenaico» de su citado manual) que la denominación arago-

---

3. Ésta contó con la inmediata adhesión de Michelena, quien se apresuró a denunciar con insistencia su injustificado olvido. Así, en «Notas sobre las lenguas de la Navarra medieval», en *Homenaje a D. José Esteban Uranga*, Pamplona, 1971, 201-214: «El romance navarro está al parecer incluido, sin mayor razón que lo justifique, en esa familia de hechos raros y curiosos cuyo conocimiento es
patrimonio exclusivo de un corto grupo de iniciados. No es mucho más popular que el cario», y en
*FLV*, 1984, 16, 194: «El romance navarro, de cuya existencia no se han enterado todavía hasta algunos historiadores.»

4. A riesgo de indebidas omisiones, algunos testimonios inequívocos. Sobre mi tesis (1970a)
opinaba J. Allières, «Langues et parlers», en F. Taillefer, *Les Pyrénées*, Toulouse, 1974, 457: «Le 'roman navarrais' ('romance navarro') qui se distingue clairement du précédent [castellano] en se rap-
prochant de l'aragonais mais sans se confondre avec lui.» J. A. Frago, «El problema de las asimilaciones iberorrománicas del tipo -MB- > -m-...», *Via Domitia*, 1978, 20, 49, sitúa «el aragonés, de un
lado, y los romances navarro o riojano, de otro lado». M. G. Littlefield, «The Riojan provenience of
Escorial Biblical Manuscript I-j-8», RPh, 1977, 225-234, reconoce la autonomía del navarro al cotejar
los *Documentos lingüísticos del Alto Aragón*, de T. Navarro Tomás, con mi colección de *Textos lingüísticos navarros* («Navarra versus Aragón»).

Para J. Neira, «Lenguas y áreas lingüísticas peninsulares. El proceso de su constitución», *Archivum*, 1981, 32, 607, «González Ollé ha demostrado la existencia de un romance navarro, en el que están escritos los textos medievales nacidos del latín de Navarra». Según R. Cano Aguilar, *El español a
través de los tiempos*, Madrid, 1988, 58, «de hecho, para muchos filólogos, navarro, riojano y aragonés
constituían una única entidad lingüística (opinión hoy desechada)». También M. T. Echenique [rese-
ña], *ASFV*, 1989, 23, 957, estima navarro y aragonés «como entidades distintas desde su comienzo [...]
dando así cabida a la tesis sólidamente sustentada por González Ollé». Asimismo, M. Porcar, «Los esquemas verbales hipotéticos en textos notariales (ss. XIII-XV). Diferencias y similitudes entre navarro y
aragonés», *PV*, 1991, 52, 226: «En los últimos años se ha visto la necesidad de tratar con mayor cautela la denominación compuesta del dialecto, dado que, pese a los muchos rasgos compartidos, el navarro presenta soluciones lingüísticas individualizadoras.»

Probablemente quien más ha utilizado *Navarrese*, incluso diferenciado de *Navarro-aragonese* (sin
expreso contraste de ambos, en cuanto he alcanzado a ver), es Y. Malkiel, en diversos estudios.

5. Como *romance navarro* ha alcanzado notable difusión que parece repetir mi uso inicial
(1970a), declaro su ventaja de evitar, en especial para el espacio navarro, confusiones con los dialectos vascos cuya compleja denominación lleva el constituyente *navarro*. Al menos, éstos: *alto navarro
septentrional, alto navarro meridional, bajo navarro occidental, bajo navarro oriental*; pero también, indicación genérica. De Roncal se advertía hacia 1800: *Ya no se predica en bascuence; y aun el que usaban antes era enteramente distinto del* bascuence navarro.

6. En cuyo caso procedería incluir también el riojano. Para Y. Malkiel, «Range of Variation as
a Clue to Dating (I)», *RPh*, 1968, 21, 488, «The Riojan formed part of Old Navarrese». Un completo
análisis de las influencias concurrentes, en M. Alvar, *El dialecto riojano*, Madrid, 1976: Si el *Fuero de
Viguera* «pertenece al dialecto navarro» (34), «Castilla acabó imponiendo su lengua», frente a presión
de Navarra y Aragón (81). M. Torreblanca, «Sobre la antigua frontera lingüística castellano-navarra»,
*JHPh*, 1985, 9, 105-119, acentúa la habitual subdivisión, vinculando el riojano alto con Burgos; el bajo,
con Navarra.

nés englobe la variedad más relevante del conjunto, la propia del territorio altoaragonés. No me corresponde aquí parcelar el espacio entre castellano y catalán. Pero, tras reconocer que depende del criterio adoptado, quiero detenerme brevemente en este asunto.

La división dialectal española, consecuencia bien sabida de la Reconquista, adopta una disposición norte-sur, a veces exagerada por prejuicios extralingüísticos. Un examen más consecuente debe llevar, si es preciso, a una reorganización despojada de dichas adherencias. Existe suficiente bibliografía para vislumbrar que, en el caso presente, la región vertebrada por el Ebro en su tramo riojano, navarro y aragonés se vislumbra como sucesora de la hasta ahora establecida. Pese a no dedicarse a ella, atiendo a un estudio[7] que, tras cotejar «textos redactados al norte de la geografía regional» con otros de «localización más meridional», observa la «diversificación dialectal entre ambas áreas». Aun pareciendo oponerse a mi postura, no dudo en añadir una apostilla: la segunda ofrece numerosas coincidencias con el navarro. El dato apoya la (sub)división horizontal.

Quizá una esquemática comparación ayude a comprender mi criterio abierto. La constitución del ámbito observado guarda, a mi parecer, gran similitud formal con el situado entre castellano y portugués: al *gallegoleonés*, *leonés oriental*, *leonés central* y *leonés oriental* corresponderían, respectivamente, la franja catalanoaragonesa, el alto aragonés y el navarro con el riojano. Pero sobre esta subclasificación de Menéndez Pidal ha ido ganando adeptos la admisión del *asturiano*, variedad comprensiva de casi toda Asturias, para cuyo territorio aquella división sólo admitía como modalidad exclusiva el bable central.

Tras estas reflexiones, debo sentar que mi punto de partida —resultado de anteriores análisis (González Ollé, 1983)— es la consideración del navarro como dialecto de transición entre el aragonés y el castellano. A lo largo del estudio quedará precisada tal interpretación. Anticipo que, contra lo normal, entiendo esa condición como característica más histórica que espacial.

## El sentimiento idiomático medieval y su pérdida

A la falta de fuentes documentales he atribuido antes la marginación en que hasta hace poco yacía el navarro. Probablemente hay una causa más profunda: su pronta desaparición y el olvido de su existencia en la misma Navarra.

El navarro desapareció con rapidez a comienzos del siglo XVI, según mostré hace años (González Ollé, 1983),[8] igualado, más que sustituido, con

---

7. J. M. Enguita y V. Lagüens, «El dialecto aragonés a través de algunos documentos notariales del siglo XIII: una posible interpretación de variantes», *Aragón en la Edad Media*, 1989, 8, 383-397.
8. Según J. A. Frago, «El andaluz en la formación del español americano», *I Simposio de Filología Iberoamericana*, Sevilla, 1990, 85*n*18, «a cualquier conocedor de la dialectología hispánica no se le escapa que mucho antes del siglo XVI el romance navarro había dejado de existir».

el castellano, en virtud de un proceso de convergencia.[9] Así surge la temprana falsa creencia (cuyas resonancias llegan hasta hoy), difundida incluso por eruditos locales, de que Navarra hablaba *castellano antiguo* (González Ollé, 1970*a*). Carente, pues, de señas propias, el interés o apego hacia él quedaban muy amenguados. De ahí la desatención, fomentada además, posteriormente, por la inicial terminología de *navarroaragonés*. La práctica ausencia, entrado ya el siglo presente, de filólogos navarros enraizados en su tierra[10] explica que la preterición se prolongase.

La historia del navarro ha sido muy distinta de la vivida por el aragonés. Éste se ha mantenido con notable vigencia en muchos ámbitos rurales durante la edad moderna, y no me estoy refiriendo sólo al alto aragonés. Sobre esa base se ha elaborado de modo ininterrumpido una literatura (seudo)popular, que incluso hoy toma nuevos bríos. La recuerdo aquí sólo para advertir que nada similar ocurrió en Navarra, donde ni los autores posrrománticos (Navarro Villoslada, Olóriz, Campión, Iturralde), muy atentos a las tradiciones míticas y heroicas de Navarra, no prestan atención a los precedentes románicos (el vascuence, aunque tarde y para pocos, ofrecía un ascendiente más original). Sólo entrado el siglo presente se componen, escasos en número y calidad, algunos cuadros costumbristas, narraciones breves (mención expresa de los principales, en González Ollé, 1970*a*), etc., interesados en reflejar el habla rural, castellano vulgar en su fonética, con aditamentos léxicos locales.

No hace falta avanzar tanto para mostrar la extinción del dialecto navarro. En el siglo XVI se moderniza una refundición del *Fuero* (Saralegui, 1988), y justas literarias de Pamplona, 1609 y 1610, admiten poesías en castellano, vascuence, latín y —para *lo burlesco*— portugués y vizcaíno (González Ollé, 1970*a*). Del navarro no queda ni el recuerdo.

Sorprende, en cambio, la vivencia idiomática manifestada reiteradamente en la sociedad medieval, de la que refiero algunos casos notables.

Las dos redacciones protosistemáticas del *Fuero General de Navarra* (cabe remontarlas a 1237) contemplan exigencias legales para el supuesto de que *fuesse Rey ome d'otra tierra o de estranio logar o de* estranio lenguage (serie A; casi idéntica, B). *Estranio*, 'ajeno', cobra sentido en relación con la lengua del propio fuero; naturalmente, el navarro.

Dos episodios de cómo se atendía la previsión. Con ocasión del juramento que Felipe III y su esposa Juana (Juana II, al enviudar), de la casa de Evreux, hubieron de prestar para ser proclamados reyes, el acta (1329) refiere que procedieron *exprimiendo de lures bocas las palabras que siguen*, palabras que, como las recién citadas, corresponden al navarro. Ese mismo

---

9.   R. Lapesa, «Sobre el uso de modos y tiempos en subordinaciones de acción futura o contingente», *Symboloe Ludovico Mitxelena ... oblatae*, Vitoria, 1985, 688, acepta «la evolución del romance navarro» como «convergencia con la del castellano». Según Neira, para quien el navarro pierde la *f-* inicial, al extenderse varió por influjo vasco; es decir, «el castellano no se ha difundido a costa del navarro, sino que se ha confundido con él» (272). Si bien luego indica la relación inversa, consecuencia de «evolución autóctona», a lo cual asiento; no así a las primeras afirmaciones.

10.   Excepción ilustre hubiera sido Amado Alonso, de haberse dado tal circunstancia. Aunque en sus estudios se lee alguna vez *el navarro* (más *en Navarra*), predomina *navarro-aragonés*.

año las Cortes. de Olite deciden que de sus acuerdos se redacten *publicos instrumentes* [...] *en lengoaje françés* [...] *a fin que los dichos Seynnores Rey e Reyna los entendiessen. Et que cada uno ovies uno en frances e otro* en lengoaje de Navarra. Los Reyes estaban incursos, era presumible, en desconocimiento del *lengoage de Navarra* (lo corrobora la copia del *Fuero de Jaca* hecha en 1344 *pro Domina Regina* [Juana II] *in ydiomate Navarre, dimittendo totidem spacium in libro pro trasferendo dictos foros in ydioma gallicanum*). Pero, al haber jurado en él, una *fictio iuris* salvaba la legalidad.

En Carlos II concurría la misma ignorancia de sus padres: para su coronación (1350) se valió de análogo recurso. El acta oportuna alude a *quadam scedula scripta* in ydiomate terre, *prius palam et publice alta uoce per Pascasium Petri de Sangossa, notarium infrascriptum, lecta*. La diferencia queda patente desde las primeras palabras del rey: *Nos, Karlos, por la gracia de Dios Rey de Navarra et Conde d'Evreux, juramos a nuestro pueblo de Navarra* [...] *todos lures fueros*.

La coronación (1390) de Carlos III, sin éste necesitar la ficción, prueba que el uso idiomático cumplía una función. El texto del acta, comparado con el antes transcrito, revela mejor la modalidad lingüística del juramento: *In ydiomate Navarre terre*. La secuencia latina se interrumpe en varios pasajes para recoger literalmente, tras el del rey, los juramentos, asimismo en romance navarro, de nobles, procuradores de villas, etc., valioso testimonio de su difusión social y territorial.

## Origen del romance navarro

La romanización de buena parte del territorio navarro es un fenómeno cuya extensión e intensidad cada vez se muestran mayores, a la luz de las excavaciones y de la toponimia.

La actual Ribera del Ebro, al comenzar la conquista, estaba ocupada por pobladores celtas. Merced a esta circunstancia, la latinización de toda la zona meridional pudo haberse efectuado de forma rápida, dada la afinidad entre celta y latín. Siguiendo el curso del río pasaba la vía de Tarragona a Astorga, mientras el territorio navarro era casi diagonalmente atravesado por la de Burdeos a Astorga, con *mansiones* en Pamplona, Roncesvalles, etc. De vías secundarias, quedan numerosos miliarios (Eslava, Santacara, Gallipienzo, etc.).

El año 75 a.C., Pompeyo acampó junto a la vascona Iruña, pero no está probado que a él deba su nombre el núcleo urbano de *Pompelon*, allí situado según Estrabón, aunque no se dude de su localización ni de su organización romana, y del año 50 a.C. es el primero de los cinco niveles romanos excavados en la ciudad. Sus aledaños presentan topónimos de origen latino (*Tajonar, Labiano, Góngora,* etc., algunos adaptados a la fonética vasca), aunque sobre su antigüedad remota no quepa pronunciarse. A las noticias sobre florecientes núcleos urbanos (Cascante, *municipium* en los primeros años de la era, acuña moneda con la efigie de Tiberio) hay que añadir grandes obras públicas muy diseminadas: Lodosa (acueducto); Andelos (embalse); Lanz (minería, exportada por el Cantábrico). También, una larga nómina de entidades menores *(villa, fundus)*, que por sus restos y epónimos (*Barbatáin, Burutáin, Guenduláin, Marcaláin*, etc., con impronta asimismo del vascuence) denuncian un amplio asentamiento. El apelativo *cendea*, subsistente todavía como entidad administrativa, bien puede proceder de CENTENA.

Existe, pues, una sólida base para fundamentar la aparición de una lengua románica: era preciso mostrarlo, por la continuada presencia del vasco. Hasta el punto de haberse supuesto una recuperación territorial de los vascones al debilitarse el Imperio en su última época, tras un retroceso inicial ante los romanos. Pero no es fácil aceptar ni uno ni otro movimiento.

Con excepción de la zona ribereña (§ 7), el romance navarro nace en un medio vascohablante, en él se desarrolla y, a través de él, a su costa, se difunde social y localmente: situación primigenia común con el castellano, al menos en parte, según se conciba para éste, indudablemente para el navarro, donde la coexistencia —no ya la relación del adstrato— se ha mantenido (en variable grado, según las zonas), circunstancia que introduce un factor diferencial en el cotejo. De ahí la exigencia de justificar, aun brevemente, la eclosión del romance.

Sin rechazar la posibilidad de varios focos iniciales, aduje en su día (González Ollé, 1970a) diversos argumentos a favor de un principal centro originario. Sigo pensando en el Tramo medio del Aragón, comarca de Tiermas, Yesa, Javier, Sangüesa, Lumbier, Aibar y, especialmente, en el Monasterio de Leire.[11]

Hasta bien entrado el siglo IX, los caudillos pirenaicos iniciadores del reino de Pamplona habían sufrido ataques o tolerado onerosos *protectorados* tanto de francos como de árabes (ambos ocuparon la ciudad en diversos momentos). Permítaseme resumir así la complejidad política y militar (alianzas hechas, deshechas y rehechas, rebeliones, guerras y paces, etc., de dos siglos complejos y oscuros), con sus naturales contactos lingüísticos, reflejados en la antroponimia: coexisten nombres vascos, romanos, visigodos y árabes, a veces unidos dos dispares en un mismo individuo. Hasta el siglo IX y durante parte de él son miembros de la familia Arista, procedentes del NE, quienes suelen ostentar en Pamplona (con su prestigio de la época visigoda) el poder político, atento a la defensa de la *Navarra nuclear*.

Por el contrario, con una impresionante expansión territorial, el reinado de Sancho Garcés I (905-925), de la dinastía Jimena, procedente de la región antes señalada, inaugura una nueva época. Primero alcanza el Ebro; luego, unido a Ordoño II de León, conquista Arnedo y Calahorra, para ganar Nájera en 923 (Estella se funda casi dos siglos después), con decisiva repercusión lingüística.

Aunque las alianzas familiares y políticas con la monarquía asturiana venían de tiempo atrás, nunca tan estrechas y prolongadas como ahora. La

---

11.  Mi propuesta inicial (1970a) ha sido aceptada en estudios de conjunto, últimamente por Saralegui (1992) y Hilty (1995).

comunicación entre los aliados había de decantarse, dado el marco de los demás núcleos cristianos (Sancho Garcés I interviene también en Aragón), a favor del romance, aun en el supuesto de que no fuese ya lengua habitual entre los navarros del NE. Además, atravesada una amplia franja vascohablante en buena parte, hubieron de encontrarse necesariamente con el romance autóctono de Rioja. Así se consolidaría entre los conquistadores, si, repito, no lo estaba, el empleo del suyo (con la consiguiente nivelación), pues la Corte se asentó en Nájera.

Como factor preciso, el peso cultural de los monasterios riojanos (en sentido inverso, § 9). Respecto de San Millán existen indicios suficientes para retrotraer su origen a la época visigoda, sin haberse interrumpido nunca su actividad. Por su parte, Sancho Garcés funda enseguida, 925, el de San Martín de Albelda, otro poderoso centro de influencia religiosa, cultural y social. Los códices riojanos —textos y miniaturas— vinculan con los monarcas visigodos a los navarros, que participan del sentimiento neogótico, a veces presentado como exclusivo de la dinastía asturleonesa.

El contacto con Rioja posiblemente no hizo, a lo sumo, sino consolidar, como he dicho, una situación idiomática previa, vigente, pero minoritaria, en el espacio originario de los Jimenos. Del año 848 consta la presencia de san Eulogio, según propia declaración, en Leire (y en otros monasterios próximos). Allí disfrutó con la consulta de numerosas obras latinas, paganas y cristianas, que a él, una de las figuras más cultas de la ilustrada mozarabía cordobesa, le eran desconocidas (González Ollé, 1970a). No se ha dilucidado el origen de estos centros, quizá surgidos de una inmigración ante la presión árabe, es decir, de refugiados visigodos, cuya tradición marca su carácter latino-románico. Inmediata prueba de esta hipótesis es la antroponimia germánica: *Atilano, Odoario, Wilgesindo,* etc., de algunos monjes. Sobre el romance suministran otra excelente prueba los compuestos del verbo + sustantivo atestiguados desde 1048: *Catamesas, Deusaiuda, Rompesacos, Tullebingas,* etc.

Los documentos legerenses comienzan en el año 842 (dudosa la autenticidad de éste) y no cesan durante los siglos siguientes. Ellos diferencian en forma expresa la lengua del *scriptor* de la propia de su entorno: *Montem qui dicebatur* rustico vocabulo *Ataburu* (1045). —*In loco quod dicitur de* Basconea lingua *Mussiturria* (1059).— *In loco quem* Bascones uocant *Ygurai Mendico* (1085).— Etc.[12] El topónimo se interpreta en: *Loco qui dicitur Arbea,* id est, *petra super petram* (1104). Ahora bien, la toponimia vasca revela la diptongación románica: *Javier, Navascués, Sangüesa,* etc., en esa zona. Muy próxima a ella se encuentra el *Romanzado,* nombre revelador de su vi-

---

12.  Frente a esta dualidad lingüística, un documento contemporáneo (h. 1067) del Monasterio de Irache, abierto ya hacia el Ebro, consigna: *Saltum subtus Aratone* [...] *quod* uulgo dicitur *Salto Roio,* indicación que sólo aprecia dos registros de una misma lengua.

Otro (1074), de Sancho Garcés IV, recoge una triple variedad: *Soto uno que* dicitur a rrusticis *Aker Çaltua.* Nos possumus dicere *Saltus Ircorum* (interlineado, con letra coetánea: *Soto de Ueko*). Díaz y Díaz supone que se escribió en Nájera. Por mi parte, atribuyo su peculiaridad —similar a las *Glosas Emilianenses*— al hecho de afectar su contenido a una zona vascohablante.

cisitud lingüística, confirmada por el de su principal núcleo, *Domeño* (desde 1044 hasta el presente)[13] < DOMINIUM.

La relevancia de Leire se manifestó en el ámbito religioso y político: es el monasterio de la familia real, recibe copiosas donaciones de ella, en particular durante el siglo XI los obispos de Pamplona ostentan el título de abades y algunos están también al frente de la cancillería real, etc., circunstancias propicias a repercusiones lingüísticas. Encierra gran interés que en Leire, en 976, se redactase un *Libellus* para adaptar la Regla benedictina a un cenobio femenino de Nájera.

En otro aspecto, la zona examinada era paso obligado a la trashumancia ganadera (mantenida hoy) desde los Pirineos hasta cerca de Tudela, como también para las almadías (cesaron en 1942) que desde aquéllos descendían por el Aragón a Zaragoza o más allá. El alto en Leire, Sangüesa, etcétera, suponía para los vascohablantes el primer contacto con una lengua diversa, que luego, en su destino, les resultaría útil o necesaria. Los montañeses acabarían siendo no meros receptores sino difusores del romance en sus valles pirenaicos. Así lo atestigua Bonaparte en 1872 (pudo haberse producido mucho antes): los hombres de Aézcoa, Salazar y Roncal hablaban entre sí tanto vascuence como romance; las mujeres solían desconocer este último, si bien en determinados pueblos (Uscarrés, ya en 1866) era la única lengua, cuando al sur de Pamplona perduraban focos vascohablantes.

He referido testimonios precisos y significativos de la irradiación del romance. Pero ese proceso no admite comparación cuantitativa con su difusión en toda Navarra, por causas diversas, quizá la primera el carácter itinerante de la Corte, que la tenía como propia.

### Caracterización del navarro

Los primeros documentos presentan el navarro más próximo al aragonés que al castellano. Sin embargo, por su mayor o más rápida evolución se va separando del aragonés y en esa misma medida coincide con el castellano. No descarto la influencia directa que haya podido sufrir de éste, como cualquier dialecto hispánico. Pero, según anticipé, se produce un desarrollo convergente (González Ollé, 1983) en cuanto que la identificación obedece a consumarse los mismos procesos experimentados antes por el castellano. El conocimiento actual del navarro no permite ya estimar *excepciones* (propias de la inicial visión unitaria navarroaragonesa) a las primeras y sucesivas apariciones de ciertos fenómenos. En lo que sigue, atiendo casi exclusivamente a los que ayudan a caracterizar al navarro entre los dialectos circundantes.

Grafías exclusivas del navarro son *quoa* [kwa] y *guoa* [gwa], con algunas variantes (*qoa, goa,* etc.), a veces inadecuadamente considerada su pe-

---

13.  Más: según una inscripción de 187 d.C., Sempronio Taurino, de Domeño, era ciudadano romano.

culiaridad más representativa, siendo así que no representan ningún fonema excepcional. Pueden constituir, no más, un indicio sobre la procedencia de un texto, como *yll* (*ill*, *il*, etc.) para palatal lateral, *ynn* (*inn*, *in*, etc.) para la nasal. Es frecuente la dentoalveolar africada sorda [ŝ] sin cedilla, *c*, ante cualquier vocal.

El navarro conoció variantes en la diptongación de E > *je*, O > *we*, apenas en apelativos, más en topónimos: *portiallu* (1043), *duanna* (1072), *fuoia* (1156), *Aparduás* ~ *Apardués*, *Arduasse* ~ *Ardués*, *Guosa* ~ *Buesa*, *Navascuoese* ~ *Navascués*, etc., en parca escala como el castellano. También la pronta fijación de las soluciones *je*, *we* se acercan más a éste que al aragonés, con el que coincide en conservar -*iello*, durante toda la época medieval. Como coincide asimismo en la menor influencia de la yod sobre la diptongación: *fueylla*, *huey*, *nueit*, *pueyo*, *tiengo*, *ueyllo*.

Diferencia relevante con el aragonés es la persistencia de la vocal final no absoluta, que reduce la variedad de grupos consonánticos finales. Cuando lo es, -*o* se conserva, mientras que -*e* se pierde en iguales condiciones que el castellano, es decir, precedida de dental, alveolar, lateral, nasal y vibrante, a veces palatal, pero también tras algunos grupos consonánticos, como en aragonés: -*nt* (*adelant*, participios de presente, adverbios en -*ment*), -*rt* (*cort*, *muert*, *part*). Además de situaciones contextuales que incrementan los casos de apócope, ha de contarse para el mismo efecto con influencia galorrománica ocasional.

El rasgo más característico es la conservación de -MB- (*lamber*, *lombo*, *palomba*, etc.), ajeno a castellano y aragonés (pero compartido con riojano), hasta el punto de perdurar ultracorrecciones (*gambella*, *gombitar*).

Como el aragonés, mantiene los grupos iniciales CL- (*clamar*), PL- (*plagar*) aun en textos del siglo XVI. Su conversión en *ll*- (por vez primera, *llana*, alternando con *plana*, en 1321; en 1328, *llegado*) es, a mi parecer, en este caso sí, efecto de tardía sustitución castellanizante, no de un proceso interno (los aldeanos de la Cuenca de Pamplona, mediado el siglo actual, conservaban *clamar* 'llamar', *clamada*, etc.).

El rasgo más sorprendente, por sus implicaciones, es la persistencia de F- inicial, al afectar a la hipótesis de su pérdida en castellano por sustrato vasco. Cierto que hay muestras tempranas, en antropónimos, del paso a bilabial: *Bertuniones* < FORTUNIONIS, *Balcoe* < FALCONE, en Leire, pero F- subsiste con plena regularidad durante toda la Edad Media. *Ferme* 'fiador', frecuente en textos legales, es forma constante, salvo en boca de vascohablantes, como ilustra el *Fuero*, que entonces (si no, *ferme*) escribe *berme*.

Su desaparición moderna ha de atribuirse a castellanización, pues numerosos topónimos como *Fayedo*, *Fayal*, *Fornillo*, *Foyuela*, etc., o palabras recónditas, poco amenazadas de sustitución por la equivalente castellana, como *forcacha* 'instrumento agrícola', *foz* 'accidente topográfico', *fillezno* 'cría de pájaro', etc., perduran hasta la presente (la prensa de Pamplona anunciaba en 1908 un empleo de *farinero*).

La presencia de G-, J- ante vocal anterior va decayendo sensiblemente (desde 1193, al menos, *ermano*, Saralegui, 1977), en un claro caso de la solución aragonesa a la castellana, con la que además coincide en el tratamiento de -D- intervocálica, cuya conservación caracteriza a aquélla.

Sólo si se presenta con carácter propio de todo aragonés la conservación de las consonantes sordas intervocálicas habrá que indicar su sonorización en navarro (a *paco* corresponde *ubago* < OPACUM). Especialmente delicada, al presente efecto comparativo, es la cuestión de la sonorización tras sonante, cuya área suele limitarse al Alto Aragón. Ahora bien, hace algún tiempo mostré que ocurre en las *Glosas Emilianenses*, y que se acusa actualmente en Rioja, tanto apelativos como topónimos. Sea o no por influencia vasca, quedan también huellas en Navarra (recuérdese *cendea*), de las que sólo aduciré un testimonio recién hallado, *hueytanda* < OCTOGINTA (Estella, 1341, Pérez-Salazar, 1995), más fácil de vincular al área riojana que a la pirenaica.[14]

La solución -CT- constituye uno de los procesos que mejor muestran la peculiaridad evolutiva del navarro entre los dialectos vecinos. A la primera fase *-it-*, común, sigue pronto, retrasado respecto del castellano, alejándose del aragonés, el paso definitivo a *-ch-*, ampliamente mayoritario desde mediados del siglo XIII. De modo análogo, la palatal central, resultado de -C'L- (al menos desde 1177, *Maiadiela*, Saralegui, 1977) y, algo después, de -LJ-, va igualando su presencia con la lateral, hegemónica en aragonés.

No está aclarado con seguridad el valor fonético de *-mpn-* (*calompnia, costumpne, dampno, fempna*), resultado característico, pero no único (también simplificación y palatalización; a veces, ultracorrecto) ni exclusivo del navarro, para -MN- y -M'N-.

Sobre consonantes y grupos consonánticos finales, véase lo expuesto sobre las vocales finales. En su virtud, el navarro no ofrece plurales en consonante + s, ni en -z, procedente de -T's, como el aragonés. La tendencia de éste a la moción femenina en adjetivos apenas se produce (*comuna*, en García de Eugui, *silvestras*).

Presentan ambos, quizá con similar proporción, alomorfos pronominales en *-i: elli, li(s), esti, es(s)i, aquelli, qui, otri* (vigente hoy y característico de la Ribera del Ebro). Igualmente, el posesivo *lur, lures* y el indefinido *cualque*, arcaicos. *Cada*, seguido o no de otro determinante, precedido o no de *a*, ofrece construcciones muy peculiares del navarro, en parte conservadas. Destaco de ellas la referencia anafórica al sujeto oracional, atestiguada en el *Fuero* desde las series protosistemáticas: *Estas bestias deuen auer ceuada [...], las menores cada II almudes.-Ayan el alcalde et los II cauayleros cada X sueldos.*

El navarro desconoció el artículo masculino *lo*, persistente en aragonés. Debe desecharse definitivamente que no antepusiese artículo a la secuencia de posesivo más nombre *(los nuestros oios)*, restricción con que alguna vez se los ha opuesto.

La morfología verbal es extraordinariamente más unitaria que la aragonesa, y cabe identificarla, de modo global, con la castellana. Por la misma razón que en el plural nominal, carece de 5.ª persona en -z.

La tendencia de las áreas peninsulares central y oriental hacia el para-

---

14.   Si bien espero mostrar algún día la unidad de todo el espacio intermedio respecto al punto examinado.

digma en -*ir* se manifiesta bien en el navarro *(acollir, atreuir, cogir, leyr, retenir, posseyr, sucedir)*, más que en el castellano (desconozco si en grado superior al aragonés), sin faltar casos de preferencia por -*er (combater, compler, nozer)*.

El imperfecto de la 2.ª y 3.ª conjugaciones aparece siempre sin -*b*- en navarro, a diferencia del aragonés; pero también ofrece, frente al castellano, la práctica inexistencia de -*ie*- por el etimológico -*ía*-, si bien estudios recientes debilitan un tanto esta antigua creencia (más en el condicional). El perfecto no sufre las analogías internas que multiplican sus variantes en aragonés, es decir, faltan *amés; amemos, amomos; amón, ameron, amoron*, etc. Esta última y *amié*, 3.ª, se documentan sólo en el *Liber Regum*, cuya lengua ha sido calificada, por otras razones, de «navarro antiguo».

En claro contraste, resulta casi desconocida la diptongación en el verbo *ser*. Son rarísimos los testimonios de *yes, yera*, etc.

Comparten una amplia continuidad del participio de presente *(atenient, considerantes, prometientes, recebient)* con función verbal o nominal, y gerundios rehechos sobre el tema del presente.[15]

El navarro conservó durante todo el Medievo, con menor incidencia que el aragonés, la forma *ad* de la preposición, lo mismo que *enta* y *(en)tro(a)*. En cambio, quizá fue superior *ultra*. Dígase lo mismo del los adverbios *encara* y *ensemble*.

Se percibe una gradación descendente desde el aragonés al castellano, pasando por el navarro, en el empleo, persistencia y funciones de los herederos de IBI e INDE. Usos como *m'en fui a casa*, aún vivos en Huesca, son muy raros en textos navarros.

Rotunda disparidad sobre la presencia de -*ment(e)* si concurre en una seuencia con más de un adjetivo para formar adverbios. Mientras que en aragonés se une sólo al primero, en navarro aparece en todos *(saluament, seguradament, quitament et francament*, 1337, Pérez-Salazar, 1995). Las escasas excepciones se inclinan más a la disposición castellana que a la aragonesa.

Oposición de mayor alcance revisten los «esquemas verbales hipotéticos» (siglos XIII-XV), pues «navarro y aragonés evidencian una divergencia notable en cuanto al empleo de las diversas formas verbales, y muy en particular de las formas de futuro», mientras que «respecto al castellano, el navarro se muestra en este caso mucho más afín que el aragonés».[16] Los textos aragoneses usan indicativo para la prótasis en el 84 % de casos; los navarros, sólo en el 28 %. Algunos desgloses: el futuro de indicativo, el tiempo mayoritario en aragonés, 28 %, falta en navarro (como en castellano); para el imperfecto de indicativo parecen equilibrarse, 26 % y 20 %, respectivamente, pero los navarros se acumulan en el siglo XV, avanzada la convergencia con el castellano, cuando aquéllos se reparten de modo regular. A la inversa, la prótasis con -*se*, precaria en aragonés y concentrada en muy pocos documentos, es constante en navarro y, como en castellano, va relegando a -*re*. La

---

15. Como peculiaridad aragonesa debe desecharse, puesto que en Burgos aún se da, entre otros, caso tan llamativo como *fuendo*.

16. M. Porcar, «Los esquemas...», 229.

forma *-ría*, 12 % en aragonés, apenas se atestigua en navarro y nunca tras *si*.[17] En conclusión, el aragonés prefiere *si tendrá, si tenía, si tendría*; el navarro, *si tuviere, si tuviese*.

El sufijo diminutivo *-ico*, inusual en Aragón y Navarra hasta fines de la Edad Media, en que se impone por lo general a *-ete*, carece de infijo en Navarra ante bases de determinada estructura: *florica, frontonico, llavica, tiendica, vendica*, al igual que el superlativo: *trabajadorísimo*.

## Plurilingüismo

Sin lugar aquí para detalles, la peculiar relación del navarro con el vascuence pide alguna noticia. Salvo onomástica, éste apenas se revela hasta alguna anotación del siglo xv. El *Fuero* lo acoge en frases como: *Deuen yr a la veylla o el* echayun ['amo de casa'] o *ela* chandra ['ama de casa'] (serie *A*, no *B*). El significado original, 'campesino', de *Nauarrus y navarro*[18] permite entender que a él adjudique Sancho VI (1167) el uso del vascuence: *Orti Lehoarrriç faciet ut* lingua Nauarrorum *dicitur* unamaizter ['mayoral de pastores']; *et Aceari Umea faciet* buruçagui ['mayoral de peones'].[19]

Sin negar la validez de la frontera geográfica entre romance y vascuence (González Ollé, 1970*b*), en progresivo retroceso hacia el norte, no le otorgo tanta relevancia como a la social. He citado situaciones concretas al propósito. De la convivencia deriva —prosodia aparte— el empleo actual de vasquismos (por lo común, con artículo incorporado, como los arabismos), sectoriales en parte (*asca, celaya, langarra, mandarra, minza, osca*, etc.).

El aislamiento de los francos a lo largo del camino jacobeo y, más, la barrera del vascuence,[20] mantuvo el occitano hasta el siglo xiv. La sustitución de aquél por el navarro permitió una comunicación que lo absorbió (González Ollé, 1969). No sin antes haber dejado abundante documentación. Pero, salvo préstamos léxicos efímeros (*balat, bureler, criac, piloric*, etc.) y contaminaciones ocasionales en textos (*bones, clau, embargue, instrument(e)(s)*, etc.) —también se producen en sentido inverso—, su acción no ha marcado una impronta específica en Navarra.

17.   Puedo ratificar con otros textos este dato, que parecerá chocante desde el actual uso vivo. Excepcional, en 1276, *si daño auería..., sea emendado*.

18.   El fuero concedido a los francos de Pamplona (1129) establece que *nullus homo non populet inter uos nec* nauarro *neque clerico, neque milite neque ullo infançone*. Así, la *Navarrería* era el barrio de los labradores.

19.   Jimeno Jurío, *FLV*, 1990, 51, 349, confirma con textos paralelos que la denominación es social, no geográfica.

20.   L. Michelena, «Notas...» (211): «Me parece, con González Ollé, que era inevitable que el occitano desapareciera [...] Estaba más indefenso ante el romance navarro que ante el vascuence [...], para él elemento aislante y defensor.»

# MURCIANO

por José Muñoz Garrigós

La delimitación y características de lo que hoy pueda entenderse, lógica y científicamente, por dialecto murciano, debe plantearse desde muy distintos puntos de vista, habida cuenta de que el paso del tiempo no le ha sido ajeno en ningún sentido. Desde la pura perspectiva de la dialectología contemporánea, es «un dialecto de transición», y ello es válido tanto para sus orígenes y desarrollo inicial, cuanto para lo que en la actualidad queda de auténtico, al margen de inventos, mixtificaciones y otras suertes de dislates.

Por lo que a la historia se refiere,[1] no es sino el resultado del acrisolamiento de elementos castellanos, catalanes y aragoneses, sobre una base latina meridional, fuertemente modificada por el árabe y el mozárabe.[2] Todo ello hasta 1305, fecha en la que el reino de Murcia queda definitivamente unido a Castilla, y pasa a formar parte de ese gran grupo de variantes diatópicas del castellano, poco o nada influyentes a la hora de constituirse lo que hoy conocemos y usamos como español. Algunos movimientos migratorios intrapeninsulares, así como el carácter fronterizo de algunas de sus comarcas, han hecho posible que no haya perdido nunca su carácter de encrucijada, de punto de encuentro entre distintas tendencias, a las veces fuertemente dispares. En efecto, a partir del año antedicho, las relaciones sociopolíticas y económicas con Andalucía (tanto oriental como occidental), así como la progresiva castellanización de algunas de las comarcas

---

1. Mercedes Abad Merino, *El camino de lengua en Orihuela. Estudio sociolingüístico-histórico del siglo XVII*, Murcia, 1994. Cristóbal Belda Navarro, «Epigrafía romana de la provincia de Murcia. Arcaísmos y versificación», *Murgetana*, XXXV, 1971, pp. 5-29. Pilar Díez de Revenga Torres, «Problemas de contacto de lenguas en el *Repartimiento* de Orihuela», *Anuario de Estudios Filológicos*, Cáceres, n.º 14, 1991, pp. 115-123; «Interferències lingüístiques en documents medievals murcians», *Actes del Segon Simposi de Filologia Valenciana*, «Llengues en contacte al Regne de València durant els segles XIII-XIV», Alicante, 1995 (en prensa). Isabel García Díaz, «Historia y lengua en el Reino de Murcia bajomedieval», *Estudios de Lingüística*, Universidad de Alicante, 7, 1992, pp. 85-98. Pedro A. Lillo Carpio, *El poblamiento ibérico de Murcia*, Murcia, 1981.

2. José Muñoz Garrigós, «Sobre algunos topónimos derivados del fitónimo árabe hinna», *Xᵉ Col·loqui general de la Soc. Onomàstica*, Valencia, 1986, pp. 449-452. Robert Pocklington, «Acequias árabes y preárabes en Murcia y Lorca», *Xᵉ Col·loqui general de la Soc. Onomàstica*, Valencia, 1986; *Estudios toponímicos en torno a los orígenes de Murcia*, Murcia, 1987; «Toponimia islámica del Campo de Cartagena», *Historia de Cartagena*, vol. V, Murcia, 1986.

meridionales del dominio lingüístico catalán, colindantes con Murcia, han prolongado hasta hoy la situación inicial, aunque las circunstancias fuesen a veces cambiantes, como siempre lo es la lengua, en tanto que vehículo preferente de la comunicación humana.[3] Hoy no resulta difícil identificar los restos de cada una de estas influencias, siempre y cuando el investigador no pierda de vista que delimitaciones geolingüísticas como las de «orientalismos» o «meridionalismos» son plenamente aplicables a este «dialecto»; a más de ello, los cambios en los modos de vida, así como la fuerte tendencia a la nivelación idiomática, han dado como resultado el que hoy nos parezca más exacto definirlo como *español hablado en Murcia*, que de *dialecto murciano*, propia e históricamente dicho. Desde otra perspectiva, hay que insistir nuevamente en que el tópico de igualar algunas hablas murcianas con su caricatura burlesca, conocida como «panocho», no ha hecho más que desdibujar todavía más la auténtica personalidad de aquéllas. Pero de todo ello hablaremos después más ampliamente.[4]

El resultado de todo lo antedicho es una fuerte comarcalización interna, a tenor de la diversa intensidad de cada una de las influencias, así como de las diferentes vicisitudes históricas y sociales. Es, pues, perfectamente posible llegar a distinguir hasta siete subzonas dialectales, contando con que algunas de ellas quedan fuera de lo que actualmente son los límites político-administrativos de la Comunidad Autónoma de Murcia. 1) La primera de ellas tendría como eje central la vega del río Segura, con sus ya clásicas tres divisiones: alta, media y baja; 2) la costa; 3) la comarca del Altiplano; 4) las tierras del antiguo marquesado de Villena; 5) la zona del noroeste; 6) el valle del Guadalentín, y 7) sur de la provincia de Albacete. Desde hace no poco tiempo están descritos los caracteres lingüísticos que destacan, dentro del conjunto de las hablas murcianas, en cada una de estas comarcas. A modo de recordatorio, dígase que los rasgos comunes a la primera son la inestabilidad de las líquidas, en posición implosiva, y algunas aspiraciones de /f-/; probablemente la mayor diferencia lingüística entre las tres zonas resida en el seseo de la Vega Baja, de origen claramente valenciano, el doble sistema vocálico en los casos de /e/, /a/ y /o/, como consecuencia de la pérdida de /-s/, y la pronunciación casi postalveolar de la /š̬/, que afecta a la Vega Media, mientras que en la Vega Alta los rasgos antedichos no son sino esporádicos. El rasgo fonético característico de la zona costera es la influencia andaluza, perceptible no sólo en el seseo, fijado ya sin lugar a dudas en 1631, sino también en los juicios de valor y estimación de la variante, datables en los primeros años del siglo XVII. Es una comar-

3.   Pilar Díaz de Revenga Torres, *Estudio lingüístico de documentos murcianos del siglo XIII (1243-1283)*, Murcia, 1986; «Consideraciones en torno a la lengua "oficial" de los Concejos Murcia-Orihuela, 1380-1390», *Homenaje al Prof. Juan Torres Fontes*, I, Murcia, 1987, pp. 387-395. Consuelo Hernández Carrasco, «Análisis de tres topónimos murcianos», *Homenaje al Prof. Muñoz Cortés*, I, Murcia, 1977, pp. 253-266.
4.   Mercedes Abad Merino, «"Anuncio a V.S. las presentes Pasquas deseando las pase muy alborozadas". Cómo felicitar en el siglo XVII», *Estudios lingüísticos*, Universidad de Alicante, VII, 1991, pp. 175-201. Manuel Muñoz Cortés. «El habla de la huerta», *El libro de la huerta*, Murcia, 1974, pp. 97-111. José Muñoz Garrigós, «Notas para la delimitación de fronteras del dialecto murciano», *Murcia*, 1977.

ca muy delicada de tratar lingüísticamente, porque en ella confluyen y se separan, en un mínimo espacio geográfico, el seseo andaluz y el valenciano, las muy sutiles diferencias emanadas de actividades económicas tan dispares como la agricultura, la carpintería de ribera, la pesca y la minería; a tenor de ello, no resulta difícil de explicar la disparidad de opiniones vertidas sobre el habla de Cartagena, sólo superable por la síntesis que se pueda realizar a partir de estudios parciales. En todo caso, hay una nota de valoración sociolingüística que singulariza al núcleo urbano de Cartagena: los resultados de la pérdida de /-s/; el grado cero consonántico, e incluso una ligera aspiración localizable en algunos puntos cercanos a la ciudad, es considerado como «normal»; menor aceptación tiene el que se vea afectado por esta pérdida el sonido consonántico contiguo, al tiempo que se rechazan de plano las repercusiones generalizadas y los fenómenos compensatorios.[5] Las razones para esta triple valoración parece que puedan ser dos: 1) los diversos orígenes geográficos de los colectivos militar e industrial, tan importantes en la ciudad; 2) el deseo de desvincularse lingüísticamente de la capital de la región. La zona del Altiplano nos ofrece también una gran variabilidad de lengua; así, junto a una pequeña franja oriental de habla valenciana modernamente importada, se sitúa allí el límite septentrional de las hablas murcianas: pérdida de la /-s/, en posición final, pero no en los casos de implosiva interior, ausencia de fenómenos compensatorios de esta pérdida, condiciones bien distintas a las registrables en otras comarcas. En el aspecto léxico tampoco es menor la disparidad de tendencias, ya que junto a abundantes orientalismos, *tramucero, calandraca*, etc., podemos observar voces más generalizadas en el ámbito del español peninsular: *mojete, salsear...*

La comarca del marquesado de Villena es otro enclave castellano en zona política valenciana. Las razones históricas han dado como resultado un «murciano seseante», muy parecido al de Orihuela, con el aditamento de la aspiración de la /x/ castellana, mucho más intenso que en el resto del ámbito dialectal, y con mayor incidencia en la ciudad que en cualquier otra parte de la comarca. La zona noroccidental murciana presenta alguna peculiaridad destacable, en relación con el resto de las hablas: la mezcla de murcianismos, principalmente meridionalismos, ya que está alejada y no bien comunicada con la capital, con rasgos castellanos y mozárabes, debido a su dependencia de las Órdenes Militares; nos ofrece un tipo de lengua muy similar al de algunas localidades albaceteñas de la sierra de Alcaraz; de este modo, se puede decir que es la comarca en la que menos se pierde la /s/ implosiva, y que menos arcaísmos morfológicos presenta.[6] Por otra

---

5. Emilia García Cotorruelo, *Estudios sobre el habla de Cartagena y su comarca*, Madrid, 1959. Ginés García Martínez, *El habla de Cartagena*, Murcia, 1960, 1.ª reimpresión, Murcia, 1986; «Vitalidad del seseo en Cartagena y sus aledaños marineros», *Homenaje al Prof. Muñoz Cortés*, I, Murcia, 1977, pp. 211-214.

6. Pilar Díaz de Revenga Torres, «Problemas de sibilantes en documentos murcianos del siglo XIII», *Cuadernos de Filología*, II, 3, Universidad de Valencia, 1986, pp. 65-74; «Algunos datos sobre las sibilantes en el Reino de Murcia», *Universitas Tarraconensis*, Sec. Filología, XIV, 1990-1991, pp. 209-217. José Muñoz Garrigós, «Sobre unas rimas anómalas con sibilante», *Homenaje a Álvaro Galmés de Fuentes*, II, Madrid, 1985, pp. 131-150.

parte, no se puede descartar la presencia de algunos aragonesismos, *alatón*, prueba inequívoca de colonización de este origen. El Valle del Guadalentín presenta también una fuerte influencia andaluza, región con la que es fronteriza, pero con la particularidad de que el intercambio de rasgos lingüísticos, singularmente fonéticos, es mutuo; yeísmo, pérdida de /s/ implosiva e incluso aspiraciones de /h-/ y /x-/, frente a la ya conocida presencia de la /s/ castellana en buena parte de Andalucía Oriental. la proximidad de este valle al del río Almanzora, y la pertenencia de este último al marquesado de los Vélez, han dado como resultado un tipo de lengua con notables similitudes. Por último, la comarca de Hellín presenta un tipo de habla encuadrable junto a algunas murcianas, tales como las del Altiplano o el noroeste, menos vinculadas a los rasgos más estrictamente murcianos y muy centropeninsulares, sin olvidar algunos aragonesismos, como el caso de *fardacho*.

El cotejo de este conjunto de características puede facilitar una pequeña nómina de rasgos, prácticamente comunes a todas las hablas murcianas; ello no implica, como se ha podido comprobar, ni que sean generales, ni que aparezcan siempre con la misma intensidad. En lo que se refiere al vocalismo, tres notas adquieren cierta relevancia: 1) el carácter no exclusivo de sus variaciones, respecto de la norma común, al ser compartidas por todas las hablas meridionales; 2) la baja consideración sociolingüística de quienes las usan, y 3) la presencia de vulgarismos muy extendidos por el mundo hispánico, del tipo de *tiniente*, *espital*, etc. Las consonantes presentan el mismo inventario de fonemas que el español meridional, y con las mismas relaciones entre ellos, aunque las realizaciones fónicas varíen; uno de los puntos de mayor interés, no comprobado totalmente hoy, podría ser el de la posible existencia antigua de una pronunciación bilabial de la /f-/, según parece desprenderse de formas como *barchilla*, de *parcella*, o *fresquilla*, del aragonés *presquilla*.

La vinculación fonética de las hablas murcianas con las andaluzas es, en tres puntos, evidente: 1) Grado cero de /-s/ implosiva; 2) trueque de /-r | -l/ en la misma posición, y 3) relajación de sonoras. La explicación de estas coincidencias puede ser múltiple, y abarca desde un paralelismo de la lengua de los repobladores, tras la Reconquista, murcianos y los de algunas comarcas andaluzas, hasta la presencia de orientalismos norteños en ambas zonas, sin olvidar la situación de adstrato en que vivieron ambas variantes durante largo tiempo, o la participación activa de ambas en el español meridional.[7]

Los *Aires murcianos*, del poeta archenero Vicente Medina,[8] constituyen la plasmación continuada más digna, y literariamente más valiosa, de estas hablas. Partiendo de un deseo de evocación ambiental, muy claramente

---

7.  José Muñoz Garrigós, «A propósito de /-r/ /-l/ implosivas en la provincia de Murcia (Reflexiones sobre el *ALPI*)», *Miscellania Sanchis Guarner*, II, Valencia, 1984, pp. 225-228.

8.  José Muñoz Garrigós, «Vicente Medina y el dialecto murciano», *Estudios sobre Vicente Medina*, Murcia, 1987, pp. 231-238. Manuel Alvar, «Sobre el teatro de Vicente Medina», *Nuevos estudios y ensayos de literatura contemporánea*, Madrid, 1991. José Muñoz Garrigós, «Poesía dialectal y connotación», *LEA*, XIII, 1993, pp. 257-286.

manifestado, utiliza giros y voces muy peculiares de la zona, algunas de las cuales se ve en la obligación de definir o aclarar su significado, por lo dialectal y restringido de su uso, e incluso intenta en alguna ocasión reproducir gráficamente la fonética murciana. Con todo, y desde el punto de vista estrictamente dialectal, su mayor mérito reside en la atención que le presta a algunos arcaísmos, o a voces de cuyo uso en Murcia no había noticias muy claras, casos como los de *alear, chenta* o *cochura*. En esta misma línea de evocadores de ambiente, mediante el uso de hablas murcianas, habría que situar a Gabriel Miró, en algunas de cuyas novelas olecenses es posible registrar vocablos identificadores de la comarca dialectal de la Vega Baja del Segura, lo mismo que en algunos poemas del oriolano Miguel Hernández, en especial en los anteriores a su estancia en Madrid. Este mismo papel parece desempeñarlo José L. Castillo-Puche para su Yecla natal, en su trilogía sobre Hécula.[9]

En cualquiera de los escritores anteriores podría comprobarse su carácter dialectal por medio de la denotación, pero en el caso de Francisco Sánchez Bautista, sin excluirla totalmente, esta característica resulta mucho más patente y ostensible si empleamos la connotación. En efecto, aun siendo bastante escasos los giros y vocablos, auténtica y exclusivamente murcianos que se registran en sus poemas, la valoración ambiental y afectiva que hace de los generales, tomando como eje la presencia o ausencia de un elemento tan importante para esta zona como es el agua, y que abarca desde el paisaje hasta las propias vivencias personales más íntimas, declaran inequívocamente su procedencia geográfica, así como su fina percepción de lo que son unas hablas dialectales, todo lo cual supone una buena ayuda para el filólogo en el momento de desarrollar su labor.

Lo arriba expuesto: historia, comarcalización, rasgos y usos literarios, nos permite reabrir otros caminos de estudio, el primero de los cuales puede ser el del léxico.[10] Aceptando el hecho tangible del «ocaso de la vida tradicional», no resulta difícil admitir científicamente que si el objeto o la costumbre desaparecen, suceda lo propio con el vocablo con que se conocía; ésta es la razón por la que una buena parte del vocabulario tradicional, casi exclusivo de las hablas murcianas, incluyendo aquellos que, en todo o en parte, puedan ser considerados como técnicos, esté casi totalmente obsoleto; los relativos a seda, barraca, palmera datilera, riego, etc., no son hoy sino piezas de museo destinadas al uso exclusivo de filólogos y antropólogos, a pesar de la buena ayuda que prestan los escritores sensatos. Cualquiera de estos léxicos especializados suele presentar, además de una mayor riqueza en el análisis de la realidad, una estructura semasiológica y onomasiológica muy peculiares, bien distinta de la que nos ofrece el léxico común, y con un eje ordenador que tampoco suele ser coincidente con el general; ejemplos muy vivos de ello en algunas hablas murcianas pueden

---

9.   Véase el estudio de Miguel Ortuño Palao, *El habla de Yecla*, Murcia, 1987.
10.   José Muñoz Garrigós, «El vocabulario de la seda en el dialecto murciano. Semasiología y onomasiología», *Murgetana*, pp. 5-46; «A propósito de *noria* y *ñora*», *Monteagudo*, 76, 1982, pp. 5-14; «*"Barbar pimentones"*, Glosa lexicográfica a Polo de Medina», *Monteagudo*, 78, 1982, pp. 9-17.

ser los antedichos. Desde otro punto de vista, no es posible dejar de tomar en consideración las tan denostadas «nomenclaturas», pues en el caso concreto de las hablas murcianas, léxicos como el de la pesca, la minería o la panificación son unos de los mejores testimonios del acrisolamiento de influencias; díganlo casos como *tresmalle, alunita* o *engarberar*.[11]

La procedencia de las voces murcianas, en líneas generales, y a salvo de alguna precisión puntual, está bien estructurada por García Soriano, y no parece que haya que insistir más en este terreno. El debate de fondo parece que puede estar en otro aspecto, ciertamente algo más descuidado: ¿hasta dónde llega la participación activa de las hablas murcianas en ese fondo común que son los «orientalismos»? Carecemos de estudios explícitamente dedicados a esta cuestión, pero a la vista de lo recogido en repertorios y monografías locales, no parece que sea despreciable: una vez más hubiesen funcionado las hablas murcianas como puente entre Castilla, Andalucía, Aragón y las hablas catalanas.[12] Prácticamente, este mismo estado de cosas es el que nos ofrece la toponimia, con la exclusión de topónimos puramente andaluces y la inclusión de árabes y mozárabes; en ambos casos es la historia la que explica las divergencias. En alguna ocasión muy concreta, como puede ser la citada del riego, la convergencia de etnógrafos, historiadores y filólogos puede ser la única vía para aclarar hipótesis muy dispares, por ejemplo la del origen del sistema de regadío. En su conjunto, el léxico auténticamente murciano sigue siendo uno más de los testimonios recónditos, probablemente por menosprecio o ignorancia, a la hora de reconstruir situaciones lingüísticas pretéritas: a los ejemplos precitados añádanse los casos de *cenajo*, junto a la forma general *cenacho*, ¿qué razones hubo para aceptar el mozarabismo, frente a una solución autóctona castellana?; ¿por qué *agestarse*, cruce de los dos significados latinos de *gestare*, ha caído en total desuso? Voces autóctonas, como *engarigolar*, de *caveola*, no han corrido mejor suerte.

Pequeños comentarios sobre algunas influencias léxicas sí que parece que haya que hacer. Por lo que respecta a los arabismos específicos, lo más importante no es la cantidad de ellos que se pueden registrar en las hablas murcianas, sino en qué área significativa se incluyen, y es evidente que la mayor parte de ellos lo hacen en el mundo de la agricultura. Los catalanismos nos aparecen frecuentemente castellanizados, formando una especie de híbridos, que la historia justifica sin vacilaciones; casos como los de *cetra* o *pansir, pésol* o el claro meridionalismo *ble(d)a*, son vivos ejemplos de lo que venimos diciendo. La influencia del dialecto aragonés sobre las hablas murcianas puede haber sido la más importante, tras de la castellana; no sólo desde el punto de vista cuantitativo, ya que nos dejó rasgos fo-

---

11. Alfonso García Morales e Ignacio Sánchez López, «Voces murcianas no incluidas en el Vocabulario de García Soriano», *RDTP*, I, 1945. Francisco Gómez Ortín, *Vocabulario del Noroeste murciano*, Murcia, 1991. Fernando González Ollé, «Notas sobre el léxico del murciano A. de Salazar», *Semiótica e linguística portuguesa e românica. Homenagem a José Herculano de Carvalho*, Tubinga, 1993. José Muñoz Garrigós, «Dialectología y lexicografía», *LEA*, X, 1988, pp. 73-80.

12. Manuel Sanchis Guarner, «La frontera lingüística en las provincias de Alicante y Murcia», *Cuadernos de Geografía*, XIII, Valencia, 1973, pp. 15-29.

néticos, y aun morfológicos, como el sufijo diminutivo -*iquio*, cuya pronunciación parece aproximarse a la que Alarcos afirma que tuvieron los resultados de /-ĸy-/, sino también porque actuó como dialecto puente, a través del cual nos llegaron orientalismos de otras procedencias, como catalanismos, e incluso valencianismos.

La anterior referencia al menosprecio puede estar, en buena parte, justificada por el hecho, ya antañón,[13] y muy frecuentemente propiciado desde la propia tierra, de confundir el retrato con la caricatura, lo real con lo esperpéntico. La identificación de lo que fue el dialecto murciano, hoy no más que hablas murcianas, con el llamado *panocho*, ha sido un tópico normalmente aceptado, incluso en el mundo de la ciencia. Vicente Medina ya manifestó su disconformidad con esta confusión, allá por el año 1899:

> Ese «panocho» no es el habla murciana del día y creo además que, aun remontándonos a su tiempo, bien analizado por quien entonces le hablara, o le oyese hablar, resultaría plagado de infinidad de exageraciones que se le atribuían buscando el efecto cómico, grotesco y bufo, único fin de los que tal habla cultivaron.

Desde entonces acá, y en esa misma línea, nos hemos manifestado repetidamente varios estudiosos, aun a sabiendas de que el daño hecho era muy difícil de reparar. A tenor de lo que vemos acaecer en otras Comunidades Autónomas, el deseo de contar entre las señas de identidad individual con un vehículo propio de expresión no puede sino empeorar las cosas, en la misma medida en que se propicien las invenciones, se disparate sobre el hecho diferencial respecto de la norma común o hasta se ignoren las diferencias entre «habla regional, o local», «dialecto» y «lengua». Tres tipos de actuaciones a este respecto dificultan la evidencia de la verdad científica: 1) La creencia de que «panocho» y habla regional se identifican; 2) la que se deriva del convencimiento de que el «panocho» es una variedad con entidad lingüística propia, y 3) la actitud de quienes, negando los dos puntos anteriores, no dudan en aceptar sus planteamientos, ni su metodología.

La valoración social que hoy se podría hacer sobre esta serie de hechos parte tanto de la ya citada pérdida de hábitos y costumbres tradicionales, como de la propia presión ambiental: no sólo han cambiado las técnicas de trabajo, sino que también elementos tan dependientes de personales decisiones humanas, como el fuerte interés por la igualación lingüística; tan en consonancia con la mejoría de la calidad de vida, como la tendencia a la desaparición del analfabetismo, o tan imprescindibles, a veces, como el éxodo del campo a la ciudad, han sido determinantes a la hora de valorar negativamente algunos rasgos de las hablas murcianas, en especial aquellos que resultaban más disonantes con el entorno general. Si, hasta hace dos o tres lustros, los modelos lingüísticos podían situarse en cualquiera de

---

13.   José Muñoz Garrigós, «Conflictos de normas en el primer tercio del siglo XVII», *Anuario de Lingüística Hispánica*, IX, Valladolid, 1993, pp. 151-163.

las cabeceras de las comarcas antes señaladas —Cieza, Cartagena, Lorca, Orihuela,[14] Villena, Caravaca, Yecla, Jumilla o Hellín—, ni tan siquiera la capital regional tiene, hoy, suficiente fuerza aglutinadora en este aspecto. Las hablas murcianas no han escapado, verdaderamente, tampoco era presumible, a la fuerza centrípeta de lo que cada día es más evidente: una *koiné* hispánica con mayor o menor presencia de rasgos diferenciadores. Este hecho ayuda a resolver la controversia interna y personal entre el estudioso de los dialectos y el profesor de español: ¿qué hacemos con estas variedades? La cuestión parece aclararse: recoger, estudiar y salvar lo auténtico, con un uso adecuado, pero nunca alentar un chauvinismo desfasado y discriminatorio. Citaré sólo dos lamentables ejemplos: ¿cómo explicarnos que esté en declive el aragonesismo *bisuejo*, usado por Polo de Medina, y aun por Cascales, al tiempo que nos quedamos inermes ante *llingua*?; la estigmatización social de algunas formas dialectales no siempre tiene un fundamento histórico claro, como puede ser el caso de *abercoque*, cuando algunas de sus variantes están recogidas en diversos puntos de la Península, e incluso en un documento murciano de 1293.

Cierro con la definición que del habla murciana[15] hizo un no especialista, aunque sí dotado de una finísima sensibilidad en este aspecto, Vicente Medina:

> Tal indignación (ante el «panocho») engendró mi ansia de reivindicar el lenguaje de mi tierra, que no era, ni es, otra cosa que un castellano claro, flexible, musical, matizado con algunos provincialismos de carácter árabe, catalán y aragonés.

---

14.   José Guillén García, *El habla de Orihuela*, Alicante, 1974.
15.   José Muñoz Garrigós, «El dialecto murciano», en *Lenguas peninsulares y proyección hispánica*, Madrid, 1986, pp. 151-161; también Manuel Alvar, «El panocho», en *Estudios y ensayos de literatura contemporánea*, Madrid, 1971, pp. 43-45 y 329-332.

# CANARIO

por MANUEL ALVAR

## Introducción

Poco sabíamos de las hablas canarias: una gran desidia había caído sobre las Islas y escasas eran las contribuciones que merecieran ser tenidas en
cuenta. Pero, en pocos años, los dialectólogos insulares han trabajado de forma denodada y el panorama ha cambiado de manera singular; en dos motivos quisiera centrar nuestro interés: en la bibliografía ejemplar[1] y en el mejor diccionario que tenemos de ninguna región española.[2] Los motivos no son
desconocidos, pero no es éste el momento de comentarlos, sí decir que en
dos valiosas dialectologías españolas el dialecto canario contaba con una y
cuatro páginas, lo que no, precisamente, concitaba al conocimiento. Pero en
1959, la publicación de *El español hablado en Tenerife* vino a cambiar totalmente la perspectiva de que disponíamos y fueron llegando, después, contribuciones en forma de catarata y, lo que es mejor, de valor muy singular. Podemos enfrentarnos con una realidad que configura una parcela del español,
que condiciona el modo de ser de no pocas realidades americanas y que se
presenta —tras quinientos años de andadura— con una fisonomía original.

Las hablas de Canarias no son un dialecto, al menos lo que solemos entender por dialecto. Ni uno solo de sus rasgos fonéticos es privativamente
suyo; ni su léxico se diferencia de los otros hispánicos en medida que haga
falta la independencia idiomática; ni su sintaxis y su morfología son exclusivas. Pertenecen a ese gran complejo lingüístico que podríamos llamar
hablas hispánicas meridionales y en el que cabrían el extremeño del Sur, el
andaluz, el murciano y, teniendo en cuenta algunas cuestiones desconocidas por la lingüística peninsular, el español de América. Otras veces se ha
hablado de *español atlántico* para salvar ciertas dificultades geográficas,[3]

---

1. Cristóbal Corrales - María Ángeles Álvarez, *El español de Canarias: Guía bibliográfica*, La Laguna, 1988; Javier Medina, «Geografía lingüística y dialectología en Canarias. Veinte años del *ALEI-
Can*» (*Lingüística Española Actual*, en prensa).
2. Cristóbal Corrales, Dolores Cabello, M.ª Ángeles Álvarez, *Tesoro lexicográfico del español de
Canarias*, Madrid, 1992.
3. Diego Catalán, «El español canario entre Europa y América» (*Boletim de Filología*, XIX,
1960, pp. 317-337); «Génesis del español atlántico. Ondas varias a través del Océano» (*Revista de Historia*, XXIV, 1958, pp. 233-242).

pero en tal denominación no cabe la totalidad de rasgos fonéticos que debemos considerar.[4] En alguna ocasión se ha platicado también de *Neorromania* o *Romania nueva*. No insistimos de momento en una nomenclatura que matiza la cuestión aunque no la pueda resolver definitivamente, porque las soluciones dependen —aún— de parcelas de nuestra ignorancia. En lo que sí quiero insistir es en el falseamiento —deliberado o inconsciente— de esa realidad española que es el español de Canarias. Cuando en 1951 se publica una bibliografía de los estudios de filología románica, en Europa y América se organizó el volumen de una manera harto extraña:[5] aunque la bibliografía se ordenaba unas veces por naciones, otras se siguió la agrupación por dominios lingüísticos, mientras que, en alguna, el criterio preferido era el del lugar donde trabajaron los investigadores o donde imprimieron sus trabajos. De los conjuntos nacionales, se apartó el habla de Canarias, con lo que las Islas no podían ser incluidas en la bibliografía porque, si no cupieron en el país llamado España, mucho menos se podían insertar en una bibliografía de Europa y América. Desde una estricta consideración científica, las Islas Canarias debían ordenarse con el español, del mismo modo que Madeira o Cabo Verde con el portugués. Por otra parte, y esto no afecta al método, pero sí a los resultados, la filología románica no había recibido en ese momento nada —ni una sola línea— de la producción isleña, y la filología española, no demasiado. Juan Régulo, que redactó esa bibliografía, para poder decir algo de la lingüística en Canarias tuvo que empezar no en 1939, como en el volumen se anuncia, sino en el siglo XVIII y aun hacer alguna incursión anterior. Quiero poner las cosas en su punto: cierto patriotismo jugó en este caso una carta pueril, y no ganó ninguna baza, sino que la bibliografía —desde un punto de vista científico— se descabaló.

Cuando se ha tratado de caracterizar el español canario se ha hablado de su arcaísmo. Es más, se ha llegado a escribir que por su carácter periférico se ha estancado sin evolucionar.[6] La hipótesis es falaz. La escuela lingüística italiana con sus dos grandes maestros G. Bertoni y M. G. Bartoli, en un sucinto y luminoso libro, el *Breviario di neolinguistica*, estableció las cinco normas por las que se rige la lingüística espacial. Una de ellas, la de las áreas laterales *(aree laterali)*, dice que las regiones marginales son más arcaizantes que las centrales. Tal el caso del castellano, arcaizante respecto al francés o al italiano; innovador frente al catalán o al gallego-portugués. La hipótesis que comento ha tenido una mala aplicación a nuestras Islas. En primer lugar hay que distinguir un hecho histórico: las regiones de conquista (Canarias, América) y de reconquista (Andalucía, Sicilia, el Mezzogiorno italiano) no pueden identificarse con los territorios patrimoniales (Asturias, Aragón, Toscana, Isla de Francia). No pueden identificar-

4.   Gregorio Salvador, «Discordancias dialectales en el español atlántico» (*Primer Simposio Internacional de Lengua Española*, Las Palmas, 1984, pp. 351-362).
5.   Juan Régulo, en la obra ordenada por Manuel de Paiva Boléo, *Os estudos de lingüística românica na Europa e na América desde 1939*, Coimbra, 1951.
6.   Juan Álvarez Delgado, «Notas sobre el español de Canarias» (*Rev. de Dialectología y Tradiciones Populares*, III [1947], pp. 208-209).

se por la sencilla razón de que, en ellos, las estructuras tradicionales han sido barridas por gentes extrañas y al origen de estas gentes extrañas es a donde hay que vincular las nacientes tradiciones. Así, la estructura lingüística de Andalucía depende de unos hechos muy poco abstrusos: simplemente del origen occidental, central u oriental de sus conquistadores y repobladores; la de Canarias, desde un punto de vista español, de las gentes andaluzas que aquí vinieron.

Si las leyes de los neolingüistas tienen poca aplicación al español insular por causas históricas, bueno será remachar el clavo con otros argumentos: la situación de Canarias no se puede llamar periférica a humo de pajas, pues, desde el primer viaje del Almirante, se pudo ver que las Islas no eran «periferia» de nada, sino centro, eslabón intermedio que unía esas dos «periferias»: la peninsular y la de América.[7] Y las cosas duraron desde el año de gracia de 1492 hasta el de desgracia de 1898. Y hoy —por otros motivos— persisten todavía. El español de Canarias no es periférico, sino medular. Son los canarios quienes van a la periferia americana, como aquellos 2.500 colonos insulares que marcharon a Santo Domingo en una época en que la vieja Española no llegaba a los 6.000 habitantes.[8] Por otra parte, queda esa escurridiza e inasible cuestión de los arcaísmos. Los que se suelen dar como tales, difícilmente lo son. Son regionalismos, vulgarismos, dialectalismos. ¿Por qué han de ser arcaísmos *vide* o *truje*, usados en todas las latitudes del español, desde los Balcanes hasta el Pacífico? Esos llamados arcaísmos de Canarias (*aguisiar, antier, cadenado, gago, barruntar, mercar, mesmo*, etc., etc.) no son ni más ni distintos de los de cualquier otra región española.

Otro problema que hay que estudiar en la dialectología canaria es el de la adaptación de una lengua a medios o ambientes distintos de los de su origen. Se han señalado en el español de América los muchos términos náuticos que en él se usan: *flete* ya no es 'la carga marinera', sino el 'caballo' de una u otra clase; el *estero* es una 'llanura' y no 'el sitio donde rajan las olas'; el *rancho* es 'la hacienda' y no 'el camarote de la tripulación'; etcétera. Pero esto mismo ocurre en las Islas: *jalar* no es sólo 'tirar de un cabo o de una cuerda', sino —también— 'llevarse la cuchara a la boca'; *empatar* no es 'sujetar el sedal a la patilla del anzuelo', sino 'alargar, añadir cualquier cosa', *liña* no es el 'hilo de pescar', sino también 'la cuerda para tender la ropa', etc. El marinerismo de estas hablas —canarias, americanas— es fácil de explicar: las largas travesías hacían que los hombres de tierra adentro se familiarizaran con la lengua de los navegantes y, al desembarcar, su habla —por necesidad o por broma— iba salpicada con los términos de la chusma (empleo la voz *chusma* en el sentido etimológico de

7.   Manuel Alvar, «El español de las Islas Canarias», en *Estudios canarios*, I, Las Palmas, 1967, p. 18; véase también Manuel Almeida y Carmen Díaz Alagón, *El español de Canarias*, Santa Cruz de Tenerife, 1989.
8.   *Vid.* José Pérez Vidal, «Aportación de Canarias a la población de América» (*Anuario de Estudios Atlánticos*, I [1955], pp. 91-197); Tomás Navarro, *El español de Puerto Rico*, Río Piedras, 1948, p. 195.

dotación de una nave') y ya la lengua de tierra quedaba contaminada para siempre de la jerga marineresca.[9]

También las Islas han sufrido otra experiencia defraudadora: su lengua se ha comparado una y otra vez con el castellano de la época de los Reyes Católicos.[10] Pero ¿por qué? La falsa percepción de la geografía llevó a marrar en lo del carácter periférico; la falsa interpretación de la historia lleva ahora a otros malos pasos.

Es probable que al emitir esta tesis se estuviera pensando en la cronología: pero el tiempo es algo más que una hoja de almanaque irremediablemente marcada con una fecha. Es un fluir que no se remansa. Y bien claro el testimonio de las Islas. En el siglo xv vinieron aquellos caballeros que de una u otra forma encontraban —como el sevillano Guillén Peraza— aquí la palma de su reposo;[11] de ellos nacieron otros españoles, insulares ya, con los que empezó a fluir la ininterrumpida corriente de la vida hispánica de las Islas. Pero estas islas no quedaron al garete de España, desarboladas, sin gobernalle, sino que participaron —una región más— en los barquinazos de nuestra historia y de nuestra cultura. El español de Canarias no es un fósil de quinientos años, como un vetusto mamut siberiano, sino una jugosa realidad, desde los cronistas más viejos hasta Galdós o Carmen Laforet. Y no lo es en la lengua de los grandes estilistas y no lo es tampoco en la lengua del pueblo. Aquí el español tiene una indivisible unidad. Por eso Galdós tenía su libretita con palabras canarias, tan sabidas que ni siquiera se tomó el trabajo de definirlas;[12] por eso Carmen Laforet nos puede contar la historia, afincada en el terruño, de su majorera.[13] Tampoco el pueblo quedó a solas en sus islas; la vida manó aquí como en Sevilla o Cádiz. No creo que nadie pretenda decir que en la Puerta de Fuera, en la Alfalfa o en el Albaicín se habla español del tiempo de los Reyes Católicos. Ni en El Cabo, Vegueta o San Cristóbal tampoco. Ahí están el yeísmo, el seseo, la aspiración de las implosivas, etc., tanto en los labios andaluces como en los canarios.

Hay que desechar —también— otro espejismo: el pensar que canario y judeo-español conserven una especie de arcaísmo común. No insisto en las cuestiones geográficas e históricas, que bien asentadas quedan, pero, tam-

---

9.   José Pérez Vidal, «Influencias marineras en el español de Canarias» (*Rev. Dialec. y Trad. Populares*, VIII [1952], pp. 3-25); Carlos Alvar, *Encuestas en Playa de Santiago (Isla de La Gomera)*, Las Palmas, 1975, pp. 139-173.

10.   Álvarez Delgado, *Puesto*, ya cit., pp. 20-21.

11.   El caballero sevillano murió en 1443 en la ocupación de la isla de La Palma. Las *Endechas* fueron recogidas de la tradición oral por Abreu Galindo (1632). El poema es bellísimo y comienza así:

> *Llorad las damas, sí Dios os vala,*
> *Guillén Peraza quedó en la Palma,*
> *la flor marchita de la su cara.*
> *No eres palma, eres retama,*
> *eres ciprés de triste rama,*
> *eres desdicha, desdicha mala.*

12.   «Voces canarias», en *Voces y frases usuales en Canarias*, de E. Zerolo, Santa Cruz de Tenerife, [s.a.], pp. 242-243.

13.   *La isla y sus demonios*, Barcelona, 1951, pp. 263 y ss.

bién ahora, la cronología ha cegado la claridad. No se olvide que estos judíos se incrustan en comunidades lingüísticas vivas (árabes, turcas, holandesas, griegas, búlgaras, etc.) y en ellas los sefardíes son minorías que viven al margen, en ambientes hostiles o indiferentes, defendiendo con uñas y dientes aquellas parcelas de su tesoro (la lengua, el romancero) que no quieren perder. Sin embargo, dentro de esos grandes complejos lingüísticos y culturales en los que se insertan, los sefardíes quedan aislados, sin contacto casi con la metrópoli, al menos sin ninguna suerte de vinculación oficial. Ellos sí que son barco a la deriva, aunque sea una angustiada deriva que ya va por sus quinientos años. Por eso el judeo-español se ha ido agotando durante siglos y hoy está exhausto.[14]

El español de Canarias no es el judeo-español. No es una lengua vencida que implora la caridad de un cobijo; es, muy al contrario, una lengua de conquista que, desde el siglo XVI, ha eliminado a las hablas prehispánicas; las relaciones de las Islas con la Península son las que existen entre las regiones de cualquier territorio metropolitano; estamos —otra vez— a solas con un concepto único: el español. Y una variedad, otra más entre quince, de esas variedades regionales: el español de las Islas Canarias.

Toda esta andadura no se ha hecho para negar la personalidad del español insular; antes al contrario, para dársela y caracterizarla. Sin embargo, hemos de aprovechar cuanto de útil encontremos al trazar nuestros proyectos. Porque el español de Canarias es, simplemente, una variedad regional de esa entidad universal que se llama el español. Su peculiaridad no está en ser una jerga incomprensible, ni un retazo perdido en la geografía, ni un andrajo maltratado por el tiempo. El español de Canarias es tan buen español, y de tan buena ejecutoria, como el español de cualquier otro sitio; su característica está en esos elementos con que enriquece, da variedad y hace bella a la lengua común.

## Sevilla y Canarias

En cada rincón de las Islas se encuentra aquello que Sevilla fue.[15] Bástenos unos ejemplos: Las Palmas nace —como ciudad— a imitación de Sevilla: a la ciudad se trasplanta una calle de Triana que es un remedo de la realidad peninsular. Pero esto es muy poco. La ciudad se rige por el fuero de Sevilla —que también había sido dado a Granada— y, por tanto, Martín de Vera, regidor de Gran Canaria, suplicaba en 1513 «que en el votar e proueer en el cabildo se guardase la forma y orden que se tenía en la dicha cibdad de Seuilla»; como en Sevilla se cobran los derechos del peso público, se pagan los tributos de carga y descarga, las cosas se consideran o no vedadas y —en ella— se deben entregar los impuestos. Cuando en 1531 se regula el orden que han de guardar los jueces de alzada y las justicias de

---

14. Véanse los estudios dedicados a la lengua de los sefardíes que se incluyen en esta obra.
15. Manuel Alvar, *Niveles socioculturales en el habla de Las Palmas de Gran Canaria*, Las Palmas, 1972, capítulo III, pp. 51 y ss.

Gran Canaria, las prescripciones no pueden ser más taxativas: «Guarden la instrucción dada a los juezes de los grados de Seuilla en todas las cosas que tocan al audiencia.»

Sevilla ha conformado toda la vida jurídica de la ciudad que acababa de nacer. Pero esto no es otra cosa que el resultado de un determinado orden político. Los Reyes Católicos, para impedir que portugueses y franceses se establecieran en Canarias, y aprovechando una recomendación poco propicia a Diego de Herrera, decidieron llevar a cabo la conquista de Tenerife, La Palma y Gran Canaria. Es el Estado —y no los nobles— el que ocupará las tres Islas y llevará a cabo la organización del territorio.

Era el eco de empresas cumplidas anteriormente con caballeros sevillanos: «en 1385, vecinos de Sevilla y vizcaínos salen de Cádiz para Canarias; cinco años más tarde Enrique III de Castilla concede la conquista de Canarias a Hernán Peraza, Caballero veinticuatro de Sevilla»; el conde de Niebla compró a Maciot Bethencourt los derechos a Canarias y a ellas envió a Pedro Barba, caballero sevillano; sevillana era Inës Peraza, que en 1444 marchó a las Islas «llevando un brillante cortejo...». Ya en los días de la conquista, las gentes del reino de Sevilla aparecerán en todos los documentos: Pedro de Algaba, el obispo Frías, Pedro de Vera. Y, con ellos, Santa Ana, la patrona de la ciudad, venida desde Triana, y que debería tener cobijo en una catedral que «de terminarse según los dibujos que vi —es opinión de Torres Vargas— sería como la de Sevilla». Porque —en efecto— en Sevilla se celebró el cabildo que decidió el gobierno de la futura sede y de allí vino Diego Alonso Montaude, arquitecto que trazó el primer proyecto del templo.

Todo este conjunto de hechos tiene un sustento: los hombres que lo realizan. Y esos hombres volvían los ojos a la ciudad de donde salieron. Sevilla había conformado la vida de las Islas (instituciones, jurídicas, conquistas, iglesias, gentes) y a Sevilla hay que referir el hecho lingüístico, al que todo lo anterior no hace sino ambientar y justificar. Porque la norma sevillana —opuesta a la de Castilla— irradiará hacia Granada, hacia las Canarias y hacia América por una serie de razones: se trata de un prestigio cultural, económico y social que permitió trasvasar las innovaciones sevillanas desde su origen local hasta las áreas más dilatadas. Es más, la pluralidad de normas que tiene el español se reduce a dos: la castellana y la sevillana, y es ésta la que migra sobre las naves cuando empieza la gran expansión. En las Islas nos encontramos con un castellano trasplantado, pero desde la conquista, con peculiaridades sevillanas. Aquí no pudo haber ni lucha, ni preferencias: el prestigio (militar, social) estaba sólo en aquellos soldados, en aquellos clérigos o en aquellas gentes que conquistaron y colonizaron con el recuerdo de Sevilla en cada hora de su existencia. Y por si fuera poco, los caminos de las Indias —desde la Casa de Contratación— pasaban por las Islas y la naves iban incesantemente desde las costas peninsulares hasta las Canarias. Un tinerfeño —de Garachico— que cruzó treinta veces el Atlántico, que fue piloto de la Carrera de Indias y capitán ordinario del Rey Nuestro Señor, que se avecindó en Sevilla —y valga la referencia por lo que pueda valer— en el barrio de Triana, junto a la iglesia de Santa Ana, y que bautizó a una nao propia con el nombre de *Santa María de la Rosa* —la tabla de Alejo Fernández en la misma Triana—, escribió estas líneas con pluma bien segura: «En Andaluzía teníamos más de quatrocientas naos, que más de las duzientas navegavan a la Nueva España y Tierra Firme, Honduras e islas de Varlovento, donde en una flota yvan sesenta y setenta naos. Y las otras duzientas navegaban por Canarias a las mesmas Indias, a sus islas y otras navegaciones, cargadas de vinos y mercadurías, con grande utilidad y acrecentamiento de la Real Hazienda y sus muchos derechos y con mayor beneficio de todos sus vasallos.»[16]

De Sevilla salió el rasgo más caracterizador de la nueva norma revolucionaria: la reducción de -*ss*- sorda y -*s*- sonora, de -*ç*- y de -*z*- a una sola sibilante de carácter çiçeante, que dio lugar —más tarde— al seseo insular. Este trazo marcaría como andaluza la pronunciación de todos aquellos conquistadores y colonizadores que en las Islas se establecen o a través de ellas pasan, y la difusión se produce desde el foco irradiador llamado Sevilla. Pero entonces, la pérdida de la -*d*-, el yeísmo, la aspiración de la -*s* implosiva aún no se habían producido, ni la conversión de la -*x*-, -*y*- (prepalatales fricativas sorda y sonora, respectivamente) en *jota* [*x*] o aspirada, ni la neutralización de -*r* y -*l* implosivas. Toda esta serie de procesos son posteriores y de cronología no uniforme, pero todos ellos constituyen un tipo de pronunciación «más andaluzado» que «obedece a un influjo más persistente de Sevilla, ejercido sobre las comarcas de vida principalmente mercantil y no de las de mayor altura cultural en los siglos primeros».[17] Si a todo esto unimos los procesos de nasalización de las vocales producidos por una *n* siguiente, el carácter velar de la -*n*, la modificación articulatoria de la *ch*, tendremos una base de trabajo que nos obligará a referir continuamente la modalidad canaria a la situación lingüística de Sevilla. Veremos entonces cómo el Archipiélago es el eslabón intermedio que une la realidad andaluza del español con la aclimatación americana.

## Vocalismo

Sin que del hecho pueda inferirse ninguna discriminación sociocultural, por cuanto afecta a todos los grupos y a todos los niveles, las vocales acentuadas son extraordinariamente largas. En *Tenerife* señalé cómo este rasgo es bien conocido del andaluz y, por supuesto, del español americano. Cuando un escritor costumbrista trata de reflejar el habla popular de Las Palmas, se hace cargo de este hábito duplicando la vocal tónica: *ée* 'él', *see* 'ser', *mujée* 'mujer', *comparáa* 'comparar', *naturáa* 'natural', *Isabée* 'Isabel', etcétera.

16. *Arte para fabricar y aparejar naos* [1611], edic. Enrique Marco Dorta, La Laguna, 1964, p. 96. Sobre la lengua de esta obra, *vid.* Carlos Alvar, «La terminología naval en Tomé Cano» (*Actas del V Congreso Internacional de Estudios Lingüísticos del Mediterráneo*, Madrid, 1977, pp. 69-77).
17. Alvar, *Las Palmas*, p. 55.

Cierto es que Pancho Guerra no apunta el proceso más que en posición final, pero afecta a las vocales acentuadas cualquiera que sea su situación.[18]

Los datos que poseo de todas las Islas manifiestan la uniformidad de este tratamiento, aunque —tal vez— en la Graciosa y Lanzarote se pueda señalar un mayor alargamiento vocálico. De cualquier modo, la duración de las vocales es asignificativa desde un punto de vista fonológico; incluso cuando hay juntas dos vocales iguales, no se percibe ninguna oposición con respecto a las simples (*azahar*, *loo* 'lodo', *rehén*). Como es sabido, en castellano se ha señalado como rasgo diferencial, pero tiene carácter culto y nada popular.

En el habla de Sevilla señalé la palatalización esporádica de la -*a* final. Esta -*ä* se producía de manera asistemática y según las llamadas realizaciones independientes. En las Islas encontramos una situación semejante. En la isla de la Graciosa, en algún punto de Tenerife, en Masca, en Las Palmas, -*é* ... -*a* > -*é* ... -*ä*, -*í* ... -*á* > -*í* ... -*ä*. Fenómeno que no se da en los plurales, porque la persistencia de la *h* hace que la realización sea polimórfica, aunque predomine la velar heredera de *s* (-*as* > -*ah*).

Es de señalar el cierre de la -*o* de manera casi sistemática, que se cumple en todo el Archipiélago, de tal modo que escritores costumbristas como Pancho Guerra escriben *gediondu, cochinu, mou* 'modo', aunque sean casos de notoria exageración. La variante cerrada de la *o* se cumple en los hablantes de niveles sociales inferiores, aunque con carácter de realizaciones indiferentes, por lo que su documentación es abundantísima.[19]

## El consonantismo

Como rasgos más importantes tomaremos en consideración la pérdida de -*d*-, el seseo y la *ce* postdental, las nasalizaciones, el sistema de las palatales y la aspirada. En ellos veremos el carácter meridional de estas hablas y su propia originalidad.

La -*d*- presenta un tratamiento polimórfico: pérdida o conservación se daba en todas las islas, aunque en las hablas populares predomina la pérdida.[20]

La *s* es predorsal, fricativa, sorda, y se aspira como en Andalucía. Hay

---

18. Pancho Guerra es un escritor costumbrista, autor de unos *Cuentos famosos*, unas *Memorias* y *Siete entremeses* (3 vols.), Las Palmas, 1966-1967. Su vocabulario fue recogido en la *Contribución al léxico popular de Gran Canaria*, Madrid, 1965.

19. La bibliografía sobre hablas locales va siendo abundante, *vid.* M. Alvar, *El español hablado en Tenerife*, Madrid, 1959; M. Almeida, «El habla rural grancanaria» (*Anuario Universidad*, La Laguna, I, 1984, pp. 9-47); M. Alvar, «Notas sobre el español hablado en la isla de La Graciosa (Canarias orientales)» (*Rev. Filología Española*, XLVIII [1965], pp. 293-319); «Sociología de un microcosmos lingüístico (El Roque de las Bodegas, Tenerife)» (*Prohemio*, II [1971], pp. 5-24); A. Lorenzo Ramos, *El habla de los Silos*, Santa Cruz de Tenerife, 1976; Juan Régulo, *Notas acerca del habla de la isla de La Palma*, La Laguna, 1970; R. Trujillo, «Hablar canario» (*Lenguas peninsulares y proyección hispánica*, Madrid, 1986, pp. 173-174); *id.*, *Lenguaje y cultura popular en Masca*, La Laguna, 1974; José A. Samper, *Estudio sociolingüístico del español de Las Palmas de Gran Canaria*, Las Palmas, 1990. Aparte obras ya citadas.

20. *Vid. Estudios canarios*, I, pp. 90-92.

diversas variantes de la sibilante que dependen del entorno fónico. En posición final absoluta puede realizarse como -*h* o como ø, en cuyo caso se igualarían singular y plural. Ante palabra empezada por vocal, esta -*s* puede enlazarse como *h (lah-ora)* o como *s (las-ora)*. Como en andaluz, la *s* ante consonante sorda se aspira e incluso se asimila a la consonante siguiente (*eppeho* 'espejo', *deccarso* 'descalzo', *digutto* 'disgusto'), aunque las realizaciones polimórficas son constantes. El mismo tratamiento se da cuando -*s* + *cons.-sorda* están en palabras diferentes, mientras que si se trata de -*s* + *b, d, g* hay soluciones semejantes, también, a las andaluzas. Bástenos como muestra el caso de -*s* + *b*-:

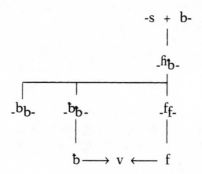

En Las Palmas se oyen realizaciones como *la'''m baca* 'las vacas', con diversa distribución social del fenómeo.

Situación especial es la de la isla del Hierro.[21] Allí el mantenimiento de la *s* implosiva ha dado lugar a variadas explicaciones inadmisibles. Se trata de una tendencia a conservar la -*s* implosiva en posición final absoluta, pero no es una *s* castellana; en posición implosiva, y ante consonante sorda, puede haber conservación, aunque lo más frecuente sea la aspirada; en contacto con consonante sonora, se producen las metafonías de *b, d, g,* a que hecho mención. Es notable que esta -*s* final pueda desarrollar una -*e* paragógica, lo mismo que en otros sitios (NE de Tenerife, por ejemplo, apare tras -*r*). En resumen, la *s* herreña es predorsoalveolar muy dentalizada. La posición del ápice hace que pueda oírse un timbre parecido al de la *ce* castellana, pero nunca interdental, sino postdental. Esta *ce* la descubrí en Tenerife y hoy sabemos que tiene ancha difusión en el mundo hispánico. La publicación de los espectrogramas de varias localidades de Fuerteventura, creo que aclara la cuestión para siempre.[22] La presencia de la *ce* postdental no debe extrañar si nos atenemos a los hechos: al parecer, como en todos los sitios, el timbre ciceante no debe ser moderno, pues se documenta desde hace siglos y pertenece a las clases más bajas: /*s*/ y /*ce*/ son alófonos —siseante o ciceante— de un mismo fonema.

---

21.    M. Alvar, «La articulación de la *s* herreña (Canarias occidentales)» (*Phonétique et Linguistique Romanes. Mélanges offerts à M. Georges Straka*, I, Lyon-Estrasburgo, 1970, pp. 105-114).
22.    «Sobre la *ce* postdental» (*Est. canarios*, I, pp. 65-70).

## Las nasalizaciones

En posición final absoluta, la -*n* puede articularse como velar.[23]. La no pertinencia de este rasgo se comprueba por su desaparición cuando la palabra siguiente empieza por vocal: entonces recupera su carácter alveolar. En posición final absoluta, la -*n* puede nasalizar a la vocal anterior y desaparecer (más raramente si va en el interior de palabra) y, en Las Palmas, se tienen por peculiares nasalizaciones como el *cafén y leche* o, según los escritores costumbristas, *lan don* 'las dos', *mitán del año* 'mitad del año'. En el grupo consonántico *nh*, en las clases populares, llega a desaparecer la *n*, embebida por la vocal anterior *(enherto)*, producir metátesis *(ehnebrar* 'enhebrar') o desaparecer *(naraha* 'naranja').

## Las palatales

La distinción de *ll / y* es un fenómeno rural y no urbano. Lo que no quiere decir que distinción o no distinción sean fenómenos perfectamente deslindados; antes bien, se manifiestan muchas veces entreverados, como resultado del polimorfismo.

La articulación de la *y* es muy abierta y vocalizada, lo que enlaza la cuestión con la articulación de la *ch*. Porque esta *ch* (aparte articulaciones como la castellana) es muy adherente y formará correlación con esta *y* abierta, con lo que se habrá formado una oposición basada en el grado de abertura y, menos, en el de sonoridad; mientras que en el caso de *ch* muy palatal, la *y* menos abierta establecerá una oposición de sonoridad. La *ch* adherente se da en zonas canarias de América (Puerto Rico, Costa de Venezuela, Luisiana) y es totalmente distinta de la castellana. Pero no se trata de un nuevo fonema, sino que es una realización fonética de /*ch*/.[24]

## Las aspiradas

La *h*- inicial, procedente de una aspirada castellana (a su vez de F- latina) presenta casos de polimorfismo en un mismo hablante [*hoyo*] / [*oyo*], aunque no siempre la conservación de *h*- sea tilde de un determinado grado de cultura, ni la *h* sea siempre igual, pues hay aspiradas laríngeas o faríngeas. Bien es verdad que la nivelación que impone la lengua general lleva a la pérdida de la *h*-, por lo que se puede pensar en cierto ruralismo de la conservación. En posición intervocálica, [*h*] se realiza como sonora cuando se corresponde con la [*x*] castellana.

23.  *Las Palmas*, pp. 120-122; Trujillo, *Masca*, p. 46, etc.
24.  *Las Palmas*, pp. 124-128. En cuanto a la *ch*, *vid.* «Datos acústicos y geográficos sobre la *ch* adherente», en colaboración con A. Quilis [1966] (recogido y ampliado en *Est. canarios*, I, pp. 71-78).

En el sistema fonológico se proyectaría así la descripción anterior:

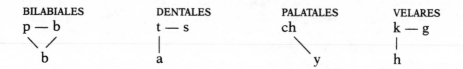

BILABIALES          DENTALES          PALATALES          VELARES
p — b               t — s             ch                 k — g
   b                   a                      y             h

Frente al castellano común que tendría:

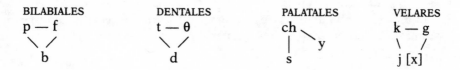

BILABIALES          DENTALES          PALATALES          VELARES
p — f               t — θ             ch                 k — g
   b                   d                 │  y               j [x]
                                         s

Reduciendo todo a un cuadro:

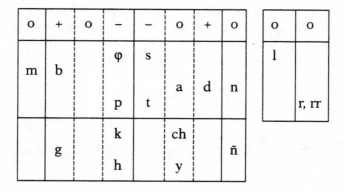

| o | + | o | – | – | o | + | o | | o | o |
|---|---|---|---|---|---|---|---|---|---|---|
| m | b | | φ | s | | | | | l | |
| | | | | | a | d | n | | | |
| | | | p | t | | | | | | r, rr |
| | g | | k | | ch | | | | | |
| | | | | | | | ñ | | | |
| | | | h | | y | | | | | |

+, sonoras; –, no sonoras; o, sin oposición sonoridad es sordez

## Morfología[25]

Hay cambios de género (*el ubre, el costumbre; la puh, la tihne*) y, en ocasiones, se dota de terminación femenina a los sustantivos que tienen este género gramatical (*la chincha, la liendra*).

En los pronombres debe anotarse *losotros* por *nosotros*, *los* por *nos* (por repercusión del pronombre *le*). El fenómeno no es exclusivamente canario, pero sí es en las Islas donde tiene mayor vitalidad. Sociológicamen-

25.   Aparte los estudios de carácter general, *vid.* Germán de Granda, «La evolución del sistema de posesivos en el español atlántico» (*Bol. Real Acad. Española*, XLVI [1966], pp. 69-82); A. Lorenzo Ramos, «Observaciones sobre el uso de los pronombres en el español de Canarias» (*II Simposio Internacional Lengua Española*, Las Palmas, 1984, pp. 253-264).

te es rasgo de gentes que tienen escasa cultura. No existe *vosotros*, como no existe en andaluz occidental ni en español de América.

En el verbo, *-emos* es un vulgarismo muy difundido, lo mismo que *-ate(s)*, *-ite(s)* es realización polimórfica de *-oste*, *-iste*. Es conocida la traslación acentual en *véngamoh*, *vuélvanoh*, pero no se da en el presente de indicativo *(hacemoh)* ni en el perfecto absoluto *(hicimoh)*. Y en romances tradicionales todavía aparecen *tratón* 'trataron', *sentensión* 'sentenciaron', lo mismo que se dan diferencias semejantes entre los textos romanceriles judeo-españoles y el dialecto coloquial. Añádanse otros arcaísmos como *ía* 'había', *vide* 'vi', *tate* 'guárdate'. Rasgos todos ellos que no ocupan ninguna posición en las estructuras vivas.

El cambio de conjugación se documenta en *flurir* 'florecer', *marguyir* (junto a *marguyar*) 'chapuzar', *sernir* 'cerner', *roir* 'roer'.

## El léxico

En el habla viva son muy escasos los guanchismos:[26] *baifa* 'cabra', *belete / beletén* 'calostro', *gánigo* 'lebrillo', *gofio* 'harina tostada', *gore* 'pocilga', *perenquén* 'lagarto', *tabaiba* 'arbusto euforbiáceo', *tenique / tínquene* 'piedra del hogar', etc. Más abundantes son los occidentalismos y portuguesismos, según señalaron los Millares, Wagner, Pérez Vidal: *andoriña* 'golondrina', *baña* 'manteca', *casal* 'pareja', *empatar* 'alargar', *engazo* 'raspajo', *fañoso* 'gangoso', *ferraja* 'robín', *garepa* 'viruta', etc.[27]

Hay, como es lógico, andalucismos (*abulaga* 'aulaga', *afrecho* 'salvado', *cigarrón* 'saltamontes', *empleita*, *tunera*, etc.),[28] americanismos (*alegador* 'discutidor', *cachazudo* 'especie de gusano', *cucuyo* 'luciérnaga', *guagua* 'autobús', *rasca* 'borrachera', *tarro* 'cuerno', etc.)[29] y arcaísmos (*antier*, *cadenado* 'candado', *gago* 'tartamudo', *lenguaraz* 'charlatán', *mercar* 'comprar', *mesmo*, etc.).[30]

26. José Pérez Vidal, «Arabismos y guanchismos en el español de Canarias» (*Rev. Dial. y Trad. Populares*, XXIII [1967], pp. 31-41); Gerhard Rohlfs, «Contribución al estudio de los guanchismos en las Islas Canarias» (*Rev. Filol. Española*, XXXVIII [1954], pp. 83-89); Carl Graebel, *Estudios sobre las Islas Canarias. Algunas palabras en Guanche*, Buenos Aires, 1938; del mismo, *Estudios sobre las Islas Canarias. Guanche*, Buenos Aires, 1939; Dominik Josef Wölfel, *Estudios canarios*, Hallein, 1980; del mismo, *Monumenta Linguae Canariae*, Graz, 1965.

27. Son muchísimos los estudios sobre portuguesismos en canario. Fue José Pérez Vidal quien se esforzó en aclarar estos problemas; por eso cito únicamente unos pocos trabajos suyos: «Clasificación de portuguesismos del español hablado en Canarias» (*Actas do V Colóquio Int. de Estudios luso-brasileiros*, Coimbra, 1966, t. III, pp. 5-10), «Fenómenos de analogía en los portuguesismos de Canarias» (*Rev. Dial. y Trad. Populares*, XXIII [1967], pp. 55-82), «Portuguesismos en el español de Canarias» (*El Museo Canario*, V [1944], pp. 30-42), etc.

28. Julio Fernández-Sevilla, «Andalucía y Canarias: relaciones léxicas» (*I Simposio Int. Lengua Española*, Las Palmas, 1981, pp. 71-125).

29. Manuel Alvar, «La terminología canaria de los seres marinos» (*Anuario Estudios Atlánticos*, XXI [1875], pp. 448-450); Antonio Llorente, «Comentarios de algunos aspectos del léxico del t. II del ALEICan» (*I Simposio Int. Lengua Española*, Las Palmas, 1981, pp. 312-313).

30. Cristóbal Corrales, «Arcaísmos léxicos en el español de Canarias y de América» (*II Jornadas de Estudios Canarias-América*, Santa Cruz de Tenerife, 1981, pp. 223-237); Pedro Cúllen, «Algunos de los arcaísmos de los subsistentes en el léxico popular canario» (*El Museo Canario*, XXI [1960], pp. 159-166); Juan Régulo, «Notas léxicas acerca de *beo*, *esteo* y *redina* antiquísimos supérstites en Canarias» (*Estudios ofrecidos a E. Alarcos*, t. IV, 1979, pp. 255-278).

Pero lo que es de resaltar ahora es, de una parte, la caracterización del español en el vocabulario canario y, de otra, la originalidad interna del léxico insular. Por lo que respecta a las primeras consideraciones nos ponemos en contacto con unos procesos de adaptación del castellano a la nueva realidad[31] con metáforas que dan vida a la herencia recibida (*lagarto* 'biceps', *hierba blanca* 'hierba de hojas algodonosas', *drago* 'árbol característico de las Islas') con animalizaciones expresivas (*lengua de agua* 'llantén', *ojo de buey* 'crisantemo', *pie de gallo* 'digital', *raposa* 'portadera de los vendimiadores'), con personificaciones de aire real (*sepulturero* 'mantisa', *vieja* 'un pez (Scarus cretensis)', *catalineta* (cierto pez), o con recuerdos hagiográficos cargados de ternura *(vara de San José* 'jacinto, flor', *cardo Cristo* 'alazor', *lágrimas de María* 'carraspique').

Por razones de geografía, la terminología marinera es variada y compleja.[32] Las Islas pertenecen a la llamada región ictiológica mauritana, ordenación que condiciona los hechos biológicos, pero es también una buena hipótesis de trabajo. En la terminología de los seres marinos hay casi un millar de preguntas que tienen que ver con este mundo tan variado. Así, hay términos prehispánicos que se denuncian por el formante *ta-* (en bereber *t* prefijo de femenino + *a-* prefijo de singular: *tabaga* 'especie de múgil', *tabaque* 'verrugato', *tasarte* 'albacora'), así los lusismos, como en el vocabulario general (*abade* 'mero', *bucio* 'una suerte de molusco', *fula* 'castañeta', *chopa* 'sábalo', *cardume* 'banco de pescado', etc.), así los americanismos y pseudoamericanismos (*guachinango* 'dentón', *peto* 'volador, paparda', *bicuda* 'espetón'), los andalucismos (*aguja palagar* 'pez espada', *burgado* 'unas clases de molusco', *corvinato* 'cinta', 'corvallo', *espadarte* 'pez espada', *robalo* 'chucho'), los catalanismos (*anjova* 'anchoa', *rascaé / rascás* 'Scorpaena scrofa'), vasquismos (*tollo* 'cazón', *guelde* 'morralla'), o, por último, creaciones insulares (*chamorrito* 'cría del bocinegro', *diana* 'hembra del pulpo blanco', *lebrancho* 'pardete', *medregal* 'pez de limón', *sama* 'variedad de lisa', etcétera). Sobre un fondo castellano común hay 47 términos ajenos a la lengua general; de ellos un 53 % proceden del portugués; 30 % del andaluz y poco significa un 6 % de términos bereberes.

Si descendemos a la realidad de cada isla, podemos encontrar la fuerte personalidad que posee su léxico frente al común, pero sin romper la unidad que nos mantiene juntos.[33] La isla del Hierro manifiesta su personalidad de manera abrumadora (*atillo* 'vencejo', *trancar* 'amarrar el yugo', *mosquero* 'cojugada', *ratón* 'murciélago', etc.), muy lejos sigue la isla de la Gomera (*tursa* 'flor del maíz', *ropa* 'farfolla', *tarozo* 'carozo', etc.), la siguen

31. Manuel Alvar, «Adaptación, adopción y creación en el español de las Islas Canarias», en *Variedad y unidad del español*, Madrid, 1969, pp. 147-174; «Dialectología y cultura popular en las Islas Canarias» (*Litterae Hispaniae et Lusitanae*, Hamburgo [1968], pp. 17-32).
32. Manuel Alvar «La terminología canaria de los seres marinos» (*Anuario Estudios Atlánticos*, XXI [1975], pp. 419-469); «Cuestionarios de láminas: el A[tlas] L[ingüístico] del M[editerráneo] y las investigaciones en Gran Canaria» (*Bolletino dell'Atlante Ling. Mediterràneo*, VIII [1966], pp. 33-43); Manuel Alvar Ezquerra, «La ictionimia en el *Diccionario de Historia Natural* de Viera y Clavijo (*Actas V Congreso Int. Estudios Lingüísticos del Mediterráneo*, Madrid, 1977, pp. 233-267).
33. Manuel Alvar, «Originalidad interna del léxico canario» (*I Simposio Int. Lengua Española*, Las Palmas, 1981, pp. 225-272).

La Palma (*látigo* 'medima', *luir* 'crecer el pan') y Gran Canaria (*chavetero* 'clavijero', *testero* 'borrén', *gallina* 'ampolla'); después Fuerteventura y Lanzarote no acusan demasiadas discrepancias (*bastilla* 'sudador', *esnillada* 'nuez vana', *cuentas* 'mamellas') y, por último, Tenerife es la isla que presenta menos innovaciones, porque se relacionó más con el exterior y, con Gran Canaria, es un foco de nivelación. Los ejemplos aducidos son muestras de una enorme variedad según se ve por la consideración del atlas insular en el que, de 789 mapas, hay 96 que muestran la independencia léxica de alguna isla.[34]

## El silbo gomero

Sobre el lenguaje que se usa en la isla de la Gomera, hecho de silbos y para comunicarse desde lejanías, se ha escrito mucho y no siempre bien.[35] Hay un libro fundamental de Ramón Trujillo, al que voy a seguir. Se trata de un lenguaje con una estructura doblemente articulada, pero no es un mecanismo convencional, «sino elaborado sobre las mismas bases analíticas que utilizan todas las lenguas naturales del mundo».

Las vocales se reducen a dos (grave y aguda) y las consonantes, a cuatro, formando dos pares de contrastes (grave / agudo, interrupto / continuo). En la grave continua se comprenden /m, b, f, g, h/, en la grave interrupta /p, k/, en la aguda continua /n, ñ, l, r, ll, y, y/ y en la aguda interrupta /t, ch, s/. De este modo el lenguaje que se puede articular es «más precario que el del idioma que sustituye». Es un mecanismo sustitutivo, basado sobre la doble articulación de los códigos naturales, lo que lo diferencia de los códigos de señales. Puede transmitir cualquier mensaje, pero la descodificación resulta muy difícil dada la precariedad de los elementos con que cuenta.

---

34.  He aquí unos cuantos repertorios léxicos (dejemos aparte los citados en las notas 2 y 18): Sebastián de Lugo, *Colección de voces y frases provinciales de Canarias* (edic. y notas de J. Pérez Vidal), La Laguna, 1946; Agustín Millares Cubas, *Cómo hablan los canarios*, Las Palmas, 1932; José de Viera y Clavijo, *Diccionario de Historia Natural de las Islas Canarias* (edic. dirigida por M. Alvar), Las Palmas, 1982.

35.  Es fundamental la obra de Ramón Trujillo, *El silbo gomero. Análisis lingüístico*, Santa Cruz de Tenerife, 1978. *Vid.*, también, André Classe, «La fonética del silbo gomero» (*Revista de Historia*, XXV [1959], pp. 56-77).

# EL JUDEO-ESPAÑOL

# EL LADINO

por MANUEL ALVAR

## De los orígenes

La creación de una lengua culta debe enfrentarse con mil problemas erizados de dificultades.[1] Y muchos más si lo que se intenta es verter la *Biblia* a un idioma moderno y verterla desde los textos originales y no desde intermediarios que ayuden al quehacer, aunque existan. Lenguas de carácter en nada semejantes, con un vocabulario de muy difícil correspondencia, sin existir la arqueología, con una filología más que rudimentaria, carentes de los conocimientos históricos que hoy poseemos, etc. ¿Pensamos alguna vez en la gran aventura intelectual que esto significa? ¿Y en los logros que se consiguieron hace, casi, ochocientos años? Porque lo que sorprende es el valor de aquellos sabios y la audacia con que resolvieron los problemas. Fueron elaborando una lengua según las exigencias que requería el texto y adaptaron el hebreo o revisaron su latín o reacomodaron el romance. Y entonces esa lengua culta resultó estar transida de cultismos y, a la vez, de términos populares que sólo en ella existieron y que, sin embargo, están modelados como otras muchas voces patrimoniales. Y no terminan aquí las zozobras que asaltaron a tales eruditos, sino que, además, tuvieron que afrontar las dificultades inherentes a la propia fe. Porque los cristianos podían desentenderse de lo que los judíos interpretaran, porque ellos poseían una verdad revelada, pero los hebreos tenían que salvar su propia verdad, sin que la modificaran los tamices de la nueva religiosidad y esto nos lleva a la creación de una lengua sacralizada, que poco o nada tiene que ver con la lengua coloquial y que —como un fósil— durará durante siglos, hasta nuestros días: el ladino.[2]

En torno a Alfonso X se desarrolla una actividad traductora que dio los mejores frutos. El rey necesitaba fuentes documentales para su *Grande e*

1. Para esta introducción, *vid.* Manuel Alvar, «Sobre las versiones bíblicas medievales y su repercusión» («*In Memorian*» *Inmaculada Corrales*, La Laguna, 1987, pp. 37-46).

2. Que nos sirva como planteamiento general el trabajo de Margherita Morreale, «El Glosario de Rabí Mosé Arragel en la *Biblia de Alba*» (*Bulletin Hispanic Studies*, XXXVIII [1961], p. 149). Joël Saugnieux ha hablado del gran movimiento cultural que llevó a las primeras traducciones bíblicas en castellano (*Cultures populaires et cultures savants en Espagne du Moyen Âge aux Lumières*, Lyon, 1982).

*General Estoria* y la *Biblia* le vino a ser la mejor —y muchas veces, única—
información. No extraña que de su tiempo nos hayan llegado diversas ten-
tativas y que hoy contemos con una colección de textos de singular valor.
En 1927 se publicó un *Pentateuco*, importantísimo para nuestra historia
cultural. Sus editores señalan que de los tres manuscritos que utilizan, sólo
el I-j-3 «representa la prosa hebraizante tan difundida por la Biblia de Ferrara [...] y es el único que sigue al texto hebreo». A éste, pues, nos vamos
a referir: se copió en el siglo XV, y en la disposición de los libros sigue la
tradición hebraica. Pertenece, como los manuscritos I-j-8, I-j-6 y otros varios a un gran movimiento cultural que cristaliza entre los años 1250-1280,
pero hemos de puntualizar: el concilio de Letrán (1215) tendería a una «reconquista espiritual» y a una «cruzada pedagógica» proponiendo la lectura
de la *Biblia*, pero éste es un problema ajeno al que nos ocupa. Alfonso el
Sabio hace traducir los libros sagrados para unos fines historiográficos
harto diferentes de los que Saugnieux[3] señala y, por otra parte, la fidelidad
hebraica escasamente convenía a tales fines: al componer una lengua basada en la sintaxis hebrea, poco se acercarían los libros religiosos a gentes
que seguirían sin entenderlos. Hacía falta vulgarizar lo que estaba lejos de
quienes no poseían más instrumento lingüístico que su propio romance y
sólo el «román paladino» cumplía con tales fines. Mientras que reacomo-
dar el castellano a las exigencias del hebreo significaba una sacralización
ajena a las pretensiones del concilio de Letrán. Las traducciones de la *Biblia* se manifestaban con alcances muy distintos: de una parte, ayudar a los
iletrados o a los semiletrados; de otra, crear una lengua religiosa de apariencia vulgar, pero apartada de los usos vulgares. De ahí que para el primer fin bastara con una versión romanceada de cualquier texto bíblico (habitualmente sería la versión *Itala* o *Vulgata*) y se dirigía a los fieles cristianos; para el segundo de los fines sería imprescindible el texto hebreo y se
dirigiría —sólo— a los fieles judíos. En este planteamiento hay ya una notoria contradicción, porque los judíos hablaban una lengua que era común
a ellos y a los cristianos y entenderían tan mal como éstos hubieran entendido esas versiones en la lengua falsa, jamás hablada, y escrita para
unos fines exclusivamente religiosos. La incoherencia entre esta lengua sacralizada y los principios divulgadores que se proponía suscitaría en el siglo XVI la repulsa de algunos sabios, opuestos al menester ferrarense, que
alcanzaría su culminación en el siglo XVIII, pero, aun tan lejos de sus orígenes, ese español hebraizado superó lo que le era hostil desde la lógica y
la lingüística,[4] y llegó a nuestros propios días. Es necesario regresar a nuestro punto de partida.

        3.   *Vid.* nota anterior, y la edición de A. Castro, A. Millares y A. Battistessa, *Biblia medieval ro-
manceada. I. Pentateuco*, 1926. R. Oroz publicó un trabajo sobre léxico del manuscrito I-j-8 en el *Boletín del Instituto de Filología Universidad Chile*, IV, 1944-1946, pp. 231-244.
        4.   Manuel Alvar, *La Leyenda de Pascua. Tradición cultural y arcaísmo en una «Hagada de Pe-
sah» en judeo-español*, Sabadell, 1986. En Pascua se acostumbraba a leer la paráfrasis caldaica «de los
divinos Cantares de Selomoh» y para cumplir con esta devoción Selomó Laniado imprimió (Venecia,
1609) la bellísima edición, que es una joya bibliográfica.

Esta lengua sacralizada, no hablada, sino escrita y con una literatura que tuvo un glorioso esplendor es el *ladino*.[5] La historia externa de la palabra no ofrece ningún problema, las cuestiones se enmarañan en el mundo de los significados. Ya Diez señaló una serie nada escasa de valores: 1) Lengua latina. 2) Conocimiento de saberes [en fr. «está al cabo de su latín»]. 3) Valor disfemístico [«sabe mucho latín»]. 4) Lengua latina [prov. «habla en su latín»].

Meyer-Lübke amplió la nutrida colección: it. *latín de mano* 'de manos prontas'; en toscano, *via latina* 'camino fácil'; lombardo, *laín* 'italiano', *alainar* 'contar'; port. *ladinho* 'puro'; en los frisones, judeo-esp. y dalmático, 'lengua propia'; 'lengua popular' en Berceo; *látin, létin* 'católico', en rumano. Nuestros diccionarios dan las equivalencias de 'astuto', 'romance opuesto al árabe', 'lenguaje artificioso', 'sagaz'. Sin embargo, las cosas no son tan sencillas como aparecen y, sobre todo, encierran numerosos problemas históricos y culturales.

El adjetivo *latino* evolucionó a *ladino* en español. En el *Vocabulario ecclesiástico* de R. Fernández de Santaella (1499) hay algún texto, al parecer, claro. Así: «Uirgilio *cento. tonis.* pe. pro. en el accusativo del plural *ladino* virgilio *centones.* Dixose vn poema o copilacion de ciertos versos de virgilio» (f. 3 v), «las mas correctas biblias tienen beelphoegor de beel y phoegor que era nombre de vn monte donde tenian aquel ydolo, el qual llamaron los *ladinos* priapo» (s.v. *belphego*), «Oleum, lei. neu. g. en nuestro vulgar tomado del arauigo se dize azeite. En vero *ladino* olio».

Evidentemente, *latinus* es un adjetivo derivado de *Latius*, 'lo que es propio, pertenece, aparenta o parece propio del Latio'. Y, así, en español, *ladino* pasó a ser 'derivado del latín'. El término *ladino* como 'judeo-español', aunque no generalizado, se ha extendido abusivamente.

Modernamente, la documentación antigua acredita que *ladino* es, lisa y llanamente, la 'lengua en la que se escribían los textos religiosos'. Amado Alonso[6] apostillaba que en caracteres *raxí*, pero esta explicación es inexacta: *ladino* tiene que ver —sólo— con la lengua y no con la forma de escribirla y, por otra parte, la *Biblia* de Constantinopla (1547) tiene transcrito el español en caracteres cuadrados, pero no es raxí. Que este *ladino* es español no ofrece la menor duda, y su interés para nuestra lengua ya ha sido suficientemente ponderado. Pero quiero señalar un hecho básico, que es fundamental: el *ladino* no ha sido nunca una lengua hablada, sino la traducción «verbo a verbo» del hebreo o el arameo al español de textos bíblicos o de oraciones rituales. Decir otra cosa no es sino enmascarar la verdad y confundir; que nos baste el recuerdo a la adaptación de *Kol Berué* hecha por Isaac Caballero (Venecia, 1592):

> *Tu solo Eternal Padre Omnipotente*
> *A quien yo suplico por graçia humilmente*
> *Me dees tu favor en lo que he començado*

5. «Ladino», en *El español de las dos orillas* (2.ª edic.), Madrid, 1993, pp. 117-130.
6. «La *ll* y sus articulaciones en España y Portugal» *(Estudios dedicados a don Ramón Menéndez Pidal,* t. II, Madrid, 1951, p. 64, n. 2.

*Por que despues el Cedur* ladin[ado]
*Con una devoçion te suplique tu gente.*

Debo señalar aquí que los viejos testimonios que poseo de este valor atienden, sobre todo, a una acepción negativa: 'bárbaro, pueblo que habla una lengua extraña'. Las versiones del *Salmo CXIII* se inclinan por *ladinán* o por *bárbaro*; la *Vulgata* dice: «In exitu Israel de Aegypto, / domus Iacob de populo *barbaro*» y existen muchos textos de una y otra corriente. Lo que aquí interesa arranca, cuando menos, de 1552 y dura en *hagadot* de nuestros días. No voy a aducir sino lo que me es imprescindible: «En salir Israel de Egipto casa de Iahacob de pueblo *ladino*: fue Iehuda por su santidad Israel sus podestanías», «En salir Israel de Egipto, compaña de Jahacob, pueblo *ladinar*».

Estos judíos nuestros eran, como los españoles todos, *ladinos*; de donde resultó que *ladinar* era 'saber español', entre los judíos bordeleses del siglo XVIII, y *ladino* el 'romance escrito por los sefardíes', que pasó a ser luego sinónimo de *judezmo* (< *judaísmo*) o de *español*. Y esos hombres —milagro increíble— formaron nuestra lengua, la hicieron flexible, la convirtieron en instrumento maleable, entre otras cosas, intentando la prodigiosa aventura de trasladar. Tradujeron del hebreo. Y otros siglos después, un rabino de la Alcarria tentó de nuevo la hazaña; sabemos cuanto necesitamos en este momento: se llamó Mosé Arragel, era de Guadalajara, su *Biblia*, bellísima, se acabó en Maqueda el 14 de abril de 1422.[7] Mosé Arragel escribió un prólogo, erudito y literario, retórico y escolar, pero emocionante: «Los judíos de tanta prosperidad que en Castilla ser solíamos corona e diadema de toda la hebrea transmigración en hijosdalgo, riqueza, ciencia, libertad, respondiendo algún tanto a las propiedades, virtudes del rey e reino en cuya imperación somos en la muy noble Castilla.» Pero la historia no hizo caso a hermosas protestas de amor, y, al acabar el siglo, los judíos tuvieron que enfardelar.

## Las traducciones

En Constantinopla apareció un *Pentateuco*, traducido palabra por palabra desde la verdad hebrea. No es éste el lugar de discutir si Vidal Sephiha tiene o no razón al llamarla lengua calco,[8] pero es el primer testimonio de una cultura que se empieza a reelaborar en la diáspora: 1547 es la fecha temprana de la versión de estos cinco libros; después vendrán los días gloriosos de Ferrara (*Libro de oraciones*, 1552; *Biblia*, 1553), la pro-

---

7. *Biblia (Antiguo Testamento)*, edic. Duque de Berwick y de Alba, Madrid, 1920. *Vid.* Margherita Morreale, «La Biblia de Alba» (*Arbor*, n.° 177-178 [1960], pp. 47-54).

8. Haïm Vidal Sephiha publicó el *Deuteronomio* de Constantinopla (1547) y el de Ferrara (1553) en su obra: *Le Ladino. Judéo-espagnol calque* (París, 1973); de 1979 es *Le Ladino (Judéo-espagnol calque)*, dos volúmenes, París, 1979. Jakov Hassan se opone a esta tesis, *vid.* «El español sefardí (judeo-español, ladino)» (*Boletín Informativo* de la Fundación Juan March, n.° 244 [1995], pp. 5-8). El *Pentateuco* de Constantinopla de 1547 ha sido reeditado facsimilarmente por Moshe Lazar (Culver City, 1988), que publicó también la *Biblia romaceada* (ms. 87 de la Real Academia de la Historia), texto del siglo XV (Madrid, 1994).

yección hacia Amsterdam (1611). He aquí formada ya una literatura religiosa, traducida al español directamente del hebreo, y en esa lengua sacralizada a la que llamamos *ladino*.

Los judíos españoles se encontraron con la necesidad de identificarse con la verdad revelada, y tradujeron palabra por palabra; quisieron comunicar más fácilmente el sentido bíblico y buscaron la lengua por todos conocida. Y, también, se les impusieron en esta labor las versiones latinas.[9] De todo tenemos testimonios aunque no pretendamos hacer la historia acabada de cada una de estas maneras de proceder.

El primero de los recursos señalados: en las prensas de Yom Tob Atias vio la luz en Ferrara (5312 = 1552) una obra que cito como *Libro Oraciones*, verdadera joya bibliográfica en cuya portada se lee: «traduzido del Hebrayco de verbo a verbo de antiguos exemplares, por quanto los ympressos fasta aquí estan errados». Esos *ympressos*, al parecer, no se refieren a presuntos textos romances, sino a las propias *Biblias* hebreas, según probó —contra Cecil Roth— H. P. Salomon;[10] sin embargo, sí se refieren a dos hechos que en este momento nos atañen: traducir verbo por verbo y errores anteriores. La primera formulación es la que siguen los autores de Ferrara en su memorable versión de 1553 («Biblia en lengua española traduzida palabra por palabra de la verdad hebrayca») y el criterio se mantendrá en la constelación de impresiones que dependen de ella.[11] La más antigua data de 1611 y se publicó en Amsterdam; en el ejemplar del Museo Británico de Londres, único conocido, se repiten las palabras de 1553 y otro tanto ocurre en la de 1630 (cito Amsterdam, simplemente), a pesar de las modernizaciones de otro tipo que en ella se introducen. Que había riesgo en traducir de este modo bien lo sabían los sabios ferrarenses; nada menos que dos veces, insisten en la cuestión en las palabras liminares: «Y aun que a algunos paresce el lenguaje della barbaro y estraño y muy differente del polido que en nuestros tiempos se vsa, no se pudo hazer otro por que queriendo seguir verbo a verbo y no declarar vn vocablo por dos (lo que es muy dificultoso), ni anteponer ni posponer vno a otro fue forçado seguir el lenguaje que los antiguos hebreos Españoles vsaron.» Y, casi al final de las explicaciones, repite: «algunos que presumen de polidos quisieron desenquietar y hazer tornar atras este tan prouechoso trabajo diziendo sonarian mal en las orejas de los cortesanos y sotiles yngenios». Se ha planteado toda una teoría de la traducción, que haría correr no poca tinta y que por todas partes iba a inquietar.[12]

9. Véase la obra clásica de D. S. Blondheim, *Les parlers judéo-romans et la «Vetus latina»*, París, 1925. Son fundamentales las aportaciones de Margherita Morreale, «El Glosario de Rabí Mosé Arragel en la *Biblia de Alba*» (*Bulletin Hispanic Studies*, XXXVIII [1961], pp. 145-162), «Aspectos no filo-lógicos de las versiones bíblicas medievales en castellano (Esc. I.4 y Ac 87)» (*Annali coso Lingua et Lett. Straniere passo presso l'Università di Bari*, V [1962]) y «El canon de la Misa en lengua vernácula y la Biblia romanceada del siglo XIII» (*Hispania Sacra*, XV [1962], pp. 1-17), etc.

10. *Libro de oraciones. Ferrara Ladino Siddar [1552]*. Labyrinthos, Lancaster, CA, 1995.

11. *Vid.* Elena Romero, *La creación literaria en lengua sefardí*, Madrid, 1992.

12. Es memorable el *Me'an Lo'ez* o «gran comentario bíblico sefardí», apareció en 1730, en Constantinopla, y su valor es incalculable. *Vid.* la edición, comenzada en 1964, de David Gonzalo Maeso y Pascual Pascual Recuero. La *Biblia* de Ferrara ha sido reeditada muy recientemente (Madrid, 1992, con unos parcos estudios), y con introducción de M. Lazar, en Culver City, 1993.

## La Biblia de Ferrara

La *Biblia* ferrarense es la obra capital de la literatura ladina por una serie de motivos: los personajes que en ella participaron, el propio origen de su texto, la influencia que ejerció entre los protestantes españoles, las reediciones que de ella se hicieron y los textos que de ella salieron (Salterio, Cantar de los cantares, etc.) y se propagaron inmediatamente. Todo ello enmarcado en una «impresa ingente». Aunque el conjunto de estos informes es muy importante, lo que, a mi modo de ver, tiene un singularísimo valor es la teoría general de la ciencia de traducir. Que todo esto no resulta fácil de valorar es evidente a causa de las diferencias que hay entre los ejemplares que se han salvado de esta obra ingente. Antes de la divulgación del texto tenemos los temores de algunos prelados que la creyeron en relación con luteranos y herejes. En efecto, entre el 18 y el 20 de febrero de 1552, tres ilustres miembros del Concilio de Trento —y traduzco a Renata Segre— dirigieron sendas cartas al duque de Ferrara manifestándole su alarma por una noticia que habían recibido según la cual en la traducción convergían los intereses de protestantes y «marranos». Los tres prelados eran Gaspar Jofre Borgia, obispo de Segorbe; Sebastiano Pighino, vicepresidente del Concilio, nombrado cardenal hacía escasamente tres meses, y Marcello Crescenzi, legado pontificio. Pighino declara con claridad «que en Ferrara se estampa una *Biblia* en lengua española a instancias de un judío fugitivo» y Crescenzi completa que ha habido una injerencia portuguesa. A pesar del anonimato, se identificó rápidamente a Yom Atias y a Abraham Usque y a doña Gracia Naci como patrocinadora de la edición. Además, los prelados sabían del traductor que consideraban «un español luterano probablemente fugitivo»; es decir, un cristiano sospechoso de herejía. Hoy sabemos que esto carecía de fundamento, pero la influencia de la gran obra iba a ser difícil de atajar: en la primavera de 1553, los ejemplares de la *Biblia* ferrarense se dispersaron rápidamente entre las comunidades sefardíes de Europa y Levante. Además, la diligencia de Yom Atias y de Abraham Usque no se interrumpió. Había comenzado en 1552 con el *Libro de oraciones*, el *Sedar de oraciones*, el *Orden de Silhot* y siguió un año después con el *Orden de Roshasanah y Kipur*, el *Psalterium*, amén de otros libros menos significativos.

La *Biblia* de Ferrara tiene un puesto de honor en la lucha por prestigiar a la lengua vulgar. Más aún, *nuestro español* o *nuestra lengua española*, que se utilizan como elementos bien caracterizadores de un quehacer, suscita otras nuevas, e importantes, cuestiones: *el amor de la patria*, según se pone en la dedicatoria a Gracia Naci y la excelencia de un romance, según se defendió entonces, capaz de tener la misma dignidad de las lenguas clásicas, de donde habría de salir —nueva vuelta a un torniquete bien sabido— la proximidad de español y hebreo en planos que rebasan el acercamiento lingüístico, que también se adujo. Esto nos lleva al intrincado problema de la lengua y la traducción, que vendría a sugerir la interferencia de Santos Pagnini, cuya versión latina se usó y no poco; sobre todo por ser muy estimada en la Curia Romana, a pesar de ser tan distinta de la *Vul-*

*gata*, ya que su pretensión fue volver a los textos masoréticos o hebreos en su máxima pureza. Así vino a coincidir con la *Biblia* de Ferrara donde se habla de «la verdadera origen hebraica» o lo que es una vuelta a la lengua de los antiguos, según especifica bien claramente. Porque, ampliando las referencias que acabo de hacer sobre los planteamientos teóricos del arte de traducir ferrarense, me permito añadir algunos nuevos comentarios: «Y aunque a algunos paresce el lenguaje della barbaro y extraño y muy diferente del polido que en nuestros tiempos se vsa, no se pudo hazer otro por que queriendo seguir verbo a verbo y no declarar vn vocablo por dos (lo que es muy dificultoso), ni anteponer ni posponer vno a otro fue forçado seguir el lenguaje que los antiguos hebreos españoles usaron, que aunque en algo extraña, bien considerado hallarán tener la propiedad del vocablo hebraico, y ella tiene su gravedad que la antigüedad suele tener.» Y casi al final de las explicaciones, repite: «algunos que presumen de polidos, quisieron desenquistar y hazer tornar atrás este tan prouechoso trabajo diziendo sonarían mal en las orejas de los cortesanos y sotiles yngenios».

No de otro modo a como se había expresado Abraham Aben Usque en el *Prólogo* del *Psalterio* español, impreso en la propia Ferrara (1553).

> Despúes que los pasados días [...] fui en la trasladación de la biblia en lengua español con muy sabios y expertos letrados hebraycos confrontando empero en todo con las trasladaciones latinas que fasta aquí salieron a luz [...] y trabajé siempre seguir quasi en todo la phrasis hebrayco por no poder salir del senso [...] Aunque claro conosco parescera rudo cotejandolo con el moderno español. Mas quise antes tener respeto a la vera trasladación y origen de donde trasladaua, que a la pulideza de la lengua español en que trasladaua.

Se ha planteado toda *una teoría de la traducción* que haría correr no poca tinta. Esto suscita una nueva cuestión: la de la elegancia o *polidez* que se da en la *Biblia* de Ferrara se encuentra en un cierto semitismo atenuado, en la morfosintaxis y no pocos términos de aquella lengua sacralizada que fue el ladino (*Dio, circunción, templaciones*). Según M. Morreale, no hay ningún texto hebraico que pueda considerarse antecedente del ferrarense, antes bien parece como si en algún momento hubiera una *vulgata ladina* subyacente, pues en la *Biblia* de Ferrara traducción podría corresponderse con la transformación de un texto antiguo, según pudo señalar G. Sachs al ver cómo esta versión presentaba en ocasiones una antigüedad mayor que las versiones medievales que entonces se conocían. Sabemos de algunas de estas traducciones previas, aunque no las hayamos encontrado, pero bien puede valernos un testimonio de fray Pedro de Valencia («Demas d'estas librerias, he tenido noticia de otras muchas, y de *Biblias* con glosas y otros libros muy curiosos en romance») o este otro de don Luis de Guzmán, gran Maestre de la Orden de Calatrava: «las *Biblias* que oy son falladas el su romance es muy corrupto» (*Biblia* de Arragel de Guadalajara) y, por último, en 1478, los hebreos aragoneses firmaron con Pablo Hurus de

Constanza un contrato para que les imprimiera en dos años setenta y nueve libros en romance.

Los problemas se enraciman y no acaban, pero en algún punto tendremos que terminar estos comentarios, que siguen fielmente al tratado de Margherita Morreale,[13] pero no quisiera concluir sin tener en cuenta algo que me parece imprescindible: es necesario distinguir entre la comprensión del traductor y la del lector y ello obliga a nuevas elaboraciones del texto. Entonces vemos a la *Biblia* de Ferrara como un mosaico en el que algunas piececillas pudieran encajar en un sentido y otras en otro, pues es cierto que los cotejos hechos hasta ahora no permiten «presumir un arquetipo o aplicar criterios ecdóticos», pero menos se puede prescindir de ellos como testimonio de una memorización o de una tradición escrita, aunque las partes más repetidas (salmos, cánticos) presentan una sustancial fijación, se ha dicho que comparable al texto español del *Padrenuestro* fijado en el siglo XIII y valedero hasta el siglo XX.

## Acción y reacción

La *Biblia* de Ferrara no anduvo sola. El mismo año de 1553 y en la misma ciudad se imprimió un *Salterio* en el que se repiten las especies del prólogo anterior, lo que hace pensar en cercanas vinculaciones. En cuanto a los errores, nos sitúan a estas traducciones dentro de una gran tradición que nosotros descubrimos por otros caminos, ahora conocidos, pero entonces ignorados. Pienso en las versiones que arrancan del quehacer alfonsí y que se perpetúan, a través de Moshé Arragel de Guadalajara, hasta los tórculos renacentistas y las prensas de hoy. Más aún, de finales del siglo XV es un libro de oraciones para mujeres, que, conservado en la biblioteca de París, acaba de ser publicado (Lancaster, CA, 1995).

Estamos asistiendo a una tradición que intenta crear una lengua sacralizada, válida para unos fines, pero separada de los usos cotidianos. Postura que no es única, ni siquiera nueva. Pero también —ni aislados, ni nuevos— están los hombres que intengan llevar la palabra de Dios a las entendederas de los simples mortales. Ya en el siglo XVI, Yosseph Franco serrano, profesor de lengua hebrea, atacó directamente el proceder ferrarense: «Por quanto unos traduxeron los Santos Libros en lengua Española, palabra por palabra del Hebreo, pensando hazer con ello mas facil la inteligencia de sus expresiones y conceptos, y los obscurecieron de manera que no es posible al Proffesor de los Divinos estudios dar a entender por ella el real intento de la divina palabra en algunos casos, por hazer sentido differente en extremo, y opuesto tal vez a lo que exprime el Hebreo.»

En el siglo XVIII culminó el asalto. El *Orden de las oraciones de Ros-ashanah y Kipur* (5500 = 1740) de Isaac Nieto tal vez signifique la oposición más coherente de cuantas conozco. Creo fundamental la declaración de

---

13. M. Morreale, «La Biblia de Ferrara» 450 anni dopo la sua publicazione» (*Atti della Academia Nazionale dei Lincei*, CCCXCI [1994], pp. 133-233).

principios que hay en la misma portada: «nuevamente traduzidos, conforme el genuino sentido del original hebraico, por estilo corriente y fácil». Tras estas pocas palabras, toda una teoría de la traducción en sus aclaraciones «al pío y devoto lector». La cita viene a dejar sin sentido a esa lengua religiosa a la que llamamos ladino; la referencia se sitúa en una gran tradición hispánica que, desde fray Luis de León, venía dignificando la lengua vulgar haciéndola apta para los más nobles menesteres, que tiene conciencia de la unidad lingüística del español, con independencia de credos, y que intuye más lejos de su tiempo algo que no han visto todos los escoliastas de ayer y de hoy: castellano o hebreo, pero no transparencias infieles. He aquí la joya que comento:

> [...] Son muy antiguas las quexas que forman casi todos sobre la *version* de nuestras sagradas oraciones, en la lengua castellana, y a ella imputan muchos la falta de devoción [...] no entendemos (dizen) lo que dezimos y como se ha de imprimir la devoción por via de palabras sin sentido? Esta llena essa version de palabras *impropias*, *barbaras*, *antiguas* y *toscas*; está en un estilo poco *inteligible* e indigno de implorar en él al Eterno y Omnipotente Dios. Si se puede reformar, y darle un verdadero sentido, en las más propias palabras, y más inteligibles de la lengua, por que no se ha de hacer? Hemos de venerar los yerros por antiguos? Hemos de respectar la impropiedad por anciana? Si las lenguas alteran con el tiempo, enmiéndense las versiones a medida que aquellas se reforman [...] si rezamos en castellano, es porque ignoramos la lengua hebraica, es porque no entendemos los hebraismos; si la versión está llena dellos, es hazernos rezar en castellano-hebraico; que no es ni hebraico ni castellano.[14]

Y, sin embargo, otros dos siglos después, el arcaísmo no había perdido vigencia, la ininteligibilidad lingüística seguía incomunicando a los fieles de la Verdad y el ideal que Juan de Valdés postuló en el siglo XVI había quedado arrumbado en el olvido: la *Hagadá* que comento volvía a todo lo que se había pretendido desterrar.[15]

Pero los sabios judíos no estaban solos en sus preocupaciones. La palabra de Dios era también de los cristianos, y éstos la tradujeron al latín y, luego, al romance.[16] Al hablar de Arragel de Guadalajara, Margherita Morreale nos da una clave: La *Biblia de Alba* es «el grado más alto de imitación del latín. Dicha latinización se produce no sólo por el afán de acercarse a la dicción jeronimiana, sino también por la atracción que la sabiduría de los antiguos, significada y 'moralizada', ejerce en los escritores del siglo XV, bien sean judíos, o conversos o cristianos viejos».[17] La semilla siguió fructificando: fácilmente lo confiesa el *Psalterio* ferrarense de 1553 y

---

14. *Leyenda de Pascua*, ya cit. p. 45.ª
15. Una versión amplia de los esfuerzos de los traductores se encuentra en el libro de Elena Romero, que ya he citado, pp. 31-106.
16. «Alcuni aspetti filologici della storia della volgarizzazioni castigliani medioevali della Biblia» (*Saggi e ricerche in memoria di Ettore Li Gotti*, V. Palermo, 1962, pp. 5-23); «Latín eclesiástico en los libros sapienciales y romaneamientos bíblicos» (*Boletín de la Real Academia Española*, XLII [1962], pp. 461-477), etc.
17. «El Glosario de Rabí Mosé Arragel en la *Biblia de Alba*», ya citado, p. 151.

más de una vez tendremos que recurrir a la *Vulgata* para aclarar problemas de ecdótica que nos salgan al paso.

Sin embargo, el ladino, a pesar de muchas razones, y gracias a otras, no murió. Nuestros judíos de Marruecos imprimían hace unos años unas cartillas para seguir las lecturas de Pascua *(Hagadá de Pesah)* y el curioso lector español podía tener en su mano por unos pocos céntimos un texto de esa sorprendente aventura intelectual que es el ladino. Y aquel deleznable cuaderno daba fe de una forma de traducir que empieza en Castilla en el siglo XIII. Y esa lengua, tan ajena y tan propia, aún sigue musitándose por todo el ancho mundo en el que los judíos españoles se han derramado, y leen: «Bienaventurado el varón que puso .A. su fiuzia y no cabo a soberbios y a atorcientes para mentira [...] Yo pobre y deseoso .A. pensara en mí: mi ayuda y mi escapador Tú; mi Dio no te detardes.» (Bienaventurado el hombre que en Dios puso su confianza y no en gentes soberbias y falaces [...] En mi pobreza, el Señor estará cuidadoso de mí: Dios mío, Tú, mi consuelo y mi liberación, no te me tardes.)

Sabemos, ya, qué era el ladino y la gran aventura que significó su traducción palabra por palabra. Pero ese intento no era sólo calcar la palabra *A* por su equivalente *B*, sino que además creó términos españoles que poco o nada se usaron entre nosotros, pero que tenían un marcado cuño romance. Voy a espigar en diversos lugares. En un antiquísimo 1552 (es decir, un año antes de la *Biblia* de Ferrara) el doctor Ribi Isac, hijo de Dom Semtob Caballero, imprimió en Venecia la compilación a la que puso el título de *Ordenanza de las oraciones de Cedur del mes ebraico y vulgar español.* Es éste un libro rarísimo: se conocen únicamente dos ejemplares, el de la Biblioteca Marciana de Venecia y el del Seminario Teológico Judío de Nueva York, que es el que yo he estudiado. En un pasaje de la obra se lee: «Sea loado y *afermosiguado* su nombre del Rey de los Reyes el Santo (bendito él) que el es el primiero y el es el postrero (ya fueras el no ai Dió) sea nombre de .A.B. de agora y fasta siempre.» La palabra *afermosiguado* es característicamente ladina y significa 'glorificado'. Ahora bien, procede del latín *firme*, traducción de un término hebreo cuya equivalencia suele ser 'gloriari vel gloriose sese afferre', y que es evolución rara en el español. Porque nuestros fueros (Novenera, Vidal Mayor de Canellas) utilizan *ferme* como 'fiador' y, en el vasco del *Fuero General de Navarra*, *ones berme* es 'fianza por bien', pero lo normal es *firmar* en las acepciones de 'confirmar', 'sostener', 'jurar', 'probar'. Que *firme* pasara a *ferme* resultó extraño por su poca frecuencia y así subsistió con su *i* en el cultismo *afirmoziguar* en el *Seder pirqué ábot* (Salónica, 1893) o en la forma evolucionada *(a)fermociguar* 'glorificar', pero esta variante no fue entendida en lo antiguo, ni por modernos escoliastas. Hubo un reducto ladino en el que *afermosiguar* se defendió (*Libro de oraciones* de 1552; *Biblia* de Ferrara; *Libro de oraciones*, de 1622), es el núcleo de la tradición más vieja y castiza; hubo otro en el que fue reemplazado por anticuado y, por último, un tercero en el que, ininteligible, el arcaísmo se afectó por los derivados de *formosus* y *aformoziguaste,* desde un valor correcto (*aformoziguaste* consta en la versión del *Cantar de los cantares,* de Sebastián Laniado, Venecia, 1609) y contaminó a los derivados de *firme*, que son *(a)formociguar* en diversas *Hagadot de Pesah*.[18]

Sin salir de la *Ordenanza de las oraciones*, disponemos de algún otro término característicamente ladino y no español. En un momento se escribe: «hazién *ermolleçer* saluaçion y fiel tu para abiuiguar muertos». El verbo significó 'brotar, florecer' y consta ya en el *Pentateuco* bonaerense y, aunque faltara en la traducción de Arragel, reaparece en la *Biblia* de Ferrara, en el *Cantar de los cantares*, de 1609, o en el *Psalmo de cántico para el día de Sabath* incluido en el *Orden de Roshasanah y Kipur*, de Maguncia, 1584, y dura todavía en alguna *Hagadá de Pesah*. La fecundidad de la palabra fue muy grande, pero no en español: durante los siglos XIV al XVI, *germòglio* se recogió en italiano como 'le prime foglioline che spuntano del seme'. Como *germen* no tiene derivados en español, pues *e(r)mbre* nunca existió, la palabra se cruzó con otro término rural *(re)pullare* 'brotar' y se creó *germullare*, voz culta, como conviene a una literatura de cuño religioso, y así se muestra *hermoyesén* 'creciendo', de amplia difusión desde unos versículos del *Cantar de los cantares*, «viniste con afeite de afeites, pechos compuestos y tu cabello *hermoyesién*, y tú deseada y descubierta», que en español actual sería: «Viniste ungida de perfumes, con los pechos turgentes, el cabello creciéndote y tú, desnuda y entregada.»

## La literatura en ladino

Las páginas que la *Biblia* de Ferrara dedica *Al lector* son de impresionante claridad y una declaración de fidelidades: «Hice trasladar la *Biblia* en nuestro español pues las otras naciones no se pueden en este beneficio quexar de sus naturales, porque Italia, Francia, Flandes, Alemaña y Inglaterra no carecen della; y aun en Cataluña en nuestra España se traslado y imprimió en la misma lengua catalana. Y como en todas las provincias de Europa o de las mas, la lengua española es la más copiosa y tenida en mayor precio, assi procuree que esta nuestra *Biblia* por ser en lengua castellana fuesse la más llegada a la verdad hebraica que ser pudiesse.»

Los sabios ferrarenses mantienen su fidelidad a la verdad hebraica, pero respetan el juicio de la curia romana porque mantuvieron su apego a los textos latinos y «de las hebraicas las más antiguas que de mano se pudiera hallar». Hay, pues, un respeto a la tradición hebraica forzada por la traducción de verbo a verbo que obliga a un indudable arcaísmo, pero no echemos en saco roto que se tuvieron en cuenta los traslados latinos, antiguos y modernos, con lo que tendríamos un nivel en el que la traducción se presentó sin contaminación de lenguaje extraño y, en ocasiones, con una adaptación a lo que fue la traducción verbo a verbo. Creo que este procedimiento dual se denuncia en otros textos ladinos. El *Orden de bendiciones*,

18. *Vid.* el vocabulario de mi *Leyenda de Pascua*. Un paralelo puede ser el libro, no impecable, de Raphael Levy, *Trésor de la langue des juifs français au Moyen Âge*, Austin, 1964.

de 1687,[19] está transido de cultismos (*absolución, adquiridor, alegorizar, amicicia, generación, glorificado,* etc.). Se trata de una culminación que venía de mucho antes: tomemos el *Libro de oraciones de todo el año traducido del hebraico de verbo a verbo.* El riquísimo texto es un testimonio muy complejo, pues los impresos en la lengua sagrada «están errados». Así escribía en 1552 Yom Tob Atías (= Jerónimo de Vargas) hijo de Leví Atías y no hacia sino repetir ciento treinta años después, lo que el Rabí Mosé Arragel de Guadalajara había escrito al frente de su *Biblia:* los textos sagrados eran leídos y glosados, ni más ni menos que las lecciones de cátedra; más aún, las lecturas y comentarios se repetían con reiteración: dos veces habían escuchado a Moisés, otra a Aarón, otra a Eleazar e Ithamar, otra a los viejos. Las lecciones eran decoradas «e avn en rotulos algo en memoria escriuian»; era demasiado leer y escuchar para que el libro no se perturbara. Sin embargo, el Rabi Mosé dice que desde «entonçe fasta oy no fue mudada vna sola jota».

Esto se escribía por el 14 de abril de 1422. Las quejas del *Libro de oraciones* no eran baladíes y la lengua tenía que restituirse a su verdad para que resultara en su primitivo estado. Hubo que hacer filología para que los textos volvieran a su auténtico valor. Y es en este momento cuando los sabios de Ferrara y sus seguidores asentaron sus principios, que no resultaron inmutables: en su versión, a pesar de cuantas ayudas buscaron, marcaron con asterisco las palabras cuya declaración no era segura y, entre paréntesis, tuvieron que encerrar lo que «es fuera de la letra hebrayca». En cuanto al romance, algo tendremos que decir, pero adelantemos conceptos que han salido a nuestro paso: en el colofón de la *Biblia* de Ferrara leemos que se acabó su impresión «con industria y deligencia de Abraham Usque Portugués; estampada [...] a costa y despesa de Yom Atías hijo de Leví Atías Español». El *Libro de oraciones* impreso un año antes (1552) presenta portuguesismos como *forteza* por *fortaleza, cerueja* por *cerveza* y la grafía *nh* por *ñ (manhana, companha, senhal)* y, en 1687, el *Orden de bendiciones* transcribía no pocos lusismos gráficos (*z* para indicar la sibilante sonora, *oa* por *ua, lh* por *ll,* etc.), morfológicos (género, numerales, falta de diptongación en el verbo, etc.). Este sincretismo luso-español se manifestaría muchas más veces: en el citado *Orden de bendiciones* (1687) hay textos en la lengua común, otros en ladino y algunos, no escasos, en portugués. Cierto que la importancia de la emigración portuguesa acabaría por imponerse, pero no es sorprendente que, desde un principio, vayamos viendo su impronta en los libros impresos en español. No es sorprendente, porque en el siglo XVII, Rehael Jessarun escribió el *Diálogo de los montes.* He tenido en mis manos la edición de Amsterdam (1624), pero, a pesar de su énfasis, es una edición muy deturpada. Preferible la edición crítica de Philip Polack (Londres, 1975), cuyo portugués se repitió también en los *Discurços acadé-*

---

19. Manuel Alvar, «El *Orden de bendiciones.* Texto ladino de 1687» (*Actas del II Congreso Int. de Historia de la Lengua Española,* Sevilla, 1992, pp. 27-41). Véase ahora el importante trabajo de H. P. Salomon, «Another "Lost" Book Found: The Meb Haggadah, Amsterdam 1622» (*Studia Rosenthaliana,* XXIX, 1995, pp. 119-134).

*micos e predicaveis que pregonââo os montes* (1767). Estos montes que hablan son los siete más elevados que se mencionan en la *Biblia*.

Las traducciones bíblicas no fueron uniformes, sino que manifestaron muy claras diferencias. Merecería la pena cotejar textos de diversos momentos. Tomemos algunos bien representativos: uno del siglo XIII (el *Pentateuco* I-j-3 del Escorial),[20] otro del XIV (la *Biblia* editada por el P. Llamas)[21] y otro del XV (la versión de Rabí Mosé Arragel). Margherita Morreale, eruditísima investigadora de las *Biblias* medievales, ha puntualizado el carácter de la tradición de Mosé Arragel en su intento de cohonestar la versión de San Jerónimo con la hebraica. Bien que el sabio rabino conocía otras fuentes latinas amén de la *Vulgata*: si uno de esos textos, un *Psalterium juxta haebreos*, estaba próximo al original no podremos desentendernos de esta tradición cuando estudiemos los romanceamientos. Arragel es un hombre inserto en la tradición castellana de su tiempo y su cultura se asomaba también a la cultura profana de los cristianos; de ahí que la lengua en que lleva a cabo su trabajo difiera, y no sólo por la cronología, de lo que escribieron los sabios que le antecedieron. Así y todo, me parece muy útil intentar el cotejo que propongo, tomando para este fin unos cuantos versícuos del *Exodo*:

I, 7. PENTATEUCO I-j-3: Et los fijos de Ysrrael multiplicaron, e serpieron e engendraron e caualgaron e forteçieron muy mucho; e fynchose la tierra dellos.

LLAMAS: E los fijos de Ysrrael frutificaron e creesçieron e multiplicaron e fortificáronse mucho mucho, e finchióse la tierra dellos.

ARRAGEL: E los fijos de Israel multiplicaron e mochiguaron, e se enfortecieron mucho ademas, e finchiose la tierra dellos.

XII, 15. PENTATEUCO: Siete días çençenno comeredes: pero en el dia primero tiraredes leuadura de vuestras casas, que todo el que comiere leudo, sera tajada esa alma de Isrrael, desde el dia primero fasta el dia seteno.

LLAMAS: Siete dias comeredes çençeño, mas en el dia primero quitaredes leuadura de vuestras casas, ca qualquier que comiere liebdo cortarse ha aquella alma de la gente de Ysrrael, del dia primero fasta el dia seteno.

ARRAGEL: Siete días çençenas comeredes, pero en el dia primero tiraredes la leuadura de vuestras casas, que todo aquel que comiere lyebdo e tajarse ha aquella alma de ser con Israel, conuiene saber: desde el dia primero fasta el dia seteno.

He elegido estas breves muestras porque todas pasan a las lecturas rituales de Pascua y se recogen en las *hagadot* tradicionales; por otra parte, y a pesar de su brevedad, nos permiten unos comentarios muy precisos. El ordenamiento léxico del v. 7 muestra la siguiente correspondencia:

| P: | multiplicaron | serpieron | engendraron | caualgaron | forteçieron |
|----|---------------|-----------|-------------|------------|-------------|
| Ll: | frutificaron | crescieron | multiplicaron | | fortificáronse |
| A: | multiplicaron | | mochiguaron | | enfortecieron |

20. *Vid.* nota 3.
21. *Biblia medieval romanceada judío-cristiana. Versión del Antiguo Testamento en el siglo XIV, sobre los textos hebreo y latino*, Madrid, 1950.

De estas columnas podemos deducir la equivalencia semántica de *multiplicar-fructificar* y de *engendrar-multiplicar*, la oposición del cultismo *multiplicar* frente a la forma evolucionada *mochiguar*, las variantes de los derivados de főrtis y la aparición de un término diferenciado *serpieron*, frente al corriente *crescieron*. La brevísima cala indica el carácter muy culto de Ll y el preciso de P.

En el último versículo transcrito, las discrepancias son de otro tipo, según indicaremos:

| P: | çençenno | pero | quitaredes | todo el que | leudo | tajara |
|----|----------|------|------------|-------------|-------|--------|
| Ll: | çençeño | mas | tiraredes | qualquier que | liebdo | cortarse |
| A: | çençenas | pero | tiraredes | todo aquel que | lyebdo | tajarse ha |

Es difícil deducir alguna vinculación entre los textos, pues unas veces coinciden P y Ll *(cenceño)*, otras Ll y A *(tiraredes, liebdo)*, otras P y A *(Pero, todo ... que, tajar)*; de cualquier modo —y siempre con muchísima cautela—, podemos pensar en una cierta relación de P y A en el modo de traducir y en la posición intermedia de Ll entre P y A. Quedan apuntadas las observaciones que merecen análisis más circunstanciado.

Si saliéramos de estas versiones, encontraríamos que *serper* 'difundirse, extenderse' es término del *Pentateuco* bonaerense y volvemos a encontrarlo en la *Biblia* de Ferrara y en la de Amsterdam (1630), que le sigue fielmente, pero lo que interesa ahora: el español no conoce este cultismo que tiene un acusado cuño latino: *serpo* era 'serpear, arrastrarse, extenderse', que amén de ser condición de los reptiles, según el testimonio de Ovidio, se aplicaba también a los vegetales como acreditan Plinio y Virgilio. La tradición sefardí debió ampararse en estos clarísimos antecedentes suyos y convendría no olvidar que entre los judíos franceses, *serpilier*; en provenzal, *serpelha* y en italiano *serpibile* tenían valores semejantes y el hebreo *Schères* 'reptil' fue traducido al griego por ἑρπετόζ que, a su vez, condicionado por el latín o el romance se convirtió en σερπετό.

*Mochiguar* 'multiplicar' es otro verbo típico del ladino; al parecer se aclimata en la *Biblia* ferrarense, pero falta en la de Llamas y en la de Arragel (al menos en los pasajes que he cotejado); el término está en la lengua alfonsí, pero en el siglo XV cayó en desuso y falta en el *Vocabulario* de Nebrija. La tradición ladina usa del término en el *Libro de oraciones* de 1552, en el *Orden de bendiciones* de 1687 y en la *Hagadá de Pesah* marroquí.

Aduzcamos un último botón de muestra: *aveviguar* 'dejar con vida'. Ya en Tertuliano se documenta *vivificare* y su paso a la tradición ladina tiene algún notable antecedente: a finales del siglo VIII consta en una inscripción de Mérida referida a un judío. Las fuentes ladinas se apropiaron pronto de la voz, siglo XIII, siglo XIV, siglo XV ... siglo XX. A finales del siglo XVII, Yosseph Franco Serrano decía que era una antigualla y dijeron *dexarán con vida, concederme la vida, vivir*. Pero la antigualla aún persiste en las lecturas litúrgicas. Sabemos la historia de *vivificare*, es formación tardía, propia de los escritores eclesiásticos que, en el Concilio III de Braga (675), dijeron que *vivificator* es «qui vitam dat». Y la antigualla sigue hoy, empecinada en no morir.

Al llegar a este punto se nos plantean otras consideraciones de mayor amplitud: ¿cómo es el vocabulario de esta lengua religiosa? O, mejor, ¿qué elementos discrepan del léxico general? Al parecer, las versiones bíblicas hechas «palabra por palabra» conservan palabras del siglo XIII como *escuantra, mochiguar, partijas*, que a partir del siglo XV parecen pertenecer sólo a ese refugio arcaizante que es el ladino; otras (como *abondo, cuadrupea, seseña, yebdo*) aún viven en las zonas más arcaizantes del español y hoy son dialectalismos o ruralismos; algunas no han debido pertenecer nunca al acervo común *(aveviguar, afermociguar, ermollo, semen, serper)*, por más que desde la lengua religiosa hayan podido bajar a la coloquial *(barbés, meldadura)*. Sólo teniendo en cuenta estos hechos podemos comprender cómo se fue formando esa realidad lingüística que es el *ladino*, simplemente 'versión al español de los textos religiosos hebreos hecha de forma literal'. Esta lengua se mantuvo voluntariamente distanciada de la coloquial, pero con unos elementos que, en su forma al menos, podían ser comprensibles, ya que de otro modo hubiera quedado tan lejos de los oyentes como el propio hebreo. Pero los resultados que se siguieron distan de la coherencia buscada y, en el siglo XVI, la reacción contra este proceder se manifiesta en otro tipo de traducciones distintas de la *Biblia* ferrarense (1553) y, aunque las repulsas duraron siglos, no por ello desapareció esa lengua sacralizada que empieza a formarse en la época alfonsí. Después vendrían las deturpaciones producidas por la incomprensión, pero esto queda fuera de nuestra cronología.

El manojuelo de ejemplos que se ha aducido basta por sí solo para ilustrar algunos motivos del proceso creador de esta lengua. Hemos hablado de palabras del siglo XIII, en efecto, *escuantra* (no *escuentra*) consta en los ejemplos que aducen Corominas y Cejador; *mochiguar* no llegó al *Vocabulario de romance en latín*, de Nebrija, por más que se acogiera a las versiones bíblicas (Arragel, Ferrara, etc.); *partijas* sigue suerte pareja, aunque llegue a la última edición del *DRAE*. Los términos que se refugian en áreas arcaizantes del español son, entre otros muchos, *abondo* 'plenamente, a satisfacción' (zonas leonesas, Burgos y Soria), *cuadrupea* 'ganado' no figura en nuestros diccionarios más antiguos, por más que con uno u otro valor, bajo una u otra forma se haya recogido en Navarra, Segovia, Palencia y Argentina; *senseña* 'pan ácimo' tendría que ver con la compleja familia de los derivados de s ĭncerus 'puro' y *leudo-liebdo* 'pan con levadura' son herederos de *lĕvĭtŭ, que presenta formas muy diversas en leonés, andaluz occidental, canario y catalán occidental.

La formación de esta lengua religiosa no se limita al léxico; abundantes cuestiones afectan a la morfología y a la sintaxis: son numerosísimos los p r e f i j o s  y  s u f i j o s  en formaciones desusadas por el castellano común; y en tal caso deben aducirse *engravecer* 'morir', *espartimento* 'separación' (formaciones con prefijo) y *podestanía* 'gobierno, dominio', *firmamiento* 'alianza' (entre las sufijadas); son infinitas las formas que  se presentan como p a r t i c i p i o s  a c t i v o s, y cuyo valor es el de una oración de relativo («flama de la espada *temblante*», «camellos *venientes*», «sacrificio *perdonante* errores»), el de agente («meger *amamantante*», «sarna *produsiente* ampollas», «omne *poblante* tiendas»); es sorprendente para el mundo románico la repetición pleonástica del artículo («*el* tu fijo, *el* tu uno»), que hubo de tener amplísima generalización en el ladino, del mismo modo que podía prescindirse de él («quebrante enemigo»). Aparte estos rasgos, Margherita Morreale ha señalado en el *Cántico* de Moisés, de las *Biblias* antiguas, construcciones calcadas del hebreo, como los pleonasmos («dixeron por dezir»), la construcción de un sustantivo abstracto con función calificativa seguido de genitivo («escogimiento de sus cabdiellos»), transmisión literal de la fraseología («fartarse ha de ellos la mi alma»). Todos ellos, y otros muchos, se continuarán y alcanzarán plenitud en las obras de muy diverso empeño que conducen hacia la *Biblia* de Ferrara (1553) y que de ella dependen.

Pero no podemos olvidar que esta lengua sacralizada estaba, sabida o no, en todas las bocas. Como el latín eclesiástico en la de los cristianos. Y hubo un trasvase desde el ladino litúrgico hasta el judeo-español coloquial, como lo hubo de la homilía dominguera a los labios que musitaban su *román paladino*. Nos asomamos a una constante de la cultura sefardí: el valor de la tradición. Tercamente los judíos han conservado nuestros romances. Quedémonos sólo con nuestros romances. Pero, como los cristianos, los han reelaborado y los han recreado. Dejemos lo que es la tradición en nuestra poesía oral y acerquémonos a los recitados sefardíes. En Alcazarquivir se recogió este poema:

> *Esta es la endicha   que quema el corasón*
> *el galut de Yerusalaim   y el jorbán de Sión.*
> *Todo se perdonaba   con los corbanot*
> *y el corbán del tamid   como era la rasón.*
> *¡No yores, Rajel,   no yores hija mía,*
> *que por amor de tí   os sacaron a la oría,*
> *oyendo el Dió   de tantos abonot*
> *habodá sará   y el jorbán de Sión!* [22]

No es único y transcribí otros en Tetuán y en Larache. Pero nos vale para algo: acreditar la presencia de palabras hebreas que hace pensar en el modo de proceder de los viejos sefardíes, cuando dejaban sin traducir las voces que no eran comunes a las dos religiones (*man* 'maná', *meldar* 'leer en hebreo', *tamaral* 'columna, palmera').

El salirnos de las traducciones bíblicas para considerar estos poemas tradicionales en los que se incrusta el saber religioso nos lleva a otra cuestión: la literatura en ladino ¿sólo fue una literatura sacralizada? Quisiera

---

22.   Juan Martínez Ruiz, «Poesía sefardí de carácter tradicional» (*Archivum*, XIII [1963], pp. 113-114). La correspondencia española de las voces hebreas del texto es: *galut* 'destierro, cautiverio', *jorbán* 'destrucción, ruina', *corbanot*, plural de *corbán*, *corbán de tamid*, 'sacrificio continuo', *abonot* 'pecados, crímenes', *habodá sará* 'culto idólatra'.

presentar ahora un libro sorprendente, nunca tenido en cuenta y que a mi modo de ver es un puente entre la literatura religiosa y la más bella expresión de la literatura profana. Me refiero al *Orden de bendiciones* de 1687. El fijarme en este libro, amén de lo desconocido que es, se ampara en no pocas razones: es un mundo complejísimo en el que caben traducciones verbo a verbo de la más pura observancia ladina, una *hagadá de Pesah* completa,[23] varios pasajes en el español culto del siglo XVII que, por tratarse de bendiciones rituales o desprovistas de solemnidad, dan diversos niveles de habla, unas páginas finales en portugués y numerosísimos motivos de valor etnográfico. Tal mundo heterogéneo no creo que se encuentre en otro texto. Tendré que ambientar, siquiera brevemente, tan heterogéneas posibilidades. Porque aquellos españoles desterrados sintieron temor al Dios implacable que tan sañudamente los trató. Para suavizar las iras divinas recogieron estas páginas en las que el hombre aprendía a rezar, pues sin la oración todo le queda incomprensible. Por eso, en las palabras al lector con las que se abre el libro podemos leer: «Una de las cozas que el entendimiento humano conoce lo poco que alcansa de las obras de Dios Bendito, es la fuerça y virtud que puzo en la voz y palabras de los hombres [...] Porque ¿quién no confesara que pasa mucho de la posibilidad humana que supiese Mosse nuestro maestro proferir palabras en el acatamiento del único y incomprehensible Señor del mundo [...] que aplacase su yra y convertiese el rigor de su justicia en mizericordia?»

Por eso en el libro se trata de ganar la benevolencia divina: no menos de cien veces al día el judío debe dar gracias a Dios y no caer en pecado de ingratitud. Para facilitar el cumplimiento de estos deberes se recogen las oraciones propias de cada ocasión. Después, una larga teoría de rezos se desgrana en estas páginas. La casuística es casi infinita: distinta si los alimentos que se comen son crudos o cocidos, proceden del árbol o del suelo, se arrancan de la rama o se apañan de la tierra, si los aliños son éstos o aquéllos. Para tantas y tantas ocasiones antojadizas, las páginas del libro precisan con muchas sutilezas, pero hay un tono doctrinal que afecta a las oraciones de las fiestas religiosas; sin embargo, en la segunda parte de la obra, el interés lingüístico se aviva con experiencias domésticas. Así, cuando se baja al mundo de la contingencia nos ilustra cómo «todas las comidas y bebidas que el hombre comiere y bebiere por melesina si su sabor es buena y el paladar se aprovecha dellos, bendizira sobre ello en principio y fin». Entonces se desciende a las impresiones que se experimentan con los sentidos y descubrimos el significado a la xilografía de la cubierta: el gusto permite explayar minuciosidades que tienen que ver con la vida de la tradición. También sabemos de las candelas del Sabat o del Kipur, del orden de las tañeduras en la bendición de las cabañas, etc. Junto a la vida comunitaria está la íntima de cada uno: para ella hay oraciones al acostarse o para pedir un sueño reparador, de las bodas y de sus ritos, de la circuncisión, de la muerte y las endechas, de la construcción de casa nueva. Y

---

23. «La Hagadá de Pesah de Amsterdam (1687)» (*Hommage à Maxime Chevalier. Bulletin Hispanique*, XCII, 1990, pp. 45-57).

algo que nos resulta entrañable: oración para los que van al estudio o de camino o de los que andan por la noche.

Esta literatura en ladino fue más que los textos sagrados que conocemos; se acercó a la vida profana y pervive en los textos rituales. Ninguno con la trascendencia de las *Hagadot de Pesah*. Hace años compré una de ellas en Tetuán (1949) y su estudio me permitió compararla con otras de Amsterdam (1813), Liorna (1903), de Viena (s.a.), de Salónica (1939 y 1970), Estambul (1962). La *Hagadá* marroquí se inclina —lo hemos dicho— por una tradición arcaizante, inspirada en la tradición del *Libro de Oraciones* (Ferrara, 1552) y de la *Biblia* ferrarense (1553). Ahora bien, hablar de arcaísmo no es sólo identificar un léxico religioso, sino, además, establecer los nexos de todo su vocabulario. Sirven para demostrar que esa forma de traducir a la que llamamos ladino se fue elaborando desde muchos siglos atrás y no es otra cosa que la versión al castellano (en un principio) y al español (después) de los textos hebreos. Lógicamente, los judíos sabían la misma lengua que los cristianos y la hablaban lo mismo que ellos, salvo en el léxico que tiene que ver con los actos rituales del tipo que sean; porque sabían y hablaban la lengua de los cristianos, sus libros tienen el léxico castellano que figura en las versiones bíblicas alfonsíes y, por el estatismo de la lengua ritual, conserva elementos arcaizantes que, en el siglo XVIII, sufrieron un fuerte ataque de modernización. Pero los arcaísmos castellanos no son raras supervivencias al margen de otros hechos, sino la conservación total de una lengua que es castellana y en la que se incluían las voces de carácter sacralizado. Y estos tecnicismos de las versiones ladinas presentaban significantes románicos, aunque la formación de las palabras no fuera la habitual (aunque sí sus constituyentes) o el significado poco tuviera que ver con su origen. La lista de estos términos es abundante (*abeviguar, aformociguar, ardedor, atemar, barbej, encomendanza, engravecer, enmalecer, entiniente, enviamiento, ermollo, espartimiento, firmamento, frochiguar, ladinar, man, meldar, milaria, pascuar, podestania, rescobdar, semen, serper* y *temoridad*): 24 de los 38 que me han interesado estarían comprendidos bajo la rúbrica. Claro que algunos de ellos se secularizaron *(barbej, espartir, ladinar, meldar)* como ha ocurrido en otras ocasiones.

Pero, y esto es lo sorprendente, a pesar de las modernizaciones que se imprimieron en el siglo XVIII y se generalizaron en el nuestro, las comunidades marroquíes se mostraban arraigadas en una viejísima tradición, por más que ellos no la hubieran creado, como tampoco inventaron su romancero o sus cantos líricos. Y he aquí que la *Hagadá de Pesah* tetuaní era una muestra más del conservadurismo de esa comunidad que, por la década de 1940, conservaba aún, tenazmente, otras viejas tradiciones en su lengua, en su literatura oral y en sus costumbres. Liorna fue la ciudad que pudo ser el origen próximo de la cartilla marroquí, aunque remotamente tuviéramos que pensar en las impresiones de Ferrara.

Estamos leyendo una lectura solemne. Pero que inspiró también vaharadas de vida. En Rastchuk (Bulgaria), Max Leopold Wagner transcribió una fiesta de Pesah llena de colorido y emoción. Voy a copiar unas pocas líneas para que nos acerquemos al gozo de la emoción: «Cuando el tiempo empesa a cayentar, el dumán (= niebla) si empesa a alevantar, y los árbolis empesan a vestirsin con sus ermozas vedris vestidus, entonsis la persona si acodra y di la primavera di su vida [...] Pesaj venía y ayinda abía tan munchos echos di escapar: encalar, esponŷar, sacudir, ŷamis (= cristales de las ventanas) a limpiar, y esto todo no una ves, esta turaba un mes entero [...] los días se arisbalaban unu atrás di otru, como un suplu [...] Vagar a vagar los penserios muestros si munchiguaban (= acrecentaban). Las excolas se debían de abrir y mozós (= nosotros) teniamos di azer nuestrus laborus d'en caza. Un aire pesgadu (= dificultad) apritaba nuestras pechaduras (= pechos), y no mus dexaba líbero tomar sulúk (= respiro), siendo, aj, los días di la libertad se escapaban.»

El conservadurismo se explica tanto por la fosilización que imponen los textos religiosos, como por la fidelidad a unas fuentes conocidas y en este sentido hay un claro paralelismo con lo que vemos cumplirse en otros sitios: poseemos una *hagadá* de Amsterdam de 1687 y otra de 1873: doscientos años de tradición permiten ver cómo ambos relatos coinciden en casi un 75 % del léxico disponible. Válganos esto como conclusión general: hemos de admitir que un léxico, procedente de muy antiguos veneros, cristalizó en el siglo XVII y las tradiciones locales lo han conservado fielmente hasta los días en que vivimos.

# EL JUDEO-ESPAÑOL BALCÁNICO

## Introducción

Se saben las circunstancias que determinan la aparición del judeo-español en la península Balcánica: poco después de haberse expulsado a los judíos de España, el sultán Bayaceto II los invitó a establecerse en el Imperio otomano.[1] De esta manera, los judíos, que ya se habían asentado en Portugal y con anterioridad en el norte de África, se trasladaron hacia territorios distribuidos por toda la península Balcánica. Es así como surgieron varias comunidades sefardíes en Turquía (Constantinopla, Adrianópolis, Esmirna), Grecia (Salónica, Lárisa), la isla de Rodas, Bulgaria (Sofía, Ruse), Serbia (Bitolia), Bosnia (Sarajevo), Macedonia (Skopje) o en Rumanía (Bucarest).[2]

---

1. M. Franco, *Essai sur l'histoire des Israélites de l'Émpire otoman depuis des origines jusqu'à nos jours*, Dunlacher, París, 1987.
2. K. Baruch, «El judeo-español de Bosnia», *Revista de Filología Española*, XVII, 1930, pp. 113-154; C. M. Crews, *Researches sur le judéo-espagnol dans les pays balkaniques*, Droz, París, 1935; «Textos judeo-españoles de Salónica y Sarajevo con comentarios lingüísticos y glosario», *Estudios sefardíes*, II, 1979, pp. 91-258; M. A. Gabinskij, *Sefardskij (evenejsko-ispanskij) jazyk. Balkanskoe narecie*, Stiinca, Kisinev, 1992; W. Giesse, «Das Judenspanische von Rhodos», *Orbis*, V, 1956, pp. 407; A. Kovacec, «La lengua de los Sefardíes de Ragusa (Dúbrovnik)», *Bolletino dell'Atlante Linguistico Mediterraneo* XIII-XV, 1971-1973, pp. 335-343; I. Kanchev, «On some problems of the bulgarian-sefardic language contacts», *Annual-Godisnik*, Sofía, IX, 1974, pp. 153-165; L. Lamouche, «Quelques mots sur le dialecte espagnol parlé par les Israelites de Salonique», *Romanische Forschungen*, XXIII, 1907, pp. 969-991; K. Levy, «Historish-geographische Untersuchungen zum Judenspanischen: Texte, Vocabular, grammatische Bemerkungen», *Vokstum und Kultur der Romanem*, II, 1929, pp. 342-381; M. A. Luria, «A study of the Monastir dialect of Judeo-Spanish based on oral material collected in Monastir Yugo-Slavia», *Hispanic Review*, LXXIX, 1930, pp. 323-583; A. Malinowski, «A report of the status of Judeo-Spanish in Turkey», *International Journal of the Sociology of Language*, XXXVII, 1982, pp. 7-23; M. Molho, *Literatura sefardita en Oriente*, CSIC, Instituto Arias Montano, Madrid, 1977; I. S. Révah, «Formation et évolution des parlers judeo-espagnols des Balkans», *Iberia*, VI, 1961, pp. 173-196; M. Sala, *Estudios sobre el judeo-español de Bucarest*, UNAM, México, 1970; *Phonétique et phonologie du judéo-espagnol de Bucarest*, Mouton, La Haya-París, 1971; E. Saporta y Beja, *Refranes de los judíos sefardíes de Salónica y otros sitios de Oriente*, Ameller, Barcelona, 1978; E. Stankiewick, «Balkan and Slavic elements in the Judeo-Spanish of Yugoslavia», en S. Dawidowicz *et al.* (eds.), *For Max Weinreich on his seventieth birthday; studies in Jewish languages, literature, and society*, Mouton, La Haya, 1964, pp. 229-236; M. L. Wagner, *Beträge zur Kenntnis des Judenspanishen von Konstantinopel*, Höfler, Viena, 1914 (también en Wagner, *Judenspanisch*, II, pp. 18-37); «Algunas observaciones sobre el judeo-español de Oriente», *Revista de Filología Española*, X, 1930, pp. 225-244 (también en Wagner, *Judenspanisch*, II, pp. 18-37); «Los dialectos judeo-españoles de Karaferia, Kastoria y Brusa», en *Homenaje a Menéndez*

Asentados en estos enclaves balcánicos, los judíos españoles disfrutaron de los privilegios concedidos por los sultanes, e incluso llegan a constituir la burguesía; controlaron el comercio del Imperio, las aduanas y las minas de oro y plata; se erigieron en los médicos y armadores más célebres, en los traductores oficiales, pues el Corán no admitía que los musulmanes fueran intérpretes. En el campo de la cultura hay que destacar que fueron ellos quienes implantaron la imprenta (*Zevah-Pesah* de Isaac Abravamel fue el primer libro impreso en Turquía) y la fundación en Salónica de la primera universidad a principios del siglo XVI, a la que acudieron judíos de todo el mundo. Esta prosperidad duró sólo un siglo. Por varias razones, como la prosperidad de las colonias de Amsterdam y Liorna, los grandes descubrimientos geográficos, que hacen que los puertos del Mediterráneo —Salónica incluido— pierdan su importancia en favor de los atlánticos, o la consolidación de la burguesía nacional, los sefardíes pierden las posiciones ocupadas anteriormente. A finales del siglo XVIII ya no hay casi judíos españoles que ocupen puestos importantes en el Imperio. Por otro lado, se va produciendo al mismo tiempo su decadencia cultural: las escuelas van reduciéndose a recintos donde se recitan los textos sagrados *(meldares)* y donde sólo los niños aprenden a leer algunas oraciones y fragmentos de la Biblia. Salónica, antaño centro de los sefardíes balcánicos, sigue decayendo hasta el exterminio de la segunda guerra mundial.

El prestigio económico y cultural de los sefardíes de la península Balcánica hizo que el idioma español gozara de prestigio durante varios siglos; a pesar de esto, la decadencia mencionada repercutió en el idioma, cuyo uso se fue reduciendo y desapareciendo en las transacciones comerciales y en las obras literarias, hasta convertirse en una lengua familiar, cada vez menos conocida.[3]

## Caracterización lingüística

La breve historia de los sefardíes de la península Balcánica, cuya particularidad fundamental es el aislamiento total de la patria lejana, explica en buena parte las características del judeo-español, variante del español generalmente arcaica y, a su vez, innovadora (durante los cinco siglos que sucedieron a su separación del español, el judeo-español fue evolucionan-

---

*Pidal*, vol. II, Madrid, 1924, pp. 193-203 (también en Wagner, *Judenspanisch*, II, pp. 56-66); *Caracteres generales del judeo-español de Oriente*, Hernando, Madrid, 1930 (también en Wagner, *Judenspanisch*, I, pp. 111-235).

3. H. V. Besso, «Decadencia del judeo-español; perspectivas para el futuro», en I. M. Hassan (ed.), *Actas del primer Simposio de estudios sefardíes (Madrid, 1-6 de junio de 1964)*, CSIC, Instituto Arias Montano, Madrid, 1970, pp. 249-261; T. K. Harris, «Reason for the decline of Judeo-Spanish», *International Journal of the Sociology of Language*, XXXVII, 1982, pp. 71-97; «The decline of Judezmo: problems and prospects», en J. A. Fishman (ed.), *Reading on the Sociology of Jewish languages*, Brill, Leiden, 1985, pp. 195-211; R. Renard, «La mort d'une langue: le judeo-espagnol», *Revue des langues vivantes*, XXXVII, 1971, pp. 719-722; H. V. Séphiha, «Problématique du judéo-espagnol», *Bulletin de la Société Linguistique de Paris*, LXIX, 1974, pp. 159-189; *L'agonie des Judéo-espagnols*, Entente, París, 1979.

do en condiciones particulares).[4] El carácter arcaico e innovador concedió al judeo-español unos rasgos bien definidos, comparados con el español estándar. Hay que destacar la existencia de dos variantes: el judeo-español hablado *(djudezmo)* y la variante empleada para la traducción de los textos bíblicos *(ladino)*. Vamos a presentar las particularidades más importantes de la variante hablada del judeo-español balcánico (el *ladino* está ampliamente tratado por Manuel Alvar en el capítulo precedente).

Los arcaísmos más evidentes se encuentran dentro de la fonología.[5] El judeo-español conserva, en líneas generales, el sistema consonántico del antiguo español que distinguía entre las fricativas *s/z (kavesa, paso* pero *kaza, koza)* y *š/ž (bašo, pášaro* pero *aženo, mužer).*

Hay que destacar que los fonemas ǧ y ž tienen en el español de la Península la misma distribución, propia del español antiguo: ǧ en posición inicial y tras *n (ǧente, ǧurar; anǧel, lonǧi)* y ž en posición intervocálica *(aženo, mužer).*

Además de estos fenómenos de carácter general, esparcidos por todo el territorio de la península Balcánica, existen otros de extensión geográfica limitada: en las hablas del noroeste de la Península y en Turquía se ha con-

---

4.  Sobre la lengua y la literatura de los judíos españoles, véanse, entre otros, estos trabajos: M. Alvar, *Poesía tradicional de los judíos españoles*, Porrúa, México, 1966; S. G. Armistead y J. H. Silverman, «Christian elements and dechristianization in the sephardic romancero», en *Collected studies in honor of Américo Castros's eightieth year*, The Lincombe Lodge Research Library, Boards Hill Oxford, 1965, pp. 21-38; G. Bossong, «Sprachsmischung und Sprachbau im Judenspanischen», *Iberorromania*, XXV, 1987, pp. 1-22; D. M. Bunis, *Sephardic studies: a research bibliography, incorporing Judezmo language, literature and folklore, and historical background*, Garland-YIVO Institute for Jewish Research, Nueva York, 1981; «Types of nonregional variation in Early Moddern Eastern Spoken Judezmo», *International Journal of the Sociology of Language*, XXXVII, 1982, pp. 41-70; «Some problems on Judezmo linguistics», *Mediterranean Language Review*, I, 1983, pp. 103-138; W. Busse, «Zur Problematik des Judeospanischen», *Neue Romania*, XII, 1991, pp. 37-84; C. M. Crews, «Notes on Judaeo-Spanish», *Proceedings of the Leeds Philosophical and Literary Society: Literary and Historical Section*, VII, 1955, pp. 192-199, 217-230; VIII, 1956, pp. 192-199; «Miscellanea Hispano-Judaica», I, *Vox Romanica*, XVI, 1957, pp. 224-245; II, *idem*, XX, 1961, pp. 13-38; A. Malinowski, «The pronouns of address in contemporary Judeo-Spanish», *Romance Philology*, XXXVII, 1982, pp. 7-23; R. Renard, *Sepharad; le monde et la langue judeo-espagnole des Sephardim*, Annales Universitaires de Mons, Mons, 1967; M. Sala, «A-t-il existé en Espagne un dialecte judeo-espagnol?», *Sefarad*, XXII, 1962, pp. 129-149; *Le judéo-espagnol*, Mouton, La Haya, 1976; J. Subak, «Zum Judenspanischen», *Zeitschrift für romanische Philologie*, XXX, 1906, pp. 129-185; A. Várvaro, «Il giudeo-spagnuolo prima dell'spulsione del 1492», *Medioaevum Romanicum*, XII, 1987, pp. 155-172; M. L. Wagner, «Judenspanische-Arabisches», *Zeitschrift für romanische Philologie*, XL, 1920, pp. 543-549 (también en Wagner, *Judenspanisch*, I, pp. 236-242); «Espigueo judeo-español», *Revista de Filología Española*, XXXIV, 1950, pp. 9-106 (también en Wagner, *Judenspanisch*, II, pp. 102-199); «Calcos lingüísticos en el habla de los sefarditas de Levante», en *Homenaje a Fritz Krüger*, II, Universidad Nacional de Cuyo, Mendoza, 1954, 1954, pp. 269-281 (también en *Judenspanisch*, II, pp. 207-219); *Judenspanisch*, II, I. H, Kröll (ed.), Steiner, Wiesbaden, 1990; P. Wexler, «Ascertaining the position of Judezmo within Ibero-Romance», *Vox Romanica*, XXXVI, 1977, pp. 162-195; A. S. Yahuda, «Contribución al estudio del judeo-español», *Revista de Filología Española*, II, 1915, pp. 339-370.

5.  Sobre fonética y fonología, véanse I. Kanchev, «El sistema fonológico del judeo-español de Bulgaria», *Español Actual*, XXVIII, 1974, pp. 1-17; «Archaisms and innovations in the phonetic system of the Spanish-jewish speech in Bulgaria», *Annual-Godisnik*, Sofía, XI, 1976, pp. 101-131; A Kovacec, «Sobre el valor de las unidades [t̨], [k', k̨, ć, k̨] y [d̨] ([g̨, g̑ d̶, g̨]) en el judeo-español de Sarajevo y Drubonik», *Studia Romanica et Anglica Zagrabiensia*, XXXI-XXXII, 1986-1987, pp. 156-159; M. Sala, «Innovaciones del fonetismo judeo-español», *Revista de Dialectología y Tradiciones Populares*, XXXII, 1976, pp. 536-549.

servado la africada *dz (ondzi, dodzi, tredzi, podzu, mandzía)*, mientras que en otras zonas *dz > z*. Por otro lado, y de forma aislada *dz > ž (onži, dožena)*.

En Sarajevo y Bucarest se mantiene la labiodental fricativa *v (lavar)*, frente al resto del territorio donde *v > b̦*. De todas formas, es general la conservación de *v* en el grupo *vd (bivdo, sivdad, šavdo)*.

Excepto estos hechos de inventario, hay algunos arcaísmos en la distribución de las consonantes. Es general la distinción *b/v* en posición inicial de palabra *(bueno, vida)*. La misma difusión tiene la conservación del grupo *-mb- (palomba, lombo)*.

Otros fenómenos circunscritos a las hablas del noroeste (a veces también a Salónica) son:

• conservación de *d, g* como oclusivas en posición interior de palabra *(boda, lodu; agua, aguardar)*, que se convierten en fricativas en el resto de variante del judeo-español;
• conservación de *f* inicial en algunos términos de procedencia latina *(ferir, forka, fumo)*, considerado en algunas regiones como un rasgo característico del habla de las mujeres.

En lo que se refiere a la morfología, los arcaísmos se enmarcan, sobre todo, en la flexión verbal.[6] Son generales:

• formas en *-o*, en vez de las modernas en *-oy*, en verbos como *do, estó, so, vo*;
• las variantes antiguas del pretérito absoluto de algunos verbos: *trusi, trušo; vide, vido*;
• las formas de imperfecto en *-iba (-iva)*: *kiriba* 'quería', *riyiba* 'reía';
• *vos* por *os* (*os* no existe en judeo-español).

En el léxico se registran arcaísmos como: *atorgar, kazal, merkar, trokar, yanta*.[7]

En cuanto a las innovaciones, hay que poner de relieve dos grupos:

6. Sobre formas y usos verbales, véanse los siguientes trabajos: G. Bossong, «El uso de los tiempos verbales en judeo-español», *Verba*, XXXII, 1990, pp. 71-96; H. R. Kahane y S. Saporta, «The verbal categories of Judeo-Spanish», *Hispanic Review*, XXI, 1953, pp. 193-214, 322-336; A. Malinowski, «Distribution and function of the auxiliaries TENER and AVER in Judeo-Spanish», *Orbis*, XXXIII, 1984, pp. 211-221; M. Sala, «Sobre el verbo del judeo-español», en E. Roegist y L. Tasmowski (eds.), *Verbe et phrase dans les langues romanes. Mélanges offerts à Louis Mourin*, Gent, 1983, pp. 73-80; J. Subak, «Das Verbum im Judenspanischen», *Bausteine zur romanischen Philologie. Festgabe für Adolfo Mussafia zum 15, Februar 1905*, Niemeyer, Halle, 1905, pp. 321-331.

7. Sobre cuestiones léxicas, véanse, además de otros trabajos ya citados, C. M. Crews, «Some Arabic and Hebrew words in Oriental Judeo-Spanish», en *Problemas y principios del estructuralismo lingüístico*, CSIC, Instituto Miguel de Cervantes, Madrid, 1967, pp. 171-185; J. Nehama. *Dictionnaire du judeoespagnol*, con la colaboración de J. Cantera, CSIC, Instituto Arias Montano, Madrid, 1977; M. Sala, «Sobre el vocabulario del judeo-español», *Festchrift Karl Baldinger zum 60, Getburtstag, 17. November 1979*, pp. 910-916.

- las debidas a la evolución de la estructura del judeo-español y, por lo tanto, internas;
- las que son el resultado de influencias externas.

Las innovaciones internas se encuentran de una manera u otra en varios dialectos españoles; algunas provocan la desaparición de formas conservadas en español estándar, al mismo tiempo que conllevan la aparición de variantes inexistentes en éste.

Innovaciones que propician la desaparición de unas formas:

Fenómenos fonéticos:

- *yeísmo (yave, sivoya)* generalizado, con pocas excepciones en Monastir y en Turquía;
- desaparición de la nasal palatal (/n̦ /) y, en su lugar, la pronunciación *n + i (aniu, punio)*, confinada a Ruse y Bucarest;
- aisladamente (Bucarest), la vibrante múltiple (/r̄/), en posición inicial o intervocálica, se realiza como vibrante simple (/r/) en casos como *rana, rei; ariba, barer, tiera.*

En el campo del léxico las pérdidas son cuantiosas.

Por la forma de vida de los sefardíes, asentados en su mayoría en las ciudades, el *djudezmo* fue perdiendo muchos términos del antiguo caudal léxico español. Referidas a la naturaleza, sólo se han conservado unas cuantas formas que designan aves, como *pašaro*, colectivo que designa 'aves grandes', y *pašariko*, para las pequeñas y canoras. También se encuentra todavía *kolondrina* 'golondrina', *pato* 'ganso', *griyo*, que en Bulgaria significa 'mariposa'. Con los nombres de árboles, *arvole* es el genérico al que se añade el nombre de la fruta *(arvole de mansana, – de pera). Pino* se refiere a cualquier árbol alto y ramificado. Plantas de cultivo que tienen nombres españoles: *ažo, mansana, merenžena, pera, pimienta, sereza, sevada, sevoya, trigo.* De animales domésticos, se han conservado *buei, kavayo, kodrero, oveža, vaka*; otros del entorno humano conservados son *kulevra, moškito, palomba, rana, ratón.*

Merece destacar que, debido a la desaparición dèl término español, el significado de ciertas palabras padece modificaciones: así, por la ausencia del término, *pequeño, chico* adquiere un valor diferente, mucho más fuerte del que tenía en español.

Las innovaciones internas que gestaron nuevas formas en ocasiones tienen difusión general o limitada a determinadas regiones balcánicas. De las innovaciones fonéticas de difusión general destacamos:

- neutralización de la oposición entre los antiguos fonemas /s/ y /ŝ/ en un único fonema /s/ (en judeo-español no existe /θ/);
- el sonido [s] se convierte en [ŝ] en las desinencias *-ais, -eis (avlas, keres, saves)* en *seis (ses)*, en el grupo *sk (buskar)*;

- cierre de las vocales *e, o* en posición final *(madri komu, kwantu)*, sobre todo en el oeste y noroeste de la península Balcánica, además de Bucarest;
- *e > a* ante la consonante vibrante *(tiara, cuarda)*, excepto en Rumanía y Serbia;
- monoptongación o diptongación con respecto a formas del español estándar: *ken* 'quien', *buendad* 'bondad', *mostro* 'muestro', *pierder* 'perder', *pueder* 'poder';
- desarrollo de *x* ante el diptongo *ue* (*sxuegra* 'suegra', *sxueni* 'sueño') y, por ultracorrección, *f* (*sfuegra, sfueniu*);
- el desarrollo de *g* ante *ue* en posición inicial de palabra (*güerko, güerfano, güevo*) es general en judeo-español; en algunas zonas, *g* aparece también en posición interior de palabra (*dugüeler* 'doler', *tugüerto* 'tuerto');
- metátesis de *r* en el grupo *-rd-*, que se transforma en *-dr-* (*godro, vedre*); la coexistencia de formas con metátesis y las que mantienen el grupo *-rd-* se ha explicado por la intensidad de la noción expresada por *arder, verdad*;
- *n* inicial *ue* pasa a *m* en casos como *muestru, muevi, muevu*; en Salónica, se da a veces en *nuera*. Este mismo fenómeno también lo encontramos en *mos* 'nos', *mozotros* 'nosotros'.

En cuanto a la morfología, es general la desinencia *-í* para la primera persona de singular en los verbos de la primera conjugación: *despertí, cantí, tomí, trokí*. También están generalizadas las formas de pretérito del tipo *abrasate* 'abrazaste', *kantate* 'cantaste'.

Se registran numerosos derivados con los sufijos *-ada, -asión, -dero, -iko, -ižo, -ón, -ozo* inexistentes en español (*apartižo* 'separación', *empesizo* 'comienzo', *eskapižo* 'fin', *pensižo* 'pensamiento').

Dentro del ámbito del léxico se producen diferencias en la evolución semántica en: *kueško* 'cáscara exterior de la fruta', *piña* 'mazorca de maíz', 'girasol'; *telaraña* no es solamente 'telaraña', sino también 'araña', etc.

Las innovaciones externas aparecen en todos los ámbitos del judeo-español, con variantes en lo que a la extenión geográfica se refiere.

En fonología, destaca:

- aparición de un fonema /ŝ/ que se da sólo en préstamos (fundamentalmente del hebraico): *ŝar* 'miedo', *ŝava* 'orden'. Esta fonologización se produjo por pares del tipo *ŝar-dar* 'mar', *ŝavá-vavá* 'abuelo', este último préstamo del griego;
- aparición de una consonante velar sorda (/x/) por préstamo del árabe, hebreo y lenguas balcánicas: *xazinu* 'enfermo', *xamal* 'portador', *bidaxaím* 'cementerio', *gálax* 'sacerdote cristiano', *maláx* 'ángel'. De la misma manera, la fonologización de *x* se produjo por la existencia de pares mínimos tales como *pan-xan* 'posada', *fas* 'cara'-*xas* '¡válgame Dios!', *satir* 'hacha'-*xatir* 'favor', *graža* 'corneja'-*graxa* 'guisante', *reị-xeị*, interjección;
- la modificación en la distribución de las consonantes como consecuencia de préstamos léxicos hace que muchos fonemas aparezcan en posiciones inexistentes dentro del español antiguo: *z* no sólo aparece en posi-

ción interior de palabra *(kamiza, kaza; azno, deznudo)*, sino también en posición inicial *(zaxut* 'comida fúnebre', *zirdilis* 'ciruela pequeña cuyo sabor es amargo'). Modificaciones similares se dan en la distribución de los fonemas /v/, /b/, /f/, /p/, /t/, /ch/;

• modificación en la distribución de consonantes en lo que se refiere a las combinaciones de fonemas, causada por la aparición de nuevos grupos consonánticos: *pk (topka* 'pelota'), *ft (kefté* 'albóndiga de carne'), etc. En general, estos elementos ocupan una posición periférica en la estructura del judeo-español.

En morfología, tienen una difusión general las desinencias de plural *-im* para masculino y *-ot* para el femenino. Las dos desinencias aparecen principalmente en palabras de origen hebraico *(batlanim* 'ociosos', *beemot* < *beema* 'bestia'), pero *-im* se da, de forma ocasional, en algunas palabras españolas *(ladronim, ermanim, ratonim)*, o incluso en términos de origen turco *(serafim* 'usureros', *kasapim* 'carniceros').[8]

Por influencia de las lenguas balcánicas, el subjuntivo aparece en lugar del infinitivo en ciertas expresiones *(kali se la deše* 'tiene que dejarla' en Bitola y Skopje).

Si hablamos del léxico, éste es el campo más rico en préstamos de las lenguas balcánicas (sobre todo del turco), del francés, del italiano o del hebreo. De los términos referidos a la casa destacan *odá* 'cuarto', *soba* 'estufa', *taván* 'tejado', *perdé* 'cortina' o enseres de la casa como *tenžeré* 'paila', *kapak* 'tapa', *kibuit* o *parlak* 'fósforo', *kutí* 'caja', *legen* 'palangana', *maša* 'tenazas', *sati* y *topus* 'hacha'; la mayor parte procedentes del turco, al igual que los nombres de comidas *(chorbá* 'sopa agria', *pilaf* 'arroz a la turca', *kebap* 'asado'), prendas de vestir y joyas. Todos los nombres de plantas ornamentales y de flores han sido tomados del turco o del griego *(triandafila* 'rosa'). Del hebreo proceden los términos que denominan nociones abstractas o relacionadas con la religión *(aftaxá* 'esperanza', *mispaxá* 'familia', *xérem* 'anatema').

No han sido investigadas todavía las relaciones entre los términos del antiguo caudal léxico del español y los sinónimos procedentes de préstamos: *garón* (< hebreo) - *garganta*; *pachá* (< turco) - *pierna*, etc.

También se producen calcos semánticos de las lenguas balcánicas o del francés *(ora* 'hora' y 'reloj' según el turco *sa'at* 'hora' y 'reloj'). Hay asimismo otros calcos de estructuras complejas *(bever tutun* 'fumar', del turco *tütün içmek* literal 'beber tabaco').

Acabamos de reflejar que las características presentadas no son de carácter general dentro del judeo-español de los balcanes. Sobre la existencia de variantes dialectales ya habló, en 1909, M. L. Wagner, que continuó estudiándolas en diferentes trabajos. La tesis por él formulada, según la cual existen dos zonas (una que abarca el este de la península Balcánica y la

---

8.   Sobre la formación del plural, véase D. M. Bunis, «Plural formation in Modern Eastern Judezmo», en Y. Benabu y J. Semoncha (eds.), *Judeo-Romance languages*, Misgav Yerushalayim, Institute For Research on the Sephardi and Oriental Jewisg Heritage, Jerusalén, 1985, pp. 41-67.

otra, el oeste) se justificaría por la diferente procedencia de los emigrantes (los sefardíes de Constantinopla y de Asia provinieron en su mayoría de las dos Castillas, mientras que los de Macedonia, Grecia, Bosnia, Serbia y parte de Bulgaria eran oriundos de las provincias septentrionales de España: Aragón y Cataluña principalmente). Esta teoría fue aceptada por la mayoría de los lingüistas que se habían ocupado del judeo-español, pero fue refutada por I. S. Révah, que mantiene que Salónica, el punto más importante del «grupo occidental», no tiene más que uno de los cuatro rasgos propios del grupo completo. Él afirma que hay diferencias sólo entre Constantinopla y Salónica; las diferencias entre las demás variantes se explican por la extensión de ciertas particularidades de un habla a otra.

## Situación actual

El estado actual del judeo-español en la península de los Balcanes varía de un país a otro. Característica general de todas las variantes del judeo-español balcánico es la decadencia, su abandono en favor de aquellas de los países donde habitan los sefardíes.

Unos cuantos factores sociales, más numerosos y más evidentes durante la segunda guerra mundial y en el período de posguerra, tuvieron como consecuencia la disminución del número de sefardíes y, por consiguiente, la limitación del uso del judeo-español, que quedó reducido al ámbito familiar y el ostracismo por parte de los jóvenes. Esta situación es también el resultado de unas causas anteriores en el tiempo: la aparición de las burguesías nacionales, cuya consecuencia más significativa fue el confinamiento de los judíos al pequeño comercio; la aparición de los estados nacionales balcánicos, que provocó la supresión de las escuelas judeo-españolas, la prohibición en Turquía y en Grecia del alfabeto *raší*, una variante del alfabeto hebraico, por lo que el judeo-español se queda sin escritura propia.[9] Otros factores (la disminución del prestigio cultural del judeo-español y una tradición literaria importante, la debilitación de la religiosidad, la asimilación de la cultura de los países en los que estaban viviendo, el abandono de la vida en los guetos, la ausencia de un elemento unificador, de una norma única de prestigio, la influencia francesa y la de la Alianza Israelita Universal) fueron llevando al abandono gradual de esta variante arcaica e innovadora del español.

---

9. I. M. Hassán, «Sistemas gráficos del español sefardí», en M. A. Ariza y A. Viudas (eds.), *Actas del I Congreso Internacional de Historia de la Lengua Española, Cáceres, 30 de marzo-4 de abril de 1987*, I, Arco-Libros, Madrid, 1988, pp. 127-137.

# EL JUDEO-ESPAÑOL DE MARRUECOS

por MANUEL ALVAR

## Algo de historia

Las hablas judeo-españolas no son un dialecto del modo que puedan serlo el leonés, el aragonés o el andaluz. Son un conjunto heterogéneo de modalidades que se han formado sobre diversas bases peninsulares en las que han ido marcando su impronta las lenguas con las que ha estado en contacto. Pero ni siquiera esto se puede reducir a tan simple esquema. Se ha dicho que el judeo-español es una etapa fósil del castellano, lo que es cierto si consideramos la pervivencia del arcaico sistema de las sibilantes. Pero el judeo-español en su origen no es de una sola geografía sino de la pluralidad de geografías peninsulares que se pusieron en contacto después de la expulsión. Porque, en la Península, hubo unos judíos de Zaragoza que poco se relacionarían con los de Sevilla, o los de León con los de Granada y así en todas las comunidades. Pero vino la diáspora y en sitios nunca pensados se encontraron juntos todos aquellos judíos que nunca lo habían estado en la patria remota y en cada sitio se fue constituyendo una especie de *koiné* en la que cabían rasgos aragoneses y castellanos y andaluces. Por ejemplo, si en los Balcanes se dice *alducuera* y *faldukera* 'faldriquera', *ižico* y *fižo* 'hijo' no se debe a una caprichosa evolución del dialecto, sino que el encuentro de gentes venidas de diversas regiones aportó sus peculiaridades lingüísticas y se fue motivando una fusión por el prestigio, de cualquier índole, que cada grupo tuvo.

Esto ha hecho que casi quinientos años después se haya realizado en cada sitio una nueva variedad producida por el contacto de dialectos peninsulares distintos a los que se añadió la acción del árabe, del turco, del griego o de tantas otras lenguas como se pusieron en contacto con la que los sefardíes llevaron consigo. Porque estos judíos expulsados emprendieron el amargo camino del destierro. Llevaban en su alma la lengua y la literatura tradicionales que les sirvieron de asidero en los días desazonantes de la emigración. Lo ha contado Yosef ha-Cohen con referencia a sus hermanos del siglo XVI: «Los sefardíes que habían ido a Alemania murieron en los montes y quedaron sus mujeres viudas y sus hijos huérfanos en un país don-

de no entendían su lengua.»¹ Su lengua como vínculo que los uniría durante siglos y siglos hasta llegar al nuestro en el que Olga Herrera o la abuela
Regina evocan aquel parloteo medio en véneto y medio en español en *El jar-
dín de los Finzi-Contini*;² o las comunidades establecidas en Vichigrado, según cuenta Ivo Andric´ en *El puente sobre el río Duina*³. No fue sólo el testimonio hermoso de unos creadores literarios, sino que tenemos otro no
menos emocionante debido a gentes muy populares. Pedro Antonio de Alarcón estuvo en la guerra de África (1859-1860) y en el *Diario de un testigo* no
se dio cuenta de lo que significaba la palabra en labios sefardíes, y la creyó
una adulación de las gentes que abrieron las puertas de Tetuán al regimien-
to de Zaragoza. Aquel castellano tenía «un acento particular, enteramente
distinto del de todas nuestras provincias». El escritor de Guadix no se dio
cuenta de que estaba asistiendo a una de las más bellas y patéticas páginas
de nuestra historia cultural. Porque aquellos judíos en su «somos amigos»
encerraban una larga historia de amor (y, por otros, de incomprensiones).

## El descubrimiento del judeo-español

De una manera harto sorprendente se había descubierto el judeo-español de Marruecos, como de otra no menos sorprendente se descubrió el de
Oriente en una noticia de El *folklore español* (1897) que dejó cierto remus-
go de incredulidad⁴ y eso que Grünbaum había publicado un año antes su
*Jüdisch-Spanische Chrestomathie* (Frankfurt, 1896). Sin embargo, los sefardíes estaban allí con sus cargas de fidelidad a esa criatura persistente a la
que llamamos tradición. Y era la voz la que —más que nada— hacía identificar las personas y las cosas. El «somos amigos» tuvo un emocionante
trasunto en una carta que escribió un modesto comerciante al general
O'Donnell: «Señor Excelentísimo. Dios sea contigo. [...] Yo Jacob Leví te
pido justicia. Y amparo, porque soy desvalido. Y consuelo, porque estoy
triste. Y auxilio, porque soy pobre. Y fortaleza, porque soy débil [...] Mi padre, muy anciano, vive de mi trabajo. Y dos hijas, que son niñas. Y mi trabajo es mi sustento. Y mis bienes son una tienda. Y me la quieren quitar
los que son fuertes. Y tú que eres más fuerte, porque eres más justiciero,
puedes más que ellos. Y por eso, Señor, acudo a ti. Tú tienes la sabiduría y
el valor porque ganaste a Tetuán y Tetuán es tuyo. Y tú eres de España. Y
España es de tu Reina. Y tu Reina eres tú. ¡Hazme justicia Reina de España! Jacob Leví.»⁵ La carta tiene hondos significados, pero uno también

---

1.  Josef Ha-Kohen, *'Emeq ha-Bakha*, trad. de Pilar León Tello, Madrid, 1964, p. 189. La consideración histórica de la expulsión se trata en la última parte del libro de Haim Beinart, *Los judíos en
España*, Madrid, 1993.
2.  Maurice Actis-Grosso, «Campanilismo europeo ed estetica della simultaneità ossia identità
ebraico-ferranese nella traduzioni di Giorgio Bassari» (*Idioma*, VII [1995], pp. 89-104).
3.  Manuel Alvar, «Sefardíes en una novela de Ivo Andric´» (*Rev. Ling. Romane*, XXXI, 1968, pp.
267-271).
4.  *Vid.* M. Alvar, «Un "descubrimiento" del judeo-español» (*Studies Benardette*, Nueva York,
1966, pp. 363-366).
5.  Figura en el libro de Manuel L. Ortega, *Los hebreos en Marruecos* (4.ª edic.), Madrid, 1934,
p. 103.

para la lingüística. Aquellos judíos se encontraron con una lengua como la suya, pero distinta. Y se fueron hermanando las diversas hablas de los dos lados del Estrecho y el prodigio de haber conservado aquel instrumento de relación durante muchos siglos, ahora iba a confundirse con el que traían configurado las gentes del solar común.

Porque al producirse la diáspora, los judíos hablaban como sus vecinos cristianos de las regiones de origen.[6] Esto es un convencimiento que para mí no es dudoso, por más que otra cosa se haya dicho. Bien próxima está la edición de los dos hermosos volúmenes de Laura Minervini sobre textos medievales judeo-españoles.[7] Pongamos algún ejemplo anterior a esta obra para aducir una realidad que no se ha querido ver: en 1219, unos judíos de Aguilar de Campoo venden un molino, a pesar de los nombres (Oro Sol, Iuceph, Zac) el testimonio está en puro castellano con evoluciones fonéticas que sólo pertenecen al dialecto central (*aducha, provecho, tajada, remanesiemos, ermano, judio*) y, si algún pique extraño se nota, pienso que es aragonés (*firmedumne, ad, lur, prod*). En síntesis tal vez haya calcos de la lengua sagrada: «de lado uno... de lado segundo... de lado tercero bia los muchos», «vendiemos a ellos la vendida esta», «baian el abbad el membrado et el convent».[8] Los documentos aragoneses de la aljama de Zaragoza o de Huesca[9] manifiestan un claro aragonesismo (*dreito, feito, milloramento*, igualación de *z* y *ç*), igual que en las declaraciones de los judíos en el proceso por la muerte del maestre de Epila.[10] Del mismo modo, alguna carta de finales del siglo XV (escrita en La Guardia alavesa) tampoco manifiesta ningún desvío del castellano de su tiempo: incrusta algún hebraísmo, y nada más.[11] La conciencia de la separación no estaba en la unidad de la lengua, sino en el empleo de ese vocabulario que se tenía como propio de los ritos de la comunidad hebrea. Recordemos el precioso texto que Rodrigo de Cota dedicó al casamiento de una sobrina del cardenal Mendoza: el judío toledano hizo una labor de taracea en la que, para desazón de cristianos viejos, encerró una serie de hebraísmos léxicos: *el Dio, cahal, adafina, maçales*, etc.[12]

Hemos llegado a una cuestión que tiene que ver con las anteriores: el trillado problema del arcaísmo de los judíos españoles que nos obliga a formular una nueva pregunta: ¿el arcaísmo era del habla del grupo por ser hebreos (marginados, etc.) o pertenecía a la región en la que pasaban su vida?

6. «Sobre las versiones bíblicas medievales, su repercusión» («*In Memoriam*» *Inmaculada Corrales*, La Laguna, 1987, p. 46).

7. *Testi giudeospagnoli medievali* (2 vols.), Nápoles, 1992.

8. Manuel Fernández y González, «Tres manuscritos rabínicos del siglo XV» (*Boletín Real Academia de la Historia*, V, pp. 299-307).

9. Gunnar Tilander, «Documento desconocido de la aljama de Zaragoza del año 1331» (*Studia Neophilologica*, XII [1939-1940], pp. 1-45); M. Alvar, «Interpretación de un texto oscense en aljamía hebrea», recogido en los *Estudios sobre el dialecto aragonés*, t. I, Zaragoza, 1973, pp. 229-248. En un habla viva, *vid.* Juan Martínez Ruiz, «Aragonesismos en el judeo-español de Alcazarquivir» (*Miscelánea de Estudios árabes y hebraicos*, II [1983], pp. 129-133).

10. Me refiero al *Libro Verde de Aragón*, que estudié hace muchos años (*Archivo de Filología Aragonesa*, II [1947], pp. 59-92).

11. *Vid.* nota 8.

12. *Cancionero castellano del siglo XV*, edic. Foulché-Delbosc, t. II, Madrid, 1915, pp. 588a-591b. Sobre el poema hay un estudio de Francisco Cantera, «Hebraísmos en la poesía sefardí» (*Estudios dedicados a Menéndez Pidal*, t. V, Madrid, 1954, pp. 229-248).

Porque es la misma cuestión que se plantea en la dialectología española de hoy: se habla del arcaísmo, pero ¿con referencia a qué? ¿Arcaísmo del español de América, por ejemplo, frente al peninsular? Pero si todos los mejicanos dicen *antier* o *diz que*, todos y en todos los niveles, no veo dónde está el arcaísmo, pues luego resulta que en otras cuestiones diremos de su carácter innovador. Creo que esto exige muchas matizaciones: el castellano es innovador; los dialectos, arcaizantes. En unas cosas sí, en otras no. ¿Cuántos «arcaísmos» léxicos hay en andaluz y, sin embargo, cuán infinitas son sus innovaciones fonéticas (sin olvidar que también en ellas hay arcaísmos)? Que una lengua conserve elementos poco o nada evolucionados valdrá para el consabido arcaísmo, pero el tal ¿es igual en el siglo XIII o en el XV, en el XVII o en el XX? No sé si en estos textos —tan antiguos, tan de regiones diferentes— podemos decir a humo de pajas «arcaísmo».

Pero contra todo pronóstico (y es la tesis que he defendido muchas veces) hay en el libro de Laura Minervini unas palabras que traduzco: «uno de los hechos más sorprendentes a primera vista es el escaso peso que los hebraísmos y los judeohispanismos tienen en nuestros textos [...] Para hacer tan exiguos esos materiales [...] contribuye de manera determinante el tipo de textos sometidos a examen, que no tienen argumento religioso ni, en sentido amplio, aspectos o elementos de la tradición cultural hebraica». Creo que esto no se puede afirmar.

De tantas y tantas cuestiones, la autora extrae las conclusiones de la creación de una *koiné* y de una tendencia al arcaísmo. No voy a repetir cosas ya dichas, pero quisiera señalar algo que me parece evidente: esa *koiné* no existió. Al menos la historia más vieja no sirve para explicar los hechos de los siglos XVI y siguientes. Cada grupo hablaba como en la región de donde procedían. Se produjo la diáspora en judíos castellanos, aragoneses, andaluces, catalanes, leoneses, se encontraron sin las trabas regionales de la patria de origen. Y fue allí en Marruecos, en el imperio otomano, en Italia, donde el acercamiento de variedades regionales bien diferenciadas (y que aún se manifiestan) crearon una *koiné*, que eso es el dialecto judeo-español: no una variedad antigua, sino una formación moderna (entendámonos, a partir del siglo XVI). Carácter que lo diferencia nítidamente de los dialectos históricos (leonés, castellano, aragonés) o de los que de ellos proceden. Y esto sin negar, por supuesto, la personalidad de un grupo étnico y cultural que vivió en nuestro solar y que es de una emocionante fidelidad a las tradiciones lingüísticas y culturales que aquí aprendieron.

## El judeo-español de Marruecos

Desde que en 1926, José Benoliel comenzó a publicar su memorable estudio sobre el dialecto,[13] han ido pasando muchas cosas, tantas que apenas si hoy tenemos algo más que unos supervivientes de un naufragio to-

---

13. «Dialecto judeo-español-marroquí o hakitía» (*Boletín Real Academia Española*, XIII [1926]; XIV, 1927 y XXXII, 1952).

tal. Porque primero fue la galicación de las hablas sefardíes a través de la Alianza Israelita Universal; luego la comunicación con España a partir de la guerra de 1859-1860 a la que ha he hecho mención. Aquel «descubrimiento» vino a ser un estilete que ayudó a la separación de lo que habían sido miembros unidos. Esto es lo que vino a comprobar un buen trabajo de Bénichou,[14] que reflejaba una situación anterior a la que recogimos Martínez Ruiz[15] y yo mismo.[16] El estudio del investigador francés es una guía segura, mucho más que el primerizo de Benoliel. Las palabras de Bénichou dan una clara idea de la situación actual: «el dialecto, o gran parte de él, ya no es más que un recuerdo, que sólo permanece vivo entre personas de la generación pasada».

Los rasgos lingüísticos que persisten se han estudiado en la literatura oral, con los riesgos que esto implica, pero hoy creo que ya no es posible salvar mucho más. Martínez Ruiz trabajó en Alcazarquivir; Bénichou, en Argentina con gente de Orán (que, a su vez, procedía de Tetuán); yo, en Tetuán, Larache y Melilla. He vuelto otras veces a Marruecos (la última en enero de 1996) y lo que un día fue mi cobijo, hoy ya no cuenta. He vuelto a la calle Caridad, 14, de Tetuán, y era todo un símbolo: las puertas claveteadas y la vivienda vacía; la sinagoga contigua, ya no es sinagoga.

El habla de los judíos marroquíes se llama *jaketía*, cuyo incierto origen puede ser el árabe *hekaia* o *hakaita* 'dicho agudo'. Cualquiera que sea su origen, esta lengua sirvió de instrumento de comunicación durante siglos, y su pérdida la hemos visto consumarse. Juan Bautista Vilar ha trazado la historia de Tetuán y la declinación de lo que fue una ciudad populosa.[17] Su fundación en 1808, por el sultán Muley Suleimán, tuvo un desarrollo del que no queda ya sino ruina y suciedad: desde el saqueo de los montañeses y las matanzas de los hebreos, una continua extenuación se ha ido cumpliendo: migraciones a Orán y Tlemecén, agotamiento del vivir en su *mellah*. Publiqué una fotografía de un viejo sefardí caminando por la judería de Tetuán:[18] aquella bellísima imagen nos está hablando de este proceso de extenuación: el hombre de noble estampa se apoya en un cayado y las barbas del viejo tiempo denuncian el acabamiento. Así ocurrió con la lengua: Benoliel publicó su valioso tratado, pero como ha venido ocurriendo con tantos tratados dialectales, la cronología de sus informes hay que retraerla a bastantes años atrás. Si es de 1926 el comienzo de su estudio y dice que hacía medio siglo que recogió sus materiales, nos da un corte sincrónico que tiene, sólo, un valor histórico. No se olvide que de 1905 es la publica-

---

14. «Observaciones sobre el judeo-español de Marruecos» (*Revista de Filología Hispánica*, VII [1945], pp. 209-258). Posterior es el trabajo de Carlos Benarroch, «Ojeada sobre el judeo-español de Marruecos» (*Actas I Simposio de Estudios Sefardíes*, Madrid, 1970, pp. 263-275).

15. «Poesía sefardí de carácter tradicional» (*Archivum*, XIII, pp. 79-215).

16. *Endechas judeo-españolas* (2.ª edic.), Madrid, 1969, pp. 89-124; *Cantos de boda judeo-españoles*, Madrid, 1971, pp. 167-206.

17. *La judería de Tetuán (1489-1860)*. Murcia, 1969, y *Tetuán en el resurgimiento contemporáneo (1850-1870)*, Caracas, 1955. Para Tánger se encuentran noticias curiosas en Isaac Laredo, *Memorias de un viejo tangerino*, Madrid, 1935. Desde puntos de vista diferentes de los que aquí trato, se ocupa el libro de Haïm Zafrani, *Les juifs du Maroc*, París, 1972.

18. *Endechas*, frente a la p. 40.

ción, por Menéndez Pidal, de una endecha de los judíos de Tánger, que le facilitó el investigador.[19] Son muchos años para que no hubieran ocurrido demasiadas cosas: la presencia española fue una riada incesante. No pocos intelectuales sefardíes se formaron en España y la lengua importada sirvió para que el judeo-español reordenara sus propios elementos. Nada tiene de sorprendente: recordemos que, en 1964, al clausurarse el Primer Simposio de Estudios Sefardíes, se llegó a esta desconsoladora conclusión: «[sustituir] el decadente judeoespañol por el español actual».[20] Se había impuesto una razón que para nada ayudaría a la vida del dialecto.

Estudiar la lengua coloquial sobre unos textos tradicionales puede llevar a cometer más de un error, porque la tradición oral repite fósiles de muchas partes. No puedo aceptar como propias del dialecto las traslaciones acentuales que se repiten una y otra vez: *noviá, garridá, vidá, piedé*, etc., que están en la misma situación que tenían en algunos textos de nuestra edad de oro:

> *Pisaré el polvico,*
> *atan menudico;*
> *pisaré el polvó,*
> *atán menudó.*

No creo que nos valgan ahora las afirmaciones de Benoliel: «las palabras esdrújulas en castellano quedan siendo agudas en Hakitía».

## La fonética[21]

En el vocalismo es frecuente la prótesis de *a-* (*arrobar, adormir, aprestar*), que es un rasgo vulgar del español de todas las tierras, aunque también se da la aféresis (*šuar* 'ajuar', *parece* 'aparece'). Como bien sabemos, hay inestabilidad de la vocal átona (*dizzilde* 'decidle', *pidiste, asperando, sospiro*), según puede comprobarse en un diccionario harto reciente del judeo-español de Marruecos, en el que *parecer, dicer, pider, asperar* o *sospirar* son formas bien conocidas. Esta inestabilidad puede afectar a la conjugación en la que no es raro escuchar *mole* 'muele'.

Es de notar la persistencia de una *-e* paragógica antigua, no sólo tras *-r* sino en otros diversos casos: *gavilane, lumbrale* 'umbral', *pesare, veluntade* 'voluntad'. Hay testimonios semejantes a estos en la modalidad novo-mejicana del español y, en Marruecos, se usa en voces hebreas (*cahale* 'comunidad') o árabes (*ašuare* 'ajuar'). Creo que no basta con decir que res-

---

19. «Endecha de los judíos españoles de Tánger» (*Revista Archivos, Bibliotecas y Museos*, XII [1905], pp. 128-136). Una amplia representación de textos, en Elena Romero, *Coplas sefardíes*, Córdoba, 1988.

20. *Actas*, Madrid, 1970, p. 618.

21. Para estas páginas véase la bibliografía que aduzco a las notas 13-16 y aún añadirse: Max Leopold Wagner, «Zum Judenspanischen von Marokko» (*Volkstum und Kultur der Romanen*, IV, 1931, pp. 221-245).

ponden al fácil expediente de la música o del cómputo silábico, pues muchas de ellas tienen la *-e* como «innecesaria».

El consonantismo presenta motivos de mayor entidad. Se ha conservado el sistema de sibilantes propio del castellano antiguo. La distinción de *s* sorda y *z* sonora, aunque la *s* es predorsal, convexa y con un largo rehilamiento. Esta persistencia de *s* sonora [z] es para Bénichou «el elemento arcaico más tenaz y más característico del dialecto». Cierto que es un sonido en trance de retroceso, pero su vitalidad era incuestionable y se realizaba en los mismos contornos fónicos que tiene el castellano ante consonante sonora (en el interior o en el final de palabra), pero ya no ante palabra que empieza por vocal.

Siguiendo el arcaísmo castellano, se conserva también la oposición entre *š* y *ž* (prepalatales fricativas sorda o sonora, respectivamente). La vitalidad del rasgo se acredita no sólo por la conservación en palabras castellanas (*cobijar* es *covižar*), sino también en las que se han tomado del árabe (*ašuar*, *šorreados* 'arrastrados' < ár. ŷurr). Es posible que en este caso el mantenimiento inicial esté reforzado por la existencia del mismo sonido en árabe, pero ya aparece algún caso de *jota* castellana *(gente)*.

Por último, recogí la oposición de *θ* y *z* (alveolares africadas, sorda o sonora, respectivamente) ya sin valor fonológico, pues tanto era *mansía*, como *manẑía*. Sería, pues, ésta la pareja de opuestos que más vulnerada se presenta, toda vez que ya se ha introducido también la *zeta* andaluza (posdental fricativa sorda).

La *r-* inicial múltiple se articuló como vibrante simple *(retama* y *ropa)*, se igualan *b* y *v*, y no hay aspirada.

Si de estas cuestiones pasamos a otros problemas de fundamental interés, tendríamos que hablar del yeísmo universal *(yanto, cabayo)*, que lleva a la desaparición de la *y* (como en otros sitios del mundo hispánico) cuando va en contacto con *í*: *portío, Castía, orita* 'orillita', *aí* 'ahí o allí'. Fenómeno que es bien conocido y que, en judeo-español, debe proceder de la segunda mitad del siglo XVII o del siglo XVIII, «pues es posterior a la fijación del ladino en la escritura rabínica».

El seseo es total, al menos en Tetuán; menos, en Larache *(destrensa, senó, calsar, dulse)* y el proceso viene de muy lejos, cuando los judíos pronunciaron la *ç* castellana como una consonante fricativa; esto es, al producirse la expulsión eran seseantes, sin que podamos descartar la importancia que en el hecho pudo tener la norma sevillana. No deja de ser significativo que Yosef ha-Cohen en su dramático libro '*Emeq ha-bakha* se refiera precisamente a Sevilla: «En el año de 5245, que es el de 1485, Fernando e Isabel, reyes de España, desterraron a los judíos de la gran ciudad de Sevilla, y de todo el país de Andalucía, y se fueron a otras tierras, hasta hoy.»[22] No pretendo cargar a la cuenta del sevillanismo el seseo, pero tampoco es prudente desestimarlo por completo. Hoy tiende a reemplazarse la sonora *(dizer)* por la sorda *(desir)*.

Bénichou dejó unas palabras que me parecen sustanciales para expli-

22. Edición citada, pp. 173-174.

car el alargamiento consonántico que se da en judeo-español de Marruecos: la acción del árabe ha hecho que se cumpla este proceso en *s > ss (dossientos)*, *d > dd (meatad del corazón)* y en multitud de casos de asimilación de consonantes: *r + l = l-l (contal-la)* y *l + r = rr, n + l = l-l (el la* 'en la'), *n + m = mm (emmano)*, etc. Por mi parte, allegué *corassón, gozzará, mazzale* (voz hebrea), *ajjófar* 'aljófar'. El proceso va desapareciendo: Bénoliel encontró más ejemplos que Bénichou, Bénichou más que yo. Me atrevo a pensar que la pérdida de las consonantes dobles se debe a una reestructuración del judeo-español hecha sobre moldes peninsulares.

La conservación de F- inicial en muchas palabras *(fadar, folgar, filos, faldiquera)* creo que se debe a la procedencia geográfica de los sefardíes de Marruecos.

Finalmente, debe obedecer a recastellanización del dialecto la pérdida de *-s* final que, como en andaluz oriental, lleva a la abertura vocálica, aunque no siempre *(vuestro̦, cabeyo̦ / malhaya̦ tú)*. Y, como en andaluz, se pierde muchas veces la *-n* final *(chapí, cordobá)* o la *-r (azumbé* 'azumbar, estoraque').

## Morfología

La morfología nominal se caracteriza por mantener arcaísmos y vulgarismos como *naide*, que ya, en el siglo XVI, coexistía con *nadie*; también pertenecen a un fondo español las formas analógicas *mosotros* 'nosotros', *mos* 'nos', *muestros* 'nuestros'.

La formación española del plural se extiende incluso a palabras de origen hebreo *(tefel-lines* 'filacterios') o árabe *(arasbas* 'doncellas'), que no pertenecen al acervo común.

Las desinencias verbales presentan notorias peculiaridades:[23]

1. Tendencia a dotar de la terminación *-er* a los verbos en *-ir (vister* 'vestir', *suber* 'subir'), lo que no quiere decir que esta tercera conjugación no esté viva: *vivir, sercusir* 'circuncidar', *depedir* 'pedir'.

2. *-imus* evolucionó a *-emos (venemos)* y *-tis* ha conservado la antigua forma *-des (queríades, besedéisme* 'me beséis'), aunque también se dan junto a ella la del español normal *(adobeisme, dejeisme)*, que puede reducir su diptongo *(desmayís, perdonís, verís)* o a otras más extrañas simplificaciones *(tengás, ponés)*.

3. Las finales *-ad, -id* pierden la *-d (dejá, vení)*, pero manifiestan el arcaísmo *-ai (levantai, daime* 'levantad, dadme'), arcaísmo éste que tiene su correspondencia en las hablas leonesas. Subsiste un viejo arcaísmo: *-d + l- > ld (dezilde)*.

4. Las desinencias del perfecto tienen *-i* analógica en la persona Yo de

23. *Vid.* J. Subak, «Das Verbum im Judenspanischen» (*Bausteine Mussaffia*, Halle [1905], pp. 321-331) y Juan Martínez Ruiz, «Morfología del judeo-español de Alcazarquivir» (*Miscelánea Griera*, Barcelona [1960], pp. 105-128).

la primera conjugación (*sení* 'cené', *encontrí* 'encontré'; *-tes* (<- t i) en Tú, y *tis* (<-tis) en Vosotros *(dexatis)*. Se conserva el arcaísmo *vide* 'vi'.

## Sintaxis

En cuanto a los personales, es de señalar las perífrasis *a mí, a ti, a vos* en vez de *me, te, os*.

Se emplea *lo* como complemento directo de persona o cosa masculina («¿quién *lo* irá a buscar [al novio]?», «delante *vo lo* [os] lo pondré»), pero es conocido el leísmo («labrándo*le* con seda», «tú me *le* trajistes») y, paralelamente, se conoce el laísmo («*la* disen», «*la* fraguara»). Esto nos lleva al problema de los tratamientos, bien es verdad que los textos tradicionales mantienen arcaísmos más o menos ornantes que no se aceptarían en una conversación normal. Benoliel señaló unos ejemplos pronominales (*tú* para hablar entre iguales, *usted* para cristianos y judíos de Europa, *vos* como fórmula de respeto y *vosotros* refiriéndose a varias personas), pues bien, los textos transcritos de la tradición oral tratan de *tú* al padre (o de *usted*), al novio, a la novia, a un paje; de *vos* se habla a la madre, a la nuera, al novio y a la novia; de *usted* al padre y *vuestro* puede valer como cortesía referida a una persona. Como puede verse, la penetración de *usted* señala, una vez más, la hispanización del dialecto.

El artículo se antepone al posesivo («*la mi* madre»), que posiblemente permitirá hablar –uniéndolo a otros casos– de un fondo leonés de la *jaquetía*; hay un precioso arcaísmo en el uso del artículo entre el sustantivo y su calificador («vuestra boca *la* dulse»,[24] como se sabe de no pocas lenguas románicas, y, nuevo arcaísmo, falta el artículo tras la preposición («Mataste a <los> buenos maridos»).

En cuanto al uso de los tiempos, se emplea el imperfecto de subjuntivo por perfecto absoluto («yo me *levantara* un lunes ... *tomara* mi cantarillo y ... con mi amor me *encontrara*»), aunque también puede darse el caso contrario: perfecto por imperfecto de indicativo («me *eché* y *soñaba*»); el condicional atenúa la idea del futuro absoluto («*almorzará* con nosotros y de mí tú le *hablarías*»); el imperfecto de indicativo tiene no pocos matices (desde la historia al presente, expresa realización presente de una acción verbal real o deseada. Primer caso: «si ése que tú quieres, hijos y mujer tenía». Segunda: «ya yoraba reina Elena, ya yoraba, hace yanto»).

## Vocabulario

La persistencia de viejas voces patrimoniales es un hecho bien sabido: en los cantos de boda hay *solombra* 'sombra' y *empolarse* 'engalanarse', y aun podría establecerse una correspondencia entre la continuidad penin-

---

24.  Leo Spitzer, «El sintagma *Valencia la Bella*» (*Rev. Filología Hispánica*, VII [1945], páginas 259-276).

sular y la intrusión de elementos ajenos, que lleva a curiosas deturpaciones. Así, al describir la belleza de una muchacha el *cuello* de unos textos se corresponde con *ġabba*[25] de otros y éste, a su vez, se reacomoda con *gala*. Los trueques léxicos abundan, sea por efectos del paralelismo *(río-vado, camisa-delgada)* sea por deturpaciones producidas al caer en olvido la palabra patrimonial: *acercalada* por *acicalada*, *sedal* por *cendal*, *a poca* por *en copos*, etc.

Los arcaísmos son muchos, *adobar* 'arreglar', *candelar* 'candelero', *corantado* 'muerto', *huerco* 'muerte', *fadar* 'poner nombre', *mansía* 'pesar, aflicción', *mancebo*, *preto* 'negro', *velado* 'esposo', etc.

Los hebraísmos no escasean y algunos son anteriores a la diáspora: *ajamí* 'sabios', *cahal* 'feligresía', *jupa* 'nupcias', *mazzale* 'suerte, destino', *sabbay* 'día festivo', *simane* 'señal, augurio', *tefel-lim* 'filacterias', etc.

En cuanto a los arabismos, marroquíes, no traídos ya de la Península, citemos *alaría* 'regalo de boda', *alcarja* 'pena', *aljadra* 'está presente', *delleare* 'vender en pública subasta', *jorreados* 'arrastrados', etc.[26]

## Conclusiones

En 1953 publiqué la primera edición de mis *Endechas judeo-españolas* y señalaba ya cómo el dialecto de Larache estaba en «un claro proceso de castellanización». Diez años después, al publicar los *Cantos de boda* hablaba de los avatares que habían afectado tan directamente sobre nuestros estudios: la independencia de Marruecos (1955) motivó una nueva diáspora de los sefardíes: a Israel, Norteamérica, Venezuela, Argentina. Sólo en Málaga se habían afincado cuatro mil (1960). El español es sustituido por el francés, que creará la nueva conciencia lingüística de los niños sefardíes. El español desaparecería a pasos apresurados. La hispanización del dialecto, cumplida en cuanto he señalado, ha dejado paso a una sustitución que se da entre la poca gente que ha quedado: buen testimonio la otrora floreciente judería de Tetuán. Y esa hispanización era perceptible en la tendencia a perder la oposición *s* sorda / sonora, en la caducidad del enfrentamiento *ž / š*, la presencia, más o menos esporádica, de *j* y *θ*, la pérdida de *r-* simple inicial reemplazada por la múltiple, la no aspiración de *h* en palabras románicas,[27] pérdida de las consonantes implosivas finales y de la *-d-* intervocálica. He vuelto a Marruecos (1990, 1996) y mis negros augurios parecen estar confirmados.[28]

25. «Interpretaciones judeo-españolas del árabe *ġabba*» (*Romance Philology*, XVII [1963], pp. 322-328).

26. Véase el reciente *Diccionario del judeoespañol de los sefardíes del norte de Marruecos*, de Alegría Bendayan (Caracas, 1995). Y para el tema específico de que hablo en el texto: Juan Martínez Ruiz, «Arabismos en el judeo-español de Alcazarquivir (Marruecos), 1948-1951» (*Rev. Filol. Española*, XLIX [1966], pp. 39-71); M. L. Wagner, «Judenspanisch-Arabisches» (*Zeitschrift für rom. Philologie*, XL [1920], pp. 543-549).

27. *Vid.* Juan Martínez Ruiz, «*F-*, *h-* aspiradas y *h-* muda en el judeo-español de Alcazarquivir» (*Tamuda*, V, 1957, pp. 150-160).

28. Haïm Vidal Sephiha, *L'agonie des judéo-espagnols*, París, 1977.

# EL ESPAÑOL EN ÁFRICA

# LA LENGUA ESPAÑOLA EN GUINEA ECUATORIAL

por Antonio Quilis

## Introducción

Guinea Ecuatorial,[1] situada en el África occidental, sobre la línea del Ecuador, tiene una población de aproximadamente 335.000 habitantes en 28.051 kilómetros cuadrados. Está formada por la región continental de Río Muni, y las islas de Bioko, Annobón, Elobey Grande, Elobey Chico y Corisco. Fue descubierta por los navegantes portugueses Lope Gonsálvez y Fernando Poo, quien a la isla situada frente a la costa occidental de África llamó *Formosa*.[2]

Durante el siglo XV, Castilla y Portugal mantuvieron una fuerte disputa sobre los territorios africanos que intentaron zanjar, en 1494, mediante el Tratado de Tordesillas, pero continuaron hasta la firma del Tratado de El Pardo, en 1778. Por él, Portugal cede a España los territorios guineo-ecuatorianos, a cambio de la colonia de Sacramento. Los intentos de colonización de Guinea, por parte de España, fueron esporádicos y alternaron con la larga presencia, por diversos motivos, de Inglaterra. En 1858 se empieza a poner orden en el territorio guineano, sometido a los desmanes de ingleses, alemanes y franceses y se inicia seriamente su colonización. La misión se encarga al gobernador Carlos Chacón, que promulga el Estatuto Orgánico de la Colonia y declara la religión católica como única en el territorio. Llegan colonos levantinos y, procedentes de Cuba, negros «emancipados» y deportados políticos. A partir de 1887 se abre ya una comunicación marítima regular con España y llegan los primeros misioneros claretianos a Fernando Poo y Annobón. Se inicia la educación y la evangelización en español y se desarrolla la economía agrícola por medio de «finqueros» y de compañías peninsulares, con la ayuda de braceros liberianos, cameruneses y nigerianos. En definitiva, comienza una nueva época para Guinea. La ley de 30 de junio de 1959 convirtió el territorio en dos provincias españolas más: la de Fernando Poo y la de Río Muni, y equipa-

1. Cfr. Antonio Quilis y Celia Casado-Fresnillo, *La Lengua española en Guinea Ecuatorial*, Universidad Nacional de Educación a Distancia y Agencia Española de Cooperación Internacional, 1995, 694 pp. + 2 discos compactos.
2. Sería luego Fernando Poo y hoy, Bioko.

ró los derechos de sus habitantes con los de España. El 12 de octubre de 1968 alcanzó su independencia. A partir de ese momento, Guinea comenzó a sufrir una progresiva decadencia económica y cultural que la ha sumido en la lamentable situación en la que ahora se encuentra, pese a la ayuda de España.

## Fonología y fonética

Las lenguas bantúes de Guinea no están muy bien descritas, y lo que más se resiente en las descripciones existentes es el nivel fónico, cuyos rasgos más destacados son:

### VOCALISMO

Pese a que los sistemas vocálicos autóctonos no coinciden con el del español, al desdoblamiento de timbre de las vocales medias y a la armonía vocálica[3] existente en las lenguas bantúes, no existen demasiados problemas en cuanto a las realizaciones de las vocales españolas por parte de los hablantes guineoecuatorianos.

Lógicamente, se pueden registrar fenómenos de *inestabilidad vocálica* —sobre todo en las vocales átonas, rara vez, en las tónicas—, como ocurre en cualquier dialecto español. Por ejemplo: [i] > [e]: *autonomea, Marea* 'María', *cumplementar, entelegencia*; [e] > [i]: *pidir, vinido, Filisa, difinido*; [e] > [a]: *aceita* 'aceite', *macánico, malazas* 'malezas'; [a] > [e]: *rellenendo* 'rellenando', *castelleno* 'castellano', *emputar*; [o] > [u]: *recurrido* 'recorrido'; [u] > [o]: *molato* 'mulato', *acosar* 'acusar', etc.

A veces, la vocal átona inicial desaparece: *guana* 'iguana', *migos* 'amigos', *hora* 'ahora', *sinaturas* 'asignaturas', *mericanas*, etc. Además de esta aféresis, también se puede producir la pérdida de vocal en interior de palabra: [mástro] *maestro*, [bentisés] *veintiséis*.

Por analogía con su sustantivo o con otras formas del paradigma verbal, pueden aparecer *formas con diptongo o sin él*: son casos como *riegar, recordo* 'recuerdo', *juegar, sueñar, tiemblar, sierrar, divertiendo*.

Como en el español general, para reforzar el límite silábico de una secuencia vocálica aparece una *consonante epentética*; por ejemplo: *riyos* 'ríos', *oyir rumores*, etc.

---

3. La *armonía vocálica* es un fenómeno de asimilación a distancia que funciona en el nivel morfológico y léxico (formación de palabras): la presencia de una vocal determinada en el radical condiciona el timbre de las restantes vocales. Así, en fang, ocurre que: *a*) si la vocal radical es /e/ o /i/, la vocal del prefijo correspondiente es /e/ o /i/: *e-lé* 'árbol', *bi-lé* 'árboles'; *a-bí* 'excremento', *me-bí* 'excrementos'; *b*) si la vocal radical es /u/ u /o/, la vocal del prefijo correspondiente es /o/: *a-bo* 'pie', *mo-bo* 'pies'; *a-nu* 'boca', *mo-nu* 'bocas'; *c*) si la vocal radical es /a/, la vocal del prefijo correspondiente es /e/: *a-báá* 'casa comunal', *me-báá* 'casas comunales'.

## Consonantismo

Las lenguas indígenas guineanas poseen los *fonemas oclusivos* sordos /p/, /t/, /k/ y los sonoros /b/, /d/, /g/. Los sordos son normalmente no aspirados. Los fonemas oclusivos sonoros se realizan, por lo general, como [b], [d], [g]. Hay que señalar que el lugar de articulación de [t] y [d] es bastante variable: desde una articulación dental hasta la alveolar, pasando por la dentoalveolar.

El fonema /p/ se sonoriza con relativa frecuencia, llegando, a veces, a realizarse como bilabial fricativo sonoro: [kolúmbjo] *columpio*, [saβáto] *zapato*. El fonema /t/ no se sonoriza en fang, pero en hablantes de otras lenguas indígenas sí ha aparecido, ocasionalmente, la sonorización, al hablar español: [héndes] *gentes*, [án tendádo] *han tentado*, etc. En las secuencias [tr] y [rt] se pierde frecuentemente la vibrante, realizándose [t] como alveolar. La secuencia [tl], en *atlas*, por ejemplo, siempre se silabica como tautosilábica: *a-tlas*, como en el español de Canarias y de América. El fonema /k/ se ha sonorizado a veces, llegándose a realizar frecuentemente como fricativo sonoro: [bogádo] *bocado*, [kogotéro] *cocotero*, [maqáko] *macaco*, [desβoqár] *desbocar*.

Los fonemas /b/, /d/, /g/ se realizan siempre como oclusivos en los mismos contornos que el español general: después de pausa, de consonante nasal y, en el caso de /d/, también después de /l/. En los demás casos, unas veces se realizan como oclusivos y otras como fricativos.

Los mencionados fonemas oclusivos sonoros /b/, /d/, /g/ desaparecen, a veces, en posición intervocálica: *tuo* 'tuvo', *sentío* 'sentido', *toa* 'toda', *aua* 'agua', o en contacto con [r]: [porán] *podrán*, [páre] *padre*. La [d] en *-ado* es muy variable, tendiendo, en general, a conservarse.

Las lenguas indígenas de Guinea tienen los siguientes *fonemas fricativos*: /f/, /v/, /s/, /z/, /j/, /h/. El bubi, al parecer, no tiene /v/ ni /z/, pero sí /x/, en lugar de /h/.

La realización más frecuente de /f/ es la bilabial [Φ], independientemente de la lengua indígena. Hemos encontrado con cierta frecuencia la pronunciación [θ] por [f]: [gáθas] *gafas*, [blaθémja] *blasfemia*.

El fonema /s/ presenta bastante polimorfismo en Guinea. Los tipos de /s/ son los siguientes: *a*) [s] predorsoalveolar; la más extendida; *b*) el segundo tipo en frecuencia de aparición es la [s] apicoalveolar, *c*) el tercer tipo es la apicodentoalveolar plana.

El fonema /s/ en posición implosiva se conserva unas veces y se pierde otras. En general, la mayor frecuencia de pérdida se da en la primera persona del plural de la conjugación: *somo fang*; *estamo aquí*; *hemo de defender*. También es muy abundante en los casos de [-s] puramente léxica: *nosotro, depué, tre años, paí vasco*, o cuando es redundante porque existen otros signos marcadores del plural: *todo lo musulmane*; *mucha vece*; *tanta vece*; *la manifestación populares*; *de la do finca*. Creemos que la pérdida de esta [s] es más un problema morfológico que fonético o fonológico, porque: *a*) en las lenguas indígenas de Guinea —al igual que en otras muchas, por ejemplo las malayo-polinésicas— el plural se forma mediante determinados morfemas prefijos; *b*) en fang, la [-s] final, que es muy poco frecuente, se pierde ante la consonante inicial de otra palabra: *mvús* 'espaldas', *á mvús* 'detrás', pero *é mvú ñi* 'estas espaldas'.

El fonema /θ/ presenta las siguientes características: muchos informantes lo tienen en su sistema español y lo pronuncian como interdental, distinguiéndolo constantemente de /s/; otros informantes distinguen algunas veces, y otros siempre sesean. Algunos hablantes, con relativa frecuencia, sustituyen el fonema /f/ por /θ/: [félja] *Celia*, [kamfjón] *canción*, [felestino] *Celestino*, [féƀo] *cebo*, [aféị̣te] *aceite*, etc.

El fonema /x/ presenta tres tipos de realizaciones: la faríngea, la velofaríngea y la velar, semejante a la del español general, que es la más frecuente. En un informante, pueden aparecer las tres. A veces, este fonema se pierde: [dibúo] *dibujo*, [osé] *José*, en los combes, sobre todo, o se intercambia con /g/, oclusivo o fricativo: [ígo] *hijo*, [áɣo] *ajo*, [xéra] *guerra*, [láxo] *lago*, e incluso se articula como [k]: [kénte] *gente*.

Las lenguas indígenas de Guinea poseen, en general, cuatro *fonemas nasales*: bilabial [m], alveolar [n], palatal [ɲ] y velar [ŋ]; los tres primeros coinciden con los del español.⁴ El fonema /n/: *a*) se pierde, a veces, en posición intervocálica: *sietemesío* 'sietemesino'; *b*) se palataliza frecuentemente ante /e/, /i/: [ɲjéβla] *niebla*, [meɲeár] *menear*. El fonema /ɲ/: *a*) por pérdida de la oclusión nasal, se realiza como prepalatal, nasal, continuo [j]: [ájo] *año*, [sejál] *señal*. El fenómeno es muy frecuente en el país; *b*) a veces, en posición intervocálica, se pierde: *ordear* 'ordeñar', *baamos* 'bañamos'; *c*) en ocasiones, se despalataliza: *senor* 'señor', *manana* 'mañana'.

El fonema *vibrante múltiple*, /r̄/,⁵ se realiza frecuentemente como vibrante simple: [rósa] *rosa*, [karetéra] *carretera*, y, ocasionalmente, como asibilada: [kóřo] *corro*. Se dan también pronunciaciones como [kódro] *corro*. Se pierde con relativa frecuencia en posición posnuclear: [akwéɗo] *acuerdo*, [koƀáta] *corbata*, [kotéθa] *corteza*, [ábol] *árbol*.

El *fonema lateral*, /l/, en posición final de palabra, se pierde con bastante frecuencia: [alkó] *alcohol*, [abrí] *abril*, *iguá*, *españó*. También se pierde, ocasionalmente, en posición intervocálica: [karakoíyo] *caracolillo*. Con frecuencia, la secuencia [lj] se palataliza, llegándose a pronunciar como una consonante palatal: [famíḷa], [famíya] *familia*, pudiendo llegar a desaparecer, cuando se encuentran en contacto con una vocal palatal: [famía] *familia*, [domisío] *domicilio*.

El fonema *lateral palatal*, /ʎ/, no existe en las lenguas autóctonas. Por ello, cuando se pronuncia en el español de Guinea, puede sufrir diversas modificaciones. De todas formas, la pronunciación más extendida es [y]. Otras realizaciones son: *a*) [lj]: [ḷ] palatalizada seguida de semiconsonante: [póljo] *pollo*, [wélja] *huella*; *b*) ocasionalmente, pero en muchos hablantes,

---

4.  Dejamos a un lado combinaciones como /mb/, /nd/, /ns/, /ng/, /nk/, etc., cuya situación monofonemática o bifonemática es ampliamente discutida por los lingüistas que se han ocupado de otras lenguas bantúes.
5.  Las lenguas indígenas tienen dos *fonemas líquidos*: uno, lateral alveolar, /l/, y otro, vibrante simple, /r/, que coinciden con sus homólogos españoles.

se articula como [l]: [políto] *pollito*, [galína] *gallina*; *c*) pocas veces, sólo [l̬] palatalizada: [tortíl̬a] *tortilla*.

Muy frecuentemente, [l̬] o [y] en contacto con una vocal palatal, se pierde: [arδía] *ardilla*, [eskalería] *escalerilla*, [éa] *ella*, [kasteáno] *castellano*, [botéa] *botella*, etc.

## TONO Y ENTONACIÓN

Las lenguas bantúes son tonales, y esta estructura suprasegmental de la lengua materna aflora, lógicamente, cuando el guinoecuatoriano habla español, porque infiere en su entonación un comportamiento melódico especial: en términos generales, la configuración del fundamental se mantiene en los mismos niveles frecuenciales durante el enunciado, es decir, permanece casi a la misma altura desde el principio hasta el final, con desviaciones acusadas entre las sílabas tónicas y átonas; en español, por el contrario, desciende paulatinamente desde el inicio hasta el final del enunciado, sin presentar picos demasiado pronunciados en las sílabas tónicas. Por otro lado, el *tempo* es mucho más lento en el grupo fónico africano que en el español.

## MORFOSINTAXIS

Señalaremos los fenómenos más importantes.

*Número*. Al hablar de la pérdida de -*s* final hemos aludido al problema del número. En las lenguas indígenas, las formas nominales se agrupan en clases, y dentro de cada clase hay unos morfemas prefijos, que funcionan para el singular y otros para el plural.[6] Esto puede explicar fácilmente la falta de sentimiento de pluralidad que tiene el morfema {-s} español para los guineanos con escasa competencia lingüística en esta lengua.

*Artículo*. Las lenguas indígenas no poseen la categoría del artículo; por ello su empleo es muy irregular: frecuentemente, se pierde: *está mal de cabeza* 'de la cabeza'; *yo no voy a playa* 'a la playa'; *se paga donde tienda de Antonio* 'donde la tienda', etc. La pérdida de /-l/ puede favorecer la pérdida de {-l} en el artículo contracto: *los soviéticos han llevado la mitad de tesoro de Guinea* 'la mitad del tesoro'; *pertenece a ministerio* 'al ministerio'. Ocurre lo mismo con los numerosísimos casos que se refieren a realidades propias de Guinea: *medicina de país*; *tubérculo de país* 'malanga'; *comida de país*; *taxi de país*.

El *sistema pronominal* de las lenguas bantúes es muy complejo y distinto del español. Por ello, al hablar esta lengua se producen algunos fenómenos como los siguientes: *a*) supresión y adición de pronombres: *para comunicarnos valemos de español*; *la gente concentra aquí*; *levanto a las seis*

---

6. Por ejemplo, en fang: *asok* (a-sok: {a-}, morfema de singular) es 'cascada', frente a *mesok* (me-sok: {m-}, morfema de plural) 'cascadas'.

*cincuenta*; *se fue reduciéndose*; *no me dudaré nunca*, 'no dudaré nunca'; *el gobierno se está aprobando la ley* 'el gobierno está aprobando'; *por las tardes tengo que estudiarme normalmente* 'normalmente, por las tardes tengo que estudiar'; *me hago la educación física* 'hago educación física'; *b*) es muy frecuente la confusión en el uso de los pronombres, tanto entre los átonos como entre los tónicos, y entre ambos: *ruégote me haces una consulta* 'le voy a hacer una consulta'; *usted se perdone* 'perdone usted'; *usted me burla* 'usted se burla de mí'; *recordando siempre en ti* 'recordándote siempre'; *me felicito en el día de su santo* 'le felicito en el día de su santo'.

*Verbo.* Aquí, la mayoría de los fenómenos de desviación de la norma son el resultado del desconocimiento del sistema verbal. Podemos señalar los siguientes:

*Confusión entre los modos verbales. a*) Empleo del indicativo por el subjuntivo: *para que viene mañana* 'que venga'; *b*) empleo del subjuntivo por indicativo: *nos casemos de dos forma* 'nos casamos'; *c*) uso del condicional por otro modo o viceversa: *tendrían mucha suerte en el examen* 'tuvieron'; *d*) el gerundio se emplea con mucha frecuencia e incorrectamente en la mayoría de los casos: *dos horas estándonos levantados* 'estuvimos dos horas levantados'; *llegó encontrando que se había muerto*; *voy visitando a Juan* 'voy a visitar a Juan', etc.

*Confusión entre los tiempos verbales.* También aparecen errores en el empleo de los tiempos verbales: *a*) Presente por imperfecto: *si te hablan* 'si te hablaban'; *b*) pluscuamperfecto por pretérito perfecto: *me habían dicho* 'me han dicho'; *c*) futuro simple por presente: *ahora comeremos mejor* 'ahora comemos mejor', etc.

*Confusión de significados entre «ser», «estar», «hacer», «haber», «existir», «llevar» y «tener». a*) Confusión entre *ser* y *estar*: en fang, el verbo *a ne* significa tanto 'ser' y 'estar' como 'existir', de ahí que aparezcan, a veces, confusiones de *ser* por *estar*: *soy todavía soltero* 'estoy todavía'; *Luba está muy bonito* 'Luba es muy'; *b*) el verbo HACER tiene, en ocasiones, el significado de 'ser': *encontrando que este hace mi hermano* 'este es mi hermano'; *éste hace mi padre* 'éste es mi padre'; *c*) el verbo *existir* toma el significado de 'haber': *aquí existen seis casas* 'aquí hay seis casas'; *d*) el verbo *llevar* puede significar 'tener': *¿qué edad llevas? ¿qué edad tienes?*[7]

Es muy frecuente el uso de: *a*) la forma *pasiva*: *queremos que las becas sean ofrecidas como antes*; *las ardillas son muy perseguidas*; *b*) las *perífrasis verbales*: *empiezan a sacar maderas* 'sacan maderas'; *solemos abrir un hoyo* 'abrimos un hoyo'; *los viejos andan marchándose al campo* 'los viejos se marchan al campo'.

Algunos *adverbios o locuciones adverbiales* modifican su significado o adquieren uno nuevo: *hasta aquí* 'hasta ahora': *hasta aquí no he suspendido*; *hasta ahora* 'no': *hasta ahora no viene* 'no viene; *todavía* 'no': *¿has comido? Todavía* 'no'; *mucho* 'muy': *es mucho diferente a mí*; *no tanto* 'mucho': *¿suele faltar el profesor? no tanto*; *tan* 'muy': *no tan lejos* 'no muy lejos', etc.

---

7.  Es muy curioso el uso reflexivo del verbo *nacer*: *me nací el año 36*; *mi madre me nació en Moka.*

La *negación* se utiliza en construcciones distintas en el español de Guinea. Unas veces se responde *sí* cuando esperaríamos *no*: *¿no quiere venir? Sí* 'sí, no quiere venir' (su significado sería: 'no, no quiere venir'); *¿no tienes tinta? Sí* 'sí, no tengo tinta' (cuyo significado es: 'no, no tengo tinta'). Otras veces se evitan las dos negaciones: *no hay alguien en el patio* 'no hay nadie en el patio'; *no hay uno que pueda hacerlo* 'no hay ninguno que pueda hacerlo'; *casi no va ser de lo mismo* 'casi va a ser lo mismo', etc.

Por influencia de las lenguas indígenas se produce una fuerte vacilación en el uso de las *preposiciones*. Veamos algunos ejemplos: *a)* Preposición *a*: por *para*: *tienes más acceso a conseguir*; por *con*: *he ido a mi madre* 'he ido con mi madre'; por *en*: *está a Bata*; por *de*: *depende a la República gabonesa*; por *por*: *a mediación*; *b)* preposición *de*: por *en*: *de vacaciones leo mucho*; por *a*: *quiero conocer de fondo el español*; por *para*: *ya estoy preparado de ingresar en la universidad*; por *por*: *si no se esfuerza uno de hacer*; *c)* preposición *con*: por *en*: *el idioma con que hablo con mis familiares*; por *a*: *se oponía con ello*; por *de*: *se enamoró con María*; *d)* preposición *desde*: por *en*: *a veces nos hablamos desde el español*; *e)* preposición *en*: por *de*: *pienso salir en casa*; por *por*: *voy en la calle paseando*, etc.

## Léxico

Algunas palabras han cambiado de significado o han tomado uno especial; otras se han creado sobre el modelo autóctono: *bosque* 'selva' (nunca utilizan «selva»); *brisa* 'viento fuerte'; *camino de cuadro* 'camino para acceder a una tierra de cultivo'; *casa de la palabra* o *casa de palabra*: en la cultura fang, es un 'cobertizo donde se reúnen los hombres para celebrar los juicios o resolver los conflictos de la tribu, transmitir oralmente la historia de su pueblo, narrar leyendas, contar cuentos, etc.'; *cobijado* 'protegido'; *comidas* 'vegetales para comer'; *ennegrarse* 'acostumbrarse' el blanco a los usos indígenas; *fuerte* 'vigor, fortaleza, especialmente en sentido de virilidad'; *hacer consulta* 'preguntar'; *hermanito* 'individuo que pertenece al mismo clan', 'hermano menor, independientemente de su edad'; *ir bien* 'gustar': *el francés no me va bien* 'no me gusta'; *jesusín* 'camisita de bebé'; *libro* 'asignatura': *me han suspendido dos libros* 'en dos asignaturas'; *mala cabeza* 'infidelidad de la mujer': *Rosa hace mala cabeza* 'Rosa es infiel'; *molestar* 'ignorar, desconocer, desagradar': *esta palabra me molesta* 'no conozco esta palabra'; *perseguir* 'seguir, ir a continuación de': *este hermano me persigue* 'este hermano nació después que yo'; *piña*, también el 'fruto del cacao', *sanjosé* 'serrucho'; *trampar* 'cazar con trampas', etc.

Muchas *palabras de las lenguas indígenas* son de uso general, como: *balele* 'baile indígena colectivo'; *fritambo* 'especie de antílope pequeño'; *malambá* 'bebida alcohólica'; *malanga* 'bebida hecha con ron'; *mamba* 'especie de serpiente muy venenosa llamada también *tres pasos*'; *melongo* 'vegetal que se utiliza para hacer asientos de sillas, vajillas, etc.'; *mininga* 'mujer indígena' y 'querida, amante indígena'; *miningueo* 'trato sexual de los blancos con mujeres indígenas'; *morimó* 'espíritu'; *palmiste* 'dátil del que se extrae el aceite de palma', *tumba* 'tronco de árbol ahuecado que se utiliza como instrumento musical y para transmitir mensajes a través de la selva', etc.

En el español de Guinea se conservan *americanismos* y palabras de otras regiones, que pasarían con los negros emancipados y con los deportados cubanos y filipinos que llegaron a Fernando Poo en la segunda mitad del siglo XIX: *abacá, aguacate, banana, bejuco, beneficiar* 'preparar los productos agrícolas para su aprovechamiento'; *bravo* 'bravío, irritado, colérico'; *cacahuete, caminar, cancha* 'terreno destinado a toda clase de encuentros deportivos'; *caña* 'aguardiente de caña de azúcar', *carey, cayuco, ceiba* 'árbol que figura en el escudo de Guinea'; *cereza* 'grano del café en el árbol'; *comején; criollo* 'negro descendiente de antepasados nacidos en América'; *chapear; dengue; despabilar* 'quitar los palillos a las hojas del tabaco'; *empastar* 'sembrar un terreno de pasto'; *guagua* 'autobús'; *guayaba; hamaca, jején, macaco* 'mono'; *manejar* 'conducir un automóvil'; *moreno* 'persona de raza negra'; *nipa; palito* 'vena central de la hoja del tabaco'; *palo* 'árbol frutal'; *papaya, pararse* 'ponerse en pie'; *peluquearse y pelucarse* 'cortarse el cabello'; *peso* 'moneda de cinco pesetas'; *ranchería; relajo* 'barullo, diversión desordenada y ruidosa'; *sacar* 'quitar'; *tabaco* 'cigarro puro'; *tumbar* 'cortar árboles o determinadas plantas'; *yuca*, etc.

Los *anglicismos* no son numéricamente muy abundantes, pero sí muy frecuentes. Han pasado a través del «pichinglis»: *boy, boya* 'criado o criada del servicio doméstico'; *clote* 'pieza de tela, generalmente de percal, con la que se envuelven las indígenas el cuerpo; *contrimán* 'paisano, compatriota'; *contrití* 'hierba digestiva, de sabor parecido al del té, cuyas hojas se toman en infusión'; *guachimán* 'vigilante'; *moni* 'dinero, moneda'; *motoboy* 'ayudante del chófer del camión'; *palabra* 'discusión', 'riña', 'pleito', 'conversación'; *pepe (< pepper)* 'especia muy picante del país'; *pichinglis* 'pidgn hablado en la isla de Bioko'; *sobar (< shove)* 'empujar, impulsar'.

En el español de Guinea se mantienen, además, *voces cultas* y *arcaísmos* o giros que en el español general han dejado de usarse, o que sólo se conservan en la lengua literaria, en el léxico administrativo o en zonas dialectales: *apear* 'venir andando'. En la acepción número 11 del *DRAE* figura como intransitivo desusado: «Andar a pie, transitar, pasar de una parte a otra»; *castizar* 'hablar bien el español': *para que sepan castizar mucho; concebir* 'darse cuenta': *si concebimos que el animal ataca a un hombre; decesión* 'defunción': con el significado «precedencia en tiempo» es un arcaísmo *(DRAE); engrandecer* 'crecer'; *dialogar* 'hablar': *dialogamos en fang; impartir clase; infalible* 'seguro': *el día de Corpus es infalible la lluvia; hábito: tengo el hábito de fumar; maestro empírico* 'el que ejerce de maestro sin serlo'; *mancelar* 'castrar a un animal'; en el *DRAE* sólo figura *mancellar* como voz anticuada, sinónima de *amancillar* 'deslustrar la fama o linaje' y 'lastimar, herir'. *Monóculo* 'tuerto'. Figura como primera acepción en el *DRAE* y como única en el de *Autoridades*, donde se lee: «Lo que no tiene más que un ojo.» *Usanza* 'uso': *eso no es de nuestra usanza; veleidoso: información veleidosa* 'información poco seria'; *portar* 'llevar'; *primogénito* 'hermano mayor', etc.

# LISTA DE COLABORADORES

EMILIO ALARCOS LLORACH, Real Academia Española, Madrid.

MANUEL ALVAR, Real Academia Española, Madrid.

MANUEL ALVAR EZQUERRA, Universidad de Málaga.

M.ª ÁNGELES ÁLVAREZ MARTÍNEZ, Universidad de Extremadura, Cáceres.

CLARINDA DE AZEVEDO MAIA, Universidad de Coimbra.

JULIO BORREGO NIETO, Universidad de Salamanca.

M.ª ROSA FORT CAÑELLAS, Universidad de Zaragoza.

JUAN ANTONIO FRAGO GRACIA, Universidad de Zaragoza.

ÁLVARO GALMÉS DE FUENTES, Academia de la Historia, Madrid.

PILAR GARCÍA MOUTON, Instituto de Filología, Consejo Superior
   de Investigaciones Científicas, Madrid.

FERNÁNDO GONZÁLEZ OLLÉ, Universidad de Navarra.

CÉSAR HERNÁNDEZ ALONSO, Universidad de Valladolid.

M.ª ANTONIA MARTÍN ZORRAQUINO, Universidad de Zaragoza.

JOSEFINA MARTÍNEZ ÁLVAREZ, Universidad de Oviedo.

FRANCISCO MORENO FERNÁNDEZ, Universidad de Alcalá de Henares.

JOSÉ MUÑOZ GARRIGÓS, Universidad de Murcia.

M.ª PILAR NUÑO ÁLVAREZ, Universidad Complutense, Madrid.

BERNARD POTTIER, Universidad de París-Sorbona.

ANTONIO QUILIS, Universidad Nacional de Educación a Distancia, Madrid.

ARNULFO G. RAMÍREZ, Louisiana State University, Baton Rouge.

MARIUS SALA, Instituto de Lingüística, Bucarest.

CLAIRE M. ZIAMANDANIS, St. Rose College, Albany, N. Y.

# ÍNDICE

## CUESTIONES GENERALES

## HABLAS Y DIALECTOS DE ESPAÑA